Walther von der Vogelweide

Walther von der Vogelweide

Leich, Lieder, Sangsprüche

15., veränderte und um Fassungseditionen erweiterte Auflage
der Ausgabe Karl Lachmanns

Aufgrund der 14., von Christoph Cormeau bearbeiteten Ausgabe
neu herausgegeben,
mit Erschließungshilfen und textkritischen Kommentaren versehen
von

Thomas Bein

Edition der Melodien von Horst Brunner

De Gruyter

1. Ausg. 1827, Die Gedichte Walthers von der Vogelweide herausgegeben von KARL LACHMANN
2. Ausg. 1843, herausgegeben von KARL LACHMANN
3. Ausg. 1853, besorgt von MORIZ HAUPT
4. Ausg. 1864, besorgt von MORIZ HAUPT
5. Ausg. 1875, besorgt von KARL MÜLLENHOFF
6. Ausg. 1891, besorgt von KARL MÜLLENHOFF
7. Ausg. 1907, besorgt von CARL VON KRAUS
8. Ausg. 1923, besorgt von CARL VON KRAUS
9. Ausg. 1930, besorgt von CARL VON KRAUS
10. Ausg. 1936, mit Bezeichnung der Abweichungen von Lachmann und mit seinen Anmerkungen neu herausgegeben von CARL VON KRAUS
11. Ausg. 1950, unveränderte Ausg. von CARL VON KRAUS
12. Ausg. 1959, unveränderte Ausg. von CARL VON KRAUS
13. Ausg. 1965, aufgrund der 10. von Carl von Kraus bearb. Ausg. neu herausgegeben von HUGO KUHN
14. Ausg. 1996, völlig neubearbeitete Aufl. der Ausg. Karl Lachmanns mit Beiträgen von Thomas Bein und Horst Brunner, herausgegeben von CHRISTOPH CORMEAU

ISBN 978-3-11-017657-5
e-ISBN 978-3-11-029558-0

Library of Congress Cataloging-in-Publication Data
A CIP catalog record for this book has been applied for at the Library of Congress.

Bibliografische Information der Deutschen Nationalbibliothek

Die Deutsche Nationalbibliothek verzeichnet diese Publikation in der Deutschen Nationalbibliografie; detaillierte bibliografische Daten sind im Internet über http://dnb.dnb.de abrufbar.

© 2013 Walter de Gruyter GmbH, Berlin/Boston
Satz: Meta Systems GmbH, Wustermark
Druck und buchbinderische Verarbeitung: Hubert & Co. GmbH & Co. KG, Göttingen
♾ Gedruckt auf säurefreiem Papier
Printed in Germany
www.degruyter.com

LUDWIG UHLAND

ZUM DANK FÜR
DEUTSCHE GESINNUNG POESIE UND FORSCHUNG
GEWIDMET

[Karl Lachmann 1843]

INHALT

VORWORT ZUR 15. AUFLAGE

Nach rund zehnjähriger intensiver Arbeit schloss Christoph Cormeau im August 1995 die von ihm konzipierte 14. Aufl. ab. Es war ihm leider nicht mehr vergönnt, das Erscheinen des Buches im Frühjahr 1996 zu erleben.

Er hatte noch kurz vor seinem Tod dem Verlag mitgeteilt, dass er die weitere Betreuung dieser traditionsreichen Edition in meine Hände legt. Seitdem sind sechzehn Jahre vergangen. In den ersten Jahren diskutierte ich mehrere, teils konkurrierende Überlegungen, wie eine 15. Aufl. auszusehen hätte. Zusammen mit dem Verlag W. de Gruyter entstanden verschiedene denkbare Konzepte (zu danken habe ich Dr. Heiko Hartmann, Birgitta Zeller, Daniel Gietz und in der letzten Phase Dr. Jacob Klingner). Zunächst gab es die Idee, die 15. Aufl. in zwei Versionen erscheinen zu lassen, einmal als nur wenig kommentierte Studienausgabe und einmal als große Forschungsausgabe mit Textsynopsen auf Klappseiten und ausführlichen Kommentaren. Eine Zeit lang überlegten wir auch, dem Buch einen Datenträger mitzugeben, der ergänzendes Material (Faksimiles, Tonbeispiele etc.) enthalten sollte (vgl. Bein, 2002, 2005). Am Ende aber zeichnete sich ein anderes Konzept ab. Wirtschaftliche Überlegungen führten dazu, von einer sehr kostspieligen gebundenen Ausgabe mit Aufklappseiten Abstand zu nehmen. Aufgrund der schnelllebigen Entwicklung des IT-Marktes erschien die Idee einer Hybrid-Ausgabe mit einer CD/DVD/BluRay sehr bald nicht mehr zeitgemäß. Die Zukunft gehört zweifellos der webbasierten Edition, die nicht von schnell veraltenden physikalischen Datenträgern und proprietärer Software abhängig ist. Eine solche aber setzt ein grundsätzlich anderes Editionskonzept voraus als in dieser 15. Aufl. grundgelegt. Ich stand zwischenzeitlich vor der schwierigen Entscheidung, die Tradition der Lachmann-Ausgabe ganz zu verlassen und die Texte in anderer Anordnung und anderer Nähe zu den Handschriften zu edieren. Ich habe mich schließlich dazu entschlossen, meine textkritische Arbeit an Walther doch als 15. Aufl. der Lachmann-Edition zu konzipieren. Dabei spielte auch eine Rolle, dass Christoph Cormeau ursprünglich geplant hatte, seiner Edition einen textkritischen Kommentar mitzugeben. Seine schwere Krankheit verhinderte dies, sodass die Ausgabe ohne begleitende Erklärungen erscheinen musste. Kommentarmaterial aus Cormeaus Feder gab es nicht, wohl aber eine Reihe von Notizen, die wir, seine Mitarbeiter, im damaligen Editions-Team festgehalten hatten.

Die meisten Rezensenten von Cormeaus 14. Aufl. waren mit seiner Arbeit zufrieden (vgl. die Übersicht bei Scholz, 2005, S. 26 f.; am kritischsten Okken, 1997 und Nellmann, 2000); beklagt wurde hin und wieder, dass manche Entscheidungen ohne Begründung geblieben seien. Solche Begründungen liefere ich nun nach. Die Überlieferung sämtlicher Töne wurde einer gründlichen Revision unterzogen und die Entscheidungen Cormeaus für eine Leithandschrift bzw. eine Leithandschriftengruppe wurden überprüft; in einigen Fällen schien mir ein Wechsel der Leithandschrift sinnvoll. Ferner habe ich alle Eingriffe (Konjekturen) Cormeaus diskutiert und diese Diskussion in kurzen Kommentaren abgebildet. Wo mir ein Eingriff nicht nötig schien, habe ich den kritischen Text der 14. Aufl. geändert und bin zur Leithandschrift zurückgekehrt. Selbstverständlich werden auch diese Veränderungen kommentiert, um den Benutzern der Textausgabe ein hohes Maß an Transparenz zu bieten. Es ist nun zu hoffen, dass Detailentscheidungen Cormeaus besser verständlich werden, genauso wie meine eigenen, von Cormeau abweichenden – was einer fairen und sachgerechten Auseinandersetzung zuträglich sein sollte.

Ich habe mich also grundsätzlich mit dem editorischen Weg, den Lachmann begonnen und den Cormeau mit der 14. Aufl. zu einem vorläufigen Ende gebracht hatte, einverstanden erklärt. Das bedeutet:

– Die Reihenfolge der Texte orientiert sich nach wie vor an Lachmanns Buch-Einteilung, die mit der Überlieferungsdichte der Texte zu tun hat (Näheres dazu im Einleitungsteil von Cormeau unter Nr. 4).
– Ich bin grundsätzlich der Ansicht (wie alle Herausgeber in dieser Traditionslinie), dass die editorische Arbeit an Walther (und eigentlich an allen historischen, nicht autorisierten Texten) nicht im bloßen Abdruck der Handschriften bestehen darf, sondern dass zumindest ein kleiner Schritt über die Handschriften hinaus getan werden soll, um auf der einen Seite eindeutige Fehler zu korrigieren und auf der anderen Seite – freilich höchst skrupulös und weit entfernt von der Konjekturallust eines Carl von Kraus – ein Stück weit durch den Überlieferungsprozess verloren gegangene literarische Kultur zu rekonstruieren (dazu zählen u.a. Eingriffe aus metrischen, grammatikalischen und semantischen Gründen).

In einer Hinsicht aber unterscheidet sich die 15. Aufl. deutlich von ihrer Vorgängerin: Von Karl Lachmann (1827) bis Hugo Kuhn (1965) zeichnete sich die Editionstradition dadurch aus, dass, ungeachtet weitreichender Varianz, jeder Ton nur in einer einzigen Fassung herausgegeben wurde. Hinter dieser Praxis standen grundsätzliche literaturtheoretische Annahmen, vor allem die, dass ein Autor nur *einen* Text autorisiert und dass der Editor sich diesem anzunähern habe. Cormeau sah zwar, dass viele Töne in unterschiedlichen Fassungen überliefert worden sind und dass in den meisten Fällen nicht zu entscheiden ist, welche Fassung ursprünglicher oder ‚besser‘ ist (dies formulierte er entsprechend in seinem Herausgeberapparat). Eine editorische Konsequenz zog Cormeau allerdings bis auf ganz wenige Fälle, in denen etwa eine *Strophe* in zwei Fassungen abgedruckt wurde (z.B. 62 IV, etwas anders gelagert: 81), nicht. Diese Zurückhaltung erschien mir schon damals nicht glücklich. In dieser 15. Aufl. werden an zahlreichen Stellen Fassungseditionen als bedeutende Neuerung eingeführt – allerdings nicht mechanisch überall dort, wo Mehrfachüberlieferung vorliegt. Wie Detailentscheidungen, so geht auch einer Fassungsedition ein hermeneutischer Akt voraus. Ich greife nur dann zum Mittel der Mehrfachedition, wenn sich sinnrelevante Varianzen ausmachen lassen (Näheres dazu findet sich unten im Abschnitt ‚Die 15. Aufl. und ihre Neuerungen‘). Selbstverständlich wird auch hier eine Begründung im Textkritischen Kommentar formuliert.

Und in einer weiteren Hinsicht bietet diese Ausgabe Neues: Lachmanns Textausgaben zeichnen sich durch einen Verzicht auf Kommentar und Verständnishilfe aus. Lachmann arbeitete für seinesgleichen, nicht für Studenten oder Liebhaber. Wer Lachmanns Entscheidungen nicht verstand, gehörte ohnehin nicht zur Führungsriege des Faches. Grundsätzlich änderte sich das strenge und ‚nackte‘ Bild der Ausgabe auch unter den Nachfolgern von Lachmann (Moriz Haupt, Karl Müllenhoff, Carl von Kraus und Hugo Kuhn) nicht, wenn auch Carl von Kraus mit seinen begleitend zur Textausgabe erschienenen ‚Untersuchungen‘ wichtige und scharfsinnige Kommentare zum Verständnis der von ihm oft über Gebühr manipulierten Texte lieferte. Die Textausgabe selbst aber blieb bis zur 15. Aufl. frei von erschließenden Hilfen für die Benutzer. Eine Edition, die sich auch an Studierende richtet und als Lektürebasis in Universitätsseminaren Verwendung finden soll, kann heutzutage aber nicht mehr auf Verständnishilfen verzichten. Solche Hilfen können in einer parallelen neuhochdeutschen Übersetzung bestehen, aber dafür habe ich mich nicht entschieden. Statt dessen folgen auf jeden Ton ‚Erschließungshilfen‘, die ‚false friends‘, schwer zu identifizierende Wörter, komplizierte Syntax u.ä. kurz erläutern. Ein im Anhang beigegebenes Glossar zu Schlüsselwörtern des Minnesangs und der Sangspruchdichtung ergänzt diese Hilfen.

Die 15. Aufl. hat also weitreichende Ergänzungen erfahren, die den Umfang des Buches erheblich vergrößern. Um die Edition noch einbändig erscheinen lassen zu können, musste auf den Herausgeberapparat der 14. Aufl. verzichtet werden. Diese Entscheidung ist mir nicht leicht gefallen. Eine Beibehaltung hätte aber auch erforderlich gemacht, seit der 14. Aufl. neu erschienene Walther-Editionen bzw. Teileditionen (siehe dazu unten die Ausführungen zur Editionsgeschichte) in den Herausgeberapparat neu einzupflegen – und dies hätte den Umfang noch zusätzlich vergrößert.

Die Arbeiten an der 15. Aufl. haben sich länger hingezogen als geplant. Dies lag nicht zuletzt daran, dass Anträge auf Förderung der editorischen Arbeit von den Gutachtern zwar positiv eingeschätzt wurden, es aber letzten Endes aufgrund zu geringer Fördermittel doch nicht zu einer Unterstützung kam. Ich musste von daher mit einer schmalen personellen Decke auskommen.

Über die Jahre waren verschiedene Hilfskräfte und Mitarbeiter an den Arbeiten beteiligt. Ich danke insbesondere Elmar Willemsen, Esther Ehlen, Stefanie Weber, Annette Hoppe, Sabine Durchholz und Ellen Extra (geb. Uherek); in den letzten zwei Jahren haben mich Judith Neugebauer (geb. Breuer) und Dörte Meeßen mit viel Elan und Sachverstand unterstützt; ein besonderer Dank gilt Jens Burkert, mit dem ich sehr intensiv und detailliert viele textkritische Probleme diskutieren konnte (und auch so manche Korrektur von Druck- und Flüchtigkeitsfehlern geht auf seine wache Beobachtung zurück).

Ich danke ferner einer Reihe von Kolleginnen und Kollegen, die mich auf Druckfehler in der 14. Aufl. aufmerksam und Anregungen zu Verbesserung des Erscheinungsbildes und der Benutzbarkeit der Ausgabe gemacht haben (namentlich möchte ich nennen: Horst Brunner, Jens Haustein, Nikolaus Henkel, Ralf-Henning Steinmetz, Peter Kern, Ulrich Müller (†), Eberhard Nellmann (†), Helmut Tervooren).

Schließlich bedanke ich mich herzlich beim Verlag De Gruyter für eine stets konstruktive Zusammenarbeit.

Ich hoffe, dass mit dieser 15. Aufl. sowohl der textkritischen Forschung als auch der Vermittlung von Walthers Textkunst gedient ist.

Aachen, im Januar 2013   Thomas Bein

HINWEISE ZU DEN EINLEITUNGSTEXTEN

Da diese 15. Aufl. – wenn auch mit zahlreichen Erweiterungen und Veränderungen – an die 14. anschließt und deren Grundprämissen (Anordnung der Töne, Leithandschriftenprinzip, Normalisierung u. a.) übernimmt, ist es sinnvoll, die Einleitung von Christoph Cormeau hier erneut wiederzugeben (nicht aber mehr sein Vorwort). Der Wortlaut bleibt weitgehend unverändert; Streichungen und Ergänzungen, die mit Blick auf die Veränderungen in der 15. Aufl. nötig waren, sind entsprechend gekennzeichnet (bei der Handschriftenbeschreibung findet sich etwa eine Ergänzung im Zusammenhang mit dem neugefundenen Brünner Walther-Fragment; und da der Herausgeberapparat in der 15. Aufl. nicht mehr übernommen und fortgesetzt wird, entfallen entsprechende Erläuterungen dazu).

Die Bibliographie in Cormeaus altem Einleitungsteil wird dort herausgenommen und – um zahlreiche neuere Titel ergänzt (die sich in der Hauptsache auf die textkritischen Kommentare und Erschließungshilfen beziehen) – an das Ende des Buches gesetzt. Das 6. Kapitel der alten Einleitung (Horst Brunner: Die Überlieferung der Melodien) ist vollständig durch einen neuen, umfangreicheren Text von Horst Brunner ersetzt worden.

Auf diesen modifizierten, alten Einleitungsteil folgt ein neues Kapitel mit dem Titel ‚Die 15. Auflage und ihre Neuerungen‘. Hier finden sich drei größere Teile: 1. Zur Revision der 14. Auflage (mit Informationen zu den Fassungseditionen, dem Textkritischen Kommentar, den Erschließungshilfen, Glossaren u. ä.); 2. Abriss zu Leben und Werk Walthers von der Vogelweide; 3. Abriss zur Editionsgeschichte.

Im Anschluss werden die ‚Benutzerhinweise‘ aus der 14. Aufl. mit kleinen Veränderungen wieder abgedruckt.

Der Editionsteil ist in seiner Struktur (Reihenfolge und Nummerierung der Töne) unverändert geblieben. Es finden sich allerdings viele textkritische Veränderungen, die von kleinen, punktuellen Korrekturen bis hin zu Fassungseditionen reichen. Auf jeden Ton folgen Erschließungshilfen. Im Anschluss an den Editionsteil finden sich die neuen textkritischen Kommentare mit Informationen zur Überlieferung und zu textkritischen Entscheidungen. Ebenfalls neu ist ein Glossar, das Schlüsselwörter des Minnesangs und der Sangspruchdichtung aufführt und kommentiert. Das alte Verzeichnis der Strophenanfänge (geordnet nach Reimsilben) wird nun – wie heute allerseits üblich – durch ein nach dem Anfangswort der ersten Verszeile alphabetisiertes Register ersetzt. An das Ende des Buches ist nun die Bibliographie gerückt, die alte Titel (aus der 14. Aufl.) und neue enthält.

EINLEITUNG

[Gekürzter Text von Christoph Cormeau aus der 14. Aufl.
(Rechtschreibung nicht verändert), mit Erweiterungen von Thomas Bein,
kursiv in [ ] gesetzt]

1. Konzept der Ausgabe und Kritik der Prämissen

Karl Lachmann hat sein Konzept der Textherstellung nicht in geschlossenem Zu-
sammenhang erläutert, schon gar nicht die allgemeinen Prämissen. Nur aus den
verstreuten knappen Erläuterungen in den Anmerkungen und aus dem Ergebnis
seiner Kritik kann seine Leitlinie erschlossen werden. Er wollte „den reichsten und
vielseitigsten unter den liederdichtern des dreizehnten jahrhunderts in würdiger
gestalt wieder erscheinen [ ] lassen" (Vorrede 1843, S. V). Das schloß zwei Zielpunkte
ein, ein möglichst authentisch abgegrenztes Œuvre und eine Textherstellung nach
den von ihm maßgeblich bestimmten Methoden kritischer Edition. [...] In der
Abgrenzung des Œuvres hielt er sich eng an die Zuschreibung der Handschriften.
Nur ganz wenige Einzelstrophen der alten Sammlungen A, B und C sprach er
Walther ab und überging sie. Wo er darüber hinaus aus verschiedenen Gründen
Zweifel an der Echtheit hatte, notierte er diese in den Anmerkungen und modifi-
zierte den Grad seines Vertrauens in die Zuschreibung sonst nach der Breite und
Zuverlässigkeit der Überlieferung (dazu unten ‚4. Anordnung'). Den Randbereich
der Zuschreibung, der ihn nicht überzeugte (vor allem die Sonderstrophen aus E),
druckte er in den Anmerkungen mit ab.

Auch in der Textherstellung verfuhr er nicht schematisch. Er bildete sich zwar
ein Urteil über Qualität und Verwandtschaft der Handschriften und vertraute letzt-
lich der ältesten Sammlung A bevorzugt, danach erst B und C. Zwischen genereller
Einschätzung der Handschriften und Einzelfall traf er aber in der Regel eine aus
den Gegebenheiten der Strophe oder des Tones begründete Entscheidung. Zur
Begründung stützte er sich auf sprachliche und metrische Regularitäten, stilistische
und poetologische Argumente aufgrund von Vergleichsmaterial und auf zurückhal-
tendes ästhetisches Urteil. Freilich suchte er hinter den vorliegenden Zeugen den
einen Archetyp, von dem sie ausgingen, und kombinierte dazu Lesungen verschie-
ner vertrauenswürdiger Handschriften. Aber er entfernte sich nur ungern von ei-
nem bezeugten Wortlaut und schlug zusätzliche Besserungen lieber in den Anmer-
kungen vor. Sein Walther-Bild addiert kritisch die gesamte Überlieferung, geht aber
nur wenig über diese Synthese hinaus, sondern hält lieber noch Quellen und eigenes
Urteil auseinander.

Carl von Kraus war in seiner Überarbeitung der Texte für die 10. Ausgabe sehr viel radikaler. Zwar ließ er, anders als in ‚Des Minnesangs Frühling‘, Lachmanns Anordnung der Lieder, die auf der Überlieferung aufbaut, unangetastet, er machte aber jetzt die Athetesen (außer den Strophen, die eher dem Truchseß von St. Gallen zuzuweisen sind [106,17 − 108,14], 6 mehrstrophige Töne und 24 Einzelstrophen) durch Randkennzeichnung deutlich. Daneben stellte er nun die Texte mit übergroßem Vertrauen in die Gültigkeit der erschlossenen sprachlichen, formalen und ästhetischen Regeln her. Wo sich die handschriftliche Basis gegen diese Kriterien sperrte, konjizierte er vielfach. Weit mehr noch als Lachmann − nicht in der theoretischen Reflexion, sondern in der Praxis der Kritik − setzte sich von Kraus einen authentischen Walther-Text zum Ziel und hielt ihn für die Kritik auch erreichbar, selbst um den Preis der Rekonstruktion. […] Aber auch an Lachmanns Ausgangsprämissen sind Korrekturen nötig. Das Modell seiner Textkritik impliziert zwei Voraussetzungen, deren Gültigkeit von den historischen kulturellen Gegebenheiten abhängt: die Vorstellung eines − aus Gründen der Wahrheit oder der Kunst − authentischen Textes, der, einmal fixiert, nicht mehr verändert werden soll und den die schriftliche Tradition in treuer Dienstbarkeit des Abschreibers bewahrt, und die Annahme einer in sich geschlossenen schriftlichen Weitergabe von einem (verlorenen) Ausgangspunkt bis zu den (erhaltenen) späteren Zeugen. Nach dem heutigen Kenntnisstand entsprechen beide Prämissen nicht den historischen Gegebenheiten der volkssprachlichen Literatur der Epoche.

Die neu erworbene Schriftlichkeit hat zu dieser Zeit die kulturelle Praxis noch nicht so umgestaltet, daß sie der Schriftkultur neuzeitlicher Jahrhunderte entspräche.[1] Literatur ist noch nicht eine Sphäre für sich, sondern sie lebt eingebunden in gesellschaftliche Vollzüge. Der mündliche Vortrag bestimmt sie noch mindestens ebenso wie die schriftliche Fixierung, sie existiert in einer Zwischenlage zwischen Mündlichkeit und Schriftlichkeit. In diesem kulturellen Milieu ist der Text keine unveränderliche Größe, und so zeigt der mittelalterliche Literaturgebrauch in der Handschrift generell nur begrenzt Respekt vor der einmal gefundenen Textgestalt. […] Das gilt nun in besonderem Maß für Gattungen wie Liedkunst und Sangspruch, die vorab für die Aufführung bestimmt sind. Selbst wenn die Aufzeichnung der Texte sehr früh einsetzte, steht sie für den Zeitgenossen im Rahmen der Erfahrung, daß erst die Melodie dazu und die Aufführung mit ihren pragmatischen Momenten wie Gestik u. a. diesen zum „Œuvre“ (Zumthor[2]) machen. Aus verallgemeinerbaren Beobachtungen aber ist zu schließen, daß dem Vortrag immer eine gewisse Variabilität eigen ist. Das heißt für den literarischen Text, daß seine ur-

---

[1] Als Versuch, die kulturelle Eigenart der Epoche zusammenfassend zu charakterisieren, jetzt Horst Wenzel: Hören und Sehen, Schrift und Bild. Kultur und Gedächtnis im Mittelalter. München 1995.

[2] Zum Gebrauch des Begriffs in diesem speziellen, auf die Aufführung zielenden Sinn vgl. z.B. Paul Zumthor: La lettre et la voix. De la ‚littérature‘ médiévale. Paris 1987; deutsch: Die Stimme und die Poesie in der mittelalterlichen Gesellschaft. München 1994.

sprüngliche Existenzform nicht auf die endgültige Gestalt, sondern auf einen Raum von Variation − Anpassung des Wortlauts, Auswahl, Ergänzung als Reaktion auf veränderte Situationen − ausgerichtet ist. Diese generellen Bedingungen für Literatur und für Lied und Sangspruch im besonderen müssen auch bei Walthers Liedern veranschlagt werden. Sie geben vor, wie die Eigenart der handschriftlichen Quellen zu bestimmen und zu werten ist.

2. Charakteristik der Überlieferung

Die Überlieferung der Lieder und Sangsprüche Walthers ist sehr viel breiter als die des vorausgehenden und vor allem des nachfolgenden Minnesangs. Mit Walther sind eher zwei ebenfalls herausragende Gestalten der folgenden Liedgeschichte, Neidhart und Frauenlob, vergleichbar. Über die Handschriften gibt der Abschnitt ‚5. Die Handschriften‘ unten im einzelnen Auskunft, hier geht es zunächst um das allgemeine Profil der Bezeugung.

32 Handschriften oder Fragmente enthalten Strophen entweder unter Walthers Namen oder solche, die ihm in der Parallelüberlieferung zugeschrieben werden. Die Mehrzahl der Zeugen (17) gehören zur Streuüberlieferung, die nur einzelne Texte bewahrt hat, 12 stellen größere Sammlungen unterschiedlichen Charakters dar, oder die erhaltenen Fragmente geben doch wenigstens Anhaltspunkte, daß sie Teile solcher Sammlungen waren. Der Schwerpunkt liegt auch hier wie generell für den Minnesang des 12. und 13. Jahrhunderts bei den großen alemannischen Sammelhandschriften A, B und C; vor allem die Manessische Liederhandschrift C enthält die umfangreichste Walther-Sammlung überhaupt, die auch das größte Autorcorpus in diesem Hauptbuch des Minnesangs darstellt. Den Strophenbestand von C ergänzt nur die Würzburger Liederhandschrift E um eine nennenswerte Anzahl von Strophen, für die die Verfasserschaft Walthers jedoch meist angezweifelt wird. Das heißt: Abgesehen von den 3 Strophen in den ‚Carmina Burana‘ (M), die an Walthers Lebenszeit heranreichen, setzt die auf uns gekommene Tradierung (mit A) erst Jahrzehnte nach seinem Tod ein. Die Textzeugen konzentrieren sich auf das letzte Viertel des 13. und das 14. Jahrhundert, nur mit einigen Sangspruchtönen wird Walther als einer der alten Meister an den sich neu formierenden Meistergesang weitergegeben. Unsere Quellen sind also schon durch eine beachtliche Zeitspanne vom Autor und von der aktuellen Aufführungspraxis oder Lektüre entfernt.

In der Verbreitung der Texte ist keine der hochdeutschen Regionen ausgespart, was angesichts des von Walther selbst in seinen Sangsprüchen genannten Wirkungsradius auch der Erwartung entspricht. Auch in den niederdeutschen und sogar niederländischen Bereich (Hs. s) ist eine starke Ausstrahlung festzustellen. Jedoch bleiben einige Auffälligkeiten. Die Dominanz des alemannischen Südwestens ist wohl als gattungsbedingt zu werten. Dagegen überrascht etwas, wie wenig der bairi-

sche Südosten zur Tradition eines Autors beigetragen hat, dessen Heimat und be-
vorzugte Wirkungsstätte in dieser Region gesucht werden: Nur ein Fragment einer
Liedsammlung (G) und drei Zeugen der Streu- oder Auswahlüberlieferung (M, L,
N), stammen dorther, wenn man von Vermutungen über Vorstufen von A und BC
absieht. Auch der hessisch-thüringische Raum ist, verglichen mit Walthers eigenen
Aussagen über seine Tätigkeit, wenig beteiligt.

Grundlegend verändert hat sich das Bild der Überlieferung, wie es sich für Lach-
mann darstellte, durch die später gefundenen, durch Carl von Kraus für die Aus-
gabe ausgewerteten Fragmente. Erst in jüngster Zeit entdeckte die überlieferungs-
geschichtliche Forschung, insbesondere nachdem Thomas Klein die Herkunftsbe-
stimmung mehrerer Fragmente korrigierte, einen weiteren Überlieferungsschwer-
punkt im mitteldeutsch-niederdeutschen Raum nördlich des genuinen Geltungs-
bereichs der hessisch-thüringischen Schreibsprache und vor allem östlich der
Weser.[3] Vier Fragmente (O, U, w, Z) schreiben die Texte zwar in einer mitteldeut-
schen Schreibsprache, aber die Schreiber sind niederdeutscher Herkunft und ma-
chen einen entsprechenden Einfluß bemerkbar. Welche Höfe und Schreiborte dafür
heranzuziehen sind, darüber ist noch nicht das letzte Wort gesprochen.

Das Verhältnis Walthers zur Schriftlichkeit seiner Lieder kann nur Gegenstand
von Vermutungen sein. Sie hätte für ihn in erster Linie eine Dienstfunktion für die
mündliche Realisierung in der Aufführung. Wo die Vortragsrealität noch miterlebt
wird, bleibt der lesbare Text sekundär.

Die Mehrzahl der Quellen, die auf uns gekommen sind, zeigen jedoch einen
anderen Grad von Literarizität. Nur Z, die neumierten Fragmente M und N und die
späte Handschrift t zeigen noch eine direkte Verbindung von Texten und Melodien
(vermittelt auch die Leichkontrafaktur in J), wenige andere Handschriften (U, O)
erleichtern durch metrische Korrektheit oder Strophengliederung die Umsetzung
in eine vielleicht noch mögliche Gesangspraxis, die meisten anderen Zeugen erwek-
ken eher den Eindruck, daß die Texte in den Vordergrund rücken und das Empfin-
den für die Sangbarkeit im Schwinden ist. Andrerseits lassen sich aber an den
Handschriften die Grundlinien des Zusammenwachsens von Sammlungen mit the-
matischen und formalen Ordnungsgesichtspunkten ablesen, wie auch immer die
vorausgehenden Quellen − Liederhefte oder -rollen, Einzelblätter − ausgesehen
haben mögen. Textgestalt und Sammelkonturen rücken nun bestimmte Handschrif-
ten in eine enge Beziehung zueinander. Schon Lachmann wußte, daß B und C

---

[3] Gisela Kornrumpf: Einführung. In: Die Lieder Reinmars und Walthers von der Vogelweide aus der
  Würzburger Handschrift 2° Cod. Ms. 731 der Universitätsbibliothek München. Bd. I Faksimile.
  Wiesbaden 1972, S. 9−19; dies.: Konturen der Frauenlob-Überlieferung. In: Wolfram-Studien
  10. Cambridger ‚Frauenlob‘-Kolloquium 1986, hg. v. Werner Schröder. Berlin 1988, S. 26−50, vor
  allem 44 f.; dies.: Walthers ‚Elegie‘. Strophenbau und Überlieferungskontext. In: Walther von der
  Vogelweide. Hamburger Colloquium 1988, hg. v. Jan-Dirk Müller und Franz Josef Worstbrock. Stutt-
  gart 1989, S. 147−158; Thomas Klein: Zur Verbreitung mittelhochdeutscher Lyrik in Norddeutsch-
  land (Walther, Neidhart, Frauenlob). ZfdPh 106, 1987, S. 72−112.

sowie A und C streckenweise einen so gut wie übereinstimmenden Text tradieren, und gab ihnen dann für die Kritik „nur Eine stimme" (Anm. zu 3,1). Seit Wilhelm Wilmanns sind diese Vorlagenzusammenhänge genauer eingegrenzt worden, und es haben sich für die einzelnen Komplexe die Bezeichnungen *AC, *BC, *EC eingebürgert.[4] Gemeint ist damit, daß die entsprechenden Texte in den Handschriften A und C, B und C usw. auf gemeinsame Vorstufen zurückreichen, wenn diese auch nicht als unmittelbare (verlorene) Vorlagen für die erhaltenen Abschriften zu denken sind. Die Gemeinsamkeit umfaßt dabei nicht nur den Wortlaut der Texte, sondern auch Strophenfolgen, -anzahl und ansatzweise Ordnungsgesichtspunkte. Im einzelnen sind diese überlieferungsgeschichtlichen Hypothesen mit vielen Unsicherheiten belastet, zwei allgemeine Folgerungen aber sind hinreichend gesichert: daß zwischen den wichtigen alemannischen Handschriften Familienzusammenhänge bestehen und daß diese auf eine gewisse Strecke als eine geschlossene schriftliterarische Tradition anzusehen sind.

Ein vergleichbarer Zusammenhang läßt sich nun auch in der Gruppe erkennen, deren vorwiegend mitteldeutsch-niederdeutsche Lokalisierung erst neuerdings entdeckt wurde, auch wenn durch Fragmentierung und Verlust der Sammlungen die Konturen sehr viele Fehlstellen enthalten. Dieser Überlieferungskomplex, in den O, U, w gehören und in den entfernt die Jenaer Liederhandschrift J einbezogen ist, hat nun eine wie immer geartete Verbindung in den östlichen hochdeutschen Raum, wie die Weimarer (F) und Würzburger Liederhandschrift (E) zeigen. Auch zu dieser Sammeltradition hatten die Redaktoren von C Zugang, wie der Teil der Waltherstrophen in C, der auf den Komplex *EC zurückgeht, dokumentiert. Das gibt der Sammlung in der Manessischen Handschrift ihren außerordentlichen Rang. Auf dieser Quellengegebenheit hat die kritische Wertung der handschriftlichen Fassungen aufzubauen.

3. Prämissen der Neubearbeitung

Als Folgerung aus der Überlieferungssituation ist jede Handschrift und ihr Text unter folgenden drei Aspekten zu betrachten:

- Die Handschriften sind Zeugen eines schriftliterarischen Traditionsprozesses, in dem Texte durch Abschreiben in einer kontinuierlichen Traditionskette weitergegeben wurden, wie dies die Lachmannsche Textkritik voraussetzte. Bei aller Sorgfalt, die die großen Liederhandschriften prägte, haben die Handschriften

---

[4] Wilhelm Wilmanns: Zu Walther von der Vogelweide. ZfdA 13, 1866/67, S. 217–288; Wilhelm Wilmanns: Walther von der Vogelweide. Bd. 2: Lieder und Sprüche Walthers von der Vogelweide. 4., vollständig umgearb. Aufl. besorgt v. Victor Michels. Halle 1924, S. 20–39; Franz-Josef Holznagel: Wege in die Schriftlichkeit. Untersuchungen und Materialien zur Überlieferung mittelhochdeutscher Lyrik. Tübingen/Basel 1995 (Bibl. German. 32), S. 208–256.

damit teil an der Varianz und den typischen Fehlern, die für den Abschreibevorgang geläufig sind. Die Fehler sind durch vergleichende Kritik großenteils zu erkennen und zu bessern. [...]

– Die Handschriften bezeugen Varianten des Textes, die nicht sicher auf einen handschriftlichen Archetyp zurückzuführen sind, sondern in den Übergangsbereich zwischen mündlicher Variabilität und schriftlicher Fixierung zurückreichen. Das betrifft sowohl einzelne Formulierungen wie Strophenanzahl und -reihenfolge. Aller Wahrscheinlichkeit nach umfassen die Varianten Akzentuierungen, die auf den namentlich beanspruchten Autor, aber auch auf unbekannte Nachsänger und Bearbeiter in Wort und Schrift zurückgehen können, die bald als Dichter und Vortragskünstler mehr an die Seite des Autors, bald als Sammler und Liebhaber mehr an die Seite des Publikums zu rücken sind. [...]

– Die Handschriften sind schließlich Zeugen eines sich ständig verdichtenden intertextuellen Bewußtseins. Nach dem Ausweis einiger eindeutiger (**81**) oder mit guten Gründen vermuteter (**11**[5], **90**) Beispiele gab es schon im ursprünglichen Aufführungskontext sängerische Interaktion, die direkte Bezugnahme auf Lieder anderer Sänger. Diese präsente Erinnerung im Genre, mit der Sänger in der Aufführung spielen können, verwandelt und verdichtet sich, wenn schriftlich aufgezeichnete Texte simultan präsent sind. Die entstehenden Sammlungen erzeugen selbst einen immer größeren Kontext, der auf die textliche Verfestigung der Liedtradition zurückwirkt. [...] Ordnungsgesichtspunkte, Zuschreibungsüberschneidungen und andere Beobachtungen in den großen Sammlungen zeigen deutlich, daß ‚Dichterbilder' entstehen [...] Die Handschriften überliefern uns die Texte immer nur im Spiegel ihrer Rezeption, d.h. in einem sich wandelnden dialogischen Verhältnis, nicht in einer passiven Dienstbarkeit.

Der Text, der der Kritik aus diesen Quellen erreichbar ist, ist nicht das authentische Werk Walthers nach neuzeitlichen Begriffen, sondern das Abbild des Œuvres in der Rezeption, dessen Konturen im Kern bald schärfer, bald weniger scharf, zum Rand hin immer undeutlicher, im Genretypischen verfließend sind. Ich möchte ihn nicht einen Arbeitstext nennen, weil der Begriff dahingehend verstanden werden kann, daß eine letzte erreichbare Stufe erst vom Leser hergestellt werden soll. Der Herausgeber bietet einen fertigen Text auf der Grundlage seiner Kenntnisse und Beurteilung an, doch dieser will immer als offener Text vor dem Hintergrund von Variabilität und historischer Schichtung, der sich in Lesarten, Parallelversionen und Überlieferungshinweisen niederschlägt, gelesen werden, und zugleich sollen dem Leser die Materialien geboten werden, die ihm ein eigenes Urteil ermöglichen und die die Entscheidungen des Herausgebers überprüfbar machen. *[Diese Maxime Cor-*

---

[5] Max Schiendorfer: Beobachtungen zum Aufbau der Minnesanghandschriften sowie ein editorisches Konzept. Das Beispiel Ulrich von Singenberg. ZfdPh 104, 1985, S. 18–51, vor allem 44–47. Vgl. auch zu **82** ders.: Handschriftliche Mehrfachzuweisungen: Zeugnis sängerischer Interaktion im Mittelalter? In: Euph. 79, 1985, S. 66–94, vor allem 69–71.

meaus wird in der vorliegenden 15. Aufl. editorisch deutlich stringenter durch zahlreiche Fassungs-editionen umgesetzt. Th. B.]

[…] Der Text *[der 14. Aufl.]* ist nun nach einem modifizierten Leithandschriften-prinzip hergestellt. Die Fassung basiert jeweils auf einer oder auf mehreren Lei-thandschriften, wenn als Ergebnis der Recensio vorausgesetzt werden kann, daß diese eng miteinander verwandt sind, also zusammen einen Überlieferungsstrang bilden und mit guten Gründen einen gemeinsamen Ausgangspunkt der schriftli-chen Tradition vermuten lassen. In diesen Fällen wird zwar auch soweit wie möglich einer Handschrift die Präferenz gegeben; soweit aber Besserungen nötig sind, wer-den sie nach der/den weiteren Leithandschrift(en) vorgenommen, ohne daß diese als Eingriffe des Herausgebers graphisch hervorgehoben werden. (Der Apparat gibt aber selbstverständlich im Rahmen der unten 7.–9. dargelegten Regeln die Varianten aller Handschriften an.) Besserungen, die aufgrund anderer als der Basis-handschriften vorgenommen wurden, sind dagegen im Text ebenso wie Konjektu-ren ohne handschriftliche Grundlage graphisch als Eingriffe des Herausgebers ge-kennzeichnet.

Die Wahl der Leithandschrift(en) erfolgte aufgrund einer für jeden Ton getrennt durchgeführten Ermittlung und Beurteilung der Überlieferungslage. Dabei wurde jeweils neu ohne Präferenz für einzelne, etwa die älteren Zeugen, die Handschrif-tenkonstellation bestimmt und die nach allen Kriterien überzeugendste Textbasis gewählt. Die Wahl wurde für Lied- und kurze Spruchtöne einheitlich getroffen, so daß in der Regel die gleiche handschriftliche Grundlage für die Einheit gilt (anders z.B. in **44**, wo mechanischer Verlust der Strophe I in O anzunehmen ist). Strophen-zahl und -folge gingen als Kriterien in die Entscheidung mit ein. […] Bei vielstro-phigen Spruchtönen, die ohnehin nicht als genuine Einheit zu betrachten sind, mußte dieses Verfahren modifiziert werden. Hier wurde möglichst für zusammen-hängende Komplexe die gleiche Basis gewählt, und in der Strophenfolge wurden die von den Haupthandschriften gebildeten Strophenreihen möglichst weitgehend reproduziert […]. Soweit zu einem Ton Strophen über den Bestand der Leithand-schriften hinaus überliefert sind (meist in jüngeren Handschriften, vor allem E), werden diese nach dem Kernbestand aufgrund der für sie vorhandenen, in der Regel singulären Überlieferung *[bzw., in der 15. Aufl. im Kontext von Fassungseditionen]* ediert.

Wo die Varianten über vereinzelte Akzentsetzung hinausgehen und sich deutlich zu einer – von wem auch immer – intendierten anderen Fassung zusammenschlie-ßen, werden unterschiedene parallele Versionen geboten. […]

Die Neuausgabe hält sich an die Zuschreibung der Handschriften und nimmt keine Athetesen vor. Das heißt nicht, daß es im Einzelfall keine guten Gründe für solche geben könnte. Jedoch ist die Leitlinie die historische Walther-Rezeption der großen Sammelhandschriften. Mit Rücksicht darauf und in Kenntnis dessen, daß das Sammelprinzip des Autorcorpus sich erst im Verlauf der Verschriftlichung her-ausgebildet hat und nur eine bestimmte Zeit in Geltung war, mußte die scharfe

Abgrenzung der früheren Auflagen zu den Strophen in Anmerkungen, der Vorrede (Unechte Lieder) und dem von Carl von Kraus in der 8. Ausgabe zugefügten Abschnitt ‚Neue Lieder und Sprüche' modifiziert werden:

Zu den Tönen im Hauptteil, die Walther zugeschrieben werden, sind alle zugehörigen Strophen gestellt, auch wenn sie nur in jüngeren Handschriften bezeugt sind und spätere Zusätze sein mögen. Alle anderen Strophen sind im neukonzipierten Anhang ediert, der insbesondere alle Strophen enthält,

- die Walther in wenigstens einer Handschrift zugeschrieben werden, auch wenn andere Handschriften eine andere Zuordnung geben und sich die Forschung überwiegend dieser anderen Zuweisung angeschlossen hat,
- die ohne Namensnennung, aber im Kontext von für Walther bezeugten Tönen überliefert sind,
- die in Spruchtönen Walthers abgefaßt und ohne Namen überliefert sind bis zur Kolmarer Handschrift (t), die dem meistersingerlichen Prinzip folgt, die Urheber der Töne, d.h. von Melodie und metrischem Schema, zu nennen, darunter auch Walther, zugleich aber noch früh bezeugte Texte überliefert (vgl. **11**).
- *[Neu in der 15. Aufl.: Strophen in Tönen Walthers mit fremder Autorzuschreibung. Ein gewisses Problem stellen die Töne 110–114 dar, denn sie sind in E eindeutig Walther zugewiesen und müssten insofern eigentlich im Hauptteil der Edition erscheinen; um die Tonzählung dort aber nicht zu gefährden, habe ich diese Töne im Anhang belassen. Th.B.]*

Die Einzelheiten der Einrichtung der Ausgabe erläutern die Abschnitte 7.–9. unten.

4. Anordnung

Lachmanns Anordnung der Lieder im Hauptteil ist mit Ausnahme der Strophen 106,17–108,13 beibehalten. Seine Reihenfolge hat immer auf den ersten Blick befremdet, weil sie nicht auf üblichen literaturgeschichtlichen Kriterien – Form, Gattung, Datierung – aufbaut, sondern auf überlieferungskritischen Gesichtspunkten. Werden diese bewußt registriert, geben sie den Texten wichtige Daten ihrer historischen Präsenz hinzu und sind in ihrer Faktizität jeder anderen Ordnung überlegen. Allerdings ließen sie sich nicht ganz ohne Kompromisse durchführen. Sein Vorgehen erläutert Lachmann nur in den verstreuten überlieferungskritischen Bemerkungen in seinen Anmerkungen; sie lassen sich folgendermaßen zusammenfassen.[6]

Die Ausgabe folgt in der Reihung der Töne im Prinzip der Handschrift C und reproduziert damit den Zustand der größten Sammlung (auch wenn die Texte im einzelnen nach anderen Handschriften hergestellt sind).

---

[6] Ich stütze mich hier weitgehend auf die Ausführungen Hugo Kuhns in der Einleitung zur 13. Ausgabe (S. XLIII–XLVII), dazu auf die Konkordanz zu C bei B/M/S, S. 18*–27*.

Diese Grundlinie wird durch ein zweites Prinzip modifiziert: An die vom Ton bestimmte Stelle werden auch alle Strophen herangeholt, die an späterer Stelle in die Handschrift aus anderer Quelle oder als Nachtrag aufgenommen wurden. Teilweise notierte die Handschrift selbst durch Buchstabenverweise den Zusammenhang, den die Ausgabe durch Umstellung nachvollzieht. Ebenso wird Sondergut der als zuverlässig erachteten Handschriften (wie A, B, nicht E) an der dem Ton entsprechenden Stelle eingerückt. Ausnahmen von dieser Regel sind der Kaiser Friedrichs- und Engelbrechtston (**3**), dessen Strophen in zwei unterschiedlich gut bezeugten Folgen (C 4−8 mit B, C 35−40) tradiert sind und nicht aneinandergereiht werden (S. 14 f. und 185 ff.), und die Lieder **39** und **83**, die dem gleichen metrischen Schema folgen, was hinsichtlich der Melodie freilich nicht die letzte Sicherheit gibt. *[In der 15. Aufl. gibt es keine Tonzählung 83 mehr; der Fall wird wie Ton 3 behandelt, d.h., es gibt an unterschiedlichen Stellen in der Ausgabe zwei Töne 39. Th.B.]*

Nur durch zwei große und eine kleine Umstellung durchbricht Lachmann die Übereinstimmung seiner Tönefolge mit der von C: Die Strophen 30−123[128] (**55−74**), Sprüche und Lieder, nimmt er heraus und verschiebt sie als Block hinter 290 [308]. Der Grund dafür ist, daß die Strophen nur zum geringeren Teil außer in C auch in A oder anderen Handschriften bezeugt sind und nicht aus der Quellentradition *BC stammen. Dafür holt er die Strophen 291 [309]−343 [359] (**9−13**), die durch andere Handschriften (D, Z, auch A, B) mitbezeugt werden, nach vorn hinter 125 [130] (**8b**). Für die Einreihung hat auch ein Gattungsgesichtspunkt eine Rolle gespielt − Buch I enthält dadurch außer dem Leich die bestbezeugten Spruchtöne (mit den eingeschobenen Liedern **6** und **7**). Schließlich verschiebt er noch die Strophen 348 [364]−354 [370] (**77−78**), die nur in C überliefert sind, hinter 365 [381]−373 [389] (**75−76**) mit Bezeugung durch C und A (aus *AC).

Da nun die Sammlung C im großen ganzen nacheinander die Quellentraditionen *BC, *AC (und diese zweimal) und *EC auswertete und zwar in der selektiven Weise, daß die Redaktoren jeweils übergingen, was schon aus anderer Quelle aufgenommen war, stehen nun in den beiden ersten Büchern (**1−43**) die Töne aus *BC, die am besten bezeugt sind, weil oft auch A, E und andere Handschriften dazutreten. Im III. und IV. Buch folgen die Töne, die *AC, C allein und *EC darüber hinaus tradieren. Durch die Orientierung an der Folge der Handschrift C (mit den oben genannten Abweichungen), die deren Entstehungsprozeß spiegelt, ergibt sich so eine absteigende Linie von den am breitesten und besten bezeugten Tönen bis zum Sondergut der späten Sammlungen. So schreibt Lachmann als Anmerkung zum IV. Buch: „Daß nur Eine strophe dieses buches von Walther sei, ist wenigstens äußerlich nicht zu beweisen" (S. 213). Freilich ist zu betonen, daß diese Bezeugungshierarchie nur im großen ganzen gilt, weil nach dem Töneprinzip Sondergut und Nachträge aus einzelnen Traditionen an Stellen geholt wurden, die durch wenige breit bezeugte Strophen bestimmt sein können; dies ist bei der Wertung von Einzelstrophen immer zu berücksichtigen.

Nur im letzten Punkt ist Lachmanns Bild korrekturbedürftig, insofern als durch die später gefundenen Fragmente O, U^x und w die *EC−Überlieferung deutlich aufgewertet wurde, da sie sowohl einzelne Töne als weitere Zeugen stützen wie auch Anhaltspunkte für den weiter zurückreichenden Sammlungszusammenhang liefern, der dem Sondergut aus *EC ein anderes Gewicht gibt. Aus diesem wie auch aus anderen Gründen darf in der kritischen Einschätzung die Sammlung E nicht so weit von den älteren Sammlungen A, B, C, D abgerückt werden, wie dies Lachmann tat. In der Neuauflage sind deshalb, wie von Kraus mit einzelnen durch EO bezeugten Strophen (z.B. **37**) bereits verfuhr, alle Plusstrophen von E, die Lachmann nur in den Anmerkungen mitteilte, zu den entsprechenden Tönen im Text gestellt.

Trotz dieser Korrektur aus dem neueren Forschungsstand bleibt aber gültig, daß die Anordnung der Ausgabe in etwa den Grad der Bezeugung abbildet. Sie beginnt mit dem Kern von Tönen, den die Überlieferung übereinstimmend Walther zuschreibt, und schreitet fort, je weiter um so mehr, in die Peripherie, in der die authentischen Konturen sich mit der Rezeption − für uns nicht sicher unterscheidbar − vermischen. Zur besseren Übersicht gebe ich die Tabelle (mit den nötigen Modifikationen) bei, die Hugo Kuhn für die 13. Ausgabe entworfen hat. Anstelle der Hinweise Lachmanns zur Quellenlage in den Anmerkungen sind jetzt von Fall zu Fall knappe Bemerkungen am Beginn der Töne in den Apparat eingerückt. Sie sollen an Ort und Stelle über die überlieferungskritische Begründung der Anordnung informieren.

C leich	: nur C (und k)	=	1
1−19	: BC (Mi. 20 f.)	=	2−7
30−123 [128]	: C mit einzelnen gruppenzusammenhängen (Mi. 36 ff.)	=	55−74
124 [129]−125 [130]	: unklar (dto)	=	8−8b
126 [132]−221 [228]	: BC (Mi. 21 ff.)	=	15−37
222 [229]−239 [247]	: BC (Mi. 26 ff.)	=	38−43
240 [248]−273 [291]	: AC^1 (Mi. 27 ff.)	=	44−53
274 [309]−343 [359]	: nur C (Mi. 38)	=	54
291 [309]−343 [359]	: C mit verschiedenen gruppenzusammenhängen (auch mit D!) (Mi. 38)	=	9−13 (14 nur q)
344 [360]−347 [363]	: C und Rumezlant (in J) (HMS 3, 529 u. 1, 267^b)	=	104
348 [364]−354 [370]	: nur C (Mi. 38 f.]	=	77−78
355 [371]−373 [389] (darin noch unbenutzt nur 365 [381]−368 [384])	: AC^2 (Mi. 27 ff.)	=	75−76
374 [390]−377 [393]	: AC^2 (aber in A unter *Liutold* und *Niune*) (Mi. 27 ff.)	=	79−80
(378 [394])	: AC^2 (Mi. 27 ff.) aber mit C 132−134 [138−140]	=	(17)
379 [395]−389 [405]	: nur C (Mi. 38 f.)	=	81−84
390 [406]−441 [464]	: EC (Mi. 31 ff.)	=	85−97
(442 [465]−444 [467])	: hier unklar, aber mit C 234 [241]	=	(42)
(445 [468]−447 [470])	: in C *meister heinrich teschler* überschrieben	=	105

5. Die Handschriften

An neuen Handschriftenfunden ist seit der 13. Auflage nur das Maastrichter Fragment (Ma) hinzugekommen, das ohne namentliche Zuweisung je eine Strophe im Ersten (9) und Zweiten Philippston (8) überliefert. [*Nach Erscheinen der 14. Aufl. ist das Brünner Fragment gefunden worden, das zu Ton 30 gehört (s. dazu unten unter Sigle ‚Br‘). Th.B.*] Weitere Strophen in bereits bekannten Handschriften wurden als Strophen in Tönen Walthers identifiziert. Die Umgestaltung des Anhangs bedingte, daß weitere Handschriften (Cª, h, J, m, Meisterliederhandschrift y) hier ebenfalls verzeichnet werden.

Auf den Autor hin gesammelt liegt die gesamte Überlieferung in nahezu vollständigen Abbildungen mit den nötigen Erläuterungen und wertvollen Konkordanzen vor in:

B/M/S   Walther von der Vogelweide. Die gesamte Überlieferung der Texte und Melodien. Abbildungen, Materialien, Melodietranskriptionen. Hg. v. Horst Brunner / Ulrich Müller / Franz Viktor Spechtler. Mit Beiträgen von Helmut Lomnitzer u. Hans-Dieter Mück. Geleitwort von Hugo Kuhn. Göppingen 1977 (Litterae 7)

[*Alle großen Sammelhandschriften (A, B, C, E, J; auch F und Fragmente wie Z) sind mittlerweile als sehr gute Digitalisate im Internet verfügbar. Die entsprechenden Verlinkungen sind übersichtlich zusammengestellt auf: http://www.handschriftencensus.de (hier unter ‚Gesamtverzeichnis Autoren/Werke/Walther von der Vogelweide‘). Hinweise finden sich aber auch weiter unten in den Fällen, in denen elektronische Versionen vorhanden sind. Th.B.*]

Als weitere Hilfsmittel ergänzen die Angaben und die Literatur zu den einzelnen Handschriften:

Codex Manesse   Codex Manesse. Die große Heidelberger Liederhandschrift. Texte − Bilder − Sachen. Katalog zur Ausstellung vom 12. Juni bis 4. September 1988. Universitätsbibliothek Heidelberg. Hg. v. Elmar Mittler u. Wilfried Werner. Heidelberg 1988 (Heidelberger Bibliotheksschriften 30)

Holznagel   Franz-Josef Holznagel: Wege in die Schriftlichkeit. Untersuchungen und Materialien zur Überlieferung der mittelhochdeutschen Lyrik. Tübingen/Basel 1995 (Bibl. German. 35)

Klein   Thomas Klein: Zur Verbreitung mittelhochdeutscher Lyrik in Norddeutschland (Walther, Neidhart, Frauenlob). ZfdPh 106, 1987, S. 72−112

²KLD   Deutsche Liederdichter des 13. Jahrhunderts. Hg. v. Carl von Kraus. 2. Aufl. durchges. v. Gisela Kornrumpf. 2 Bde. Tübingen 1978

L/K/K   Die Gedichte Walthers von der Vogelweide. Hg. v. Karl Lach-
                mann. 13., aufgrund der 10. von Carl von Kraus bearb. Ausgabe
                neu hg. v. Hugo Kuhn. Berlin 1965
Lit.lex.   Literaturlexikon. Autoren und Werke deutscher Sprache. Hg. v.
                Walter Killy unter Mitarbeit von H. Fromm, F. J. Görtz [u.a.]
                Bd. 1–15. Gütersloh/München 1988–1993
MF II   Des Minnesangs Frühling. Unter Benutzung der Ausgaben von
                Karl Lachmann und Moriz Haupt, Friedrich Vogt und Carl von
                Kraus bearb. v. Hugo Moser und Helmut Tervooren. Bd. II:
                Editionsprinzipien, Melodien, Handschriften, Erläuterungen. 36.,
                neugest. u. erw. Aufl. Mit 4 Notenbeispielen u. 28 Faksimiles.
                Stuttgart 1977
RSM   Repertorium der Sangsprüche und Meisterlieder des 12. bis 18.
                Jahrhunderts. Hg. v. Horst Brunner und Burghart Wachinger un-
                ter Mitarbeit v. E. Klesatschke [u.a.] Bd. 1: Einleitung – Überlie-
                ferung. Tübingen 1994
Schneider   Karin Schneider: Gotische Schriften in deutscher Sprache. Bd. I:
                Vom späten 12. Jahrhundert bis um 1300. Textband/Tafelband.
                Wiesbaden 1987
²VL   Die deutsche Literatur des Mittelalters. Verfasserlexikon. Begrün-
                det v. W. Stammler, fortgef. v. K. Langosch. 2., völlig neu be-
                arb. Aufl. unter Mitarb. zahlreicher Fachgelehrter hg. v. Kurt Ruh
                zus. mit G. Keil, W. Schröder, B. Wachinger [u.] F. J. Worstbrock.
                Bde. 1 ff., Berlin/New York 1978 ff.
Voetz   Lothar Voetz: Überlieferungsformen mittelhochdeutscher Lyrik.
                In: Codex Manesse, S. 224–274

Die folgenden Handschriftenbeschreibungen beruhen auf den genannten Hilfsmit-
teln und der jeweils zitierten Literatur [*Stand der 14. Aufl.*].[7] [*Nachtrag 15. Aufl.: Auf
der Homepage http://www.handschriftencensus.de finden sich Nachweise aktueller Forschungen
zu Handschriften. Th.B.*]

A Heidelberg, Universitätsbibliothek Cod. Pal. Germ. 357 (*Kleine Heidelberger Lie-
    derhandschrift*)
Pergament, 18,5 × 13,5 cm, 45 Bll.

---

[7] Verglichen wurden auch, soweit einschlägig, die Angaben bei: Frauenlob (Heinrich von Meissen):
   Leichs, Sangsprüche, Lieder. Aufgrund der Vorarbeiten von Helmuth Thomas hg. v. Karl Stackmann
   und Karl Bertau. 1. Teil: Einleitungen, Texte. Göttingen 1981 (Abh. d. Ak. d. Wiss. in Göttingen);
   Günther Schweikle: Minnesang. Stuttgart 1989 (SM 244); Die Schweizer Minnesänger. Nach der
   Ausg. von Karl Bartsch neu bearb. und hg. v. Max Schiendorfer. Bd.: 1 Texte. Tübingen 1990.

Um 1270. Elsaß, vielleicht Straßburg, Schreibsprache alemannisch (im Anhang mit md. Einfluß).

Bl. 1r–39v Leichs, Lieder und Sangsprüche von 29 namentlich genannten Autoren, 5 davon zweimal mit unterschiedlichen Namensformen. Strophenanfänge durch abwechselnd rote und blaue Lombarden ausgezeichnet, Tonanfänge auf dem Rand von späterer Hand markiert.
Bl. 40r–45v als Anhang von anderen Händen 60 Strophen ohne Namen (= **a**).

Bl. 5v–13v als 4. Autor nach Reimar dem Jungen WALTHER VON DER VOGELWEIDE. Mit 151 Strophen das umfangreichste Autorkorpus. Weitere Strophen, die anderwärts oder von der Forschung Walther zugeschrieben werden, unter Hartmann von Aue, Lutold von Seven, Niune, Reimar und Truchseß von St. Gallen.

Im Anhang **a** zwischen und nach Liedern, die anderwärts Rubin zugeschrieben sind, eine Folge von an anderem Ort meist gut für Walther bezeugten Liedern (13, 14; 21–30 = **40** III IV; **65** II, **55** II III, **20** I–IV, **121** I–II, **71** II).

Abb.: Die Kleine Heidelberger Liederhandschrift in Nachbildung. Mit Geleitwort und Verzeichnis der Dichter und der Strophenanfänge von Carl von Kraus. Stuttgart 1932; – Die Kleine Heidelberger Liederhandschrift Cod. Pal. Germ. 357 der Universitätsbibliothek Heidelberg. Bd. 1: Faksimile. Bd. 2: Einführung von Walter Blank. Wiesbaden 1972 (Facsimilia Heidelbergensia 2); – B/M/S, S. 105–120. – *Ein Digitalisat der Handschrift ist offen zugänglich auf der Homepage der Digitalen Bibliothek der Universitätsbibliothek Heidelberg.*
Abdr.: Franz Pfeiffer (Hg.): Die alte Heidelberger Liederhandschrift. Mit einer Schriftprobe. Stuttgart 1844 (StLV 9c), Nachdruck Heidelberg 1962.
Lit.: Margarete Regendanz: Die Sprache der kleinen Heidelberger Liederhandschrift A (N. 357). Diss. Marburg 1912; – Eduard Hans Kohnle: Studien zu den Ordnungsgrundsätzen mittelhochdeutscher Liederhandschriften. (Die Folge der Lieder in A und E). Mit einem Anhang: Der Verfasser der sogenannten jungen Spervogelstrophen A 27–30. Stuttgart/Berlin 1934 (Tübinger German. Arbeiten 20); – Carl Bützler: Die Strophenanordnung in mhd. Liederhandschriften. ZfdA 77, 1940, S. 143–174, hier S. 145–151; – A[ ] H[ ] Touber: Formale Ordnungsprinzipien in mittelhochdeutschen Liederhandschriften. ZfdA 95, 1966, S. 187–203, hier S. 192–194; – B/M/S, S. 12*–15*; – George F. Jones / Ulrich Müller / Franz Viktor Spechtler: Verskonkordanz zur Kleinen Heidelberger Liederhandschrift (Lyrik-Handschrift A). 3 Bde. Göppingen 1979 (GAG 292–294); – Gisela Kornrumpf, ²VL 3, Sp. 577–584; – Schneider, S. 184–186; – Voetz, S. 232–234; – Gisela Kornrumpf, Lit.lex. 5, S. 115–116; – RSM, S. 175; – Holznagel, S. 21–120 u. 208–280. – Schuchert, 2010.

a der namenlose Anhang in **A**; Näheres s. dort.

B Stuttgart, Württembergische Landesbibliothek HB XIII 1 (*Weingartner Liederhandschrift*)
Pergament, 15 × 11,5 cm, 156 paginierte + 2 Bll., mehrere Hände.
1. Viertel 14. Jh. Bodenseeraum, wahrscheinlich Konstanz, Schreibsprache alemannisch.

Lieder und (nur bei Walther) Sangsprüche von 25 namentlich genannten Autoren; mit meist ganzseitigen Autorenbildern; Strophen abgesetzt, Anfänge durch abwechselnd rote und blaue Lombarden ausgezeichnet. Die Lieder Reimars des Alten werden S. 86–103 nach der Sammlung Heinrichs von Morungen ohne Kennzeichnung fortgesetzt (= **b**).

Weiterhin noch 5 strophische Abteilungen ohne Namen (Wolfram, Neidhart, ‚Winsbecke‘ / ‚Winsbeckin‘, Ps.-Gottfrieds ‚Lobgesang auf Maria‘, der Junge Meißner), danach die Minnelehre Johanns von Konstanz.

S. 139–170 an 25. Stelle nach Rubin *H[ˢ]. WALTHˢ. V̄. Dˢ. VOGELWAIDE.*
112 Strophen; wahrscheinlich ist die Walthersammlung durch Blattverlust zwischen Strophe 73 und 74 verringert (Holznagel). In **b** Str. 85–87 = **49a**.

Abb.: Die Weingartner Liederhandschrift in Nachbildung. Mit Begleitwort von Karl Löffler. Stuttgart 1927; – Die Weingartner Liederhandschrift. 2 Bde. (Faksimile; Textband mit Beiträgen von W. Irtenkauf [zur Geschichte der Handschrift], K. H. Halbach [zu den Texten und zur Sammlung], R. Kroos [zu den Miniaturen] und einer Transkription v. O. Ehrismann). Stuttgart 1969; – B/M/S, S. 121–139.

Abdr.: Franz Pfeiffer / Ferdinand Fellner (Hgg.): Die Weingartner Liederhandschrift. Stuttgart 1843 (StLV 5a), Nachdruck Heidelberg 1966. – *Ein Digitalisat der Handschrift ist offen zugänglich auf der Homepage der Württembergische Landesbibliothek Stuttgart.*

Lit.: Hermann Schneider: Eine mittelhochdeutsche Liedersammlung als Kunstwerk. PBB 47, 1923, S. 225–260; – Carl Bützler: Die Strophenanordnung in mhd. Liederhandschriften. ZfdA 77, 1940, S. 143–174, hier S. 151–155; – L/K/K, S. XVII–XVIII; – A[ ] H[ ] Touber: Formale Ordnungsprinzipien in mittelhochdeutschen Liederhandschriften. ZfdA 95, 1966, S. 187–203, hier S. 194–196; – Hella Frühmorgen-Voss: Die Weingartner Liederhandschrift. In: Kindlers Literatur Lexikon VII. München 1972, Sp. 1013–1017; wieder in: H. F.-V.: Text und Illustration im Mittelalter. Aufsätze zu den Wechselbeziehungen zwischen Literatur und bildender Kunst. Hg. u. eingeleitet v. Norbert H. Ott. München 1975 (MTU 50), S. 100–105; – B/M/S, S. 15*–17*; – MF II, S. 40–42; – Verskonkordanz zur Weingartner-Stuttgarter Liederhandschrift (Lyrik-Handschrift B). Aufgrund der revidierten Transkription von O. Ehrismann hg. v. George F. Jones, Hans-Dieter Mück, Ulrich Müller und Franz Viktor Spechtler. 3 Bde. Göppingen 1978 (GAG 230/231); – Voetz, S. 234–236; – Liselotte Saurma-Jeltsch: Das stilistische Umfeld der Miniaturen. In: Codex Manesse, S. 341–343; – Gisela Kornrumpf, Lit.lex. 12, S. 205–206; – RSM, S. 257–258; – Holznagel, S. 21–88, 121–139 u. 208–280.

b   die Fortsetzung der Lieder Reimars in **B**; Näheres s. dort.

Br Landesarchiv in Brünn, Brno, Maravský Zemský Archiv, Sbírka rukopisů Františkova muzea, G11 625 (das Brünner Fragment).
Pergament, 52/46 × 295 mm.
Eine Hand; aus den 40er Jahren des 14. Jh.
Fragmentarischer Text zu Ton 30 sowie Fragment eines bislang unbekannten Textes.

Abb.: Löser, 2010. Hier auch diplomatischer Abdruck und Bewertung des Fragments. [Th. B.]

C   Heidelberg, Universitätsbibliothek Cod. Pal. Germ. 848 (*Große Heidelberger* oder
    Manessische Liederhandschrift; früher *Pariser Liederhandschrift*)
Pergament, 35,5 × 25 cm, 426 Bll., zweispaltig, mehrere Hände.
Um 1300 (Grundstock), Nachträge bis um 1330/40. Zürich, Schreibsprache ale-
mannisch.

Leichs, Lieder und Sangsprüche von 140 namentlich genannten Autoren, mit 137
ganzseitigen Miniaturen und 1 Vorzeichnung. Strophen abgesetzt, Anfänge durch
rote und blaue Lombarden ausgezeichnet, in der Regel wechseln die Farben von
Ton zu Ton.

Bl. 124r–145v als Nr. XLII (durch Nachträge an 45. Stelle) HER WALTHER VON
DER VOGELWEIDE.
Mit dem Leich und 447 Strophen (7 davon doppelt) die größte Walther-Sammlung
überhaupt und das umfangreichste Autorcorpus in der Hs.; 3 angeschlossene wei-
tere Strophen sind von späterer Hand (richtiger) Heinrich Teschler zugewiesen.
Die Strophenangabe erfolgt nach der Zählung Lachmanns, der nur eine der Dublet-
ten 125a [131] (= **8b**) überging und zwei Randstrophen nach 29 (= **7** VIII und
XI) nicht zählte, und nach der in die Hs. eingetragenen fehlerhaften Zählung [in
Klammern]. Die Walthersammlung wird den Schreibern As (1–385 [401]), Bs
(386 [402]–389 [405]) und Es (29a, 29b, 390 [406]–447 [470]) zugeschrieben
(Werner).
Darüber hinaus werden auch Strophen unter Hartmann von Aue, Heinrich von
Morungen, Reimar, Rudolf von Neuenburg, Rudolf von Rotenburg, Rubin und
Walther von Mezze anderwärts oder von der Forschung als Strophen Walthers
betrachtet.

    Abb.: Die Manessesche Lieder-Handschrift. I. Faksimile. II. Einleitungen v. R. Sillib, F. Panzer u.A.
Haseloff. Leipzig 1925–1929; – Die Große Heidelberger ‚Manessische' Liederhandschrift. In Abb. hg.
v. Ulrich Müller. Mit einem Geleitwort v. W. Werner. Göppingen 1971 (= Litterae 1); – Codex Manesse.
Die Große Heidelberger Liederhandschrift. Vollfaksimile des Cod. Pal. Germ. 848 der Universitätsbiblio-
thek Heidelberg. Interimstexte von Ingo F. Walther. Frankfurt a. M. 1975–1979 [Kommentarband s.u.
Lit.]; – B/M/S, S. 141–200.
    Abdr.: Fridrich Pfaff (Hg.): Die große Heidelberger Liederhandschrift. In getreuem Textabdruck.
Teil 1: Textabdruck. Heidelberg 1909; 2., verb. u. erg. Aufl. bearb. v. Hellmut Salowsky, Heidelberg 1984.
*– Ein Digitalisat der Handschrift ist offen zugänglich auf der Homepage der Digitalen Bibliothek der Universitätsbiblio-
thek Heidelberg.*
    Lit.: Aloys Schulte: Standesverhältnissse der Minnesänger. ZfdA 39, 1895, S. 185–251; – Friedrich
Vogt: Die Heimat der Großen Heidelberger Liederhandschrift. PBB 33, 1908, S. 373–381; – Anton
Wallner: Herren und Spielleute im Heidelberger Liedercodex. PBB 33, 1908, S. 483–540; – Friedrich
Vogt: Noch einmal „Konstanz oder Zürich?" PBB 48, 1924, S. 291–302; – Carl Bützler: Die Strophe-
nanordnung in mhd. Liederhandschriften. ZfdA 77, 1940, S. 143–174, hier S. 165–174; – Diether
Haacke: Nochmals: Zur Heimat der Großen Heidelberger Liederhandschrift. ZfdPh 83, 1964, S.
301–307; – Ewald Jammers: Das Königliche Liederbuch des deutschen Minnesangs. Eine Einführung
in die sogenannte Manessische Handschrift. Heidelberg 1965; – L/K/K, S. XVIII–XXII; – A[ ] H[ ]
Touber: Formale Ordnungsprinzipien in mittelhochdeutschen Liederhandschriften. ZfdA 95, 1966,

S. 187–203, hier S. 196–203; – Herta-Elisabeth Renk: Der Manessekreis, seine Dichter und die Manes-
sische Handschrift. Stuttgart [u.a.] 1974 (Stud. zur Poetik und Gesch. der Lit. 33); – Joachim Bumke:
Ministerialität und Ritterdichtung. Umrisse der Forschung. München 1976; – B/M/S, S. 17*–27*; –
MF II, S. 42–47; – Gisela Kornrumpf, ²VL 3, Sp. 584–597; – Hugo Kuhn: Die Voraussetzungen
für die Entstehung der Manesseschen Liederhandschrift und ihre überlieferungsgeschichtliche Bedeu-
tung. In: H. K.: Liebe und Gesellschaft. Hg. v. Wolfgang Walliczek. Stuttgart 1980, S. 80–105 u. S.
188–192; wieder in: Der deutsche Minnesang. Aufsätze zu seiner Erforschung. Hg. v. H. Fromm. Bd. 2.
Darmstadt 1985 (WdF 608), S. 35–76; – Codex Manesse. Die Große Heidelberger Liederhandschrift.
Kommentar zum Faksimile d. Cod. Pal. Germ. 848 der Universitätsbibliothek Heidelberg. Hg. v. Walter
Koschorreck und Wilfried Werner. Kassel 1981 (Beiträge von W. Werner [zur Geschichte der Hs.], E.
M. Vetter [zu den Bildern], W. Koschorreck [zu den Bildmotiven], H. Kuhn [zur Textsammlung], M.
Wehrli [zur Geschichte der Manesse-Philologie] und E. Jammers [zur Musik]); – Gisela Kornrumpf:
Die Anfänge der Manessischen Liederhandschrift. In: Deutsche Handschriften 1100–1400. Oxforder
Kolloquium 1985. Hg. v. Volker Honemann und Nigel F. Palmer. Tübingen 1988, S. 279–296; – Codex
Manesse (Beiträge von H. Drös, U. Gross, A. Günzburger, S. Himmelheber, E. Mittler, M. Rother, H.
Salowsky, L. Saurma-Jeltsch, S. Schadl, R. M. Schmidt, V. Trost, E. M. Vetter, L. Voetz, D. Walz, L.
Welker und W. Werner); – Voetz, S. 227–232; – Gisela Kornrumpf, Lit.lex. 5, S. 113–115; – Claudia
Brinker / Dione Flühler-Kreis (Hgg.): *edele frouwen – schoene man.* Die Manessische Handschrift in Zürich.
Ausstellungskatalog. 12. Juni bis 29. September 1991. Schweizerisches Landesmuseum. Zürich 1991;
– Hellmut Salowsky: Codex Manesse. Beobachtungen zur zeitlichen Abfolge der Niederschrift des
Grundstocks. ZfdA 122, 1993, S. 251–270; – Max Schiendorfer: Ein regionalpolitisches Zeugnis bei
Johannes Hadlaub (SMS 2). Überlegungen zur historischen Realität des sogenannten „Manessekreises".
ZfdPh 112, 1993, S. 37–65; – RSM, S. 178–179; – Holznagel, S. 21–120 u. 140–280. – Christiane
Henkes-Zin: Überlieferung und Rezeption in der Großen Heidelberger Liederhandschrift (Codex Ma-
nesse). Diss. [masch]. Aachen 2004, S. 182ff. [http://darwin.bth.rwth-aachen.de/opus3/volltexte/2008/
2161/pdf/Henkes_Zin_Christiane.pdf].

Zu den Miniaturen: Gisela Siebert-Hotz: Das Bild des Minnesängers. Motivgeschichtliche Untersu-
chungen zur Dichterdarstellung in den Miniaturen der großen Heidelberger Liederhandschrift. Diss.
Marburg 1964; – Hella Frühmorgen-Voss: Bildtypen in der Manessischen Liederhandschrift. In: H. F.-
V.: Text und Illustration im Mittelalter. Aufsätze zu den Wechselbeziehungen zwischen Literatur und
bildender Kunst. Hg. u. eingel. v. Norbert H. Ott. München 1975 (MTU 50), S. 57–87; wieder in: Der
deutsche Minnesang. Aufsätze zu seiner Erforschung. Hg. v. H. Fromm. Bd. 2. Darmstadt 1985 (WdF
608), S. 77–114; – Ewald M. Vetter: Die Bilder. In: Codex Manesse. Kommentar, S. 43–100; – Walter
Koschorreck: Die Bildmotive. In: Codex Manesse. Kommentar, S. 103–127; – Codex Manesse. Die
Miniaturen der Großen Heidelberger Liederhandschrift. Hg. u. erl. v. Ingo F. Walther unter Mitarb. v.
G. Siebert. Frankfurt a. M. 1988; – Ewald M. Vetter: Bildmotive – Vorbilder und Parallelen. In: Codex
Manesse, S. 275–301; – Liselotte Saurma-Jeltsch: Das stilistische Umfeld der Miniaturen. In: Codex
Manesse, S. 302–323.

C^a (Berlin), ehem. Preußische Staatsbibliothek Ms. germ. qu. 519; jetzt Krakau,
    Biblioteka Jagiellońska (*Troßsches Fragment*)
Pergament, 26 × 20 cm, 4 Bll., zweispaltig.
Um 1440. Oberrhein oder Württemberg, Schreibsprache alemannisch (aber auch
md. Einfluß).

Fragment der 21. Lage einer Hs., die als direkte Abschrift von **C** gilt. Strophen
abgesetzt, Anfänge mit abwechselnd roten und blauen Lombarden; 1 Autorenbild
(Schenk von Limburg). Erhalten sind 43 Strophen Heinrichs von Morungen und

6 Strophen des Schenken von Limburg. Die vorletzte Strophe Morungens (= 103
C) überliefert **E** als Teil eines vierstrophigen Walther zugeschriebenen Lieds (=
109 III / MF XIX.XXXIII[1]/ XXXIII[2].3).

Abb.: Codex Manesse, S. 560−567.
Lit.: MF II, S. 47−48; − Voetz, S. 250−252; − Wilfried Werner: Schicksale der Handschrift. In:
Codex Manesse, S. 1−21, hier S. 11−13.

C   Berlin, SBBPK Ms. germ. fol. 779
     Papier, 31 × 21 cm, 279 Bll. (3 Teile zusammengebunden).
2. Hälfte 15. Jh.(nach 1461/66). Wohl Nürnberg, Schreibsprache (Neidhartteil)
nordbairisch.

Bl. 1−71 Thüring von Ringoltingen ‚Melusine'; Bl. 72−129 Albrecht von Eyb
‚Ehebüchlein'; Bl. 130−273 Lieder Neidharts und Neidhartiana in 132 Tönen (ins-
gesamt 1098 Strophen), von den vorgesehenen Melodien sind 45 eingetragen.

Bl. 244rv unter Winterliedern Nr. 114,1−3 *Ein tag weis*, ohne Noten, Strophen, die
A, E (und U[x]) Walther, C Rudolf von Rotenburg zuschreiben (**101**).

Abb.: Abbildungen zur Neidhart-Überlieferung II. Die Berliner Neidhart-Handschrift c (mgf 779).
Hg. v. Edith Wenzel. Göppingen 1976 (Litterae 15); − B/M/S, S. 201; − Codex Manesse, S. 584. −
*Ein Digitalisat der Handschrift ist offen zugänglich auf der Homepage der Staatsbibliothek zu Berlin Preußischer
Kulturbesitz.*
Abdr.: Die Berliner Neidhart-Handschrift c (mgf 779). Transkription der Texte und Melodien von
Ingrid Bennewitz-Behr unter Mitwirkung von U. Müller. Göppingen 1981 (GAG 356).
Lit.: Dietrich Boueke: Materialien zur Neidhart-Überlieferung. München 1967 (MTU 16), hier
S. 18−28; − Gerd Fritz: Sprache und Überlieferung der Neidhart-Lieder in der Berliner Handschrift
germ. fol. 779 (c). Göppingen 1969 (GAG 12); − B/M/S, S. 27*−28*; − Hans Becker: Die Neidharte.
Studien zur Überlieferung, Binnentypisierung und Geschichte der Neidharte der Berliner Handschrift
germ. fol. 779 (c). Göppingen 1978 (GAG 255); − Eckehard Simon: Neidharte und Neidhartiana. Zur
Geschichte eines Liedcorpus. In: Neidhart. Hg. v. Horst Brunner. Darmstadt 1986 (WdF 556), S.
196−250, hier bes. 219.

D Heidelberg, Universitätsbibliothek Cod. Pal. Germ. 350
     Pergament, 24 × 15,5 cm, 69 Bll. (ursprünglich 3 selbständige Teile) zwei-
spaltig.
Um 1300. Schreibsprache südrheinfränk.(**D**); − 2. Viertel des 14. Jh. (**H**, **R**).
Schreibsprache rheinfränk.-hess. (**H**), nordbairisch (**R**).

Bl. 1−43 (**D**) Sammlung der Sangsprüche Reinmars von Zweter (in 8 Abschnitten)
mit einem Anhang.
Bl. 43[II]−64 (**H**) Sangspruchstrophen und Meisterlieder überwiegend geistlicher
Thematik von verschiedenen Autoren.

Bl. 65–68 (**R**) 16 Spruchstrophen in Tönen Regenbogens, des Marners und Frauenlobs.

Bl. 38v–40v als 10. und letzter Abschnitt von **D** (239–256) als geordnete Sammlung 12 Strophen des Wiener Hoftons (**10**), dann 1 Lied (**30** I–V) und der Anfang eines weiteren (**20** I; Abbruch am Seitenende). (Eine namentliche Zuweisung Bl. 38va *h^s walth^s* von späterer Hand wieder getilgt.)
Bl. 55v–56r die namenlose Strophenfolge 74 [335]–78 [339] in **H** ebenfalls im Wiener Hofton (**10** I*–V*).

Abb.: Mittelhochdeutsche Spruchdichtung. Früher Meistersang. Vollfaksimile des Codex Palatinus Germanicus 350 der Universitätsbibliothek Heidelberg. 3 Bde. (Faksimile; Einführung u. Kommentar v. Walter Blank; Beschreibung der Handschrift u. Transkription v. Günter u. Gisela Kochendörfer). Wiesbaden 1974 (Facsimilia Heidelbergensia 3); – B/M/S, S. 202–205. – *Ein Digitalisat der Handschrift ist offen zugänglich auf der Homepage der Digitalen Bibliothek der Universitätsbibliothek Heidelberg.*
Lit.: Gustav Roethe: Die Gedichte Reinmars von Zweter. Leipzig 1887, Nachdruck Amsterdam 1967; – Manfred Günter Scholz: Die Strophenfolge des ‚Wiener Hoftons‘. ZfdPh 92, 1973, S. 1–23; – B/ M/S, S. 28*; – Burghart Wachinger, ²VL 3, Sp. 597–606; – Frieder Schanze: Meisterliche Liedkunst zwischen Heinrich von Mügeln und Hans Sachs. Bd. II: Verzeichnisse. München 1984 (MTU 83), S. 177–179; – Schneider, S. 240 f.; – Klein, S. 105; – RSM, S. 173–174.

E München, Universitätsbibliothek 2° Cod. ms. 731 (*Hausbuch des Michael de Leone, Würzburger Liederhandschrift*)
Pergament, 34,5 × 26,5 cm, 285 Bll., zweispaltig, mehrere Hände.
Um 1345–1354. Würzburg, Schreibsprache Würzburger Kanzleisprache.

Sammelhs. (erhalten Bd. II mit Verzeichnis des Gesamtinhalts, Bd. I bis auf Reste verloren) mit deutschen und lateinischen Texten vor allem moralischen und sachlichen Inhalts; literarische Texte sind einem regionalen Interesse folgend aufgenommen (Konrad von Würzburg, Walther, Reinmar)

Bl. 168v–180v als Kapitel XXIIII *Hie hebent sich die lieder an des meist^s s von der vogelweide hern walthers*, 212 Strophen. Töne abgesetzt und durch mehrzeilige rote Lombarden und Überschrift *walther, her walther* oder *her walther von der vogelweide* gekennzeichnet, Strophenanfänge durch einzeilige rote Lombarden markiert. Durch Blattverlust nach Bl. 180 ist die Walther-Sammlung um etwa 4–4 1/2 Bll., die folgende Reinmar-Sammlung um ihren Anfang verkürzt. Bl. 181r–191v folgen Lieder Reinmars (213–376), Tonanfänge in der Regel durch *her reymar* gekennzeichnet. Die Strophen 342–376, Bl. 189rb–191va hat La als **e** abgegrenzt, ohne daß äußere Kennzeichen dies veranlaßten, jedoch ist ein Teil dieser Lieder für andere Autoren gut bezeugt.
Aus der Reinmar-Sammlung **E** sind 3 Strophen (332–334 = **47**) gut, andere nur durch **m** für Walther bezeugt, aus **e** ein Lied (355–359 = **25**) und eine Strophe (376 = **122**). Bl. 191v als Nachtrag nach der Reinmar-Sammlung und Bl. 212v als

Bestandteil einer Versus-Sammlung sind Nachrichten über die Grabstätte Walthers tradiert.

Abb.: Die Lieder Reinmars und Walthers von der Vogelweide aus der Würzburger Liederhandschrift 2° Cod. ms. 731 der Universitätsbibliothek München. I. Faksimile mit einer Einführung von Gisela Kornrumpf. Wiesbaden 1972; – B/M/S, S. 206–238; – Das Hausbuch des Michael de Leone: Würzburger Liederhandschrift der Universitätsbibliothek München (2° Cod. ms. 731). In Abb. hg. v. H. Brunner. Göppingen 1983 (Litterae 100). – *Ein Digitalisat der Handschrift ist offen zugänglich auf der Homepage der Universitätsbibliothek der Ludwig Maximilians-Universität München.*

Lit.: Eduard Hans Kohnle: Studien zu den Ordnungsgrundsätzen mittelhochdeutscher Liederhandschriften. (Die Folge der Lieder in A und E). Mit einem Anhang: Der Verfasser der sogenannten Spervogelstrophen A 27–30. Stuttgart/Berlin 1934 (Tübinger German. Arbeiten 20); – L/K/K, S. XXII–XXIV; – Gisela Kornrumpf / Paul-Gerhard Völker (Hgg.): Die deutschen mittelalterlichen Handschriften der Universitätsbibliothek München. Wiesbaden 1968 (Die Handschriften der Universitätsbibliothek München 1), S. 66–107 u. 349; – B/M/S, S. 29*–33*; – MF II, S. 48–50; – Gisela Kornrumpf, ²VL 6, Sp. 491–503; – Voetz, S. 254–256; – Gisela Kornrumpf: Walthers ‚Elegie‘. Strophenbau und Überlieferungskontext. In: Walther von der Vogelweide. Hamburger Kolloquium 1988 zum 65. Geb. v. K. H. Borck. Hg. v. J.-D. Müller und F. J. Worstbrock, Stuttgart 1989, S. 147–158; – Gisela Kornrumpf, Lit.lex. 12, S. 449; – RSM, S. 222–223; – Ingrid Bennewitz: „Eine Sammlung von Gemeinplätzen". Die Walther-Überlieferung der Handschrift E. In: *Dâ hœret ouch geloube zuo.* Überlieferungs- und Echtheitsfragen zum Minnesang. Beiträge zum Festcolloquium für G. Schweikle. Hg. v. Rüdiger Krohn in Zusammcnarbeit mit W.-O. Dreeßen. Stuttgart/Leipzig 1995, S. 26–35.

e   der von La abgegrenzte Teil der Reinmar-Sammlung in **E**; Näheres s. dort.

F   Weimar, Herzogin Anna Amalia Bibliothek Q 564 (*Weimarer Liederhandschrift*)
     3. Viertel 15. Jh. Wohl Nürnberg.
Papier, 18,7 × 15 cm, 142 Bll., zwei Hände.
Sammlung von Spruchstrophen, Liedern und Leichs Frauenlobs, einzelne andere Autoren dazwischen, danach eine Sammlung von Minneliedern Walthers, als Anhang verschiedene Reimpaardichtungen.

Bl. 101r–106v; 109r 49 Strophen ohne Namen, Strophen abgesetzt und (oft fehlerhaft) untergliedert. Für Walther gut bezeugt die Strophen 1–4 (**85** II–V), 5–8 (**91** I–IV), 9 (**110** I), 10 (**7** XIII), 14–17 (**23** II III **23a** I II), 18–19 (**31** I V), 20–22 (**42** IV I II), 23 (**34** I), 24–25 (**31** II IV), 26–28 (**94** II IV V), 29–33 (**36** I **36a** III II IV **36** II), 34–37 (**20** I–IV), 45–49 (**44** I–V), drei Lieder unterschiedlich zugeschrieben 11–13 Walther (**102**) oder Rubin (KLD 47.XIV), 38–39 Walther (**108** I II) oder Rudolf von Fenis (MF XIII.VIII), 40–44 Walther (**124**) oder Friedrich von Hausen (MF X.XVIIb).

Abb.: B/M/S, S. 239–245. – *Ein Digitalisat der Handschrift ist offen zugänglich auf der Homepage der Herzogin Anna Amalia Bibliothek (Klassikstiftung Weimar).*

Abdr.: Die Weimarer Liederhandschrift Q 564 (Lyrik-Handschrift F). Hg. v. Elisabeth Morgenstern-Werner. Göppingen 1990 (GAG 534).

Lit.: Franz Hacker: Untersuchungen zur Weimarer Liederhandschrift F. PBB 50, 1927, S. 351−393; −
B/M/S, S. 33*−34*: − Frauenlob (Heinrich von Meissen): Leichs, Sangsprüche, Lieder. Aufgrund der
Vorarbeiten von Helmuth Thomas hg. v. Karl Stackmann und Karl Bertau. 1. Teil: Einleitungen, Texte.
Göttingen 1981 (Abh. d. Ak. d. Wiss. in Göttingen), S. 37−48; − Klein, S. 93; − Voetz, S. 261−263;
− Gisela Kornrumpf: Konturen der Frauenlob-Überlieferung. In: Wolfram-Studien 10. Cambridger
,Frauenlob'-Kolloquium. Hg. v. W. Schröder. Berlin 1988, S. 26−50, hier S. 29−42; − RSM, S. 273.

G München, Bayerische Staatsbibliothek Cgm 5249/74
    Pergament, 15 × 11 cm, 1 Doppelblatt.
Mitte 14. Jh. Schreibsprache bairisch.

21 Strophen ohne Namen, am Beginn der Töne zweizeilige, der Strophen einzeilige
rote Lombarden.
Von Walther 1−3 (**60** II−IV), 4−8 (**26** I−V), 13−17 (**40** IV III II I V). 9−12
und 18−21 anderwärts für Reinmar bezeugt (MF XXI.XXXV und XXXIII).
Die Hs. war La noch nicht bekannt.

Abb.: B/M/S, S. 246−247.
Abdr.: Carl von Kraus (s. u.).
Lit.: Carl von Kraus: Neue Bruchstücke einer mittelhochdeutschen Liederhandschrift. In: Germanica.
Festschrift für Eduard Sievers. Halle 1925, S. 504−529; − B/M/S, S. 34*.

H der 2. Teil der Hs. **D**; Näheres s. dort.

h Heidelberg, Universitätsbibliothek Cod. Pal. Germ. 349 (Schlußteil der ,Tri-
    stan'-Hs. Cod. Pal. Germ. 360)
Pergament, 23,5 × 15 cm, 20 Bll., zweispaltig.
4. Viertel 13. Jh. Schreibsprache elsässisch/rheinfränkisch.

Freidank-Sammlung mit einem Anhang von 32 Spruchstrophen, darin h 23 die
Kontrafakturstrophe I* zu **24**. (Für die Überprüfung der Lesung stellte Gisela
Kornrumpf eine Fotographie zur Verfügung. − Anm. Th. B., 15. Aufl.: Der Codex
ist inzwischen online zugänglich.)

Abb.: *Ein Digitalisat der Handschrift ist offen zugänglich auf der Homepage der Digitalen Bibliothek der Universi-
tätsbibliothek Heidelberg.*
Abdr.: Heinrich Meyer-Benfey (Hg.): Mittelhochdeutsche Übungsstücke. Halle 1909, hier S. 32−40;
−(KLD I, S. 265−273).
Lit.: ²KLD I, S. XXV; − Schneider, S. 244 f.; − RSM, S. 173.

i   Karlsruhe, Badische Landesbibliothek Cod. Donaueschingen 97 (*Rappoltsteiner
    Parzifal*)
Pergament, 36,5 × 26,5 cm, 320 Bll., zweispaltig.
1331−1336. Straßburg, Schreibsprache alemannisch/elsässisch.

Wolframs ‚Parzival' und der ‚Niuwe Parzifal' von Cl. Wisse und Ph. Colin; dazwischen Bl. 115v 7 Strophen ohne Namen. Strophen abgesetzt, 1 Initiale, abwechselnd rote und blaue Lombarden.
1 = Walther **62** IV.

Abb.: B/M/S, S. 248; – „Unberechenbare Zinsen": Bewahrtes Kulturerbe. Katalog zur Ausstellung der vom Land Baden-Württemberg erworbenen Handschriften der Fürstlich Fürstenbergischen Hofbibliothek. Hg. v. Felix Heinzer. Mit Beiträgen von H.-P. Geh [u.a.]. Stuttgart 1993, S. 93. – *Ein Digitalisat der Handschrift ist offen zugänglich auf der Homepage der Badischen Landesbibliothek.*

Lit.: Parzival von Claus Wisse und Philipp Colin (1331–1336). Hg. v. Karl Schorbach. Straßburg 1888 (Elsäß. Literaturdenkmäler), Nachdruck Berlin 1974; – Eduard Hartl: Die Textgeschichte des Wolframschen Parzival. I. Teil: Die jüngeren *G*–Handschriften. 1. Abteilung: Die Wiener Mischhandschriftengruppe *W (G^V G^δ G^μ G^φ). Berlin/Leipzig 1928; – B/M/S, S. 35*; – Dorothea Wittmann-Klemm: Studien zum ‚Rappoltsteiner Parzival'. Göppingen 1977 (GAG 224), S. 1–7; – RMS, S. 111–112; – Franz-Josef Holznagel: Minnesang-Florilegien. Zur Lyriküberlieferung im Rappoltsteiner Parzifal, im Berner Hausbuch und in der Berliner Tristan-Handschrift N. In: *D â hœret ouch geloube zuo.* Überlieferungs- und Echtheitsfragen zum Minnesang. Beiträge zum Festcolloquium für G. Schweikle. Hg. v. Rüdiger Krohn in Zusammenarbeit mit W.-O. Dreeßen. Stuttgart/Leipzig 1995, S. 65–88.

i²   Rom, Biblioteca Casanatense Ms.1409
     Pergament, 39 × 27 cm, 182 Bll., zweispaltig, drei Hände.
14. Jh. Schreibsprache alemannisch.

Abschrift des ‚Niuwen Parzifal' aus **i**; Bl. 1r die gleichen Liedstrophen.

Abb.: B/M/S, S. 249.
Lit.: B/M/S, S. 35*; – RSM, S. 250.

J   Jena, Thüringische Universitäts- und Landesbibliothek Ms. El. f. 101 (*Jenaer Liederhandschrift*)
Pergament, 56 × 41 cm, 133 Bll., zweispaltig, mehrere Hände.
Um 1330 (?). Wohl Ostfalen/Altmark, Schreibsprache mitteldeutsch von einem niederdeutschen Schreiber.

Sangsprüche, Leichs und Lieder von 26 namentlich genannten Autoren, weitere Namen durch Blattverluste verloren, meistens mit Melodien, und der ‚Wartburgkrieg'. Strophen abgesetzt, Anfänge durch mehrzeilige und Strophengliederung durch einzeilige, abwechselnd rote und blaue Lombarden markiert. Unter *Meyster Rvmelant* Bl. 47v/48r als erster Ton der Sammlung mit Melodie die Strophen Walther C 344 [360]–347 [363] = **104**. Die Hs. beginnt heute Bl. 2ra mit dem Fragment einer Kontrafaktur von Walthers Leich (**1** II*b5* IV*). Es gibt gute Gründe, die Nachricht von 1437 von zwei Codices in der Wittenberger Schloßkapelle, auf J und einen verlorenen ersten Band, der mit Walthers Leich endete (*Et finitur Dy nymant ane dich und ane got zcu gebin hat. Cum notis*) zu beziehen (Wachinger).

Abb.: Die Jenaer Liederhandschrift. Lichtdruck-Ausgabe. Vorbericht v. K. K. Müller. Jena 1896; –
Die Jenaer Liederhandschrift in Abbildung. Mit einem Anhang: Die Baseler und Wolfenbüttler Frag-
mente. Hg. v. Helmut Tervooren und Ulrich Müller. Göppingen 1972 (Litterae 10); – B/M/S, S.
250–251. – *Ein Digitalisat der Handschrift ist offen zugänglich auf der Homepage der Thüringischen Universitäts-
und Landesbibliothek Jena.*

Abdr.: Georg Holz / Franz Saran / Eduard Bernoulli (Hgg.): Die Jenaer Liederhandschrift. [I.]
Getreuer Abdruck des Textes. II. Übertragung, Rhythmik und Melodik. Leipzig 1901, Nachdruck Hil-
desheim 1966.

Lit.: Karl Bartsch: Untersuchungen zur Jenaer Liederhandschrift. Leipzig 1923 (Palaestra 140); –
Erdmute Pickerodt-Uthleb: Die Jenaer Liederhandschrift. Metrische und musikalische Untersuchungen.
Göppingen 1975 (GAG 99); – B/M/S, S. 35*, 49*, 50*, 80*; – Burghart Wachinger: Der Anfang der
Jenaer Liederhandschrift. ZfdA 110, 1981, S. 299–306; – Burghart Wachinger, ²VL 4, Sp. 512–516;
– Klein, S. 72–112, bes. S. 103–112; – Voetz, S. 256–259; – Gisela Kornrumpf, Lit.lex. 6, S. 92–94;
– RSM, S. 185–186.

k   Heidelberg, Universitätsbibliothek Cod. Pal. Germ. 341
    Pergament, 31 × 22,5 cm, 374 Bll., zweispaltig.
1. Viertel 14. Jh. Nordwestböhmen(?), Schreibsprache mitteldeutsch mit bairischem
Einschlag.

Große Sammelhandschrift von Mären und Bispeln.
Als 2. Text nach Konrads von Würzburg ‚Goldener Schmiede‘ Bl. 6v–7v ohne
Überschrift der Leich Walthers, daran anschließend Reinmars von Zweter Marien-
leich. Abschnittsgliederung durch rote und blaue Lombarden, Verse abgesetzt,
keine Strophen- oder Versikelgliederung.

Abb.: B/M/S, S. 252–254. – *Ein Digitalisat der Handschrift ist offen zugänglich auf der Homepage der
Digitalen Bibliothek der Universitätsbibliothek Heidelberg.*

Lit.: L/K/K, S. XXVI; – Arend Mihm: Überlieferung und Verbreitung der Märendichtung im
Spätmittelalter. Heidelberg 1967 (German. Bibl.), vor allem S. 47–61; – B/M/S, S. 35*–36*; – El-
friede Stutz: Der Codex Palatinus Germanicus 341 als literarisches Dokument. Bibliothek und Wissen-
schaft 17, 1983, S. 8–26, hier bes. S. 10 u. 13.

k² Cologny-Genève, Bibliotheca Bodmeriana Cod. Bodmer. 72 (ehemals Kálocsa,
    Metropolitanbibliothek Ms. 1)
Pergament, 34,5 × 25,5 cm, 333 Bll., zweispaltig.
1. Viertel 14. Jh. Nordwestböhmen/Oberfranken/Vogtland, Schreibsprache mittel-
deutsch mit bairischem Einschlag.

Inhalt und Anlage mit **k** weitgehend übereinstimmend. Walthers Leich Bl. 14r–15r
an gleicher Stelle wie in **k** und so gut wie identisch im Text. Überschrift für Walther
und den anschließenden Leich Reinmars von Zweter: *Hie svlle wir lesen ein lop vnde
einen leich súzen von vnser vrowen.*

Abb.: B/M/S, S. 255–257. – *Ein Digitalisat der Handschrift ist offen zugänglich auf der Homepage der e-codices Cologny, Fondation Martin Bodmer.*
Lit.: Konrad Zwierzina: Die Kalocsaer Handschrift. In: Festschrift Max H. Jellinek. Wien/Leipzig 1928, S. 209–232; – B/M/S, S. 36*; – Deutsche Handschriften des Mittelalters in der Bodmeriana. Katalog bearbeitet v. René Wetzel. Mit einem Beitrag von Karin Schneider zum ehemaligen Kalocsa-Codex. Köln/Genf 1994 (Bibliotheca Bodmeriana, Kataloge VII), S. 81–129.

L München, Bayerische Staatsbibliothek Cgm 44

Pergament, 24 × 16 cm, 129 Bll., zweispaltig.
Vor oder um 1300. Schreibsprache bairisch-österreichisch.

Ulrichs von Lichtenstein ‚Frauendienst'. Strophenanfänge durch rote Lombarden markiert. Darin Bl. 54va als Zitat (‚Frauendienst' 240,17–22) ohne Namensnennung **32** I_{1-7}.

Abb.: B/M/S, S. 261. – *Ein Digitalisat der Handschrift (Schwarzweiß) ist offen zugänglich auf der Homepage der Bayerischen Staatsbibliothek München.*
Lit.: B/M/S, S. 36*-37*; – Schneider, S. 230 f.

l Wien, Österreichische Nationalbibliothek Cod. 2677

Pergament, 30 × 21,5 cm, 119 Bll., zweispaltig.
1. Hälfte 14. Jh. Schreibsprache bairisch-österreichisch.

Sammlung geistlicher Gedichte. In enger Abhängigkeit von k^2/k Walthers Leich Bl. 54r–55r nach Konrads ‚Goldener Schmiede' und anschließend der Leich Reinmars von Zweter. Überschrift: *Ein laich von vnser vrowen.*

Abb.: B/M/S, S. 258–260.
Lit.: Hermann Menhardt: Verzeichnis der altdeutschen literarischen Handschriften der österreichischen Nationalbibliothek. Bd. I. Berlin 1960 (Deutsche Ak. d. Wiss. zu Berlin. Veröff. d. Inst. f. deutsche Sprache u. Lit. 13), S. 89–102; – B/M/S, S. 36*.

M München, Bayerische Staatsbibliothek Clm 4660 u. 4660a (*Carmina Burana* und *Fragmenta Burana*)

Pergament, 25 × 17 cm, 112 Bll. und 7 Einzelbll., mehrere Hände.
Um 1225/30. Tirol oder Kärnten, Schreibsprache bairisch-österreichisch.

Thematisch geordnete Sammlung lateinischer Lieder und Gedichte und geistlicher Spiele. 8 Miniaturen, Initialen und Melodienotation in Neumen; Töne abgesetzt, Strophenanfänge durch farbige Lombarden gekennzeichnet.

Zahlreiche, meist einzelne deutsche Liedstrophen ohne Namen, in der Regel im Anschluß an ein lateinisches Lied gleichen Tons. 3 davon sind anderwärts für Walther bezeugt: Bl. 61v CB 151a (**28** III), Bl. 68r CB 169a (**28** IV), Bl. 92v CB 211a (**7** I), eine Bl. 56v CB 135a variiert das Lied **15** (I*).

Abb.: Carmina Burana und Fragmenta Burana. Bayerische Staatsbibliothek Clm 4660 + 4660a. Bd. I: Vollfaksimile. Bd. II: Einführung zur Faksimile-Ausgabe der Benediktbeurer Liederhandschrift v. Bernhard Bischoff. München/Brooklyn 1967; – B/M/S, S. 264–266 u. 313–315.

Lit.: Carmina Burana. Mit Benutzung der Vorarbeiten W. Meyers krit. hg. v. Alfons Hilka und Otto Schumann. Bd. 1 Text. Nachträge hg. v. Otto Schumann und Bernhard Bischoff. Bd. 2,1 Kommentar: Einleitung (Die Handschrift der Carmina Burana). Die moral.-satir. Dichtungen. Heidelberg 1930–1970; – B/M/S, S. 37*, 50*; – Günter Bernt, ²VL 1, Sp. 1179–1186; – Georg Steer: ‚Carmina Burana‘ in Südtirol. Zur Herkunft des clm 4660. ZfdA 112, 1983, S. 1–37; – Burghart Wachinger: Deutsche und lateinische Liebeslieder. Zu den deutschen Strophen der Carmina Burana. In: Der deutsche Minnesang. Aufsätze zu seiner Erforschung. Hg. v. H. Fromm. Bd. 2. Darmstadt 1985 (WdF 608), S. 275–308; – Benedikt K. Vollmann (Hg.): Carmina Burana. Texte und Übersetzungen. Mit den Miniaturen aus der Handschrift und einem Aufsatz v. P. u. D. Diemer. Frankfurt a. M. 1987 (Bibl. deutscher Klass. 16); – Schneider, S. 130–133; – Voetz, S. 242–245; – Benedikt K. Vollmann, Lit.lex. 2, S. 364–368.

m Berlin, SBBPK Ms. germ. qu. 795 (*Mösersches Fragment*)
     Pergament, 22 × 17,5 cm, 3 Doppelblätter, mehrere Hände.
Anfang 15. Jh. Wohl Ostfalen, Schreibsprache mitteldeutsch/niederdeutsch.

Fragment einer Sammlung von Liedern und Sangsprüchen. Bl. 3v im Anschluß an die *van nyphen* überschriebenen Strophen (MF XXI.XXVIII) 11 Strophen, zweimal mit der Überschrift *walth*ˢ. Außer einer sind alle Strophen anderwärts Reinmar oder Hartmann von Aue zugeschrieben (**116–120**).

Abb.: B/M/S, S. 267; – Schmeisky (mit Abdr. s.u.). – *Aderlaß und Seelentrost (s.u.), S. 113 [= Bl. 3v (in Farbe)]*

Lit.: Konrad Burdach: Reinmar der Alte und Walther von der Vogelweide. 2. Aufl. mit ergänzenden Aufsätzen über die altdeutsche Metrik. Halle 1928, S. 194; – B/M/S, S. 37*; – Günter Schmeisky: Die Lyrik-Handschriften m (Berlin, MS. germ. qu. 795) und n (Leipzig, Rep. II fol. 70a). Zur mittel- und niederdeutschen Sangverslyrik-Überlieferung. Abbildung, Transkription, Beschreibung. Göppingen 1978 (GAG 243), bes. S. 111–119; – Klein, S. 111; – Gisela Kornrumpf: Konturen der Frauenlob-Überlieferung. In: Wolfram-Studien 10. Cambridger ‚Frauenlob‘-Kolloquium. Hg. v. W. Schröder, Berlin 1988, S. 26–50, hier 45–47; – Gisela Kornrumpf: Walthers ‚Elegie‘. Strophenaufbau und Überlieferungskontext. In: Walther von der Vogelweide. Hamburger Kolloquium 1988. Hg. v. J.-D. Müller und F. J. Worstbrock. Stuttgart 1989, S. 147–158; – RSM, S. 89. – *Aderlaß und Seelentrost.* Die Überlieferung deutscher Texte im Spiegel Berliner Handschriften und Inkunabeln, hg. von Peter Jörg Becker und Eef Overgaauw (Staatsbibliothek zu Berlin – Preußischer Kulturbesitz. Ausstellungskataloge N.F. 48), Mainz 2003.

Ma Maastricht, Rijksarchief Ms. 167 III.11
     Pergament, 18 × 12,8 cm, 1 Doppelblatt, zweispaltig, zwei Hände.
Um 1300. Schreibsprache mitteldeutsch/niederdeutsch.

Lied- und Spruchstrophen verschiedener Autoren. Eine Strophe im 1. Philippston: III (**8** I*), die Zuweisung *Dˢ tugēt scrib*ˢ wohl eher hierher zu beziehen, eine im 2.

Philippston: II (**9** I*); die vorausgehende verstümmelte Strophe möglicherweise im selben Ton: I (App. zu **9** I*).

Abb. und Abdr.: Tervooren/Bein (s. u.).

Lit.: Helmut Tervooren / Thomas Bein: Ein neues Fragment zum Minnesang und zur Sangspruchdichtung. Reinmar von Zweter, Neidhart, Kelin, Rumzlant und Unbekanntes. ZfdPh 107, 1988, S. 1–26; – Thomas Bein: Orpheus als Sodomit. Beobachtungen zu einer mhd. Sangspruchstrophe mit (literar)historischen Exkursen zur Homosexualität im hohen Mittelalter. ZfdPh 109, 1990, S. 35–55; – RSM, S. 195–196; – Holznagel, vor allem S. 371–373 u. 387–395.

N   Kremsmünster, Stiftsbibliothek C 127
       Pergament, 23 × 16,5 cm, 132 Bll.
2. Hälfte 13. Jh. Schreibsprache bairisch-österreichisch.

Lateinische liturgische Texte. Bl. 130rv 7 Liedstrophen (erste Zeile mit Neumen) ohne Namen, anderwärts für Walther gut bezeugt: 1–5 (**30**), 6 7 (**23** I II).

Abb.: B/M/S, S. 266–267.

Abdr.: Franz Pfeiffer: Zwei Lieder Walthers von der Vogelweide. In: Germania 2, 1857, S. 470–472.

Lit.: B/M/S, S. 37*–38*, 50*; – Hauke Fill: Katalog der Handschriften des Benediktinerstifts Kremsmünster. Teil 1: Von den Anfängen bis in die Zeit des Abtes Friedrich von Aich (ca. 800–1325). Wien 1984 (Österreich. Ak. d. Wiss. Phil.-hist. Kl. Denkschriften Bd. 166), S. 192–193; – Klein, S. 92–93.

n   Leipzig, Universitätsbibliothek Rep. II fol. 70ᵃ (*Niederrheinische Liederhandschrift*)
       Pergament, 23 × 16 cm, 102 Bll., 2 Teile zweispaltig.
Mitte 14. Jh. Kölner Raum, Schreibsprache ripuarisch.

Teil I chronikalische Texte, Teil II zwei Reihen (I und III) von namenlosen Lied- und Sangspruchstrophen und andere Texte; Strophen abgesetzt, rote und blaue Lombarden. Bl. 95v III 17 (**25** IV) ist für Walther gut bezeugt; Bl. 92v I 20 (**11** I*);

Abb.: B/M/S, S. 268; – MF II, Abb. 7a; – Schmeisky (mit Abdr. s. u.).

Lit.: B/M/S, S. 38*; – Günter Schmeisky: Die Lyrik-Handschriften m (Berlin, MS. germ. qu. 795) und n (Leipzig, Rep. II fol. 70a). Zur mittel- und niederdeutschen Sangverslyrik-Überlieferung. Abb., Transkription, Beschreibung. Göppingen 1978 (GAG 243); – Frauenlob (Heinrich von Meissen): Leichs, Sangsprüche, Lieder. 1. Teil: Einleitungen. Texte. Auf Grund der Vorarbeiten von Helmuth Thomas hg. v. Karl Stackmann und Karl Bertau. Göttingen 1981 (Abh. d. Ak. d. Wiss. in Göttingen), S. 73–79; – Gisela Kornrumpf, ²VL 6, Sp. 995–998; – RSM, S. 193.

O   (Berlin) ehem. Preußische Staatsbibliothek Ms. germ. oct. 682; jetzt Krakau,
       Biblioteka Jagiellońska
Pergament, 18,5 × 11,5 cm, 2 Doppelblätter.
Um/nach 1300. Schreibsprache mitteldeutsch von einem niederdeutschen Schreiber.

44 Strophen einer Liedsammlung ohne Namen, Strophenanfänge teilweise blau
markiert; zum Teil durch Beschnitt verstümmelt und schwer lesbar. (Nach korrigier-
ter Abfolge:) 18–22 (**26**), 23–24 (**85** I II); 25–26 (**85** IV V), 27–31 (**35** I II III
V VI); 32–35 (**29** III II VI VII), 36–39 (**88**), 40–42 (**42** IV I II), 43–44 (**94** I
II); 1–3 (**21** II–IV), 4–7 (**23**), 8–12 (**106**); 13–16 (**44** II–V), 17 (**37** I). Alle
Strophen sind anderwärts für Walther gut bezeugt.
Die Hs. war La noch nicht bekannt. (Für die Überprüfung der Lesung stellte Hel-
mut Tervooren Fotographien der Hs. zur Verfügung; Gisela Kornrumpf teilte Be-
funde ihrer Autopsie mit.)

Abdr.: Carl von Kraus (s.u.); – B/M/S, S. 269–271 (Reproduktion von Kraus). – *Ein Digitalisat
der Handschrift ist offen zugänglich auf der Homepage der Thüringischen Universitäts- und Landesbibliothek Jena (im
Verbund mit der ‚Jenaer Liederhandschrift‘).*
Lit.: Carl von Kraus: Berliner Bruchstücke einer Waltherhandschrift. ZfdA 70, 1933, S. 81–120; –
B/M/S, S. 38*–39*; – Gisela Kornrumpf: Konturen der Frauenlob-Überlieferung. In: Wolfram-Stu-
dien 10. Cambridger ‚Frauenlob‘-Kolloquium. Hg. v. W. Schröder. Berlin 1988, S. 26–50, hier S. 44–45.

O   Berlin, SBBPK Ms. germ. qu. 284
         Pergament, 21,5 × 16,5 cm, 198 Bll., zweispaltig.
Mitte 14. Jh. Schreibsprache ripuarisch.

‚Sächsische Weltchronik‘ und ‚Tristan‘ Gottfrieds von Straßburg und Ulrichs von
Türheim. Dazwischen neben anderen 63v/64r 7 Strophen, darunter die für Walther
bezeugte Strophe **11** XII. (Lesungen aufgrund erneuter Autopsie durch M. Boh-
länder.)

Abb.: B/M/S, S. 272. – *Aderlaß und Seelentrost S. 71 [= Bl. 139r, in Farbe].*
Lit.: Hubert Herkommer: Überlieferungsgeschichte der ‚Sächsischen Weltchronik‘. München 1972
(MTU 38), S. 78–83; – B/M/S, S. 39*; – Hartmut Beckers: Literarische Interessenbildung bei einem
rheinischen Grafengeschlecht um 1470/80: Die Blankenheimer Schloßbibliothek. In: Literarische Inter-
essenbildung im Mittelalter. Hg. v. Joachim Heinzle. Stuttgart 1993 (German. Symposien. Berichtsbände
14), S. 5–20, hier S. 9; – RSM, S. 82; – Franz-Josef Holznagel: Minnesang-Florilegien. Zur Lyriküber-
lieferung im Rappoltsteiner Parzifal, im Berner Hausbuch und in der Berliner Tristan-Handschrift N.
In: *D â hœret ouch geloube zuo.* Überlieferungs- und Echtheitsfragen zum Minnesang. Beiträge zum Festcol-
loquium für G. Schweikle. Hg. v. Rüdiger Krohn in Zusammenarbeit mit W.-O. Dreeßen. Stuttgart/
Leipzig 1995, S. 65–88. – *Aderlaß und Seelentrost. Die Überlieferung deutscher Texte im Spiegel Berliner Hand-
schriften und Inkunabeln, hg. von Peter Jörg Becker und Eef Overgaauw (Staatsbibliothek zu Berlin – Preußischer
Kulturbesitz. Ausstellungskataloge N.F. 48), Mainz 2003.*

p   Bern, Burgerbibliothek Cod. 260
         Pergament, 28,5 × 20 cm, 286 Bll., zweispaltig.
Um 1350. Wohl Straßburg, Schreibsprache alemannisch.

Lateinische Texte. Bl. 234r−235v 36 deutsche Liedstrophen meist ohne Namen. Strophen abgesetzt, rote Lombarden. Die Strophen 30−32 Bl. 235v sind für Walther bezeugt (**6** V II IV).

Abb.: B/M/S, S. 273 (Bl. 235v); − MF II, Abb. 8a−c (Bl. 234r, 235rv); − Codex Manesse, S. 571−572 (Bl. 14v, 234v).

Abdr.: Eberhard Gottlieb Graff: Diutiska. Denkmäler deutscher Sprache und Literatur, aus alten Handschriften zum ersten Male theils herausgegeben, theils nachgewiesen und beschrieben. 2. Bd. Stuttgart/Tübingen 1827, Nachdruck Hildesheim/New York 1970, S. 240−266; − Wilhelm Wackernagel: Geographie des Mittelalters. ZfdA 4, 1844, S. 479−495, hier S. 479 [Korrekturen zum Abdr. von Graff].

Lit.: Edward Schröder: Die Berner Handschrift des Matthias von Neuenburg. GGN 50, 1899, S. 49−71; − B/M/S, S. 39*−40*; − MF II, S. 58−59; − Voetz, S. 259−261; − Franz-Josef Holznagel: Minnesang-Florilegien. Zur Lyriküberlieferung im Rappoltsteiner Parzifal, im Berner Hausbuch und in der Berliner Tristan-Handschrift N. In: *Dâ hœret ouch geloube zuo*. Überlieferungs- und Echtheitsfragen zum Minnesang. Beiträge zum Festcolloquium für G. Schweikle. Hg. v. Rüdiger Krohn in Zusammenarbeit mit W.-O. Dreeßen. Stuttgart/Leipzig 1995, S. 65−88.

q   Basel, Öffentliche Bibliothek der Universität B XI 8
      Pergament, 11,5 × 8 cm, 163 Bll.
Ende 14. Jh. Wohl Basel, Schreibsprache alemannisch.

Sammelhandschrift mit kürzeren deutschen und lateinischen Texten geistlichen Inhalts. Am Schluß Bll. 160r−162v fünf Sangspruchstrophen, vier mit Namen, darunter als 2. Strophe 160v/161r mit der Überschrift *walth^s võ d^s voḡ* die Strophe **14**.

Abb.: B/M/S, S. 274.

Abdr.: Wilhelm Wackernagel: Lyrische Gedichte des XII., XIII. und XIV. Jahrhunderts. Altdeutsche Blätter 2, 1840, S. 121−133, hier S. 131−132; − Kesting (s. u.).

Lit.: G. Meyer / M. Burkhardt: Die mittelalterlichen Handschriften der Universitätsbibliothek Basel. Abt. B. Bd. 2. Basel 1966, S. 882−914; − B/M/S, S. 40*; − ²KLD I, S. XXIX−XXX; − Peter Kesting: Die lyrischen Texte in der Basler Handschrift B XI 8. In: Überlieferungsgeschichtliche Editionen und Studien zur deutschen Literatur des Mittelalters. Festschrift Kurt Ruh. Hg. v. Konrad Kunze u. a. Tübingen 1989 (Texte und Textgeschichte 31), S. 32−58; − RSM, S. 75.

r   Zürich, Zentralbibliothek Ms. Z XI 302
      Pergament, 30,5 × 21 cm, 106 Bll., zweispaltig.
Um 1300. Schreibsprache alemannisch.

‚Schwabenspiegel', am Schluß Bl. 106rv Spruch- und Liedstrophen, als letzte Bl. 106v mit der Überschrift *herre walth^s* die Strophe **10** XV.

Abb.: B/M/S, S. 275.

Abdr.: Wilhelm Wackernagel: Lyrische Gedichte des XII., XIII. und XIV. Jahrhunderts. Altdeutsche Blätter 2, 1840, hier S. 124.

Lit.: B/M/S, S. 40*; − Schneider, S. 256, Anm. 1; − RSM, S. 304.

S   Den Haag, Koninklije Bibliotheek 128. E. 2 (*Haager Liederhandschrift*)
      Pergament, 24 × 18 cm, 67 Bll., zweispaltig.
Um 1400. Niederlande, wahrscheinlich Holland.

115 niederländische und deutsche Lieder, Spruchstrophen und Minnereden. In der
Regel ohne Namen, aber Bl. 14r und v: *he^{s}n Walth^{s}s zanch*. Für Walther hier oder
sonst bezeugt: Bl. 14rv 29,1−4 (**106** IV V, **44** I, **93** IV), 30,1−4 (**20**); Bl. 22r
41,1−6 (**27** III II IV **62** IV **28** V **26** IV); Bl. 41r 68,1 (**107** I); Bl. 44r 81,4 (**62** IV).
Dazu Bl. 20v 36,1−2 (**9** II* III*).

> Abb.: E[ ] F[ ] Kossmann (Hg.): Die Haager Liederhandschrift. Faksimile des Originals mit Einleitung
> und Transskription. 2 Bde. Haag 1940; − B/M/S, S. 276−280. − *Ein Digitalisat der Handschrift (Schwarzweiß)*
> *ist offen zugänglich auf der Homepage http://www.hull.ac.uk/denhaagKB/ [eingesehen 26. November 2012].*
>   Lit.: B/M/S, S. 40*−41*; − Ingeborg Glier, ^{2}VL 3, Sp. 358−360; − RSM, S. 169.

t   München, Bayerische Staatsbibliothek Cgm 4997 (*Kolmarer Liederhandschrift*,
      auch Sigle k)
Papier, 29,5 × 20, 854 Bll., zweispaltig, überwiegend 2 Hände.
Um 1460. Rheinfranken, vermutlich Speyer.

Meisterliederhandschrift mit 940 Liedern und Leichs mit 105 Melodien, Ordnung
nach namentlich genannten Tonautoren und Tönen. Strophen überwiegend aus
dem 14. und 15. Jh., doch ältere Texte darunter.

Walther werden drei Töne zugeschrieben. Bl. 732r *her walth^{s}s vō der vogelweide gespaltē*
wys (ohne ausgeführte Melodie), Bl. 734r *her walth^{s}s vō d^s vogelweide hoff wyse od^s*
wēdelwys und Bl. 736r *In h^{s}n walth^{s}s guldin wyß* (**11**, **10**, S. 327). Nur in **11** sind drei
für Walther gut bezeugte Strophen in die Dreierbars eingereiht (**11** I XII XVI).

> Abb.: Die Kolmarer Liederhandschrift der Bayerischen Staatsbibliothek München (cgm 4997). In
> Abb. hg. v. Ulrich Müller / Franz Viktor Spechtler / Horst Brunner. Göppingen 1976 (Litterae 35); −
> B/M/S, S. 281−283, 327−328.
>   Abdr.: (Teilabdruck und Strophenverzeichnis) Karl Bartsch: Meisterlieder der Kolmarer Liederhand-
> schrift. Stuttgart 1862 (StLV 68), Nachdruck Hildesheim 1962.
>   Lit.: Heinrich Husmann: Aufbau und Entstehung des cgm 4997 (Kolmarer Liederhandschrift). DVjs
> 34, 1960, S. 189−248; − B/M/S, S. 41*, 59*; − Christoph Petzsch: Die Kolmarer Liederhandschrift.
> Entstehung und Geschichte. München 1978; − Frieder Schanze: Meisterliche Liedkunst zwischen Hein-
> rich von Mügeln und Hans Sachs. 2 Bde. München 1983 (MTU 82/83), Bd. I S. 35−86, Bd. II
> S. 58−83; − Burghart Wachinger, ^{2}VL 5, Sp. 27−39; − Gisela Kornrumpf, Lit.lex. 6, S. 461−463; −
> RSM, S. 205−209; − Jens Haustein: Walther in k. In: Lied im deutschen Mittelalter. Überlieferung,
> Typen, Gebrauch. Hg. v. Cyrill Edwards / Ernst Hellgardt / Norbert H. Ott. Tübingen 1996.

U^x U^{xx} Braunschweig, Landeskirchliches Archiv H 1a (früher Herzog August-
          Bibliothek Wolfenbüttel, *Wolfenbütteler Fragmente*)
Pergament, ursprünglich 15,5, × 10,5 cm, 2 Doppelblätter (U^x) und 4 Teile eines
weiteren (U^{xx}).

Ende 13. Jh. Braunschweiger Raum, Schreibsprache mitteldeutsch/thüringisch-hessisch von einem niederdeutschen Schreiber.

Erhalten sind ganz oder teilweise 32 und 10 Liedstrophen ohne Namen, Töne abgesetzt, Strophenanfänge durch rote und blaue Lombarden ausgezeichnet. Die Fragmente U^{xx} sind nur noch teilweise lesbar.

U^x: 1 (**122**), 2−6 (**85**), 7−11 (**64**), 12−16 (**86**), 17−18 (**17** V IV), 19−23 (**101**), 24−27 (**19** I II IV III), 28−30 (**45**) 31−32 (**29** I III).

U^{xx}: 1−2 (**90** II III) 3−6 (**123**) 7−10 (**32** I II IV V).

Die Hs. war La noch nicht bekannt.

Abb.: B/M/S, S. 284−288.

Abdr.: Friedrich Zarncke: Zwei neuaufgefundene Bruchstücke einer Handschrift der Gedichte Walthers von der Vogelweide. In: Berichte über die Verhandlungen d. königl.-sächs. Gesellschaft d. Wiss. zu Leipzig, philol.-hist. Kl. 35, 1883, S. 145−158 [U^x]; − Carl von Kraus (s.u.) [U^{xx}].

Lit.: Wilhelm Braune: Zu Walther von der Vogelweide. PBB 41, 1916, S. 189−191; − Carl von Kraus: Waltheriana. ZfdA 59, 1922, S. 309−327, bes. S. 309−323; − B/M/S, S. 41*−42*; − Klein, S. 85−90.

w^x Braunschweig, Landeskirchliches Archiv H 1a

Pergament, ca. 13 × 10 cm, 2 Fragmente (6 × 8,5 cm) von 1 Bl.

4. Viertel 13. Jh. Wohl Ostfalen, Schreibsprache mitteldeutsch/thüringisch-obersächsisch von einem niederdeutschen Schreiber.

Bruchstücke von 7 Strophen Walthers: 1 (**97** III), 2−6 (**43** I II IV V III), 7 (**70** I). Die Hs. war La noch nicht bekannt.

Abb.: B/M/S, S. 289.

Abdr.: Carl von Kraus (s.u.).

Lit.: Kurt Plenio: Metrische Studie über Walthers Palinodie. PBB 42, 1917, S. 255−276, bes. S. 257, Anm. 3; − Carl von Kraus: Waltheriana. ZfdA 59, 1922, S. 309−327, bes. S. 323−327; − B/M/S, S. 43*; − Klein, S. 76−85; − Cyrill Edwards: Kodikologie und Chronologie. Zu den ‚letzten Liedern‘ Walthers von der Vogelweide. In: Deutsche Handschriften 1100−1400. Oxforder Kolloquium 1985. Hg. v. V. Honemann u. N. F. Palmer. Tübingen 1988, S. 297−315, bes. 309−313; − Gisela Kornrumpf: Walthers ‚Elegie‘. Strophenbau und Überlieferungskontext. In: Walther von der Vogelweide. Hamburger Kolloquium 1988. Hg. v. J.-D. Müller und F. J. Worstbrock. Stuttgart 1989, S. 147−158.

w^{xx}(**w**^{xvii})   (Berlin) ehem. Preußische Staatsbibliothek Ms. germ. oct. 462; jetzt
Krakau Biblioteka Jagiellońska (*Heiligenstädter Fragmente*)

Fragment wohl derselben Hs. wie **w**^{x}, 1 Bl.

w^{xvii}, der Abklatsch eines verlorenen anderen Blatts in demselben Inkunabelband, aus dem **w**^{xx} stammt, ist für die Ausgabe nicht verwertbar.

4 Strophen ganz oder teilweise, die erste davon nur hier: 1 (**55** VII), 2−4 (**11** VII II I).

Die Dokumentation im Apparat beruht neben der Reproduktion auf Degerings Abdruck (unterpunktete Buchstaben übernommen, Ergänzungen als Fehlstellen ausgewiesen).

Abb.: Hermann Degering: Neue Fragmente Walthers von der Vogelweide. Mit zwei Lichtdrucktafeln. ZfdA 53, 1912, S. 337−347; − B/M/S, S. 290−292 (Reproduktion von Degering).

Lit.: Carl von Kraus: Waltheriana. ZfdA 59, 1922, S. 309−327; − B/M/S, S. 44*; − Klein, S. 76−85; − RSM, S. 91.

x,y Das Erzähllied *Der edle Moringer* aus dem 14. Jh. verwendet in den Strophen 30/31 Verse Walthers (**49/49a**). Bekannt sind heute 4 Hss. und 8 Drucke. La benützte zwei Textzeugen in Abdrucken:

x (Schanze: e) Bamberg, H. Sporer 1493 (heute Paris, Bibl. Nat. Rés. Y^h 86), in: Bragur 8, 1811, 200−210, und

y (Schanze: d) Weißenhorn Stadtarchiv, Hs. Nr. 9 (Nikolaus Thomans ‚Weißenhorner Historie‘), in: Bragur 3, 1794, 402−415. Der Text in x/e steht mit zwei anderen Drucken Walther zufällig am nächsten.

Abb.: B/M/S, S. 298−306.

Lit.: Deutsche Volkslieder. Balladen. Teil I. Hg. v. John Meier. Berlin/Leipzig 1935, Nr. 12, S. 106−121; − B/M/S, S. 42*−43*; − Frieder Schanze, ²VL 6, Sp. 688−692; − Volker Mertens: Alte Damen und junge Männer − Spiegelungen von Walthers ‚*sumerlaten*-Lied‘. In: Walther von der Vogelweide. Hamburger Kolloquium 1988. Hg. v. J.-D. Müller u. F. J. Worstbrock. Stuttgart 1989, S. 197−215.

y (Meisterliederhandschrift) München, Bayerische Staatsbibliothek Cgm 1019 Papier, 20 × 14,5 cm, 30 Bll., mehrer Hände. Mitte 15. Jh. Franken.

Meisterliedersammlung aus drei verschiedenen Faszikeln mit insgesamt 21 Liedern und einem Reimpaargedicht. 1 Lied *Im wendel donn* (**10** I^y − III^y).

Lit.: Frieder Schanze: Meisterliederhandschriften. In: ²VL 6, 342−356, hier 348; − Karin Schneider: Die deutschen Handschriften der Bayerischen Staatsbibliothek München. Bd. VI: Die mittelalterlichen Handschriften aus Cgm 888−4000. Wiesbaden 1991, S. 58−62; − RSM, S. 204.

Z Münster, Staatsarchiv Ms VII, 51 (*Münstersches Fragment*) Pergament, 22 × 14,5 cm, 1 Doppelblatt, zweispaltig. 1. Hälfte 14. Jh. Westfalen, Schreibsprache mitteldeutsch von einem niederdeutschen Schreiber.

Fragment einer Liederhandschrift mit Noten. Erhalten sind 5 teilweise fragmentarische Melodien und ganz oder teilweise 27 Strophen. Rote Ton- und Seitenüberschriften: *Meister Walter von der vogelweide, Meister walter.* Strophenanfänge durch rote Lombarden und vorausgehendes *idem,* teilweise auch Stollen- und Abgesangsanfänge durch rote Majuskeln gekennzeichnet.

Strophe 16 mit *Meister Reymar* überschrieben. Die Strophen 1–3, 21 und 26 sind nur hier überliefert, die übrigen auch anderwärts für Walther bezeugt. 1–3 (**115**), 4–15 (**7** I II XII III–VIII X IX XI); 17–26 (**11** I XV XIV IX XVII XII VII IV **11a 11** XVIII) 27 (**8b**).

Die Hs. war La noch nicht bekannt.

Abb.: B/M/S, S. 293–296; – Codex Manesse, S. 575–576 (Bl. 1rv). – *Ein Digitalisat der Handschrift ist offen zugänglich auf der Homepage der Thüringischen Universitäts- und Landesbibliothek Jena (im Verbund mit der ‚Jenaer Liederhandschrift').*

Lit.: Franz Jostes: Bruchstücke einer Münsterschen Minnesänger-Handschrift mit Noten. ZfdA 53, 1912, S. 348–358; – Kurt Plenio: Bausteine zur altdeutschen Strophik. PBB 42, 1917, S. 411–502; – Karl Bartsch: Untersuchungen zur Jenaer Liederhandschrift. Leipzig 1923 (Palaestra 140), S. 51; – B/M/S, S. 44*, 51*, 54*–58*, 80*–86*; – Klein, S. 90–92; – Voetz, S. 263–264; – RSM, S. 223.

α Luxembourg, Bibliothèque Nationale Nr. 40
  Papier, 21 × 14 cm, 257 Bll.
1440/50. Echternach, Schreibsprache mittelfränkisch.

Lateinische Handschrift des ‚Lumen animae' und der ‚Historia trium regum' des Johannes von Hildesheim. Bl. 232v nach dem Register zum zweiten Text in roter Tinte 4 Zeilen von Walther (**58** I).

Die Hs. war La noch nicht bekannt.

Abb.: B/M/S, S. 297.
Lit.: B/M/S, S. 45*; – Klein, S. 103–104.

Kenntnis von verlorenen Handschriften mit Walther-Liedern geben das Bücherverzeichnis der Schloßkapelle in Wittenberg (siehe oben zu **J**) und Berichte über Docens Fragmente (vgl. B/M/S, S. 49*).

Die von Carl von Kraus benützte, aber falsch nachgewiesene Handschrift **y** (vgl. [2]KLD, S. XXXIV), die KLD 62.VII,3$_{1-6}$ / **107** III$_{1-6}$ überliefert, ist noch nicht wieder identifiziert. Die Varianten in KLD.

6. Horst Brunner: Die Melodien Walthers

Einführung in die Musik des Mittelalters

Der Vortrag der mittelalterlichen Lieddichtung

Mittelalterliche Lieddichtung, ob in der Kirchen- und Gelehrtensprache Latein oder in einer der Volkssprachen, hat man sich prinzipiell gesungen vorzustellen. Die Texte wurden solistisch oder im Chor auf einstimmige Melodien vorgetragen; mehrstimmige deutsche Lieder finden sich, zunächst in sehr geringem Umfang, erst seit dem ausgehenden 14. Jahrhundert (zuerst beim Mönch von Salzburg). Beteiligung von Instrumenten ist vielfach anzunehmen, sie war jedoch nicht generell geregelt. Das Instrumentarium entsprach nicht dem in der Kunstmusik der Neuzeit Üblichen. In den Miniaturen von Handschrift C sind leise und laute Instrumente abgebildet. Zur Begleitung von Minnesang und Sangspruchdichtung – durchweg wohl solistisch gesungen – waren in erster Linie die Fidel, ein mit einem Bogen meist am Hals gespieltes Saiteninstrument, und das Psalterium, ein zitherähnliches Zupfinstrument, geeignet, vielleicht auch die Querflöte, gespielt von einem Instrumentalisten; beim Tanz, beim Turnier oder bei höfischen Aufzügen bediente man sich unter anderem der von einem einzigen Spieler bedienten Kombination von Einhandflöte und Trommel, des Dudelsacks, der durchdringend klingenden Schalmei, der Posaune und der Trommel.[8] Moderne Aufführungen, die seit etwa 1960 auf Tonträgern vorgelegt werden, stellen ganz unterschiedliche Versuche dar, sich einem denkbaren historischen Klangbild anzunähern. Verbindlichkeit ist auf diesem Gebiet freilich nicht erreichbar.[9]

Notation

Voraussetzung für die Lesbarkeit von Melodien ist ein eindeutiges Aufzeichnungssystem. Die älteste, seit dem 9. Jahrhundert auftretende Notenschrift entspricht dieser Bedingung nicht. Es handelt sich um sog. nichtdiastematische Neumen, d.h. Notenzeichen, die nicht auf Linien geschrieben sind, durch die die Tonhöhen eindeutig fixiert werden. Neumen (von griech. *neuma* ‚Wink‘) liefern bloße Hinweise auf den Bewegungsablauf von Melodien, die lediglich als Gedächtnisstütze für den dienen, der die Melodie bereits kennt. Einzelnoten werden dabei mit Punkten und Strichen, Tonverbindungen (Ligaturen von zwei, drei oder mehr Tönen) mit komplexeren Zeichen notiert. In Gebrauch war diese Schrift bis in das 13. Jahrhundert.

---

[8] Vgl. zu den Instrumenten ausführlich Astrid Eitschberger: Musikinstrumente in höfischen Romanen des deutschen Mittelalters. Wiesbaden 1999 (Imagines medii aevi 2).

[9] Vgl. die Diskographie bei Brunner / Hahn / Müller / Spechtler, S. 255–258.

Erst seit dem 11. Jahrhundert wurden Notenzeichen in ein System paralleler Linien eingezeichnet, die durch Notenschlüssel einer bestimmten Tonhöhe zugeordnet sind. Seit Guido von Arezzo (gest. nach 1033) stehen diese Linien im Terzabstand. Damit war die bis heute übliche Notenschrift „erfunden", die Form der Noten selbst unterschied sich freilich noch lange, großenteils regional unterschiedlich, von den in der Neuzeit üblichen Zeichen. In dieser Weise aufgezeichnete Melodien können ohne weiteres in die neuzeitliche Notenschrift übertragen werden. Dabei ist es heute üblich, die in der älteren Zeit verwendeten C-Schlüssel, die die Linie markieren, die durch die Note c geht, durch den gebräuchlicheren G-Schlüssel (Violinschlüssel) zu ersetzen; die unter den Schlüssel gesetzte 8 bringt zum Ausdruck, daß die Melodie in den Quellen eigentlich eine Oktave tiefer aufgezeichnet ist.[10]

Rhythmus

Aufzeichnungen der einstimmigen Musik des Mittelalters geben in der Regel nur die jeweiligen Tonhöhen an. Rhythmische Zeichen gibt es nicht, man findet also nicht die in der Neuzeit üblichen Notenformen (etwa ganze, halbe Noten, Viertel-, Achtelnoten usw.), die zugleich den Rhythmus abbilden, ebensowenig Taktstriche und Taktangaben; auch die vor allem seit der zweiten Hälfte des 18. Jahrhunderts regelmäßig anzutreffenden Tempoangaben (etwa Allegro, Andante, Adagio usw.) fehlen völlig. Transkribiert werden die mittelalterlichen Notenzeichen heute so gut wie ausschließlich mit unkaudierten schwarzen Notenköpfen, d.h. mit Notenzeichen ohne die den Rhythmus markierenden Striche und Fähnchen. Nach langen Auseinandersetzungen ist die Forschung seit geraumer Zeit zu dem Schluß gekommen, daß die Rhythmik einstimmiger Melodien sich aus dem Textmetrum ergibt. Bei deutschen Liedtexten kann man in der Regel von einem 2/4-Takt aus betonter Silbe (Hebung) und unbetonter Silbe (Senkung) ausgehen. Dabei können Hebung und/oder Senkung auch in Achtel aufgespalten oder eine lange Silbe kann über den ganzen Takt gedehnt sein (beschwerte Hebung). Tonverbindungen aus zwei oder mehr Noten werden in diesen Rhythmus eingepaßt, sind also unter Umständen relativ rasch zu singen. Bei Tanzliedern, wie sie sich im Liedkorpus von Walthers von der Vogelweide Zeitgenossen Neidhart finden, läßt sich an der Melodiegestalt oft ein 3/4-Takt aus einer halben und einer folgenden Viertelnote erkennen. Die passende Tempowahl ist ganz und gar Aufgabe des Interpreten.[11]

---

[10] Vgl. im einzelnen Bruno Stäblein: Schriftbild der einstimmigen Musik. Leipzig 1975 (Musikgeschichte in Bildern 3 / Lieferung 4).

[11] Vgl. Burkhard Kippenberg: Der Rhythmus im Minnesang. Eine Kritik der literar- und musikhistorischen Forschung. München 1962 (Münchener Texte und Untersuchungen 3).

Tonarten

Seit dem 16., endgültig seit dem 18. Jahrhundert ist für die europäische Musik das Dur-Moll-System konstitutiv, d.h. man unterscheidet lediglich zwei Tongeschlechter. Grundtöne der nicht weniger als 24 Tonarten können alle Töne der chromatischen Tonleiter sein (C-Dur, Cis-Dur, D-Dur, Es-Dur, E-Dur …, c-moll, cis-moll, d-moll, es-moll, e-moll …); die chromatische Skala enthält alle zwölf in der europäischen Musik verwendeten Töne (C Cis D Dis E F Fis G Gis A Ais H; auf dem Klavier die Folge aller weißen und schwarzen Tasten innerhalb einer Oktave!). Voraussetzung für die Möglichkeit der chromatischen Tonleiter ist der Gebrauch von Kreuz- oder b-Vorzeichen. Die beiden Tongeschlechter unterscheiden sich durch die Lage der Halbtöne: bei den Dur-Tonleitern liegen sie zwischen dem 3. und 4. und dem 7. und 8. Ton (bei C-Dur also zwischen E und F, H und C), bei den Moll-Tonleitern zwischen dem 2. und 3. und dem 5. und 6. Ton (bei c-moll demnach zwischen D und Es, G und As).

Im Mittelalter galten hingegen die sog. Kirchentonarten. Grundlage dafür war die diatonische Tonleiter (C D E F g a h[b] c; auf dem Klavier, abgesehen von b, nur die weißen Tasten in einer Oktave!); außer b war kein Versetzungszeichen üblich. Auf jeder Tonstufe der diatonischen Tonleiter wurde eine Skala gebildet, ein sog. Modus. Ursprünglich gab es nur Modi auf D E F g, der C- und a-Modus traten in der Theorie (die eine in der Musik längst bestehende Praxis nachträglich akzeptierte) erst im 16. Jahrhundert hinzu. Die Halbtöne liegen in den einzelnen Modi jeweils an unterschiedlicher Stelle. Im D-Modus z.B. finden sie sich zwischen dem 2. und 3. (E−F) und dem 6. und 7. Ton (H−c), im F-Modus zwischen dem 4. und 5. (H−c) und dem 7. und 8. Ton (e−f). Die wichtigsten Töne sind der Grundton, die Finalis, und der das Zentrum bildende Rezitationston, auch Repercussa (im D-Modus ist der Rezitationston a, im F-Modus c). Charakteristisch für die unterschiedlichen Modi sind ferner typische Intervalle und bestimmte Melodiefloskeln. Die genannten, als authentisch bezeichneten Tonarten konnten durch die Versetzung der oberen vier Töne der jeweiligen Skala um eine Oktave nach unten abgewandelt werden, man spricht dann vom plagalen Modus. Der D-Modus erscheint somit dann statt als D E F g a h c d (authentisch) als A H C D E F g a (plagal) − Finalis ist nach wie vor D, Rezitationston jedoch F (statt a). Somit gibt es insgesamt zwölf Kirchentonarten. Bezeichnet werden die authentischen Modi auch als Jonisch (C-Modus), Dorisch (D). Phrygisch (E), Lydisch (F), Mixolydisch (g), Äolisch (a), die plagalen als Hypojonisch, Hypodorisch, Hypophrygisch, Hypolydisch, Hypomixolydisch, Hypoäolisch (griech. hypo ‚unterhalb, unten‘).[12]

---

[12] Vgl. die kurze Darstellung von Klaus-Jürgen Sachs: Artikel ‚Kirchentonarten‘, in: Lexikon des Mittelalters, Bd. 5 (1991), Sp. 1183−1185.

Die Überlieferung der deutschen Liedmelodien

Die Melodien zu den aus der zweiten Hälfte des 12. bis zur Mitte des 14. Jahrhunderts stammenden Liedtexten sind nur zum Teil erhalten. Nahezu vollständig verloren ist die Musik zum Minnesang. Zu einigen wenigen Texten, darunter auch solchen Walthers (siehe unten), sind linienlose Neumen vorhanden.[13] In lesbarer Notenschrift überliefert sind (in J) lediglich ein Minnelied des Wilden Alexander (um 1250) und 12 Melodien zu Minneliedern Wizlavs (um 1300), sowie (in einem Fragment) die Melodie eines anonym überlieferten Minneliedes (*Ich sezte mînen fuoz*). Zu einigen in der Phase intensiver Rezeption des romanischen Minnesangs (etwa 1170 bis 1200) entstandenen Liedern (Friedrich von Hausen, Rudolf von Fenis u.a.) konnte die Forschung aus dem vergleichsweise umfangreichen Melodierepertoire der Trobadors und Trouvères Melodien nachweisen, die die deutschen Autoren mehr oder weniger sicher benutzten. Derartige Übernahmen – die einem in der Liedgeschichte weitverbreiteten Usus entsprechen – bezeichnet man als Kontrafakturen.[14]

Weitaus günstiger ist die Überlieferungssituation im Bereich der Neidhartlieder. Hier haben sich in Handschriften des 14. und 15. Jahrhunderts 56 (nicht immer vollständige) Melodien erhalten. 18 davon gehören zu als echt angesehenen Sommer- und Winterliedern Neidharts (um 1210 bis um 1240), die übrigen stammen von Nachahmern seiner Manier (mit Namen bekannt ist davon einzig der in die zweite Hälfte des 13. Jahrhunderts gehörende Göli).[15] Vergleichsweise günstig ist die Überlieferungssituation auch im Bereich der Großform des Leichs. Zu zehn der etwa 40 Leichdichtungen sind in Handschriften des 14. und 15. Jahrhunderts auch die Melodien tradiert (allerdings nicht die zu Walthers Leich). Vorhanden sind Melodien zu folgenden Autoren des 13. und 14. Jahrhunderts: Reinmar von Zweter, Tannhäuser, Ulrich von Winterstetten (Fragment), Wilder Alexander, Hermann Damen, Frauenlob (zu allen drei Leichs), Peter von Reichenbach, dazu zu dem als anonym geltenden ,Tougenhort'.[16]

Zu den meisten Sangspruchtönen sind die Melodien überliefert. Das ist vor allem der Handschrift J zu verdanken, die allein 75 Spruchmelodien enthält, dazu kommen eine weitere Handschrift (W = Wien, Österr. Nationalbibliothek, Cod. 2701)

---

[13] Vgl. das Verzeichnis von Ernst Hellgardt, Neumen in Handschriften mit deutschen Texten. Ein Katalog. In: Christoph März u.a. (Hg.), *ieglicher sang sein eigen ticht*. Germanistische und musikwissenschaftliche Beiträge zum deutschen Lied im Mittelalter. Wiesbaden 2011 (Elementa musicae 4), S. 163–207 (hier Nr. 8, 11, 17, 19, 23).

[14] Vgl. Ursula Aarburg: Melodien zum frühen deutschen Minnesang. Eine Bestandsaufnahme. In: Hans Fromm (Hg.): Der deutsche Minnesang. Aufsätze zu seiner Erforschung. Darmstadt 1963 (Wege der Forschung 15), S. 378–423.

[15] Vgl. Ulrich Müller / Ingrid Bennewitz / Franz Viktor Spechtler (Hgg.): Neidhart-Lieder. Texte und Melodien sämtlicher Handschriften und Drucke. 3 Bde. Berlin/New York 2007 (Salzburger Neidhart-Edition).

[16] Vgl. Christoph März: Artikel ,Lai, Leich'. In: MGG[2], Sachteil Bd. 5 (1996), Sp. 852–867.

sowie einige Fragmente aus dem 14. Jahrhundert, darunter mit Z eines, das neben der vollständigen Melodie zu Walthers ‚Palästinalied' wenigstens fragmentarisch auch drei ihm zugeschriebene Spruchmelodien bietet (s. unten). Die Spruchüberlieferung des 14. Jahrhunderts wird ergänzt durch Meistersingerhandschriften des 15. bis 18. Jahrhunderts, die zwei weitere echte Walthermelodien kennen (s. unten).[17]

Zu den Melodien Walthers

Die Melodien Walthers sind zum größten Teil verloren gegangen. Erhalten haben sich nur wenige Reste, zum Teil in fragmentarischer Form. Die Erschließung von Walthermelodien aus anderen Repertoires, vor allem dem der Trobadors und Trouvères, bleibt weitgehend spekulativ.[18]

Handschriften mit Melodieaufzeichnungen in linienlosen Neumen

Zwei Handschriften des 13. Jahrhunderts enthalten Aufzeichnungen von Walthermelodien in linienlosen Neumen:

M   Aufzeichnungen zu **28**; **49** und **61** (in den beiden letzten Fällen stehen in der Handschrift die mit Walthers Liedern formgleichen Strophen Reinmars des Alten MF XXI.XXXVIa,3 und XXI.XXVII,1/177,19 – die Melodien dürften identisch gewesen sein).

N   Aufzeichnung (nur zu den beiden ersten Zeilen) zu **30**.

Da lesbare Parallelüberlieferung fehlt, läßt sich über die Gestalt dieser Melodien kaum etwas sagen. Moderne Übertragungsversuche bleiben ohne jede Verbindlichkeit.

Das Münstersche Fragment Z

Die bei weitem wichtigste Quelle für Melodien Walthers ist das Fragment Z einer mit lesbaren Melodieaufzeichnungen in gotischer deutscher Choralnotation versehenen Liederhandschrift aus der 1. Hälfte des 14. Jahrhunderts. Die Handschrift enthält folgende Melodien:

---

[17] Vgl. Brunner / Hartmann (Hgg.).
[18] Eine umfassende Darstellung mit allen Nachweisen, Faksimilia, Melodieübertragungen und ausführlichen Kommentaren findet sich in Brunner / Müller / Spechtler, S. 49*–100*, Abb. S. 162, 293–296, 312–358.

a. Die nicht ganz vollständige Weise (1. Stollenzeile fehlt) zu den nur hier überlieferten Strophen **115**.
b. Die vollständige Weise zum ‚Palästinalied‘ **7**. Mit nicht von Walther stammenden Texten findet sich die Melodie auch zweimal in der ‚Bordesholmer Marienklage‘, Kiel, UB, Cod.Bord.mscr.53.4°, aufgezeichnet in Bordesholm 1475/76.
c. Den Anfang eines sonst unbekannten Tones und Textes, der *Meister Reymar* zugeschrieben wird.
d. Die letzten drei Zeilen, d.h. den 2. Stollen, des König-Friedrichs-Tones (**11**). Da es sich bei diesem Ton um eine sogenannte gespaltene Weise handelt (ABA), kann man mit einiger Sicherheit davon ausgehen, daß der in Z nicht erhaltene Anfangsstollen trotz abweichender Kadenzen die gleiche Melodie hatte wie der allein überlieferte Schlußstollen.
e. Die Stollen des 2. Philippstons (**8**). Die Aufzeichnung des 2. Stollens bricht nach der 1. Zeile ab, doch beweist das kurze Stück, daß die Melodie beider Stollen (wie nicht anders zu erwarten) tatsächlich identisch ist. Unterlegt ist in der Hs. der Text von Str. 8b.

Melodiehandschriften der Meistersinger

Das Tönerepertoire der städtischen Meistersinger des 15. bis 18. Jahrhunderts enthielt zahlreiche Töne, die den sog. ‚Alten Meistern‘, den legendären Begründern der Meisterkunst, gehören oder ihnen wenigstens zugeschrieben wurden. Es handelt sich um bekannte Sangspruchdichter des 13. und 14. Jahrhunderts, darunter auch Walther von der Vogelweide. Vergleichen mit anderen, wie dem Marner, Frauenlob, Regenbogen oder Heinrich von Mügeln, stand Walther freilich eher am Rand. Im Wesentlichen galten die folgenden fünf Töne bei den Meistersingern als Walthertöne: die Hof- oder Wendelweise und die Goldene Weise (im 16./17. Jahrhundert unter dem Namen Vergoldeter Ton allerdings Wolfram von Eschenbach zugeschrieben), ferner − erst in Handschriften seit dem 16. Jahrhundert überliefert − der Lange Ton, der Kreuzton und der Feine Ton. Genaue Untersuchung hat freilich ergeben, daß Goldene Weise, Langer Ton und Kreuzton, wie bei den Meistersingern nicht unüblich, Walther lediglich unterschoben wurden; eine Verbindung zu echten Texten bzw. Tönen Walthers läßt sich, obwohl sie mehrfach versucht wurde, nicht herstellen. Die wahren Urheber dieser Töne waren unbekannte Meistersinger. Dagegen handelt es sich bei der Hof- oder Wendelweise und beim Feinen Ton um echte Töne Walthers, nämlich um den Wiener Hofton (**10**) und den Ottenton (**4**). Der Melodiestil entspricht freilich nicht mehr dem von Z, er ist vielmehr angepaßt an die im 15. bzw. 16. Jahrhundert übliche Melodiesprache.[19]

---

[19] Vgl. Horst Brunner: Die alten Meister. Studien zu Überlieferung und Rezeption der mhd. Sangspruchdichter im Spätmittelalter und in der frühen Neuzeit. München 1975 (Münchener Texte und Untersuchungen 54); Abdrucke aller Melodien in allen überlieferten Fssungen außer bei Brunner / Müller / Spechtler auch in Brunner / Hartmann (Hgg.), S. 408−419.

Die beiden Töne sind in folgenden Handschriften enthalten:

a. Hof- oder Wendelweise, d.h. Wiener Hofton (**10**):

t, aufgezeichnet in gotischer deutscher Choralnotation (sog. Hufnagelschrift). Eine späte Abschrift davon in Mel. w 32 (Weimar, Herzogin Anna Amalia-Bibliothek, Fol. 421, Heft 32, geschrieben von dem Nürnberger Meistersinger Benedict von Watt [1569–1616]).

b. Feiner Ton, d.h. Ottenton (**4**):

Mel.p Breslau, UB, Ms. 1009: ›Singebuch des Adam Puschman‹, geschrieben 1584/88 von dem Breslauer Meistersinger Adam Puschman (1532–1600); die Handschrift ist seit 1945 verschollen, die Melodien sind in Abdrucken teilweise erhalten, darunter auch die des Feinen Tons.

Mel.o Nürnberg, Landeskirchliches Archiv, Fen.V.182.4°: Nürnberg 1590/95.

Mel.n Nürnberg, Stadtbibliothek, Will III.784: Benedict von Watt, Nürnberg um 1616.

Ausführliche Beschreibungen dieser Handschriften in RSM 1.

Romanische Melodien

Versuche, aus dem romanischen Repertoire auch Melodien zu Waltherliedern zu gewinnen, wurden (zuerst von den Musikwissenschaftlern Hans-Joachim Moser und Friedrich Gennrich, später auch von Burkhard Kippenberg) in erster Linie aus aufführungspraktischen Gründen unternommen. Die Frage, inwieweit Walther – der ja allenfalls am Rande als von romanischer Liedkunst beeinflußt gilt – tatsächlich romanische Melodien benutzt haben könnte, wurde bis jetzt nicht hinreichend ausführlich diskutiert. Folgende Waltherlieder hat man bisher mit romanischen Melodien in Verbindung gebracht:

15 mit Moniots de Paris ›Quant voi les prés flourir et blanchoir (verdoier)‹.
16 mit dem anonymen Lied ›En mai au dous tens novel‹.
28 mit Gautiers d'Espinau ›Quant je voi l'erbe menue‹.
52 mit Gautiers d'Espinau ›Amours et bone volontés‹.
70 mit Blondels de Nesle ›Onques mais nus hons ne chanta‹.
78 mit Bernarts de Ventadorn ›Quan vei la flor‹.

Weitere Melodien

In der ›Trierer Marienklage‹ Trier, Stadtbibliothek, 1973 (63) (15. Jahrhundert) und in der Handschrift des ›Alsfelder Passionsspiels‹ Kassel, Landesbibliothek und Murhardsche Bibliothek, 2° Ms. poet. et roman. 18 (Ende 15. Jahrhundert) findet sich die Melodie zu einem Langzeilenpaar der Form 3-x/3a 3-x/3a. Die Melodie wurde versuchsweise mehrfach für den Ton des ›Nibelungenliedes‹ herangezogen. Da Walthers Elegie (**97**) mit Ausnahme des jede Strophe abschließenden Refrains wahrscheinlich ebenfalls aus paargereimten Langzeilen dieser Form besteht, läßt sich der Text prinzipiell auf die Trier-Alsfelder Melodie, die ihrer Struktur nach unabgeschlossen, d.h. beliebig verlängerbar ist, singen. Allerdings ist anzunehmen, daß Walther zu dem Text eher eine komplexer strukturierte, die strophische Form stärker betonende Melodie komponiert hat. Vgl. auch die Ausgabe: Johannes Janota (Hrsg.), Die hessische Passionsspielgruppe. Bd. 2: Alsfelder Passionsspiel. Edition der Melodien von Horst Brunner, Tübingen 2002, S. 759.

Neuerdings wurde von Elisabeth Hages-Weißflog, Die Lieder Eberhards von Cersne. Edition und Kommentar. Tübingen 1998 (Hermaea 84), S. 162–164, angenommen, die Melodie zu Walthers Lied **62** sei von Eberhard von Cersne (um 1400) für dessen Lied XII entlehnt worden. Tatsächlich stimmen die Strophenformen genau überein, das Lied Walthers läßt sich der in der Handschrift Wien, Österr. Nationalbibliothek, Cod. 3013, überlieferten Melodie problemlos unterlegen. Sicher ist die Übernahme jedoch keinesfalls, vgl. dazu Horst Brunner, Eine neue Melodie zu Walthers Lied *Ein niuwer sumer, ein niuwe zît* (L 92,9 / Corm 62)? In: Volker Mertens / Ulrich Müller (Hrsg.), Walther lesen. Interpretationen und Überlegungen zu Walther von der Vogelweide. Göppingen 2001 (GAG 692), S. 215–226.

*

In die Ausgabe aufgenommen wurden die Walther-Melodien des Münsterschen Fragments Z, sowie der Wiener Hofton (**10**) nach t und der Ottenton (**4**) nach der ältesten Überlieferung Mel.p. Die sonstigen Aufzeichnungen der Melodien und die Walther nur versuchsweise zugeschriebenen Melodien finden sich bei B/M/S, die von Eberhard von Cersne überlieferte Melodie in dem oben genannten Aufsatz (S. 221). Die Melodien wurden in den oktavierten Violinschlüssel übertragen. Spitze Klammern bezeichnen Zusätze, runde Klammern Noten, die beim Vortrag auszulassen sind.

*

Anmerkungen zum Verständnis der Melodien

Ausführlichere Analysen finden sich bei Brunner / Hahn / Müller / Spechtler, s.o., S. 66–73.

a. Zum ›Palästinalied‹ (**7**). Zum öfter diskutierten Zusammenhang der Melodie mit der des Liedes *Lanquan li jorn son lonc en mai* des Trodadors Jaufre Rudel und

der Antiphon *Ave regina celorum* vgl. B/M/S, S. 54*−56* und die Melodieab-
drucke S. 82*−84*, ferner Florian Kragl, Musik. In: Volker Mertens / Anton
Touber (Hrsg.), Germania Litteraria Mediaevalis Francigena. Bd. 3: Lyrische
Werke. Berlin/Boston 2012, S. 347−388, hier S. 366−380. Die im authentischen
D-Modus abgefaßte Melodie hat die Form einer Rundkanzone, d.h. die die
beiden Aufgesangsstollen abschließende Melodiezeile wird am Abgesangsende
wiederholt.

b. Zu den Spruchtönen in Z. Tonart des König-Friedrichs-Tons (**11**) ist der authen-
tische E-Modus, die Melodie ist allerdings um eine Quart nach oben auf a
transponiert. Zur Form siehe oben. Der Zweite Philippston (**8**) steht im authen-
tischen D-Modus. Die fragmentarische Überlieferung läßt Aussagen zur Form
des Abgesangs nicht zu. Der Abgesang des allgemein als unecht geltende Tons
zu **115** steht im authentischen F-Modus; zu dem auf d endenden Aufgesang ist
wegen der fragmentarischen Überlieferung keine Aussage möglich. Im Abgesang
ist keine größere übergreifende Struktur erkennbar. Die Zeilen 5−14 sind aller-
dings aus vielfach verwandtem Melodiematerial geformt:

… $4c_5$ 2c/2d 3-e   4f 2f/2d 3-e_{10} 4g 4h 4g 5h …

… α   β $β_1$ + $β_2$ γ $β_1$ + $β_2$ δ $β_2$ δ …

(α: fallende Linie f-c; β: fallende Linie c-a; $β_1$, $β_2$: Varianten von β; γ: fallende
Linie c-F; δ: Schwebezeile um a)

Die folgenden Zeilen zeigen keine näheren Zusammenhänge: Z. 15/16 bestehen
aus einer Bogenmelodie a-c-f-c-F-D, Z. 17/18 aus einer Schwebezeile um a, die
dann auf F kadenziert.

c. Zum Wiener Hofton (**10**). Die Melodie steht im authentischen C-Modus. Bau-
form des Textes ist AA/BB' − an den zweiten B-Teil des Abgesangs ist als
Coda eine zusätzliche Zeile angehängt (4e). Die Melodie gliedert den Abgesang
jedoch nicht in zwei, sondern in drei Teile: Z. 7−9, 10−13, 14/15. Z. 7 und
10 setzen melodisch nahezu gleich ein, das abschließende Zeilenpaar hebt sich
melodisch ab.

d. Zum Ottenton (**4**). Tonart ist der authentische F-Modus, eigentlich handelt es
sich, angesichts der späten Überlieferung nicht verwunderlich, bereits um F-Dur
(die Finalis F wird vom Leitton E aus erreicht!). Bauform des Textes ist AA/
BB. Die in der Ausgabe abgedruckte älteste Fassung der Melodie zeichnet die
Identität der beiden Abgesangsteile (Z. 7−9 und 10−12) zwar nach, vermeidet
die volle melodische Gleichheit indes durch die abweichende letzte Zeile, die
den Stollenschluß wieder aufgreift und der Melodie damit die Form der Rund-
kanzone gibt. In den nicht abgedruckten jüngeren Fassungen der Melodie sind
die beiden Abgesangsteile vollständig gleich, d.h. die Melodiestruktur ist verein-
facht.

7. Zur Einrichtung der Ausgabe

[Text von Christoph Cormeau, mit Kürzungen und Erweiterungen
von Thomas Bein, kursiv in [ ] gesetzt]

Der kritische Text

Die Strophen sind wie bisher nach Tönen gereiht. Jedoch ist diese Anordnung
insoweit konsequenter gehandhabt, als nunmehr auch Strophen aus Anmerkungen
(vor allem von E) oder Anhängen der früheren Auflagen [*in den Editionstext aufge-
nommen worden sind*]. Diese Nachbarschaft und die fortlaufende Strophenzählung
schließen jedoch keine Aussage über Authentizität, Entstehungsgeschichte und Zu-
sammengehörigkeit ein; darüber ist jeweils im Einzelfall erst zu urteilen. Die unter-
schiedliche Position in der Überlieferung wird gegebenenfalls durch unterschiedli-
che Abstände zwischen den Strophen signalisiert.

Die Töne sind nun wie die Strophen fortlaufend neu numeriert, im Anhang mit
101 neu ansetzend. Bei Spruchtönen werden die traditionellen, seit Simrock (1870)
üblich gewordenen Benennungen beigefügt.

Wo Töne in wenigstens einem tonkonstituierenden Element (Hebungszahl, Ka-
denz, Reimschema) kein einheitliches Bild ergeben, wird Tonvariation angenommen
(unterschieden durch Zusatz **a**, **b** [...]). Wegen der Zurückhaltung bei metrisch
begründeten Eingriffen geschieht dies häufiger als bei früheren Herausgebern. Wo
darüber hinaus Zweifel am zugrundeliegenden Schema bleiben, die noch keine
Abgrenzung als Tonvariation rechtfertigen, werden diese Auffälligkeiten im Lesarten-
napparat [*bzw. im Textkritischen Kommentar*] mitgeteilt. [...] Die alte Lachmann-Zäh-
lung nach Seiten und Zeilen der 1. und 2. Auflage ist natürlich wegen des Zugangs
zur Forschung unersetzlich. Sie ist rechts am Rand den Texten beigegeben. Bei den
Unechten Liedern, den Anmerkungen und den von Carl von Kraus in der 8. Auflage
zuerst eingerückten *Neuen Liedern und Sprüchen* haben sich in der Folge der Auflagen
kleinere Unstimmigkeiten eingeschlichen, so daß in der Literatur unterschiedliche
Angaben begegnen können. In solchen Fällen werden die Zählungen Lachmanns
und von Kraus' mit Markierung der Auflage zitiert (z.B. **27** V: [⁷176,1] 177,1). Wo
Lachmann entgegen seiner sonstigen Praxis in den Anmerkungen und von Kraus
in den *Neuen Liedern und Sprüchen* Zeilen über den Seitenumbruch hinweg durchzähl-
ten, werden solche Seitenwechsel nicht berücksichtigt.

Nach der Tonnummer wird eine schematisierte Übersicht über die Überlieferung
gegeben [*bei einigen neuen Fassungseditionen ist dies sachbedingt anders*]. Die Strophennum-
mern nach den Handschriftensiglen teilen mit, welche Strophen in welcher Reihen-
folge bezeugt sind. Ein Semikolon in der Aufzählung weist darauf hin, daß die
Strophen nicht in unmittelbarer Folge überliefert sind. Tiefgestellte Ziffern neben
der Strophennummer bezeichnen die überlieferten Verse bei fragmentarischer
Überlieferung. Die Handschriftensiglen werden alphabetisch gereiht; werden jedoch

in einer Handschrift die Strophen einem anderen Autor zugeschrieben, dann wird die Sigle ans Ende gerückt und der Autorname dazu genannt.

Nach der Überlieferungsübersicht wird (werden) die Leithandschrift(en) für den kritischen Text genannt; in entsprechenden Fällen in Form der von der Forschung angenommenen gemeinsamen Quelle (z.B. Text nach *BC), in anderen Fällen einzeln (z.B. Text nach C mit A), wenn die stemmatische Verwandtschaft weniger klar, die Textvarianz aber gering ist. Bei singulärer Überlieferung unterbleibt die Angabe.

Strophen, die als Teil einer liedhaften Einheit betrachtet werden, sind durch halbzeiligen Abstand getrennt.

Strophen, deren Zusammenhang als lose und disponibel betrachtet wird wie bei möglichen Zusatz- oder Austauschstrophen [...] sind durch einzeiligen Abstand getrennt.

Strophen, an deren Zugehörigkeit, Entstehung und Zuschreibung sich Fragen knüpfen und die in der Regel aus anderer Überlieferung als die Kernstrophen stammen, werden durch eineinhalbzeiligen Abstand getrennt.

Im Fall des Seitenwechsels sind diese Abstände durch vorweggenommene Strophennummern signalisiert.

Alle Besserungen gegen die Basishandschrift(en) oder gegen alle Handschriften (Konjekturen), die nicht als Normalisierung (dazu unten 8. und 9.) verstanden werden, sind *kursiv* gesetzt.

Zusätzlich werden Eingriffe gegen die Basishandschrift oder alle Handschriften angezeigt durch:

⟨ ⟩   für Einfügung
[ ]   für Tilgung überlieferter Wörter
⌐ ¬   für Wortumstellung
⟨...⟩   für angenommenen, aber nicht rekonstruierten verlorenen Text; für jede
           angenommene Silbe steht ein Punkt.

›...‹   kennzeichnen wörtliche Rede einer anderen Figur als des gewöhnlichen
           Sänger-Ich (z. B. einer Frau, eines Boten) oder Selbstzitat des Sängers.

Auf- und Abgesang in Kanzonenstrophen sowie Teilversikel im Leich werden durch Majuskel eingeleitet [*und durch Einrückung verdeutlicht*].

Der Lesartenapparat

Der Lesartenapparat verzeichnet für jede Strophe ihre Position in der/den Handschrift(en). Gegebenenfalls ist auf Umstellungszeichen der Handschriften oder sonstige Auffälligkeit wie beeinträchtigte Lesbarkeit hingewiesen. Von Fall zu Fall werden, um Lachmanns Anordnung durchschaubar zu machen, auch Hinweise auf größere Überlieferungszusammenhänge und Sammlungsschichten in C eingefügt.

Im weiteren Sinn kodikologische Beobachtungen unterbleiben, nur wenn Gegeben-
heiten wie Farbe der Lombarde, Freiräume usw. als Hinweis auf Toneinheit oder
-verschiedenheit verstanden werden können, sind diese vermerkt.

Der Apparat verzeichnet alle textkritisch relevanten handschriftlichen Varianten
(stets recte gesetzt), soweit sie nicht unter die Normalisierung im Rahmen der unten
definierten Regeln fallen. Die Varianten werden strikt diplomatisch wiedergegeben,
Abbreviaturen und Zeichenkombinationen nicht aufgelöst; lediglich ſ und s werden
nicht unterschieden. Falls syntaktischer oder metrischer Störungen wegen nötig,
werden Reim- oder Zäsurpunkte verbal (*Reimpunkt, Punkt*), nicht graphisch doku-
mentiert. Werden gleiche Varianten verschiedener Handschriften zusammengefaßt,
entspricht die Graphie der zuerst genannten Handschrift; kleine Unterschiede, so-
fern es sich nicht nur um Differenzen wie kontrahierte/nicht kontrahierte Form
handelt, werden in Klammer mit Sigle hinter dem betreffenden Wort zugefügt.

Lemmata aus dem kritischen Text werden nur verwendet, wo der Bezug zu
diesem nicht rasch und eindeutig herzustellen ist.

Reimstörungen sind mit kombiniertem Eintrag erfaßt (z. B. **48** II 1/4 liep: gebt *A*),
soweit es sich nicht um einfache Fälle wie mundartlich bedingte Inkongruenz, un-
terschiedliche Umlautgraphie u. ä. handelt.

Soweit die Dokumentation vollständiger Verse angebracht ist, stehen diese am
Beginn des Eintrags nach der Verszahl. Zusammengehörige Einträge, die sich auf
denselben Textausschnitt beziehen, werden durch Kommata getrennt. Punkt
schließt jeweils eine Varianteneinheit ab.

Das Zeichen / steht nur für Zeilenende in Handschriften, die Verszeilen abset-
zen, sofern eine Abweichung zu registrieren ist, oder für Schnittstellen in Frag-
menten.

Fragmentarischer Text wird angezeigt durch *Beginn der Überlieferung* bzw. *Ende der
Überlieferung*. In Einzelfällen ist auf unlesbare oder beschädigte Stellen durch drei
Punkte, ein oder zwei Punkte bei entsprechend geschätztem Zeichenverlust hinge-
wiesen; soweit sich Fehlstellen in kleinen Fragmenten häufen, wird nur pauschal
darauf aufmerksam gemacht. Verbliebene Zweifel an der Lesung werden durch *(?)*
signalisiert.

Neben den Differenzen, die aufgrund der Normalisierungsregeln übergangen
werden, sind im Apparat ebenfalls in der Regel n i c h t verzeichnet:

– Abbreviaturen, außer in wenigen Fällen grammatikalischer Doppeldeutigkeit
  [...],
– Negationsvarianten im Bereich der pro- bzw. enklitischen Partikel en-/-ne/-n,
– Getrennt- und Zusammenschreibung insbesondere im Bereich von Verben mit
  Präfix und Nominalkomposita, sofern nicht die Semantik erheblich betroffen
  ist,
– apokopierte oder synkopierte Formen und Krasis bzw. nicht verkürzte Formen,
  sofern nicht die metrische Struktur in Hebungszahl oder Kadenz betroffen ist,

– landschaftssprachlich bedingte Laut- und Formvarianten,
– vom Schreiber durch Unterpungierung oder Streichung offensichtlich Getilgtes,
– die Tatsache, daß Worte oder diakritische Zeichen nachgetragen wurden.

[*Ein Herausgeberapparat, wie er in der 14. Aufl. mitgegeben war, ist in der 15. Aufl. nicht mehr enthalten.*]

8. Zur metrischen Form des Textes

Von der Sicherheit einer normativen Textmetrik hat die Forschung weithin Abstand genommen. Auszugehen ist ja von einer ursprünglichen Einheit von Text und Melodie, in der Textrhythmus und Melodierhythmus sich wechselseitig festlegten. Doch ist dies eine flexiblere Form als eine streng Silben und Betonungen zählende Metrik. Die Handschriften überliefern überwiegend Texte ohne Melodien. Eine Reihe von Indizien sprechen dafür, daß die Texte im Lauf der schriftlichen Tradition immer weniger als sangbare Einheiten wahrgenommen wurden, sich eher einem geglätteten Leserhythmus annäherten. Ohne Melodien läßt sich ein sangbarer Text aber nicht rekonstruieren. Schon daraus ist zu folgern, daß größte Zurückhaltung bei Eingriffen in den handschriftlichen Text aus metrischen Gründen angebracht ist.

Für die Aufführungspraxis hätte ein geschriebener Text immer Hilfscharakter gehabt und im gesungenen Vortrag erst realisiert werden müssen. Der Vortragende kann oder muß den Text anpassen. Es ist auffallend, wie sorglos auch eine Handschrift mit Melodie wie Z in den Textstrophen mit der Silbenzahl verfährt. Zum anderen haben die zahlreichen modernen Aufführungsversuche doch gelehrt, wie leicht es einem geübten Sänger fällt, unterschiedliche Silbenzahlen den Erfordernissen der Melodie anzupassen und gerade Ausdrucksakzente zu gewinnen.

Aus diesen Gründen greift die Neubearbeitung nur sehr begrenzt zugunsten der metrischen Form ein, auch um den Preis, daß die Texte an gewohnter metrischer Glätte verlieren. Der geschriebene Text ist nicht als genaues Abbild dessen verstanden, was zu Gehör gebracht werden soll. Es wird davon ausgegangen, daß der Leser wie der Sänger bestimmte einfache Operationen wie Elision, Synkope oder Verschleifung selbst realisiert.

Regelmäßig durch Besserung rekonstruiert oder als Fehlstelle markiert werden nur die Fälle, in denen tonkonstituierende Elemente, nämlich Hebungszahl (Taktzahl), Kadenz und Reim betroffen sind. Die Besserung unterbleibt jedoch, wenn eine Variation des Tons wahrscheinlicher ist […].

Varianten in der Taktfüllung werden zugelassen. Regulierend wird nur in eng begrenztem Umfang eingegriffen, wo Silbenersparnis oder -ergänzung durch Enklise von Pronomen oder Synkope wie bei unbestimmtem Artikel und Possessivpronomen bzw. deren Gegenteil durchweg geläufig sind. Dreisilbige Wortformen mit alter Dativendung *-e* werden gegebenenfalls apokopiert, ebenso zweisilbige Pronominalformen wie *ime, deme, weme*, wenn sie in der Senkungsposition ohne Hiat stehen. Hergestellte Krasis von *daz ich > deich, daz ist > dest/deist/dast* wird jedoch stets als Eingriff gekennzeichnet. Die Abbreviatur *uñ/vñ* wird ein- oder zweisilbig aufgelöst (*und/unde*).

Auftaktvarianten werden zugelassen, auch zwei- und dreisilbig; letztere sind jedoch in der Regel durch Apokope oder Synkope leicht zweisilbig zu lesen.

Elision bei Hiat unterbleibt; ist sie jedoch in der Basishandschrift vorgegeben, wird sie beibehalten (vgl. z. B. *springende/springent* als **33** C III, 3 und E II, 3).

[Weitere Anmerkungen zum ‚Umgang mit der Metrik‘ finden sich im Kapitel ‚Die 15. Aufl. und ihre Neuerungen‘, S. LXVIII ff.]

9. Zur sprachlichen Normalisierung

Es liegt auf der Hand, daß eine Ausgabe, die auf einer zeitlich und räumlich so weit gestreuten Überlieferung beruht, nicht ohne eine Regulierung des überlieferten Sprachstands auskommt. Zu erklären ist aber, wie der Herausgeber die Schreibweise, die nur ein Kompromiß sein kann, versteht, und bis zu welchem Maß der Vereinheitlichung in die Vielfalt und Willkür der Handschriften regulierend eingegriffen wird.

Das normalisierte Mittelhochdeutsch, das Lachmann und Benecke für die Ausgaben klassischer Texte entwickelten, wäre unzweifelhaft von praktischem Nutzen, weil es der Mehrzahl der Leser am meisten vertraut ist. Doch bleiben heute erhebliche Zweifel, ob die Vorstellung Lachmanns von einem „unwandelbaren Hochdeutsch“, einer als Ausgleichs- und Schreibnorm wirksamen mittelhochdeutschen Dichtersprache[20], in dem von ihm angenommen Umfang den historischen Verhältnissen nahekommt. Gerade bei Lied und Sangspruch ist der Einfluß der primären Mündlichkeit, der gesprochenen Sprache, auf die aufgezeichneten Texte noch wesentlich höher anzusetzen als etwa beim höfischen Roman.

Einen Weg zurück zum spezifischen Idiom Walthers gibt es ohnehin nicht. Man kann aus den wenigen biographischen Anhaltspunkten vermuten, daß dieses, anders als die wichtigsten Handschriften, kaum ausgeprägt alemannische Merkmale aufwies. Einzelne Erscheinungen in seinen Strophen legen den Schluß nahe, daß Walther als stilistisches Register auch die Nähe zur gesprochenen Sprache zur Verfügung stand, und als erfolgreichem Vortragskünstler darf ihm durchaus unterstellt werden, daß er sich auf die regionalsprachlichen Gegebenheiten seines Publikums einzustellen verstand.[21] Doch können solche Überlegungen nur unterstreichen, daß

---

[20] Karl Lachmann: Vorrede. In: Auswahl aus den hochdeutschen Dichtern des dreizehnten Jahrhunderts. Berlin 1820; wieder in: K: L., Kleinere Schriften zur Deutschen Philologie. Hg. v. Karl Müllenhoff. Berlin 1876, S. 157–176, hier 161.

[21] So schon Kurt Plenio: Bausteine zur altdeutschen Strophik 9. PBB 43, 1918, S. 86–90, hier 89.

der Abstand zur Sprache des Autors und ihren stilistischen Modulationen uneinhol-
bar bleibt. Lediglich die allgemeinste Abgrenzung, daß Walthers Sprache in der
Regel oberdeutschen Gepflogenheiten entsprochen haben wird, kann vorausgesetzt
werden.

Aber auch der Auswertung der Textzeugen stellen sich Hindernisse in den Weg.
Der Sprachstand der Handschriften ist im ganzen und auf Autoren spezifiziert
keineswegs in wünschenswerter Weise erforscht, und allzu deutlich haben die Fort-
schritte in der Beschreibung der Sprache anderer Epochen herausgestellt, wie unzu-
länglich doch unsere Hilfsmittel wie Wörterbücher und Grammatiken gerade für
das Mittelhochdeutsche sind. Allzuoft endet die Suche des Kritikers nach regionaler
und zeitlicher Differenzierung einzelner Erscheinungen bei zu vagen oder wider-
sprüchlichen Auskünften. Der graphematischen und morphologischen Vielfalt der
Handschriften steht nur ein bedingt zuverlässiges sprachhistorisches Regulativ ge-
genüber, das Entscheidungen in der einen oder anderen Richtung durch eine stati-
stische Wahrscheinlichkeit untermauern könnte.

Bleiben wieder die Handschriften als die unverfälschten historischen Quellen.
Doch auch gegen eine allzu enge Bindung an diese sprechen gewichtige Gründe.
Nicht nur das praktische Argument der leichteren Lesbarkeit fällt ins Gewicht,
sondern auch die Tatsache, daß für die Ausgabe eines Œuvres das literarische Inter-
esse legitimerweise im Vordergrund steht, zumal ein Autor unter den Überliefe-
rungsgegebenheiten wie bei Walther streng genommen auch nur als eine literari-
sche, nicht als eine sprachhistorische Größe zu betrachten ist – sprachgeschicht-
liche Einheiten sind die Sammelhandschriften und allenfalls als Teilmenge einzelne
Autoren darin. Eine sprachliche Vereinheitlichung ist aber auch angezeigt, weil nicht
nur die graphematische Varianz der unterschiedlichen Handschriften eingegrenzt,
sondern auch für deren zeitliche und regionale Unterschiede ein gemeinsamer Nen-
ner gefunden werden mußte, wenn nicht durch die Wahl unterschiedlicher Lei-
thandschriften die Ausgabe in verschiedene Sprachgestalten zerfallen sollte.

Die sprachliche Gestaltung steuert deshalb einen Kompromiß an. Sie vereinheit-
licht in einem gewissen Maß, ohne dieses Sprachniveau für mehr als eine heutige
Aufzeichnungsvarietät ehemals mündlich realisierter Texte zu halten. Sie versucht
aber, diese Vereinheitlichung weniger streng durchzuführen als Lachmann und da-
für eine größere Nähe zu den Handschriften und ihrer Varianz zu erhalten, soweit
es das Verständnis nicht übermäßig erschwert. Dabei ist festzuhalten, daß schon
Lachmann seinen Text nicht von allen durch die Dominanz der alemannischen
Handschriften verursachten regionalen Einflüssen freigehalten und alle iterierenden
Varianten vereinheitlicht hat.[22] Ebenso wird hier in Kauf genommen, daß bei den
Überlieferungsgegebenheiten für Walther sich das Ziel einer größeren Nähe zur
handschriftlichen Schreibweise nur dadurch verwirklichen läßt, daß die zu errei-

---

[22] Vgl. die Kritik Wilhelm Grimms, in: Göttingische Gelehrte Anzeigen 3, 1827, S. 2025–2038; gekürzt
abgedruckt in: Bein, Altgermanistische Editionswissenschaft, 1995, S. 66–71.

chende Gemeinsamkeit sich mehr an den alemannischen Handschriften als an den mitteldeutschen orientiert, so daß letztere stärker normalisiert werden, soweit sie Grundlage der hergestellten Texte sind.

Die nachfolgende Beschreibung versucht, die Regeln für die graphematische und morphologische Umsetzung zu definieren.

Allgemeines

Alle Abbreviaturen und diakritischen Zeichen werden in der üblichen Weise aufgelöst, ein Eintrag im Apparat erfolgt nur, wenn eine morphologische Doppeldeutigkeit (z.B. *-ē* > *-en* oder *-em*) entschieden wurde. (*uñ/vñ* zu *und/unde* je nach metrisch erwünschter Silbenzahl.) *ſ* und *s* sind zu *s* vereinheitlicht. *u* und *v* werden vokalisch als *u*, konsonantisch als *v* wiedergegeben, *i* in halbvokalischer Stellung als *j*, anlautendes *y* als *i*.

Deutlich regionalsprachlich bestimmte Formen werden zurückgenommen zu den allgemein oberdeutsch gültigen (z.B. *erbeit* > *arbeit, kilche* > *kirche, har* > *her, meige* > *meie, gent* > *gebent, vogeliu* > *vogelin, sünt* > *sülent, wening* > *wenic, kripfe* > *krippe*; aber *dien* neben *den* [Dem.pron. Dat. Pl.]), soweit die Grammatiken solche Zuordnungen erlauben.

Vokalismus

Langvokale werden durch Apex ˆ gekennzeichnet; dies geschieht im Unterschied zu früheren Auflagen in der Regel auch im Auftakt oder in der Senkung (für *hêr(re)/ her(re)* wird in diesen Stellungen jedoch Kurzvokal angenommen). Entgegenstehende Schreibungen (z.B. *i* und *e* als Längenzeichen) werden nicht übernommen.

Umlaute, deren Bezeichnung in den Handschriften noch stark differiert, werden in den normalisierten Formen wiedergegeben, lange (*æ, œ, iu*) und kurze (*ä, ö, ü*) Umlaute unterschieden, die unterschiedlichen Formen der Handschriften vereinheitlicht. Auch Sekundärumlaute, die handschriftlich mehrfach nicht bezeichnet werden (vor allem in A) werden regelmäßig nach dem Stand, den die Grammatiken belegen, durchgeführt. Soweit nicht umgelautete neben umgelauteten Formen für das Oberdeutsche nicht völlig auszuschließen sind, werden die handschriftlichen Formen der Leithandschrift in den Text genommen. Beim Komparativ und zur Unterscheidung des Adjektivs vom Adverb (z.B. *schœne/schône*) wird Umlaut stets durchgeführt. Entstehen aus der handschriftlichen Graphie Doppeldeutigkeiten (z.B. Prät. Ind. oder Prät. Konj. wegen wahrscheinlich unterbliebener Umlautbezeichnung), wird die handschriftliche Form immer im Apparat verzeichnet. Über die allgemeinen Regeln hinausgehende Umlaute in den Handschriften (vor allem B und C − z.B. *güetiu* für *guotiu, gedenke* für *gedanke*) werden im Apparat nicht registriert.

ai und *ei* werden einheitlich als *ei*, *au* und *ou* als *ou* wiedergegeben.

Landschaftssprachliches *ô* erscheint normalisiert als *â*.

ew wird als *euw*, *iw* als *iuw* wiedergegeben; nach Leithandschrift: *ow/ouw* (z.B. *vrowe/vrouwe* aber nicht *frauwe*), *öw/öuw/euw* (z.B. *vröwen/vröuwen/vreuwen*), *öi/eu* (z.B. *vröide/vreude* aber nicht *fraude*).

Teilweise erscheinende jüngere Diphthongierungen und Monophthongierungen werden rückgängig gemacht.

Volltonige Präfixe oder Endungssilben (*i*, *a*, *o* − vor allem in A) werden zu *e* normalisiert.

Konsonantismus

Die Spiranten *s* und *ʒ* werden entsprechend ihrer Herkunft aus germ. *s* und *t* unterschieden, fehlende Scheidung in den Handschriften (vor allem C) wird normalisiert.

Für die Affrikata steht *ʒ* regelmäßig im Anlaut (auch für hsl. *c*) und nach Konsonant (hsl. *hertʒe* > *herʒe*), in der Verdopplung *tʒ* (z.B. hsl. *wizʒe* > *witʒe*).

Doppelspirant nach Langvokal wird vereinfacht; sofern mit semantischer Mehrdeutigkeit zu rechnen ist, erfolgt ein Eintrag im Apparat.

Doppelkonsonanz wird beibehalten oder hergestellt, wenn sie sprachgeschichtlich früh anzusetzen ist und der Reim nicht gestört wird.

Alemannische Affrikata *ch* wird durch *k/c* ersetzt; nicht eingegriffen wird jedoch in die Suffixverbindung mit *-heit* (z.B. *unsælicheit*).

Spirantisches *h* wird auslautend nach überwiegendem Gebrauch der Handschriften als *ch* wiedergegeben; *-cht/-chs* wird zu *-ht/-hs* vereinfacht; *-lch/-lh* nach Leithandschrift (z.B. *welch/welh*).

Verschlußlaute im Auslaut werden einheitlich als Tenues (*p,t, k/c*) wiedergegeben, nie jedoch *unt* für *und*. Eine Regulierung unterbleibt, wenn der Auslaut in der Handschrift durch Apokope vor Vokal zustandegekommen ist (dann Media/Tenuis nach Leithandschrift).

Vereinzelt auftretendes *t* im Anlaut wird durch *d* ersetzt (z.B. *tûmen* > *dûmen*; *tünne* > *dünne*).

Mitteldeutsch fehlende Nasale werden ergänzt (z.B. *sy* > *sîn*).

Für auslautendes *-m* wird *-n* zugelassen, wenn sich der Gebrauch nachweisen läßt.

Assimilationen von *m/n* (z.B. *umme* > *umbe*, *vmbehuot* > *unbehuot*, *samft* > *sanft*) und Sproßkonsonanten (z.B. *nimpt* > *nimt*) werden rückgängig gemacht.

Nach Leithandschrift wiedergegeben werden:

pf und *ph*,

v und *f*, unabhängig von der Position im Wort,

k und *c*, unabhängig von der Position im Wort, *kk* jedoch als *ck*.

Lenisiertes Dentalsuffix *-de* nach *l* und *n*.

Morphologie

Die in den Handschriften auftretenden Doppelformen werden, vorwiegend der Eindeutigkeit wegen, stets vereinheitlicht zu:

1. Pers. Pl. Ind. Präs.: *-en*
3. Pers. Pl. Ind. Präs.: *-ent*
3. Pers. Pl. Konj. Präs.: *-en*

Zugelassen werden die Doppelformen (nach Leithandschrift):

2. Pers. Pl. Ind. Präs.: *-et* oder *-ent*
2. Pers. Sg.: *-st* oder *-s*

Nicht vereinheitlicht wird auch gelegentlich auftretende Endung *-e* in der 2. Pers. Sg. Imp. von starken Verben.

siu wird nur für Nom./Akk. Sg. Fem. und Nom./Akk. Pl. Neutr. zugelassen; sonst erscheint *sie/si* nach Leithandschrift, *si* in metrisch betonter Stellung stets als *sî*.

diu oder *die* nur für Nom./Akk. Sg. Fem. und Nom./Akk. Pl. Neutr. nach Leithandschrift, sonst *die*. Für den Instrumentalis steht immer *diu*.

disiu wird nur für Nom. Sg. Fem. und Nom./Akk. Pl. Neutr. zugelassen, *einiu* nur für Nom. Sg. Fem.

Die Negationspartikel wird immer proklitisch *en-* oder enklitisch *-ne/-n* mit dem benachbarten Wort zusammengeschlossen; sonst werden Negationsvarianten zugelassen, sofern nicht die Qualität der Negation berührt oder das Metrum stark beeinflußt wird.

Der Kasussynkretismus von *iu/iuch* wird aufgelöst. *iu* steht regelmäßig für Dativ, *iuch* für Akkusativ, außer der Reim gibt die andere Form vor [...]. Die abweichende Form ist stets im Apparat verzeichnet.

Jüngeres *-n* in Fällen wie Nom. Sg. *schade* > *schaden* wird getilgt.

Fragepronomen und verallgemeinerndes Relativpronomen (z.B. *wer/swer*) werden je nach Bedeutung durch Normalisierung unterschieden.

Synkopierte und apokopierte Formen folgen in der Regel der Leithandschrift, wenn nicht schwerwiegende Bedenken dagegen sprechen.

Nach Leithandschrift wiedergegeben sind:

starke und schwache Flexionsformen des Adjektivs, sofern die Grammatiken belegbaren Spielraum lassen [...];
-e und *-en* als Adverbialendungen;
die ausgewiesenen Varianten bei den Präteritopräsentien;
als iterierende Varianten nebeneinander:
   ander/anderre
   alrêrst/alrêst
   alsô/alsus/alse/als (*als*, wenn metrisch möglich)

d â / dô / d âr, soweit ohne deutliche semantische Differenz

danne / denne / dan

dechein / dehein / dekein

dur / durch

einem / eime

ener / jener

g ân / gên

ieman / iemen

iemer / immer

iezuo / ieze

maneger / meneger / meniger

mînem / mîme / mîm

nieman / niemen

niemer / nimmer

niht / nit

ouch / och

solh / sülh / sölh / selh / selk

st ân / stên

vrem(e)de / vrömde

wan / man (Indef.pron.)

werlt / welt

wilen / wilent

wünne / wunne (auch in adjekt. oder adverb. Ableitungen, sofern der Text auf oberdeutscher Handschrift beruht)

ze- / zer-

zesamme / zesamene / zesamne / zesemme

zuo / ze

Die Normalisierungen werden im Text nicht graphisch gekennzeichnet; in Grenz- oder Zweifelsfällen ist jedoch die handschriftliche Schreibung im Apparat verzeichnet.

Getrennt- und Zusammenschreibung folgt dem Usus der Wörterbücher. Deutliche Personifikationen werden durch Majuskel angezeigt.

In der Regel werden Satzzeichen nach dem heute geltenden Gebrauch gesetzt. Da die Syntax des Mittelhochdeutschen, auch wegen der Nähe zur Mündlichkeit, häufig offener ist, werden Satzzeichen dort behutsam gesetzt, wo Bezüge mehrdeutig oder unklar sind. Entgegen früherem Gebrauch wird Doppelpunkt nur sparsam verwendet.

[*Die 15. Aufl. enthält zahlreiche Fassungseditionen; auch diese folgen im Grundsatz den oben skizzierten Normalisierungsregeln, können aber in besonderen Fällen, die an Ort und Stelle angezeigt und begründet werden, davon zu Gunsten einer engeren Anbindung an die Basishandschrift abweichen. Th. B.*]

DIE 15. AUFLAGE UND IHRE NEUERUNGEN
(Thomas Bein)

1. Zur Revision der 14. Auflage

In diesem Abschnitt werden die Revisionsarbeiten an der 14. Aufl. beschrieben. Insbesondere finden sich hier Erläuterungen zu textkritischen Grundsatzentscheidungen (u. a. zum ‚Umgang mit der Metrik'), zur Anlage des Textkritischen Kommentars, zu den Fassungseditionen, den Erschließungshilfen und dem Glossar. Literatur, die hier nicht vollständig zitiert wird, findet sich in der Gesamtbibliographie am Ende des Bandes.

1.1. Editionstheoretische Grundsätze und ihre praktischen Umsetzungen

Wie bereits im Vorwort zur 15. Aufl. formuliert, bleibe ich im Grundsätzlichen der editorischen Linie treu, die Christoph Cormeau für seine 14. Aufl. erarbeitet hatte. Das bedeutet:

- Die Aufteilung in einen ‚Hauptteil' und einen ‚Anhang' bleibt bestehen (auch die Töne 110 bis 114, obwohl in E deutlich für Walther ausgewiesen. Insofern sind sie eigentlich im Anhang fehl am Platze. Eine Veränderung hätte indes so weitreichende Folgen für die Konzeption des Hauptteils der Edition gehabt (Tonnummerierung; Buchprinzip Lachmanns), dass ich darauf verzichtet habe. Es wird hier deutlich, welche Probleme es für einen Editor mit sich bringt, eine mehr als 150 Jahre alte Editionstradition fortzuführen).
- Die Reihenfolge der Töne bleibt unverändert, ebenso die Zählung (Ausnahmen: Ton 5a, Ton 23a und 36a gibt es nicht mehr, da diese Fälle nun anders angegangen wurden; auch gibt es den Ton 83 der 14. Aufl. nicht mehr, weil die Strophen dieses Tons baugleich mit denen von Ton 39 sind).
- Der Text wird in einer normalisierten Schreibweise dargeboten – gemäß den Grundsätzen, die Cormeau in der 14. Aufl. formuliert hatte (im Falle von Fassungseditionen kann von diesen Regeln leicht abgewichen werden).
- Das ‚modifizierte Leithandschriftenprinzip' Cormeaus wird weitgehend beibehalten.

Dennoch gibt es so gut wie keinen Ton, der in der 15. Aufl. nicht eine – einmal mehr, einmal weniger weitgehende – Veränderung erfahren hätte. Jeder Ton wurde erneut an der Überlieferung überprüft wie auch jede Entscheidung Cormeaus gegen eine Leithandschrift (-engruppe), die sich in seiner Ausgabe entweder als Mischredaktion oder als Konjektur niedergeschlagen hatte. Wo es möglich schien, wurde das Leithandschriftenprinzip noch konsequenter zur Anwendung gebracht als in der 14. Aufl. In jedem einzelnen Fall wird dies im Textkritischen Kommentar erläutert.

Die folgende Übersicht informiert über die Veränderungen gegenüber der 14. Aufl.:

a. Keine Veränderungen bei den Tönen 6, 8 a/b, 11 a, 52, 65, 67, 68, 69, 72, 75, 80, 85, 87; Anhang: 101, 102, 103, 105, 106, 108, 108 a, 109, 110, 111, 114, 115, 116, 117, 118, 119, 120, 121, 122, 123, 8, 10, 15, Goldene Waise, Ulrich 12.31, Ulrich 12.20

b. Veränderungen und/oder Korrekturen von Details (z. B.: *von zungen* vs. *ûz zungen*) in den Tönen 1, 3, 3 Fortsetzung, 8, 10, 12 a, 13, 14, 16, 20, 21, 22, 26, 28, 34, 38, 39, 41, 43, 11, 45, 46, 47, 48, 50, 53, 54, 55, 56, 57, 58, 59, 60, 61, 62, 63, 65, 66, 70, 71, 73, 74, 76, 77, 78, 79, 81, 82, 83 = neu 39 (2), 84, 86, 88, 89, 91, 94, 95, 96, 97; Anhang: 101, 104, 107, 112, 113, 124, 11 I*, 9, 11 I**, 14, 24, Ulrich 12.30

c. Vollständige Neueditionen von Tönen (z. B. bei Wechsel der Leithandschrift gegenüber der 14. Aufl. oder konsequenterer Anwendung des Leithandschriften-prinzips): 2, 4, 5, 21, 35, 49, 51, 92; Anhang: 11 (neue Kategorie 3 a)

d. Fassungseditionen; betroffen sind die Töne 7, 9, 11, 15, 17, 18, 19, 23, 24, 25, 27, 29, 30, 31, 32, 33, 36, 37, 40, 42, 44, 64, 90, 93

1.1.1. Die Fassungseditionen

Die Fassungseditionen stellen die am weitesten gehende Modifikation gegenüber der 14. Aufl. dar. Hinter der Entscheidung für eine Fassungsedition steht eine intensive Interpretation handschriftlicher Versionen eines Textes. Anders als es etwa Ulrich Müller et alii (Brauchen wir eine neue Walther-Ausgabe?, 1999) vorschlugen oder wie es die Herausgeber der Salzburger Neidhart-Edition (SNE) taten, habe ich hier nicht *jede* Mehrfachbezeugung in einer Fassungsedition abgebildet. In vielen Fällen wäre ein Mehrwert für den Benutzer nicht zu erkennen – im Gegenteil: ihm würde Varianz suggeriert, die – zumindest auf einer Makroebene – gar nicht vorhanden ist.

Die Edition von Fassungen geschieht hier immer nur dann, wenn ein Ton in seinen unterschiedlichen handschriftlichen Realisierungen ein je anderes Sinnpotential aufweist bzw. wenn, wie im Fall von Ton 19, die bisherige Textedition keine Rückbindung mehr an die Überlieferung hat. In letzterem Fall wird man wohl wenig mit meiner Entscheidung für eine Fassungsedition hadern können. Anders aber steht es um die Rede vom ‚anderen Sinnpotential‘? Was ist das? Wann liegt etwas ‚Anderes‘ vor?[23] Wo befinden sich die Grenzen? Wie klar können sie definiert werden? Intersubjektive Verbindlichkeit wird man bei solchen Fragen immer nur ansatzweise herstellen können, zu groß ist der interpretatorische Anteil, der Entscheidungen für oder gegen eine Fassungsedition zugrunde liegt.

Zwei Beispiele mögen die Problematik verdeutlichen: Ton 20 ist in acht Handschriften überliefert – und wird hier doch nur in *einer* Fassung ediert. Die Gründe: Alle acht Handschriften überliefern die Strophen in gleicher Reihenfolge, mit Blick darauf besteht also bereits kein Anlass, von ‚Fassungen‘ zu sprechen. Der Wortlaut allerdings zeigt viele Varianzen – der Lesartenapparat zu 20 ist umfangreich. Zunächst mag man meinen, dass dies eine Fassungsedition nahelege. Doch bei genauerem Hinsehen erweisen sich die meisten Varianten als sinnneutral bzw. sind mundartlichen Phänomenen geschuldet (eine Hs., s, ist niederdeutschen Ursprungs) oder sie sind ‚abwegig‘ (im Falle von F, der Weimarer Liederhandschrift, die oft genug schwere Textverderbnisse aufweist). Beispiele für sinnneutrale Varianten: *vil tvgenden* vs. *vil der tugende*; *bereit* vs. *gereit*; *min wille ist guot nu bin ich tumb* vs *nu bin ich tumb min wille ist guot*; *ichne* vs. *ich nicht* vs. *ich niene*; *und saget mir* vs. *nu saget mir* vs. *und leret mich*. Zwar finden sich auch Varianten wie *manne muot* vs. *minne muot* (Letzteres in F aber wohl ein Fehler) oder *wip* vs. *frowe* oder *schœn* vs. *wert*, die für sich betrachtet semantische Relevanz haben, doch rechtfertigen solche singulären Lesarten m. E. keine umfangreiche Fassungsedition. – Beispiele für mundartliche Varianten: *tuot* vs. *doyt* [s]; *muot* vs. *moet* [s]. – Beispiel für ‚abwegige‘ Varianten: *so stet vil wol die lilie der rosen bi* vs. *so schaytt die liligen wol die rosen bey den plumen* [F]. – Ton 20 wird nach *einer* alten und guten Hs., O, ediert, die Varianten sind im Apparat dokumentiert. Dem Benutzer wird ein handschriftennaher Text mit einem Sinnpotential geboten, das trotz Varianten im Detail in allen acht Zeugen gleich ist.

Ganz anders stellt sich die Situation im Fall von Ton 7 (dem ‚Palästinalied‘) dar. Keine der überliefernden Haupthss. (A, B, C, E, Z) gleicht einer anderen: weder im Strophenbestand noch in der Strophenanzahl noch im Wortlaut. Die Grundaussagen der einzelnen Fassungen variieren je nach Textbestand und Strophenreihung beträchtlich. Die meisten älteren Herausgeber haben bislang versucht, *eine* Fassung herzustellen – meist mit Hilfe von Athetesen von als unecht und sekundär deklarierten Strophen. Cormeau war in der 14. Aufl. behutsamer vorgegangen und hatte durch Einrückung von Strophen einen Liedkern von möglichen (späteren) Erweiterungen differenzieren wollen. Der Text, der geboten wird, hat allerdings keine Absicherung mehr in der Überlieferung. – Ich habe mich entschlossen, fünf Fassungen des Tons zu edieren; auf diese Weise kann sich ein Benutzer ein gutes Bild von der Überlieferung machen und gegebenenfalls zu ganz anderen Deutungen gelangen, als sie bisher auf der Basis *einer* konstruierten Fassung vorgelegt wurden.

Die beiden vorgenannten Beispiele kann man als Eckpfeiler betrachten. Sie markieren einen Bereich mit vielen Grauzonen, sodass mir bewusst ist, dass dem einen Fachkollegen Fassungen in zu wenigen und einem anderen in zu vielen Fällen ediert

---

[23] Vgl. zu Varianz und Fassungen: Willemsen, 2006, Schuchert, 2010 und Lüpges, 2011.

wurden. Im Falle von Ton 26 etwa mag es durchaus strittig sein, dass hier keine Fassungsedition geboten wird. Ich begründe es wie folgt: Der Ton ist mit 5 Hss. (AEG/C/O sowie sehr fragmentarisch s) reich bezeugt. Der edierte Text und die Strophenreihenfolge beruhen auf Hs. A; sie ist mit O die älteste und weist kaum Verderbnisse auf. Die Reihenfolge der Strophen in C und O weicht von der Gruppe AEG ab. Diese Strophenfolgevariationen sind ohne Verlust von Textkohärenz möglich und beeinflussen die Liedsemantik kaum. Daher legte diese Varianz eine Fassungsedition *nicht* nahe. Etwas anders die Begründung im Falle von Ton 34: Er ist in fünf Handschriften überliefert, deren Varianz sich hauptsächlich im Strophenbestand und in der Strophenreihenfolge bemerkbar macht. Ein genauer Vergleich zeigt allerdings, dass aufgrund des stark sangspruchartigen Charakters der Strophen in *keinem* Fall eine konzise Liedeinheit vorliegt. Alle Strophen stellen in sich geschlossene Sinneinheiten dar und sind prinzipiell für sich allein verständlich. Editorische Konsequenz aus diesen Überlegungen ist, dass nur *eine* Fassung ediert wird, und zwar die umfangreichste aus C. Damit sind dem Benutzer alle Strophen zugänglich (ähnlich auch Ton 35).

In vergleichbarer Weise habe ich mich in jedem Einzelfall bemüht, im Textkritischen Kommentar die Beweggründe für meine Entscheidungen plausibel zu machen. In einigen Fällen von Mehrfachüberlieferung, die nicht als Fassungseditionen abgebildet wird, aber etwa in Strophenbestand und/oder -folge variiert, finden sich im Textkritischen Kommentar knappe ,Fassungskommentare', die den Benutzer für diese Art von Varianz sensibilisieren sollen (z. B. Ton 27).

Aus satztechnischen Gründen werden Fassungen nicht synoptisch angeordnet. Auf den ersten Blick mag das misslich sein, weil der Vergleich erschwert wird. Andererseits laden Fassungen, die nacheinander angeordnet sind, eher zu einer unvoreingenommenen Analyse ein als Textsynopsen, die meist die Aufmerksamkeit nur auf Detail-Varianz lenken.

1.1.2. Zur Metrik

Überall dort, wo in der 15. Aufl. Textveränderungen vorgenommen wurden, spielte immer wieder der ,Umgang mit der Metrik' eine Rolle. Aus diesem Grund möchte ich hier − über das, was Cormeau zur Metrik in seiner Einleitung formulierte (S. LVIII f.) hinausgehend − einige Bemerkungen anfügen:

Die meisten Handschriften sind von einer anzunehmenden performativen Realisierung der Lieder und Töne in Form von musikalisch begleitetem (Sprech-) Gesang bereits sehr weit entfernt. Mehrere, uns unbekannte Stufen liegen zwischen einem einstmals aufgeführten Text und der uns heute noch zugänglichen schriftlichen Fixierung dieses Textes. Mit wenigen Ausnahmen überliefern diese Handschriften keine Melodien[24], sodass man vermuten darf, dass sich die Schreiber vornehmlich auf den Text konzentriert haben, ohne eine sangliche, rhythmisierte Reali-

---

[24] Vgl. dazu den neuen, erweiterten Beitrag von Horst Brunner in dieser 15. Aufl., S. XLVI−LIV.

sierung im Kopf zu haben. Die Würzburger Liederhandschrift E zum Beispiel zeigt an vielen Stellen syntaktische Varianten, die das Versmaß stören bzw. die die tongemäße Hebungsanzahl eines Verses z.T. weit über- oder unterschreiten. Dies ist ein Hinweis darauf, dass es dem Schreiber (oder dem der Vorlage) vor allem wichtig war, einen gut verständlichen Text zu fixieren – auch auf Kosten des Metrums. Ein Beispiel:

57 III, 5 f.: *Eime sult ir iuwern lîp / geben für eigen umb den sînen* (Editionstext nach C) vs. E: *einer sült ir iuwern lip / zuo eigene geben und nemen den sinen.* E erweitert im V. 6 ohne Rücksicht auf die Metrik: statt *umb den sinen* heißt es nun *und nemen den sinen,* was allerdings durch das Verb *nemen* das Verständnis des Verses erleichtert.

Verallgemeinern kann man solche Strategien allerdings nicht. Die Große Heidelberger Liederhandschrift C etwa ist deutlich formkonservativer[25]. Dennoch haben wir es insgesamt mit einem sehr disparaten Bild zu tun, das einem Editor zunächst nur zwei Optionen zu lassen scheint: gar nicht in den handschriftlichen Text einzugreifen oder sehr weit gehend. Cormeau richtete sich zwischen diesen Extremen ein, und ich folge ihm in dieser Hinsicht – mit der Konsequenz, dass viele Entscheidungen *metri causa* zur Kritik herausfordern werden. Dieser hatte sich bereits Cormeau ausgesetzt, und die Ausführungen der Rezensenten Lambertus Okken auf der einen und Eberhard Nellmann auf der anderen Seite zeigten und zeigen, wie kontrovers geurteilt werden kann. Okken schrieb: „Eine von ‚metrischen Gründen‘ angetriebene fragwürdige Textkritik ist hier also vorsichtig rekonstruierend vorgegangen, und hat ein absurdes Ergebnis gezeitigt"[26]; Nellmann: „Ein recht kritisches Wort muß ich zur metrischen Gestaltung der Ausgabe sagen [...] Ungewöhnlich [...] scheint mir, daß man dem Leser große metrische Freiheiten zumutet, ohne ihm die geringste Lesehilfe zu geben"[27].

Grundsätzlich bin ich noch zurückhaltender mit der ‚Besserung‘ metrischer ‚Unregelmäßigkeiten‘ als Cormeau, sodass einige Konjekturen der 14. Aufl. zurückgenommen wurden, dies stets im Textkritischen Kommentar zur Stelle erläutert (der Benutzer kann dort also Hinweise auf eine Lektüre erhalten – im kritischen Text habe ich auf ein Zeichensystem verzichtet). Bei meinen Entscheidungen spielte eine Hierarchie eine Rolle, wie ich sie im Folgenden skizziere:

a) Nicht eingegriffen wird, wenn
   – die Handschriften im Auftaktbereich variieren;
   – die Handschriften im Kadenzbereich zwischen einsilbig und zweisilbig männlich variieren;
   – die Handschriften keine regelmäßige Alternation von Hebung und Senkung aufweisen (Ausnahme ist Ton 15 II, 5: da die Verse der beiden BC-Strophen

[25] Vgl. dazu Christiane Henkes-Zin: Überlieferung und Rezeption in der Großen Heidelberger Liederhandschrift (Codex Manesse). Diss. [masch]. Aachen 2004, S. 182 ff. [http://darwin.bth.rwth-aachen.de/opus3/volltexte/2008/2161/pdf/Henkes-Zin-Christiane.pdf].

[26] Okken, 1997, S. 237.

[27] Nellmann, 2000, S. 394.

eine deutliche Tendenz zu daktylischem Rhythmus aufweisen, wird hier mit C eine fehlende Silbe (*nû*) ergänzt);

– Versunterfüllung durch Ansatz von beschwerten Silben und Hebungsprall ausgeglichen werden kann (Beispiel: Ton 11 IV, 4: die vom Tonschema her ‚geforderte' Sechshebigkeit kann erreicht werden, wenn man auf *swâ* und *die* je eine beschwerte Hebung legt; die dadurch entstehende Betonung ist durchaus sinnvoll, besonders wenn man sich einen Vortrag des Textes vorstellt; ein weiteres, extremes Beispiel: Ton 3, IV, 5: Ansatz von drei beschwerten Hebungen auf den Namen *Con-stan-tîn*);

– Versüberfüllung durch Operationen wie Apokope, Synkope, Kontraktion u.a. ausgeglichen werden kann;

– die Handschriften innerhalb eines Tons ein metrisch deutlich disparates Bild zeigen, etwa wenn die Silben- bzw. Hebungsanzahl in einem Vers in allen Strophen des Tons und in den überliefernden Handschriften variiert (Beispiel: Ton 5: Auf Eingriffe *metri causa* wird verzichtet, weil der überlieferte Text Anlass zu vermuten gibt, dass die Metrik der einzelnen Strophen schon in einem frühen Stadium instabil gewesen ist – möglicherweise bedingt durch einen langen Zeitraum, in dem die vier Strophen entstanden sind. – Vgl. auch den Textkritischen Kommentar zu Ton 3);

– eine spezifische Lesart einen identischen Reim herstellt (Beispiel: Ton 12a, II, 9);

– ein leicht unreiner Reim vorliegt (Beispiel: Ton 36, II (E), 7:12: kurzes e in *sehest* reimt auf langes ê in *vlêhest*; so auch in Ton 74, 4:5; anders die Regelung in Ton 76, III, 10:11, hier reimt *niht* auf *reht*).

b) Eingriffe, möglichst mit Hilfe der Parallelüberlieferung, werden erwogen, wenn

– im Kadenzbereich singuläre Varianten ‚männlich' vs. ‚weiblich' erscheinen (Beispiel: Ton 10, XIV, 11/12: Die Hs. weist ursprünglich den Reim *lern: wiren* auf. Nachträglich ist *wiren* zu *wern* korrigiert. Die Kadenzen des Tons in den Versen 11 und 12 sind aber sonst durchgängig weiblich, daher wird hier gebessert zu *læren: wæren* (ähnlich auch Ton 73, I, 13:14:15; anders aber Ton 20, III, 6).

– Versunterfüllung vorliegt, die keinen sinnvollen Ansatz von beschwerten Silben und Hebungsprall zulässt (Beispiel: Ton 12, VII, 1: wegen deutlicher Unterfüllung des Verses in C wird mit B gebessert (Einfügung von *alrest*));

– Versüberfüllung vorliegt, die auch durch Operationen wie Synkope, Apokope, Kontraktion u.a. nicht auszugleichen ist.

c) Eingriffe werden, möglichst mit Hilfe der Parallelüberlieferung, vorgenommen, wenn

– die Reimstruktur gestört ist (Beispiele: Ton 23 (E) V, 2: das überlieferte *hochgeziten* muss wegen der Reimstörung (Reimwort: *strite*) gebessert werden; Ton 23 (E) II, 1–5: der Aufgesang ist in E gestört und muss gebessert werden; der Schreiber hat falsche Reimbindungen hergestellt; ähnlich in III, 4–5);

– die Strophenstruktur gestört ist (sofern diese deutlich erkennbar ist), z.B.
durch Plus- und Minusverse.

1.2. Der Textkritische Kommentar

Abgesehen von den ‚Untersuchungen' von Carl von Kraus (WU), die als Begleit-
band zu seiner weitreichend veränderten Lachmann-Ausgabe erschienen waren, hat
es bislang in *dieser* Editionstradition keinen textkritischen Kommentar gegeben, der
über die Gründe für editorische Entscheidungen Auskunft gegeben hätte.

Ein solcher Kommentar liegt nun zu allen Tönen vor. Bei komplexer Mehrfach-
überlieferung werden zu Beginn eines Kommentars die Überlieferungssituation und
die sich daraus ergebenden editorischen Grundsatzentscheidungen (Leithandschrif-
ten, Fassungen etc.) für die 15. (teilweise aber auch bereits für die 14.) Aufl. skiz-
ziert. Im Falle von Fassungseditionen werden diese begründet, d.h., es wird das
spezifische Varianzpotential umrissen. Es folgen dann Kommentare zu Details: Mit
Ausnahme von Normalisierungsmaßnahmen werden alle Eingriffe gegen eine Leit-
oder Basishandschrift thematisiert. Übernehme ich Eingriffe Cormeaus, so werden
diese ebenso begründet wie meine Abweichungen von Cormeau – letztere sind in
den meisten Fällen durch eine strengere Handschriftentreue motiviert, und ich lege
im Kommentar mein Verständnis des handschriftlichen Textes dar.

Bei grammatikalischen und lexikalischen Problemen mussten meine Mitarbeiter
und ich notgedrungen auf die Wörterbücher BMZ und Lexer (sowie auf das bisher
[Dezember 2012] erst bis zum Buchstaben E vorgedrungene neue Mittelhochdeut-
sche Wörterbuch[28]) und auf die Mittelhochdeutsche Grammatik von Hermann
Paul (in jüngster Aufbereitung) zurückgreifen – hier und da kamen Spezialwörter-
bücher (wie zum Niederdeutschen) zum Einsatz. Von der neuen Mittelhochdeut-
schen Grammatik[29] ist bislang nur der Band zur Wortbildung[30] erschienen. Von
daher bin ich mir bewusst, dass die eine oder andere grammatikalische Beschrei-
bung vorläufigen Charakter hat und ggfl. modifiziert werden muss. Besonders be-
troffen sind Aussagen über Umlaute und ihre Bezeichnung bzw. Nichtbezeichnung
oder Einschätzungen des Gebrauchs von starker und schwacher Flexion bestimm-
ter Nomen oder von Phänomenen wie Kasus- und Genusattraktion. Da die Quel-
len von Pauls Grammatik edierte Texte waren, muss grundsätzlich von einer diffun-
dierten Materialbasis ausgegangen werden. Diese Problematik schlägt besonders zu
Buche, wo es um feine Details etwa mundartlicher Art geht oder dort, wo eine

---

[28] http://www.mhdwb-online.de/ [eingesehen: 17. 12. 2012].

[29] Geplant ist eine vierbändige Grammatik auf der Basis des handschriftlich überlieferten Mittelhoch-
deutschen. Erarbeitet wird sie von Thomas Klein (Bonn), Klaus-Peter Wegera (Bochum) und Hans-
Joachim Solms (Halle).

[30] Thomas Klein, Hans Joachim Solms, Klaus-Peter Wegera: Mittelhochdeutsche Grammatik. Teil III.
Wortbildung. Tübingen 2009.

‚grammatische Regel' mit einem Walther-Beleg gestützt wird, der sich aber als Konjektur herausstellt. Auf solche Fälle wird im Kommentar hingewiesen. Vergleichbare Phänomene gibt es auch im Bereich der Lexikographie: Auch BMZ und Lexer gründen ihre Wörterbücher auf edierten Texten und damit ggfl. auf Konjekturen.

Neben grammatikalischen und lexikalischen Erläuterungen finden sich auch Kommentare zu metrischen Problemen (dazu habe ich am Ende des vorangehenden Abschnitts ausführlicher Stellung bezogen).

Ich hoffe, dass die Kommentare zum einen die Vorgehensweise Cormeaus in der 14. Aufl. durchsichtig machen und zum anderen meine Veränderungen in der 15. In jedem Fall dürfte eines gewährleistet sein: Textkritische Debatten, die es freilich geben wird, werden durch die Auseinandersetzung mit ausformulierten Kommentaren eine bessere Qualität haben.

1.3. Die Erschließungshilfen

Bis zur 14. Aufl. prägte diese Walther-Ausgabe eine Lachmannische philologische Kargheit. Lachmann war kein Freund von Erläuterungen und Hilfen. Er veranstaltete die Edition eher für Seinesgleichen denn für Liebhaber und Studenten. Dabei blieb es[31], bis Carl von Kraus seine Neuedition des Lachmann-Walther von spezifischen ‚Untersuchungen' (WU) begleiten ließ. In diesen ‚Untersuchungen' legte er nicht nur seine Einschätzungen der Überlieferung dar und begründete seine Konjekturen, sondern kommentierte oft schwierige Stellen und formulierte Kurzinterpretationen. Die ‚Untersuchungen' sind in Details bis heute wertvoll; aber ‚Kritischer Text' (und diesen sieht man heute doch sehr ‚kritisch') und ‚Untersuchungen' bilden eine enge Einheit, sodass von Kraus' ‚Untersuchungen' bei Vorliegen eines anderen Walther-Textes kaum noch gewinnbringend verwendet werden können.

Neben der Lachmann-Tradition gab und gibt es andere Walther-Ausgaben (siehe unten den Abriss zur Editionsgeschichte), die sich nicht auf einen kritischen mhd. Editionstext beschränken, sondern Wort- und Sachkommentare oder gar vollständige nhd. Übertragungen mitliefern.[32] Hervorzuheben sind die Ausgaben von Wilmanns (1869) und Wilmanns / Michels (1883–1912) mit ausführlichen Stellenkommentaren, aber ohne Übersetzungen. Übersetzungen bieten (u.a.!) Hans Böhm (1944–1964), Paul Stapf (1955–1967), Friedrich Maurer (1972–1995), Jörg Schae-

---

[31] Hinzuweisen ist aber auf bereits sehr frühe Übersetzungen der Walthertexte, allerdings außerhalb der Edition, so etwa von Friedrich Koch: Die Gedichte Walthers von der Vogelweide. In vier Büchern nach der Lachmann'schen Ausgabe des Urtextes übersetzt und erläutert. Halle 1848. Weitere Titel in: Scholz, 1969, S. 30 ff.

[32] Vgl. Scholz, 1969, S. 21–28 und Scholz, 2005, S. 26–33. – Vgl. Silvia Ranawake: Für Studierende und Laien. Walther-Editionen aus der zweiten Hälfte des 19. Jahrhunderts. In: Walther von der Vogelweide. Textkritik und Edition. Hg. von Thomas Bein. Berlin/New York 1999, S. 13–31. – Vgl. – über Walther hinausgehend – Thomas Bein: Bemerkungen zur Erschließung alt- und mittelhochdeutscher Texte durch neuhochdeutsche Übertragungen. In: editio 14, 2000, S. 29–40.

fer (1972), Hubert Witt (1979) und Günther Schweikle (1994 und 1998); übersetzte Teilausgaben gibt es von Ingrid Kasten / Margherita Kuhn (1995)[33] und zuletzt von Horst Brunner (2012).

Die Ältere Germanistik hatte es als Teilfach eines Studiengangs bei den Studierenden nie leicht – und noch weniger leicht bei Bildungspolitikern; spätestens seit Einführung der Bachelorstudiengänge aber ist aufgrund der Kürze des Studiums und teilweise rigoroser Einschränkungen von Prüfungsformen eine solide Ausbildung in Sprachgeschichte kaum noch möglich. Man kann von daher nicht mehr davon ausgehen oder erwarten, dass Studierende mittelhochdeutsche Texte selbst übersetzen können, zumindest nicht in der Bachelorphase. Das bedeutet, dass sich ein Fach wie die Germanistische Mediävistik hochschuldidaktisch anders aufstellen muss, will sie verhindern, nicht ganz marginalisiert zu werden.

Für die 15. Aufl. stellte sich also die Frage, wie man eine Hauptzielgruppe der Edition, Studierende, mit Hilfestellungen versorgen kann. Eine Übersetzung hätte den Umfang der Ausgabe gesprengt – und sie ist auch aus didaktischer Perspektive nicht unbedingt empfehlenswert, weil eine Übersetzung, auch als Synopse, doch meist dazu führt, dass der historische Text gar nicht mehr beachtet wird. Ich habe mich für ‚Erschließungshilfen‘ entschieden, die jeweils am Ende eines Tons (bzw. einer Ton-Fassung) erscheinen. Sie sollen helfen, die semantische Oberfläche des Textes zu erschließen und ein erstes Grundverständnis zu sichern; sie sind ausdrücklich *nicht* als Sachkommentare zu betrachten, die weit mehr bieten müssten[34]. Wie bei jedem Kommentar, wird man aber auch in diesem Fall nie alle Benutzer befriedigen können, zu unterschiedlich sind Erwartungen und Bedürfnisse.

In der Regel werden Wörter, die leicht im Lexer nachgeschlagen werden können, *nicht* erläutert; es gibt aber Ausnahmen – hier spielen konkrete Seminarerfahrungen eine Rolle. Darüber hinaus gilt Folgendes:

– Gewarnt wird vor sogenannten ‚false friends‘, die schnell zu abwegigen Deutungen führen können (z.B. Ton 3 II, 4: „*meinen*: hier ‚lieben‘“; Ton 6, I, 5: „*krank*: schwach“; Ton 26, IV, 1: „*vertragen*: ertragen“).
– Seltene mhd. Wörter oder flektierte starke Verben, deren Infinitiv nicht leicht erkennbar ist, werden annotiert (z.B.: Ton 4, II, 7: „*iesch*: Präteritalform zu *eischen*: ‚fordern‘, hier: ‚verlangen‘“).

---

[33] Vgl. diese und noch weitere Angaben bei Scholz, 1969 und Scholz, 2005.

[34] Nach wie vor vorbildlich ist der Kommentar in der Ausgabe von Wilmanns / Michels. Auch der Kommentar in Schweikles Edition, jetzt aktualisiert von Ricarda Bauschke, bietet gute Verständnishilfen – wie auch die kürzeren Hinweise bei Kasten / Kuhn, Paul / Ranawake und Brunner. – Grundsätzlich aber steht ein neuer, großer Walther-Kommentar noch aus. Was die politische Sangspruchlyrik angeht, so arbeitet Jens Burkert (Aachen) im Rahmen seines Dissertationsprojektes an einer kommentierenden Aufarbeitung ausgewählter Strophen und Töne, die konkrete außerliterarische Bezüge aufweisen (Abschluss geplant für 2013).

– Im Nhd. nicht mehr vorhandene syntaktische Strukturen werden erläutert, häufig die sog. ‚exzipierende Konstruktion' (z.B.: Ton 22, II, 10: *sine werden ...*: exzipierende Konstruktion: ‚es sei denn, sie werden...'"); Hinweise finden sich auch zu schwer erkennbaren Negationspartikeln (z.B.: Ton 6, V, 3: „*in*: = *ich en/ne*") oder zur Bedeutung des Genitivs (z.B.: Ton 7, IV, 3: „*des*: hier im Sinne von ‚dabei', vgl. Paul, Mhd. Gr., 2007, § S 76.6").

– Anspielungen auf Bibelstellen (im Leich und in religiösen Tönen) werden knapp aufgeschlossen, sodass das Konsultieren einer Bibel leichter fällt (z.B.: Leich II b1, V. 2: „*blüende gert Aarônes*: Ein Bild aus dem Alten Testament (AT, Numeri 17,23)").

– Historische Persönlichkeiten (in der politischen Sangspruchdichtung) werden mit Lebensdaten und Amt benannt (z.B.: Ton 3, IV, 5: „*Constantîn*: Konstantin I. (ca. 280–337), römischer Kaiser; hier wird auf die sog. ‚Konstantinische Schenkung' angespielt"; auch wenn kein Eigenname genannt wird, gibt es Hinweise darauf, wer gemeint sein könnte: Ton 3, V, 2: „*bâbest*: möglicherweise ist Papst Innozenz III. (um 1160–1216) gemeint").

– In einigen Fällen, in denen es zum Primärverständnis einer Strophe nötig scheint, werden knappe Sachkommentare gegeben (z.B.: Ton 4, V, 1–2: „*Tiuscher vride*: Möglicherweise Anspielung auf politische Unruhen in Deutschland. 1211 gab es eine Fürstenopposition gegen Otto; dieser wird hier aufgefordert, mit harter Hand (*wide* = Strang) dagegen vorzugehen"); Erläuterungen solcher Art werden allerdings sehr restriktiv gehandhabt – die Erschließungshilfen wollen explizit *kein* Sachkommentar sein.

– Es gibt einige Stellen in Walthers Werk, die trotz jahrzehntelanger Bemühungen nach wie vor schwer verständlich sind bzw. ganz unterschiedliche Deutungen erfahren haben. Auf solche Fälle wird hingewiesen (z.B.: Ton 4, VI, 9–10: „Die Stelle ist schwer verständlich und wird in der Forschung unterschiedlich interpretiert. Die meisten Hgg. haben in V. 10 konjiziert (*ê* zu *ode*), was hier nicht übernommen wird. Man kann *einen*, *alt* und *niuwe* auf *rede* beziehen (schwache Flexion nach bestimmtem Artikel), dann ginge die Aufforderung dahin, die frühere Rede eher als die spätere (jüngere) zu erklären. [...]"; Ton 12, XII, 7–9: „Die Stelle ist schwer verständlich und hat in der Forschung zahlreiche, insgesamt aber allesamt unbefriedigende Deutungen erfahren. Der Schlüssel zum Verständnis dürfte in der Bedeutung des Wortes *rôr* liegen").

– Der Minnesang und auch die Sangspruchdichtung stellen eine serielle, topische literarische Gattung dar. Das bedeutet, dass es ein (relativ überschaubares) Inventar von Wörtern gibt, die immer wieder neu kontextuiert und semantisiert werden. Wenn ein Ton deutlich von solchen Schlüsselwörtern und -begriffen durchsetzt ist, findet sich ein Verweis auf das Begriffsglossar, wo ausführlichere Informationen zu finden sind (z.B.: Ton 6: „Zu zahlreichen Schlüsselwörtern des Minnesangs (*liebe, sanc, minne, tugent, triuwe, wîp, frowe*) vgl. das Begriffsglossar").

1.4. Das Begriffsglossar

Neben den Erschließungshilfen soll ein spezifisches Glossar helfen, Walthers Texte besser zu verstehen. Das Glossar besteht aus einem Minnesang- und einem Sangspruchteil. Die Wort- und Begriffserklärungen sollen den Benutzern eine rasche semantische Orientierung bieten. An zahlreichen Stellen wird von einem Wort auf ein anderes oder gar auf mehrere andere verwiesen – dies auch ein Zeichen dafür, dass sich eine Reihe von Wörtern und Begriffen zu semantischen Netzwerken verbinden. Die Erläuterungen fußen im Wesentlichen auf den historischen Wörterbüchern (Lexer, BMZ, Kluge), ausführlicheren Wortgeschichten (besonders Ehrismann, 1995) und dem ,Lexikon des Mittelalters'.

1.5. Detailveränderungen gegenüber der 14. Auflage

Handschriftenbeschreibung

Neu eingepflegt wurde das ,Brünner Fragment' (Br). – Seit der 14. Aufl. sind viele Handschriften (darunter die für Walther wichtigen: A, B, C, E, J, F, Z) inzwischen als Digitalisate frei im Internet zugänglich; in diesen Fällen findet sich ein entsprechender Hinweis im Anschluss an die Beschreibung, dort, wo bisher Abbildungen nachgewiesen worden sind. Die Präsenz von Digitalisaten im Internet erleichtert das philologische Arbeiten sehr, denn die Qualität ist durchweg sehr gut, die Abbildungen sind bis auf wenige Ausnahmen farbig und können stark vergrößert werden. Auch bei der Revision der 14. Aufl. habe ich öfters dankbar diese Möglichkeit genutzt. – Eine Ergänzung der Forschungsliteratur zu den Handschriften habe ich bis auf wenige Fälle nicht vorgenommen; sie hätte den Umfang gesprengt. Stattdessen habe ich auf den ,Handschriftencensus' im Internet verwiesen (http://www.handschriftencensus.de), der zu vielen Handschriften aktuelle Literaturtitel verzeichnet.

Kolumnentitel

Um eine Orientierung im Textteil zu erleichtern, wurden Buch-Nummer und Ton-Nummer als Kolumnentitel eingerichtet.

Strophenstruktur

In der 14. Aufl. waren die Abgesänge bei Kanzonenstrophen lediglich durch einen Großbuchstaben gekennzeichnet; in der 15. Aufl. werden die Abgesänge eingerückt, was die Bauform der Strophen verdeutlicht. Auf eine noch weitergehende Kennzeichnung der Stollen der Aufgesänge wurde verzichtet, um den Satz nicht zu unruhig werden zu lassen.

Die Gesamtbibliographie

Die Bibliographie der 14. Aufl., die seinerzeit Teil der Einleitung war, ist, erheblich erweitert, nun als ‚Gesamtbibliographie' an das Ende des Bandes gesetzt worden. Alle Titel, die nicht vollständig am Ort ihrer Verwendung zitiert wurden, finden sich hier.

Das Strophenregister

Das Register ist nun – erweitert um die Fassungseditionen – nach dem ersten Wort eines Verses alphabetisiert angeordnet.

2. Abriss zu Leben und Werk Walthers von der Vogelweide[35]

Neben substantiellen textkritischen und editorischen Veränderungen wartet die 15. Aufl., wie oben skizziert, auch mit Verständnishilfen auf. Besonders an Studierende und weniger mit der mittelhochdeutschen Literatur vertraute Benutzer richten sich gleichermaßen die beiden folgenden Abschnitte zu ‚Leben und Werk' des Dichters sowie zur Geschichte der Edition seiner Texte. (Literatur, die hier nicht vollständig zitiert wird, findet sich in der Gesamtbibliographie am Ende des Bandes.)

Zu (deutschsprachigen) Dichtern des Mittelalters sind mit wenigen Ausnahmen so gut wie keine verlässlichen biographischen Daten vorhanden; dies trifft auch auf Walther von der Vogelweide zu, obwohl sein Name ein fester Bestandteil unseres kollektiven kulturellen Gedächtnisses ist. Das fast vollständige Fehlen urkundlicher Daten hat wohl damit zu tun, dass eine künstlerische Tätigkeit allein im Mittelalter kein Anlass war, Lebensstationen oder zumindest den Tod eines Dichters zu dokumentieren. Fehlte ein entsprechender sozialer Rang, so war der Dichter einer Urkunde nicht wert. Immerhin aber gibt es doch *ein* nicht literarisches Zeugnis, das uns die Existenz eines ‚Sängers' namens Walther von der Vogelweide bestätigt, und glücklicherweise wird ein genaues Datum mitgeliefert: Walther befand sich demnach am 12. November 1203 im Dorf Zeiselmauer bei Wien im Gefolge des Passauer Bischofs Wolfger von Erla, der eine Art Ausgabennotiz fixierte. Für den *cantor* (Sänger) Walther von der Vogelweide wurden dieser Notiz gemäß 5 Schillinge für einen Pelzrock ausgegeben. Man kann annehmen, dass Walther die Reisegesellschaft des Bischofs als (Unterhaltungs-) Künstler begleitete.

Anders geartet ist eine Erwähnung Walthers im sogenannten ‚Hausbuch' (einer Sammelhandschrift mit Texten unterschiedlicher Art) des Würzburger Protonotars

---

[35] Vgl. zu den folgenden Ausführungen: Mück, 1989; Hahn, 1989; Brunner / Hahn / Müller / Spechtler, 2009; Bein, 1997; Scholz, 2005; Ehrismann, 2008; Scholz, Walther-Bibliographie, 2005.

Michael de Leone (gest. 1355). Hier wird von einer Grablegung Walthers im Würzburger Münster gesprochen – die Authentizität der Nachricht (rund 150 Jahre nach Walthers Aufenthalt in Zeiselmauer) ist indes unsicher.

Außer diesen beiden Dokumenten bleibt uns heute nur das dichterische Werk Walthers, um etwas über seine Lebenssituation aussagen zu können – dies aber ist freilich schwierig, denn wann dürfen wir von einer Ich-Aussage in einem literarischen Text gleich auf den Autor selbst schließen? In der Liebeslyrik ist es wohl meist nur eine Rolle, die sich im oder hinter dem sprechenden ‚Ich‘ verbirgt, zum Beispiel die vom Autor erschaffene Rolle eines liebenden, klagenden und werbenden Mannes. Etwas anders aber gestaltet sich das ‚Ich‘ in der sog. ‚Sangspruchdichtung‘, d.h. in Strophen mit deutlichem Realitätsbezug. Hier ist die Topographie in der Regel nicht fiktiv oder unspezifisch (wie im Minnesang), sondern oft begegnen reale Orte wie Köln oder Wien oder reale Vertreter der mittelalterlichen Gesellschaft: Kaiser, Könige, Fürsten, Landesherren, geistliche Würdenträger bis hin zum Papst werden zum Teil namentlich genannt. Aus solchen Details können wir ein zeitliches und topographisches Netz weben (das freilich viele Lücken hat). Immerhin aber: Die Personen, Ereignisse und Örtlichkeiten des 12. und 13. Jahrhunderts, über die Walther in seiner Sangspruchdichtung schreibt, legen nahe, dass er im Großraum Wien aufgewachsen und weit in Europa herumgekommen ist. Geographische Eckpunkte sind Thüringen, Passau, der Po, die Seine und Trave. Walther ist einer der ersten Berufsdichter; seine schwierige Existenz (die wohl sicher auch mit einer sozial inferioren Stellung zu tun hat) macht er mehrfach zum Thema von Strophen. Er hat im Auftrag vieler adliger Personen gedichtet, die prominentesten sind Otto IV. (um 1176 bis 1218) und Friedrich II. (1194 bis 1250). Wahrscheinlich bei Friedrich bedankt sich Walther überschwänglich für ein Lehen (mutmaßlich einen kleinen – heute unbekannten – Wohnsitz).

Man wird Walthers Aussage Glauben schenken dürfen, dass er *ze Oesterrîche singen unde sagen* gelernt habe (12 IV, L. 32,14) – möglicherweise im Umkreis des Wiener Hofes und möglicherweise beeinflusst von Reinmar dem Alten, mit dem Walther kleine literarische Sticheleien austauscht und den Walther in einer etwas befremdlichen Totenklage als Menschen (aber nicht als Künstler!) abqualifiziert (55 II und III, L. 82,24). Als Schaffenszeit gibt Walther einmal selbst an: *wol vierzic jâr hân ich gesungen unde mê / von minnen* (gut 40 Jahre und noch länger habe ich von der Minne gesungen, 43 I, L. 66,27).

Walther ist nur als Lyriker bekannt, darf aber zu Recht als einer der produktivsten und vielseitigsten des späten 12. und frühen 13. Jahrhunderts gelten. Sein Werk (rund 570 Strophen) lässt sich unterteilen in Liedlyrik (vor allem Minnesang/Liebesdichtung), Sangspruchlyrik (tagespolitische, didaktische und religiöse Themen behandelnd) sowie einen Leich (eine poetische Großform, hier Ton 1, der Beginn der Edition). Die Texte sind in zahlreichen Handschriften – topographisch breit gestreut (vom bairisch-alemannischen bis zum niederdeutschen Raum) – seit dem späten 13. bis in das 15. Jahrhundert hinein in unterschiedlicher Intensität überliefert (vgl. dazu oben die Handschriftenbeschreibungen und Cormeaus „Charakteristik der Überlieferung").

Walthers Minnesang

Die Minnelieder lassen sich mangels außerliterarischer Verweise weder chronologisieren noch räumlich festmachen. Frühere Versuche, die Lieder aufgrund ästhetischer Merkmale einem ‚frühen' oder ‚späten' Walther zuzuordnen, haben sich nicht durchsetzen können. Walthers Minnesang weist fast alle bekannten Typen der Gattung auf. Er kennt bestens ältere Traditionen, z.B. Lieder, in denen in besonderer Weise die Natur, meist die angenehme sommerliche, gepriesen wird. Hier kann er anknüpfen und produktiv variieren. Walther verfasst traditionelle ‚ernste' Lieder ebenso wie formverspielte und scherzhafte Strophen, er versucht sich parodistisch und kommentiert augenzwinkernd die ‚Literaturszene' seiner Zeit. In einer frühen Phase seines Künstlerlebens dürfte er Kontakt zu Reinmar (dem Alten) gehabt haben, der als klassischer Vertreter des sogenannten ‚Hohen Sangs' gilt. Dem ‚Hohen Sang' ist eine eigentümliche Geschlechterbeziehung eigen: der Mann wirbt um eine Frau, die (sozial) weit entrückt und unerreichbar ist. Der Mann weiß und akzeptiert dies und betrachtet sein beständiges (aber aussichtsloses) Werben als Möglichkeit, sich ethisch zu vervollkommnen. Auch Walther kennt solche Konzepte (z.B. Lied 63, L. 93,19), doch bleibt er nicht dabei stehen, sondern dichtet viele Lieder, die sich kritisch mit der starren Einseitigkeit der ‚Hohen Minne' auseinandersetzen. Er greift wichtige Ideologeme des Minnesangs (*minne, liebe, herzeliebe*; *vrouwe, wîp, maget, vrouwelîn*; vgl. dazu auch das Begriffsglossar) auf und bestimmt ihre Bedeutung neu. Walther stellt sich beispielsweise die Frage, welche Bezeichnung für eine Frau (*wîp* oder *vrouwe*) die angemessenste sei. In Lied 25 (L. 48,38) gibt er eine Antwort: *Wîp muoz iemer sîn der wîbe hôhste name, / und tiuret baz denne vrouwe* (‚Frau' wird immer die beste Bezeichnung für die Frauen sein / und drückt mehr Wertschätzung aus als ‚Herrin'). In vielen Liedern geht es Walther darum, soziale Implikationen aus dem Minnesang zu verdrängen; stattdessen will er die ‚Liebe' (wieder) deutlicher mit Emotionalität, körperlicher Nähe und Erotik verknüpft wissen und schlägt dafür auch eine neue Bezeichnung vor: die *herzeliebe* (wörtlich: ‚Herzensfreude').

Texte solcher Art haben einen belehrenden Charakter, an erster Stelle ist das berühmte Lied *Saget mir ieman waz ist minne* (Lied 44, L. 69,1) zu nennen. Hier definiert Walther, was richtigerweise unter Minne zu verstehen sei – nämlich die *gegenseitige* Lieb- und Wertschätzung von Mann und Frau: eine deutliche Absage an traditionelle Konzepte der ‚Hohen Minne'. Walther holt die umworbene Frau aus ihrer körperlosen Entrücktheit zurück und stellt sie dem werbenden Mann auf gleicher Höhe gegenüber. Beide Partner müssen aufrichtig aufeinander zugehen. Der Mann gibt sein Bestes und darf von der Frau dafür ehrliche Wertschätzung und klare Antworten erwarten. Endloses Zaudern der Frau lehnt Walther ab. Die von ihm konstruierten männlichen Figuren lässt er selbstbewusst auftreten; sie nötigen der umworbenen Frau Entscheidungen ab und stoßen zuweilen auch Drohungen aus (z.B. 25 (A) II, L. 49,12). Besonders raffiniert wird dies in Liedern, in denen die Rolle des werbenden Mannes mit derjenigen des Sängers, der seinen Sang als Werbungsmedium betrachtet, in Eins geht. Autor, Sänger (Vortragender) und literarische Figur fallen für Momente zusammen und sind kaum zu trennen. Walther macht über die von ihm entworfenen männlichen Ich-Sprecher deutlich, dass Minnesang ein Stück Gesellschaftskunst ist, die entlohnt werden will (auf der innerliterarischen Ebene wäre das die Zuneigung der Frau, ihr *gruoz*). Bleibt Lohn, bleibt Zuwendung aus, dann droht der Mann, sich woanders zu orientieren – was auf der Ebene des Künstlers bedeuten kann: Wird gute Kunst nicht wertgeschätzt, dann bietet er sie woanders an. Ein großer Teil von Walthers Minnesang ist solcher Thematik gewidmet, und man gewinnt den Eindruck, dass der Autor den Minnesang (auch) als Vehikel verwendet, um die Interdependenzen zwischen Kunst und Gesellschaft herauszustellen – in der mittelhochdeutschen Lyrik ein Novum.

Walthers Sangspruchdichtung

Vor Walther existiert diese zweite bedeutende lyrische Subgattung nur in Ansätzen. Es gibt nur *ein formales* Kriterium, das eine Sangspruchreihe von einem (Minne-) Lied unterscheidet: die fast unbegrenzte Strophenanzahl eines Tones (ein ‚Ton‘ ist das metrisch-musikalische Grundgerüst, dem alle Strophen entsprechen müssen). Walther hat z.B. Sangspruchtöne mit 18 (Ton 12, L. 31,13) oder gar 21 Strophen (Ton 11, L. 26,3 – hier in vier Fassungen ediert) verfasst; Minnelieder (auch diese sind ‚Töne‘) hingegen umfassen in der Regel nur 5 oder 6 Strophen. Ferner ist auffallend, dass alle Strophen eines Sangspruchtons grundsätzlich ‚autark‘ sind, d.h., dass in einem Ton von 10 Strophen 10 unterschiedliche Themen angesprochen sein können. In der Praxis sieht es aber häufiger so aus, dass sich innerhalb eines großen Tons Gruppen von zwei, drei oder mehr Strophen finden, die je einem Thema gewidmet sind (sog. ‚Bars‘).

Besser als über die Form lässt sich die Sangspruchdichtung vom Minnesang über Themen unterscheiden. In der Sangspruchdichtung steht nicht die Minne im Kontext einer Werbung oder Klage im Vordergrund[36]. Es dominieren andere Themen: Tagespolitik, Religion, (Lebens-) Didaxe, Kunst, Künstlerexistenz, darin eingeschlossen Walthers Lebensumstände. Es ist häufig nicht möglich, die genannten Bereiche deutlich zu trennen. Wenn Walther über den Papst schimpft oder über die Sittenlosigkeit des Klerus, dann hat dies etwas mit christlicher Religion und Religiosität zu tun, nicht minder jedoch mit (Macht-) Politik. Wenn Walther einen Fürsten, einen König oder gar den Kaiser lobt und preist, dann hat dies politische Bedeutung, insofern die öffentliche Präsenz des Potentaten gestärkt werden soll

---

[36] Es gibt allerdings Strophen, die sich abstrakt dem ‚Wesen‘ der Minne widmen und einen definitorisch-didaktischen Charakter haben.

(womöglich konkret in dessen Auftrag), es hat aber auch Bedeutung für die Existenz Walthers, insofern er mit solchen Huldigungen auch die Bitte um (manchmal gar Forderung nach) Lohn verknüpft.

Man kann Walther als den ersten deutschsprachigen ‚Politischen Lyriker' bezeichnen – wenn man bestimmte Kultur- und Zeitumstände berücksichtigt, die ihn von Lyrikern wie Heinrich Heine oder Bertolt Brecht natürlich unterscheiden. Zu Walthers ‚politischer Lyrik' gehören Texte, die sich zum einen mit konkreten politischen Personen und Geschehnissen befassen (mit Fürsten, Königen, Kaisern und Päpsten, mit Kreuzzügen, Königswahlen, Machtkämpfen, Intrigen, höfischen Festen und Repräsentationsveranstaltungen), zum anderen von der Gesellschaft und der Welt in abstrakterer Form handeln (d.h. vom Zustand der Moral berichten, Lebensmaximen formulieren, Lehren weitergeben, Anklage erheben gegen einen tugendlosen Adel, gegen einen korrupten Klerus; häufig geht es auch um untragbare Voraussetzungen für gute Kunst). Anders aber als moderne politische Schriftsteller müssen wir uns Walther hauptsächlich als einen im Auftrag arbeitenden Dichter vorstellen – und von daher verwundert es auch nicht, dass Walther im Laufe seines Lebens für (bzw. gegen) unterschiedliche politische Lager geschrieben und gesungen hat. Einen sehr großen Raum nehmen Strophen ein, die dem tagespolitischen Geschehen um das *rîche* (das ‚Reich') gewidmet sind. Walther hat zahlreiche prostaufische (Philipp von Schwaben, Friedrich II.) und antiwelfische Strophen (Otto IV.) verfasst. Immer wieder kommt Walther auf das ‚Reich' zu sprechen und ist bemüht, denjenigen Potentaten sängerisch zu unterstützen, der der Sache des Reiches am besten dient. Das sind in erster Linie natürlich König und Kaiser. Aber auch der Erzbischof von Köln, Engelbrecht, Stellvertreter und Reichsverweser Friedrichs II., wird von Walther seines Einsatzes für das Reich wegen in höchsten Tönen gelobt (3 IX, L. 85,1). Im berühmten ‚Reichston' (Ton 2, L. 8,4ff.), einem dreistrophigen, deutlich zusammenhängenden Strophenverband, inszeniert sich Walther (freilich in einer Rolle) in meditativer Pose und sinniert über die Geschicke des Reiches: *Ich saz ûf eime steine / und dahte bein mit beine. / dar ûf sazte ich den ellenbogen, / ich hete in mîne hant gesmogen / mîn kinne und ein mîn wange. / dô dâht ich mir vil ange ...* (Ich saß auf einem Stein / und schlug ein Bein über das andere. / Darauf setzte ich den Ellenbogen, / in meine Hand hatte ich / mein Kinn und eine Wange gelegt. / Da dachte ich sorgenvoll nach ...). – Diese Verse sind im übrigen für den Maler der Handschriften C und B Anregung für das allseits bekannte Walther-Bild gewesen. Der Sprecher denkt über Gott und die Welt nach, wie man Diesseits und Jenseits verbinden und wie man ohne Verlust von Ehre und Moral in der Welt existieren könne. Anlass sind unsichere Zeiten, das Recht ist bedroht, allenthalben herrscht Gewalt. Während die Eingangsstrophe sich noch sehr allgemein gibt, fordert das Ich in einer weiteren (hier III) konkret Philipp von Schwaben auf, die Krone zu nehmen, wieder Ordnung im Reich herzustellen und das leidige Doppelkönigtum zu beenden (Doppelwahl von 1198). Eine dritte Strophe richtet sich gegen den Papst, Innozenz III., der 1201 den Staufer bannte und sich auf Ottos Seite schlug. Walther formuliert den Reichston aus staufischer Perspektive; ob Philipp selbst Auftraggeber der Strophen war oder eher sein engeres oder auch weiteres Umfeld, lässt sich nicht mehr genau rekonstruieren. Aber auch leise Kritik am Staufer Philipp wird einmal artikuliert, und Walther hat die Seiten mehrmals gewechselt. Hauptgrund dürfte wohl existentielles Kalkül gewesen sein.

Unter *religiöser* Sangspruchlyrik sind im engeren Sinn Gedichte und Lieder zu verstehen, denen ein gebethafter, meditativer Ton zugrunde liegt; Walther hat relativ wenige Strophen dieser Art verfasst. Öfter finden sich Invektiven gegen die Amtskirche. Weltliche Politik ist in Walthers Zeit untrennbar mit der Kirchenpolitik des Papstes verknüpft. Da Walther jeweils im Dienst weltlicher Potentaten deren Politik und Interessen zu vertreten hat, muss die Position des Papstes notwendigerweise mit in die Argumentation eingebunden werden. Walthers Stellung zum Papst ist durchweg kritisch. Der umfangreiche ,Unmutston' (Ton 12; 18 Strophen) ist geprägt von ätzender Zeit- und Gesellschaftskritik: alles und jedes erscheint korrumpiert und dekadent, darunter auch Papst und Kirche. Walther geht gar so weit, die Macht des Papsttums überhaupt in Frage zu stellen (in Ton 10, L. 25,11 und 3, L. 10,25).

Einen dritten Themenkomplex innerhalb der Sangspruchdichtung stellen Texte dar, in denen Walther sich selbst als Sänger und Dichter zum Thema macht und über seine existentiellen Bedürfnisse spricht. Meist verbindet er allgemeine Didaxe oder Welt-Kritik mit ichbezogener Künstler-Klage (z.B. Ton 12 III und IV; L. 31,33 und 32,7). Er beklagt, dass seine hohe Kunst nicht mehr wertgeschätzt werde, und wendet sich gar an den Herzog von Österreich mit der Bitte, ihm in dieser Sache zu helfen. Doch kennt er auch die Drohung, nämlich seinen guten Sang einem anderen Publikum anzudienen. Solche Strophen enthalten zweifellos Reflexe der Lebensrealität Walthers. Er hat die Möglichkeit, auf der Bühne zu stehen und sich einem adligen, mächtigen Publikum zu stellen, genutzt, um auch seine eigenen Bedürfnisse zu artikulieren, in diesem Fall auf adäquate Voraussetzungen für hochstehende Kunst hinzuweisen und sich Nebenbuhler vom Leib zu halten. Am Ende seines (künstlerischen) Lebens scheint sich seine karge Existenz verbessert zu haben. Er verfasst eine Dankesstrophe (wohl an Friedrich II.), in der er ausruft: *Ich hân mîn lêhen, al die werlt, ich hân mîn lêhen! / nû enfürhte ich niht den hornunc an die zêhen* (Ich habe mein Lehen, ja mein Gott, ich habe mein Lehen! / Nun fürchte ich nicht mehr den Februarfrost an den Zehen; 11 (Fassung nach C) VII, L. 28,31). Es wird nicht deutlich gesagt, was das Lehen war, aber die genannten positiven Umstände lassen auf eine feste Wohnstatt schließen.

Walthers Leich (Ton 1, L. 3,1ff.): Der Leich ist der artifiziellste lyrische Text in Walthers Werk. Anders als Minnesang und Sangspruchdichtung ist ein Leich nicht strophisch organisiert, sondern in Form von sogenannten Versikeln. Ein Versikel ist eine Versgruppe, die sich im Laufe des Leichs nicht regelmäßig und metrisch immer gleich gebaut wiederholt. Ein Leich kann viele Versikel unterschiedlicher

Länge und unterschiedlicher Versmetrik aufweisen. Besonders kunstvoll sind Leichs dann gebaut, wenn sie eine Doppel- oder Dreifachstrukur durch (teilweise spiegelbildliche) Wiederholung von Versikeln oder Versikelgruppen besitzen. Walthers Leich weist in Handschrift C zu Beginn und am Ende zwei unterschiedlich gebaute Versikel auf, die nur je einmal im Leich vorkommen. Die Mitte des Leichs wird durch eine Gruppe von drei Versikeln gebildet, die nur hier erscheinen. Vor und hinter dieser Mittelgruppe sind zwei Versikelsequenzen angeordnet, die jeweils aus acht Versikeln bestehen, die sich formal entsprechen.

Thematisch wird der Leich von der Preisung der Gottesmutter beherrscht; daneben finden sich Versikel mit kirchenpolitischem Inhalt. Walthers Leich steht in der literarischen Tradition der Mariendichtung, die bereits in frühmittelhochdeutscher Zeit (12. Jahrhundert) zu künstlerischer Ausformung gelangt ist. Der Leich beginnt mit einer Anrufung der göttlichen Trinität und Bitte um Übersendung der göttlichen Lehre sowie Hilfe beim Kampf gegen das Böse. In traditionellen Bildern wird Maria u. a. als Gerte Aarons, Ezechiels Pforte, als Morgenrot, als brennender Busch, als Thron Salomons und Palast Gottes verherrlicht. Ein zweiter Teil des Leichs ist vehementer Zeitkritik gewidmet: das Christentum liege im *siechhûs* danieder, rechte Lehre aus Rom fehle, Grund allen Übels sei die *simonîe* (Ämterkauf, II* b3, V. 2). Die Kritik mündet in die Feststellung: *swelh kristen kristentuomes pfliht / an worten und an werken niht, der ist wol halp ein heiden* (II* b4, V. 3 f.; wer als Christ das Christentum nur mit Worten, nicht aber mit Werken unterstützt, der ist ein halber Heide). Am Ende des Leichs wird Maria als Helferin verehrt und angerufen. Sie ist eine *mediatrix* (Mittlerin) zwischen Irdischem und Himmlischem und kann für die Sünder bei Gott fürbitten.

Nachwirkung: Da Walther häufig darüber klagt, dass seine Kunst nicht recht gewürdigt werde, kann man schließen, dass er nicht immer und überall so wertgeschätzt wurde, wie er es gerne gehabt hätte. Aus heutiger Perspektive überwiegen aber anerkennende bis überschwänglich lobende Zeugnisse. Schon Gottfried von Straßburg hat − zeitnah zu Walther − in seinem ,Tristan'-Roman (V. 4619−4850) den Dichter zu den herausragenden Lyrikern, den *nahtegalen* (V. 4749), gerechnet. In Form einer Totenklage hat Ulrich von Singenberg, der Truchseß von Sankt Gallen, Leben und Kunst Walthers gewürdigt und ihn *unsers sanges meister* genannt (die Strophe ist hier im Anhang unter ,SM 12.20' ediert). Ähnliche Beispiele lassen sich noch bis in das Spätmittelalter finden. Ab der Frühen Neuzeit nimmt die Walther-Rezeption und -Würdigung ab. Sie lebt im 17. Jahrhundert allmählich wieder auf (Martin Opitz) und kommt gegen Ende des 18. und besonders im 19. Jahrhundert zu einem neuen Höhepunkt. Im Zuge der Professionalisierung der ,Germanistik' wird Walther schnell zum Lyrik-Klassiker des Mittelalters stilisiert. Bereits 1827 bringt Karl Lachmann die erste, wissenschaftlichen Prinzipien verpflichtete Textausgabe heraus (Näheres zur Editionsgeschichte im folgenden Abschnitt). Ein übles Kapitel stellt die Nazi-Germanistik dar: Walther wird von einer Reihe von systemkonformen Germanisten politisch vereinnahmt und propagandistisch missbraucht. Das hat Walthers Kunst aber überstanden, und mit Recht zählt sie auch heute zum Besten, was die mittelalterliche deutschsprachige Lyrik zu bieten hat.

3. Abriss zur Editionsgeschichte[37]

(Literatur, die hier nicht vollständig zitiert wird, findet sich in der Gesamtbibliographie am Ende des Bandes.)

3.1. Der Anfang: Karl Lachmann

Mit Karl Lachmann, dem einflussreichen Begründer der germanistischen Editionswissenschaft, begann 1827 die Geschichte der Walther-Philologie. Bereits seit 1816 war er damit befasst, den „reichsten und vielseitigsten unter den liederdichtern" zu edieren[38], 11 Jahre später hatte seine Arbeit ein erstes Ergebnis. Nur knapp 10 Druckseiten umfasst das „Vorwort" der Ausgabe, an dessen Ende man liest: „Ueber die kritische behandlung der aufgenommenen lieder weiss ich nichts bedeutendes zu sagen, als was man in den anmerkungen finden wird. es sollte mich sehr freuen, wenn die gegenwärtige ausgabe für die echt kritische gelten könnte."[39] Lachmann spricht von einer „kritischen Behandlung" von Objekten, denen er den Status von „Liedern" zuweist, die eine Bedingung mitbringen müssen: sie müssen „aufgenommen" worden sein. Lachmann hat seine Methode nicht theoretisch beschrieben, insofern muss man sie aus wenigen Bemerkungen zu abstrahieren versuchen: Eine „Be-Handlung" ist eine Manipulation, ein Handanlegen an etwas, ein Be-Arbeiten, ein Gestalten, ein Verändern. Das Wort „kritisch" wird im Deutschen Wörterbuch so glossiert: „was die arbeit der kritik erfordert, den kritiker beschäftigt, hauptsächlich in der sprache der philologen: eine kritische stelle, die im texte einen fehler hat oder zu haben scheint." Weiter wird ausgeführt, dass mit dem Adjektiv die „arbeit der kritik selber" bezeichnet werden kann: „eine kritische ausgabe, kritische arbeit; [...] es war ein wahres stichwort des 18. jahrh."[40] ‚Kritik' bedeutet in diesen Zusammenhängen ‚Scheiden', ‚Trennen' oder ‚Entscheiden' und schließlich meint es so viel wie ‚Beurteilung'. – Der Textkritiker also ist in Lachmanns Verständnis jemand, der einen Text einer Prüfung unterzieht und ihn beurteilt. Dass eine solche Prüfung überhaupt nötig ist, liegt darin begründet, dass Texte „kritische stelle[n]" haben können: Text-Fehler. Oberste Aufgabe des Textkritikers ist es, diese Fehler

---

[37] Vgl. zum Folgenden ausführlicher Bein, ‚echt kritisch', 2004; – Zahlreiche weitere Titel zur Geschichte der Textkritik und Editionswissenschaft in: Bein, Textkritik, 2011.

[38] Lachmann, 1827, S. III.

[39] Ebda., S. XI f.

[40] Jacob und Wilhelm Grimm, Deutsches Wörterbuch, Bd. 11, Sp. 2336 f.

zu erkennen und zu verbessern und das Ursprüngliche und Richtige wieder einzu-
setzen. Was aber ist das ‚Richtige‘? Wo und warum enthalten Texte ‚Fehler‘? Wer
hat sie zu verantworten? Wie sind sie zu erkennen? Wie verbessert man sie? –
Lachmanns Umschreibung seines Tuns weist insofern auf eine mühsame ‚Arbeit
am Text‘ hin.

Seine Ausgabe von 1827 erlebt mit der hier vorliegenden ihre 15. Aufl. – und
dies bedeutet nicht, dass es bloß 15 Nachdrucke gegeben hätte. Fast jede Auflage
weist gegenüber ihrer Vorgängerin einmal mehr, einmal weniger substantielle Ver-
änderungen auf. Schon Lachmann selbst erweiterte 1843 seine erste Ausgabe von
1827; nach ihm betreuten die Textausgabe Moriz Haupt (1853 und 1864), Karl
Müllenhoff (1875 und 1891), Carl von Kraus (1907, 1923, 1930, 1936, 1950 und
1959), Hugo Kuhn (1965) und schließlich Christoph Cormeau (1996). Die größten
Veränderungen gegenüber Lachmann hat Carl von Kraus mit seiner 10. Ausgabe
von 1936 zu verantworten – an vielen Stellen entfernt er sich nicht nur von Lach-
mann, sondern auch von den Handschriften und bietet einen an manchen Stellen
höchst spekulativen Text. Insbesondere damit setzte sich Christoph Cormeau in
der 14. Aufl. auseinander; zahlreiche Konjekturen und unbeweisbare Athetesen
(Unechterklärungen von Strophen oder Liedern) machte er rückgängig, führte ein
modifiziertes Leithandschriftenprinzip ein und bot somit einen wieder mehr an
der Überlieferungswirklichkeit orientierten Text (der im Übrigen nicht selten mit
Lachmann übereinstimmte).

Allein die Betrachtung der Editionstradition von Lachmann über von Kraus
bis Cormeau zeigt ein fast 200jähriges Ringen um den ‚rechten Text‘. Aber diese
ist nicht die einzige Tradition. Kein anderer Lyriker hat ein derart intensives und
disparates ‚Editionsleben‘ erfahren. Am ehesten vergleichbar ist im Bereich der
Epik das ‚Nibelungenlied‘. Auch hier beginnt die Textkritik mit Karl Lachmann,
und fast zwei Jahrhunderte haben sich Germanisten immer wieder neu mit Fragen
nach der Textgenese, der Textüberlieferung und einer adäquaten Edition be-
schäftigt.

3.2. Wirkungsmächtige Editionstraditionen[41]

Mit Ausnahme der anonymen und verschwindend kleinen Bezeugung von Walther-
texten in der Carmina-Burana-Hs. M liegen mindestens 50–60 Jahre zwischen einer
mutmaßlichen *Entstehungszeit* der Texte und der heute noch auswertbaren hand-
schriftlichen *Überlieferung*, die in größerem Ausmaß erst gegen 1270 mit A, der
Kleinen Heidelberger Liederhandschrift, einsetzt und eine lange Tradition bis in
das 15. Jahrhundert hat. Welches Leben die Texte in der Zwischenzeit hatten, wis-
sen wir nicht. Wir können eine Reihe von Mutmaßungen anstellen: es mag kleine

---

[41] Vgl. Bein, Schul- und hochschuldidaktische Materialien, 2004, S. 57–81.

Liederhefte gegeben haben; oder einzelne Pergamentblätter mit Liedern oder Strophen; oder Wachstafeln mit flüchtigen Konzepten; vielleicht haben sich auch unbekannte Nachsänger der Lieder Walthers bemächtigt und sie einmal mehr, einmal weniger deutlich verändert.

Seit dem frühen 17. Jahrhundert ist man bemüht, die Überlieferung der Walther-Texte zu studieren, zu verstehen und sich einer möglichst autornahen Fassung der Töne anzunähern. Die vor-lachmannianische Ära leitete Melchior Goldast (1578–1635) ein. Er befasste sich als einer der ersten neuzeitlichen Gelehrten mit der Manesseschen Liederhandschrift und publizierte eine Reihe von Textexzerpten, darunter auch einige Strophen Walthers von der Vogelweide. Nach einer längeren Pause ging es in der zweiten Hälfte des 18. Jahrhunderts mit den Philologen Bodmer und Breitinger weiter.

Die Ausgaben, die ich im Folgenden zusammenstelle (es handelt sich nur um eine, allerdings *relevante* Auswahl!), scheinen mir die wesentlichen zu sein, die Anteil an einer ‚Walther-Editionsgeschichte' haben. Ich ordne zunächst nach Editionstraditionen bzw. -typen und innerhalb dieser Gruppen chronologisch:

1. Vorwissenschaftliche Zeit:
1611: Melchior Goldast [42]; 1758/59: Johann Jacob Bodmer / Johann Jacob Breitinger[43]

2. Lachmann-Tradition:
1827/1843: Lachmann; 1936: Lachmann / von Kraus; 1996: Lachmann/Cormeau; 2013: Lachmann / Cormeau / Bein

[3. Kommentar-Edition:
1869: Wilmanns; 1924: Wilmanns / Michels]

4. Lachmann-Konkurrenz:
a. Gesamtausgaben
1838: von der Hagen; [1864: Pfeiffer]; 1882: Paul; 1945: Paul / Leitzmann; 1997: Paul / Ranawake; 1955/56: Maurer; 1994/98: Schweikle, Schweikle / Bauschke

b. (jüngere) Teilausgaben
1995: in: Kasten / Kuhn; 2012: Brunner

Ich konzentriere mich im Folgenden auf die Editorik der Gruppen: a) Lachmann – von Kraus / Kuhn – Cormeau; b) von der Hagen – Schweikle – Kasten – Brunner; c) Friedrich Maurer; d) Paul – Paul / Leitzmann – Paul / Ranawake[44].

---

[42] Goldast, 1611.
[43] Bodmer / Breitinger 1758/1759.
[44] Für sich betrachtet ist auch die Leistung von Franz Pfeiffer beachtenswert, doch sie konnte keine Tradition bilden und daher klammere ich sie hier aus. Auch die Ausgabe(n) von Wilhelm Wilmanns

a) Lachmann – von Kraus / Kuhn – Cormeau

Lachmanns und seiner Mitstreiter Verhältnis zur handschriftlichen Überlieferung ist ambivalent. Einerseits hatten sie einen unmittelbaren Zugang und Umgang mit den Originalen (Bibliotheksreisen), andererseits aber trugen sie den Handschriften respektive ihren mittelalterlichen Produzenten eine gute Portion Misstrauen an. So war Lachmann davon überzeugt, dass einige Handschriften sicher ‚falsches‘, unechtes Textgut unter Walthers Namen gesammelt hätten – und solche Texte hat er „übergangen"[45] oder „verworfen"[46].

Lachmanns Schüler und mittelbare Nachfolger waren bemüht, sein Erbe würdig zu verwalten. Von Kraus fasste dies im Vorwort zu seiner 10. Ausgabe zusammen und führte aus, dass es seit Lachmanns Ausgabe von 1843 „vielfache[ ] und [erfolgreiche[ ] bemühungen" um Walthers Texte gegeben habe, die ihn zu seiner weit reichend modifizierten Ausgabe motiviert hätten.[47] Das Vorwort beendete er folgendermaßen: „Möge diese neue ausgabe sich des dichters, seines ersten herausgebers Karl Lachmann und aller ihr zuteilgewordenen unterstützung nicht unwert erweisen."[48] Von Kraus stellt den Höhepunkt des ‚Lachmannianismus‘ dar. Er ging bei seinen Rekonstruktionen in der 10. Ausgabe im Vergleich zu Lachmann geradezu barbarisch mit den Handschriften um. In der Vorrede verweist von Kraus auf seine separat erschienenen ‚Untersuchungen‘, wo er über seine „eingriffe"[49] Rechenschaft abgelegt habe. Dort können wir lesen, dass es sein Ziel gewesen sei, „den echten Wortlaut zurückzugewinnen"[50]. Von Kraus war zwar grundsätzlich bewusst, dass dies nicht in letzter Konsequenz zu erreichen ist, aber er wollte mit allen ihm zur Verfügung stehenden philologischen Mitteln diesem Ziel nahe kommen. Er widmete sich „der Frage nach der richtigen Reihung der Strophen eines Liedes, nach den Ursachen ihrer Verwirrung in den Handschriften, nach der Einheitlichkeit eines Liedes" und war „um die Lösung von Echtheitsfragen bemüht"[51]. In den meisten Fällen war sein philologisches Werkzeug die Interpretation, wie er es nannte: die „genaue Erklärung der Gedichte"[52]. Es ist unstrittig, dass sich Textkritik und Interpretation gegenseitig bedingen, allerdings war der Anteil der Inter-

---

und Victor Michels kommentiere ich hier nicht, wiewohl es eine höchst beachtliche Leistung ist, die uns in ihrer Arbeit begegnet. Der Ruhm gründet aber eher auf der nach wie vor unerreichten Sprach- und Sachkommentierung der Waltherschen Texte denn auf einer genuin textkritischen Leistung (ihr Text unterscheidet sich nicht grundlegend, wohl aber im Detail von dem Lachmanns).

[45] Lachmann 1827, S. VIII.
[46] Ebda., S. X.
[47] Zitiert nach dem Wiederabdruck in der 13. Auflage von H. Kuhn.
[48] Ebda., S. XIV.
[49] Zitiert nach 13. Aufl., S. XI.
[50] Carl von Kraus: WU, 1966, S. IX.
[51] Ebda., S. XII.
[52] Ebda., S. XIII.

pretation bei von Kraus sehr hoch – so hoch, dass Hugo Kuhn von Kraus einen „Künstler der Philologie" (Vorwort zur 12. Ausgabe[53]) nannte.

Kuhn, der die Betreuung der Ausgabe nach von Kraus übernommen hatte, analysierte zunächst Lachmanns Verhältnis zu den Handschriften. Die Prüfung fiel grundsätzlich positiv aus, denn Kuhn stellte fest, dass „die überlieferungsgeschichtliche forschung [Lachmanns] karge[ ] bemerkungen [...] noch in kaum einem punkt widerlegt" hatte.[54] Dies motivierte Kuhn, sich Lachmann wieder anzunähern: „Ich versuche die erneuerung nicht im weiterfortgehen von Lachmanns ausgabe, sondern in der rückkehr zu ihr, rückkehr freilich zu einem besser verständlichen Lachmann. [...] Möge so Lachmanns ausgabe in ihren wert wieder eingesetzt sein und sich als grundlage auch aller versuche anderer art neu bewähren."[55] Wissenschaftlicher ‚Fortschritt', so könnte man sagen, ist hier teilweise ein Rückschritt, ein Sich-Besinnen auf lange zurückliegende fachliche Leistungen, deren Wert man neu erkennt. Kuhn selber konnte allerdings eine Neubearbeitung des von Krausschen Walther nicht mehr herausbringen; dies tat sein Schüler Christoph Cormeau, der vorletzte Herausgeber in der Lachmann-Linie. Cormeau war sehr bewusst, was es bedeutet, an eine editorische Arbeit anzuknüpfen, die rund 200 Jahre alt ist. Sein Vorwort zur 14. Aufl. beginnt folgendermaßen: „Eine neu bearbeitete Auflage von Karl Lachmanns Ausgabe der Lieder Walthers von der Vogelweide vorzulegen, kommt dem Versuch gleich, zwei einander weithin widerstreitende Impulse zum Ausgleich zu bringen: die Hochachtung vor einer editorischen Leistung, die bis in die Anfänge der wissenschaftlichen Erschließung der mittelalterlichen Literatur zurückreicht, samt der kritischen Würdigung der darauf aufbauenden Forschungsgeschichte, und die konzeptionelle Aktualisierung auf der Grundlage des gegenwärtigen Stands der editionstheoretischen, literatur- und überlieferungsgeschichtlichen Diskussion."[56]

Cormeau bezog in seiner Einleitung ausführlich Stellung zur ‚Charakteristik der Überlieferung' (siehe oben S. XVII–XIX). Für ihn war der „Text, der der Kritik aus diesen Quellen erreichbar ist, [...] nicht das authentische Werk Walthers nach neuzeitlichen Begriffen, sondern das Abbild des Œuvres in der Rezeption". Vor diesem Hintergrund versuchte Cormeau aber doch, für jeden Text die bestmögliche handschriftliche Grundlage zu ermitteln, und wendete ein „modifiziertes Leithandschriftenprinzip" an, das, wo es sinnvoll erschien, ein Stück weit hinter die positiven Überlieferungsträger zurückgeht. Der Weg von Lachmann zu Cormeau ist in gewisser Weise ein langer Rundweg, der wohl nötig war, um zu einer textkritischen und editionstheoretischen Position zu finden, die in der hier vorliegenden 15. Aufl. weiterentwickelt wurde (zu meinen Prinzipien siehe oben, S. LXV ff.).

---

[53] Zitiert nach ebda., S. XV.
[54] Ebda., S. XLVI.
[55] Ebda., S. VI und IX.
[56] Cormeau, 14. Auflage, S. I.

b) von der Hagen – Schweikle – Kasten – Brunner

Einen grundsätzlich anderen Zugriff auf mittelalterliche Texte zeigen die Ausgaben von Friedrich Heinrich von der Hagen, Günther Schweikle, Ingrid Kasten und Horst Brunner. Ähnlich wie mit Lachmann und Cormeau begegnen auch hier ein ganz früher Zugriff und einige sehr junge fachgeschichtliche Positionen, aber anders als es bei Lachmann und Cormeau der Fall ist, handelt es sich hier nicht um eine explizite Ausgaben*tradition*. Was die vier Philologen verbindet, ist ihre grundsätzliche Methodik.

Von der Hagen ging in der Frühzeit des Faches eigene Wege, weswegen er von den ‚Vätern‘ oder ‚Übervätern‘ oft harsch kritisiert wurde.[57] Sein *opus magnum*, die ‚Minnesinger‘[58], zeigte ein Editionskonzept, das dem ähnelt, was heute Usus ist. Er verzichtete weitgehend auf eine häufig ja ästhetischen Prinzipien verpflichtete Rekonstruktion; stattdessen konzentrierte er sich auf den Wortlaut der Textzeugen, vor allem der Großen Heidelberger Liederhandschrift C. Er transkribierte die Handschriften aber nicht bloß, sondern gewichtete sie und ließ ein gut dokumentiertes Hierarchisierungsverfahren zur Anwendung kommen.[59] Detailliert (viel ausführlicher als Lachmann) gab von der Hagen Auskunft und Rechenschaft über die Einrichtung seiner Ausgabe, z.B. über phonetische, graphematische sowie grammatikalische und metrische Normalisierungen. Von der Hagen verfolgte ein Leithandschriftenprinzip, übte wenig Konjekturalkritik und erteilte denkbaren Verfahren extensiver Mischredaktion eine Absage: „[...] bei mehreren Handschriften habe ich vornämlich immer nur eine, und versteht sich, die älteste und beste, so viel als möglich, zum Grunde gelegt, und die übrigen nur zu Hülfe gerufen."[60] Von der Hagens ‚Minnesinger‘ sind in ihrer monumentalen Anlage bislang nicht ersetzt, viele Texte sind bis heute nur in seiner Ausgabe zugänglich. Wenn auch im einzelnen Fehler in seinem Werk zu finden sind, so darf darüber nicht vergessen werden, dass er ohne viele Hilfsmittel entbehrungsreiche Pionierarbeit leistete, und dies vielfach unter Beachtung von Prinzipien, die heutzutage wieder Geltung haben.

Gut eineinhalb Jahrhunderte später berief sich Günther Schweikle nicht explizit auf von der Hagen, aber die Vorsicht, die er im Umgang mit der Überlieferung walten ließ, ist vergleichbar. Schweikle hat in vielen Beiträgen vehement für eine Aufgabe der Vorstellung eines Urtextes, eines modernen ästhetischen Kategorien verpflichteten Œuvre-Begriffs gekämpft und für ein konsequent eingehaltenes Leithandschriftenprinzip plädiert. Er distanzierte sich dezidiert von Lachmann und dessen

---

[57] Zu von der Hagen vgl. Eckhard Grunewald: Friedrich Heinrich von der Hagen. 1780–1856. Ein Beitrag zur Frühgeschichte der Germanistik. Berlin, New York 1988.

[58] Vgl. Friedrich Heinrich von der Hagen: Minnesinger (= HMS), 1838.

[59] Vgl. HMS, ‚Vorbericht‘, S. XII ff.

[60] Ebda., S. XXXIX.

Nachfolgern. Im Vorwort zu seiner Walther-Edition lesen wir: „Diese Ausgabe ist mutmaßlich seit langem die erste, die nicht auf Lachmanns kanonisch gewordener Edition (bzw. den von Carl von Kraus ‚verbesserten‘ Auflagen) aufbaut, sondern unabhängig von dieser die Texte wieder unmittelbar aus den Handschriften gewinnt."[61] Schweikle wandte sich gegen jede Form rekonstruierender Textkritik; er wollte, wie er es nannte, einen „genuin mittelalterlichen Text" präsentieren[62] und stützte sich dabei im Wesentlichen auf die Manessesche Liederhandschrift C. Aber auch er griff in den handschriftlichen Text ein, so bei schwereren metrischen Störungen oder bei „offensichtliche[n] Fehlern"[63] der Schreiber.

Ingrid Kasten hat innerhalb ihrer Lyrikanthologie Walther einen großen Raum gewährt[64]. Editorisches Prinzip ist – wie bei Schweikle – das der Leithandschrift: In den meisten Fällen folgte auch Kasten der Großen Heidelberger Liederhandschrift C. Dem Benutzer sollte ein handschriftlich verbürgter, „auf der Basis des standardisierten klassischen Mittelhochdeutsch[en]" normalisierter Text geboten werden. Das ist ein akzeptabler Grundsatz. Gerade bei Walther aber werden auch die Grenzen eines solchen Prinzips deutlich. Während sich Kasten bemühte, die *Text*gestalt jeweils auf *eine* Handschrift (eben C) zu gründen, wich sie bei der *Strophen*anordnung hin und wieder von dieser Handschrift ab. Das ist z.B. im Falle von Ton 58 (L. 87,1), Walthers ‚Palindrom‘, kaum anders möglich, denn das Lied legt in seinem Kernteil eine Reihenfolge fest, die in der C-Überlieferung gestört ist. Im Falle von Ton 2 (L. 8,4) aber begegnet eine andere Sachlage. Es handelt sich um den berühmten dreistrophigen ‚Reichston‘, der in Handschrift A in der Folge 1-2-3, in den Handschriften BC in der Folge 1-3-2 notiert ist. Kasten gründete ihren kritischen *Text* auf Hs. C, die *Reihenfolge* „aus chronologischen Gründen" auf A.

Ebenfalls dem Leithandschriftenprinzip verpflichtet ist die jüngste Walther-Auswahlausgabe von Horst Brunner[65]. „Die Textwiedergabe erfolgt nach dem Leithandschriftenprinzip, d.h. soweit irgend möglich basiert der Editionstext auf dem jeweils besten Überlieferungsträger, von dessen Textwiedergabe nur bei offensichtlichen Fehlern abgewichen wird." Das ist eine nachvollziehbare und den aktuellen Stand der Editorik spiegelnde Methodik. Zwei Adjektive in Brunners Formulierung zeigen indes die Grundprobleme eines *jeden* Editors, der nicht bloß eine diplomatische Transkription zum Abdruck bringt: Was zeichnet einen Überlieferungsträger als ‚besten‘ aus? Welche Kriterien spielen eine Rolle? Sind diese intersubjektiv (im-

---

[61] Schweikle, Bd. 1, 1994 [2009], S. 7. (Schweikles Ausgabe wurde/wird von Ricarda Bauschke aktualisiert).
[62] Ebda., S. 7.
[63] Ebda., S. 61.
[64] Kasten / Kuhn, 1995.
[65] Brunner, 2012.

mer) vermittelbar? Was ist ein ‚offensichtlicher‘ Fehler? Nur ein Schreibfehler? Ein Fehler im Reim? Konjunktiv statt Indikativ? *minne* statt *liebe*? Auf diese Fragen wird es kaum je allgemein gültige Antworten geben.

c) Friedrich Maurer

Maurer legte die mit Abstand ‚thesenreichste‘ Walther-Edition vor.[66] Er knüpfte zwar an die Lachmann-von Kraus-Linie an, ging dann aber deutlich andere Wege. Vor allem ging es ihm darum, „daß auch in der Einrichtung der Ausgabe und in der Auswahl und Anordnung der Lieder endlich dem heutigen Stand der Forschung Rechnung getragen werde.“[67] Anders als die bisherigen Walther-Editoren ließ Maurer nicht nur dem einzelnen Text, also einem Lied, einem Sangspruch, einer Strophe oder einem einzelnen Wort eine textkritische Behandlung zuteilwerden, sondern er erschuf ein Walther-Œuvre gemäß subjektiven Vorstellungen darüber, in welcher relativen Chronologie die für ‚echt‘ erachteten Töne entstanden waren: „Als sicherste Hilfe für chronologische Entscheidungen scheint mir aber die Entwicklung von Walthers Minne-Auffassung und die Auseinandersetzung mit Reinmar gelten zu müssen“.[68] Interpretatorische, intra- und intertextuelle Analysen gingen der editorischen Arbeit voran. Diese (grundsätzlich unvermeidbare) Interdependenz von Interpretation und Textkritik muss bei Maurer anders beurteilt werden als bei anderen Walther-Editoren. Etwas zugespitzt kann man sagen: Maurer zeichnete ein Bild vom Dichter Walther und von der Genese seines Werkes und ordnete hernach diesem Bild diejenigen Texte aus der Überlieferung zu, die es stützen. Was aus und in der Überlieferung nicht passte, wurde ausgesondert.

Maurer gab ‚seinen‘ Walther in zwei Bänden mit je eigenen Untertiteln heraus: 1. „Die religiösen und die politischen Lieder“, 2. „Die Liebeslieder“ und schuf so eine nicht mehr handschriftlich gestützte neue Ordnungsstruktur. Er war der Meinung, „daß es unmöglich ist, die verschiedenen Spruchtöne zu den gleichen Zeiten nebeneinander anzusetzen; jeder Ton hat seine Zeit“. In einer anderen großen Arbeit hatte Maurer zuvor seine – viele Diskussionen auslösende – These von den ‚politischen Liedern‘ grundgelegt, die besagte, dass Walthers Töne in sich eine heute noch eruierbare Genese hätten, die eine Edition durchsichtig machen und darstellen müsse. Editionspraktische Konsequenzen waren tiefe Eingriffe in die Überlieferung, metrische und lexikalische Konjekturen (Korrekturen), Umstellungen von Strophenreihen sowie das Ausgrenzen vieler Strophen als nicht authentische, sekundäre Zusatzstrophen. Auf der Ton-Ebene nicht ganz so extrem griff Maurer im Bereich der Liebeslieder ein. Dafür aber verlieh er den Liedern selbst

---

[66] Vgl. Maurer 1955 ff. (= Mau)
[67] Maurer, Bd. 2 (Liebeslieder) (= Mau) S. 9.
[68] Ebda., S. 19.

einen je eigenen relativ-chronologischen Status, d.h., er postulierte eine bestimmte Genese der Lieder.

Maurers Ausgabe hatte viele Generationen von Studierenden begleitet und diese – wie auch die Forschung – geprägt, bis der Max Niemeyer-Verlag Mitte der 1990er Jahre beschloss, die Maurer-Edition nicht mehr nachzudrucken. Der Verlag konnte in seinen Archiven eine Alternative finden, denn der erste Band seiner erfolgreichen Editionsreihe ‚Altdeutsche Textbibliothek' (ATB) war 1882 von Hermann Paul Walther von der Vogelweide gewidmet worden.[69] Paul zählte bereits zu einer anderen Philologengeneration als von der Hagen, aber beide verband ein sehr viel zurückhaltenderer Umgang mit den altdeutschen Quellen, als ihn Lachmann und besonders dessen Nachfolger pflegten.

d) Paul – Paul / Leitzmann – Paul / Ranawake

„Dem zwecke der sammlung entsprechend, die mit diesem bande eröffnet wird, bin ich lediglich bestrebt gewesen die gedichte Walthers durch eine möglichst billige und handliche ausgabe leicht zugänglich zu machen. Ich mache nicht den anspruch, damit etwas wesentliches für die kritik und erklärung geleistet zu haben"[70]. Pauls einleitende Worte zu seiner Ausgabe machen seine Leistung kleiner als sie ist. Schon die Tatsache, dass seine Edition über 100 Jahre später erneut, wenn auch revidiert (und bislang nur mit einem Teilband), herausgebracht wurde[71], zeigt, dass sie Prinzipien verpflichtet war, denen man heute noch im Grundsatz zustimmen kann. Liest man Pauls knappe editionstheoretische und -praktische Hinweise, so fallen insbesondere seine agnostizistischen Bemerkungen auf. Er war bei den Versuchen, vorgebliche Überlieferungsdefekte zu bessern, weit zurückhaltender als andere Editoren. Die Problematik, Echtes von Unechtem zu scheiden, sah er deutlicher als andere und gestand ein, hier kaum zu Ergebnissen kommen zu können[72]. Sein textkritischer Zugriff ähnelte dem Cormeaus. Paul folgte, wo es ging, dem Überlieferungsstrang (*)BC, griff aber dann auf andere Zeugen aus, wenn BC-Textmaterial fehlte oder wenn es sich um augenfällige Fehler und Störungen in der BC-Überlieferung handelte. Paul hatte die Ausgabe anders geordnet als Lachmann und „die ganze masse unter zwei hauptabteilungen gebracht", nämlich Lieder und Sangsprüche; innerhalb dieser beiden Großgruppen sind weitere lose thematische Blöcke zu finden. – In seiner Zeit hatte Pauls Ausgabe einen sehr progressiven Charakter, unkonventionell, nicht blindlings an scheinbar unantastbare Vorgaben anknüpfend. Doch gegen die (Über-) Macht eines Karl Lachmann und Carl von Kraus war Pauls

---

[69] Paul, 1882.
[70] Ebda., 1882, S. III.
[71] Paul / Ranawake, 1997.
[72] Vgl. Paul, 1882, S. 22–26.

Ausgabe nicht geschützt. 1945 wurde sie von Albert Leitzmann revidiert, der den Text „völlig mit Lachmanns zehnter, von Kraus gänzlich umgearbeiteter ausgabe von 1936 übereinstimmend gestaltet[e]"[73]. Dadurch wurde Pauls editorischer Zugriff verschüttet. Hugo Kuhn hatte bereits die Hoffnung auf eine „vielleicht öftere rückkehr zu Hermann Pauls text"[74] geäußert; und Silvia Ranawake schließlich schrieb 1997 in ihrem Vorwort zur Revision der Paulschen Ausgabe: „Die Rückkehr zu dem von Hermann Paul 1911 in vierter Auflage herausgegebenen, von Paul noch selbst überprüften Text haben wir in diesem Band vollzogen. Pauls behutsamer Umgang mit der Überlieferung kommt den heutigen Anforderungen näher als die Ausgabe von Carl von Kraus [...]"[75].

***

Die knappe Zusammenfassung wichtiger und traditionsbildender Editionen des Waltherschen Werks mag Folgendes verdeutlicht haben:

- Keinem anderen Lieder- und Sangspruchdichter des Mittelalters ist eine derart intensive editorische Arbeit gewidmet worden – dies hat mit der literarischen Qualität des Dichters und mit einer im Vergleich zu Walthers zeitgenössischen Dichterkollegen hoch komplexen Überlieferung zu tun, die den Textkritikern immer wieder eine besondere Herausforderung war und ist.
- Die zahlreichen Editionen spiegeln in ihrer Geschichtlichkeit den Wandel der Textkritik und Editionswissenschaft von den Anfängen der Germanistik bis in unsere heutige Zeit.
- Keine der derzeit auf dem Buchmarkt befindlichen (lieferbaren) Editionen (Schweikle, Schweikle / Bauschke, Lachmann / Cormeau / Bein, Paul / Ranawake (Teilband) und Brunner (Auswahlausgabe)) kann als ‚die beste' oder ‚die richtigste' bezeichnet werden. Die zugrunde liegenden Prämissen und ‚Ideologien' sind zu verschieden. – Und auch ältere Ausgaben wie diejenige von Wilmanns / Michels und Franz Pfeiffer sind grundsätzlich nicht ‚überholt' und sollten nicht das Etikett ‚nicht (mehr) zitierfähig' erhalten. Anders mag es um die Ausgaben von Carl von Kraus und Friedrich Maurer bestellt sein. Die Leistung der beiden Philologen ist – auf ihre Zeit bezogen – zwar wertzuschätzen, aber wir haben heute einen deutlich anderen Blick einerseits auf die Literatur des Mittelalters und ihre Überlieferung und andererseits auf die Aufgaben der Editionsphilologie.
- Die hier vorliegende Textausgabe steht in einer Tradition, die mit Karl Lachmann ihren Anfang nahm. Lachmanns Text der 1. und 2. Ausgabe orientierte sich an den Handschriften; oft genug war Lachmann sehr vorsichtig mit Verbes-

---

[73] Paul / Leitzmann, 1945 ff., S. V.
[74] Ebda., S. XII.
[75] Paul / Ranawake, 1997, S. X.

serungen (die er dann meist nur in den Anmerkungen vorschlug). Mit Blick auf die Walther-Philologie zumindest ist Lachmann nicht der Pauschalvorwurf zu machen, er habe ohne Rücksicht auf die Überlieferung einen ‚Urtext‘ rekonstruiert. Häufig aber finden sich solche Vorwürfe bei Schweikle (in den Kommentaren seiner Ausgabe), sie treffen indes meist nicht zu − denn ein exzessives Konjizieren geht auf Carl von Kraus zurück, nicht auf Lachmann. Cormeau hatte bei seiner Arbeit an der 14. Aufl. zunächst ‚nur‘ vor, viele allzu hypothetische Korrekturen von von Kraus zu eliminieren und zu Lachmann zurückzukehren. Bald aber zeigte sich, dass mehr zu tun war: eine durchgehende Revision aller editorischen Entscheidungen. Diesen Weg bin ich in der 15. Aufl. erneut gegangen und habe darüber hinaus erstmals in einer Walther-Gesamtausgabe[76] zahlreiche Mehrfachfassungen von Tönen ediert und alle editorischen Entscheidungen kommentiert.

---

[76] Hinzuweisen ist aber auf Hubert Heinen: Mutabilität im Minnesang. Mehrfach überlieferte Lieder des 12. und frühen 13. Jahrhunderts. Hg. von Hubert Heinen. Göppingen 1989. Heinen hat als erster eine konsequent durchgehaltene Editionssynopse von Mehrfachfassungen von Minneliedern des 12. und 13. Jahrhunderts erarbeitet, darunter auch einige Walther-Lieder. Heinen gebührt zweifellos große Anerkennung für diesen in seiner Zeit durchaus noch ‚gewagten‘ Schritt.

KURZGEFASSTE HINWEISE FÜR DIE BENUTZUNG

Text

Die Texte sind seit der 14. Aufl. mit einer neuen Zählung nach Tönen versehen (im Anhang mit **101** neu ansetzend); in diese sind auch die Strophen jüngerer Handschriften aus Lachmanns Anmerkungen eingereiht. Die alte Zählung nach Seiten- und Zeilenzahl von Lachmanns (1. und) 2. Ausgabe (bei Ergänzungen und in Zweifelsfällen: der 7. und der folgenden Ausgaben) ist am Rand beigegeben.

Auf die Tonnummer folgt eine schematisierte Information über die Überlieferungslage, sofern der Ton in mehreren Hss. überliefert und *nicht* in mehreren Fassungen ediert wird. Neben der Handschriftensigle werden Anzahl und Reihenfolge der tradierten Strophen registriert. Ein Semikolon zwischen den Strophennummern signalisiert, dass die Strophen nicht in geschlossener Folge überliefert sind. Zugesetzte Autorennamen bezeichnen die Zuweisung in der entsprechenden Handschrift.

Eine abschließende Notiz nennt die Handschrift(en), nach der (denen) der Text hergestellt ist. In der Graphie folgt der Text im Rahmen der festgelegten Normalisierung der genannten Basishandschrift.

Eine wesentliche Neuerung gegenüber der 14. Aufl. stellen zahlreiche Fassungseditionen dar. Wird ein Ton in mehreren Fassungen ediert, so findet sich nach der Tonnummer ein entsprechender Hinweis, um dem Benutzer den besonderen Status der folgenden Editionstexte anzuzeigen. Im Textkritischen Kommentar wird die Überlieferung erläutert und die Fassungsedition begründet.

Alle Besserungen gegen die Basishandschrift(en) sind durch *Kursive* ausgezeichnet, soweit sie nicht als Normalisierung verstanden werden.

In ⟨ ⟩ und *Kursive* erscheinen Einfügungen gegen die Leithandschrift(en) oder gegen alle Handschriften (Konjekturen).

[ ] bezeichnet Tilgung überlieferter Wörter gegen die Leithandschrift(en) oder gegen alle Handschriften.

⟨…⟩ bezeichnet angenommenen, aber nicht rekonstruierten verlorenen Text, für jede angenommene Silbe steht ein Punkt.

⌐ ¬ kennzeichnen eine Wortfolge, die gegen die Hs(s). umgestellt wurde.

In Kanzonenstrophen wird der Abgesang eingerückt (auf eine vergleichbare Aus-
zeichnung in den Leich-Versikeln wird verzichtet; der Text würde andernfalls ein
sehr unruhiges Bild geben).

Lesartenapparat

Der Apparat benennt für jede Strophe ihre Position in der/den Handschrift(en).
Von Fall zu Fall wird auf größere Überlieferungszusammenhänge verwiesen.

Die handschriftlichen Lesarten werden diplomatisch abgedruckt. Lediglich ſ und s
sind zu s vereinheitlicht. Lombarden erscheinen als einfache Majuskeln.

Werden Lesarten mehrerer Handschriften zusammengefasst, richtet sich die Gra-
phie nach der zuerst genannten Handschrift.

Ein Lemma steht dann, wenn die Zuordnung von kritischem Text und Varianten
sonst nicht eindeutig ist.

Lesarten, die einen ganzen Vers umfassen, stehen stets zu Beginn des Eintrags.
Jede Varianteneinheit ist durch Punkt abgeschlossen. Zusammengehörige Varianten
innerhalb einer Einheit werden durch Komma getrennt.

TEXT

1 *Der Leich*   Buch I

C: I–IV

kk²l: III II* IV I II   Text nach C

Struktur:
I
II a, b
III
II* a, b
IV

I   Got, dîner trinitâte,   3,1
    die beslozzen hâte
    sin, fürgedanc mit râte,
    der jehen wir: mit drîunge
   5 diu drîe ist ein einunge,
      Ein got der hôhe hêre;
      sîn ie selbwesende êre
      verendet niemer mêre,
      der sende uns sîn lêre.
  10   uns hât verleitet sêre
    die sinne ûf menge sünde
    der fürste ûz helle abgründe.

                  II a1

---

1 *La beginnt wie in C die Walther-Sammlung mit dem Leich.*
124va*–125*^{ra} *C. In der Reihenfolge III II* IV I II: 6*^{va}*–7*^{vb} *k, 14*^{ra}*–15*^{rb} *k², 54*^{ra}*–55*^{ra} *l. In k k² l*
*Lombarden bei III 1,1 (*Maget*), II*a 2,1 (*Nv*), II*b 4,2 (*So k²l*) bzw. II*b 4,3 (*Swlch k*) und I,1 (*Got*). – k²*
und l werden nur mit von k abweichenden Lesarten verzeichnet.

I 2 die] die ploz *l.*   3 sin] din *k.*   4 Des *k.*   trivnge *C.*   5 drů *C.* sint *l.*   7 Din (den *l*)
ie selbe bernde ere *k.*   8 Volendet *k,* wol endet *l.*   9 Nv sende (sendet *k²*) vns din lere *k.*   10
hät *C.*   11 an manic *k.*

II a1	Sîn rât und bœsez fleisches gir,	3,13
	die hânt geverret, hêr, uns dir.	
	sît disiu zwei dir sint ze balt	
	und dû der beider hâst gewalt,	

       5   Sô tuo daz dînem namen ze lobe
             und hilf uns, daz wir mit dir obe
             geligen und daz dîn kraft uns gebe
             sô starke stæte widerstrebe.

II a2   Dâ von dîn name wirt gêret   3,21
             und ouch dîn lop gemêret.
                Dâ von wirt er geunêret,
                der uns dâ sünde lêret

II a3   Und der uns ûf unkiusche jaget.   3,25
             sîn kraft von dîner kraft verzaget.
             des sî dir iemer lop gesaget
                Und ouch der reinen süezen maget,
       5   von der uns ist der sun betaget,
             der ir ze kinde wol behaget.   4,1

II b1   Maget und muoter, schowet   der kristenheite nôt,   4,2/3
             dû blüende gert Aarônes,   ûf gênder morgenrôt,
             Ezechîêles porte,   diu nie wart ûf getân,
             dur die der künic hêrlîche   wart ûz und în gelân,
       5   Als diu sunne schînet   durch ganz gewürhtez glas,
             alsô gebar diu reine Crist,   diu magt und muoter was.   4,12

II b2

II a1 blodes *k*.   2 habent *k*. geverre vns h⸢re *l*.   3 sît] Swa *k*. vns sint *l*.   4 und] Sint *k*.
6 daz] da *l*.   7 vnd dein *l*.
II a2 1 wirt] si *k*.   3 So wirt der geveret (geweret *l*) *k*.   4 dâ] *fehlt k*. geleret *k²*.
II a3 1 Der vns ovch von kvsche iaget *k*.   6 *fehlt k*.
II b1 2 4 5 6 *in zwei Verszeilen k*, 1 2 4 5 6 *in zwei Verszeilen k²*, 1 2 3 4 5 6 *in zwei Verszeilen l*.   1
schowe *k*.   2 dû] die *l*.   4 erlich *k*. in vñ vz *k*, in vñ vf vz *k²*.   5 Also *k*.   6 dich reiner
krist *k*.

II b2   Ein bosch der bran,   4,13
            dâ nie niht an
            besenget noch verbrennet wart:
            Breit unde ganz
     5   dâ beleip sîn glanz
            vor fiures flamme unverschart.
               Daz was diu reine,
               magt aleine,
               diu mit megtlîcher art

II b3   Kindes muoter worden ist   4,22
            ân aller manne mite*wist*
            ⟨*wider menschlîchen list*⟩
            den wâren Crist
     5   gebar, der uns bedâhte.
               Wol ir, daz sî den ie getruoc,
               der unsern tôt ze tôde sluoc!
               mit sînem bluote er ab uns twuoc
               den unfuoc,
    10   den Even schulde uns brâhte.

II b4   Salomônes   hôhen thrônes   4,32/33
            bistû, frowe, ein selde hêre und ouch gebieterinne.
            Balsamîte,   margarîte,
            ob allen megden bist dû, maget, ein magt, ein küniginne.
     5   Gotes lamme   was dîn wamme,
            ein palas reine,   dâ er eine   lac beslozzen inne.   4,40/5,1/3

                                  II b5

II b2 1/2 4/5 7/8 *in einer Verszeile* k²*l.*   1 der bran] enpran *k.*   4 Breit] Grvn *k.*   5 dâ] *fehlt k.*   6 Von *k.* vn̄ vnvˢschart *k.*   7 ist *k.*

II b3 1 Ir kindes *k.*   2 mitte vart *C.*   3 *fehlt C.*   5 Gebar *Punkt* da von vns selden (von vnselden *l*) acht *k.*   6 wol vns *k.*   8 bluote] tode *k.* uns] *fehlt k.* twanch *l.*   9/10 *in einer Verszeile k.*   9 vngefvc *k.*   10 braht *k*; *vgl. 5.*

II b4 1 hohes *k.*   2 vrowe selden hers (here *l*) *k.*   3 Gebalsamte *l.*   4 bistv maget mvter kvneginne (kvniginne *zu Beginn der nächsten Verszeile* k²*l*) *k.*   5 *in zwei Verszeilen k.* lamme] amme *k.* Ez was *k.*   6 Ein palas kleine / daz daz reine *Punkt* Lamp aleine / Lac beslozzen inne *k.*

II b5   Daz lamme ist Crist,   5,9
            der wârer got ist.
            dâ von dû bist   5,11
            gehœhet und gêret.   5,13
     5 Dem lamme ist gar   5,4
            gelîch gevar
            der megde schar.
            nû nemt sîn war
            und kêret, swa*r ez* kêret.
    10 des bistû, frowe, gêret.   5,14
               Nû bitte in, daz er uns gewer
               durch dich, des unser dürfte ger.
               dû sende uns trôst von himel her,
               des wirt dîn lop gemêret.

III 1   Dû maget vil unbewollen,   5,19
            de*r* Gedêônes wollen
            glîchest dû bevollen,
            die got selbe begôz mit sîme touwe.
     5 Ein wort ob allen worten
            beslôz dînr ôren porten,
            daz süeze ob allen orten
            dich hât gesüezet, süeze himelfrowe.

                                III 2

II b5 1−10 *nach k*:
Daz lamp ist gar *Punkt* gelich gevar
Der maget schar
Die nement sin war
vñ kerent swar (swa *l*) ez keret
Daz lamp ist krist
da dv bist
Nu und alle vrist
Gehohet vñ geheret (geeret *l*)
(10 *fehlt*)
9 swa sis *C.*   11 Dv bit (pitt *gebessert aus* pist ? *l*) in *k.*   13 *fehlt k.*
    III 1 1 Du] *fehlt k.*   2 des *C.*   3 bevollen] den vollen *k*, envollen *l.*   4 Die got begoz mit
himel towe *k.*   5−8 *in der Folge* 8 (dich hat gesuezt di hymel vrowe) 5 6, 7 *fehlt l.*   Ein] Din *k.*   6
Entslozzen *k.*   7 Daz ist svze in allen orten *k.*   8 die svze *k.*

III 2   Daz ûz dem worte erwahsen sî,   5,27
          daz ist von kindes sinne*n* vrî,
          ez wuohs ze worte und wart ein man.
          dâ merket alle ein wunder an:
     5 ein got, der ie gewesende wart,
          ein man nâch menschlîcher art.
              Swaz er noch wunders ie begie,
              daz hât er überwundert hie.
              des selben wunder*æræ*s hûs
    10   was einer reinen megde klûs
              wol vierzec wochen und niht mê
              âne alle sünde und âne wê.

III 3   Nû bitten wir die muoter   5,39
          und ouch der muoter barn,
          si reine und er vil guoter,   6,1
          daz sî uns tuon bewarn:
     5 Wan ân sî kan nieman
          hie noch dort genesen.
          Widerret daz ieman,
          der muoz ein tôre wesen.

II* a1   Wie kunde des iemer werden rât,   6,7
          der umbe sîne missetât
          niht herzelîcher riuwe hât,
          sît got enheine sünde lât,
     5 Die niht geriuwent zaller stunt
          hin abe unz ûf des herzen grunt?
          dem wîsen ist daz allez kunt,
          daz niemer sêle wirt gesunt,
          diu mit der sünden swert ist wunt,
    10   sin habe von grunde heiles funt.

II* a2

III 2 1 Swaz *k*, waz *l*. gewachsen *l*.   2 daz] da *l*. vor *k*. sinnes *C*.   3 Daz wuchs (wuech *l*) von kinde *k*.   4 ein] *fehlt k*.   5 wesende *k*, besende *l*.   7 noch] *fehlt k*.   8 ie *k*.   9 wunders *C*.   10 chus *l*.

III 3 2 *mit* 3 *vertauscht k*.   3 Si gvten *k*. vil] *fehlt l*.   5 sî] si zwei *k*.   6 *mit* 7 *vertauscht l*.   7 Wider red *C*, Vñ wider redet *k*.

II* a1 1 kunde] mac *k*.   4 dehein *k*.   5 gerewet *k*.   7 Vns ist daz allen vil wol kvnt *k*.   10 Sie enhabe (habe *l*) von rewen helfe fvnt (fvntt *gebessert aus* fvnst ? *l*) *k*.

II* a2   Nû ist uns *riuwe* tiure!   6,17
          si sende uns got ze stiure
              Bî sînem minnefiure.
          sîn geist, der vil gehiure,

II* a3   Der kan wol herten herzen geben   6,21
          wâre riuwe und reinez leben.
          Swâ er die riuwe gern*de* weiz,   6,24
          dem machet er die riuwe heiz.
      5   Ein wildez herze er alsô zamt,
          daz ez sich aller sünden schamt.

II* b1   Nû sende uns, vater unde sun, den rehten geist her aben,   6,28
          daz wir mit dîner süezen fiuhte ein dürrez herze erlaben.
              Unkristenlîcher dinge ist al diu kristenheit sô vol.
          swâ kristentuom ze siechhûs lît, dâ tuot man im niht wol.

II* b2   In dürstet sêre   6,32
          nâch der lêre
          als er von Rôme was gewon.
              Der im dâ schancte
      5   und in dâ trancte
          als ê, dâ wurde er varnde von.

II* b3   Swaz im dâ leides ie gewar,   6,38
          daz kam von simonîe gar,
          und ist er dâ sô friunde bar,
          daz er engetar   7,1
      5   niht sîn schaden gerüegen.
              Kristentuom und kristenheit,
          der disiu zwei zesamne sneit,
          gelîch lanc, gelîch breit,
          liep und leit,
     10   der wolte ouch, daz wir trüegen

                              II* b4

II* a2 1 rǔwe *C.*   2 *fehlt k.*   3 Bî] Mit *k.*

II* a3 1 Der] *fehlt l.*   2 reinez] lihtez *k.*   *Vor* 3 Dar (da *l*) wid⁵ sol nieᵐ streben *k.*   3 gerne *Ck.*   4 dem] Da *k.*   6 ez] er *k²l.*

II* b1 1/2 abe: erlabe *k.*   1 uns] *fehlt k.*   rehten] selbē *k.*   2 er mit siner *k.*   suzen vruht *Punkt* dvrre hˢze labe *k.*   3 ist die werlt al (alle *k²*, allē *l*) vol *k.*   4 Wo *l.*   zv sich vns *l.*   dē tvt nieᵐ wol *k.*

II* b2 1–3 In dvrstet sere (ser *l*) nah der lere als er (ere *l*) (*Punkt k²*)/ von rome was gewon (gewone *l*) her *k.*   4/5 *in einer Verszeile k²l.*   4 dâ] die *k.*   5 dâ] nv *k.*   6 warnde *l.*

II* b3 2 symeone dar *l.*   3 Nv ist er also vrevden bar *k.*   4/5 *in einer Verszeile l.*   4 getar *k.*   5 sinen *k.*   rvgen *k.*   7 swer *k.*   10 Er wolte daz *k.*

II* b4 In kriste kristenlîchez leben.   7,8
        sît er uns hât ûf eine gegeben,   sô suln wir uns nicht scheiden.
        swelh kristen kristentuomes *giht*
        an worten und an werken niht,   der ist wol halp ein heiden.
    5   Daz ist unser meiste nôt:
        daz eine ist ân daz ander tôt.   nû stiure uns got an beiden

II* b5 Und gebe uns rât,   7,17
        sît er uns hât
        sîn hantgetât
        geheizen offenbâre.
    5   Nû senfte uns, frowe, sînen zorn,
        barmherzic muoter ûz erkorn,
        dû frîer rôse sunder dorn,
        dû sunnevarwiu clâre.

IV   Dich lobet der hôhen engel schar,   7,25
        doch brâhten sî dîn lop nie dar,
        daz ez volendet wurde gar.
        Daz ez ie wurde gesungen
    5   in stimmen oder ûz zungen
        ûz allen ordenungen
        ze himel und ûf der erde,
        ich mane dich, gotes werde.
        Wir bitten umb unser schulde dich,
    10   daz dû uns sîst genædeklich,
        Sô daz dîn bete erklinge
        vor der barmunge urspringe.
        Sô hân wir den gedinge,
        diu schulde werde ringe,
    15   Dâ mit wir sêre sîn beladen.
        hilf uns, daz wir si abe gebaden
           Mit stæte wernder riuwe umbe unser missetât,   8,1/2
        die nieman âne got und âne dich ze gebenne hât.

II* b4 2 4 6 *in zwei Verszeilen k.*   1 krist vñ kristenlichez leben *k.*   2 hât] *fehlt k.* ein *k.* scheiden niht *k²l.*   3 giht] pfliget *C.*   5 Daz] Nv *k.* meiste] beider *k.*   6 an daz an daz and⁵ *l.*
II* b5 1/2 3/4 *in einer Verszeile k.*   6 *fehlt l.*   7 frîer] vrowe *k.*   9 svnnen varbe *k.*
IV 1 lobent *k.*   2 den lop *l.*   3 daz] Do *k.*   4 Swaz lobes si gesvngen *k.*   5 ûz] von *k.*   7 vf erde *k,* auf erden *l.*   8 des mane wir dich (dich wir *k²*) werde *k,* des mane dich vil werden *l.*   9 Wir] vñ *k.* schulde] svnde *k.*   10 genaden rich *k.*   12−14 *in der Folge* 13 14 12 *k²l.*   12 vor der] vz der *k,* von diner *k²l.* vrsprunge *l.*   13 habe *k.* den] des *k, fehlt l.*   14 vnser *k.*   15 Da mite wir vrowe sin geladen *k.*   17/18 Mit starker steter rewe / vmb vnser missetat *Punkt* Die ane dich / Vñ an got nieman ze geben hat *k; Versgrenzen nach* rewe, vñ *k², nach* rewe, missetat, got *l.*

Erschließungshilfen

I

3: Verständnis der hier edierten C-Lesart nach Kern, 1999: „In meiner Auffassung ist es also die Trinität, die in sich eine Dreiheit eingeschlossen hatte (den *sin*, den *fürgedanc* und den *rât*)."

II a1

3: *balt*: Die Hauptbedeutungen ‚kühn', ‚mutvoll', ‚schnell' sind positiv konnotiert und passen wenig in diesen Kontext. Die Deutung Schweikles, Bd. 2, S. 481, dürfte das Richtige treffen: „Da diese beiden Dir gegenüber kühn sind, / Du aber über beide Gewalt hast …"

II b1

2: *blüende gert Aarônes*: Ein Bild aus dem AT (Numeri 17,23), das ein Naturparadox beinhaltet und auf Marias jungfräuliche Mutterschaft bezogen wurde; vgl. Salzer, 1893.

3: *Ezechîeles porte*: Im AT (Ezechiel 44,1ff.) wird dem Propheten Ezechiel von Gott ein verschlossenes Tor gezeigt, das verschlossen bleiben muss, weil der Gott Israels hindurchgegangen war. Auch dieses Bild wird auf Marias jungfräuliche Mutterschaft bezogen.

II b2

1 ff.: *bosch der bran … verbrennet wart*: Der brennende Dornbusch ist ein Bild aus dem AT (Exodus 3,14); Gott offenbart sich Moses.

II b3

5: *bedâhte* < *bedenken*; hier in der Bedeutung ‚versorgen', ‚umsorgen'.

9: *unfuoc* = *ungevuoc*, hier in der Bedeutung ‚Schaden'; vgl. Lexer II, 1882.

II b4

1: *Salomônes … bistû*: ‚Du bist … des erhabenen Thrones von Salomon'; Salomon galt als Präfiguration Christi; vgl. Salzer, 1893.

II b5

5–9: Der biblische Bezug ist Offenbarung 14, 1–5. Dort ist vom Lamm (Gottes) und seinem Gefolge die Rede, das aus 144000 jungfräulichen Menschen besteht (*et vide et ecce agnus stabet supra montem Sion et cum illo centum quadraginta quattuor milia* […]).

6: *gevar*: ‚Farbe habend', ‚aussehend', ‚beschaffen'.

12: *dürfte*: ‚Bedrängnis', ‚Not'; *ger*: wohl apokopierter Konjunktiv Singular (wie *gewer* in Vers 11) von *gern* = ‚verlangen'; zum Konjunktiv vgl. Paul, Mhd. Gr., 2007, § S 158. Schweikle (Bd. 2, S. 798) kommentiert *ger* als Substantiv, übersetzt es aber als Verb. *des* = Objektskasus Genitiv zu *ger*.

III 1

2: *Gedeones wollen*: Im AT (Richter 6, 36ff.) war der morgendliche Tau auf bzw. um das Wollvlies des Gideon das Zeichen für Gottes Gnade und Beistand.

6: *beslôz*: ‚schloss zu', ‚besetzte'. In dieser und der folgenden Textpassage geht es um die Empfängnis Christi durch das Ohr Marias. Vgl. auch den Textkritischen Kommentar.

II* a1

1: *rât werden* + Genitiv: hier ‚gerettet werden'.

10: *sin* = Kontraktion aus *si* und *en/ne*. Es liegt eine exzipierende Konstruktion vor: ‚wenn sie nicht von Grund …'.

II* a3

3: ‚wo auch immer er sieht, dass der Mensch sich nach Reue sehnt …'; vgl. auch den Textkritischen Kommentar.

II* b1

1–2: Vgl. den Textkritischen Kommentar.

II* b2

1: *In*: ‚ihn'; das Pronomen bezieht sich auf *kristentuom*, im Mhd. auch als Maskulinum belegt.

6: *varnde* < *varn*: ‚sich bewegen'. Damit wird ein Gegensatz zum *siechhûs* formuliert; die ‚gute alte Lehre' würde das Christentum wieder auf die Beine bringen.

II* b3

1: *gewar* < *gewerren*: ‚schaden'.

2: *simonîe*: Bezeichnung vor allem für den verbotenen Handel mit kirchlichen Ämtern; vgl. LdM VII, S. 1922.

3: *und ist er dâ*: zu lesen ist trotz Inversion: ‚und er ist da …'

4: *engetar* < *geturren*: ‚wagen'; *en-* = Verneinungspartikel.

7/10: *der*: das Pronomen dürfte nun auf Gott verweisen.

2 *Reichston*

A: I III II

BC: I−III   Text nach *BC auf der Basis von B

I   Ich saz ûf einem steine   8,4
        dô dahte ich bein mit beine.
        dar ûf sazte ich mîn ellebogen,
        ich hete in mîne hant gesmogen
5   daz kinne und ein mîn wange.
        dô dâhte ich mir vil ange,
        wie man zer welte solte leben.
        deheinen rât kunde ich mir gegeben,
        wie man driu dinc erwurbe,
10   der deheinez niht verdurbe.
        diu zwei sint êre unde varnde guot,
        der ietweders dem andern schaden tuot.
        daz dritte ist gotes hulde,
        der zweier übergulde.
15   die wolte ich gerne in einen schrîn,
        jâ leider des mac niht gesîn,
        daz guot und weltlich êre
        und gotes hulde mêre
        in einen schrîn mügen komen.
20   stîge und wege sint in genomen:
        untriuwe ist in der sâze,
        gewalt ist ûf der strâze,
        fride und reht sint beide wunt.
        diu driu habent geleites niht, diu zwei werden ê gesunt.

II

---

2 *Diesen und die folgenden Töne bis 7 überliefern B und C aufgrund einer gemeinsamen Quelle *BC.*
I *43 A, 18 B, 1 C.*
2 vñ dahte bein mit beine *A.*   3 mîn] den *A.*   5 daz] min *A.*   7 wie] wes *A.*   8 mir] fehlt
A.   12 dc dicke ein ander *A.*   16 des enmac niht sin *A.*   17 weltiche *A.*   19 zesame in ein
hᶳze komen *A.*   22 ist] vert *A.*   23 beide] sere *A.*   24 enhabent *A.* en werden *A,* werdent
C.

II   Ich sach mit mînen ougen   9,16
      man und wîp tougen,
      dâ ich gehôrte und gesach,
      swaz iemen tet, swaz iemen sprach.
5   ze Rôme hôrte ich liegen
      und zwêne künige triegen.
      dâ von huop sich der meiste strît,
      der ê wart oder sît.
      dô sich begunden zweien
10 pfaffen unde leien.
      dâ was ein nôt vor aller nôt,
      lîp und sêle lac dâ tôt.
      die pfaffen striten sêre,
      doch wart der leien mêre.
15 diu swerte leiten sie dâ nider,
      sie griffen an die stôle wider.
      sie bienen, die sie wolten,
      und niht, den sie solten.
      dô stôrte man diu goteshûs.
20 dô hôrte ich verre in einer klûs
      vil michel ungebære.
      dâ weinte ein clôsenære,
      er clagete gote sîniu leit:
      »owê, der bâbest ist ze junc, hilf, hêrre, dîner cristenheit!«

III

II *45 A, 19 B, 2 C.*
1−4 *fehlt A.*   5 Ich horte in rome liegen *A.*   6 und] *fehlt A.*   kriegen *C.*   8 der e wc oder iemer sit *A.*   9 dˢ begonde sich zweien *A.*   10 die pfaffen *A.*   11 dc wc *A.*   vor] vō *A.*   14 lere *A.*   15 swerte] swert *C,* swert div *A.*   sie] *fehlt A.*   16 vñ griffen zv̊ der stole wider *A.*   20 dô hôrte ich] ich horte *A.*

III   Ich hôrte diu wazzer diezen   8,28
       und sach die vische fliezen,
       ich sach, swaz in der welte was,
       walt, velt, loup, rôr unde gras.
  5 swaz fliuzzet oder fliuget
       oder bein zer erde biuget,
       daz sach ich unde sag iu daz:
       deheinez lebet âne haz.
       daz wilt und daz gewürme,
 10 die stritten starke stürme,   9,1
       alsô tuont die vogel under in,
       wan daz siu habent einen sin
       – siu wæren anders ze nihte –:
       siu schaffent guot gerihte.
 15 siu setzent künege unde reht
       und schaffent hêrren unde kneht.
       sô wê dir, tiuschiu zunge,
       wie stât dîn ordenunge,
       daz nû diu mugge ir künec hât,
 20 und daz dîn êre alsô zergât!
       bekêrâ dich, bekêre,
       die cirkel sint ze hêre,
       die armen künege dringent dich,
       Philippe setze den weisen ûf, und heiz si treten hinder sich.

III *44 A, 20 B, 3 C.*
1 diu] ein *A.*   4 velt *Reimpunkt* walt lop rot vñ graz *A.*   5 fliuzzet oder] crivchet vñ *A.*   6 oder] vñ *A.* erden *A.*   7 vch *AB.*   8 der dekeinez *A.*   10 stritent *A.*   11 alsô] same *A.* tv̊n *C.*   13/14 si endvhten sich zeniht *Reimpunkt* so sch v̊fen starc geriht *A.*   15 kiesent *A.*   16 si sezzent herren vñ kneht *A.*   17 owe *A.*   22 cirken *A,* kilchen *B.* sin *C.*   24 den] ein *A.*

Erschließungshilfen

I, 2: *dahte* < *decken*: ‚ein Bein über das andere schlagen‘; ausgehend von dieser Textstelle wurden die Miniaturen in den Handschriften B und C (hier die landläufig bekannteste) gestaltet.

I, 21: *sâze*: ‚Versteck‘, ‚Lauer‘, ‚Hinterhalt‘.

I, 24: exzipierende Satzkonstruktion; der zweite Halbsatz (= der exzipierende Satz) ist einzuleiten mit den Worten ‚… wenn nicht zuvor …‘.

II, 5f.: Rom verweist auf den Papst; gemeint wahrscheinlich Innozenz III. (1198–1216), dem Lügen und Betrügereien vorgeworfen werden. *zwêne künige* ist Akkusativ; die betrogenen Herrscher sind wahrscheinlich Philipp von Schwaben (1177–1208) und Friedrich II. (1194–1250); beiden machte Innozenz die Thronanwartschaft streitig. Vgl. zum historischen Zusammenhang Kern 1992.

II, 17: *bienen* < *bannen*.

II, 20–24: intratextueller Verweis; vgl. Ton 3, Str. V, 1–2: *Mîn alter klôsenære, von dem ich dô sanc, / dô uns der êrre bâbest alsô sêre twanc …*

III, 22: *cirkel*: hier wohl im Sinne von ‚Kronreifen‘ zu verstehen.

III, 23/24: *Philippe* kann Dativ oder Vokativ sein; je nach Interpretation ergibt sich ein anderer Sinn: einmal (Vokativ) wird Philipp aufgefordert, sich selbst zu krönen; im anderen Fall (Dativ) wird die *tiuschiu zunge* aufgefordert, Philipp zu krönen. Vgl. die Debatte zwischen Kern 1992 und Heinzle 1999 und 2000. Auf das Setzen eines Kommas nach *Philippe* wird bewusst verzichtet.

3 *Kaiser Friedrichs- und Engelbrechtston*

BC: I–V   Text nach *BC auf der Basis von C

I   Mehtiger got, dû bist sô lanc und bist sô breit,   10,1
    gedæhten wir dâ nâch, daz wir unser arebeit
    [ ] verlürn, dir sint beide ungemezzen maht und êwikeit.
    ich weiz bî mir wol, daz ein ander ouch dar umbe trahtet,
  5 sô ist ez, als ez ie was, unsern sinnen unbereit.
    dû bist ze grôz, dû bist ze kleine: ez ist ungeahtet.
    tumber gouch, der dar an betaget oder benahtet!
    wil er wizzen, daz nie wart geprediget noch gepfahtet?

II Rich, hêrre, dich und dîne muoter, der megde kint,   10,9
    an den, diu iuwers erbelandes viende sint.
    lâ dir den kristen zuo den heiden [ ] sîn als den wint,
    wan si meinent ⟨*beide*⟩ dich mit ganzen triuwen kleine.
  5 an dîner râche gegen in, hêrre vater, niht erwint!
    dû weist wol, daz die heiden dich niht irrent alterseine:
    die sint wider dich doch offenlîch unreine,
    dise unreiner, die ez mit in sô stille habent gemeine.

III

---

3 *Sechs weitere Strophen in Buch III. Einzig diesen Ton hat La auf zwei Bücher verteilt, da I–V von VI–XI
getrennt und diese nur in C überliefert sind.*
  I *1 B, 4 C.*
1 und bist] vñ *B.*   3 niht vᵉlvrn dir sint baidv *BC.*   7 gѷch *C.*   betage *B.*
  II *2 B, 5 C.*
3 baide sin *BC.*   4/5 *fehlt B.*   4 beide] *fehlt C.*   8 vnreine *C.*

III   Bote, sage dem keiser sînes armen mannes rât,   10,17
daz ich deheinen bezzern weiz, als ez nû stât.
ob in guotes unde liute nieman erbeiten lât,   *erwarden*
sô var er balde und kom uns schiere, lâze sich niht tœren;
5 irre ouch etelîchen, der got und in geirret hât.
die rehten pfaffen warne, daz si niht gehœren
den unrehten, die daz rîche wænent stœren.
scheide si von in oder scheide si alle von den kœren.

IV   Solte ich den pfaffen râten an den triuwen mîn,   10,25
sô spræche ir hant den armen zuo: ›sê, daz ist dîn‹.
ir zunge sunge unde lieze mengem man daz sîn;
gedæhten, daz ouch sî durch got wâren almuosenære.
5 dô gap in êrste gelt der künic Constantîn.
het er gewest, daz dâ von übel künftic wære,
sô het er underkomen des rîches swære;
wan daz sî dô wâren kiusche und übermüete lære.

V   Mîn alter klôsenære, von dem ich sô sanc,   10,33
dô uns der êrre bâbest alsô sêre twanc,
der fürhtet aber der goteshûse, ir meister werden kranc.
er seit, ob sî die guoten bannen und den übeln singen,   11,1
5 man swenke in engegene den vil swinden widerswanc.
an pfrüenden und an kirchen muge in misselingen:
der sî vil, die dar ûf iezuo haben gedingen,
daz si ir guot verdienen umb daz rîche in liehten ringen.

Fortsetzung des Tones in Buch III nach **55**, *S. 332.*

III *3 B, 6 C.*
4 sich] si *C.*
IV *4 B, 7 C.*
2 ir] ich ir *B.*   3 singe *B.*   4 weren *C.*   5 ir erste teil der *C.*
V *5 B, 8 C.*
2 irre *C.*   3 goteshvserẹre *BC.*

Erschließungshilfen

In diesem wie in den meisten anderen Sangspruchtönen werden historische Persönlichkeiten, Orte und Ereignisse erwähnt bzw. es wird auf solche angespielt. In nicht wenigen Fällen ist eine genaue Identifizierung einer Person oder eines Ereignisses nicht in letzter Konsequenz möglich, besonders dann nicht, wenn nur von einem *künec* oder von dem *bâbest* die Rede ist (ohne Eigennamen). In der Forschungsliteratur, mehr noch in Literaturgeschichten, findet man allerdings oft scheinbar sichere Zuordnungen zur ‚Wirklichkeit‘. Grundsätzlich sollte der Benutzer einer Textedition hier Vorsicht walten lassen. Aus diesem Grunde wird überall dort, wo Eindeutigkeiten nicht zu erzielen sind, entsprechend vorsichtig formuliert.

I, 1 – 3: Paraphrase: ‚Mächtiger Gott, du bist so unermesslich, dass alle Mühe, darüber nachzusinnen, vergebens wäre.‘

I, 6: *ungeahtet*: Lexer II, 1828 glossiert ‚unermesslich‘, ‚unerfasslich‘; das Wort ist allerdings kaum belegt.

I, 8: *gephahtet* < *phahten* oder *gephahten*; Lexer I, 867 bzw. II, 223 glossiert ‚ermessen‘, speziell für diese Waltherstelle: ‚in gesetzesform bringen‘. Das Wort ist kaum belegt.

II, 4: *meinen*: hier ‚lieben‘.

II, 5: *erwinden an*: ‚ablassen von‘.

III, 1: *keiser*: wahrscheinlich ist Friedrich II. (1194 – 1250) gemeint.

III, 8: *kœren* < *kor*: ‚Chor‘, ‚Chordienst‘, ‚Chorherren‘ (Domkapitel), hier sind wohl einflussreiche Kirchendiener gemeint.

IV, 4: *gedæhten* = *si gedæhten*.

IV, 5: *gelt*: ‚Besitz‘, ‚Einkünfte‘. – *Constantîn*: Konstantin I. (ca. 280 – 337), römischer Kaiser; hier wird auf die sog. ‚Konstantinische Schenkung‘ angespielt, eine bereits im Mittelalter als Fälschung entlarvte Urkunde. Vgl. Fuhrmann, LdM V, Sp. 1385 f.

IV, 7: *underkomen*: ‚verhindern‘.

IV, 8: *wan daz*: leitet häufig Sätze ein, die eine Ausnahme formulieren, ähnlich der exzipierenden Konstruktion, vgl. Paul, Mhd. Gr., 2007, § S 180.4 Anm. 3. Die Grammatik schlägt als Übersetzung vor: ‚nur dass‘, ‚wenn nicht wäre, dass‘.

V, 2: *êrre* < *êr*; Komparativ: ‚frühere‘. – *bâbest*: möglicherweise ist Papst Innozenz III. (um 1160 – 1216) gemeint.

4 *Ottenton*

A: III IV V VI II
B: I – III
C: I – III; IV – VI   Text nach C

Mel.p

Herre   bâ–best, ich mac wol ge– nesen,
wie   wir des kei–sers sol– ten pflegen,

wan ich wil iu ge–hôr–sam wesen.
dô ir im gâbent den go–tes segen,

wir hôr–ten iuch der kri–sten–heit ge– bie–ten,
daz wir in hêr–ren hiezen und vor im knie–ten.

Ouch sult ir niht ver– gez– zen,
mit fluo—— che vol– mez– zen.‹

ir sprâ–chent:»swer dich seg – ne, der sî
dur got be– den–kent iuch dâ bî

ge– se–ge–net, swer dir fluoche, der sî ver–fluo–chet

ob ir der pfaf– íen ê– re iht ge– ruo– chet.

I   Herre bâbest, ich mac wol genesen,   11,6
         wan ich wil iu gehôrsam wesen.
         wir hôrten iuch der kristenheit gebieten,
         wie wir des keisers solten pflegen,
    5   dô ir ime gâbent den gotes segen,
         daz wir in hêrren hiezen und vor im knieten.
           Ouch sult ir niht vergezzen,
           ir sprâchent: »swer dich segne, *der sî*
           gesegenet, swer dir fluoche, der sî verfluochet
    10   mit fluoche volmezzen.«
         dur got bedenkent iuch dâ bî,
         ob ir der pfaffen êre iht geruochet.

II   Dô gotes sun hie in erde gie,   11,18
         dô versuochten in die juden ie,
         alsô tâten si eines tages mit dirre vrâge:
         si vrâgeten in, ob ir frîez leben
    5   dem rîche iht zinses solte geben.
         dô verstuont er wol ir huote und ir lâge.
           Er iesch ein münzîsen,
           er sprach: »wes bilde ist hinne ergraben?«
         »des keisers«, sprâchen dô die merkære.
    10   dô riet er den unwîsen,
         daz sî den keiser liezen haben
         sîn keisers reht und gote, daz gotes wære.

III

---

4 I *6 B, 9 C.*
2 vch *B.*   4 wes wir dem kaiser *B.* keisess *C.*   8/9 der si gesegenet *Punkt B,* dc der gesegent si
Reimpunkt C.
  II *84 A, 7 B, 10 C.*
1 Dô] Des *A.*   3 same tatens *A.*   4 in] *fehlt AB.*   5 rîche] kvnege *A.*   6 do brach er in die
hvte vñ al ir lage *A.*   7 hiesch *A.*   8 hinne] hie *A.*   12 keisers] kvneges *A.* daz] swaz *A.*

III   Herre keiser, ir sît willekomen!   11,30
          des küniges name ist iu benomen,
          des schînet iuwer crône ob allen crônen.
          iuwer hant ist kreftic guotes vol,
      5   ir wellent übel oder wol,
          sô muget ir beidiu *rechen* unde lônen.
          Dar zuo sage ich iu mære:
          die fürsten sint iu undertân   12,1
          und habent mit zühten iuwer kunft erbeitet.
    10   und ie der Mîssenære,
          der ist iemer iuwer âne wân,
          von gote wurde ein engel ê verleitet.

IV   Her keiser, ich bin vrônebote   12,6
          und bringe iu botschaft von gote:
          ir hab*t* die erde, ir hânt daz himelrîche.
          er hiez iu klagen, ir sît sîn voget,
      5   in sînes sunes lande broget
          diu heidenschaft iu beiden lasterlîch*e*.
          Ir muget im gerne rihten:
          sîn sun, der ist geheizen Crist,
          er hiez iu sagen, wie erz verschulden welle.
    10   nû lât in zuo iu pflihten.
          er rihtet iu, dâ er vogt ist,
          klaget ir ioch über den tievel ûz der helle.

                          V

III *80 A, 8 B, 11 C.*
1 Der keiser sit ir willekomen *A.* sint *B.*   2 der kv́nege *A.* vch *A.*   4 crefte *Punkt* vn̄ gv̂tes
A.   5 vúllent *B.*   6 so mac si *A.* rehten *C.* vch *AB.*   8 vch *AB.*   9 si habent *A.* v́weren
kvnft arebaitet *B.*
    IV *81 A, 360 [376] C, durch Verweiszeichen den frühen C-Strophen zugeordnet.*
1 Her] er *H-Initiale nicht ausgeführt A.*   2 vch *A.*   3 hab *C.* erde] ere *A.*   4 vch *A.*   6 vch
A. lasterlichen *AC.*   9 vch *A.* iu] *fehlt A.*   11 vch *A.* da vogt *A.*

V   Her keiser, swenne ir Tiutschen vride   12,18
         machet stæte bî der wide,
         sô bietent iu die frömden zungen êre.
         die sult ir nemen ân arbeit
    5   und süenent al die kristenheit:
         daz tiuret iuch und müet die heiden sêre.
             Ir traget zwei keisers ellen:
             des arn tugent, des lewen kraft,
             die sint *dez* herzeichen an dem schilte.
    10   die zwêne hergesellen,
             wan woltens an die heidenschaft,
             waz *widerstüende* ir manheit und ir milte?

VI   Got gît ze künege, swen er wil,   12,30
         dar umbe wundert mich niht vil,
         uns leien wundert umbe der pfaffen lêre.
         si lêrten uns bî kurzen tagen,
    5   daz wellent*s* uns nû widersagen.
         nû tuonz dur got und durh ir selber êre,
             Und sagen uns bî ir triuwen,
             an welcher rede wir sîn betrogen.
             volrechen uns die einen wol von grunde,   13,1
    10   die alten, ê die niuwen,
             uns dunket, einez sî gelogen,
             zwo zungen stânt unebne in einem munde.

V *82 A, 361 [377] C.*
2 gemachet *A.*   3 vch *A.*   5 sv̊nen *A.*   6 ú *C.* daz] des *AC.*   9 des *AC.*   12 wirde
stv̊nde *C.*
    VI *83 A, 362 [378] C.*
1 Got] ot *G-Initiale nicht ausgeführt A.* swaz *A.*   5 wellētz *C.*   6 selbes *A.* grv̊nde *A.*

Erschließungshilfen

I, 1: *bâbest*: gemeint wohl Innozenz III. (1160/61–1216).

I, 3–5: wohl Anspielung auf die Kaiserkrönung Ottos IV. (1175/76–1218) 1209.

I, 8–10: Nach Nix, 1993, S. 151 f., hat Walther den Wortlaut des Krönungssegens hier ausgetauscht (statt des Abrahamssegens, 1. Mose 12,3, wird der Bileamssegen, 4. Mose 24,9, anzitiert), um die Papstkritik deutlicher zu machen.

I, 11–12: Die Mahnung an den Papst mag sich auf die Bannung Ottos durch Innozenz am 18. 11. 1210 beziehen.

II: Biblischer Hintergrund ist die Erzählung vom Zinsgroschen im NT: Matthäus 22,15–21; Markus 12,13–17; Lukas 20,20–26.

II, 7: *iesch*: Präteritalform zu *eischen*: ,fordern', hier: ,verlangen'; *eischen* weist schwache und starke Flexionsformen auf; vgl. Paul, Mhd. Gr., 2007, § M 93 Anm. 4.

III, 1: *keiser*: gemeint wohl Otto IV. (s.o.). Den situativen Rahmen mag der Hoftag in Frankfurt am 18. 3. 1212 abgegeben haben. Vgl. Nix, 1993, S. 121.

III, 10: Gemeint ist Markgraf Dietrich von Meißen (gest. 1221), der hier als treuer Parteigänger Ottos gepriesen wird. Ob man Walthers Aussage ironisch verstehen kann oder muss, wird in der Forschung kontrovers diskutiert. Vgl. ausführlich Bein, 1995.

IV, 1: *keiser*: gemeint wohl Otto. IV. (s.o.).

IV, 3: Nach Kern, 2002, ist gemeint, dass der Kaiser durch die Krönung neben der weltlichen Herrschaft auch eine „ewige Mitherrschaft mit Christus" (S. 159) erlange.

IV, 5f.: Anspielung auf Kreuzzugspläne Ottos (1209–1212); vgl. Nix, S. 132f.

V, 1: *keiser*: gemeint wohl Otto IV. (s.o).

V, 1–2: *Tiuscher vride*: möglicherweise Anspielung auf politische Unruhen in Deutschland. 1211 gab es eine Fürstenopposition gegen Otto; dieser wird hier aufgefordert, mit harter Hand (*wide* = Strang) dagegen vorzugehen.

V, 8: Adler und Löwe waren Wappentiere Ottos. Vgl. Nix, 1993, S. 146.

V, 11: Anspielung auf das Kreuzzugsgeschehen; vgl. IV, V. 5f.

VI, 6–10: *tuon, sagen, volrechen*: Konjunktive in imperativischem Sinne: sie sollen ,tun', ,sagen', ,von Grund auf erklären …'.

VI, 9–10: Die Stelle ist schwer verständlich und wird in der Forschung unterschiedlich interpretiert. Die meisten Hgg. haben in V. 10 konjiziert (*ê* zu *ode*), was hier nicht übernommen wird. Man kann *einen, alt* und *niuwe* auf *rede* beziehen (schwache Flexion nach bestimmtem Artikel), dann ginge die Aufforderung dahin, die frühere Rede eher als die spätere (jüngere) zu erklären. Die *alten* und die *niuwen* könnten aber auch auf *pfaffen* bezogen sein, gemeint dann: alte und junge Geistliche (nachgestellte Subjekte zu *volrechen*).

5

B: I III IV
C: I–IV   Text nach C

I   Owê, waz êren sich ellendet von tiutschen landen!   13,5
    witze und manheit, dar zuo silber unde golt –
    swer diu beidiu hât, der belîbet mit schanden!
    wie den vergât des himelschen keisers solt!
   5   Dem sint die engel noch die frowen holt.
    arm man ze der welte und wider got,
    wie der fürhten mac ir beider spot.

II   Ez kumt ein wint, daz wizzent sicherlîche,   13,12
    dâ von wir hœren beide singen unde sagen,
    der sol mit grimme ervarn elliu künicrîche.
    daz hœre ich waller unde pilgerîne klagen.
   5   Boume, türne ligent vor im zerslagen,
    starken liuten wæet er diu houbet abe.
    nû suln wir fliehen hin ze gotes grabe.

III   Owê, wir müezigen liute, wie sîn wir versezzen   13,19
    zwischen zwein fröiden nider an die jâmerlîchen stat!
    aller arbeit heten wir vergezzen,
    dô uns der kurze sumer sîn gesinde wesen bat.
   5   Der brâhte uns varnde bluomen unde blat,
    dô trouc uns der kurze vogelsanc.
    wol im, der ie nâch stæten fröiden ranc!

                      IV

---

5 I *9 B, 12 C.*
2 vñ das golt *B.*
  II *13 C.*
  III *10 B, 14 C.*
6 trv̊g *B.*

IV   Wê geschehe der wîse, die wir mit den grillen sungen,   13,26
        dô wir uns solten warnen gegen des kalten winters zît,
        daz wir vil tumben mit der âmeizen niht rungen,
        diu nû vil werdeklîche bî ir arbeiten lît.
  5   Daz was ie der welte strît.
        tôrn schulten ie der wîsen rât,
        wan siht wol dort, swer hie gelogen hât.

IV *11 B, 15 C.*

Erschließungshilfen

I, 1−3: Vgl. den Textkritischen Kommentar.
I, 4: *den*: Akk. Sg., abhängig von *vergân* in transitiver Verwendung.

III, 1 *versezzen sîn*: ‚an falscher Stelle sitzen'.

IV, 1/3: *grille/âmeize*: In der Forschung wird auf die Äsopische Fabel von Grille und Ameise
    verwiesen (vgl. Schweikle Bd. 2, S. 784 f.).
IV, 6: *schulten* < *schelten*: ‚beschimpfen', ‚verschmähen'.

6

C: I–V

p: V II IV   Text nach C

I   Maniger frâget, waz ich klage,   13,33
   unde giht des einen, daz ez iht von herzen gê.
   der verliuset sîne tage,
   wand im wart von rehter liebe nie weder wol noch wê.   14,1
     5 Des ist sîn gelücke krank.
     swer gedæhte,
     waz diu minne bræhte,
     der vertrüege mînen sank.

II Minne ist ein gemeinez wort   14,6
   und doch ungemeine mit den werken, dest alsô.
   minne ist aller tugende ein hort,
   âne minne wirdet niemer herze rehte vrô.
     5 Sît ich den gelouben hân,
     frouwe Minne,
     fröit ouch mir die sinne.
     mich müet, sol mîn trôst zergân.

III Mîn gedinge ist, der ich bin   14,14
   holt mit rehten triuwen, daz si ouch mir daz selbe sî.
   triuget dar an mich mîn sin,
   sô ist mînem wâne leider lützel fröiden bî.
     5 Neinâ hêrre! si ist sô guot,
     swenne ir güete
     erkennet mîn gemüete,
     daz si mir daz beste tuot.

                    IV

---

6 I *16 C.*
II *17 C, 31 p.*
1 ist gemeine *p.*   2 an den wᶜncken *p.*   3 aller selden hort *p.*   4 mag niemer herze werden
p.   6 frowen *p.*   7 trôstent mir *p.*   8 mih müet] mir ist leit *p.*
  III *18 C.*

IV Wiste sî den willen mîn,   14,22
   liebes unde guotes des wurde ich von ir gewert.
   wie möhte aber daz nû sîn,
   sît man valscher minne mit sô süezen worten gert?
  5 Daz ein wîp niht wizzen mac,
    wer si meine,
    disiu nôt alleine
    tuot mir manigen swæren tac.

V Der diu wîp alrêrst betrouc,   14,30
   der hât beide an mannen und an wîben missevarn.
   in weiz, waz diu liebe touc,
   sît sich friunt gegen friunde niht vor valsche kan bewarn.
  5 Frowe, daz ir sælic sît!
    lânt mit hulden
    mich den gruoz verschulden,
    der an friundes herzen lît.

IV *19 C, 32 p.*

1 Wuste die liebe minen sin *p.* 2 so môht ich wol liebes vñ gewert *p.* 3 we wie *p.* nû sîn] min sin *p.* 4 minne] liebe *p.*

 V *20 C, 30 p.*

1 alrêrst] von erst *p.* 2 an wiben vnd an mannen *p.* 3 ich en weis niht was die mîne dung *p.* 6 mit] mit uwern *p.* 7 beschulden *p.* 8 hᵉtze *p.*

Erschließungshilfen

Zu zahlreichen Schlüsselwörtern des Minnesangs (*liebe, sank, minne, tugent, triuwe, wîp, frowe*) vgl. das Begriffsglossar.

I, 2: *giht* < *jehen*: ,sprechen'; *iht*: hier ,nicht'.
I, 5: *krank*: ,schwach'.

II, 8: *müet* < *müejen*: ,quälen'.

III, 1/2: reimbedingter ungewöhnlicher Satzbau: *der* nimmt Bezug auf *si*.
III, 5/8: ähnlicher Satzbau wie in 1/2.

IV, 2: *wurde*: Konj. Prät. von *werden*; hier ohne Umlautbezeichnung.
IV, 6: *meine* < *meinen*: ,lieben' (verwandt mit *minne*; vgl. Kluge 1999, S. 561).

V, 3: *in* = *ich en/ne*.
V, 4: *friunt*: vgl. das Begriffsglossar.
V, 7: *verschulden*: hier ,verdienen'.

7

Ton 7 wird in fünf aufeinander folgenden Fassungen ediert (nach den Hss. A, B, C, E und Z; hinzu kommen die Einzelstrophen in F und M; vgl. die Erläuterungen im Textkritischen Kommentar.)

Überlieferungsübersicht (an erster Stelle Z, weil sie die meisten Strophen überliefert und am besten als Referenzgröße dienen kann; so ist z. B. Z VII in A die vierte Strophe, in E die fünfte.)

Z:	I	II	III	IV	V	VI	VII	VIII	IX	X	XI	XII		(12)
A:	I	II			V		VII	VIII			XI	III		(07)
B:	I		III			VI	VII		XI	X				(06)
C:	I	II			V	VI	VII	VIII	XI	X	III	XII	IX	(11)
E:	I	IV	II		V		VII	VIII	III	XI	X	XII	IX	(11)
F:	XIII													
M:	I													

Nû al – rêst   lebe   ich   mir   wer – de,
daz   hê – re   lant   und   ouch   die   er – de,

sît   mîn   sün – dic   ou –   ge   siht
dem   man   vil   der   ê –   ren   giht.

Mirst ge – sche – hen,   des   ich   ie   bat,

ich   bin   ko – men   an   die   stat,

dâ   got   mensch – lî –   chen   trat.

Fassung nach A

I   Nû alrêst lebe ich mir werde,   14,38
       sît mîn sündic ouge siht
       daz hêre lant und och die erde,   15,1
       dem man vil der êren giht.
5   Mirst geschehen, des ich ie bat,
       ich bin komen an die stat,
       dâ got menschlîchen trat.

II   Schœne lant, rîch unde hêre,   15,6
       swaz ich der noch hân gesehen,
       sô bist dûz ir aller êre,
       waz ist wunders hie geschehen:
5   Daz ein maget ein kint gebar,
       hêre uber aller engel schar,
       was daz niht ein wunder gar?

III Hie liez *er* sich reine toufen,   15,13
       daz der mensche reine sî.
       dô liez er sich hie verkoufen,
       daz wir eine wurden vrî.
5   Anders wæren wir verlorn.
       wol dir sper, cruze unde dorn!
       wê dir, heiden, daz ist dir zorn.

IV Hinnen vuor der sun zer helle,   15,27
       von dem grabe, dâ er inne lac.
       des was ie der vater geselle,
       und der geist, den nieman mac
5   Sunder gescheiden, dêst *al ein*,
       sleht unde ebener ⟨*danne*⟩ ein zein,
       alse er Abrahâm erschein.

                           V

---

7 (A) **I** *50 A*

II *51 A.*

III *52 A.*

1 ir *A.*   7 wie dir zeiden dienst der zorn *A.*

IV *53 A.*

5 alleine *A.*   6 danne] *fehlt A.*

V   Dô er den tievel dô geschande,   15,34
      daz nie keiser baz gestreit,
      dô vuor er her wider ze lande.
      dô huob sich der juden leit,
      5   Daz er hêrre huote brach,
       und daz man in sît lebendic sach,
       den ir hant *sluoc* unde stach.

VI   In diz lant hât er gesprochen   16,8
      einen angeslîchen tac,
      dâ die witwe wirt gerochen
      und der arme clagen mac
      5   Und der weise den gewalt,
       der dâ wirt an ime gestalt:
       wol ime dort, der hie vergalt.

VII   Juden, Cristen unde heiden   16,29
      jehent, daz *diz ir* erbe sî.
      got sol uns ze reht bescheiden
      dur die sîne namen drî.
      5   Al diu welt, diu strîtet *her*:
       wir sîn an der rehten ger,
       reht ist, daz er uns wer.

V *54 A.*
7 sluoc] nv̂c *A.*
VI *55 A.*
VII *56 A.*
2 diz ir] dinir *A.*   5 her] dˢ *A.*

Erschließungshilfen

I, 1 ff.: *ich*: Ob Walther (als historische Person verstanden) in Palästina war, ist sehr unsicher. Wahrscheinlich liegt hier eine Rollenrede vor.

I, 3: *hêre lant*: Palästina.

II, 7: *gar*: ‚völlig‘, ‚vollständig‘.

III, 1: *reine*: Adverb, ‚auf reine Weise‘ oder ‚als Reiner‘ (als sündenloser Mensch).

III, 3: *verkoufen*: Anspielung auf den Verrat durch Judas.

IV, 3: *des*: hier im Sinne von ‚dabei‘, vgl. Paul, Mhd. Gr., 2007, § S 76.6.

IV, 7: *Abrahâm*: Nach 1 Mose 18 erschien Gott Abraham in Gestalt von drei Männern. Ob Walther darauf anspielt, ist aber umstritten (vgl. Willemsen, S. 79 mit Verweis auf V. Schupp, der als Quelle das apokryphe Nikodemus-Evangelium für möglich hält).

V, 5: Zur Tradition der Höllenfahrt Christi vgl. LdM V, Sp. 98 f. – *herre*: ‚als Herr‘; setzt man *herre* in Kommata, wäre zu lesen: ‚er, der Herr, …‘.

VI: Angespielt wird auf ein (End-) Gericht. Wi/Mi verweisen auf Joel 3, 3–4 und identifizieren *diz lant* konkret mit dem Tal Josaphat. Unklar bleibt, wie eine solche Bezugnahme pragmatisch (in der Aufführung) funktioniert haben mag.

VII: Es geht um die Frage, wer einen rechtmäßigen Anspruch auf das Hl. Land hat. Die beiden letzten Verse sind doppeldeutig. Das Pronomen *wir* (V. 6) kann als Rollenrede auf jede der drei Religionsgemeinschaften bezogen sein (jeder behauptet, das Recht auf seiner Seite zu haben). Das Pronomen kann freilich auch nur die christliche Position markieren, dann würde die Strophe (und in A das ganze Lied) mit einer deutlich propagandistischen Note (‚Wir Christen haben Recht!‘) enden. – Zu vergleichen ist die variierende Strophenposition in den anderen Hss. Zur Deutung vgl. auch Nix, S. 270 ff.

Fassung nach B

I   Alrêst lebe ich mir vil werde,   14,38
        sît mîn sündic ouge siht
        daz reine lant und ouch die erde,   15,1
        der man sô vil êren giht.
    5   Ez ist geschehen, des ich ie bat,
        ich bin komen an die stat,
        dâ got meneslîchen trat.

II   Cristen, juden und die heiden   16,29
        iehent, daz diz ir erbe sî.
        got müezze ez ze rehte scheiden
        durch die sîne namen drî.
    5   Al diu welt strîtet her:
        wir sîn an der rehten ger,
        reht ist, daz er uns gewer.

III   Dô er sich ⟨*wolte*⟩ über uns erbarmen,   15,20
        hie leit er den grimmen tôt,
        er vil rîche über uns vil armen,
        daz wir komen ûz der nôt.
    5   Daz in dô des niht verdrôz,
        daz ist ein wunder alze grôz,
        aller wunder übergenôz.

IV   Hinnen fuor der su*n* ze helle,   15,27
        von dem grabe, dâ er inne lac.
        des der vater ⟨*was*⟩ ie geselle,
        und der geist, den nieman mac
    5   Sunder scheiden, ez ist ein,
        sleht unde ebener danne ein zein,
        als er Abrahâme erschein.

                           V

---

7 (B) **I** *12 B.*
II *13 B.*
III *14 B.*
1 wolte] *fehlt B.*
IV *15 B.*
1 sune *B.*   3 was] *fehlt B.*

V   In diz lant hât er gesprochen   16,8
        einen angeslîchen tac,
        dâ der weise wirt gerochen
        und diu witewe clagen mac
     5   Und der arme den gewalt,
        den man hat mit ime gestalt:
        wol im dort, der hie vergalt.

VI   Unserre lantrehtære tihten   16,15
        fristet dâ niemannes clage,
        wan er wil dâ zestunt rihten:
        sô ist ez an dem lesten tage.
     5   Und swer deheine schulde hie hât
        unverebenet, wie der stât
        dort, dâ er pfant noch bürgen hât.

V *16 B.*
VI *17 B.*

Erschließungshilfen

Zu auch in A überliefertem Text vgl. die Hilfen dort.

II Vgl. die Erläuterungen zur A-Fassung (VII); zu beachten ist die variierende Position der Strophe hier und in den übrigen Hss.

III, 1/3: *erbarmen über*: ‚Erbarmen haben mit'; vgl. Lexer I, 608.

VI, 1: *tihten*: hier substantiviertes Verb, meistens terminus technicus für ‚dichterisches Schaffen', ‚Ersinnen'; vgl. Gärtner, 2007, S. 72 ff. Mit Bezug auf *lantrihter* mag das Verb einen pejorativen Beiklang haben: ‚Das ‚Ersinnen' unserer Landrichter schiebt niemandes Klage auf'; möglicherweise ist an Strategien der Prozessverzögerung zu denken.

VI, 2: *niemannes*: kann genitivus subjectivus und objectivus sein: niemandes Klage bzw. Anklage (= Angeklagtwerden).

VI, 4: *lester tac*: *lest* = Superlativ zu *laz* (‚träge'), eigentlich also ‚der trägste', hier aber: ‚der letzte' Tag; Anspielung auf das ‚Jüngste Gericht'. Wann dies stattfindet, wird im MA unterschiedlich diskutiert; vgl. HvM, Kommentar zu V. 789 f.

Fassung nach C

I   Alrêrst lebe ich mir werde,   14,38
        sît mîn sündic ouge siht
        daz reine lant und ouch die erde,   15,1
        der man sô vil êren giht.
    5   Ez ist geschehen, des ich ie bat,
        ich bin komen an die stat,
        dâ got menschlîchen trat.

II   Schœniu lant, rîch unde hêre,   15,6
        swaz ich der noch hân gesehen,
        sô bist dûz ir aller êre,
        waz ist wunders hie geschehen.
    5   Daz ein magt ein kint gebar,
        hêre über aller engel schar,
        was daz niht ein wunder gar?

III   Hie liez er sich reine toufen,   15,13
        daz der mensche reine sî.
        dô liez er sich hie verkoufen,
        daz wir eigen wurden frî.
    5   Anders wæren wir verlorn.
        wol dir sper, criuce unde dorn,
        wie dir ze den ist dîn zorn!

IV   Dô er sich wolte über uns erbarmen,   15,20
        dô leit er den grimmen tôt,
        er vil rîch über uns vil armen,
        daz wir komen ûz der nôt.
    5   Daz in dô des niht verdrôz,
        dâst ein wunder alze grôz,
        aller wunder übergenôz.

                        V

---

7 (C) *21–29 C, zwei Nachtragsstrophen am unteren Blattrand von fol. 126v nacheinander durch Verweiszeichen nach C 29 eingesetzt (hier die Strophen X und XI; die Trennlinie in der Edition weist auf diese Besonderheit hin).*
I *21 C.*
II *22 C.*
III *23 C.*
IV *24 C.*

V   Hinnen fuor der sun ze helle,   15,27
        von dem grabe, dâr inne lac.
        dest der vater ie geselle,
        und der geist, den nieman mac
   5   Sunder scheiden, ez sî ein,
        sleht unde ebener danne ein zein,
        als er Abrahâme erschein.

VI   Dô er den tievel alsô geschande,   15,34
        daz nie keiser baz gestreit,
        dô fuor er her wider ze lande.
        dô huob sich dô der juden leit,
   5   Daz er hêrre ir huote brach,
        und daz man in sît lebendic sach,
        den ir hant sluoc unde stach.

VII   In daz lant hât er gesprochen   16,8
        einen angeslîchen tac,
        dâ der weise wirt gerochen
        und diu witwe klagen mac
   5   Und der arme den gewalt,
        den man hât mit in gestalt:
        wol im dort, der hie vergalt.

VIII Unserre lantrehter tihten   16,15
        vristet dâ niemans klage,
        wan er wil dâ ze stunt rihten:
        sô ist ez an dem lesten tage.
   5   Und swer deheine schulde hie lât
        unverebent, wie der stât
        dort, dâ er pfant noch bürgen hât.

IX

V *25 C.*
VI *26 C.*
VII *27 C.*
VIII *28 C.*
1 *Unserre*] *re* in kleiner Schrift nachträglich an *Vnser* angefügt *C.*   6 *der*] gebessert aus *das.*

IX   Kristen, juden und die heiden   16,29
        jehent, daz diz ir erbe sî.
        got müezze ez ze rehte scheiden
        dur die sîne namen drî.
   5   Al diu welt strîtet her:
        wir sîn an der rehten ger,
        reht ist, daz er uns gewer.

X   Ir lât iuch nit verdriezen,   16,22
        daz ich noch gesprochen hân.
        sô wil ich die rede entsliezen
        kurzwîlen und ouch wizzen lân,
   5   Swaz got ⟨*wunders hie noch lie*⟩,
        mit der welte ie begie,
        daz huob sich dort und endet hie.

XI   Dar nâch was er in deme lande   16,1
        vierzic tage, dô fuor er dar,
        ⟨*dannen*⟩ in sîn vater sande.
        sînen geist er uns bewar,
   5   Den sant er hin wider zehant.
        heilic ist daz selbe lant,
        sîn name, der ist vor got erkant.

IX *29 C.*
5 *zwischen* welt *und* stritet: ſt dv́ *durchgestrichen C.*
   X *(Nachtrag C).*
5 wunders hie noch lie] *fehlt C.*
   XI *(Nachtrag C).*
3 dannen] *fehlt C.*

Erschließungshilfen

Zu auch in A und B überliefertem Text vgl. die Hilfen dort.

III, 6/7: Deutungsmöglichkeiten: Speer, Kreuz und Dornenkrone werden gepriesen, weil durch sie die Erlösung der Menschheit eingeleitet wurde; gleichzeitig aber erregen diese Marterwerkzeuge den Zorn des Menschen; setzt man nach *wol dir* ein Ausrufezeichen, könnten *sper, criuze* und *dorn* als vorgezogenes indirektes Objekt zu *zorn sîn* zu verstehen sein. Vgl. auch den Textkritischen Kommentar zur Stelle.

V, 5: *ez sî ein*: Der Konjunktiv mag wie in abhängiger Rede aufzufassen sein; Sinn: ,(man sagt), es sei eins'; ,es muss wohl eins sein'.

VII, 6: *in*: Plural, bezogen auf *arme* und *witwe*, ggf. auch auf *weise*.

X, 1: *Ir lât*: auch als Imperativ aufzufassen, Anrede an ein (imaginäres) Publikum. Denkbar ist auch, V.1 und 2 als Fragesatz zu begreifen (nach V. 2 wäre dann ein Fragezeichen zu setzen).
X, 3: *entsliezen*: Grundbedeutung ,erklären'.

Fassung nach E

I   Alrêrst sihe ich mir werde,   14,38
    sît mîn sündic ouge siht
    daz heilige lant und ouch die erde,   15,1
    dem man sô vil tugende giht.
      5   Mir ist geschehen, des ich ie bat,
    ich bin kumen an die stat,
    dâ got menslîchen stât.

II   Mê danne tûsent hundert wunder,   138,1
    die von disme lande sint,
    die kann ich ihte mer besunder
    [ ] *gesagen* denne ein cleine kint,
      5   Wenne ein teil von unser ê,
    swem des niht genuoge, der gê
    zuo den juden, die sagent im mê.

III   Schœne lant, rîch unde hêre,   15,6
    swaz ich der noch hân gesehen,
    sô ist diz aller lande ein êre,
    waz ist wunders hie geschehen,
      5   Daz ein maget ein kint gebar,
    hêrer denne der engel schar,
    was daz niht ein wunder gar?

IV   Sît liez er sich toufen,   15,13
    daz der mensche ouch reine sî.
    dar nâch liez er sich verkoufen,
    daz wir eigen werden frî –
      5   Anders wæren wir verlorn
    wanne sîn sper, criuze unde dorn.
    werder heiden, daz ist dir zorn!

                                     V

---

7 (E) *201–211* E.

I *201* E.

1 sihe] *Lücke zwischen* ſi *und* he *E.*

II *202* E.

4 gesagen] vñ gehahtē *E.*

III *203* E.

IV *204* E.

V   Dannen fuor er hin zer helle,   15,27
      von dem grabe, dô er inne lac.
      des was ie der vater geselle
      und der geist, den nieman mac
  5   Sunder scheiden, ez ist ⟨ . ⟩,
        slehter denne ein zein,
        als er Abrahâme erschein.

VI   Dô er den tiufel dort geschande,   15,34
      daz nie ritter baz gestreit,
      dô fuor er wider heim ze lande.
      dô huob sich der juden leit,
  5   Wenne er in ir huote brach,
        und man in sît lebendic sach,
        den ir hant sluoc unde stach.

VII   Cristen, juden ⟨unde heiden⟩   16,29
      jehent, daz diz ir erbe sî.
      got der müezze rehte scheiden
      durch der sîner namen drî.
  5   Al diu werlt, diu strîtet her:
        wir sîn an der rehten ger,
        reht ist, daz er uns gewer.

VIII In diz lant hât er gesprochen   16,8
      den vil engestlîchen tac,
      dâ die witwe wirt gerochen
      und der ⟨weise⟩ clagen mac
  5   Und der arme den gewalt,
        der mit ime wirt gestalt:
        wol ime dort, der hie vergalt.

                                    IX

V *205 E.*
5/6 ez ist slehter denne *ohne Lücke E.*
VI *206 E.*
VII *207 E.*
1 unde heiden] *fehlt E.*
VIII *208 E.*
4 weise] *fehlt E.*

IX   Unser lantrihtære rihten   16,15
       [ ] envristet dort niemannes clage,
       er wil ze stunden rihten.
       sô ez ist an dem letzesten tage:
    5   Swer dekeine schulde hie hât
       verebenet, wie der dort stât,
       dô er weder pfant noch bürgen hât.

X   Ir lât iuch niht verdriezen,   16,22
       daz ich noch gesprochen hân.
       sô wil ich die rede entsliezen
       kürzelich und iuch wizzen lân,
    5   Swaz got ⟨*wunders hie noch lie*⟩,
       mit der werlde ie begie,
       daz huob sich dort und endet hie.

XI   Dar nâch was er in dem lande   16,1
       vierzic tage, dô fuor er dar,
       ⟨*dannen*⟩ in sîn vater sande.
       sînen geist, der uns bewar,
    5   Den sant er hin wider zuohant.
       heilic ist daz selbe lant,
       sîn nam, der ist vor gote erkant.

IX *209 E.*

1 rihten] *ursprünglich war* rihtent *geschrieben worden; das* t *nachträglich rasiert E.*   2 envristet] vñ envristent *E.*
X *210 E.*

5 wunders hie noch lie] *fehlt E.*
XI *211 E.*

3 dannen] *fehlt E.*

Erschließungshilfen

Zu auch in A, B oder C überliefertem Text vgl. die Hilfen dort.

II, 5 *unser ê*: hier wohl bezogen auf das Neue Testament.

II, 6f.: Es ist unklar, wie der Verweis auf die Juden, die mehr wissen sollen (über das AT?), zu verstehen ist: als positiv gemeinte Wertschätzung oder eher ironisch-abwertend (es wird bewusst offen gelassen, was die Juden besser können). Vgl. zur Stelle auch Willemsen, S. 90 mit noch anderer Deutung sowie Kasten / Kuhn, S. 1033. Vgl. auch den Textkritischen Kommentar.

IV, 6f.: E teilt den Wortlaut der Verse mit Z; die anderen Hss. weichen ab. Sinn in E und Z: In den Versen 1–4 werden die selbstlosen Taten Christi gepriesen. V. 5f.: Wir wären verloren gewesen ohne Speer, Kreuz und Dornenkrone; *wan* (*wanne/wen*) elliptisch mit Nom.: „wäre nicht gewesen" (Lexer III, 668). Der letzte Vers bringt den Ärger der Heiden über die Opfertaten Christi zum Ausdruck. Vgl. auch die Fassungen A und C.

Fassung nach Z

I   Nû alrêst leb ich mir werde,   14,38
      sît mîn sündic ouge ersicht
      daz liebe lant und ouch die erde,   15,1
      dem man vil der êren giht.
   5   Mirst geschên, als ich ie bat,
      ich bin komen an die stat,
      dâ got menslîchen trat.

II   Schœne lant, rîche unde hêre,   15,6
      swaz ich der noch habe gesên,
      sô bistû aller lande ein êre,
      waz ist wunders hie geschên,
   5   Daz ein maget ein kint gebar,
      herre über aller engele schar,
      enist daz nicht ein wunder gar?

III Kristen, juden unde heiden   16,29
      jênt, daz diz ir erbe sî.
      got der muoz ez uns bescheiden
      und die hêren namen drî.
   5   Al die werlt, die strîtet her:
      wir sîn an der rechten ger,
      recht ist, daz er uns gewer.

IV Mê dan hundert tûsent wunder   138,1
      hie in disem lande sint,
      dâ von ich niht mê besunder
      kan gesagen als ein kint,
   5   Wen ein teil von unser ê,
      swem des niht genuoge, der gê
      zuo den juden, die sagent es mê.

V

---

7 (Z) *4–15 Z.*

I *4 Z.*

II *5 Z.*

III *6 Z.*

1 *das u in* unde *wahrscheinlich aus einem h korrigiert Z.*

IV *7 Z.*

3 besvnden *Z.*   7 juden] uiden, *durch i-Strich möglicherweise nachträglich gebessert Z.*

V   Alrêst dô liez er sich toufen,   15,13
        durch daz der mensche reine sî.
        sît dô liez er sich verkoufen,
        durch daz wir eigen wurden vrî.
    5   Anders wære wir verlorn.
        wen sper, kriutze unde dorn.
        wê dir, heiden, daz ist dir zorn!

VI   Dô er sich wolte dô erbarmen,   15,20
        dô leit er den grimmen tôt,
        er vil rîche durch uns armen,
        durch daz wir kæmen ûz der nôt.
    5   Daz in dô des nicht verdrôz,
        ist daz nicht ein wunder grôz,
        aller wunder übergenôz.

VII   Sint dô vuor der sun zuor helle,   15,27
        von dem grabe, dâ er lac.
        des was ê der vater geselle
        unde der geist, die nieman mac
    5   Bescheiden, wen sie sîn beide ein,
        sleht unde ebener dan ein zein,
        als er Abrahâme erschein.

VIII   Dô er den tiuvel dort geschande,   15,34
        daz nie keiser baz gestreit,
        dannen vuor er wider zuo lande.
        dô erhuob sich der juden leit,
    5   Daz der herre ir huote brach
        unde er mit sînen ougen sach,
        den sîn hant sluoc unde stach.

                                    IX

V *8 Z.*
VI *9 Z.*
4 quemen *Z.*
VII *10 Z.*
VIII *11 Z.*
1 gesande *Z.*

IX   Sît was er in disem lande   16,1
        vierzic tage, dô vuor er dar,
        dannen uns sîn vater sande
        sînen geist, der uns bewar.
   5   Dannen vuor er wider zuohant.
        heilic ist daz selbe lant,
        sîn name ist vor gote erkant.

X   Unser lantrihtære rihten   16,15
        vristet dort niemannes klage,
        er wil dâ zuo stunden rihten:
        sô ist ez an dem lesten tage.
   5   Wer dekeine scult hie lât
        ungevrebenet, wie der stât,
        dâ er phant noch bürgen hât.

XI   In diz lant hât er gesprochen   16,8
        sînen engestlîchen tac,
        dâ die witewe wirt gerochen
        unde der weise klagen mac
   5   Unde der arme den gewalt,
        der an im hie wirt gestalt:
        sô wol im dort, der hie vergalt.

XII   Nû lât iuch des nicht verdriezen,   16,22
        des ich noch geredet hân.
        ich will iuch die rede entsliezen
        unde lâzen iuch verstân,
   5   Swaz got wunders hie noch lie,
        mit dem menschen êr begie,
        daz huob sich unde lendet hie.

IX *12 Z.*
X *13 Z.*
XI *14 Z.*
XII *15 Z.*
5:6:7 le: bege: he *Z.*

Erschließungshilfen

Zu auch in A, B, C oder E überliefertem Text vgl. die Hilfen dort.

VII, 5: *sîn*: Zum Konjunktiv vgl. die Erläuterung zur Fassung C.

VIII, 6/7: Die Z-Lesart ist grammatikalisch nicht anstößig. Die Aussage hingegen ist nur bedingt nachvollziehbar. Gott Vater (*herre*, V. 5) befreit seinen Sohn (V. 5) und sieht ihn hernach (nachdem Jesus auferstanden ist?). Kryptisch der letzte Vers: demnach hätte Gott Vater den Sohn selbst geschlagen und erstochen – dies ist nur mühsam im Sinne der Opferung Christi durch den Vater zu verstehen. Die Fassungen A, C und E weisen diese Probleme nicht auf. Vielleicht hat der Z-Schreiber aber *herre* auf Jesus und *den* (V. 7) auf den *tiuvel* bezogen.

X, 6: *ungevrebenet* = *un-ge-ver-ebenet* < *verebenen*: ‚ausgleichen‘, ‚schlichten‘, ‚versöhnen‘.

XI, 6: *êr* = *ê*: ‚früher‘.

XII, 7: *lenden*: hier im Sinne von ‚zu einem Ende kommen‘; im BMZ (I. 938a) u.a. folgender Beleg: *himelrîche ist unser heimuot, dâ sculen wir lenten.*

Einzelstrophe in F

XIII   Vrowe mîn, durch iuwer güete   139,1
        nû vernemet mîne clage,
        daz ir durch iuwer hôchgemüete
        nich*t* enzürnet, waz ich sage.
   5   Vil lîhte daz ein tummer man
        misseredet, als er wol kan.
        daran solt ir iuch nicht kêren an.

---

7 *10 F. Nach A Walther, in C Rubin zugehörigen Strophen und weiteren gut bezeugten Walther-Tönen.*
XIII 4 nich *F.*

Einzelstrophe in M

I   Nû lebe ich mir alrêst werde,   14,38
     sît mîn sündic ouge sihet
     daz schœne lant unde ouch diu erde,   15,1
     der man vil der êren gihet.
  5 Nû ist geschehen, des ich dâ bat,
     ich bin komen an die stat,
     dâ got mennischlîchen trat.

---

7 *Carmina Burana 211a.*

8 *Zweiter Philippston*

A: I–III
C: I; II III
B: I   Text nach C mit A

Phi-lip-pe, kü-nic hê-re,
nû hâst dû guot und ê-re.

si gebent dir al-le hei-les wort,
daz ist wol zwei-er küni-ge hort,

und wol-ten liep nâch lei-de.
die gip der mil-te bei-de.

[Abgesang nicht erhalten]

I   Philippe, künic hêre,   16,36
     si gebent dir alle heiles wort,
     und wolten liep nâch leide.
     nû hâst dû guot und êre.
   5 daz ist wol zweier künige hort,   17,1
     die gip der milte beide.
      Diu milte lônet sam diu sât,
      diu wunneklîche wider gât,
      dar nâch man sî geworfen hât.
 10 wirf von dir milteklîche!
     swelh künic, der milte geben kan,
     si gît im, daz er nie gewan.
     wie Alexander sich versan!
     der gap und gap, und gap si im elliu rîche.

II   Wir suln den kochen râten,   17,11
     sît ez in alsô hôhe stê,
     daz sî sich niht versûmen,
     daz sî der vürsten brâten
   5 snîden grœzer baz danne ê,
     doch dicker eines dûmen.
      Ze Kriechen wart ein spiz versniten,
      daz tet ein hant mit argen siten,
      si enmoht ez niemer hân vermiten:
 10 der brâte was ze dünne.
     des muose der hêrre vür die tür,
     die fürsten sâzen an der kür.
     der nû daz rîch alsô verlür,
     dem stüende baz, daz er nie spiz gewünne.

III

---

8 *Die in C auf 7 XII folgenden Strophen (30–123 [128] C) sind meist nur in C überliefert, deshalb hat La sie aus der C-Reihenfolge herausgenommen und in das III. Buch (ab 55) gesetzt. – In C nach 124 [129] Verweiszeichen auf 363 [379].*

I *94 A, 24 B, 124 [129] C.*

2 heldes *BC.*   3 wol den lip *A.*   5 dar zv̊ wol *BC.*   6 dv gip din *A.*   7 der milten lon ist so dv̊ sat *A.*   9 ir *B.*   11 swel *A.*   14 do gap si *C.*

II *95 A, 363 [379] C.*

4 wursten *A.*   5 snider *A.*   6 einer *A.* tvmē *C.*   10 zetúnne *C.*   11 mv̊ze *A,* mv̊ze *C.*   13 vˢlvre *A.*

III   Waz êren hât vro Bône,   17,25
       daz man von ir singen sol,
       si rehtiu vastenkiuwe!
       si ist vor und nâch der nône
    5 vûl und ist der wibel vol
       wan êrst in der niuwe.
          Ein halm ist creſtec unde guot,
          waz er uns allen liebes tuot!
          er fröit vil manigem sînen muot.
   10   wie danne umbe sînen sâmen?
          von grase wirdet halm ze strô,
          er machet manic herze vrô,
          er ist guot nider unde hô.
          frowe Bône, set liberâ nos â mâlô, âmen.

III *96 A, 364 [380] C.*

1 bat *A.*   2 man] man so *A.*   5 vûl] wol *A.*   7 crestec *A,* crestet *C.*   11 võ grase võ võ
halme z stro *C.*   wirt *A.*   13 hohe *A,* hôhe *C.*   14 âmen] *fehlt C.*

Erschließungshilfen

I, 1: *Philippe*: Philipp von Schwaben (1177–1208), Herzog von Schwaben und römisch-deutscher König.

I, 13: *Alexander*: Alexander der Große (356–323 v. Chr.); er galt im Mittelalter vielfach als vorbildliche Herrschergestalt (in bestimmten Kontexten aber auch als Beispiel für *superbia*).

II, 7: *Kriechen*: Aufgrund der Nennung der ‚Griechen' herrscht weitgehend Konsens darüber, dass Walther hier auf den Byzantiner Alexios anspielt, der mit mittelbarer Hilfe seines Schwagers Philipp von Schwaben an die Macht gelangte (dieser bat die Kreuzfahrer, Alexios nach Eroberung von Konstantinopel als Herrscher einzusetzen), jedoch die Kreuzfahrer nicht wie versprochen dafür entlohnte. Vgl. ausführlicher Nix, S. 108 f.

III: Diese Strophe hat bislang keine befriedigende Deutung erfahren; sie gibt sich wie ein Rätsel. Außerliterarische Bezüge sind nicht mehr auszumachen; in einer bestimmten Aufführungssituation mag der Text ad hoc Sinn gemacht haben. Deutlich ist allerdings die Gegenüberstellung von der Bohne auf der einen und dem Halm auf der anderen Seite. Während die Bohne abgewertet wird (als faule Fastenspeise), wird dem Halm wohltuende Stärke zugeschrieben. Eine knappe Zusammenstellung verschiedener Deutungsversuche bei Schweikle / Bauschke, S. 361.

8a

AC

Textfassung nach C

Her Volcnant, habt irs êre,   18,1
daz ir den meistern tretten welt
ir meisterlîchen sprüche?
lâtz iu geschehen niht mêre,
5 sît daz manz iu zunwitzen zelt.
wan ob her Walther krüche,
     Man heten doch vil baz danne iu.
     er ist daz korn, ir sît diu spriu,
     singent ir einz, er singet driu,
10   ir sît gelîch als ars und mâne.
     her Walther singet, swaz er wil,
     des kurzen und des langen vil,
     sus mêret er der welt ir spil.
     sô jagent ir als ein valscher hunt nâch wâne.

8a *In A im Anschluß an* **8** *III, in C im Anschluß an* **8** *I als ein Ton; jedoch Variante in 10.*
125 [130] C.
12 kurken *C.*

Textfassung nach A

Her Wîcman, ist *daz* êre,   18,1
daz man die meister ir*r*en sol
sô mei*s*terlicher spreche?
lât ez iu geschehen niht mêre,
5   vür wâr ich iu daz râten sol.
waz ob her Walther err*e*che?
    *E*r solt ez doch iemer hân vor iu
    alsô der we*i*ze vor der spriu.
    singet *ir* einez, er singet driu,
10   daz gelîchet sich rehte alse ars und mâne.
her Walther singet, waz er wil,
des kurzen und des langen vil,
sus mêret er der welte spil;
    sô jagent ir alse ein leithunt nâch wâne.

---

97 A.

1 ist dˢ *A.*   2 irten *A.*   3 meinst˥lichen *A.*   4 vch *A.*   5 vch *A.*   6 irrvhe *A.*   7−9
vch: spriu: drv́ *A.*   7 ir solt *A.*   8 wetze *A.*   9 singet er *A.*

Erschließungshilfen

Volcnant/*Wicman* bezeichnen heute unbekannte Personen. Vgl. die Studie von Herrmann /
Wenzel, 1971.

Fassung nach C
1: *irs* = *ir des*; ,zieht ihr daraus Ansehen …'
5: *zunwitzen* = *ze unwitzen*: ,als Torheit'.
7: *heten* = *hete in*: ,… würde ihn halten …'

Fassung nach A
6: *errechen*: ,vollständig rächen'; zu beachten ist, dass es sich um eine Konjektur handelt.

8b

ACCZ₁₋₄   Text nach C

Mir hât ein liet von Franken   18,15
der stolze Mîssen*ære* brâht,
daz vert von Ludewîge.
ich kan ims niht gedanken
5   sô wol, als er mîn hât gedâht,
wan daz ich tiefe im nîge.
   Künde ich, swaz ieman guotes kan,
   daz teilte ich mit dem werden man.
   der mir sô hôher êren gan,
10   got müeze ouch im die sînen iemer mêren.
   zuo flieze im aller sælden fluz,
   niht wildes mîde sînen schuz,
   sîns hundes louf, sîns hornes duz
   erhelle im und erschelle im wol nâch êren.

8b *In A und C (C²) im Anschluß an* **8a** *als ein Ton, vorher in C (C¹) als Einzelstrophe; Variante in 10.*
98 A, 104 [109] C¹, 125a [131] C², 27 Z.
1 lieht *A.*   2 edele *Z.*   missener *C¹C².*   3 wert *A.*   4 ich enkan in *A,* Ichn kans ym *Z.*   ge-
dan/ *Ende der Überlieferung Z.*   6 im] *fehlt A.*   10 got mv̂ze ime erenneren *A.*   11 darzv̂ vliz vñ
selden vluz *A.*   12 iht wil des vñ sinen schuz *A.*   13 sin hvndes *A,* sines hvndes *C².*   14 dˢ
helle ime vñ schelle *A.*

Erschließungshilfen

V. 1: *liet*: Die Grundbedeutung ist ‚Strophe'. Demnach hätte Ludwig (= Herzog Ludwig I. von Bayern, 1174–1231) durch den Meißner (= Dietrich, Markgraf von Meißen, gest. 1221) Walther eine Strophe geschickt. Es ist unklar, was damit gemeint sein könnte. In jedem Fall muss es Walther (dem Sprecher) gut gefallen haben, denn er bedankt sich dafür überschwänglich. Vgl. von Kraus, WU, S. 53 ff. Vgl. auch den Textkritischen Kommentar zur A-Variante *lieht*. – Bei semantisch schwierigen Strophen wie dieser muss grundsätzlich auch bedacht werden, dass durch performative Akte der Autor oder der Vortragende das Verständnis des Textes in eine Richtung drängen kann, die der Text selbst augenscheinlich gar nicht hat; so könnte die Danksagung in dieser Strophe auch ironisch oder gar zynisch gemeint sein.

9 *Erster Philippston*

Ton 9 wird in zwei aufeinander folgenden Fassungen ediert (nach den
Hss. B und C; vgl. die Erläuterungen im Textkritischen Kommentar.)

Fassung nach B

I   Ez gienc eines tages, als unser hêrre wart geborn   19,5
        von einer megde, die er im ze muoter hât erkorn,
        ze Megdeburc der künic Philippe schône.
        er ist beidiu keisers bruoder und ist keisers kint
    5   in einer wæte, swie doch der namen zwêne sint,
        er truoc den *zepter* und des rîches krône.
            Er trat gemach, im was niht gâch,
            im sleich ein hôhgeborne küneginne nâch,
            rôs âne dorn, ein tûbe sunder gallen.
    10   diu vroide was dâ nien anderswâ,
            die Düringen und die Sahsen dienten alsô dâ,
            daz ez den wîsen muozte wol gevallen.

II   Diu krôn ist elter, danne der künic Philippe sî.   18,29
        dâ mugent ir merken und schowen wunder bî,
        wie si der smit sô ebene hab gemachet.
        sîn keiserlîchez houbet zimet der krône wol,
    5   ze reht sie nieman von einander scheiden sol.
        ietwederz tugende niht des andern swachet.
            Si liuhtent beide ein ander an,
            daz edel gesteine und der tugenthafte man.
            ir ougenweide sehent die fürsten gerne.   19,1
    10   swer des rîches irre gê,
            der schowe, wem der weise an sînem nacke stê:
            der stein ist aller fürsten leitesterne.

III

9 *La übergeht die auf* **8a** *in C folgenden Lieder* **15–43** *(126 [132] – 239 [247] C) und setzt mit den Spruch-*
strophen 291 [309] – 243 [359] C fort, bei denen verschiedene Hss. zu C hinzutreten.
9 (B) **I** *108 B.*
6 zepter] zetmen *B.*
II *109 B.*

III   Künic Philippe, dîn anesehenden zîhent dich,   19,17
       dû sîst dankes niht sô milt. des dunket mich
       sô âne dank, dir ist niht kunt umbe êre.
       dû möhtest dankes gerner geben tûsent pfunt
   5 danne drîzec tûsent âne danc. dir ist niht kunt,
       wie gebende hant erwirbet lop und êre.
         Des sprach der wîse Salatîn:
         küniges hende solten allez dürkel sîn,
         dâ von sô wurde ir hôhes lop geminnet.
  10 seht an den von Engellant,
       wie tiur der wart erlôst von sîner gebenden hant.
       ein schade ist guot, der zwêne frume bringet.

IV   Dô Friderich ûz Œsterrîch alsô gewarp,   19,29
       daz er an der sêle genas und im der lîp erstarp,
       dô fuort er mîne*n* krenechen trit in die erde.
       dô gienc ich slîchent als ein pfâwe, swar ich gie,
   5 daz houbet hanht ich nider unz ûf mîniu knie.
       nû riht ich ez ûf nach vollem werde.
         Ich bin wol ze fiure komen,
         mich hât daz rîch und ouch diu krôn an sich genomen.
         wol ûf, swer tanzen welle nach der gîgen!
  10 mir ist mîner swære buoz,   20,1
       êrste wil ich eben setzen mînen fuoz
       und wider in ein hôhgemüete s*î*gen.

V

III *110 B.*
IV *111 B.*
3 miner *B.*   12 sigen *B.*

V   Der in den ôren siech von ungesühte sî,   20,4
        daz ist mîn rât, der lâz den hof ze Düringen frî,
        wan kumet er dar, dêswâr er wirt ertœret.
        ich hân gedrungen, unz ich niht mê gedringen mac.
5 ein schar vert ûz, diu ander in, naht unde tac.
        grôz wunder ist, daz iemen dâ gehœret.
            Der lantgrâve ist sô gemuot,
            daz er mit stolzen helden sîne hab vertuot,
            der iegeslîcher wol ein kenpfe wære.
10   mir ist sîn hôhe fuor wol kunt:
            und gulte ein fuoder guotes wînes tûsent pfunt,
            dâ stüend doch niemer ritters becher lære.

V *112 B.*
12 stv̊nt *B.*

Erschließungshilfen

I: Die Strophe spielt auf die sog. Magdeburger Weihnacht am 25. 12. 1199 an. Philipp von Schwaben demonstrierte öffentlich seine Macht und Herrschaftslegitimation (weitere Informationen bei Schweikle 1, S. 350 f.)

I, 3: *Philippe*: Philipp von Schwaben (1177 – 1208 (ermordet)), 1196 – 1208 Herzog von Schwaben, 1198 bis 1208 römisch-deutscher König.

I, 4: *keisers bruoder*: Angespielt ist auf Heinrich VI. (1165 – 1197), ab 1169 römisch-deutscher König, ab 1191 Kaiser. *keisers kint*: Angespielt ist auf Friedrich I. Barbarossa (nach 1122 – 1190), 1152 – 1190 römisch-deutscher König, ab 1155 Kaiser.

I, 5: *der namen zwêne*: In der B-Version verweisen die ,zwei Namen' auf Heinrich VI. und Friedrich I. C überliefert *die namen drîge*; siehe die Erschließungshilfe dort.

I, 8: *hôhgeborne küneginne*: Gemeint ist die Ehefrau Philipps, Irene-Maria, Tochter des byzantinischen Kaisers Isaak II., verheiratet seit dem 25. Mai 1197.

I, 11: *Düringe und die Sahsen*: Gefolgsleute Philipps; hier werden wohl bewusst keine konkreten Personen genannt. Vgl. die Erläuterungen zu Ton 76.

I, 12: *wîsen*: Gemeint können allgemein ,weise Leute' sein oder, konkreter, die drei Weisen aus dem Morgenland, besonders mit Blick auf den *leitestern* in Str. II.

II, 11: *weise*: Mit dem ,Waisen' wird ein besonderer, einzigartiger Edelstein in der deutschen Kaiserkrone bezeichnet. Vgl. Heinzle, 1999.

III, 1: *dîn ansehenden*: gemeint: ,die, die dich ansehen'.

III, 7: *Salatîn*: Sultan Saladin (1138 – 1193) löste nach der Eroberung Jerusalems den größten Kreuzzug aus.

III, 8: *dürkel*: ,durchlässig', ,löchrig'.

III, 10: *der von Engellant*: Gemeint ist Richard Löwenherz (1157 – 1199), der von Herzog Leopold V. auf der Rückkehr vom Kreuzzug in Österreich in Haft genommen und erst 1194 gegen Zahlung eines Lösegeldes freigelassen wurde. Vgl. auch Nix, S. 103 ff.

IV, 1: *Friedrich*: Friedrich I. (um 1175 – 1198), Herzog von Österreich, Sohn Leopolds V.

IV, 3: *krenechen trit*: ,Kranichgang', hier gemeint ein stolzer, aufgerichteter, raumgreifender Gang.

V, 2: *hof ze Düringen*: Angespielt wird auf den Hof Hermanns von Thüringen (um 1155 – 1217). Konkret mag die Wartburg bei Eisenach gemeint sein; Hermann residierte aber häufiger auch in Neuenburg an der Unstrut oder in Weißensee. Hermann war einer der bedeutendsten Mäzene der Zeit; er förderte zahlreiche Dichter, u. a. auch Heinrich von Veldeke und Wolfram von Eschenbach.

V, 4: *dringen*: Das Verb bezeichnet hier das sich Einlassen auf größere Festlichkeiten mit vielen Menschen. Es kann wertneutral verwendet werden, hier aber hat es einen negativen Beiklang.

Fassung nach C

I Diu krône ist elter, danne der künic Philippes sî.   18,29
  dâ mugent ir alle schouwen wol ein wunder bî,
  wie si ime der smit sô ebne habe gemachet.
  sîn keiserlîchez houbet zimt ir alsô wol,
5 daz sî ze rehte nieman guoter scheiden sol.
  ir dewederz dâ daz ander niht enswachet.
    Si lachent beide ein ander an,
    daz edel gesteine wider den jungen süezen man.
    die ougenweide sehent die fürsten gerne.   19,1
10 swer nû des rîches irre gê,
    der schouwe, wem der weise ob sîme nacke stê:
    der stein ist aller fürsten leitesterne.

II Ez gienc eines tages, als unser hêrre wart geborn   19,5
  von einer maget, die er im ze muoter hât erkorn,
  ze Megdeburc der künic Philippes schône.
  dâ gienc eins keisers bruoder und eins keisers kint
5 in einer wât, swie doch die namen drîge sint,
  er truoc des rîches zepter und die krône.
    Er trat vil lîse, im was niht gâch,
    im sleich ein hôhgeborne küniginne nâch,
    rôse âne dorn, ein tûbe sunder gallen.
10 diu zuht was niener anderswâ,
    die Düringe und die Sahsen dienten alsô dâ,
    daz ez den wîsen müeste wol gevallen.

III

---

9 (C) **I** *291 [309] C.*
II *292 [310] C.*
2 magae(*oder*: ee)t (?) *C.*

III   Philippes künic, die nâhe spehenden zîhent dich,   19,17
         dûn sîst niht dankes milte. des bedunket mich,
         wie dû dâ mite verliesest michels mêre.
         dû möhtest gerner dankes geben tûsent pfunt
   5   danne drîzec tûsent âne danc. dir ist niht kunt,
         wie man mit gâbe erwirbet prîs und êre.
             Denke an den milten Salatîn:
             der jach, daz küniges hende dürkel solten sîn,
             sô wurden sî erforht und ouch geminnet.
   10   gedenke an den künic von Engellant,
             wie tiure man den lôste dur sîne milten hant.
             ein schade ist guot, der zwêne frumen gewinnet.

III *293 [311] C.*
9 erforhte *C.*

Erschließungshilfen

Zu auch in B überliefertem Text vgl. die Hilfen dort.

II, 5: *der namen drîge*: Anders als in B (s. dort) ist hier von drei *namen* (Namen, Personen) die Rede. Gemeint sind Philipp selbst (1177–1208), sein Vater Friedrich I. Barbarossa (nach 1122–1190) und sein Bruder Heinrich VI. (1165–1197).

10 *Wiener Hofton*

B: VII IV
C: I–XIV
D: VIII–X III–V I VI VII XI XII II
r: XV   Text nach C

Waz wun–ders in der werl— te vert!
dem ei–nen gît er schœ–nen sin,

wie ma–nic gâbe uns ist be–schert
dem an–dern guot und den ge–win,

von dem, der uns ûz nih— te hât ge— ma–chet
daz er sich mit sîn sel— bes guo— te swa–chet.

Ar–men man mit guo–ten sin–nen

sol man für den rî–chen min–nen,

ob er ê— ren niht en–gert.

jâ enist ez niht wan go— tes hulde und ê–re,

dar nâch diu welt sô sê— re vih— tet.

swer sich ze guote al– sô ver–pflih– tet,

daz er bei— der   wirt   ent—wert,

der ẹnhabẹ ouch hie noch dort niht   lô— nes mê— re,

wan sî eht   guo—tes   hie   ge—wert.

I   Waz wunders in der werlte vert!   20,16
     wie manic gâbe uns ist beschert
     von dem, der uns ûz nihte hât gemachet!
     dem einen gît er schœnen sin,
   5 dem andern guot und den gewin,
     daz er sich mit sîn selbes guote swachet.
         Armen man mit guoten sinnen
         sol man für den rîchen minnen,
         ob er êren niht engert.
  10 jâ enist ez niht wan gotes hulde und êre,
     dar nâch diu welt sô sêre vihtet.
     swer sich ze guote alsô verpflihtet,
     daz er beider wirt entwert,
     der enhabe ouch hie noch dort niht lônes mêre,
  15 wan sî eht guotes hie gewert.

                          II

10 I *294 [312] C, 245 D.*

4 schœnen] gůten *D.*   5 guot] schatz *D.*   6 sich von sin selbes mův̇te *D.*   9 ist daz der riche
nit eren gert *D.*   11 da *D.*   sêre] starke *D.*   12 swer sich also zv gův̇te gepflihtet *D.*   13 er der
beider *D.*   14 der habe hie *D.*   15 wan sî eht] er si des *D.*

II   Mir ist verspert der sælden tor,   20,31
               dâ stên ich als ein weise vor.
               mich hilfet niht, swaz ich dar an geklopfe.
               wie möht ein wunder græzer sîn,
    5 ez regent beidenthalben mîn,
               daz mir des alles niht enwirt ein tropfe!
                  Des fürsten milte ûz Œsterrîche   21,1
                  fröit dem süezen regen gelîche
                  beide liute und daz lant.
    10   erst ein schœne wol gezieret heide,
               dar abe man bluomen brichet wunder.
               und bræche mir ein blat dar under
               sîn vil milte rîchiu hant,
               sô möhte ich loben die süezen ougenweide.
    15   hie bî sî er an mich gemant.

III   Sô wê dir, Welt, wie übel dû stêst!   21,10
               waz dinge dû alzan begêst,
               die von dir sint ze lîdenne ungenæme!
               dû bist vil nâch gar âne scham.
    5 got weiz wol, ich bin dir gram,
               dîn art ist elliu worden widerzæme.
                  Waz êren hâst uns her behalten?
                  nieman siht dich fröiden walten,
                  als man ir doch wîlent pflac.
    10   wê dir, wes habent diu milten herze engolten?
               für die lopt man die argen rîchen.
               Welt, dû stêst sô lasterlîchen,
               daz ich ez niht betiuten mac.
               triuwe und wârheit sint vil gar bescholten.
    15   daz ist ouch aller êren slac.

IV

II *295 [313] C, 250 D.*
7/8 osterrich: gelich *D.*   9 vnt ouch daz *D.*   10 er ist ein wúnneurovde berndiu heide *D.*   11
man mac da blůmen brechen wnder *D.*   12 und bræche] wúrde *D.*   13 vnt gebe mir daz sin milte
hant *D.*   14 möhte] wolt *D.*   süezen] liehten *D.*
   III *296 [314] C, 242 D.*
1 Owe dir *D.*   2 alsan *C,* allez an *D.*   3 ze liden *D.*   5 weiz ez wol *D.*   7 has du uns
D.   8 dich] nv *D.*   9 doch] *fehlt D.*   14 sint vil gar] di sint nu *D.*   15 ouch] *fehlt D.*

IV   Nû wachet! uns gêt zuo der tac,   21,25
       gegen dem wol angest haben mac
       ein ieglich kristen, juden unde heiden.
       wir hân der zeichen vil gesehen,
   5   dar an wir sîne kunft wol spehen,
       als uns diu schrift mit wârheit hât bescheiden.
         Diu sunne hât ir schîn verkêret,
         untriuwe ir sâmen ûz gerêret
         allenthalben zuo den wegen.
  10 der vater bî dem kinde untriuwe vindet,
       der bruoder sînem bruoder liuget,
       geistlich orden in kappen triuget,
       die uns ze himel solten stegen.
       gewalt gêt ûf, reht vor gerihte swindet.   22,1
  15 wol ûf! hie ist ze vil gelegen!

V   Swer âne vorhte, hêrre got,   22,3
       wil sprechen dîniu zehen gebot
       und brichet diu, daz ist niht rehtiu minne.
       dich heizet vater maniger vil,
   5   swer mîn ze bruoder niht enwil,
       der sprichet diu starken wort ûz krankem sinne.
         Wir wahsen ûz gelîchem dinge.
         spîse frumet uns, diu wirt ringe,
         sô si dur den munt gevert.
  10 wer kan den hêrren von dem knehte gescheiden,
       swer ir gebeine blôzez fünde,
       het er ir joch lebender künde,
       sô gewürme daz fleisch verzert?
       im dienent kristen, juden unde heiden,
  15 der elliu lebendiu wunder nert.

                       VI

IV *39 B, 297 [315] C, 243 D.*

2 gegen dem wol angest] gegen dem man angest *D,* des angest vil wol *B.*   3 ieslich *D.*   ivde *B.*   5 da bi wir mvgen die warhait spehen *B.*   6 als vns dv schrift wol an den bv̊chen kan beschaiden *B.*   7 dᵉ svnne hat sinen *B.*   9 baidenthalben *B.*   10 an vatter vint vntrv̊we an sinem kinde *B.*   11 der] ain *B.*   12 gaistlich leben in kvtten trv̊get *B.*   manic geistlich *D.*   13 uns] *fehlt B.*   14 vnreht gewalt der dringet balde fv̊r gerihte *B.*   15 nv wol vf *B,* wol hin *D.* ze vil] gnv̊g *B.*

V *298 [316] C, 244 D.*

2 sprichet gerne din gebot *D.*   3 rehtiu] wariu *D.*   4 menigi *D.*   5 mine *D.*   6 grozen wort mit kranken sinnen *D.*   7 gelichen dingen *D.*   8 diu] si *D.*   10 scheiden *D.*   11 swa er *D.*   12 vnde het er ir nit lebendic kúnde *D.*   13 sô] e daz *D.*   14 unde] *fehlt D.*   15 lebendē *D.*

VI   Swer houbetsünde und schande tuot   22,18
        mit sîner wizzende umbe guot,
        sol man den für einen wîsen nennen?
        swer guot von disen beiden hât,
   5   swerz an im weiz und sichs verstât,
        der sol in zeinem tôren baz erkennen.
            Die wîsen minnent niht sô sêre
            alsam die gotes hulde und êre.
            sîn selbes lîp, wîp unde kint,
   10   diu lât er, ê er disiu zwei verliese.
            er tôre, er dunket mich niht wîse,
            und ouch der sîn êre prîse;
            ich wæne, si beide tôren sint.
            er gouch, swer für diu zwei ein anderz kiese,
   15   der ist an rehten witzen blint.

VII   Junc man, in swelher aht dû bist,   22,33
        ich wil dich lêren einen list:
        dû lâ dir niht ze wê sîn nâch dem guote.
        lâ dirz ouch niht zunmære sîn.
   5   und volgest dû der lêre mîn,
        sô wis gewis, ez frumt dir an dem muote.   23,1
            Die rede wil ich dir baz bescheiden:
            lâst dû dirz ze sêre leiden,
            zergât ez, sô ist dîn frôide tôt.
   10   wilt aber dû daz guot ze sêre minnen,
            dû maht verliesen sêle und êre.
            dâ von volge mîner lêre.
            lege ûf die wâge ein rehtez lôt
            und wige ouch dar mit allen dînen sinnen,
   15   als ez diu mâze uns ie gebôt.

                            VIII

VI *299 [317] C, 246 D.*

2 mit sinen wizzē vnbehv̊t *D.*   3 den sol man niht zehant gar wisen nennen *D.*   5 swerz] der daz
D.   6 der mac in vúr toren *D.*   7 der wise minnet *D.*   8 alsam die] also *D.*   9 wip] vib
C.   12 vñ ouch ienr derz im prise *D.*   14 ein] iht *D.*   15 witzen] sinnen *D.*

VII *38 B, 300 [318] C, 247 D.*

1 Jvnge man *B.*   5 volge *B.*   6 vñ tv̊st dv das es frvmpt dich *B.*   dir] dich *B.*   7 der rede la
dv dich bas beschaiden *B.*   8 vñ last dv dir ze sere iht laiden *B.*   vnde las *D.*   9 frôide] ere
B.   10 dv es danne minnen al ze sere *B.*   11 da mitte verlv́sest dv *B.*   12 noch so volge
B.   13 vnde lege *B.*   14 ouch] es *B.*   15 als ez] also *D*, reht alse *B.*   uns] eht *B.*

VIII   Ez troumte, dest manic jâr,   23,11
           ze Babylône, daz ist wâr,
           dem künige, ez würde bœser in den rîchen.
           die nû ze vollen bœse sint,
       5   gewinnent die noch bœser kint,
           jâ hêrre got, wem sol ich die gelîchen?
               Der tievel wær mir niht sô smæhe,
               kæme er dar, dâ ich in sæhe,
               sam des bœsen bœser barn.
      10   von der geburt enkumt uns frum noch êre.
           die sich selben sô verswachent
           und ir bœsen bœser machent,
           ân erben müezen sî vervarn,
           daz tugendelôser hêrren iht werde mêre,
      15   daz solt dû, hêrre got, bewarn.

IX   Die veter hânt ir kint erzogen,   23,26
           dar an si beide sint betrogen,
           si brechent dicke Salomônes lêre.
           der sprichet, swer den besmen spar,
       5   daz der den sun versûme gar.
           des sint si ungebachen und âne êre.
               Hie vor dô was diu welt sô schœne,
               nû ist si worden alsô hœne.
               des enwas niht wîlent ê:
      10   die jungen hânt die alten sô verdrungen
           und spottent alse dar der alten.
           ez wirt iu selben noch behalten,
           beitent, unz iuwer jugent zergê:
           swaz ir nû tuont, daz rechent iuwer jungen.   24,1
      15   daz weiz ich wol, und weiz noch mê.

                              X

VIII *301 [317] C, 239 D.*
1 des ist *D.*   3 eime künige *D.*   4 ze vollen bœse] vollenbose *D.*   6 waz sol sich den gelichen
D.   8 dar] *fehlt D.* gesehe *D.*   9 als des boser barn *D.*   11 also swachent *D.*   12 bœsen]
bôser *C.*   13 erbe *D.*   14 tugentloser *D.* werde iht *D.*
    IX *302 [318] C, 240 D.*
1 vetter *gebessert aus* vatter *C.*   4 sprichet] leret *D.*   5 versumet *D.*   6 des sint di vngebatten gar
ane ere *D.*   7 hie beuor *D.*   10 iugen *D.* sô] gar *D.*   11 und] nu *D.*   14 nû] in *D.* danne
vwere ivnge *D.*   15 wol] *fehlt D.*

X   Wer zieret nû der êren sal?   24,3
        der jungen ritter zuht ist smal,
        sô pflegent die knehte gar unhövescher dinge
        mit worten und mit werken ouch.
    5 swer zühte hât, der ist ir gouch.
        nemet war, wie gar unfuoge für sich dringe.
            Hie vor dô berte man die jungen,
            die dâ pflâgen vrecher zungen.
            nû ist ez ir werdekeit.
    10 si schallent unde scheltent reine frowen.
        wê ir hiuten und ir hâren,
        die niht kunnen frô gebâren
        sunder wîbe herzeleit!
        dâ mac man sünde bî der schande schowen,
    15 die maniger ûf sich selben leit.

XI   Mit sælden müeze ich hiute ûf stên,   24,18
        got hêrre, in dîner huote gên
        und rîten, swar ich in dem lande kêre.
        Krist hêrre, lâze an mir werden schîn
    5 die grôzen kraft der güete dîn
        und pflige mîn wol dur dîner muoter êre,
            Als ir der heilig engel pflæge
            und dîn, dô dû in der krippen læge,
            junger mensch und alter got,
    10 demüetic vor dem esel und vor dem rinde,
        und doch mit sælderîcher huote
        pflac dîn Gabrîêl der guote
        wol mit triuwen sunder spot,
        als pflige ouch mîn, daz an mir iht erwinde
    15 daz dîn vil götelîch gebot.

XII

X *303 [319]* C, *241* D.
5 hât] pfligt D.   6 vnvûre D.   7 hie beuor D.   9 nû ist ez] daz ist nû D.   10 reine] gůte
D.   11 hûte *Punkt* we ir D.   13 herzeleit D.   14 den schanden D.   15 di maniger ane not
uf sich leit D.
    XI *304 [320]* C, *248* D.
3 in dem lande swar ich D.   4 laz D.   6 pflic D.   11 seldenricher D.   14 pflig D.   15 daz]
fehlt D. volliclich gebot D.

XII   Der hof ze Wiene sprach ze mir: 24,33
         ›Walther, ich solte lieben dir,
         nû leide ich dir, daz müeze got erbarmen.
         mîn wirde diu was wîlent grôz,
    5   dô lebte niender mîn genôz
         wan künic Artûses hof, sô wê mir armen!   25,1
             Wâ nû ritter unde frowen,
             die man bî mir solte schowen?
             seht, wie jâmerlîch ich stê!
   10   mîn dach ist fûl, sô rîsent mîne wende.
         mich enminnet nieman leider.
         golt, silber, ros und dar zuo kleider,
         die gap ich unde hât ouch mê.
         nûn hab ich weder schappel noch gebende
   15   noch frowen zeinem tanze, owê!‹

XIII   Künic Constantîn der gap sô vil,   25,11
         als ich ez iu bescheiden wil,
         dem *stuol* ze Rôme, sper, kriuze und krône.
         zehant der engel lûte schrê:
    5   ›owê, owê, zem dritten wê!
         ez stuont diu kristenheit mit zühten schône,
             Der ist ein gift nû gevallen,
             ir honec ist worden zeiner gallen.
             daz wirt der werlte her nâch vil leit.‹
   10   alle fürsten lebent nû mit êren,
         wan der hœhste ist geswachet,
         daz hât der pfaffen wal gemachet.
         daz sî dir, süezer got, gekleit.
         die pfaffen wellent leien reht verkêren.
   15   der engel hât uns wâr geseit.

                           XIV

XII *305 [321] C, 249 D.*
2 ich solte] nv solt ich *D.*   4 Hie beuor do was min vrôude groz *D.*   5 niender] nieman *D.*   6
künic] *fehlt D.*   7 wa sint nv *D.*   8 bî] an *D.*   9 seht wie] wi rehte *D.*   10 sô] vnt *D.*   11
minnet *D.*   12 silber *Punkt* golt *D.* dar zuo] *fehlt D.*   13 hât ouch] gap noch *D.*   14 nu *D.*
    XIII *306 [322] C.*
3 stuol] stŭnt *C.*

XIV Ob ieman spreche, der nû lebe,   25,26
   daz er gesæhe ie grœzer gebe,
   als wir ze Wiene dur êre haben enpfangen?
   man sach den jungen fürsten geben,
  5 als er niht lenger wölte leben.
   dô wart mit guote wunders vil begangen.
    Man gap dâ niht bî drîzec pfunden,
    wan silber, als ez wære funden,
    gap man hin und rîche wât.
  10 ouch hiez der fürste durch der gernden hulde
   die malhen von den stellen læren,
   ors, als ob ez lember wæren,
   vil maniger dan gefüeret hât.
   ez engalt dâ nieman sîner alten schulde: 26,1
  15 daz was ein minneklîcher rât.

XV Ich hœre des die wîsen jehen,   148,1
   daz ein gerihte sul geschehen,
   daz nie keinz wart alsô nie sô strenge.
   der rihtær sprichet sâ zehant:
  5 ›gilt âne borg und âne phant.‹
   dâ wirt des mannes rât vil kurz und enge.
    Daz hilf mir, vrowe, hie besorgen,
    sît daz dort nieman wil borgen,
    dur die hœsten vröide dîn,
  10 die dir der heilige engel ze ôren brâhte,
   dô er dir ze tragende kunte
   dâ von sich dîn vröide erzunte
   und unser werndez heil sol sîn.
   der dir der vröide von alrêrste gedâhte,
  15 des trôst sî an dem ende mîn.

XIV *307 [323] C.*
12 wern *C.*
XV *8 r.*

Erschließungshilfen

I, 13: *entwert werden*: ‚beraubt werden'.

I, 15: Subjekt ausgespart; zu ergänzen: *er*; zu übersetzen mit ‚außer dass ihm eben hier Besitz zuteil wird'.

II, 2: *weise*: ‚die Waise' (elternloses Kind).

II, 7: *fürst ûz Œsterrîche*: gemeint wohl Leopold VI. (1177–1230), Herzog von Österreich und der Steiermark. Sein Hof in Wien war ein bedeutendes Zentrum höfischer Kultur.

II, 11: *wunder*: hier ‚große Menge'.

III, 2: *alzan*: ‚immer noch'.

III, 10: *engelten* mit Gen. (*wes*): ‚büßen für etwas'.

III, 13: *betiuten*: ‚verständlich machen'.

IV, 7: Gemeint ist eine Sonnenfinsternis als Zeichen des Weltendes, wie es in vielen Bibelstellen (*schrift*, V. 6) prophezeit wird. Vgl. LdM VIII, 2168 ff. Wenn Walther in V. 4 wirklich Erlebtes anspricht, dann könnte es sich um die Sonnenfinsternis vom 27. 11. 1201 gehandelt haben. Friedrich Zarncke hatte 1880 Sonnenfinsternisse im Zeitraum von 1198 bis 1206 berechnen lassen und die vom 27. 11. 1201 als diejenige angesehen, die am ehesten als Reflex in Walthers Strophen in Betracht kommt (vgl. PBB VII, 1880, S. 598 f.) Dieses Datum ist ein terminus post quem, jedoch kann die Entstehung des Textes nicht auf das Jahr 1201 festgelegt werden (vgl. Wi/Mi, Bd. II, S. 118). Auch eine spätere Datierung ist denkbar. Vgl. zur Stelle zuletzt Göhler, 2010.

V, 7: *dinge*: Hier ist wohl die ‚Ursubstanz' gemeint', die *materia*, die allem menschlichen Leben zugrunde liegt, wie z.B. Wilhelm von Conches (fälschlich: Honorius Augustodunensis) in seinen Ausführungen zum männlichen Samen (*Quid sid sperma*) formuliert: Demnach sei das Sperma aus der reinen Substanz aller Körperteile zusammengesetzt (*ex puta substantia omnium membrorum compositum*). Honorius Augustodunensis [Wilhelm von Conches]: Philosophia Mundi. In: Patrologia Latina CLXXII, Sp. 88.

V, 10–13: Die vier Verse haben nur eine lose syntaktische Verbindung und weisen Eigenarten von Anakoluthen (Satzbrüchen) auf. Vgl. Paul, Mhd. Gr., 2007, § S 226.

VI, 2: *wizzende*: aus dem Verb abgeleitetes feminines Substantiv = ‚das Wissen'.

VI, 5: *verstân* + Gen.: ‚sich einer Sache bewusst werden/sein'.

VII, 1: *aht*: Eigentlich ‚Gesinnung', ‚Achtung'; hier ist die Art und Weise, wie jemand angesehen ist (Stand, Standeszugehörigkeit) gemeint.

VII, 2: *list*: ‚Kunstgriff'.

VII, 4: *zunmære = ze unmære*.

VII, 7: *bescheiden*: ‚auseinander legen', ‚erklären'.

VIII, 1–3: Gemeint ist Nebukadnezar II. (604–562 v. Chr.), König von Babylonien. Im AT, Buch Daniel 2, 1–49 wird von einem Traum Nebukadnezars berichtet, den der

Prophet Daniel ausdeutet; der König habe vom Verfall der nach ihm kommenden Weltreiche geträumt. Vgl. LThK, Bd. 7, Sp. 861 f.

VIII, 10: *der*: hier Genitiv Plural ‚deren‘.

IX, 3–5: Salomo: Sohn Davids, König von Juda und Israel, gestorben um 925 v. Chr. Im AT, Sprüche Salomos, besonders 13,24 ist die bei Walther genannte Erziehungsmaxime wie folgt formuliert: „Wer die Rute spart, hasst seinen Sohn" (in der lateinischen Vulgatafassung: *qui parcit virgae suae odit filium suum qui autem dilligit illum instanter erudit*).

IX, 6: *ungebachen*: hier im Sinne von ‚unfertig‘, ‚roh‘, siehe auch den Textkritischen Kommentar.

IX, 12: *behalten*: hier ‚vorenthalten/verschont sein‘.

X, 11: *hiut und hâr*: Gemeint dürfte sein, dass die unerzogenen jungen Männer für ihr ungebührliches Benehmen an Haut und Haaren zu bestrafen sind (Schläge und Scheren des Kopfhaares). Anders sieht dies Schweikle, Bd. 2, S. 469, der an ein ‚Häuten‘ im Sinne der Evolution denkt (z.B. das Häuten der Schlange).

XI, 1: *sælde*: ‚Segnung‘, ‚Glück(seligkeit)‘: Die semantische Breite des Wortes ist im Nhd. kaum adäquat wiederzugeben. Vgl. auch das Begriffsglossar.

XI, 4–15: Diese Verse bilden einen langen, syntaktisch verschachtelten Satz, dessen Bau im Nhd. in dieser Form kaum nachzuahmen ist.

XI, 14: *iht*: hier im Sinne von ‚nicht‘ verwendet.

XII, 2–3: *lieben* + Dat. der Person / *leiden* + Dat. der Person: ‚jmd. erfreuen‘ / ‚jmd. Leid zufügen‘.

XII, 14: *schappel* und *gebende*: Kopfbedeckungen für Frauen, die teilweise sozialen Symbolwert hatten. Vgl. Brüggen, 1989 und das Begriffsglossar s. v. *gebende*.

XIII, 1: *Künec Constantîn*: Anspielung auf die Konstantinische Schenkung, vgl. auch Ton 3 (Kaiser Friedrichs- und Engelbrechtston – und die zugehörigen Erschließungshilfen), IV, V. 5. Gemäß dieser später als Fälschung entlarvten Urkunde wurden die kaiserlichen Insignien dem Papst übertragen. Daraus leiteten Päpste viele Jahrhunderte lang Machtansprüche ab.

XIII, 4: Der schreiende Engel wird noch in anderen literarischen Werken erwähnt; Belege bei Wi/Mi, Bd. II, S. 128 f.

XIII, 11: Von den meisten Forschern wird der *hœhste* als Philipp von Schwaben identifiziert (vgl. dazu die Erschließungshilfen zu Ton 2, II).

XIV, 4: *der junge fürst*: möglicherweise Leopold VI. (1176/66–1230).

XIV, 7–8: *niht …/wan*: hier im Sinne von ‚nicht …/sondern nur …‘.

XIV, 11: *malhen von den stellen*: ‚Taschen aus den Ställen‘ (vielleicht Satteltaschen); vgl. auch den Textkritischen Kommentar.

XIV, 14: Gemeint ist ein Schuldenerlass.

XIV, 15: *rat*: hier ‚Beschluss‘.

XV, 5: Gemeint ist, dass ohne Geborgtes und Verpfändetes die Schuld zu begleichen ist.

XV, 7 ff.: *vrowe*: hier die Jungfrau Maria; im Folgenden wird auf die Verkündigung durch den Erzengel Gabriel angespielt.

11 König-Friedrichston

Ton 11 wird in vier aufeinander folgenden Fassungen ediert (nach den Hss. A, B, C und Z; vgl. die Erläuterungen im Textkritischen Kommentar).

Vil wol ge-lop-ter got, wie sel-ten ich dich prî-se,

sît ich von dir bei-de wort hân un-de wî-se.

wie . ge-tar ich sô ge-vre-veln un-der dî-me rî-se?

[Melodie zu Z. 4–7 nicht erhalten]

Wie soldę ich den ge-min-nen, der mir u-belę tuot?

mir muoz der ie-mer lie-ber sîn, der mir ist guot.

ver-gip mir an-ders mî-ne schuldę, ich wil noch ha-ben den muot.

Fassung nach A

I   Vil wol gelopter got, wie selten ich dich prîse,   26,3
     sît ich von dir beide wort hân unde wîse.

     wie getar ich sô gevreveln under dîme rîse?
         Ich entuon diu rehten werk, ich enhân der wâren minne
5   ze mînem ebencristen, hêrre ⟨..⟩, noch zuo dir.
         sô holt enwart ich ir dekeinem nie ⟨..⟩
     frône Crist, vater und sun, dîn geist berihte mîne sinne.
     Wie solt ich den geminnen, der mir ubele tuot?
     mir muoz der iemer lieber sîn, der mir ist guot.
10   vergip mir anders mîne schulde, ich wil noch haben den muot.

II   Ich hân des hern Otten triuwe, er *mache* mich noch rîche,   26,23
     daz er mînen dienest *nam* sô tougenlîche.

     waz bestêt ze lône des deme künige Vriderîche?
         Mîn vorderunge ist ûf in cleiner danne ein bône,
5   ez ensî sô vil, obe er der alten sprüche wære frô.
         ein vater lêrte sînen lieben sun alsô:
     »sun, diene manne bæste, daz dir manne beste lône.«
     Her Otte, ich binz der sun, ir sît der bœste man,
     wand ich sô sêre bœsen hêrren nie gewan.
10   her künic, sît irz der beste, sît iu got des lônes gan.

III

11 (A) *I 74 A.*

7 minen sin *A.*

II *75 A.*

1 enmache *A.*   2 nam] man *A.*   7 bœste] beste *A.*   8 Hêr Otte] ich hotte *A.*   10 vch *A.*

III　Von Rôme vogt, von Pulle künic, lât iuch erbarmen,　28,1
daz man mich bî rîcher kunst lât alsus arm*en*.
gerne wolte ich, möhte ez sîn, bî eigem viure erwarmen.
　Zaî, wie ich danne sunge von den vogellînen,
5　von der heide und von den bluomen, als ich wîlent sanc!
　swelch schœne wîp mir denne gæbe ir habedanc,
der liez ich lilien unde rôsen ûz ir wangel schînen.
Kume ich spâte und rîte vruo, gast, wê dir, wê!
sô mac der wirt wol singen von dem grüenen clê.
10　die nôt bedenke, milter künic, daz iuwer nôt zergê!

IV　Herzoge ûz Ôsterrîche, ez ist iu wol ergangen　28,11
und alse schône, daz uns muoz nâch iu belangen.
sît gewis, swenne ir uns komet, ir werdent doch enpfangen.
　Ir sît wol wert, daz wir die gloggen gên iu liuten,
5　drin*g*en unde schouwen, als ein wunder komen sî.
　ir komet uns beide sunden unde schanden frî,
des suln wir man iuch loben, und die frowen suln iuch triuten.
Diz liehte lop wol vüeget heime unz ûf daz ort;
sît uns hie biderbe vür daz ungevüegete wort,
10　daz iemen spreche, ir soltet sîn beliben mit êren dort.

V　Ein schalc, in swelchem namen er sî, der dankes triege　28,21
sînen hêrren und ime râte, daz er liege!
erlamen muoz ime sîn bein, swenn erz zuo deheime râte [ ] bieg*e*!
　Sî er aber sô hêr, daz er zuo dem râte sitze,
5　sô wünsch ich ime, daz ime sîn ungetriuwe zunge erlam*e*.
　die selb*en* machent uns die biderben âne schame.
sol liegen witze sîn, sô pflegent si schemelîcher witze.
Weme mugen si râten? daz si lâzen in ir cragen
sô valsch geheize – und nâch geheize niht versagen –
10　und si geben ê, danne lop der kalc werde abe getragen.

III *76 A.* Bedeutung des Trennstrichs: Zwischen 76 und 78 A eine tonfremde Strophe.
2 leit alsvs arm *A.*
　IV *78 A.*
1/4 vch *A.*　5 drigen *A.*
　V *79 A.*
3 rate svle biegen *A.*　5 erlam *A.*　6 selbem *A.*

Erschließungshilfen

I, 3: *rîse*: eigentlich ‚Zweig‘, ‚Zepter‘, gemeint hier: die Herrschaft.

I, 4: *der wâren minne*: ‚von der wahren Liebe‘ (partitiver Genitiv).

I,7: *Crist*: hier als göttliche Trinität zu verstehen.

II, 1: *Otto*: Otto IV. (1175/76 – 1218), dt. König und Kaiser; vgl. auch Nix, S. 251 ff. – *des*: Genitiv der Relation, Bezug ist der 2. Halbsatz.

II, 2: *tougenlîche*: Grundbedeutung ist ‚heimlich‘, was hier nicht sehr gut in den Kontext passt; besser verständlich ist die Variante *trügeliche(n)* der übrigen Hss. Ein Abschreibfehler ist für A nicht auszuschließen. Da aber keine völlige Textverderbnis vorliegt, wird die Lesart beibehalten.

II, 3: *Vriderîche*: Friedrich II., dt. König und Kaiser (1194 – 1250), vgl. Nix, S. 251 ff.

III, 1: *Pulle*: Apulien, süditalienischer Landstrich, im Mittelalter von großer politischer Bedeutung; angesprochen dürfte erneut Friedrich II. sein. Nicht ganz sicher ist, was die Bezeichnung ‚*voget von Rom*‘ (‚Schirmherr von Rom‘) meint bzw. auf welchen Zeitpunkt sie zu beziehen ist. Fest stehen folgende Daten: 1198 Krönung zum König von Sizilien; 1220 Kaiserkrönung. Ranawake kommentiert ohne weitere Quellenangabe: „bereits vor seiner Kaiserkrönung (22. XI. 1220) wird Friedrich II. mit dem kaiserlichen Titel ‚Schirmherr der Römer‘ (*advocatus Romanorum*, vgl. auch *advocatus ecclesiae*) angesprochen.“

III, 3: *eigem* = *eigenem*.

III, 4: *Zaî*: Interjektion, ähnlich: *Aî*.

IV, 1: *Herzoge*: gemeint wohl Herzog Leopold VI. von Österreich (1176/77 – 1230).

IV, 3: *doch*: Grundbedeutung ‚dennoch‘, ‚trotzdem‘. Diese adversative Bedeutung erschien den meisten Forschern unpassend; daher konjizierten sie zu *hôch*. Es ist aber denkbar, dass die Strophe auf nicht weiter ausgeführte realhistorische Umstände Bezug nimmt, insbesondere auf den politischen Parteiwechsel Leopolds. „Im dt. Thronstreit zählte er [Leopold] zu den Reichsfs.en, die Philipp v. Schwaben unerschütterl. die Treue hielten. 1208 erkannte er Otto IV. an, seit 1212 war er wieder auf stauf. Seite.“ (LdM 5, Sp. 1900 f.) Dann ergibt ein adversatives *doch* durchaus Sinn. Ausgesagt wäre, dass Leopold trotz seines Parteiwechsels in früherer Zeit willkommen ist und man ihm einen Empfang bereiten wird. – Will man diese außerliterarischen Bezüge nicht annehmen, mag man das *doch* – wenig sinntragend – auch im folgenden Sinne Lexers verstehen: „oft nur eine verstärkung des nachsatzes enthaltend, die nicht immer wiederzugeben ist“ (Lexer, Bd. I, 445).

IV, 8: *unz ûf daz ort*: ‚ganz und gar‘.

IV, 10: *dort*: Der Text sagt nicht, was mit *dort* gemeint ist. In der bisherigen Forschung werden Aufenthalte im Zusammenhang mit Kreuzzügen genannt. Mit Blick auf die neue Deutung von V. 3 kann das deiktische Adverb aber auch auf Leopolds Unterstützung Ottos bezogen werden.

V, 1: *namen*: Die Semantik von *name* ist im Mhd. breiter als im Nhd.; gemeint kann auch ‚Geschlecht‘, ‚Würde‘, ‚Stand‘ sein; vgl. Lexer Bd. II, 31. – *dankes*: ‚mit Absicht‘, ‚willentlich‘ (erstarrter Genitiv).

V, 7: *schemelîch*: hier ‚Schande bringend‘, ‚schmählich‘.

V, 8/10: *lâzen/versagen/geben*: Konjunktiv Plural, hier als Optativ zu verstehen: ‚sie sollen/ mögen lassen/zurücknehmen/geben‘.

V, 10: *lop*: als Dativ aufzufassen (s. auch die Parallelüberlieferung), Objekt zu *abe tragen*. Die Metaphorik vom ‚Kalk des Lobes‘ ist eigenwillig, sie mag auf Äußerlichkeiten abzielen.

Fassung nach B

I   Vil hohgelopter got, wie selten ich dich prîse,   26,3
    und ich doch von dir hân beide wort und wîse.
    wie getar ich iemer iht gefreveln under dînem rîse?
       Ich tuon niht rehter werke, noch enhân niht wâren minne
  5   gen mînem ebencristen, hêrre vater, noch gen dir.
       ir keinem wart ich nie sô holt, sô ich bin mir.
    Got vater und dîn sun, dîn geist verriht mir mîne sinne.
    Wie solt ich den geminnen, der mir übel tuot?
    Ich muoz dem iemer hölder sîn, der mir ist guot.
  10 vergênt mir anders mîne schulde, wan ich hân noch den muot.

II   Die wîsen râtent, swer ze himelrîche welle,   26,13
    daz er vil wol bewarte unde ouch bestelle
    den wec, daz iemen dar ûffe habe, der in her wider velle.
       Ein æchter heizet mort, der schât der strâze sêre;
  5   dâ bî vert einer in starken bennen, der ist geheizen brant;
       sô sprechent sie einem wuocher, der hât gar geschant
    die selben strâze. dannoch ist der wegewerender mêre:
    Nîde unde haz die hânt sich ûf den wec geleit
    und diu verschampt unmâze gîtekeit.
  10 dannoch sô rennet maniger für, des ich niht hân geseit.

III

---

11 (B) **I** *28 B.*
7 sinnē *B.*
  II *29 B.*

III   Von Rôme ein vogt, von Pülle ein künic, lânt iuch erbarmen,   28,1
         daz man mich siht bî rîcher kunst sus armen.
            ich wolte gerne, und moht ez sîn, bî eigenem fiure erwarmen.
               Zahiu, wie ich danne sunge [ ] von den vogellînen,
     5   *von der heide* ⟨..⟩, als ich wîlent sanc!
            swelche schœne vrowe mir danne gæbe ir habedanc,
            der liez ich gilien unde rôsen ûz ir wengel schînen.
            Sus rîte ich fruo und kume niht hein, gast, wê dir, wê!
            sô mac der wirt baz singen [ ] von dem grüenen clê.
     10 die nôt bedenkent, milter künic, daz iuwer nôt zergê!

IV   Der welte vogt, des himels künig, ich lob iuch gerne,   153,1
         daz ir mich hânt erlân, daz ich niht lerne,
         als dirre und der an vrömder stat mit sînem gesange scherne.
            Mîn meister claget sô sêre von der Vogelweide,
     5   in twinge diz, in twinge daz, daz mich noch nie ge*t*wanc.
            daz machet, daz ich mich sô kûme von dem mînem scheide,
            mir geben danne hôhe herren und ein schœnez wîp ir habedanc.
            Sus rîte ich spâte und kume doch hein; mir ist niht ze wê
            und singe ouch von der heide und von deme grüenen clê.
     10 daz stætent ir mir, milter got, daz ez mir iht zergê.

                                ───────────

                                     V

                                ───────────

III *30 B.*
4 zahv́ wie ich danne svnge von der haide vñ von den vogelinen *B.*   5 als ich wilent sank *B.*   9
singen von der haide vñ von dem *B.*
   IV *C überliefert die Strophe unter dem Namen des Truchsessen von St. Gallen (63 C) in folgender Form:*
Der wͤlte voget des himels kúnig ich lob úch gerne
dc ir mich hant erlan dc ich niht lerne
wie dirre vñ dˢ an frͦmdˢ stat ze minē sange scherne
min meistˢ claget so sere võ dˢ vogelweide
in twinge dc in twinge iens dc in noch betwang
dē lant sú bi so richˢ kvnst an habe ze krank
dc ich mich kvme vf ir genade võ dē minē scheide
svst heisse ich wirt vñ rite hein da ist mir niht we
da singe ich võ dˢ heide vñ võ dē grͦnē kle
dc solt dv stetē milter got dc es mir iht zerge
   IV *31 B. Bedeutung des Trennstrichs: Zwischen 31 und 34 B tonfremde Strophen.*
3 dierre *B.*   5 gewang *B.*   7 schones *B.*

V   Ich trunke gerne, dâ man bî der mâze schenket   29,25
          unde der unmâze niemen iht gedenket,
          sît sî den man an lîb, an guot und an den êren krenket.
            Si schât ouch an der sêle, hœre ich ⌐jehen die wîsen⌐.
      5   des möht ein ieglich man von sînem wirte wol enbern.
          liez er sich volleclîche bî der mâze wern,
          sô möhte ime gelücke, heil und sælde und êre ûf rîsen.
          Diu mâze wart den liuten darumbe ûf geleit,
          daz man si ebene mezze ⟨..⟩, ist mir geseit.
     10   nû hab er dank, der si ebene mezze und der si ebene treit.

VI   Er hât niht wol getrunken, der sich übertrinket.   29,35
          wie zimet [ ] einem biderben man, daz [ ] diu zunge hinket
          von wîne? ich wæne, er houbetsünde und schande zuo ime winket.   30,1
            Im zæme baz, möhte er gebrûchen sîne füeze,
      5   daz er âne helfe bî den liuten möhte stân.
          wie sanfte man in trüege, er möhte lieber gân.
          sus trinke ein iegeslîcher man, daz er den durst gebüeze;
          Daz tuot er âne houbetsünde und âne spot.
          swel*c*h man getrinket, daz er sich noch got
     10   erkennet, sô het er gebrochen ime [ ] sîn hôh gebot.

VII   Got weiz wol, daz mîn lop wær iemer hovestæte,   30,9
          dâ man eteswenne hovelîchen tæte
          mit worten ald mit werken alder mit gewissen*er* ræte.
            Mir grûset, sô mich lachent an die lechelære,
      5   den diu zunge honget und daz herze gallen hât.
          friundes lachen sol sîn âne missetât,
          lûter als der âbentrôt, der kündet liebiu mære.
          Nû tuo mir lechelich alder lach aber anderswâ.
          swes munt mich triegen wil, der habe sîn lachen dâ,
     10   von dem næme ich ein wârez nein für zwei gelogeniu jâ.

VIII

V *34 B.*
4 die wisen iehen *B.*   9 messe ist mir gesait *B.*
  VI *35 B.*
2 wie zimet das ainem biderben man das ime dv̆ zvnge hinket *B.*   7 iegeschlicher *B.*   9 swelche
B.   10 gebrochen ime gebrochen ime *B.*
  VII *36 B.*
3 gewissenen *B.*   8 lęchelich *B.*

VIII   Sît got ein rehter rihter heizet an den buochen,   30,19
        der solt ûz sîner milte des geruochen,
        daz er die gar getriuwen ûz den valschen hieze suochen.
          Joch meine ich hie, sie werdent dort vil gar gesundert;
5   doch sæhe ich an ir etteslîchem gerne ein schanden mâl.
        der sich dem man windet ûz der hant reht als ein âl,
        owê, daz got niht zorneclîchen sêre an deme wundert!
        Swer sant mir var von hûse, der var ouch mit mir hein.
        des mannes muot sol veste sîn als ein stein,
10 ûf triuwe sleht unde eben als ein vil wol gemahter zein.

VIII *37 B.*
6 ale *B.*

Erschließungshilfen

Zu auch in A überliefertem Text vgl. die Hilfen dort.

I, 10: *vergênt* < *vergeben*, 2. P. Pl.

II, 3: *daz iemen dar ûffe habe*: ‚sodass er niemanden darauf lässt‘.
II, 5: *bennen*: Pl. von *ban* = ‚der Bann‘.

III, 7: *gilien*: ‚Lilien‘.
III, 8: *hein* = *heim*.

IV: Text-Kontrafaktur zu III, wohl in parodistischer Absicht.
IV, 3: *scherne*: ‚spotte‘.

VII, 3: *gewissener:* ‚verständig‘, ‚klug‘.

Fassung nach C

I   Ich hân hern Otten triuwe, er welle mich noch rîchen.   26,23
    wie genam aber er mîn dienest ie sô trugelîchen?
    ald waz bestêt ze lônenne des künic Friderîchen?
        Mîn forderunge ist ûf in kleiner danne ein bône,
5   ez sî sô vil, ob er der alten sprüche wære frô.
    ein vater lêrte wîlent sînen sun alsô:
    »sun, diene manne bœstem, daz dir manne beste lône.«
    Her Otte, ich binz der sun, ir sît der bœste man,
    wand ich sô rehte bœsen hêrren nie gewan.
10 her künic, ir sît der beste, sît iu got des lônes gan.

II Ich wolte hern Otten milte nâch der lenge mezzen,   26,33
    dô hât ich mich an der mâze ein teil vergezzen;
    wær er sô milt sô lange, er hete tugende vil besezzen.
        Vil schiere maz ich abe den lîp nâch sîner êre,
5   dô wart er vil gar ze kurz als ein verschrôten werk,   27,1
        miltes muotes minre vil danne ein getwerc,
    und ist doch von den jâren, daz er niht wahset mêre.
    Dô ich dem künige brâhte daz mez, wie er ûf schôz!
    sîn junger lîp wart beide michel unde grôz.
10 nû seht, waz er noch wahse: erst ietze über in wol risen grôz.

III

---

11 (C) **I** *308 [324] C.*
5 sprúchē *C.*   10 úch *C.*
   II *309 [325] C.*
10 gros *C.*

III   Der künic, mîn hêrre, lêch mir gelt ze drîzec marken,   27,7
      des enkan ich niht gesliezen in den arken,
      noch geschiffen ûf daz mer in kieln noch in barken.
          Der nam ist grôz, der nutz ist aber in solher mâze,
    5   daz ich in niht begrîſen mac, gehœren noch gesehen.
          wes sol ich danne in arken oder in barken jehen?
      nû râte ein ieglich friunt, ob ich ez halte oder ob ichz lâze.
      Der pfaffen disputieren ist mir gar ein wiht;
      si prüevent in den arken niht, dâ ensî ouch iht.
   10 ⟨nû prüeven hin⟩, nû prüeven her, sône habe ich drinne niht.

IV   Durchsüezet und geblüemet sint die reinen frowen,   27,17
      ez wart nie niht sô wunneklîches an ze schowen
      in lüften, ûf erde noch in allen grüenen ouwen.
          Lilien, rôsen, bluomen, swâ die liuhten
    5   in meien touwen durch daz gras, und kleiner vogelîn sanc,
          daz ist gegen solher wunnebernden fröide kranc,
      swâ man ein schœne frowen sihet; daz kan trüeben muot erfiuhten
      Und leschet allez trûren an der selben stunt,
      sô lieblîch lachet in liebe ir süezer rôter munt,
   10 und strâle ûz spilnden ougen schiezen in mannes herzen grunt.

V   Vil süeziu frowe hôhgelopt mit reiner güete,   27,27
      dîn kiuscher lîp gît berndez hôhgemüete,
      dîn munt ist rôter danne ein liehte rôse in touwes blüete.
          Got hât gehôhet und gehêret reine frowen,
    5   daz man in wol sol sprechen und dienen zaller zît.
          der werlde hort mit wunneklichen vreuden ſît
      an in, ir lop ist lûter unde clâr, man sol sie schowen.
      Für trûren und für ungemüete ist niht sô guot,
      als an ze sehen ein schœne frowe wol gemuot,
   10 swenne sî ûz herzen grunde ir friunde ein lieblich lachen tuot.

                              VI

III *310 [326] C.*
5 begriffen *C.*   10 nû prüeven hin] *fehlt C.*
IV *311 [327] C.*
6 frôidē *C.*
V *312 [328] C.*
6 git *C.*   10 hˢten *oder* hˢcen *(Entzifferung unsicher)C.*

VI   Er schalk, in welchem leben er sî, der dankes triege   28,21
      unde sînen hêrren lêre, daz er liege!
      erlamen müezen im diu bein, als er sich zuo dem râte biege!
          Sî aber er sô hêr, daz er dâ zuo sitze,
      5   sô wünsche ich, daz sîn ungetriuwe zunge müeze erlamen.
          die selben machent uns die biderben âne schamen.
      sol liegen witze sîn, sô pflegent si tugendelôser witze.
      Möhten sie in râten, daz si liezen in irme kragen
      ir valsche gelübde oder nâch gelübde versagen?
      10 si solten geben, ê dem lobe der *kalc* würde abe getragen.

VII   Ich hân mîn lêhen, al die werlt, ich hân mîn lêhen!   28,31
      nû enfürhte ich niht den hornunc an die zêhen
      und wil alle bœse hêrren dester minre vlêhen.
          Der edel künic, der milte künic hât mich berâten,
      5   daz ich den sumer luft und in dem winter hitze hân.
          mînen nâhgebûren dunke ich verre baz getân;
      si sehent mich niht mêr an in butzen wîs, als si wîlent tâten.
      Ich bin ze lange arn gewesen âne mînen danc,   29,1
      ich was sô volle scheltens, daz mîn âten stanc,
      10 daz hât der künic gemachet reine und dar zuo mînen sanc.

      _____

VIII Ir fürsten, die des küniges gerne wærent âne,   29,15
      die volgen mîme râte; ich enrâte in niht nâch wâne.
      welt ir, ich schicke in tûsent mîle und dannoch mê für Trâne.
          Der helt wil Kristes reise varn; swer in des irret,
      5   der hât wider got und al die kristenheit getân.
          ir vîende, ir sult in sîne strâze varn lân.
      waz ob er hie heime iu niemer mê niht gewirret?
      Belîbe er dort, des got niht gebe, sô lachent ir;
      kome er uns friunden wider hein, sô lachen wir.
      10 der mære warten beidenthalp, und hânt den rât von mir.

                              IX

VI *313 [329] C.*
10 kalc] klage *C.*   10 wurde *C.*
      VII *314 [330] C. Bedeutung des Trennstrichs: zwischen 314 und 316 eine tonfremde Strophe.*
      VIII *316 [332] C.*
1 werent *C.*

IX   Got weiz wol, mîn lop wære iemer stæte,   30, 9
       dâ man eteswenne lobelîche tæte
       mit gebærde, mit gewisser rede, mit ræte.
          Mir griulet, sô mich lachent an die lech*e*/ære,
    5   den diu zunge höneget und daz herze gallin hât.
       friundes lachen sol sîn âne missetât,
       süeze als der âbent rôt, der kündet lûter mære.
       Nû tuo mir lachelîchen oder lache aber anderswâ.
       swes munt mich triegen wil, der habe sîn lachen dâ,
   10   von dem næme ich ein wârez nein für zwei gelogeniu jâ.

X   Vil wol gelopter got, wie selten ich dich prîse,   26,3
       sît ich von dir beide wort hân unde wîse.
       wie getar ich sô gevreveln under dîme rîse?
          Ich entuon diu rehten werk, ich enhân die wâren minne
    5   ze mînem ebenkristen, hêrre ⟨..⟩, noch ze dir.
       sô holt enwart ich ir dekeinem nie sô mir.
       vrône Krist, vater und sun, dîn geist berihte mîne sinne.
       Wie solde ich den geminnen, der vil übel tuot?
       mir muoz der iemer lieber sîn, der mir ist guot.
   10   vergip mir ander*s* mîne schulde, ich wil noch haben den muot.

XI   Von Rôme voget, von Pülle künic, lât iuch erbarmen,   28,1
       daz man bî rîcher kunst mich lât alsus armen.
       gerne wolde ich, möhte ez sîn, bî eigenem fiur erwarmen.
          Ahî, wie ich danne sunge von den vogellînen,
    5   von der heide und von den bluomen, als ich wîlent sanc!
       swelch schœne wîp mir gæbe danne ir habedanc,
       der lieze ich lilien unde rôsen ûz ir wengel schînen.
       Kume ich spâte und rîte fruo, gast, wê dir, wê!
       sô mac der wirt wol singen von dem grüenen klê.
   10   die nôt bedenkent, milter künic, daz iuwer nôt zergê!

XII

IX *317 [333] C.*

4 Mir] *aus* mich *gebessert C.*   lechere *C.*   10 weres *C.*

   X *318 [334] C.*

10 and*s* *C.*

   XI *319 [335] C.*

XII Swer sich des stæten friundes durch übermuot behêret 30,29
und er den sînen durch des frömden êre unêret,
der möhte ersehen, wurde er von sînem hœhern ouch gesêret,
  Daz diu gehalsen friuntschaft sich vil lîhte en*t*rande,
5 swenne er sich lîbes unde guotes solde umb in bewegen.
    wir hân vereischet, die der wenke hânt gepflegen,
  daz sî der kumber wider ûf die erborne friunde wande.
  Daz sol nâch gotes lêne dicke wol noch geschehen.
    ouch hôrte ich die liute des mit volge jehen, 31,1
10 gewissen friunt, versuohte swert sul man ze nœten sehen.

XIII Herzoge ûz Œsterrîche, ez ist iu wol ergangen 28,11
und alsô schône, daz uns muoz nâh iu blangen.
sît gewis, swenne ir uns komet, ir werdent doch enpfangen.
  Ir sît wol wert, daz wir die gloggen gegen iu liuten,
5 dringen unde schouwen, als ein wunder komen sî.
    ir komet uns beide sünden unde schanden vrî,
  des suln wir man iuch loben, und die frowen suln iuch triuten.
  Diz liehte lop vol füeget heime unz ûf daz ort;
    sît uns hie biderbe für daz ungefüegte wort,
10 daz ieman spreche, ir soldet sîn beliben mit êren dort.

XII *320 [336] C.*

4 endrande *C.*   7 sî] sich *C.*

XIII *359 [375] C, durch Verweiszeichen auf 308 [324] diesem Ton zugewiesen.*

Erschließungshilfen

Zu auch in A und B überliefertem Text vgl. die Hilfen dort.

II, 1: *Otte*: Otto IV. (1175/76 – 1218), dt. König und Kaiser; vgl. auch Nix, S. 251 ff.

II, 5: *verschrôten werk*: ‚verschnittener Stoff‘.

II, 10: *erst ietze über in wol risen gnôz*: ‚er ist jetzt schon ihm gegenüber wie ein Riese‘; *gnôz* (Korrektur aus hsl. *grôz*) eigentlich: ‚der Genosse‘. Zur Begründung der Korrektur siehe den Textkritischen Kommentar.

III, 1: *künic*: Die Strophe gibt vom Text her keinen konkreten Anhaltspunkt, wer gemeint ist. Vom Kontext her betrachtet, dürfte es Otto IV. sein, denn Walther bzw. das sprechende Ich formuliert ja eine eher negative Kritik am König, der den Sprecher mit einem sinnlosen Geschenk bedacht habe. Die Strophe scheint bewusst kryptisch formuliert zu sein; bis heute ist es nicht gelungen, die Art des Geschenkes zu konkretisieren. Möglicherweise könnten wirtschaftsgeschichtliche Forschungen weiteren Aufschluss geben.

IV/V: Zu zahlreichen Schlüsselwörtern des Minnesangs (*lop, rein, güete, lîp, hôhgemüete, rôse, wunne, vreude, trûren, schœne, friunt*) vgl. das Begriffsglossar.

VI, 1: *Er schalk*: ‚er ist ein Schalk …‘.

VII, 4: *künic*: Die Strophe gibt vom Text her keinen konkreten Anhaltspunkt, wer gemeint ist. Von der Forschung wird einhellig Friedrich II. genannt (dt. König und Kaiser (1194 – 1250)). Ihm dankt Walther (oder spricht nur ein Rollen-Ich?) für ein Lehen, möglicherweise eine Immobile.

VII, 7: *in butzen wîs*: ‚wie ein Schreckgespenst‘.

VIII, 1: *fürsten … künic*: Die Strophe gibt vom Text her keinen konkreten Anhaltspunkt, wer gemeint ist. Möglicherweise wird auf politische Differenzen zwischen Friedrich II. und den Fürsten Bezug genommen. Ein denkbares historisches Szenario, das sich hinter der Strophe verbirgt, skizziert Nix, S. 258 ff.

VIII, 1: *wærent*: ‚Ihr Fürsten, die ihr … wäret …‘.

VIII, 3: *Trâne*: Gemeint ist Trani, eine süditalienische Hafenstadt in Apulien (vgl. auch ‚Pülle‘ in Strophe XI), um die sich Friedrich II. sehr bemühte und die im Zuge des Kreuzzugsgeschehens eine wichtige Rolle spielte.

XII, 4: *gehalsen friuntschaft*: ‚aufdringliche Freundschaft‘ (*gehalsen* < *helsen*: ‚an den Hals werfen‘).

XII, 4: *entrande* < *entrennen*: ‚sich auflösen‘.

XII, 6: *vereischen*: ‚hören, wahrnehmen, erfahren‘.

XII, 6: *wenke pflegen*: ‚eine Umkehr/Abkehr vornehmen‘.

XII, 8: *lêne* = *lehen*.

XII, 10: *versuocht*: hier: ‚erprobt‘.

XII, 10: *sul*: hier futurisch ‚wird‘.

XIII, 1: *Herzoge ûz Œsterrîche*: Herzog Leopold VI. (1176 – 1230) von Österreich.

XIII, 2: *blangen* = *belangen*.

XIII, 8: *vol füegen*: ‚voll und ganz rechtfertigen‘.

XIII, 8: *unz ûf daz ort*: ‚voll und ganz‘.

Fassung nach Z

I　　[1 – 7 fehlt]

　　　Wie sol ich den geminnen, der mir übele tuot?
　　　ich muoz ê jenen hân lieber vil, der mir tuot guot.
　10　vergip mir anders mîne schulde, ich muoz ê haben den muot.

II　　Erne hât niht wol getrunken, der sich überdrinket.　　　　　　29,35
　　　wie zimet einem biderben man, daz im sîn zunge hinket
　　　von wîne? ich wæne, er sunden unde houbetschanden winket.　　30,1
　　　　　Im zæme baz, daz er gebrûchen möhte sîner vüeze,
　5　daz er âne hulfe bî den liuten möhte stân.
　　　　　swie sanfte man in trüege, her möhte lieber gân.
　　　dar umme trinke ein etzlîch man, daz er den dorst gebüeze;
　　　Daz tuot er âne houbetsunde und âne spot.
　　　swer alsô vil getrinket, daz er sich noch got
　10　erkennet niht, dâ mite hât er gebrochen sîn gebot.

III　　Ich trunke gerne, dâ man bî der mâze schenket　　　　　　29,25
　　　unde dâ man übermâze niht gedenket,
　　　sît ez den man an liebe, an guote unde an êren krenket.
　　　　　Ez schadet ouch an der sêle, hœre ich jên die wîsen.
　5　ez möhte ein sinnic man von sînem vriunde wol enbern.
　　　　　lâzet er sich volleclîchen mit der mâze wern,
　　　sô mac im gelucke, heil unde alle sælde ûf rîsen.
　　　Diu mâze wart durch daz den liuten ûf geleit,
　　　daz man si ebene trüege, sô ist mir geseit.
　10　nû habe er danc, swer sie ebene mezze und der si ebene treit.

IV

---

11 (Z) **I** *17 Z.*
1 – 7 fehlt, Überlieferung setzt erst mit V. 8 ein Z.
　II *18 Z.*
1 erne. *Davor Platz für eine Lombarde (nicht ausgeführt) Z.*　　　3 winket *aus* wenket *korrigiert Z.*
　III *19 Z.*
2 vber maze *Z.*

IV   Der schalk, ûz swelchem namen er sî, der dankes triege   28,21
      unde sînen hêrren lêre, daz er liege!
      verlamen müezen siniu bein, swenn er sich zuom râte biege!
        Sî aber her sô hêr, daz er zuo dem râte sitze,
5   sô wünsche ich, daz sîn ungetriuwe zunge müeze erlamen.
       die selben machen*t* uns die edelen âne schamen.
      sol triegen witze sîn, sô *pflegent* sie tugendelôser witze.
      Wan mugen sie in râten, daz si halten in ir kragen
      ir valsch gelübede oder nâch gelübede niht versagen?
10   sie solten geben, ê dem lobe der kalc wirt abe getragen.

V   Swâ nû zuo hove dienet der hêrre sîme knechte   XXIX,1 [!]
      unde swâ der valke vor dem raben stêt zuo rechte,
      dâ spürt man offenlîch unart, unadel unde ungeslechte.
        Dû werde ritterschaft, dîn dinc stêt jâmerlîche,
5   swâ der sester vor dem schilde hin zuo hove vert.
       vrou Ere, dâ sint iuwe*r* snellen sprünge erwert.
      wol ûf mit mir, und vare wir dâ heim in Osterrîche!
      Dâ vinde wir de*n* vürsten wert, der ist iu holt,
      wolt ir mich dâ zuo hove leiten, alsô ir solt,
10   sô wirt gehôhet wol dîn name von mir, werder Liupolt.

VI   Nû weiz Got wol, mîn lop wære iemer hovestæte,   30,9
      dâ man eteswanne lobelîchen tæte
      mit gebære und mit gewisser rede und mit geræte.
        Mir gruoset, sô mich lachent an die lechelære,
5   den diu zunge honeget und daz herze gallen hât.
       vriundes lachen sol sîn âne missetât,
      süeze als ein âbent rôt, daz immer kündet lûter mære.
      Man tuo mir lachelîche oder lachen anderswâ.
      swes munt mich triegen wil, der habe sîn lachen dâ,
10   von dem næme ich ein wârez nein für siben gelogen jâ.

VII

IV *20 Z.*
6 machen *Z.*   7 pflegent] pflit *Z.*
V *21 Z.*
6 uwe *Z.*   8 der vũrsten *Z.*
VI *22 Z.*
7 luttel, *durch unterpunktetes* l *und über dem* e *nachgetragenes* r *wohl zu* lutter *korrigiert Z.*

VII   Zuo Rôme voget, zuo Pülle küninc, lâ dich erbarmen,   28,1
        sol ich bî sô rîcher kunst alsus verarmen.
        gerne wolt ich, möhtez sîn, bî eigenem viure erwarmen.
            Tza hiu, wie ich dan sunge von den vogelînen,
     5   und von der heide unde von den bluomen, als ich wîlen sanc!
        swelch schœne wîp mir den gæbe ir habedanc,
        der liez ich rôsen unde liljen ûz ir wangen schînen.
        Gast kumet spâte unde rîtet vruo, gast, wê dir, wê!
        sô mac der wirt baz singen von dem grüenen klê.
    10 die nôt bedenket, milter küninc, daz al iuwer nôt zergê!

VIII   Der küninc, mîn hêrre, lêch mir wol zuo drîzich marken,   27,7
        daz kan ich behalten niht hie in der arken,
        noch geschiffen über sê in kielen oder in barken.
            Der name ist mîn, die nutz ist wol in der mâze,
     5   sô daz ich niht gegrîfen mac, gehœren noch gesehen.
        wes solt ich dan in arken oder in barken jehen?
        nû râten mîne vriunt, wie ichz behalte oder wie ez lâze.
        Der pfaffen disputieren, daz ist mir ein wiht;
        si prüeven in der arken niht, daz dâ sî iht.
    10 Sî prüeven hin, sî prüeven her, ich enhân darinne niht.

                        ─────────────

IX   Swelich man sich gerne vrîjen wil von bœser sache,   XXX,1
        dem rât ich, daz er sîne tugent wol bewache
        unde vlie ouch die gesezzen sîn under schanden dache.
            Weiz got, tuot er des niht, sô mac im misselingen
     5   an êren unde an wirdicheit. swelch man gerne êre hât,
        der sol sich machen vrî von aller missetât
        〈. . . . .〉
        Er ist zuo der werlde ein sælich man, den sô sîn muot
        getiuret hât, daz er daz beste gerne tuot
    10 unde sich der schanden hât bewegen: der mac wol heizen guot.

─────────────

VII *23 Z.*
2 aldus *Z.*   3 eigenen *Z.*
    VIII *24 Z.* Bedeutung des Trennstrichs: Zwischen 24 und 26 Z eine tonfremde Strophe (hier 11a).
7 nû] zlv *(?) Z.*
    IX *26 Z.*
7 *fehlt Z.*

***

Diplomatische Transkriptionen der in o, t, w^{xx} überlieferten Strophen
1 t (= A I / B I / C X / Z I)

Uil hoch geloptēr got vil seltē ich dich prys

vnd hab doch von dir wort werck syn̄ und wyse

wie tar ich dan̄ alz freuelich getan vnd^s dim rys

Ich halt hr^s nit dī gebot nach diner warē myñe

5   gein dem ebē cristē min noch h^sre got gein dir

jr wart mir kein^s nie so liep alz ich bin mir daz ist mir leit

Wie mocht ich den gem̄ynen d^s mir leyde tut

ich müß doch de hold^s sin d^s mir tut gv̊t

10   verzych mir h^sre got an daz mȳ sunde wan̄ ich gewȳ gar kum dē mut

4 w^{xx} (= A I / B I / C X / Z I); die folgende Transkription basiert auf dem
diplomatischen Abdruck von Hermann Degering, 1912 (s. Literaturverzeichnis),
leider existiert von der verso-Seite des Fragment-Blattes kein Faksimile. Die Unter-
pungierungen Degerings zur Kennzeichnung von schlecht lesbaren Buchstaben wird
hier nicht übernommen.

Vil hockelopter got w[ie] selden ich dich prise

went ich von dir doch han *Ende der Überlieferung*

2 w^{xx} (= A III / B III / C XI / Z VII); die Transkription dieser Strophe
kann weitgehend an einem Faksimile (in Brunner, Müller, Spechtler 1977) über-
prüft werden, wenn auch die Qualität der Abbildung sehr schlecht ist.

Zv̊ Rome voget von pulle khŭninc laz dich erbarmen

sol ich bi so richer khunst sus armen

gerne wolt ich moht iz sin bi eigen vv̊r [erwar]men

za huy wiech den su[nge] von den vogelinen

5   von der h[eid]e vn*de* von den blŭmen als ich [wi]len sanc

swielech schone w[ip] mir denne geue ir haue danc

der liez ich lylien vn*de* rosen vz i[r] wangen schinen

gast khumet spate vn*de* ridet vro gast we dir we

so mach der wirt baz singen von me grŭnen kle

10   die not bedenket milder khŭninc daz uwer not zerge

3w^{xx} (= A II / C I); vgl. die Bemerkungen zu 2 w^{xx}

Ich han hern otten trůw[e] er mache mich noch riche
sit daz er min dienest nam so trůgenliche
waz be stet zů lone des den khuninc vrideriche
min vorderung ist vf en noch minner den en bone
5   iz ne si daz er des altes spruches welle wesen vro
ein wiser man lerte sinen lieuen sůn also
sůn diene manne boste daz dir man beste lone
ich bin der sůn her otte is de[r] boste man
wente ich so rechte bosen herren nie gewan
10 her khůninc nů sit der b[es]te sit v̊ got des lones gan

*4 o (= B VII / C IX / Z VI); das bei Brunner, Müller, Spechtler abgedruckte
Faksimile ist sehr schwer lesbar. Die folgende Transkription ist dem Lesartenap-
parat der 14. Auflage entnommen (dieser Abdruck war seinerzeit durch Autopsie
des Fragments überprüft worden).*

Mich grusit als mich lachent ā de lechelere
dē de zůnge honigit *Punkt* ī das hˢze gall ē hait
Inde magēt mir mit lagē selzē mere
Mins vründes lagē sal sin ayn missedait
5   schone als eyn auēt rote luterere
dat bezeygent vründen güte mere
bistu vrünt *Punkt* (?) so do mir lecheliche
of lagge van mir anderswa
wilgt (t *unterpunktet*) münt (?) mich lachit an uelschliche
10 de halde sin lachen bi eme da
vā deme neme ich eyn waris neyn
vor (?) seuene gelogene ia

5 t (= B VII / C IX / Z VI)

Got weiß wol daz ich were gerne hofe state
der mich bywilen hofelichen bete
mit worten vnd mit wercken vnd mit gerete
Mir grüset so mich lachēt an die lechelere
5 den die zünge honiget vnd daz hertze galle hat
aynes fründes grüssen solte sin ane alle missetat
recht als ein liehter abentRat der kondet schone mere
NV lachet mich eýnre lechelichen an oder lachet er anderswo
des mūt [*über dem u noch zwei Punkte*] mich drýegen wolle der habe sin
lachen da
10 von ýme neme ich worez nein für drý gelogen ýa

6 t (= B VIII)

Mit got ein rechter richter heisset in den büchen
dürch sine milte so solt er des gerüchen
daz man die bosen vz den biderben hiess süchen
Ich glaübe daz ir gar maniger sÿ besonder
5 ich wolt daz man an ým sehe ein schanden moll
der sich der sich deme manne in der hende vmb windet als ein ol
daz got an deme dete vnmogeliche wonder
Gat ýeman mit mir vz der gange auch mit mir wider heým
mýns fründes grussen solte fester sin wanne ýe keýn stein
10 an ganczen trüwē slehter danne ein nüwer wol geworhter zeýn

Erschließungshilfen

Zu auch in A, B oder C überliefertem Text vgl. die Hilfen dort.

II, 6: *her*: ‚er‘.
II, 7: *etzlîch* = *ieteslîch, iegelîch.*

III, 2: *übermâze*: ‚Maßlosigkeit‘, ‚Unmäßigkeit‘.

IV, 1: *Der schalk*: ‚Derjenige ist ein Schalk …‘.
IV, 3: *verlamen*: ‚ganz und gar lahm werden‘.
IV, 4: *her*: ‚er‘; *‚hêr‘*: ‚hehr‘, ‚vornehm‘.

V, 5: *sester vor dem schilde*: *sester* (*sehster*) meint ein „trockenmass, scheffel" (Lexer II, 852) und steht hier symbolisch für ‚bäuerliches Leben‘, das mit dem ‚Leben der Ritterschaft‘ kontrastiert, das durch den *schild* vertreten ist.
V, 7/10: *Osterrîche/Liupolt*: Leopold VI., Herzog von Österreich und der Steiermark (1176/ 77 – 1230).

VI, 3: *gebære*: Nebenform zu *gebaerde.*
VI, 8: *lachen*: kann als Infinitiv in Verbindung mit dem finiten *tuo* aufgefasst werden.

VII: Vgl. die Hilfen zur Fassung nach A.
VII, 4: *dan* = *danne.*
VII, 6: *den* = *denne/danne.*

VIII, 1: *wol zuo*: hier im Sinne von ‚ungefähr‘.
VIII, 4: *der name ist mîn*: Gemeint ist, dass dem Ich das Geschenk ‚dem Namen nach‘ gehört, d.h. hier, dass es eine rein begriffliche Qualität hat, jedoch keine konkret materielle, wie die folgenden Verse verdeutlichen.
VIII, 9: Der Konjunktiv *prüeven* kann imperativisch aufgefasst werden: Die *pfaffen* sollen nicht in der *arche* nachsehen. Vgl. weitere Erläuterungen im Textkritischen Kommentar.

11a

CZ   Text nach C

Ich hân gesehen in der werlte ein michel wunder,   29,4
wær ez ûf dem mêr, ez diuhte ein seltsæn kunder;
des mîn fröide erschrocken ist, mîn trûren worden munder.
   Daz gelîchet einem bœsen man. swer nû des lachen
5 strîchet an der triuwen stein, der vindet kunterfeit.
   ez bîzet, dâ sîn grînen niht hât widerseit.
   sîn valscheit tuot vil manigem dicke leit.
   zwô zungen habent kalt und warn, die ligent in sîme rachen.
In sîme süezen honge lît ein giftic nagel.
10 sîn wolkenlôsez lachen bringet scharpfen hagel.
swâ man daz spürt, ez kêret sîn hant und wirt ein swalwen zagel.

11a *In C nach* **11** *XII, in Z nach* **11** *V; C überliefert die Strophe jedoch mit 11 Versen, Z mit 9.*
315 [331] C, 25 Z.
1 han inder werlde sen eyn *Z.*   3 Da von ym vreude ir schicken(?) *Z.*   4 Daz] Iz *Z.* bœsen]
gůten *Z.* nû des] da sin *Z.*   5 Stricket(?) *Z.*   6 *fehlt Z.*   7 *fehlt Z.*   8 habē *C,* hat ez *Z.* le-
gen *Z.*   10 wolkelozes *Z.* hagel] snabel *C.*   11 daz] ez *Z.* sîn] die *Z.*

Erschließungshilfen

Das Verständnis der Strophe ist schwierig, es begegnet ein verschlüsseltes, allegorisch-meta-
phorisches Sprechen. Aufgrund der zahlreichen Antagonismen „wird [...] deutlich, dass es
sich bei dem im ersten Vers genannten *wunder* wohl um das ‚Schein-Sein‘-Phänomen handelt.
Das Ich klagt über menschliche Verhaltensweisen, denen Lug und Trug innewohnen – nach
außen aber tun Menschen, denen diese Verhaltensweisen zugewiesen werden, freundlich.“
(Bein, Schul- und hochschuldidaktische Materialien, 2004, S. 78; in diesem Beitrag ausführ-
liche Diskussionen von Details).

12 *Unmutston, Zweiter Ottenton*

A: III IV I V VI XII VIII XIII XIV XV X XVI; II
B: I; II; XVII VII XVIII; III VI
C: I–IX; X XI; XII–XVI   Text I II nach C mit B, III–VI XII–XVI nach C mit
A, VII IX XI nach C, X nach A, XVII XVIII nach B; VIII in zwei Fassungen (C und
A)

I   Ich hân gemerket von der Seine unz an die Muore,   31,13
      von dem Pfâde unz an die Trabe erkenne ich ir aller fuore.
      diu meiste menige enruochet, wie sî erwirbet guot.
      sol ichz alsô gewinnen, sô gâ slâfen, hôher muot.
5   Guot was ie genæme, iedoch sô gie diu êre
      vor dem guote. nû ist daz guot sô hêre,
      daz ez gewalteklîche zuo dem künige sitzen gât,
      mit den fürsten zuo dem künige an ir rât.
      sô wê dir, guot, wie rœmisch rîche stât!
10   dû bist niht guot, dû habest dich an die schande ein teil ze sêre.

II   ›Sît willekomen, herre wirt‹, dem gruoze muoz ich swîgen,   31,23
      ›sît willekomen, herre gast‹, sô muoz ich sprechen oder nîgen.
      wirt unde heim sint zwêne unschamelîche namen,
      gast unde herberge muoz man sich dicke schamen.
5   Noch müeze ich geleben, daz ich den gast ouch grüeze,
      sô daz er mir, dem wirte, danken müeze.
      ›sît hînaht hie, sît morgen dort‹, waz gougelfuore ist daz!
      ›ich bin hein‹ oder ›ich wil hein‹, daz trœstet baz.
      gast unde schâch kumt selten âne haz.
10   herre, büezet mir des gastes, daz iu got des schâches büeze.

III

---

12 I *64 A, 21 B, 321 [337] C.*
1 gemerken *A.*   2 den treben *A.* al ir *A.*   3 rv̆chet *B.* si gewinnet *A.*   4 hovescher *A.*   5 ge-
meine *A.*   7 daz ez gewalticlichen vor ir zv̆ den frowen gat *A.*   8 mit] zv̆ *A.* den kvnegen
A.   9 rômsches *B.*   10 enbist *A.*
  II *77 A, 23 B, 322 [338] C.*
1 muoz] wil *A.*   2 willekome *A.*   3 wirt vñ haime *B,* heim vñ wirt *A.*   4 man sich vil dike *B,*
ich mich dicke *A.*   5 noch] nv *A.* ouch] noch *A.*   6 sô] *fehlt A.* dem] same dem *A.*   7 sit
hinaht hete vart morgen vrŭ waz gogelnv̆re ist daz *A.* gogel fv̆re *B.*   9 schach vñ gast sint *A.*   10
herre] nv *A.* vch *AB.*

III   In nomine domini, ich wil beginnen, sprechent âmen,   31,33
        daz ist guot für ungelücke und für des tiufels sâmen;
        daz ich gesingen müeze in dirre wîse alsô,
        swer höveschen sanc und fröide stœre, daz der werde unfrô.
  5   Ich hân wol und hovelîchen her gesungen,   32,1
        mit der hövescheit bin ich nû verdrungen,
        daz die unhovelîchen nû ze hove genæmer sint danne ich.
        daz mich êren solde, daz unêret mich.
        herzoge ûz Œsterrîch, fürste, nû sprich!
 10   dûne wendest michs alleine, sô verkêre ich mîne zungen.

IV   Nû wil ich mich des scharpfen sanges ouch genieten,   32,7
        dâ ich ie mit vorhten bat, dâ wil ich nû gebieten.
        ich sihe wol, daz man hêrren guot und wîbes gruoz
        gewalteklîch und ungezogenlîch erwerben muoz.
  5   Singe ich mînen höveschen sanc, sô klagent siz Stollen.
        dêswâr ich gewinne ouch lîhte knollen,
        sît sî die schalkheit wellen, ich gemache in vollen kragen.
        ze Œsterrîch lernde ich singen unde sagen,
        dâ wil ich mich alrêrst beklagen.
 10   vinde ich an Liupolt höveschen trôst, sô ist mir mîn muot entswollen.

V

III *62 A, 32 B, 323 [339] C.*
1 An nomine dvmme ich wils *B.*   sprechen *A.*   2 des] *fehlt A.*   3 gesinge *A.*   5 hovelich da
her *B.*   6 mit] bi *B.*   bin ich nû] so bin ich *B.*   7 vnhoveschen *AB.*   da ze hove werder *B.*   8
die mich eren solten die vnerent mich *B.*   9 herzog lv́tpolt vz ôsterich nv sprich *B.*   10 dv́ wendest
es allaine mī zunge verkeret sich *B.*   div enwendes mich ez *A.*   zvnge *A.*
   IV *63 A, 324 [340] C.*
5 hoffchen *A.*   6 gewunne vch *A.*   8 singen] *fehlt C.*   10 vinde] vñ *A.*   hoffchen *A.*

V   Ich hân des Kernders gâbe dicke enpfangen.   32,17
        wil er dur ein vermissebieten mich alsô lân blangen?
        er wænet lîhte, daz ich zürne: nein ich niht!
        im ist geschehen, daz noch vil manigem milten man geschiht.
5   Was mir lîhte leide, dô was im noch leider,
        dô er hâte mir geschaffen kleider,
        daz man mir niht engap, dar umbe zürne er anderswâ.
        ich weiz wol, swer willeklîche sprichet jâ,
        der gæbe ouch gerne, und wære ez danne dâ.
10   dirre zorn ist ân alle schulde weizgot unser beider.

VI   Ich enweiz, wem ich gelîchen muoz die hovebellen,   32,27
        wan den miusen, die sich selbe meldent, tragent si schellen,
        des lekers ›hêr‹: miuse klanc! kumet si ûz ir klûs,
        sô schrîen wir vil lîht: ›ein schalc, ein schalc! ein mûs, ein mûs!‹
5   Edel Kerndenære, ich sol dir klagen sêre,
        milter fürste, marterer umb êre,
        ine weiz, wer mir in dînem hove verkêret mînen sanc.
        lâze ichz niht dur dich und ist er niht ze kranc,
        ich swinge im alsô swinden widerswanc.
10   vrâge, waz ich habe gesungen, und ervar uns, werz verkêre.

VII

V *65 A, 325 [341] C.*

1 karaderis *A.*   2 wil] wir *A.* vermissen bieten *A.* mich] mir *A.* lân blangen] dur wanken *A.*
4 im ist] imez *A.*   6 hat mir geshaffen *C,* geschaffen hate *A.*

VI *66 A, 33 B, 326 [342] C.*

1 wais *B,* weiz en *A.* muoz] sol *B.*   3 schęlche fv̊re vn̄ mv́se clang das ist gelicher clvs *B.*
5 edel kerendere *A,* vil edeler kęrdenęre *B.* sol] wil *B.*   6 vil milter fv́rste vn̄ marterer *B.*   7 mir]
fehlt A.   8 vn̄ lies ichz *B.* dich wer er mir niht *B.*   9 ich swinge im alsô] so swing ich den *A,*
ich swunge ime ainen *B.* wider sanc *AC.*   10 vernime was ich gesvngen habe dvrch was er mirs
verkere *B.*

VII	Der stuol ze Rôme ist nû ⟨*alrêst*⟩ berihtet rehte,	33,21
	als hie vor bî einem zouberære Gêrbrehte.	
	der selbe gap ze valle niht wan sîn eines leben:	
	sô hât sich dirre ze valle und alle kristenheit geben.	

Der stuol ze Rôme ist nû ⟨*alrêst*⟩ berihtet rehte,   33,21
als hie vor bî einem zouberære Gêrbrehte.
der selbe gap ze valle niht wan sîn eines leben:
sô hât sich dirre ze valle und alle kristenheit geben.
5   Alle zungen suln ze gote schrîen wâfen
und rüefen im, wie lange er welle slâfen.
si widerwürkent sîniu werc und felschent sîniu wort.
sîn kameræere stilt im sînen himelhort,
sîn süener mordet hie und roubet dort.
10   sîn hirte ist ein wolf worden under sînen schâfen.

VIII(C)   Ahî, wie kristenlîche nû der bâbest lachet,   34,4
swanne er sînen Walhen seit: ›ich hânz alsô gemachet!‹
daz er dâ seit, des solt er niemer hân gedâht.
er gihet: ›ich hân zwêne Allamân under eine krône brâht,
5   Daz sî daz rîche suln stœren unde wasten.
al die wîle vulle ich die kasten.
ich hân si an mînen stoc gemenet, ir guot ist allez mîn.
ir tiutschez silber vert in mînen welschen schrîn.
ir pfaffen, ezzent hüenr und trinket wîn,
10   unde lânt die tiutschen ⟨…⟩ vasten.‹

                           VIII(A)

VII *26 B, 327 [343] C.*

1 ist nv berihtet rehte *C,* stat alrest besetzet reht *B.*   2 als er hie vor mit ainem zoberer hies gerbreht *B.*   3 selbe] *fehlt B.* niht] nieman *B.*   4 nv sich dirre vñ alle die cristenhait ze valle geben *B.*   5 wan alle zvngen rv̊ffent hin ze himel wafen *B.*   6 vñ fragent got wie *B.*   7 si] vñ *B.* werke *B.*   9 rŏbet hie vñ mordet *B.*   10 ist ze ainem wolve im worden *B.*

    VIII *(C) 328 [344] C.*

6 ie dar vnder mv̊lin in ir kasten *C.*   8 velschen *C.*

VIII(A)   *W*ie cristenlîche doch der bâbest unser lachet,
   swenne er sînen walhen seit, wie erz hie habe gemachet.
   daz er da redte, ern sold ez niemer hân gedâht.
   er giht: ich hân zwêne Almân under eine crône brâht,
  5 Daz siz rîche stœren und brennen und wasten,
   al die wîle vulle ich die kasten.
   dort hân ich ez in den stok geleit, ir schatz wirt aller mîn.
   tiuschez silber vert in minen wehselschrîn.
   sô magrent si, sô veisten wir same diu swîn.
  10 mîne pfaffen suln mi*t* der torschen legen guote masten.
   mîne pfaffen die suln vrezzen, swehen leigen heizen vasten,
   mîne pfaffen, die suln rogel ezzen, gegen der slahte masten,
   mîne pfaffen, die suln obene predigen, nider halben *tasten.*

IX Sagent an, her Stoc, hât iuch der bâbest her gesendet,   34,14
   daz *ir* in rîchet und uns Tiutschen ermet unde swendet?
   swenne im diu volle mâze kumt ze Latrân,
   sô tuot er einen argen list, als er ê hât getân.
  5 Er seit uns danne, wie daz rîche stê verwarren,
   unz in erfüllent aber alle pfarren.
   ich wæne, des silbers wênic kumet ze helfe in gotes lant,
   grôzen hort zerteilet selten pfaffen hant.
   her Stoc, ir sît ûf schaden her gesant,
  10 daz ir ûz tiutschen liuten suochent tœrinnen unde narren.

X

VIII *(A) 68 A.*
1 Wie] Die *A.* 3 redde *A.* 5 wusten *A.* 8 wehsel schrin *A.* 10 mit] mir *A.* masten]
mosten *A.* 13 tasten] staten *A.*
 IX *329 [345] C.*
2 ir] er *C.* swendet] pfende (*unterpungiert*) swendet *C.* 5 verwarren *gebessert aus* verwerren *C.*

X   Herzoge ûz Ostrîche, lâ mich ⟨*bî*⟩ den liuten,   35,17
        wünsche mir ze velde, niht ze walde, ich enkan niht riuten.
        si sehent mich bî in gerne, alsô tuon ich sie.
        dû wünschest underwîlent bidermanne, dû enweist niht wie.
5   Wünsches dû mir von in, sô tuost dû mir leide.
        vil sælic sî der walt, dar zuo die heide!
        diu müeze dir vil wol gezemen! wie hâst dû nû getân,
        sît ich dir an dîn gemach gewünschet hân,
        und dû mir an mîn ungemach? lâ stân!
10   wis dû von in, lâ mich bî in, sô leben wir sanfte beide.

XI   Dô Liupolt spart ûf gotes vart, ûf künftige êre,   36,1
        si behielten alle samt, si volgeten sîner lêre;
        si zuhten ûf, alsam si niht getorsten geben.
        daz was billich, wan sol iemer nâch dem hove leben.
5   Daz sîn an der milte niht überhœhen wolten,
        wol in des! si tâten, als si solten.
        die helde ûz Œsterrîche heten ie gehoveten muot.
        si behielten durch sîn êre, daz was guot.
        nû geben durch sîn êre, als er nû tuot,
10   und leben nâch dem hove nû, sô ist eniu zuht bescholten.

XII   Ir bischofe und ir edelen pfaffen, ir sît verleitet.   33,1
        seht, wie iuch der bâbest mit des tievels stricken *seitet*.
        saget ir uns, daz er sant Pêters slüzzel habe,
        sô saget, war umbe er sîne lêre von den buochen schabe.
5   Daz man gotes gâbe iht koufe oder verkoufe,
        daz wart uns verboten bî der toufe.
        nû lêretz in sîn swarzez buoch, daz im der hellemô*r*
        hât gegeben, und ûz im leset sîniu rôr.
        ir kardenâl, ir decket iuwern kôr.
10   unser alter frône, der stêt under einer übelen troufe.

XIII

X *72 A, 331 [347] C.*
1 Herzoge] L*v*polt *C.* bî] *fehlt A.*   2 min ze velde vñ niht *C.*   3/4 si: wie *A.*   3 dv wúnschest min ze walde ich was bi lútē ie *C.*   4 bidermanne] min ebenre man *C.*   niht] ioch *C.*   5 mich vō in so t*v̊*st in leide *C.*   6 vil] *fehlt C.* dar zuo] vō ŏch *C.*   7 da m*v̊*ssest dv mit frŏidē lebē wie hast dv svs getan *C.*   8 dc ich dich an *C.*   9 mir] mich *C.*   10 vō dan la *C.* so han wir wūne beide *C.*
  XI *332 [348] C.*
  XII *67 A, 339 [355] C.*
2 seitet] seren *A,* seret *C.*   3 sancte *A.*   7 leret *A.* helle more *AC.*   10 traffe *A.*

XIII   Swelh herze sich bî disen zîten niht verkêret,   34,24

        sît daz der bâbest selbe dort den ungelouben mêret,

        dâ wont ein sælic geist und gotes minne bî.

        nû seht ir, waz der pfaffen werc und waz ir lêre sî.

    5   E dô was ir lêre bî den werken reine,

            nû sint si aber anders sô gemeine,

            daz wirs unrehte würken sehen, unrehte hœren sagen,

            die uns guoter lêre bilde solten tragen.

            des mugen wir tumbe leien wol verzagen.

    10   ich wæn, aber mîn guoter clôsener clage und sêre weine.

XIV   Die wîle ich drîe hove weiz sô lobelîcher manne,   34,34

        sô ist mîn wîn gelesen unde sûset wol mîn pfanne.

        der biderbe patriarche missewende vrî,

        der ist ir einer, sô ist mîn höfscher trôst zehant dâ bî,

    5   Liupolt, zwir ein fürste, Stîr und Œsterrîche,   35,1

            nieman lept, den ich zuo dem gelîche.

            sîn lop ist niht ein lobelîn: er mac, er hât, er tuot.

            sô ist sîn veter als der milte Welf gemuot,

            des lop was ganz, ez ist nâch tôde guot.

    10   mir ist vil unnôt, daz ich dur handelunge iht verre strîche.

XV   Ich bin des milten lantgrâven ingesinde.   35,7

        ez ist mîn site, daz man mich iemer bî den tiursten vinde.

        die andern fürsten alle sint vil milte, iedoch

        sô stæteclîchen niht. er was ⟨ez⟩ ê und ist ez noch.

    5   Dâ von kan er baz dan sie dermite gebâren.

            er enwil dekeiner lûne vâren.

            swer hiure schallet und ist hin ze jâre bœse als ê,

            des lop gruonet unde valwet sô der klê.

            der Dürnge bluome schînet dur den snê,

    10   sumer und winter blüet sîn lop als in den ersten jâren.

                                    XVI

XIII *69 A, 340 [356] C.*

3 got des minne *A.*   5 dô] daz *AC.*   10 clage] trage *A.*

XIV *70 A, 341 [357] C.*

1 *Bis* hove *Leerraum in A.* weiz] *fehlt A.*   2 sv̂zet wol min pfaffe *A.*   5 lúpol *C.*

XV *71 A, 342 [358] C.*

1 lantgrave *A.*   3 e doch *C.*   4 waz e *AC.*   9 dvrnge *AC.*

XVI   An wîbe lobe stêt wol, daz man si heize schœne.   35,27
        mannen stêt ez übel, ez ist ze weich und ofte hœne.
        küene und milte, und daz er dâ zuo stæte sî,
        sô ist er vil gar gelobt, den zwein stêt wol daz dritte bî.
    5   Wilz iu niht versmâhen, sô wil ichz iuch lêren,
        wie wir loben suln und niht unêren.
        ir müezet in die liute sehen, welt ir erkennen wol,
        nieman ûzen nâch der varwe loben sol.
        vil manic môre ist innen tugenden vol.
    10 wê, wie wîz der biderben herze sint, der si wil umbekêren!

        ───────────────

XVII   Wir clagen alle und wizzen doch niht, waz uns wirret,   33,11
        daz uns der bâbest, unser vater, alsus hât verirret.
        nû gât er uns doch harte vaterlîchen vor,
        wir volgen im nâch und komen niemer fuoz ûz sînem spor.
    5   Nû merke, welt, waz mir dar an missevalle:
        gîtset er, si gîtsent mit im alle,
        liuget er, si liegent alle mit im sîne lüge,
        und triuget er, si triegent mit im sîne trüge.
        nû merkent, wer mir daz verkêren müge.
    10 sus wirt der junge Jûdas mit dem alten dort ze schalle.

XVIII   Diu cristenheit gelepte nie sô gar nâch wâne.   33,31
        die sî dâ lêren solten, die sint guoter sinne âne.
        es wær ze vil, und tæt ein tumber leie daz.
        si sündent âne vorhte, dar umbe ist in got gehaz.
    5   Si wîsent uns zem himel, und varent sî zer helle,
        si sprechent, swer ir worten volgen welle
        und niht ir werken, der sî âne allen zwîvel dort genesen.
        die pfaffen solten kiuscher danne die leien wesen.
        an welen buochen hânt si daz erlesen,
    10 daz sich sô maniger flîzet, wâ er ein schœnez wîp vervelle?

        ────────────

XVI *73 A, 343 [359] C. Bedeutung des Trennstrichs: Die Strophen XVII und XVIII sind nur in B
überliefert, vgl. den Textkritischen Kommentar.*
2 übel] wol *A.*   weich] wich *AC.*   4 er] *fehlt A.*   5 vch niht *A.*   ú lerē *C.*   8 sol] *fehlt C.*
9 tore *AC.*   tv́gende *A.*   10 herzen *A.*   vnbek⁵en *C.*
   XVII *25 B.*
3 hart *B.*   6 gizet er sv́ gizent *B.*
   XVIII *27 B.*
1 gelept *B.*   2 sinnen *B.*

Erschließungshilfen

I, 1: *Seine*: der Fluss ‚Seine‘ (Frankreich). *Muore*: der Fluss ‚Mur‘ (Steiermark).
I, 2: *Pfâd*: der Fluss ‚Po‘ (Italien).
I, 2: *Trabe*: der Fluss ‚Trave‘ (heutiges Schleswig-Holstein).

II, 1–2: Gemeint: Wenn jemand zum Ich sagt: ‚Willkommen, Hausherr‘, so muss der Ange-
   sprochene schweigen, weil die Anrede nicht den Tatsachen entspricht; wird das Ich hinge-
   gen als ‚Fremder‘ angeredet, dann fühlt es sich angesprochen und antwortet.
II, 9: *schâch*: Gemeint ist eine Schach-Situation, d.h. eine Bedrohung.
II, 10: *herre*: Angesprochen ist eine augenscheinlich mächtige Person, die die Situation des
   sprechenden Ichs verändern kann, die aber ihrerseits einer Bedrohung ausgesetzt ist. In
   der Forschung wurde mit dem *herrn* meist Otto IV. identifiziert, was freilich eine Menge
   Kontextrekonstruktion voraussetzt.

III, 9: *Herzoge*: gemeint wohl Leopold VI. (1176–1230), Herzog von Österreich und der
   Steiermark.

IV, 5: *Stolle*: In der Forschung wird das Wort *stolle* als Eigenname aufgefasst; gemeint sei ein
   (sonst unbekannter) Dichter namens *Stolle*, bei dem sich die Kunstbanausen beklagen
   würden.
IV, 6: *knolle*: *knollen gewinnen*: wohl redensartlich ‚Wut bekommen‘ (*knolle*: ‚dicker Hals‘ o.ä.).
IV, 7: *schalkheit*: ‚Bösartigkeit‘.
IV, 7: *vollen kragen machen*: wohl redensartlich ‚durchprügeln‘.
IV, 10: *Liupolt*: Leopold VI. (1176–1230), Herzog von Österreich und der Steiermark.

V, 1: *Kernder*: Herzog Bernhard von Kärnten (1176/1181–1256).
V, 2: ‚Will er mich durch einen Widerruf in solcher Weise sehnsüchtig werden lassen‘; vgl.
   dazu den Textkritischen Kommentar.
V, 2–10: Die geäußerten Gedanken sind nicht leicht zu verstehen. Gemeint vielleicht: Der
   Kärntner wird als freigebiger Mann gepriesen; das sprechende Ich (Walther?) beklagt sich
   indes über nicht angekommene Geschenke und fordert den Kärntner mittelbar auf, die-
   sen Umstand zu bessern. Die Schuld wird auf unbekannte Dritte geschoben.
V, 9: *und*: hier ‚wenn‘.

VI, 3: *leker* = lecker: ‚Schmarotzer‘, ‚Einschmeichler‘.
VI, 4: *schalc*: der ‚Böse‘.
VI, 5: *Kerndenære*: vgl. V, 1.
VI, 8: *kranc*: ‚schwach‘.
VI, 9: *swingen/widerswanc*: ‚Hieb austeilen‘; ‚Gegenhieb erteilen‘ (Begriffe aus der Fechter-
   sprache).

VII, 2: *Gêrbrecht*: Gerbrecht von Aurillac (um 950–1003), seit 999 Papst Silvester II.

VIII (C), 1: *bâbest*: gemeint wohl Papst Innozenz III. (1160/61–1216).

VIII (C), 4: *zwêne Allamân*: gemeint sein können die Könige Philipp von Schwaben (1177–1208) und Otto IV. (1175/76–1218) bzw. Friedrich II. (1194–1250) und Otto IV.

VIII (C), 5: *wasten*: gemäß den Wörterbüchern ein hapax legomenon, Bedeutung wohl: ‚verwüsten‘.

VIII (C), 7: *stoc*: hier der Opferstock.

VIII (C), 7: *menen*: ‚treiben‘.

VIII (A), 7: *ez*: Das Pronomen kann sich nicht auf Vorangegangenes beziehen; am ehesten dürfte es auf das Silber im Folgevers vorausweisen.

VIII (A), 7: *stoc*: Opferstock. In dieser Fassung dürfte der Opferstock mit den Kästen aus V. 6 identisch sein. Der Papst füllt seine Geldbehältnisse, veruntreut aber den Inhalt.

VIII (A), 8: *wechselschrîn*: Verweis auf Geldgeschäfte; vgl. Padberg, 1997, S. 135.

VIII (A), 10: *der torschen legen guote*: ‚das Gut der dummen Laien‘.

VIII (A), 13: *tasten*: Konjektur (vgl. den Textkritischen Kommentar); BMZ verbuchen die Konjektur als Walther-Textbeleg und glossieren: ‚tasten „in obscönem sinn“‘.

VIII (A), 11: *swehen leigen heizen vasten*: *leigen* (‚Laien‘) bezieht sich als Objekt sowohl auf das Verb *swehen* (‚schwächen‘) als auch auf den Verbkomplex *heizen vasten*; die Geistlichen sollen die Laien also schwächen und zum Fasten auffordern.

VIII (A): 12: *rogel*: möglicherweise eine Art ‚Brötchen‘ (vgl. ‚Röggelchen‘); weitere Überlegungen, welches Luxusgut mit dem Wort gemeint sein kann, bei Padberg 1997, S. 137 (von ihr auch der o.g. Vorschlag ‚Brötchen‘). – Der zweite Halbvers ist schwer zu verstehen. Möglicherweise ist Folgendes gemeint: Die Geistlichen sollen sich zur Schlachtzeit (*gegen der slahte*) mästen; anders als Padberg, die daran denkt, dass die Geistlichen selbst als Schlachtvieh bezeichnet werden, könnte hier auch gemeint sein, dass insbesondere zur Schlachtzeit viele Möglichkeiten gegeben sind, sich zu mästen.

IX, 2: *swenden*: ‚zerstören‘, ‚auszehren‘.

IX, 5: *verwarren* = *verworren*.

X, 1: Leopold VI. (1176–1230), Herzog von Österreich und der Steiermark.

X, 5: ‚Wenn du mich von ihnen wegwünschst, dann fügst du mir Leid zu‘.

XI, 1: Leopold VI. (1176–1230), Herzog von Österreich und der Steiermark.

XI, 2: *behalten*: hier ‚zurückhalten‘, ‚sparen‘.

XI, 3: *ûf zucken*: hier ‚zurückschrecken‘; gemeint ist ein ängstliches Festhalten.

XI, 10: *eniu*: ‚jene‘.

XII, 1: *verleiten*: ‚verführen‘.

XII, 2: *seiten*: ‚umgarnen‘; vgl. aber den Textkritischen Kommentar.

XII, 7–9: Die Stelle ist schwer verständlich und hat in der Forschung zahlreiche, insgesamt aber allesamt unbefriedigende Deutungen erfahren. Der Schlüssel zum Verständnis dürfte in der Bedeutung des Wortes *rôr* liegen.

XIII, 10: *aber*: ‚erneut‘. Vgl. zur Figur des Klausners auch Ton 2, II, 22 und Ton 3, V, 1–2.

XIV, 5: Leopold VI. (1176–1230), Herzog von Österreich und der Steiermark.

XIV, 8: Gemeint wohl Heinrich von Mödling (gest. 1223), der Onkel Leopolds. – Mit dem *milten Welfen* dürfte Graf Welf VI., gest. 1191, gemeint sein, der Onkel Heinrichs des Löwen.

XIV, 10: *handelunge*: hier ‚Behandlung‘, Bewirtung‘.

XV, 1/9: Der Landgraf dürfte Hermann von Thüringen sein (um 1155–1217), ein bedeutender Literaturmäzen.

XVII,3: *harte*: kann ‚sehr‘ oder auch ‚kaum‘ bedeuten; setzt man die Bedeutung ‚sehr‘ an, liegt ein ironischer, fast zynischer Grundton in dem Vers.

XVIII, 9/10: ‚Wo haben sie gelesen, dass mancher danach strebt, eine schöne Frau zu Fall zu bringen?‘

12a *Fürstenspiegelton*

C: I–V

I   Ir fürsten, tugent iuwer sinne mit reiner güete,   36,11
       sît gegen friunden senfte, gegen vienden tragent hôhgemüete.
       sterket reht und danket gote der grôzen êren,
       daz manic mensche sîn lîp, sîn guot muoz iu ze dienste kêren.
   5 Sît milte, fridebære, lât iuch in wirde schowen,
       sô lobent iuch die reinen süezen frouwen.
       scham, triuwe, êrebernde zuht sult ir gerne tragen.
       minnet got und rihtet, swaz die armen klagen.
       geloubt niht, daz iu die lügenære sagen,
  10 und volget guotem râte, sô muget ir in himel*e* bouwen.

II   Marîâ clâr, vil hôhgeloptiu frowe süeze,   36,21
       hilf mir durch dînes kindes êre, daz ich mîne sünde gebüeze.
       dû fluotic fluot barmunge, tugende und aller güete,
       der süeze gotes geist ûz dem edeln herzen blüete:
   5 Er ist dîn kint, dîn vater unde dîn schepfære.
       wol uns des, daz dû in ie gebære,
       den hœhe, tiefe, breite, lenge umbegrîfen mohte nie,
       dîn kleiner lîp mit süezer kiusche in umbevie.
       dehein wunder mohte dem gelîchen nie,
  10 der engel küniginne, dû trüege in ân alle swære.

III

12a *In C nach **12 XI** und vor **12b** und **12 XII** überliefert und mit gleichfarbigen Lombarden ausgezeichnet, jedoch Kadenzvariante in 3/4.*
  I *333 [349] C.*
10 himelriche *C.*
  II *334 [350] C.*

III   An dem frîtage wurden wir vor der helle gefrîet   36,31
     von dem, der sich drivalteclîch in ein hât gedrîet.
     der engel Gabrîêl Marîâ die botschaft kündet,
     dâ von himel und erde mit grôzen fröiden wart enzündet.
    5 Er sprach zuo ir: ›âvê‹, daz minneklîch grüezen,
     durch ir ôren enpfienc si den vil süezen,
     der ie ân anegenge was und muoz ân ende sîn.
     des sî dir lop und êre geseit, Marîâ künigîn   37,1
     ⟨. . . . .⟩
   10 dû gæbe in uns ze trôste, der al der werlte mac swære büezen.

IV   Sünder, dû solt an die grôzen nôt gedenken,   37,4
     die got durch uns leit, unde solt dîn herze in riuwe senken.
     sîn lîp wart mit scharpfen dornen gar versêret,
     dennoch wart manicvalt sîn marter an dem kriuze gemêret.
    5 Man sluoc im drîe nagel dur hende und ouch dur füeze.
     jâmerlîchen weinte Marîâ diu süeze,
     dô sî ir kinde daz bluot ûz beiden sîten fliezen sach.
     trûreklîchen Jêsus von dem kriuze sprach:
     ›muoter, jâ ist iuwer ungemach
   10 mîn ander tôt. Jôhan, dû solt der lieben swære büezen.‹

V   Der blinde sprach zuo sînem knehte: ›dû solt setzen   37,14
     daz sper an sîn herze. jâ wil ich die marter letzen.‹
     daz sper gegen al der werlte hêrren wart geneiget.
     Marîâ vor dem kriuze trûreklîch klage erzeiget.
    5 Sî verlôs ir varwe, ir kraft, in bitterlîchen nœten,
     dô si jæmerlîch ir liebez kint sach tœten
     und Longinus ein sper im in sîn reine sîten stach.
     si seic unmehtic nider, [ ] si*n* [ ] hôrte noch ensprach.
     in dem jâmer Criste sîn herze brach.
   10 daz kriuze begunde sich mit sînem süezen bluote rœten.

III *335 [351] C.*
9 *fehlt C.*
  IV *336 [352] C.*
  V *337 [353] C.*
8 nider dc si niht horte *C.*

Erschließungshilfen

I, 1: *tugent*: hier eine flektierte Form des Verbs *tugenden*: ‚tugendhaft machen'. Vgl. zu Begriffen wie *fürst, güete, dienst, milte, triuwe, zuht, minne(n)* das Begriffsglossar (Minnesang- u. Sangspruchteil).

II, 3: *fluotic fluot barmunge* …: ‚fließende Flut der Barmherzigkeit, …'

III, 10 und IV, 10: *swære büezen*: ‚Leid erträglich machen'.

V, 2: *letzen*: ‚beenden'.

V, 1/7: Gemeint ist Longinus, der in der mittelalterlichen Legendentradition u.a. als der Soldat gilt, der Christus mit seinem Speer in die Seite gestochen hat – hier mit Hilfe seines Knechtes, weil Longinus blind ist. Durch einen Blutstropfen Christi soll er wieder sehend geworden sein. In der Bibel wird ein Name nicht genannt. Vgl. auch die Hilfen zu 97 III, 13 f.

12b

BC   Text nach C

Tumbiu Werlt, ziuch dînen zoum, wart umbe, sich!   37,24
wilt dû lân loufen dînen muot, sîn sprunc der vellet dich.
der ist manicvalt in dînem herzen unbekort,
er schadet dir hie und ist ein langer haz der sêle dort.
5   Lâ guoten muot den bœsen muot von dir vertrîben;
minne got, sô maht dû vrô belîben;
wirbe umbe lop mit reinem guote, wellest dû genesen;
den bœsen solt dû iemer gerne unheinlich wesen;
geloube, waz die pfaffen guotes lesen.
10   wilt dû daz allez übergülden, sô sprich wol den wîben.

12b *In C nach* **12** *XI und* **12a** *und vor* **12** *XII überliefert und mit gleichfarbiger Lombarde ausgezeichnet; in B zwischen* **12** *I und II; jedoch Kadenzvariante in 1/2.*

22 B, 338 [354] C.

1 Uil tvmbv́ *B.* zon *B.* sprich *B.* 3 manigvaltig *B.* vmbe (v́mbe ?) hort *B.* 4 der vrv̂t dich
hie vn̄ ist ain werendes lait *B.* 5 guoten muot] rehten sin *B.* 6 dv mīne *B.* vrô] wol *B.* 7
reinem guote] rehter fv̆ge vn̄ *B.* 8 den bôsen rę̈ten solt dv gar vnhainlich wesen *B.* 9 waz] swas
dir *B.* lesen] vor gelesen *B.* 10 daz] es dāne *B.* den] von *B.*

Erschließungshilfen

1: *umbe warten*: ‚sich umsehen‘.
3: *unbekort* < *bekorn*: ‚prüfen‘, ‚kennen lernen‘, ‚schmecken‘. Gemeint ist wohl, dass der *muot*
   (die Gesinnung der Welt) keine Zügelung oder gedankliche Durchdringung erfahren hat.
8: *unheinlich*: noch nicht nhd. ‚unheimlich‘, sondern ‚unvertraut‘, ‚nicht heimisch‘.

13

C

Genuoge hêrren sint gelîch den gougelæren,   37,34
die behendeklîche kunnen triegen unde væren.
der sprichet: ›sich her, waz ist under disem huote?
nû zucke in ûf!‹, dâ stêt ein wilder valke in sînem muote.
5 ›Zucke ûf den huot!‹, sô stêt ein stolzer pfâwe dar under.   38,1
   ›nû zucke in ûf!‹, dâ stêt ein merwunder.
   swie dicke daz geschiht, sô ist ez ze jungest niht wan ein krâ.
   friunt, ich erkenne ouch daz, hâhâ, hâhâ, hâhâ.
   hab dîn valschen gougelbühsen dâ,
10 wær ich dir ebenstarc, ich slüeges an daz houbet dîn.
   dîn asche stiubet in die ougen mîn,
   ich wil niht mêre dîn blâsgeselle sîn,
   dûn wellest mîn baz hüeten vor sô trügelîchem kunder.

---

13 *In C zwischen **12** IX und X überliefert und mit gleichfarbiger Lombarde ausgezeichnet, jedoch Kadenzvariante wie **12a** und erweiterter Abgesang.*
330 [346] C.

Erschließungshilfen

4: *muot*: hier soviel wie ‚Stolz'.

9: *gougelbühse* kann stark und schwach flektiert werden, daher ist hier keine Entscheidung über den Numerus zu fällen.

12f.: Der *blâsgeselle* wird in der Forschung unterschiedlich gedeutet, zum einen im Sinne eines Küchengehilfen, der das Feuer anbläst, zum anderen im Sinne eines Gauklers, der Gegenstände zu Asche macht. Die Aussage der Strophe erscheint ausgehend vom letzten Vers widersprüchlich, da das Ich einerseits den Gaukler anspricht (V. 9) und ihm Vorhaltungen macht, andererseits aber das *dû* in V. 12 als jemand vorgestellt wird, der vor Gaukelei schützen kann. Vgl. weitere Hinweise bei Wi/Mi, Bd. II, 173f.

13: Exzipierende Konstruktion: ‚es sei denn, du schützt mich …'.

14

q

Er ist ein wol gefriunder man, als diu welt nû stât,   38,10
der under zwênzi*c* mâgen einen guoten friunt getriuwen hât:
der hete man hie vor wol under fünfen funden drî.
   Sô wê dir, Welt, dû hâst sô manigen wandelbernden sit*e*:
5   er armet an sêlen, der dir volget unze an sîn ende mite
und der dir aller dîner v*uo*re stât mit willen bî.
   Wir clagen, daz die alten sterbent und erstorben sint.
wir mähtent balde clagen von schu*l*den ein ander nôt,
daz triuwe, zuht und êre ist in der welte tôt:
10   die liute lâzent erben, dise driu sint âne kint.

---

14 *Gegen seine Anordnungsprinzipien hat La die vereinzelte Strophe an das Ende dieser Spruchreihe gestellt.*
27 q walt⁵ võ d⁵ voğ.
2 zwenzit *q.*   4 siten *q.*   6 vôre *q.*   8 schude *(?) q.*   enander *q.*

Erschließungshilfen

Zu Schlüsselwörtern des Minnesangs und der Sangspruchdichtung (*triuwe, zuht, êre*) vgl. das Begriffsglossar.

1: *wol gefriunt*: ‚gut befreundet‘, im Sinne von ‚gut mit Freunden bedacht sein‘.
5: *sêlen*: hier Dat. Sg., schwache Deklination.
8: *mähtent = möhtent*: ‚könnten‘.

15

Ton 15 wird in zwei aufeinander folgenden Fassungen ediert (nach den Hss. BC und E; vgl. die Erläuterungen im Textkritischen Kommentar.)

Fassung nach BC auf der Basis von B

I   Uns hât der winter geschadet über al: 39,1
heide unde walt sint beide nû val,
dâ manic stimme vil suoze inne hal.
sæhe ich die megede an der strâze den bal
5   werfen, sô kæme uns der vogele schal.

II   Möhte ich verslâfen des winters zît!   39,6
wache ich die wîle, sô hân ich sîn nît,
daz sîn gewalt ist sô breit und sô wît.
weiz got, er lât doch dem meien den strît,
5   sô lise ich bluomen, dâ rîfe nû lît.

---

15 (BC) *Im II. Buch gibt La die Lieder 15−43, die in C auf 8a folgen. B und C gehen dabei auf die gemeinsame Quelle *BC zurück. − Eine Parodiestrophe zu 15 Carmina Burana 135a, s. S. 555*

I *40 B, 126 [132] C.*

II *41 B, 127 [133] C.*

1 *Lombarde nicht ausgeführt B.*   4 *öch den meien C.*   5 *nû] fehlt B.*

Fassung nach E

I   Wölt der winter schier zergân,   167,1
    sô liez ich alle mîn sorge, die ich hân.
    anders hât er mir niht getân,
    wenne daz er lenget den lieben wân,
  5 mir sol ein freude mitten in dem meien enstân.

II Ich wünsche, daz der winter zergê,   167,6
    wenne er enhât freude niht mê
    wenne kalten wint, und dar zuo regen und snê.
    daz tuot den ougen unsanfte wê.
  5 sælic sî grüene, loup unde clê!

III Möhte ich verslâfen des winters zît!   39,6
    wache ich die wîle, sô hân ich sînen nît,
    daz sîn gewalt ist sô lanc und sô wît.
    weiz got, er lât dem meien den strît,
  5 sô lise ich bluomen, dâ nû der rîfe lît.

IV Uns hât der winter geschadet über al: 39,1
    heide unde walt die hânt beide ungeval,
    dâ manic stimme inne vil süeze erschal.
    sæhe ich die megde an der strâzen den bal
  5 werfen, sô kumet uns der vogel schal.

V   Swaz mir nû wirret, des wirt allez rât.   167,11
    swie mir der muot bî der erden nû stât,
    noch kumet die zît, daz er in die sunnen gât.
    tuot man, daz man mir gelobet hât,
  5 owê, wie hôhe denne mîn herze stât!

---

15 (E) I *192 E.*
II *193 E.*
III *194 E.*
IV *195 E.*
V *196 E.*

Erschließungshilfen

Fassung nach BC
I, 3 *hal* < *hellen*: ‚ertönen', hallen'.

II, 2: *nît hân* + Gen. d. Person: ‚jemandes Feind sein', ‚jemanden hassen'.
II, 4: *den strît lân*: ‚den Sieg überlassen'.

Fassung nach E (zu auch in BC überliefertem Text vgl. die Hilfen dort)
IV, 2: *ungeval hân*: ‚Unglück haben'.

V, 1: *rât werden* + Gen.: ‚für etwas wird es Abhilfe geben'.

16

BC: I–IV   Text nach *BC auf der Basis von C

I   ›Under der linden   39,11
      an der heide,
      dâ unser zweier bette was,
      dâ mugent ir vinden
   5 schône beide
      gebrochen bluomen unde gras.
          Vor dem walde in einem tal,
          tandaradei,
          schône sanc diu nahtegal.

II   Ich kam gegangen   39,20
      zuo der ouwe,
      dô was mîn friedel komen ê.
      dâ wart ich enpfangen,
   5 hêre frowe,
      daz ich bin sælic iemer mê.
          Er kuste mich wol tûsentstunt,
          tandaradei,
          seht, wie rôt mir ist der munt.

                                                 III

---

16 I *42 B, 128 [134] C.*
4 noch vinden *B.*   5 schône *B.*
   II *43 B, 129 [135] C.*
1 kan *BC.*   3 ê] *fehlt B, nachgetragen C.*   5 herre *B.*   7 kvster mich *B.*   tvs enstvnt *B.*   8
tandaraidai *B.*

III Dô hât er gemachet   40,1
     alsô rîche
     von bluomen eine bettestat.
     des wirt noch gelachet
   5 inneclîche,
     kumt iemen an daz selbe pfat,
         Bî den rôsen er wol mac,
         tandaradei,
         merken, wâ mirz houbet lac.

IV Daz er bî mir læge,   40,10
    wessez iemen,
    nun welle got, sô schamt ich mich.
    wes er mit mir pflæge,
  5 niemer niemen
    bevinde daz, wan er und ich,
        Und ein kleinez vogellîn,
        tandaradei,
        daz mac wol getriuwe sîn.‹

III *44 B, 130 [136] C.*
1 het *B.*   3 ein *C.*   5 minnecliche *B.*   6 stat *B.*   8 tandaraidai *B.*
IV *45 B, 131 [137] C.*
1 mir da gelege *B.*   2 wisse es *B.*   3 nv enwelle got *Reimpunkt B.*   6 daz] es ane spot *Reimpunkt*
B.   8 tandaraidai *B.*

Erschließungshilfen

I – IV: Zu zahlreichen Schlüsselwörtern des Minnesangs (*bluomen, nahtegal (vogel), sælic, vrouwe, rôsen, bîligen*) vgl. das Begriffsglossar.

I, 5/9: *schône*: Adverb, ‚auf schöne Weise‘.

II, 3: *friedel*: ‚Geliebter‘.

II, 5: Es gibt mehrere Möglichkeiten, diesen Vers zu verstehen. *hêre frowe*: a) ‚wie eine vornehme Dame‘; b) ‚vornehme Dame!‘ (Interjektion als Teil einer emphatischen Anrede); c) ‚Heilige Jungfrau‘ (Interjektion; vom Kontext her wenig wahrscheinlich). Nähere Erläuterungen bei Kasten / Kuhn, S. 913 f.

IV, 3: *nun welle = nu enwelle*.

17

Ton 17 wird in zwei aufeinander folgenden Fassungen ediert (nach den Hss. ABC und EU^x; vgl. die Erläuterungen im Textkritischen Kommentar).

Fassung nach ABC auf der Basis von A

A: I–IV
B: I–III
C: I–III; IV

I   Ich hân ir sô wol gesprochen,   40,19
daz si meneger in der welte lobet.
hât si daz an mir gerochen,
owê danne, sô hân ich getobet,
5   Daz ich die getiuret hân
und mit lobe gecrœnet,
diu mich wider hœnet.
frowe Minne, daz sî iu getân.

II   Frowe Minne, ich clage iu mêre: 40,27
rihtent mir und rihtent über mich.
der ie streit umbe iuwer êre
wider unstæte liute, daz was ich.
5   In den dingen bin ich wunt;
ir hât mich geschozzen,
und gât sî genozzen,
ir ist sanfte, ich bin aber ungesunt.

III

---

17 (ABC) *In C neben 133 [139] Verweiszeichen auf 378 [394].*
I *38 A, 46 B, 132 [138] C.*
8 vch *AB.*
II *39 A, 47 B, 133 [139] C.*
1 vch *AB.*   6 geschoizen *A.*   7 si gat *BC.*   8 vñ ich aber *C.*

III   Frowe, lât mich des geniezen,   40,35
         ich weiz wol, ir habt noch strâle mê.
         mugent irs in ir herze schiezen,
         daz ir werde mir gelîche wê?
5   Ir sulent, edeliu künegîn,
         iuwer wunden teilen
         oder die mînen heilen.
         solde ich eine alsus verschaffen sîn?

IV   Ich bin iuwer, frowe Minne,   41,5
         schiezzent dar, dâ man iu widerstê.
         helfent, daz ich sie gewinne,
         neinen, frowe, daz sis iht engê!
5   Lât mich iu daz ende sagen:
         und engêt si uns beiden,
         wir zwei sîn gescheiden.
         wer solte iu danne iemer iht geclagen?

III *40 A, 47 B, 134 [140] C.*
1 lât mich des] ir sulent (sult *C*) mich lan *BC.*   2 das ich wais ir *BC.*   noch] fehlt *BC.*   3 an das
hᵉze *BC.*   5 mugen ir *B,* mvget ir *C.*   7 mînen heilen] minnen teilen (*t mit Rasur?*) *A.*   mine
BC.   8 sol *BC.* verdorben *BC.*
    IV *41 A, 378 [394] C.*
2/5/8 vch *A.*   3 sie] sig (g *getilgt*) *C.*   4 neina *C.*

Erschließungshilfen

Zu Schlüsselwörtern des Minnesangs (*lop/loben, Minne, clagen, êre, staete, herz, edel*) vgl. das Begriffsglossar.

IV, 4: *neinen*: wohl Variante zu *neinâ* – verstärktes ‚nein‘. *daz sis iht engê*: Ausruf: ‚möge sie sich dem nicht entziehen‘.

Fassung nach EU^x auf der Basis von E

E: I–V
U^x: IV, V$_{3-8}$

I   Ich hân ir sô wol gesprochen,   40,19
daz sie maniger in der werlde lobt.
hât sie daz an mir gerochen,
owê danne, sô hân ich getobt,
5   Daz ich sie getiuret hân
und mit lobe gekrœnet,
die mich hin wider hœnet.
frowe Minne, daz sî dir getân.

II   Frowe Minne, ich clage iu mêre: 40,27
rihtet mir und rihtet über mich.
der ie streit umme iuwer êre
wider unstæte liute, daz was ich.
5   In den dingen bin ich wunt;
ir hât mich geschozzen,
und gêt sîs hin ungenozzen,
ir sît senfte und bin ich ungesunt.

III Frowe, lât sis niht geniezen,   40,35
ich weiz wol, ir habt strâln mê.
ir sult sie in ir hertze schiezen,
daz ir werde mir gelîch wê.
5   Muget ir, edele künigîn,
uns die wunden teiln
oder die mîne heiln.
sol ich eine alsus verdorben sîn?

IV

---

17 (EU^x)
I *28 E.*
3 gerochen *aus* gebrochen *korrigiert E.*
II *29 E.*
1 vch *E.*
III *30 E.*
2 straln vil mer *[vil getilgt durch Unterpungierung] E.*

IV   Frowe Minne, ir sult mir lônen   [⁷168,1] 169,1
        baz denne einem andern ⟨..⟩ man,
        unde sult mîn ⟨..⟩ schônen
        baz, wande ich iu baz gedienet han.
      5   Waz sol iu der niuwe site,
          daz ir manigen êret,
          der iuch hin wider unêret?
          da verderbet ir die besten mite.

V   Ich bin iuwer, frowe Minne,   41,5
        owê, warumme tuot ir mir sô wê?
        helfet, daz ich sie gewinne,
        neinâ, frowe, daz*s* uns iht engê!
      5   Lât mich iu daz ende sagen:
          und engêt si uns beiden,
          wir zwei sîn gescheiden.
          wer solte iu denne immer iht geclagen?

IV *31 E, 17 Uˣ.*
3 ir mir schonen *Beginn der Überlieferung* Uˣ.   4 baz als ich iu gedienen kan Uˣ.   5 iu] v̂ch E.   sold
Uˣ.   6 heret Uˣ.   7 widˢ vneret Uˣ.
    V *32 E, 18 Uˣ.*
2 owê] we Uˣ.   4 daz E.   5 iu] v̂ch E.

Erschließungshilfen

Zu auch in ABC überliefertem Text vgl. die Hilfen dort.

IV, 5: *Waz sol iu*: ‚Was nützt euch?‘

18

Ton 18 wird in drei aufeinander folgenden Fassungen ediert (nach den Hss. B, C und E; vgl. die Erläuterungen im Textkritischen Kommentar.)

Fassung nach B

I Ich bin als unschedelîche frô,   41,13
daz man mir wol ze lebenne gan:
tougenlîche stât mîn herze hô.
waz tougt ze der welte ein rüemic man?
5 Wê den selben, die sô manigen schœnen lîp
habent ze bœsen mæren brâht!
wol mich, daz ichz hân gedâht!
〈. . . .〉.

II Ich wil guotes mannes werdekeit   41,21
vil gerne hœren unde sagen.
swer mir anders tuot, daz ist mir leit.
ich wilz ouch allez niht vertragen.
5 Rüemære unde lügenære, swâ die sîn,
den verbiute ich mînen sanc,
und ist âne mînen danc,
obſ alsô vil geniezen mîn.

III Als ich mit gedanken irre var,   41,37
sô wil mir maniger sprechen zuo.
sô swîge ich und lâze in reden dar.   42,1
waz wil er anders daz ich tuo?
5 Hete ich ougen oder ôren danne dâ,
sô kunde ich die rede verstân.
swenne ich niht ir beider hân,
so enkan ich nein, so enkan ich jâ.

---

18 (B) I *49 B.*
8 *fehlt B.*
II *50 B.*
8 obz. *B.*
III *51 B.*
1 gedęnken *B.*

Erschließungshilfen

I, 1: *unschedelîche*: ‚ohne Schaden (zu verursachen)‘.
I, 6: *ze bœsen mæren bringen*: ‚verleumden‘.

II, 4: *vertragen*: hier ‚sich etwas gefallen lassen.‘
II, 7: *âne danc*: ‚ohne Zustimmung‘, ‚gegen den Willen‘.

Fassung nach C

I   Ich bin als unschedelîchen frô,   41,13
     daz man mir wol ze lebenne gan:
     tougenlîche stât mîn herze hô.
     waz touc zer welte ein rüemic man?
  5 Rüemære unde lügenære, swâ die sîn,
     den verbiute ich mînen sanc,
     und ist âne mînen danc,
     obs alsô vil geniezen mîn.

II   Ich wil guotes mannes werdekeit   41,21
     vil gerne hœren unde sagen.
     swer mir anders tuot, daz ist mir leit.
     ich wilz ouch allez niht vertragen.
  5 Wê den selben, die sô menigen schœnen lîp
     habent ze bœsen mæren brâht!
     wol mich, daz ichs hân gedâht!
     ir sult si mîden, guotiu wîp.

III Maniger trûret, dem doch liep beschiht,   41,29
     ich hân aber iemer hôhen muot,
     und enhabe doch herzeliebes niht.
     daz ist mir alsô lîhte guot.
  5 Herzeliep, swaz ich des noch ie gesach,
     dâ was herzeleit mir bî.
     liezen mich gedanke frî,
     sone wiste ich niht umb ungemach.

                              IV

---

18 (C) I *135 [141] C.*
II *136 [142] C.*
III *137 [143] C.*

IV   Als ich mit gedanken irre var,   41,37
       sô wil mir meniger sprechen zuo.
       sô swîge ich und lâze in reden dar.   42,1
       waz wil er anders daz ich tuo?
   5   Het ich ougen oder ôren danne dâ,
         sô kunde ich die rede verstân.
         swenne ich ir beider niht enhân,
         sone kan ich nein, sone kan ich jâ.

V   Ich bin einer, der nie halben tac   42,7
       mit ganzen fröiden hât vertriben.
       swaz ich fröiden ie dâ her gepflac,
       der bin ich eine hie beliben.
   5   Nieman kan hie fröide vinden, si zergê
         sam der liehten bluomen schîn.
         dâ von sol daz herze mîn
         senen nâch valschen fröiden mê.

IV *138 [144] C.*
V *139 [145] C.*

Erschließungshilfen

Zu auch in B überliefertem Text vgl. die Hilfen dort.

Zu zahlreichen Schlüsselwörtern des Minnesangs (*herz, lîp, werdekeit, hoher muot, herzeliebe, liep, leit, sanc, fröide*) vgl. das Begriffsglossar.

V, 3: *pflac* < *pflegen*: ‚sich kümmern um‘, ‚sich befassen mit‘; *pflegen* deckt ein großes semantisches Feld ab.

V, 8: Vgl. den Textkritischen Kommentar.

Fassung nach E

I   Man sol guotes mannes wirdekeit   41,21
   vil gerne hœren unde sagen.
   der mir anders tuot, daz ist mir leit.
   ich mac ez allez niht verdagen.
   5   Rüemær unde lügenær, swâ die sîn,
      den verbiut ich mînen sanc,
      ez ist ân mînen danc,
      daz siez als vil geniezen mîn.

II   Ich bin als unschedelîchen frô,   41,13
   daz man mir wol ze lebenne gan:
   tugentlîchen stât mîn herze frô.
   waz touc zuor werlde ein rüemic man?
   5   Wê den selben, waz sie manigen schœnen lîp
      hânt zuo bœsen mæren brâht!
      wol mich, daz is hân gedâht!
      ir sult si mîden, guotiu wîp.

III   Maniger trûret, dem doch wol geschiht,   41,29
   ich hân aber immer hôhen muot,
   herzeliebes des enhân ich niht.
   daz ist mir als lîhte guot.
   5   Herzeliebes, swaz ich des noch ie ge*sach*,
      dâ was herzeleide bî.
      liezen mich gedanke frî,
      so weste ich niht umme ungemach.

IV   Als ich mit gedanken umme var,   41,37
   sô wil mir maniger sprechen zuo.
   sô swîge ich und lâz in reden dar.   42,1
   waz wil er daz ich anders tuo?
   5   Hete ich ougen oder ôren denne dâ,
      sô könde ich die rede verstân.
      sît ich des nû nit enhân,
      son kan ich nein, son kan ich jâ.

---

18 (E) I *12 E.*
II *13 E.*
III *14 E.*
5 gewan *E.*
IV *15 E.*

Erschließungshilfen

Zu auch in B und C überliefertem Text vgl. die Hilfen dort.

II, 7: *is*: = *ich es* (Gen.), ‚ich daran‘.

19

Ton 19 wird in zwei aufeinander folgenden Fassungen ediert (nach den
Hss. BC und EU^x; vgl. die Erläuterungen im Textkritischen Kommen-
tar.)

Fassung nach BC auf der Basis von C

I   Swer verholne sorge trage,   42,15
der gedenke an guotiu wîp, er wirt erlôst,
und gedenk an liehte tage.
die gedanke wâren ie mîn bester trôst
5   Gegen den vinstern tagen hân ich nôt,
wan daz ich mich rihte nâch der heide,
diu sich schamt vor leide,
sô si den walt siht gruonen, sô wirt sie iemer rôt.

II   Wil aber iemen wesen frô,   42,31
daz wir iemer in den sorgen niht enleben?
wê, wie tuont die jungen sô,
die von fröiden in den lüften solten sweben.
5   Ich enweiz, wem ichz wîʒen sol,
wan den rîchen wîʒe ichz und den jungen.
die sint unbetwungen,
und stât in trûren übel und stüende in fröide wol.

III

---

19 (BC) I *52 B, 140 [146] C.*
2 er] der *B*.
II *53 B, 141 [147] C.*
4 solten in den lüften *B*.   5 wissen *BC*.   sol] mag *B*, mac *in C durchgestrichen dahinter* sol.   6 wisse
BC.   8 des stat *B*.

III   Frowe, als ich gedenke an dich,   42,23
        waz dîn reiner lîp erwelter tugende pfliget,
        sô lâ stân, du rüerest mich
        mitten an daz herze, dâ diu liebe liget.
  5   Liep und lieber, des mein ich niht,
        dû bist mir aller liebest, daz ich meine.
        dû bist mir alleine
        vor al der werlte, frowe, swaz sô mir geschiht.

IV   Wie Frô Sælde kleiden kan,   43,1
        daz si mir gît kumber unde hôhen muot.
        sô gît si einem rîchen man
        ungemüete, owê, waz sol den selben guot?
  5   Mîn Frou Sælde, wie si mîn vergaz,
        daz si mir niht guot ze mînem muote
        niene schriet, si vil guote!
        mîn kumber stüende im dort bî sînen sorgen baz.

III *54 B, 142 [148] C.*
7 mir] *fehlt B.*   8 vor al der welte vrowe liep swas mir geschiht *B.*
IV *55 B, 143 [149] C.*

Erschließungshilfen

I, 4 f.: *gegen den vinstern tagen*: bezieht sich auf den vorangehenden Satz und ist gleichzeitig
präpositionale Ergänzung zu *hân ich nôt* (Apo koinu-Konstruktion).

I, 8: Die Farbmetaphorik ‚rot' dürfte an das Heidekraut rückzubinden sein, dessen Blüten
rot (rosa) sein können (anders Wi/Mi, Bd. II, S. 186 f., dessen Paraphrase der Stelle mit
dem Wortlaut des Textes m. E. nicht ganz in Einklang zu bringen ist). Die gewählte
Bildlichkeit ist nicht einfach zu verstehen: Das sprechende Ich will sich angesichts dunk-
ler Zeiten wie die Heide verhalten, die sich schämt, wenn der Wald zu grünen beginnt –
und dadurch rot wird, also an Farbenpracht gewinnt, was positiv besetzt ist. Wi/Mi
deuten die Stelle so, dass die Heide sich ihrer düsteren Stimmung dann schämt, wenn sie
den grünenden Wald bemerkt (d. h., wenn sie mit einer positiven Erscheinung konfron-
tiert wird oder daran denkt).

II, 1 f.: ‚Will wieder jemand froh sein, sodass wir nicht mehr in Sorge leben?'.

IV, 7: *schriet* < *schrôten*, st. V.: ‚zuschneiden', ‚zuteilen' (Schneider- und Kleidermetaphorik).

Fassung nach EUˣ, auf der Basis von Uˣ

I   Wil aber ieman wesen vrô,   42,31
     daz wir in den sorgen iemer niene leben?
     wê, wie tuont die jungen sô,
     die von vröiden solten in den lüften sweben.
  5   Ine weiz anders niht, wem ichz wîzen sol,
     wen den rîchen wîz ichz und den jungen.
     die sint unbetwungen,
     des stêt in trûren übel unde *stüe*nd in vröide wol.

II   Wie diu Sælde kleiden kan,   43,1
     daz si mir gît kumber unde hôhen muot.
     sô gîts eine*m* rîchen man
     ungemüet: owê daz, waz sol deme selben guot?
  5   Vrouwe Sælde, wie sie sich vergaz,
     daz si mir sîn guot ze mîne*m* muote
     niene schriet, diu vil guote!
     mîn kumber *stüe*nd im dort bî sînen sorgen baz.

III   Vrouw, als ich gedenk an dich,   42,23
     waz dîn reiner lîp erwelter tugende pflît,
     sô lâ stên, du rüerest mich
     an ⟨…⟩ enmitten, dâ diu liebe lît.
  5   Liep und lieber, desne mein ich niht,
     ez ist aller liebest, daz ich meine.
     dû bist mir aleine
     vor alleme liebe, vrouwe, swaz joch mir geschiht.

IV

---

19 (EUˣ) I *38 E, 24 Uˣ.*
2 disen *E.* iht imm⁵ leben *E.*   3 Vwe *E.* jungen lûte also *E.*   4 uroud? *(nach dem d ein unleserliches Zeichen, vielleicht ein hochgestelltes e mit Nasalstrich) Uˣ.*   5 ichn weiz anders weme iz wizzen sol *E.*   6 minen *Uˣ.*   8 stunt *Uˣ.* fraudē *E.*

  II *39 E, 25 Uˣ.*
3 einen *Uˣ*   4 vwe waz sol dem *E.*   5 wie ir v̂ch v⁵gat *E.*   6 daz ir mir sin gûte zv̊ sinem mûte *E.* minen *Uˣ.*   7 niene schriet, diu vil guote] niht beschert *E.* guote] *unleserlich Uˣ.*   8 stunt *Uˣ.* sorgen *unleserlich Uˣ.*

  III *40 E, 26 Uˣ.*
1 Vrouw] *unleserlich Uˣ.*   4 mittem in daz hertze daz dů liebe liget (: pfliget) *E.* an ? *[unleserlicher Buchstabe, vielleicht ein ů, dann Loch im Pergament] Uˣ.*   5 vnliebe der en meine ich niht *E.*   6 ich do *E.*   8 aller liebest frauwe *E.*

IV   Swer verholne swære trage,   42,15
        der gedenk an guote wîp, er wirt erlôst,
        und gedenk an liehte tage.
        die gedanken wâre*n* ie mîn best*er* trôst.
5   In den vinsteren tagen sô lîd ich nôt,
        wen daz ich mich richte nâch der heide,
        diu schemet ⟨*sich*⟩ vor leide,
        sô si den walt siht gruonen, sô wirts iemer rôt.

IV *41 E, 27 U*ˣ.
2 schŏne wip *E.*   4 ware *U*ˣ.   best *U*ˣ.   5 tagen lide *E.*   7 sich] *fehlt U*ˣ. sich schemet *E.*
8 wirt sis *E.*

Erschließungshilfen

Vgl. die Hilfen zur Fassung nach BC.

20

BCEFOas: I–IV

D: I ₁₋₉   Text nach O

I   Ich hœre iu sô vil tugende jehen,   43,9
     daz iu mîn dienest iemer ist gereit.
     enhæt ich iuwer niht gesehen,
     daz schadete mir an mîner werdecheit.
  5   Ich wil immer deste tiurer sîn
     und bite iuch, vrouwe,
     daz ir iuch underwindet mîn.
     ich lebete gerne, kunde ich leben,
     mîn wille ist guot, nû bin ich tump:
 10   nû sult ir mir die mâze geben.

II   ›Kunde ich die mâze als ichne kan,   43,19
     sô wære ich zer werlde ein sælic wîp.
     ir tuot als ein wol redender man,
     daz ir sô hôhe tiuret *mînen* lîp.
  5   Ich bin vil tumber danne ir sît,
     waz darumbe?
     doch wil ich scheiden disen strît.
     tuot alrest, des ich iuch bite,
     und saget mir der manne muot,
 10   sô lêre ich iuch der wîbe site.‹

III

---

20 I *56 B, 144 [150] C, 256 D, 170 E, 34 F, 4 O, 24 a, 30¹ s.*
1 Frawe ich *Fa.* horte *BC.* vch *BFas.* vil tugende] vil tvgenden *BO,* vil der tugende *DEFa.* wil tugē gheen *s.*   2 vch *BFas.* mv̊z immer sin bereit *DF.*   3 enhæt] En had *s,* hat *B,* het *C,* Vnde hette *Da,* Nue hett *F.* vch *D.* gesien *s,* gischehin *a.*   4 daz] es *BC,* hetz *s.* schadete] schatte *B,* schate *C,* schadet *F,* schat *Ea,* scade *s.* mir vil *a,* mir nym̅er *F.*   5 Ich wil] Vnd ich wil *s,* nu wil ich *EFa,* vnde wil ouch *D.* trv̊er *s.*   6 und] ich *Da.* fraw *Fs,* frowe dez *a,* selig vrowe gv̊t *BC; vgl. V. 9.*   7 iuch] *fehlt s.*   8 ich lebete wch gerne konde ich wch lebin *a.*   9 mîn *Ende der Überlieferung D.* nv bin ich tvmp min wille ist gv̊t *BC; vgl. V. 6.* nû bin ich tump] so bin ich tump *E,* und ich pin tum *F,* doch bin ich din *s.*   10 Des suldir mich *s.* ir] *fehlt F.*

II *57 B, 145 [151] C, 171 E, 35 F, 5 O, 25 a, 30² s.*
1/2 *mit* 3/4 *vertauscht s.*   1 als] zo *s.* ichne] ich nicht *F,* ich nɜ in *s,* ich niene *BC,* ich ir leidor niht in *a.*   2 sô wære ich] ich wᵉe *a.* zer] in der *BC,* der *F.* wol ein *F.* schelic *a.*   3 ich tůn *C.* ein vil reder man *s.*   4 mînen] min *s,* mir den *a,* uwen *O.*   5 Ich bin vil drouer *s,* Ich vil tumer *F,* ich bin noch tunbir *a,* nv bin ich doch tvmber *BC,* ich bin niht wiser *E.*   6 Was daet am (*oder* om) *s,* *fehlt EFO.*   7 doch wene ich daz ich wȯlle scheiden vns den strit *E.* doch wil ich] ich wil *s.* disen] den *BCs.*   8 tuot alrest] tůnt von erst *a,* tůt ir alreste *BCE,* nun tut allererst *F,* nv doyt irst *s.* iuch] v *O,* du *s.*   9 unde saget mir] nu sagit mir *a,* vn̅ leret mich *E,* lert (lerte *C*) ir mich *BC.* der mynne mut *F,* der moet name *s.*   10 dˢ frowen *a.*

III   Wir wellen, daz diu stætecheit   43,29
       den guoten vrouwen rehte ein krône sî.
       kunnen sie mit zühten sîn gemeit,
       sô stêt vil wol die lilie der rôsen bî.
    5   Nû merket, wie der linden stê
       der vogelsanc,
       dar under bluomen unde klê,
       noch baz stêt vrouwen schœner gruoz.
       ir minneclîcher redender munt
    10   der machet, daz man in küssen muoz.

IV   ›Ich sage iu, wer uns wol behaget: 44,1
       der beide erkennet übel unde guot
       und ie daz beste von uns saget,
       dem sîn wir holt, ob erz mit triuwen tuot.
    5   Kan er dan ze rehte wesen vrô
       unde gedenken ime
       ze mâze nider unde hô,
       der mac erwerben, des er gert.
       welh wîp versaget im einen vadem?
    10   guot man ist wol guoter sîden wert.‹

III *58 B, 146 [152] C, 172 E, 36 F, 6 O, 26 a, 30³ s.*
1 Wir man wir wellin *a,* Sie wöllent *E.* diu] *fehlt a.*   2 den guoten frouwen] der gûten frauwē *E,* guten weyben *F,* An goedē wibē *s,* vch (iv *C*) gûten wiben *BC,* ob allin gûtin dingin *a.* rehte ein] rehte *E,* wol ein *F,* gar ein *BCa,* ein *s.* sî] sey kumen *Reimpunkt F; vgl. V. 4.*   3 kunnen sie] kan sie *E,* kvnnent ir *BC,* sit ir *a,* vnd die *F.* sîn] wol *a.*   4 so stet dv gilge wol der rosin bi *a,* so stet die rose wol der lylien bi *E,* so stet (stēt *C*) lilien wol den rosen bi *BC,* so steit vil wol die rose dˢ by *s,* so schaytt die liligͦ wol die rosen bey den plumen *F; vgl. V. 2.*   5 nu wartent *a.* die linde *F,* der lilie *BC.* stat *a; vgl. V. 7.*   6 der vogelline singen *BC,* der uogelein sanck *F,* der (ir *E*) vogelsanc *OEs.*   7 da vndˢ bleuē vn̄ cle *s,* vnd da weisser clee *F,* vn̄ ir rat *a; vgl. V. 5.*   8/10 grüs: moet *s.*   8 noch paß stet reinē weyben Ir gůt vnd auch werder frawen gruß *F.* noch baz] michels bas *BC.* stêt] cimet *a.* vrouwen] vch (iv *C*) vrowen *BC,* wibin *a.* schœner] werder *a.*   9 ir] vwer *BC,* wan ir *a.* minneclîcher] mynniglicher wol *F,* wol szûsir *a.*   10 der] *fehlt BCE.* machet] schafit *a.* in küssen] kvssen *BC,* zhusen *a.*

IV *59 B, 147 [153] C, 173 E, 37 F, 7 O, 27 a, 30⁴ s.*
1 Ir man fragent wer *BC.* euch *Fas.* vns wibin wol *a.* behage *BC.*   2 der beyde kennet übel vnd gut *F,* nieman wan der irkennit vbil vn̄ gůt *a.* dˢ übel erkennē kan vn̄ gůt *C,* dˢ vbel vn̄ gůt erkennen kan *B.*   3 vn̄ vil des bestin von *a.* vā vch *s.* sage *BC.*   4 vnd ob er es in trewen *F.*   5 kan er ze rehte ŏch wesen fro *BC,* kan er dēne mit zv̆hten wesen fro *E,* Der mag in zuchten wesen fro *F,* vnde dˢ zimase kā wesin fro *a.*   6/7 Vn̄ gedenchē ym zu maesē nyder vn̄ ho *s,* vnde gedenke yme tzo maze nydere vn̄ ouch tzo mazē ho *O,* das er gedenket ze masse weder nider noch ze ho *BC,* vn̄ sin gemůte setzen nider vn̄ ho *E,* vn̄ da bi kan tragin beidu nidir vnde ho *a,* der dine In zu massen hie vnd do vnd trage dein gemute weder nyder noch zu hoh *F.*   8 so tůt er des das herze gert *BC.* der] Er *s.* erwerben] wol pieten *F.* des] wes *F,* swes *Ea.*   9/10 fraw uersaget Im in gute er wirt do schier gewert *F.*   9 wîp] frauwe *E.* versait dem *BC,* ime verseit *E.*   10 gv̆ter man *BC.* ist gûter siden *BCEa,* ist wol ryches lones *s.* wˢ *s.*

Erschließungshilfen

Zu zahlreichen Schlüsselwörtern des Minnesangs (*tugent, werdekeit, mâze, tiure, sælic, stæte, rôsen, vogel, gruoz, kuss*) vgl. das Begriffsglossar.

I, 7: *sich underwinden*: ‚sich kümmern um‘.

21

BC: IV I
E: I–IV
O: III II IV   Text nach E

I   Ich lebet ie wol und âne nît,   44,23
    wenne der lügenære werdekeit.
    daz wirt ein langer werender strît.
    ir hertzeliep muoz immer sîn mîn hertzeleit.
5   Ez erbarmet mich vil sêre,
    daz*s* als offenlîchen gân
    und nieman guotes unbeworren lân.
    unstæte, sünde, schande, unêre:
    die râten*t* sie, swâ man sie gerne hœren wil.
10 owê, daz man sie nit vermîdet!
    daz wirt noch maniger frouwen schade
    und hât verderbet hêrren vil.

II Noch dulde ich tougenlîchen *haz*   [⁷171,1] 172,1
    von einem worte, daz ich wîlnt sprach.
    waz mac ich zürnen umbe daz?
    ich wil jehen, daz ich wîlnt jach:
5   Ich sanc von der rehten minne,
    daz sie wære sünden frî.
    der falschen gedâhte ich ouch dâ bî
    unde rieten mîne sinne,
    daz ich sie hieze unminne, daz tete ich.
10 nû vêhent mich ir undertân.
    als helfe iu got, werde ich vertriben,
    ir frouwen, sô behaltet mich.

III

---

21 I *61 B, 149 [155] C, 148 E.*
1 ie] *fehlt BC.*   2 wan dvrch der *BC.*   3 lange *B.*   4 ir liep mv́s iemer sin min lait *BC.*
6 dazs] das sv́ *BC,* daz *E.* gant *BC.*   7 gv́ten *B,* gv́ter *C.* vnverworren *BC.* lant *BC.*   8 sünde
schande] schande sv́nde *B,* schadē sv́nde *C.*   9 ratent sv́ iem⁵ *BC.* gerne] *fehlt BC.* raten *E.*
II *149 E, 2 O.*
1 haz] schaden *E.*   3 waz denne al tzv́rnent sie vmme daz *O.*   3 wil nv *O.*   4 wîlnt] do *O.*   7
falschen] der valchē *O.*   8 do rieten mir die mynne sýnne *O.*   10 vndertanen *O.*   11 als] so *O.*

III   Mac ieman deste wîser sîn,   [⁷171,13] 172,13
         daz er an sîner rede vil liute hât,
         daz ist an mir cleine schîn.
         ez gât die werlt wol halbe an mînen rât,
      5 Unde bin ich doch verirret,
         daz ich lützel hie zuo kan.
         ez mac wol helfen einem andern man,
         ich merke wol, daz ez mir wirret,
         und wil die friunde nû baz erkennen iemer mê,
     10 die guote mære niht verkêrent.
         wil ieman lôser mit mir reden,
         ichn mac, mir tuot daz houbt wê.

IV   Mîn frouwe ist underwîln hie,   44,11
         sô guot ist sie, als ich des wæne wol.
         wenne ich geschiet ⌜von ir noch nie⌝.
         ist, daz ein minne die andern suochen sol,
      5 Sô wirt sie vil dicke elende
         mit gedanken, als ich bin.
         mîn lîp ist hie, sô wonet dort [ ] mîn sin.
         der wil von ir niht, daz ist ein ende.
         nû wolte ich, daz er ir næme guote war
     10 und mîn dar under niht vergæze.
         waz hilfet, tuon ich mîn ougen zuo?
         sô siht sie doch durch daz herze dar.

III *150 E, 1 O.*

3 mir vil kleyne *O.*   4 die werlt wol halp get *O.*   5 vñ hat mich doch so *O.*   6 daz ich ie tzo
lutzel kan *O.*   7 eynen *O.*   9 nû baz] *fehlt O.*   10 niht] *fehlt O.*

IV *60 B, 148 [154] C, 151 E, 3 O.*

2 als] daz *O,* des *BC.*   ich des wæne] des wene ich *BC.*   3 von ir geschiet ich mich noch nie *BC,*
min hᵉtze ne schiet von ir noch nie *O* … . noch nie von ir *E.*   4 vñ ist *BC.*   sol] *fehlt O.*   5 vil]
fehlt BCO.   7 mit lip *E.*   dort] bi ir *BC.*   bi ir so wonet der sin *O.*   dort mit gedanken min
E.   8 hᵉne wil *O.*   9 daz er ir naeme] er tete ir *BC.*   guote] *fehlt O.*   10 min dar vmbe
BC.   niht] nene *O.*   11 waz hilfet] nv was hilfet *BC,* waz dan al *O.*   mîn] dv́ *BCO.*   12 sô siht
sie doch durch daz] so sehent sv́ dvrch min *BC,* so sicht iedoch myn *O.*

Erschließungshilfen

Zu Schlüsselwörtern des Minnesangs (*werdekeit, herzeliebe, -leit, (un)staete, (un)êre, (un)êre, (un)-minne*) vgl. das Begriffsglossar.

I, 2: ,stünden die Lügner nicht in hohem Ansehen'.
I, 6: *dazs = daz si*.
I, 7: *unbeworren < bewerren*: ,in Verwirrung bringen', ,in Verwirrung sein'.

II, 5: Intertextueller Verweis auf Ton 93 (E), IV ([⁷217,10] 219,10).
II, 10: *vêhent*: ,hassen', ,befehden'.

IV, 5: *elende*: ,unglücklich', ,hilflos'.

22

A: II–IV
B: I–III
C: I–IV   Text nach C

I   Die hêrren jehent, wan sul den frowen   44,35
     wîzen, daz diu welt sô stê.
     si sehent niht frœlich ûf als ê,
     si wellent alze nider schowen.
     5 ich habe ouch die rede gehœret: 45,1
     si sprechent, daz in fröide stœret,
     si sîn mê danne halbe verzaget
     beidiu lîbes unde guotes,
     nieman helfe in hôhes muotes.
     10 wer sol rihten? hie ist geklaget.

II   Mîn frowe wil ze frevellîche   45,7
     schimpfen, ich ha*b* ûz gelobt.
     si tumbet, obe si niht entobt,
     wan ich wart lobes nie sô rîche:
     5 getorst ich vor den wandelbæren,
     ich lobte die ze lobenne wæren.
     des enhabe deheiniu muot:
     ich engelobe si niemer alle,
     swie ez den bœsen missevalle,
     10 sine werden alle guot.

III

---

22 I *63 B, 151 [157] C.*
1 man sv́l es *B.*   4 das sv́ also gerne nider schowē *B.*   5 ich habe ouch] iedoch han ich *B.*
II *105 A, 64 B, 152 [158] C.*
1/4 zeschedelichen *A*, ze vrẹvenlichen *B*, ze frevellichē *C*: riche *ABC.*   1 Ain *B.*   2 han *A.*   3
si niht entobet *A.*   4 io ne wart ich lobes noch nie so riche *A.*   5 torst *A.*   von *B.*   6 so
lobte ich *A.*   7 dies enhaben deheinem mv̂t *A.* deheinem *A.*   8 gelobe *B.*   9 losen *A.*

III   Ich weiz si, diu daz niht ennîdet,   45,17
      daz man nennet reiniu wîp.
      sô rehte reine ist ir der lîp,
      daz sî der reinen lop wol lîdet.
    5 er engap ir ze cleine,
      der sî geschuof schœne unde reine.
      der diu zwei zesemme slôz,
      wie gevuoge er kunde sliezen!
      er sold iemer bilde giezen,
  10 der daz selbe bilde gôz.

IV   Sich crenkent frowen unde pfaffen,   45,27
      daz si sich nicht scheiden lânt.
      die den verschamten bî gestânt,
      die wellent lîhte ouch mit in schaffen.
    5 〈. . . . .
      . . . . 〉
      wê, daz zwên alse edele namen
      mit den schamelôsen werbent!
      sicherlîche si verderbent,
  10 sîne wellens sich erschamen.

III *106 A, 65 B, 153 [159] C.*
2 nemmet *B.*   3 rein sost ir *A*, rainen wais si ir *B.*   4 gûten *A.*
IV *107 A, 154 [160] C.*
1 crenken *AC.*   2/3 lan : gestan *AC.*   5/6 *fehlt AC.*   7 zwein alse edelen *AC.*   8/9 werben : verderben *AC.*

Erschließungshilfen

I, 2: *wîzen*: ‚vorwerfen‘.

II, 1 f.: ‚… will auf schändliche Weise (mit mir) Spott treiben, …‘
II, 3: ‚sie ist töricht, wenn sie nicht schon ganz verrückt ist‘.
II, 10: *sine werden* …: exzipierende Konstruktion: ‚es sei denn, sie werden …‘.

III, 2/3/4: Vgl. zum Attribut *rein* das Begriffsglossar.

IV, 10: *sîne wellens* …: exzipierende Konstruktion: ‚es sei denn, sie werden …‘.

23

Ton 23 wird in vier aufeinander folgenden Fassungen ediert (nach den Hss. A, B, C und E; Varianten der Hss. F und N sind im Apparat zu A verzeichnet; vgl. die Erläuterungen im Textkritischen Kommentar.)

Fassung nach A

I   Sô die bluomen ûz deme grase dringent,   45,37
    same si lachent gegen der spilden sunnen,
    in eineme meien an dem morgen vr*u*o,   46,1
    und diu cleinen vogellî*n* wol singent
 5 in ir besten wîse, die si kunnen,
    waz wunne mac sich dâ genôzen zuo?
        Ez ist wol halb ein himelrîche.
    suln wir sprechen, waz sich deme gelîche,
    sô sage ich, waz mir dicke baz
10   in mînen ougen hât getân
    und tæte ouch noch, gesæhe ich daz.

II   Swâ ein edeliu schœne frowe reine,   46,10
    wol gecleit unde wol gebunden,
    dur kurzewîle zuo vil liuten gât,
    hovelîchen hôchgemuot, niht eine,
 5 ein wênic umbe sehende under stunden,
    alsam der sunne gegen den sternen stât, –
        Der meie bringe uns al sîn wunder,
    waz ist denne dâ sô wunneclîches under
    als ir vil minneclîcher lîp?
10   wir lâzen alle bluomen stân
    und kapfen an daz werde wîp.

III

---

23 (A) I *1 A, 6 N.*
2 same] Also *N.* der spildem sunden *N.*   3 vro *A.*   4 vogelliv *A,* uogeline *N.* wol] *fehlt N.*
5 in ir besten] die allˢbesten *N.* chunnent *N.*   6 wnnen *N.*   8 nů sprechet *N.*   9 ich liethe
waz mir baz *N.*
   II *2 A, 14 F, 7 N.*
1 wo *F.* schœne frowe reine] vrŏwe raine *N.*   2 gebunde *N.*   3 vil] den *F.* liu/ *Ende der lesbaren*
Überlieferung N. gât] *fehlt F.*   4 wol gemut *F.*   5 anesehende ein wenig *F.*   6 alsam] also *F.* die
sunne *F.* gegen sternē *F.*   7 der pringt *F.* al sîn] *fehlt F.*   8 dâ sô] das *F.* wunigliches wunder
F.   11 schawen *F.* die werden *F.*

III   Nû wol dan, welt ir die wârheit schowen,   46,21
        gên wir zuo des meien hôchgezîte!
        der ist mit aller sîner crefte komen.
        seht an in und seht an werde frowen,
   5   wederz dâ daz ander überstrîte.
        daz bezzer teil, daz hân ich mir genomen.
            Owê, der mich dâ weln hieze,
            daz ich dâ daz eine dur daz ander lieze,
            obe ich ze rehte danne küre?
  10   hêr Meie, ir müesent merze sîn,
            ê ich mîne frowen dâ verlüre.

IV   Aller werdekeit ein vüegerinne,   46,32
        daz sît ir zwâre, frowe Mâze.
        er sælic man, der iuwer lêre hât!
        der endarf sich iuwer niender inne
   5   weder ze hove schamen noch an der strâze.
        dur daz suoche ich, frowe, iuwern rât,
            Daz ir mich ebene werben lêret.
            wirb ich nider [ ], wirb ich hôhe, ich bin versêret.   47,1
            ich was vil nâch ze nidere tôt,
  10   nû bin ich aber ze hôhe siech:
            unmâze enlât mich âne nôt.

                              V

III *3 A, 15 F.*

1 nun wol an Ir sult *F.*   2/5 hochzeit: streyt *F.*   2 Nue var wir *F.*   3 krefte] schöne *F.*   4
werden *A*, schöne *F.*   5 wederz dâ] welch Ir *F.*   6 Das besser spil ich wil das han ich vᵉnomen
F.   7 der mir da deinē willen hette *F.*   8 wie störe ich das eine durch das annder lasse *F.*   9
wie rechte schir ich denne kore *F.*   kvre *A.*   10 her mey Ir meistˢ müst sein *F.*   mvzent *A.*   er ich
dich nicht mein frawe da uerlore *F.*   11 verlvre *A.*

   IV *4 A, 16 F.*

1 figurỹnne *F.*   3 er] vil *F.*   4 nymͤer Inne *F.*   5 weder] werdˢ *A*, noch *F.*   schamen] komen
F.   noch an der strâze] in der schasse *F.*   dorumb so gee ich frawe nach ewrˢ rat *F.*   7 ebene] aber
F.   8 wirb ich nider wirb ich nidˢ *A.*   9 uil nacht durch sie tod *F.*   10 zu massen sich *F.*   11
vnmassen lang ane not *F.*

V   Nidere minne heizet, diu sô swachet,   47,5
       daz der muot nâch kranker liebe ringet.
       diu minne tuot unlobelîche wê.
       hôhe minne reizet unde machet,
   5   daz der muot nâch hôher wirde ûf swinget.
       diu winket mir nû, daz ich mit ir gê.
           Mich wundert, wes diu mâze beitet.
           kumt diu herzeliebe, ich bin iedoch verleitet:
           mîn ougen hânt ein wîp ersehen,
  10   swie minneclich ir rede sî,
           mir mac doch schade von ir geschehen.

V *5 A, 17 F.*

1 Nideriu] In der *F.*   diu sô] so der *F.*   2 muot] leyp *F.*   3/4 die lieb tut wee/ vnd lobelichen machet *F.*   5 nach hoher wurde *A,* nach werder lieb *F.*   sich auf swinget *F.*   6 daz] des *F.*   7 Mich wundert] nun waiß ich *F.*   wes] was *F.*   8 wenn kumpt *F.*   hertzen liebe *F.*   ich bin iedoch] so pin ich *F.*   11 mir] im *F.*   doch] wol *F.*

Erschließungshilfen

Zu zahlreichen Schlüsselwörtern des Minnesangs (*bluomen, vogel, edel, schœn, werdekeit, mâze, (hôhe/nidere) minne, (un-)mâze, herzeliebe*) vgl. das Begriffsglossar.

II, 4: *eine* = ‚allein'.

II, 6: Der Vergleich soll wohl bedeuten: Die Frau bewegt sich in der Gesellschaft in einer Weise, die sie von anderen Menschen abhebt – ähnlich wie die Sonne sich vor den (anderen) Sternen aufgrund ihrer Leuchtkraft auszeichnet.

III, 5: ‚wer von ihnen das je andere übertrifft'.

III, 10 f.: Diese Stelle hat in der Forschung viele kontroverse Deutungen erfahren. Ein Verständnis, das ohne viele Vorannahmen und sehr spezifische Wortdeutungen auskommt (so *merze* im Sinne von frz. ‚merci'), ist, hier ein Adynaton anzunehmen: Bevor der Mann auf seine Dame verzichtete, müsste der Mai zum März werden (was freilich nicht möglich ist).

Fassung nach B

I   Sô die bluomen ûz dem grase dringen,   45,37
    sam si lachen gegen der spilden sunnen,
    in einem meien gen dem morgen fruo,   46,1
    und diu cleinen vogellîn wol singen
  5 in ir besten wîse, die si kunnen,
    waz wunne kan sich dâ gelîchen zuo?
       Ez ist wol halb ein himelrîche.
       nû sprechent alle, waz sich dem gelîche,
       sô sage ich, waz mir dicke baz
 10 in mînen ougen hât getân
    und tæte ouch noch, gesæhe ich daz.

II   Swâ ein edeliu vrowe schœne reine,   46,10
    wol gecleit und wol gebunden,
    durch kurzewîle zuo vil liuten gât,
    hovelîchen hôhgemuot, niht eine,
  5 umbe sehende ein wênic understunden,
    alse die sunne gên den sternen stât, –
       Der meie bringe uns al sîn wunder,
       waz ist danne dâ sô wunneclîches under
       alse ir vil minneclîcher lîp?
 10 wir lâzen alle bluomen stân
    und kapfen an daz werde wîp.

               III

23 (B) I *66 B.*
II *67 B.*

III   Nû wol ûf, went ir die wârheit schowen,   46,21
    sô gên wir zuo des werden meien hôchgezît!
    der ist mit aller sîner wunne komen.
    nû seht an in und seht an schœne vrowen,
  5 wederz hie daz ander überstrît.
    ob ich daz wæger spil iht habe genomen?
      Ahî, der mich hie *welen hieze*,
      daz ein ich durch daz ander lie*z*e,
      wie schiere ich daz eine für das ander kür?
  10 hêr Meie, ir müesent merze sîn,
    ê ich mîne vrowen hie verlür.

IV   Aller werdekeit ein füegerinne,   46,32
    daz sint ir zwâre, vrô Mâze.
    ein sælic man, der iuwer lêre hât!
    der darf sich iuwer niht beschamen inne
  5 ze hove noch an der strâze.
    durch daz sô suoche ich iuweren rât,
      Daz ir mich ebene werben lêret.
      wirbe ich nider, wirb ich hôh, ich bin versêret.   47,1
      ich was vil nâch ze nidere tôt,
  10 nû bin ich aber ze hôhe siech:
    unmâze, ir lant mich niender ân nôt.

V   Nideriu minne heizet, diu sô swachet,   47,5
    daz der lîp nâch kranker liebe ringet.
    diu liebe tuot unlobelîchen wê.
    hôhe minne heizzet diu dâ machet,
  5 daz der muot nâch werder liebe ûf swinget.
    diu winket mir nû, daz ich mit ir gê.
      Nû enweiz ich, wes diu mâze beitet.
      kumet herzeliebe, sô ich bin verleitet –
      mîn ougen hânt ein wîp ersehen,
  10 swie minneclîche ir rede sî,
    mir mac wol schade von ir geschehen.

III *68 B.*
7 hie welle niessen *B.*   8 liessen *B.*   9:11: kvr: verlvr *B.*
IV *69 B.*
4/5 der darf sich v́wer niht beschamen *Reimpunkt* inne ze hove noch an der strasse *B.*

Erschließungshilfen

Zu auch in A überliefertem Text vgl. die Hilfen dort.

III, 1: *went* = *welt*.
III, 6: *wæger*: ‚überlegener‘, ‚besser‘, ‚angemessener‘ (Komparativ zu *wæge*).

Fassung nach C

I   Sô die bluomen ûz dem grase dringent,   45,37
       sam si lachen gegen dem spilnden sunnen,
       in einem meien an dem morgen fruo,   46,1
       und die kleinen vogellîn wol singent
    5 in ir besten wîse, die si kunnen,
       ⟨waz⟩ wunne kan sich dâ gelîchen zuo?
          Ez ist wol halb ein himelrîche.
          nû sprechent alle, waz sich dem gelîche,
          sô sage ich, waz mir dicke baz
   10   in mînen ougen hât getân
          und tæte ouch noch, gesæhe ich daz.

II   Swâ ein edeliu frowe schœne reine,   46,10
       wol bekleit und darzuo wol gebunden,
       dur kurzewîle zuo vil liuten gât,
       hovelîchen hôh gemuot, niht eine,
    5 umbe sehende ein wênic under stunden,
       alsam der sunne gegen den sternen stât, –
          Der meie bringet uns al sîn wunder,
          waz ist dâ sô wunneklîches under
          als ir vil minneklîcher lîp?
   10   wir lâzen alle bluomen stân
          und kapfen an daz werde wîp.

                       III

---

23 (C) I *155 [161] C.*
6 waz] *fehlt C.*
  II *156 [162] C.*

III   Aller werdekeit ein füegerinne,   46,32

     daz sît ir zewâre, frowe Mâze.

     ein sælic man, der iuwer lêre hât!

     der darf sich iuwer niht beschamen inne

    5 beide ze hove noch ouch an der strâze.

     dur daz sô suoche ich iemer iuweren rât,

        Daz ir mich ebene werben lêret.

        wirbe ich nidere, wirbe ich hôh, ich bin versêret.   47,1

        ich was vil nâch ze nidere tôt,

   10   nû bin ich aber ze hôhe siech:

        unmâze, ir lâzet mich an nôt.

IV   Nideriu minne heizet, diu sô swachet,   47,5

     daz der lîp nâch kranker liebe ringet.

     diu liebe tuot unlobelîche wê.

     hôhe minne heizet, diu daz machet,

    5 daz der muot nâch werder liebe ûf swinget.

     diu winket nû, daz ich ir mitte gê.

        Nûn weiz ich, wes diu mâze beitet.

        kumt herzeliebe, sô bin ich verleitet.

        doch hât mîn lîp ein wîp ersehen,

   10   swie minneklîche ir rede sî,

        mir mac wol schade von ir geschehen.

V   Seht sam mir, welt ir die wârheit schowen,   46,21

     gên wir zuo des meien hôchgezîte!

     der ist mit aller sîner wunne komen.

     seht an in und seht an werde frowen,

    5 weder spil daz ander uber strîte.

     daz wæger spil, ob ich daz hân genomen

        Und der mich danne wellen hieze,

        daz ich daz eine dur daz ander lieze –

        ahy, wie schiere ich danne kür.

   10   her meie, ir müestent merze sîn,

        ê ich mîn frowen dâ verlür.

III *157 [163] C.*
IV *158 [164] C.*
V *159 [165] C.*
1 Set *C.*

Erschließungshilfen

Zu auch in A und B überliefertem Text vgl. die Hilfen dort.

III, 11: *an*: hier ‚in‘; vgl. den Textkritischen Kommentar.

V, 1: *Seht sam mir*: Ausruf ‚Seht, fürwahr!‘ (vgl. Lexer II, 591).

Fassung nach E

I Sô die bluomen ûz dem grase dringen,   45,37
   same sie lachen gên der spilenden sunnen,
   in einem meien an dem morgen fruo,   46,1
   und die cleinen vogellîn singen
  5 in ir besten wîse, die si kunnen,
   waz wunne mac sich dâ glîchen zuo?
     Ez ist wol halb ein himelrîche.
     süln wir sprechen, waz sich dem gelîche,
     sô sage ich lîhte, waz mir baz
  10 in mînen ougen hât getân
   und tæte noch, gesæhe ich daz.

II Swâ ein edele frowe schœne und reine,   46,10
   wol gecleidet und gebunden [ ],
   durch kurzewîle zuo vil liuten gât,
   hovelîchen wol gemuot ⟨..⟩ *niht eine* [ ],
  5 umbesehen ein cleine under stunden,
   als die sunne gein dem sterne stât,
     Der meie bringe uns al sîn wunder,
     waz ist dâ sô wunderlîches under
     als ir vil wunnenclîcher lîp?
  10 wir lâzen alle bluomen stân
   und kaffen an daz werde wîp.

        III

---

23 (E) I *182 E.*
5 kůnnen *E.*
II *183 E.*
1 – 5 Swa ein edele frauwe schone vñ reine *Reimpunkt* wol gecleidet vñ gebunden niht eine *Reimpunkt*
durch kůrtze wile zv̊ vil lůten gat *Reimpunkt* hőfelichen wol gemůt vmbesehen ein cleine vnder stunden
als die sunne gein dē sterne stat *Reimpunkt E.*

III Aller werdekeit ein füegerinne,   46,32
    sît ir zwâre, frowe Mâze.
    er sælic man, der iuwer lêre hât!
    der endarf sich nimmer mer [ ] ⟨inne⟩
5 geschamen ze hove noch zuo strâze.
    des suoche ich, frowe, ouch gerne iuwern rât,
      Daz ir mich ebene werben lêret.
    wirbe ich hôhe, wirbe ich nider, ich bin versêret. 47,1
    ich was vil nâch ze nider tôt,
10 nû bin ich ze hôhe siech:
    unmâze, lâ mich âne nôt.

IV Nider minne heizet, die dâ swachet,   47,5
    daz der lîp nâch kranker liebe ringet.
    diu minne tuot unloblîch wê.
    hôhe minne heizet, die daz machet,
5 daz der muot ⟨nâch hôher wirde ûf⟩ swinget.
    die wünschet mir, daz ich mit ir gê.
      Nû enweiz ich, wes die mâze beitet.
    kumet die herzeliebe, ich bin verleitet.
    mîn ouge hât ein wîp ersehen,
10 swie minneclich ir rede sî,
    mir mac wol schade von ir geschehen.

V Wol dan, ir sült die wârheit schowen, 46, 21
    gê wir zuo des meien hôchgezîte!
    der ist mit aller sîner schœne kumen.
    seht an in und seht an schœne frowen,
5 weder ir daz ander dâ wider strîte.
    daz beste spil, ob ich daz habe genumen –
      Owê, der mich dâ weln lieze,
    daz eine ich durch daz ander lieze –
    owê, wie rehte schier ich denne küre.
    her mei, ir müestet merze sîn,
    ê ich min frowen dâ verlüre.

III *184 E.*
4–5 der endarf sich nimm⁵ mer geschamen ze hofe noch zv̊ straze *Reimpunkt E.*
 IV *185 E.*
5 daz der mv̊t so hohe stiget *Reimpunkt E.*   6 wv̊nschent *E.*
 V *186 E.*
2 hochgeziten *E.*

Erschließungshilfen

Zu auch in A, B und C überliefertem Text vgl. die Hilfen dort.

V, 5: *ir*: Genitiv ,wer von ihnen …'.

24

Ton 24 wird in zwei aufeinander folgenden Fassungen ediert (nach den
Hss. A und BC; vgl. die Erläuterungen im Textkritischen Kommentar).

Fassung nach A (Reinmar)

Ich minne,   sinne,   lange zît: 47,16
versinne   Minne   sich,
wie si schône   lône   mîner tage.
sô lône   schône,   dêst mîn strît,
5 vil cleine   meine   mich,
niht ⟨*meine*⟩   cleine   mîne clage.

Unde rihte   selch unbilde,
daz ein sælic wîp
mich verderbet   gar âne schulde.
10 zir gesihte   wird ich wilde:
mich enhab ir lîp
⟨*vröide enterbet*⟩,   noch ger ich der vil hulde.

Wære   mære   stæter man,
sô solte,   wolte   si mich *a*n
15 eteswenne   denne   gerne sehen,
swenne ich gnuoge   vuoge   kunde spehen.

---

24 (A) *Reinmar 27 A. – Eine tonähnliche Kontrafakturstrophe s. S. 556*
6 niht zecleine mine clage *A*.   12 vröide enterbet] *fehlt A*.   14 si mich han *A*.

Fassung nach BC auf der Basis von B

Ich minne sî nû lange zît:　　　　　　　　47,16
versinnete Minne sich,
wie sie schône　　lône　　mîner tage.
nû lône　　schône,　　daz ist mîn strît,
5　vil cleine　　meine　　mich,
niene meine　　cleine　　mîne clage.

Unde rihte　　grôz unbilde,
daz ein ledic wîp
mich verderbet　　gar âne schulde.
10　ze ir gesihte　　werde ich wilde:
mich enhabe ir lîp
vröide enterbet,　　noch ger ich ir hulde.

Wære　　mære　　stæter man,
sô solte,　　wolte　　si mich an
15　eteswenne　　denne　　ouch sehen,
sô ich gnuoge　　fuoge　　kunde spehen.

---

24 (BC) *71 B, 160 [166] C.*

3 schône *C.*　　4 daz] so *C.*　　14 an] lan *C.*　　16 ich] *fehlt C.*　kunde] kunnē *C.*

Erschließungshilfen

Die Erläuterungen beziehen sich auf Fassung A; die Fassungen BC weichen nicht so weit ab, dass dort weitere Erschließungshilfen nötig wären.

Die sehr kunstvolle Schlagreimtechnik erschwert das syntaktische Verständnis dieser Strophe.

V. 5: *meinen*: ‚an jemanden denken‘ (auf die Wortwurzel zurückgehend auch das Verb *minnen*).

V. 10–12: ‚Sie entzieht sich mir (wörtlich: ‚es wird mir fremd, sie zu sehen‘): / wenn sie mir nicht alle Freude raubt, / dann werde ich auch weiterhin nach ihrer Huld verlangen‘. Vgl. auch den Textkritischen Kommentar.

V. 12: *der*: ‚von der/ihr‘.

V. 14 f.: ‚so sollte sie, wenn sie es wollte, mich gerne … ansehen‘.

25

Ton 25 wird in zwei aufeinander folgenden Fassungen ediert (nach den Hss. A und C; vgl. die Erläuterungen im Textkritischen Kommentar).

Fassung nach A

I   Hie vor, dô man sô rehte minneclîchen warp,   48,12
     dô wâren mîne sprüche fröiden rîche.
     sît daz diu wunneclîche minne alsô verdarp,
     sît sanc och ich ein teil unminneclîche.
5   Iemer als ez danne stât,
     alsô sol man danne singen.
     swenne unvuoge nû zergât,
     sô sing aber von höfschen dingen.
     noch kumt fröide und sanges tac:
10   wol ime, ders erbeiten mac!
     derz gelouben wolte,
     sô erkande ich wol die vuoge,
     wenne unde wie man singen solte.

II

---

25 (A) I *85 A, 72 B, h⁵ reymar 355 e.*
2 sprŭche ŏch *B.* fraudenrich *e.*   3 sit dŭ *e.* minnecliche *B.*   4 sît] do *e.* vn minneclichen *A.*   6 man] mans *B.*   7 vngefŭge *e.*   8 sing aber] si ab⁵ *A,* singe aber ich *B,* singe ich *e.*   10 so wol *e.* erbiten *e.*   11 ders mirs *B.* wolte] *fehlt e.*   12 ich kŏnde noch die fŭge *e.*

II Ich sanc hiute vor den frowen umbe ir blôzen gruoz.   49,12
  den nam ich wider mîme lobe ze lône.
  swâ ich geltes sô vergebene warten muoz,
  dâ lobe ein ander, den si grüezen schône.
 5 Swâ ich niht erwerben kan
  einen gruoz mit mîme sange,
  dar wend ich vil hêrscher man
  mînen nac oder ein mîn wange.
  daz kît: mir ist umbe dich
 10 rehte als dir ist umbe mich.
  ich wil mîn lop kêren
  an wîp, die danken kunnen:
  waz hân ich von den überhêren?

III Ich sage iu, waz uns den gemeinen schaden tuot: 48,25
  diu wîp gelîchent uns ein teil ze sêre,
  daz wir in alsô liep sîn übel als guot.
  seht, daz glîchen nimet uns vröide und êre.
 5 Schieden uns diu wîp als ê,
  daz och si sich liezen scheiden,
  daz gefrumt uns iemer mê,
  mannen unde wîben beiden.
  waz stêt übel, waz stêt wol,
 10 ob man uns niht scheiden sol?
  edele wîp, gedenket,
  daz och die man waz kunnen:
  gelîchens iuch, ir sît gecrenket.

        IV

II *86 A, h⁵ reymar 359 e.*
1 hiute] hie *e.* wiben *Reimpunkt e.* 2 dem *e.* minne lobe *A*, min loben *e.* 3 ich geltes sô] ich nu des geltes *e.* 5 verdienen *e.* 6 mit mime gesange einen gruoz *e.* 7 neige *e.* herisch *e.* 8 mîn] *fehlt e.* 9 sprichet *e.* 10 als dich v̂mme mich *e.* 12 kv̂nnen fraude mern *e.* 13 v̂ber herren *e.*

III *87 A, 73 B, h⁵ reymar 357 e.*
1 vch *AB.* gemeinen] maisten *B.* 5 scheiden *e.* als ê] alse *AB.* 6 das sv́ sich och *Be.* 7 iemer mê] michels me *B*, auch immer *e.* 8 manne *A.* mannen unde wîben] *fehlt e.* 10 ob] sit *Be.* 12 och die man waz] auch die man wol *e*, sv́ och etteswas *B.* 13 gelîchens iuch] gelichen v̂ *e*, gelichen sin v́ch *B.* getrenket *(?) A.*

IV   Wîp muoz iemer sîn der wîbe hôhste name,   48,38
        und tiuret baz denne vrowe, als ich ez erkenne.
        swâ nû deheiniu sî, diu sich ir wîpheit schame,   49,1
        diu merke disen sanc und kiese denne.
    5   Under frowen sint unwîp,
        under wîben sint si tiure.
        wîbes name und wîbes lîp,
        die sint beide vil gehiure.
        swiez umbe alle frowen var,
    10 wîp sint alle frowen gar.
        zwîvellop, daz hœnet
        alse under wîlen frowe:
        wîp daz ist ein lop, daz si alle crœnet.

IV *88 A, h⁵ reymar 358 e, III 17 n.*
1 Wif was ie der hoiste name *n.*   hôt⁵ *e.*   2 tiuret] prisit *n.*   3 swâ nû], *fehlt en.* si dekeine die
sich *e,* welich wif sich *n.*   4 hore minē sanc *n,* merke minē rat *e.*   kiese] mirke *n.*   6 sint die
rehten tûren *e.*   8 *fehlt e.*   dat is vil *n.*   9/10 vare : gare (ware *n*) *en.*   9 alle frowen] allen
n.   10 wip nimpt des hoesten lovis ware *n.*   11 zwîvellop] vrauwen lof *n.*   12 *fehlt n.* wîlen]
wiben *e.*   13 daz ist] is *n.* lop daz si] name der sie *e,* name dat si *n.*

Erschließungshilfen

I, 5: ‚Je nachdem wie die Verhältnisse sind‘.
I, 8: *sing*: hier kein Imperativ, sondern 1. Pers. Sg. Präs.; das Pronomen *ich* fehlt in nachgestell-
ter Position häufig.

II, 3: *geltes*: ‚auf Entlohnung …‘
II, 9: *kît* < *queden*: ‚sprechen‘, hier ‚meinen‘, ‚bedeuten‘.

III, 2/13: *gelîchen*: hie: ‚gleichmachen‘.
III, 3: ‚dass wir ihnen, ob gut oder schlecht, gleich lieb sind‘.

IV, 11: *zwîvellop*: ‚zweideutiges Lob‘, ‚falsches Lob‘; lt. BMZ und Lexer (III, 1225) nur einmal
belegt (diese Stelle; in C getrennt geschrieben).

Fassung nach C

I   Hie bevor, dô man sô rehte minneklîche warp,   48,12
      dô wâren mîne sprüche ouch fröidenrîche.
      sît daz diu minneklîch minne alsô verdarp,
      sît sanc ouch ich ein teil unminneklîche.
  5   Iemer als ez danne stât,
          alsô sol manz danne singen.
          swenne unfuoge nû zergât,
          sô singe aber von hübschen dingen.
          noch kumt fröide und sanges tac:
 10   wol im, ders erbeiten mac!
          der mirz gelouben wolte,
          sô erkande ich wol die fuoge,
          wenne unde wie man singen solte.

II   Ich sage iu, waz uns den meisten schaden tuot: 48,25
      diu wîp gelîchent uns ein teil ze sêre,
      daz wir in als liep sîn übel alse guot.
      seht, daz gelîchen nimt uns fröide und êre.
  5   Schieden uns diu wîp als ê,
          daz si sich ouch liezen scheiden,
          daz gefrumt uns michels mê,
          mannen unde wîben beiden.
          waz stêt übel, waz stêt wol,
 10   sît man uns niht scheiden sol?
          edeliu wîp, gedenk*et*,
          daz si ouch eteswaz kunnen
          gelîche*ns* iuch, ir sît *gekrenket*.

                          III

---

25 (C) I 161 *[167]* *C.*
  II 162 *[168]* *C.*
11:13 gedenkent: gedenket *C.*   13 gelichtet sin úch *C.*

III   Wîp muoz iemer sîn der wîbe hôhste name,   48,38
        und tiuret baz danne frowen, als ichz erkenne.
        swâ der deheiniu sî, diu sich ir wîpheit schame,   49,1
        diu merke disen sanc und kiese ouch denne.
5   Under frowen sint unwîp,
          under wîben sint si tiure.
          wîbes name und wîbes lîp,
          diu sint beidiu vil gehiure.
          swiez umb alle frowen var,
10   wîp sint alle frowen gar.
          zwîvellop, daz hœnet
          als under wîlent frowen:
          wîp ist ein name, ders alle krœnet.

IV   Zwô fuoge hân ich doch, swie ungefüege ich sî,   47,36
        der hân ich mich von kinde her vereinet.
        ich bin den frôn bescheidenlîcher fröide bî,   48,1
        und lache ungerne, swâ man bî mir weinet.
5   Durch die liute bin ich frô,
          durch die liute wil ich sorgen.
          ist mir anders danne alsô,
          waz dar umbe? ich wil doch borgen.
          swie si sint, sô wil ich sîn,
10   daz si niht verdrieze mîn.
          manigem ist unmære,
          swaz einem anderen werre:
          der sî ouch bî den liuten swære.

V

III *163 [169] C.*
IV *164 [170] C, h⁵ reymar 356 e.*
4 swâ] so *e.*   10 iht *e.*   11 manigem ist die fraude vmmere *e.*   12 *fehlt e.*   13 sî] ist *e.*

V   Ich sanc hie vor den frowen umb ir blôzen gruoz.   49,12
      den nam ich wider mîme lobe ze lône.
      swâ ich des geltes nû vergebene warten muoz,
      dâ lobe ein ander, den si grüezen schône.
5   Swâ ich niht verdienen kan
        einen gruoz mit mîme sange,
        dar kêre ich vil hêrscher man
        mînen nak alder ein mîn wange.
        daz sprichet: mir ist umbe dich
10   rehte als dir ist umbe mich.
        ich wil mîn lop kêren
        an wîp, die kunnen danken:
        waz hân ich von dien überhêren?

V *165 [171] C.*

4 grûsse *C.*   12 Über *danken* in kleinerer Schrift das Wort *eren C.*

Erschließungshilfen

Zu auch in A überliefertem Text vgl. die Hilfen dort.

I, 8: *hübsch*: Nebenform zu *hövisch* (Bedeutung also noch nicht nhd. ‚hübsch‘).

IV, 6: *sorgen*: hier nicht im Sinne von ‚versorgen‘ zu verstehen, sondern in der Bedeutung ‚Sorge, Kummer haben‘.

IV, 8: *borgen*: Die Grundbedeutung des Wortes, wie sie ausführlich bei BMZ (I, 162a) dokumentiert ist (‚leihen‘), passt hier kaum. Lexer I, 327 verzeichnet auch Bedeutungen wie ‚worauf acht haben‘. Dann könnte hier gemeint sein, dass das Ich immer auf die Stimmung der ‚Leute‘ Acht gibt, gleich, wie es ihm selbst geht. – Wi/Mi (II, S. 205) gehen von einer Art ‚Freudenhort‘ aus, aus dem das Ich Freude entlehnt. Allerdings geht es ja nicht nur um Freude, sondern um Freude *und* Kummer.

V, 13: *dien*: Nebenform zu *den*.

26

AEG: I–V
C: I II IV III V
O: I$_{4-6}$ IV II III V
[s: IV$_{5-6}$]   Text nach A mit O

I   Herzeliebez vrowelîn,   49,25
    got gebe dir hiute und iemer guot!
    kund ich baz gedenken dîn,
    des het ich willeclîchen muot.
  5   Waz mac ich nû sagen mê,
      wan daz dir nieman holder ist? owê, dâ von ist mir vil wê!

II Si verwîzent mir, daz ich   49,31
    nider wende mînen sanc.
    daz si niht versinnent sich,
    waz liebe sî, des haben undanc!
  5   Sie getraf diu liebe nie,
      die dâ nâch dem guote und nâch der schœne minnent, wê,
                                                          [wie minnent die?

III

26 I *121 A, 166 [172] C, 58 E, 4 G, 18 O.*
1 Herzeliebe frowe mir C, Minnĕchleichez vrewelein G.   2 got der EG.   und iemer] *fehlt G.*   3
fehlt G.   kvnde ich wol gesprechen dir C.   4 ich willichlichē mv̊t *Beginn der Überlieferung O.*   5 mac]
sol CEO.   nû] dir CEGO.   gesagn G.   6 niem G.   owê dâ von] danne ich davō C, dor v́mme
E.   vill] dicke E, so GO, *fehlt C.*
    II *122 A, 167 [173] C, 59 E, 5 G, 20 O.*
1 verwîzent mir] vŭr wizen mich O, ver wazzent mich G, v́ˢkerent mir C.   2 zuo nider] so nidere
CG.   mînen sanc] meinē minne sanch G.   3 daz si] dazs ot G.   niht] nene O.   versinnen
EGO.   4 liebe] lieb G, mīne C.   haben sie EO.   5 Sie] die C.   6 dâ] *fehlt O.* der schoene] dˢ
sene A, schœne G.   minnē we E, minnet owe O.

III　　　Bî der schœne ist dicke haz,　　　　　　　　　　　　　50,1
　　　　zuo der schœne niemen sî ze gâch.
　　　　liep tuot dem herzen baz,
　　　　der liebe gêt diu schœne nâch.
　　5　　Liebe machet schœne wîp,
　　　　des mac diu schœne niht getuon, sine gemachet lieben lîp.

IV　　　Ich vertrage, als ich vertruoc　　　　　　　　　　　　　50,7
　　　　und als ich immer wil vertragen.
　　　　dû bist schœne und hâst genuoc,
　　　　waz mügen si mir dâ von gesagen?
　　5　　Swaz si sagen, ich bin dir holt
　　　　und nim dîn glesîn vingerlîn vür einer küneginne golt.

V　　　Hâst dû triuwe und stætekeit,　　　　　　　　　　　　　50,13
　　　　sô bin ich dîn âne angest gar,
　　　　daz mir iemer herzeleit
　　　　mit dînem willen widervar.
　　5　　Hâst aber dû der zweier niht,
　　　　sô müezest dû mîn niemer werden, ôwê, ob daz geschiht!

III *123 A, 169 [175] C, 60 E, 6 G, 21 O.*
2 *mit* 4 *vertauscht EO; in E Umstellungshinweis.*　2 nieman si zv̊ schône gach *E.*　nieman sî] sei niem *G.*　3 hertze liebe turet baz *EO,* ia ge vellest dv mir baz *G.*　4 dú schône gat d^s liebe nach *CG,* du (*übergeschrieben* a) liebe get der schône nach *E,* der liebe get der schone nach *O.*　5 schoner *A.*　6 des enmac *CO.* si machet niemer lieben lib *CE,* si machet selten leip *G.*

　　IV *124 A, 168 [174] C, 61 E, 7 G, 19 O, [41^6 s].*
2 vñ als ich zeiner wile vertrage *A,* vñ iemer mere wil v^{s}tragē *C.*　4 waz mvgens icht anders von dir sagen *G.*　5/6 *In s in unmittelbarem Anschluß an 28 V folgender Text:* Sart liebe vrouwe min / Swar ich spriche ich bin dir holt/ Ich neme din glezin vingerlin / Vor eyner keyserinnē golt.　5 ich bin dir von hertzn holt *G.* redent *C.*　6 nim] minne *G.* glesîn] gůldin *E.* vingerin *O.* kvningynnen *O.* golt] solt *E.*

　　V *125 A, 170 [176] C, 62 E, 8 G, 22 O.*
2 dîn] des *CG, fehlt E.*　3 iemen *A,* nymmer *O.* hertznlait *G.*　4 mit dinen willen *O,* vō dīnē schuldē *CG.*　5 Hast aber dû] hastu aber *E,* ne hastu ab^s *O.*　6 sone *CG.* mir niemer w^{s}den *C,* nimm^s werden min *EGO.* ôwê ob] owe danne ob *CEO,* owe des ob *G.*

Erschließungshilfen

I, 1: *vrowelîn*: ‚junge, vornehme, ggf. adlige Dame‘.

II, 1: *verwîzen*: ‚vorwerfen‘.
II, 4: *liebe*: ursprünglich ‚Freude‘; bei Walther aber häufig schon in der moderneren Bedeutung ‚Liebe‘. Vgl. auch das Begriffsglossar.

IV, 1: *vertragen*: ‚ertragen‘.

V, 1: *triuwe/stætekeit*: vgl. das Begriffsglossar.

27

Ton 27 wird in zwei aufeinander folgenden Fassungen ediert (nach den Hss. C und E; vgl. die Erläuterungen im Textkritischen Kommentar).

Fassung nach C

I   Bin ich dir unmære,   50,19
    des enweiz ich niht: ich minne dich.
    einez ist mir swære,
    dû sihest bî mir hin und über mich.
   5 Daz solt dû vermîden,
    ine mac niht erlîden
    selke liebe âne grôzen schaden.
    hilf mir tragen, ich bin ze vil geladen.

II   Sol daz sîn dîn huote,   50,27
    daz dîn ouge mich sô selten siht?
    tuost dû daz ze guote,
    sône wîze ich dir dar umbe niht.
   5 Sô mît mir daz houbet,
    daz sî dir erloubet,
    und sich nider an mînen fuoz,
    sô dû baz enmügest: daz sî dîn gruoz.

III Swanne ichs alle schowe,   50,35
    die mir suln von schulden wol behagen,
    sô bist dûz mîn frowe.
    daz mac ich wol âne rüemen sagen.
   5 Edel unde rîche   51,1
    sint si sumelîche,
    dar zuo tragent si hôhen muot:
    lîhte sint si bezzer, dû bist guot.

IV

27 (C) I *86 B, 171 [177] C.*
2 wais *B.*   4 hin bi mir *B.*   6 ich mag *B.*   7 selke] grosse *B.*   8 ich han ze vil *B.*
  II *172 [178] C, 41² s.*
1 Vrouwe sol *s.*   2 so zeldē an mich *s.* dû daz] tũt mir *s.*   7 Vnd zich mich nider an dē voz *s.*   8 Uff dũ nicht bas en machs *s.*
  III *173 [179] C, 41¹ s.*
Überschrift vor 1 Ich dyn byn *s.*   2 suln] *fehlt s.*   3 Zo bystũ eyne vrouwe *s.*   4 mac] dar *s.*   8 ab⁵ gũt *s.*

IV   Frowe, dû versinne   51,5
       dich, ob ich dir zihte mære sî.
       eines friundes minne,
       diu ist niht guot, dâ sî ein ander bî.
  5   Minne entouc niht eine,
       si sol sîn gemeine,
       ⟨sô gemeine⟩, daz si gê
       dur zwei herze und durh dekeinez mê.

IV *85 B, 174 [180] C, 41³ s.*

1/2 dich des versinne / Of *s.*   1 dû] nv *B.*   4 diu ist niht guot da sî] Ist nicht dar ne zy *s*, dv́ entǒget niht da ensi *B.* anderv́ *B.*   5 tǒgt *B*, in tocht *s.*   6 wesen *B.*   7 sô gemeine] Is so gemeyne *s, fehlt CE.*   8 zwer *s.* herzen *B*, hertz *s.* durch dekeinez] niht *B*, keynʒ *s.*

Erschließungshilfen

II, 2: *huote*: hier so viel wie ‚Selbstschutz‘; vgl. auch das Begriffsglossar.
II, 4: *wîze* < *wîzen* = ‚zum Vorwurf machen‘.

III, 2: *von schulden*: ‚mit Recht‘.

IV, 2: *zihte*: = *ze ihte*, ‚zu etwas‘.
IV, 6: *gemeine*: ‚von beiden geteilt‘.

Fassung nach E

I   Bin ich dir unmære,   50,19
    des enweiz ich niht: ich minne dich.
    ⟨*einez ist mir swære*⟩
    dû sihest bî mir hine und über mich.
5   Daz solt dû vermîden,
    ich mac ez nit erlîden:
    grôze liebe ân grôzen schaden.
    hilf mir tragen, ich hân ein teil zuo sêre geladen.

II Frowe, des versinne   51,5
    dich, ob ich dir zuo ihte mær sî.
    eines friundes minne
    entouc niht, dâ ensî ein ander bî.
5   Minne entouc niht eine,
    sie sol sîn gemeine,
    ⟨*sô gemeine*⟩, daz sie gê
    durch zwei hertze und niht mê.

III Sol daz sîn dîn huote,   50,27
    daz dîn ouge an mînz sô selten siht?
    tuost dû mir daz ze guote,
    des enweiz ich ⟨..⟩ niht.
5   Sô neige mir daz houbet,
    daz sî dir erloubet,
    und sich nider an mînen fuoz,
    sô dû baz mügest: daz sî dîn gruoz.

                            IV

---

27 (E) Im Anschluss an die 5. Strophe von Ton 26 als ein Ton (keine Großinitiale bei 27 I und kein Autorname).

I *63 E.*

3 *fehlt E.*

II *64 E.*

7 sô gemeine] *fehlt E.*

III *65 E.*

IV   Sie beginnent alle   [⁷176,1] 177,1
        mîner frouwen füeze nemen war.
        mitten in dem schalle
        sô sich, frouwe, ouch under wîlen dar.
5   Umbe die merkære
          lâ dir sîn unmære:
        den griffe ich wol nâher baz.
        daz versuoche alrêrst sô denne daz.

IV *66 E.*

Erschließungshilfen

Zu auch in C überliefertem Text vgl. die Hilfen dort.

III, 8: *sô dû baz mügest*: ‚wenn dir das besser gefällt‘, ‚wenn es dir dabei besser geht‘. Vgl. den Textkritischen Kommentar.

IV: Die vierte E-Strophe (besonders der 2. Vers) hat der Forschung viele Rätsel aufgegeben. Eine befriedigende Lösung gibt es bislang nicht. Greift man in den hsl. überlieferten Text nicht ein, so mag man die Strophe insgesamt als (vielleicht bewusst scherzhaft gemeinte) Variation der in der dritten E-Strophe angelegten Blick-Motivik betrachten. Auch ein Verständnis des letzten Verses ist nicht einfach, insbesondere die Semantik des zweiten Halbverses *sô denne daz* ist unklar (‚erprobe erst dies und dann das‘?).

28

C: I–VI
M: III; IV
s: V
A: II I III VI Lutold von Seven   Text nach C

I   Muget ir schouwen, waz dem meien   51,13
    wunders ist beschert?
    seht an pfaffen, seht an leien,
    wie daz allez vert.
      5   Grôz ist sîn gewalt.
    in weiz, ob er zouber kunne:
    swar er vert in sîner wunne,
    dân ist nieman alt.

II   Uns wil schiere wol gelingen: 51,21
    wir suln sîn gemeit,
    tanzen, lachen unde singen
    âne dörperheit.
      5   Wê, wer wære unfrô?
    sît diu vogellîn alsô schône
    singent in ir besten dône,
    tuon wir ouch alsô!

III   Wol dir, meie, wie dû scheidest   51,29
    allez âne haz!
    wie wol dû die bluomen kleidest
    und die heide baz!
      5   Diu hât varwe mê.
    ›dû bist kurzer!‹ — ›ich bin langer!‹
    alse strîtent si ûf de*m* anger,
    bluomen unde klê.

IV

---

28 I *175 [181] C, Lvtold von Seven 44 A.*
7 in sîner] *dvr sine A.*
    II *176 [182] C, Lvtold von Seven 43 A.*
7 schallent mit ir *A.*
    III *177 [183] C, M (Carmina Burana 151a), Lvtold von Seven 45 A.*
1 So wol *M.*   3 wie dv walt vñ owe cleides *A.*   bluomen] bovme *M.*   7 stritens vf *A.*   den *C.*

IV   Rôter munt, wie dû dich swachest!   51,37
         lâ dîn lachen sîn.
         scham dich, daʒ dû mich an lachest   52,1
         nâch dem schaden mîn.
     5   Ist daz wol getân?
         owê sô verlorner stunde,
         sol von minneklîchem munde
         solhe unminne ergân!

V   Daz mich, frowe, an fröiden irret,   52,7
         daz ist iuwer lîp.
         an iu iemer ez mir wirret,
         ungenædic wîp!
     5   Wâ nemt ir den muot?
         ir sît doch genâden rîche:
         tuot ir mir ungenædeklîche,
         sô sint ir niht guot.

VI   Scheident, frowe, mich von sorgen,   52,15
         liebet mir die zît!
         oder ich muoz an fröiden borgen.
         daz ir sælic sît!
     5   Muget ir umbe sehen?
         sich fröit al diu welt gemeine.
         möhte mir ein vil kleine
         fröidelîn geschehen?

IV *178 [184] C, M (Carmina Burana 169a).*
3 scheme dich swenne du so lachest *M.* daz] dast *C.*   4 mîn] din *M.*   5 Ist daz] dest niht
M.   7 minnechlichen *M.*
   V *179 [185] C, 41⁵ s.*
1 Daz] Was *s.*   2 Das dut werelich vre lyb *s.*   3 Aen vch eyner is mich wyrrit *s.*   4 Vil ongene-
dich *s.*   6 Ja syt ir doch *s.*   7 ir ongenendeliche *s.*   8 ir dan nicht *s.*
   VI *180 [186] C, Lvtold von Seven 46 A.*
2 daz zit *A.*   3 mv̊z vroide *A.*   5/8 sehen: geschen *A.*   6 ir vroit *A.*   7 mohte mir von
vch ein cleine *A.*

Erschließungshilfen

I, 3: *pfaffen*: ‚Geistliche‘ (nicht abwertend wie in der nhd. Verwendung des Wortes ‚Pfaffe‘ zu verstehen); *pfaffen und leien* steht häufig synonym für ‚die ganze Menschheit‘.

I, 6: *in*: Verkürzung von *ich en* (‚ich nicht‘).

V, 6: *genâden*: Genitiv Plural, abhängig von *rîche*.

VI, 3: *borgen an*: ‚arm sein an‘.

VI, 7: *vil kleine*: ‚sehr kleine(s)‘.

29

Ton 29 wird in zwei aufeinander folgenden Fassungen ediert (nach den Hss. C und E; vgl. die Erläuterungen im Textkritischen Kommentar).

Fassung nach C

I Mîn frowe ist ein ungenædic wîp,   52,23
    daz si an mir alsô harte missetuot.
    nû brâht ich doch einen jungen lîp
    in ir dienst und dar zuo hôhen muot.
    5   Owê, dô was mir sô wol.
      wie ist daz nû verdorben!
      waz hân ich erworben?
      anders niht wan kumber, den ich dol.

II Ich gesach nie houbet baz gezogen,   52,31
    in ir herze kunde ich nie gesehen.
    ie dar under bin ich gar betrogen,
    daz ist an den triuwen mir geschehen.
    5   Möht ich ir die sternen gar,
      mânen unde sunnen
      zeigene hân gewunnen,
      daz wær ir, sô ich iemer wol gevar.

III Owê mîner wunneklicher tage!   53,1
    waz ich der an ir versûmet hân,
    daz ist iemer mînes herzen klage,
    sol diu liebe an mir alsus zergân.
    5   Lîde ich nôt und arebeit,
      die klagete ich vil kleine.
      mîne zît alleine,
      hab ich die verlorn, daz ist mir leit.

                  IV

---

29 (C) I *181 [187] C.*
II *182 [188] C.*
III *183 [189] C.*

IV   Ich gesach nie sus getâne site,   53,9
         daz si ir besten friunden wære gram.
         swer ir vîent ist, dem wil si mite
         rûnen; daz guot ende nie genam.
   5   Ich weiz wol, wiez ende ergât:
         vîent und friunt gemeine,
         der gestêt si aleine,
         sô si mich und jen unrehte hât.

V   Mîner frowen darf niht wesen leit,   53,17
         daz ich rîte und vrâge in frömediu lant
         von den wîben, die mit werdekeit
         lebent, der ist vil mengiu mir erkant,
   5   Und die schœne sint dâ zuo.
         doch ist ir deheine
         weder grôz noch kleine,
         der versagen mir iemer wê getuo.

IV *184 [190] C.*
V *185 [191] C.*

Erschließungshilfen

I, 1: In nur einem Vers werden die beiden zentralen Bezeichnungen für eine Frau verwendet; *frowe* verweist auf die Rolle im sozialen ‚Spiel‘, *wîp*‘ bezeichnet neutral das biologische Geschlecht. Vgl. auch das Begriffsglossar.

I, 4: *hôher muot*: vgl. das Begriffsglossar.

II, 1: *houbet baz gezogen*: ‚… besser/schöner gestaltetes Haupt‘.

II, 4: *an den triuwen*: Gemeint sein kann „für meine Treue“ (so Schweikle); oder aber man fasst die Wendung als Variante zu der häufig vorkommenden Beteuerungsformel ‚*bî mînen triuwen*‘ oder ‚*intriuwen*‘, ‚*entriuwen*‘ (Lexer II, 1520) auf, dann im Sinne von ‚wahrlich, wahrhaftig‘.

II, 6: *mânen unde sunnen*: schwach flektierte Akkusativ-Singular-Formen von *mâne* (‚Mond‘) und *sunne* (‚Sonne‘).

II, 7: *zeigene = ze eigene*, hier im Sinne von: ‚ihr als Eigentum‘.

II, 8: *sô ich iemer wol gevar*: Beteuerung im Sinne von: ‚so ich jemals gut leben möge‘, „so wahr ich lebe“ (Schweikle).

III, 2: *der*: Genitiv, ‚von denen‘, Bezug: die *tage* aus V. 1.

III, 2: *an ir*: hier im Sinne von ‚wegen ihr‘.

III, 4: *liebe*: hier wohl noch eher ‚Freude‘ als ‚Liebe‘; vgl. das Begriffsglossar.

IV, 3f.: *mite rûnen* + Dat., wörtl. ‚mit jemandem flüstern/tuscheln‘ im Sinne von ‚sich eng mit jemandem einlassen‘.

IV, 7: *der gestêt si aleine*: wörtl. ‚in Bezug auf diese (*vîent* und *friunt*) wird sie allein dastehen‘, gemeint: sie wird gesellschaftlich völlig isoliert sein.

V, 4: *der*: Genitiv, ‚von denen‘.

V, 6: *ir deheine*: ‚keine von ihnen‘.

V, 8: *der*: Genitiv, ‚deren (Ablehung)‘.

Fassung nach E

I   Mîn frouwe ist ein unsælic wîp,   52,23
     daz sie wider mich als übel tuot.
     jô brâhte ich ⟨..⟩ jungen lîp
     in ir dienst und ⟨..⟩ hôhen muot.
5   Owê, dô was mir sô wol,
     wie ist daz nû verdorben!
     waz hân ich erworben,
     anders niht wanne kummer, den ich dol.

II   Owê mîner wunnenclîchen tage!   53,1
     waz ich der an ir versûmet hân,
     daz ist immer mînes hertzen clage,
     süln die lieben tage alsô zergân.
5   Manic sorge und erbeit,
     die clage ich vil cleine,
     mîne zît aleine,
     hân ich die verlorn, daz ist mir leit.

III   In gesach nie houbet baz gezogen,   52,31
     in ir hertze konde ich niht gesehen.
     wenne daz weiz ich wol, bin ich betrogen,
     daz ist in den triuwen mir geschehen.
5   Möchte ich ir die sternen gar,
     mânen unde sunnen,
     zuo eigen hân gewunnen,
     daz wær ir immer, sô ich wol gevar.

IV

---

29 (E) I *45 E, 31 U^x.*
4 ⟨..⟩] vil *Ux.*   6 *fehlt U^x.*   8 niht wan] nie wen d.. *U^x.*
  II *46 E, 32 O, 32 U^x.*
2 sumet han *Beginn der Überlieferung O, Leserlichkeit teilweise beeinträchtigt.*   4 tage] iar *OU^x.*   5 sorge]
swere *O.*
  III *47 E, 33 O.*
2 ne kůde *O.*   8 immer sô ich] so můze ich ymmer *O.*

IV   Sie hât mir bescheiden vil manigen tac   [⁷177,1] 178,1
        und versûmet mir vil schœne leben.
        als ich sie nû niht mer gelîden mac,
        sô wil ich ir ouch †einet† geben:
    5   Tuot sie mir gnâde dâ,
          sô diene ich ir mit êren,
          sol aber ich mich kêren
          von ir gar, sô tantze ich aber anderswâ.

V   Maniger claget, sîn frouwe spreche „nein",   [⁷177,9] 178,9
        sô clage ich, daz mîne sprichet „jâ".
        aller worte kan sie niur ein,
        daz hœr ich vil selten anderswâ.
    5   Ichn weiz, ob sie spotte mîn,
          sie versaget mir nimmer,
          sie gelobet mir immer.
          „gern" und „jâ", daz muoz unsælic sîn.

IV *48 E, 34 O.*

2/3 Die Verse sind in E durch Umstellungszeichen so geordnet, wie oben ediert.   2 min *O.*   8 gar] *fehlt O.*
anderswar *E.*

V *49 E, 35 O.*

1/2 mit 3/4 vertauscht O.   3 wort *O.*   niur] nicht wen *O.*   4 vil] *fehlt O.*   sie] sie ne *O.*   7
geloubet *O.*   8 mv̊ze *O.*

Erschließungshilfen

Zu auch in C überliefertem Text vgl. die Hilfen dort.

IV, 2: Mit Schweikle wird die E-Lesart beibehalten (vgl. auch den Textkritischen Kommentar): „Sie hat … / mir viel schöne Lebenszeit verdorben".

IV, 3: *sie* kann auf die *leben* (Plural) oder auf die Frau bezogen werden.

IV, 4: Will man den Vers so verstehen, wie er hier nach E ediert ist, muss man *eine* als ‚Einsamkeit' verstehen (vgl. Lexer I, 523); die Beleglage ist indes nicht sehr gut (vgl. den Textkritischen Kommentar).

30

Ton 30 wird in drei aufeinander folgenden Fassungen ediert (nach den
Handschriften DN, A und C; vgl. die Erläuterungen im Textkritischen
Kommentar).

Fassung nach DN, Text nach D

I   Vil wundern wol gemaht wîp,   53,25
     daz mir noch werde ir habedanc!
     ich setze ir minniclîchen lîp
     vil werde in mînen hôhen sanc.
    5 In allen ich gerne dienen sol,
     doch hân ich eine, dise, ûz erkorn.
     ein anderre weiz die sîne wol,
     die lobe er gar âne mînen zorn;
     hab er [ ] wîse unde wort,
   10 ⟨mit mir gemeine⟩ lobe ich hie, sô lobe er dort.

II   Ir houbet, daz ist sô wunnerîch,   54,27
     als ez mîn himel welle sîn.
     wem solt ez anders sîn gelîch?
     ez hât wol himelschen schîn.
    5 Dâ luhtent zwêne stern ab,
     müest ich mich dar inne ersehen
     – daz sî mir di sô nâhen hab! –,
     sô mac ein wunder dâ geschehen:
     ich jungen, unde tuot si daz,
   10 sô wirt mir senedem siechen gernder sühte baz.

III

---

30 (DN) I *251 D, 1 N.*

1 wunder *N.*   4 uil hohen wᵉde in minē sanch *N.*   5 gerne ich in allen dienen sol *N.*   6 die
han ich mir uz erchorn *N.*   7 ander *N.* sinen *N.*   8 die lobe ane minen zorn *N.*   9/10 hab
er mit mir gemeine . wise . vnde wort . lobe ich hie so lobe er dort *D,* habe imme wise vnd wort . mit
mir gemaine lob ich hie so lob er dort *N.*

II *252 D, 2 N.*

3 solt] moht *N.*   4 wol] ŏch *N.*   5/7 abe: habe *N.*   6 da muze ich mich noch iñe *N.*   8
dâ] wol *N.*   9 junge *N.*   10 so wirit mir gerndem scihᵉe (?) sendˢ suthe baz *N.*

III	Got het ir wengel hôhen vlîz,	53,35
	er streich sô tiure varwe dar,	
	sô reine rôt, sô reine wîz,	
	sô rôsenschîn, sô lilienvar.	

  5 Ob ichz vor sünden tar gesagen,   54,1

sô sehe ichs immer gerner an

denne himel oder hime*lw*agen.

owê, waz lob ich tumber man?

vil lîhte mach ich mir*s* ze hêr,

10 sô wirt mîn selbes lop mînes seneden herzen sêr.

IV   Si hât ein küssen, daz ist rôt,   54,7

und würde mir daz für mînen munt,

sô wære ich vrî vor seneder nôt

und wære ouch immer mêre gesunt.

  5 Sô sî daz an ir wengel legt,

dâ wære ich gerne nâhen bî.

daz smekket, als siz irgen regt,

alsam ez vollez balsams sî.

daz sol diu guote lîhen mir:

10 swie dicke sô siz wider wil, sô gibe ichz ir.

V   Ir arme, ir hende, itweder ir vuoz,   54,17

die sint ze wunsche wol getân.

ob ich dâ zwischen loben muoz,

sô wæne ich mêre gesehen hân.

  5 Ich hêt ungerne »decke blôz!«

geruoft, dô ich si sach.

si sach mîn niht, dô sî mich schôz;

daz mich noch stichet, als ez dô stach.

dô wart ich sô vrô der stunden und der stat,

10 dâ die reine süeze ûz einem bade trat.

III *253 D, 3 N.*

1 het het *N.*   4 hie rôselot dar lielgen uar *N.*   5 getar *N.*   6 ich sie *N.*   7 himel tagen *D.*   9 mirz *D.*   9/10 mache ich sie mir zeher . so wirt uil liethe h⁵ze lob mī herze ser *N.*

IV *254 D, 4 N.*

2 gewnne ich daz noch vur *N.*   3 so stunde ich uf von dirre not *N.*   5 lait *N.*   6 wer ich ir danne nahen bie *N.*   7 ez smechet so siez ind⁵ rait *N.*   8 reht als ez *N.*   9 diu guote] sie *N.*   10 swie dĭcke siez hin wider wil so lihe ichz ir *N.*

V *255 D, 5 N.*

1 Ir chinne ir chel ietwer fvz *N.*   2 die sint] der ist *N.*   4 so wem (?) ich mer weschauwet han *N.*   5–10 si sach min niht do si mich schoz . wie ser si in min herze prach ich het vngerne dechet bloz geschirin da ich si nachent sach . v(?) seilich si div stat do diu vil minneclich vz einē bade trat *N.*

Erschließungshilfen

I, 1: ‚mit Wundern gut erschaffene Frau'; zur Konstruktion vgl. den Textkritischen Kommentar.

I, 7: *anderre* = *anderer*.

II, 9: *ich jungen*: ‚ich werde jung'; zur Endung der 1. Pers. auf -en vgl. Paul, Mhd. Gr., 2007, § M 70, Anm. 5. *unde*: hier ‚wenn'.

II, 10: *gernder sühte baz*: *gernder sühte* = Genitiv, abhängig von *baz*: wörtlich: ‚mir wird es besser, was die Krankheit des Begehrens angeht'.

III, 1: ‚Gott hat auf ihre Wangen große Sorgfalt gelegt'.

IV, 1: *küssen*: Im Mhd. steht der Laut /ü/ für /ü/ und /i/ (letzterer im Nhd. eine Entrundungserscheinung), d.h.: *küssen* bedeutet hier ‚das Küssen' und ‚das Kissen'; die Strophe lebt von dieser Homonymie und dem dadurch möglichen Wortspiel.

V, 5: *decke blôz*: Die Stelle ist nicht eindeutig. Mit der hier und von anderen Hgg. favorisierten Interpunktion wäre zu lesen: ‚Ich hätte ungerne ‚bedecke die Blöße' gerufen …'.

Fassung nach A

I   Si wunder wol gemachet wîp,   53,25
       daz mir noch werde ir habedanc!
       ich setze ir minneclîchen lîp
       vil *werde* in mînen hôhen sanc.
   5   Gern ich in allen dienen sol,
       doch habe ich mir diz ûz erkorn.
       ein ander weiz die sînen wol,
       die lobe er âne mînen zorn;
       habe ime wîs und wort
  10   mit mir gemeine: lobe ich hie, sô lobe er dort.

II   Got hât ir wengel hôhen vlîz,   53,35
       er streich sô tiure varwe dar,
       sô reine rôt, sô reine wîz,
       hie rœseloht, dort lilien var.
   5   Obe ich vor sunden tar gesagen,   54,1
       sô *sæhe ich si* iemer gerner an
       danne ⟨*himel oder*⟩ himel wagen
       owê, waz lob ich tum*ber man*,
       mache ich si mir ze hêr,
  10   vil lîhte wirt mîns mundes lop mîns herzen sêr.

III

---

30 (A) I *89 A.*
4 vil der *A.*   9 wisz *A.*
II *90 A.*
6 s *[durch Fleck auf dem Pergament unleserliche Buchstaben; Raum für etwa 6–7 Zeichen]* si iemir *A.*   7 himel
oder] *fehlt A.*   8 ich tum *[durch Fleck auf dem Pergament unleserliche Buchstaben; Raum für etwa 6–7 Zeichen]*
mach *A.*   10 se *[durch Fleck auf dem Pergament unleserliche Buchstaben; Raum für etwa 2 Zeichen] A.*

III Si hât ein küssen, daz ist rôt,   54,7
   gewunne ich daz für mînen munt,
   sô stuont ich ûf ûz dirre nôt
   und wære och iemer mê gesunt.
  5 Dem sî daz an sîn wengel leget,
   der wonet dâ gerne nâhe bî.
   ez smeket, sô manz iender reget,
   alsam es allez balsame sî.
   daz sol si lîhen mir:
  10 sô dicke sô si ez wider wil, sô gib ich ez ir.

IV Ir kel, ir hant, iewer fuoz,   54,17
   daz ist ze wunsche wol getân.
   obe ich dâ entswischent loben muoz,
   sô wæne ich mê beschowet hân.
  5 Ich hêt ungerne »dicke blôz!«
   geruefet, dô ich si nacket sach.
   si sach mîn niht, dô sî mich schôz;
   daz stichet noch, als *ez* dô stach.
   ich lobe die reinen stat,
  10 dâ diu vil minneclîch ûz einem bade trat.

V Ir houbet ist sô wunnenrîch,   54,27
   alse ez mîn himel welle sîn.
   wem solde ez anders sîn gelîch?
   ez hât doch himeleschen schîn.
  5 Dâ liuhten zwêne sternen abe,
   dâ muoze ich mich noch inne ersehen
   – daz sî mirs alsô nâhe habe! –,
   sô mohte ein wunder wol geschehen:
   ich junge, und tuot si daz,
  10 und wirt mir gernden siechen seneder suhte baz.

III *91 A.*
5 legt *A.*
 IV *92 A.*
2 winsche *A.* 8 als ez] alse *A.*
 V *93 A.*
4 sin *A.*

Erschließungshilfen

Zu auch in DN überliefertem Text vgl. die Hilfen dort.

III, 5/6: Zu beachten ist, dass A im Gegensatz zu den anderen Hss. hier keine Ich-Aussage
überliefert. Nicht das sprechende Ich imaginiert die intime Nähe, sondern diese wird auf
einen anonymen Dritten projiziert.

IV, 1: *iewer*: wohl Kurzform für *ieweder* = ‚jeder von beiden‘ (die Wörterbücher belegen eine
solche Form allerdings nicht).

IV, 1 und 9 f.: Zu beachten sind die weit reichenden lexikalisch-syntaktischen Varianten in
den übrigen Fassungen.

V, 6: *muoze*: Nebenform zu *müeze*, Konj. Präs. von *müezen*, hier: ‚möge ich können‘.

Fassung nach C

I   Si wunder wol gemachet wîp,   53,25
    daz mir noch werde ein habedanc!
    ich setze ir minneklîchen lîp
    vil hôhe in mînen werden sanc.
5   Gerne ich allen dienen sol,
    doch hân ich mir dise ûz erkorn.
    ein ander weiz die sînen wol,
    die lob er âne mînen zorn;
    hab im wîse und wort
10   mit mir gemeine: lob ich hie, sô lob er dort.

II   Ir houbet ist sô wunnen rîch,   54,27
    als ez mîn himel welle sîn.
    wem mœhte ez anders sîn gelîch?
    ez hât ouch himeleschen schîn.
5   Dâ liuhtent zwêne sternen abe,
    dâ mueʒe ich mich noch inne ersehen
    – daz sî mirs alsô nâhe habe! –,
    sô mac ein wunder wol geschehen:
    ich iunge, und tuot si daz,
10   und wirt mir gernden siechen senender sühte baz.

III Ir kel, ir hende, ietweder fuoz,   54,17
    daz ist ze wunsche wol getân.
    ob ich dâ enzwischen loben muoz,
    ich *wæne*, ich *mê* beschowet hân.
5   Ich hête ungerne »deke blôz!«
    ger*uo*fet, dô ich si nakent sach.
    si sach mich niht, swie si mich schôz;
    daz mich noch stichet, als ez stach.
    swanne ich der lieben stat
10   gedenke, dâ si ûz einem reinen bade trat.

IV

---

30 (C) I *186 [192] C.*
II *187 [193] C.*
6 mͮsse *C.*
III *188 [194] C.*
4 wenne *C.*   mê] nie *C.*   6 gerͦfet *C.*

IV   Got hât ir wengel hôhen flîz,   53,35
        er streich sô tiure varwe dar,
        sô reine rôt, sô reine wîz,
        dâ rœseloht, dâ lilien var.
      5   Ob ichs getar von sünden sagen,   54,1
        ich sæhe si iemer gerner an
        danne [ ] himel oder himelwagen.
        owê, waz lob ich tumber man?
        mache ich mir si ze hêr,
    10   vil lîhte wirt mînes herzen lop mîns herzen sêr.

V   Si hât ein küssen, daz ist rôt,   54,7
        gewunne ich daz für mînen munt,
        sô stuende ich ûf von dirre nôt
        und wær ouch iemer mê gesunt.
      5   Swâ sî daz an ir wengel leget,
        dâ wær ich gerne nâhe bî.
        ez smeket, sô manz iender reget,
        als ez volles balsemen sî.
        daz sol sî lîhen mir:
    10   swie dikke siz hin wider wil, sô gibe ichz ir.

IV *189 [195] C.*
7 danne alle himel *C.*
V *189 [196] C.*

Erschließungshilfen

Vgl. die Hilfen zu den anderen Fassungen.

Diplomatische Transkription des Brünner Fragments (linke Spalte) mit denkbaren Ergänzungen des Textes nach N (rechte Spalte) wie vorgeschlagen von Löser, 2010.

Ein h [getilgt] *hof weys*

An tugenden ſtaet	[ist wol ein wîp ??]
wúrd von ir mir h	[abedanc ich setze ??]
iren ſtolczen liebe ſo	[werde in mînen hôhen]
ſanch g'n ich in allen di	[enen sol doch habe ich dise]
mir erchorn. ein and'	[weiz die sînen wol die lobe]
er vaſt an meinē zorn	[er habe ime wîse und]
die wort mit mir gem	[eine lobe ich hie]
er lob di ſeinē dort	
Jr *haubt daʒ iſt wun*	[nenrîch alse ez mîn himel]
wolle ſein. wem macht iʒ a	[nders sin gelîch
	Ez hât ǒch himeleschen schein Dâ
	liuhtent][1]
~~en ſſ'n~~ *zwaen ſtern ab da*	[müeze ich mich noch inne erseh]
en daʒ ſi mir di ſo nahen	[hab sô mac ein]
wund' da geſchehen ich	[junge unde]
tut ſi daʒ mir wúrd au	[ch gernden siechen seneder süht]
en paʒ.	
Si trait ein chuſſen daʒ iſ	[t rôt und würde]
mir daʒ an meinē mūt ſ	[ô wære ich vrî vor]
ſend^er not ich waer auch	[iemer mê gesunt]
ob iʒ di lieb mit willen	[kêr dâ wær ich gerne nâhe bî Ez hei?]
let meins herczen ſer vn	[d smecket sam ez balsame sî Si gapz??]
zaimal mir wi dikche	[sô si ez wider wil als]
offt gaeb ich iʒ ír.	

---

[1] Hier ist ein Textausfall wahrscheinlich.

Got beſchuf ir w	[engel mit hôhem vlîz]
er ſtraich ſo tew‘ va	[rwe dar sô reine rôt]
ſo raine wíʒʒ hie roſelah	[t dort lilienvar]
torſt ichs vor den me	[nschen sagen sô sæhe ich]
ſie imm‘ g’n an dañ him	[el oder himelwagen]
awe waʒ ſp’ch tumm‘ m	[an vil lîhte mach ichz mir ze]
h‘ deſ leid ich ſ‘ von ir	[?]
Jr chin ir chel ir hant	[ir fuoz die sint ze]
wūlch wol getan waʒ	[ich dâ zwischen loben]
mú̆ʒ ich waen ichs auch	[mê beschouwet hân Ich]
hiet vng’n dekch ploʒ	[gerüefet dô ich si]
nakcht ſach Ir þ ʒain	[der traf dô si mich schôz Wie ser si in
h‘cʒ prach daʒ ich geden	[k der … stat] | mîn]
da di lieb auʒ einem pa	[de trat]

31

Ton 31 wird in zwei aufeinander folgenden Fassungen ediert (nach den Handschriften A und C; vgl. die Erläuterungen im Textkritischen Kommentar).

Fassung nach A (mit Edition der Einzelstrophe V in B)

A: I–VI
B: V
E: I–V
F: I V; II IV

I   Ich freudehelfelôser man,   54,37
        war umbe mac*h* ich menegen vrô,
        der mir es niht gedanken kan?   55,1
        owê, wie tuont die friunde sô?
     5   Jâ friunt! waz ich von friunden sage!
        het ich dekeinen, der vernæme och mîne clage.
        nû enhân ich friunt, nû enhân ich rât. [ ]
        nû tuo mir, swie dû wellest, minneclîchiu Minne,
        sît nieman mîn gnâde hât.

                               II

---

31 I *18 A, 152 E, 18 F.*
1 frevde helfelorser *A,* frewe dich hilffe loser *F.*   2 mac ich *A.*   3 es] doch *E,* hoch *F.*   gehelfen *E.*   4 thut die freūd *(?)* also *F,* tůnt die lůte also *E.*   5 io frauwe ich mich der frůnde min *E.*   waz ich] das *F.*   6 het ich der eine vernỹm *F.*   och] *fehlt EF.*   7 nu hā ich hilfe nv han ich rat *E,* nun hilffe ich enhan ich rat *F.*   rat *Punkt des Punkt A.*   8 swie] swaz *EF.*   9 freunde freundes freunde / Seint nymañt nue genade teylet vme mich hat *F; vgl. V 1.*

II   Vil minneclîchiu Minne, ich hân   55,8
verlorn von dir mînen sin.
dû wilt gewalteclîchen gân
in mînem herzen ûz und in.
5   Wie kunde ich âne sin genesen?
dû wonest an sîner stat, dâr inne soltu wesen.
dû sendest in, dû weist wol war.
daz mac er leider niht erwerben, frowe Minne.
ir soltent selbe dar!

III   Gnâde, frowe Minne! ich wil   55,17
dir umbe dise botschaft
gevüegen dînes willen vil.
wis wider mich nû tugenthaft.
5   Ir herze ist rehter fröiden vol,
mit liuterlîcher reinekeit gezieret wol.
erdringest dû dâ dîne stat,
sô lâ mich in, daz wir si mit ein ander sprechen:
mir missegie, dô ich ez eine bat.

IV

II *19 A, 153 E, 24 F.*

1 Vil] *fehlt F.*   2 vō dir vᵉlorn *CE,* durch dich uerlornᴅ *F.*   4 Inne meinē *F.*   5 kunde] sol *C,* mac
E, mocht *F.*   6 an sîner stat] ander stat *E,* iemer *C.*   dâr] al do er *F,* do sie *E.*   7 vñ sendest *EF.*   wo
F.   8 dc mac er leidˢ niht *Punkt* erwerben *Punkt* fro minne *A,* da mag er leider alterseine niht erwerben
C, du enmaht ir niht erwerben eine *Punkt* frauwe minne *E,* du nū mag ich leyder nicht erwerben frawe
meine *F.*   9 owê ir soltent] ich wene du soltest *E,* du soltest *F.*   selber *F.*   dar] Io *F.*

III *20 A, 154 E.*

1 wil] vûge *E.*   2 dir] *fehlt E.*   3 gevüegen] *fehlt E.*   4 nû] so *E.* tᵛgenthafter *A.*   5 rehter
fröiden] rehter gûte *E.*   6 luter *E.*   7 gedingestu da *E.*   8 si] *fehlt E.* gesprechen *E.*   9
ich ez] ich *E.*

IV   Gnædeclîchiu Minne, lâ!   55,26
         owê, wes tuost dû mir sô wê?
         ⟨dû twingest hie⟩, nû twinge och dâ,
         und sich, wâ ez dir widerstê.
    5   Nû wil ich sehen, ob dû noch tügest.
         dû endarft niht jehen, daz dû in ir herze enmügest!
         ez wart nie sloz sô menecvalt,
         daz eht dir widerstüende, diebe[ ] meisterinne.
         tuon ûf! sist wider dich ze balt!

V   Vrô Sælde teilet umbe sich   55,35
         und kêret mir den ruggen zuo.
         nû enwil si niht erbarmen mich,
         waz welt ir, daz ich des nû tuo?
    5   Si stêt ungerne gegen mir.
         louf ich hin umbe, ich bin doch iemer hinder ir: 56,1
         si wil mich niht an gesehen.
         ich wolte, daz ir ougen an ir nacke stüenden:
         sô müest ez âne ir danc geschehen.

                           VI

IV *21 A, 155 E, 25 F.*
1 Gnædeclîchiu] Gnade riche *E,* Mynnigliche *F.*   Minne lâ] *fehlt F.*   2 owê wes] war vmbe *EF.*   3
dû twingest hie] *fehlt A.*   nû] vñ *EF.*   twingest och da *A,* zwingest / Auch du *F.*   4 und sich wâ
ez] vnd sich was *F,* versv̊che *E.*   5 Nû wil ich sehen] da wil ich schowen *E,* so mag man schawen
F.   noch] *fehlt EF.*   tringest *F.*   6 Nue dar du darfft niht sprechen das du in Ir hertzen nv̊e nicht
mugest *F.*   endarf *A.*   jehen] sagen *E.*   h𝔰zen mv̊gest *A,* herze niht en mv̊gest *E.*   7 ezn wart
EF.   8 dc eh dir wid𝔰 stv̊nde diep aller meinsterinne *A,* du diebe meist𝔰inne *Punkt* daz vor dir
bestv̊nde *E,* das vor dir je bestunde *F.*   9 auf die es wiederzupalt *F.*   rv̊ne vf *E.*

  V *22 A, 83 B, 156 E, 19 F.*
1 Seint nymañt nue genade teylet vme mich hat *F; vgl. I 9.*   Vrô] Dv̌ *BE.*   sich] mich *BE.*   2 mir]
Im *F.*   rv̊cke *EF.*   3 nû enwil si niht] da enkan si niht *BC,* du kanst auch niht *E,* Wen mag sie doch
F.   mich] sich *CF,* dich *E.*   4 nv ratent frv̌nt was ich es tv̌ *B,* ichn (ich *F*) weiz waz ich dor v̊mme
tv̊ *EF.*   5 vf gen mir *E,* gegen mir auff *F.*   6 louf ich hin umbe ich], ich hin vmbe *F.*   7 si
wil] si gerv̌chet *B,* wie mac sie *E,* wenn mag sie *F.*   niht] dẽne *E,* doch *F.*   ane sehen *B.*   8 ȯge an
ir neꝗkel stv̊nde *B,* augen an dem nacke stúnde *F.*   9 so müste sie es an Iren danck jehen *F.*

VI   Wer gap dir, Minne, den gewalt,   56,5
      daz dû sô gewaltic bist?
      dû twingest beide junc und alt,
      dâ für kan nieman dekeinen list.
  5   Nû lobe ich got, sît dîniu bant
        mich sulent twingen, daz ich sô rehte hân erkant,
        wâ dienest werdeclîchen lît.
        dâ von kum ich niemer, gnâde, frowe küniginne!
      lâ mich dir leben mîne zît!

VI *23 A.*

Textfassung nach B

V' Diu sælde teilet umbe mich   55,35
    und kêret mir den ruggen zuo.
    dâ enkan si niht erbarmen sich,
    nû râtent, friunt, waz ich es tuo.
5   Si stêt ungerne gên mir.
      loufe ich hin umbe, ich bin doch iemer hinder ir: 56,1
      si geruochet mich niht ane sehen.
      ich wolte, daz ir ouge an ir näckel stüende:
      sô müest ez ân ir dank geschehen.

Erschließungshilfen

I, 5: *vriunt*: hier Plural; vgl. Paul, Mhd. Gr., 2007, § M 9.
I, 6: *dekeinen*: hier ‚einen‘.

II, 5: *genesen*: hier ‚am Leben bleiben‘, ‚überleben‘.
II, 6−9: Die Aussagen sind letzten Endes etwas kryptisch; man weiß nicht, wohin die allego-
risierte Liebe den Verstand des Mannes geschickt hat. Es liegt nahe, dass die Liebe den
Verstand zu einer vom Mann begehrten Frau geschickt hat, wo er aber nichts ausrichtet.
Gleichzeitig ist der Mann aber durchaus damit zufrieden, dass die Minne in seinem
Herzen weilt (V. 6). Die Vorstellung ist etwas merkwürdig. Geläufiger ist die Bildlichkeit
in der dritten Strophe: Die Minne möge in das Herz der Frau eindringen, damit die
Wünsche des Mannes Erfüllung finden. Vgl. auch den Textkritischen Kommentar.
II, 8: *erwerben*: hier mit Akk.-Objekt; in C intransitiv.
II, 9: *ir soltent*: Es handelt sich hier sehr wahrscheinlich um eine Anrede an Frau Minne, im
Gegensatz zu den übrigen Versen nun eine Form des Ihrzens (die übrigen Hss. setzen
hier das Duzen fort). Rein von der Form aus betrachtet, könnte man die Aufforderung
auch als an das Publikum gerichtet verstehen; wahrscheinlich ist das aber nicht.

IV, 8: *eht* (A: *eh*): In Hs. A dürfte wohl das Adverb *eht* gemeint gewesen sein, das so viel
bedeutet wie ‚nun‘, ‚einmal‘, ‚eben‘, ‚doch‘.

V, 4: *des*: relativer Genitiv: ‚in dieser Hinsicht‘, ‚deswegen‘.
V, 9: *âne ir danc*: ‚ohne ihren Willen‘.

VI, 1: *gewalt*: hier Maskulinum.
VI, 4: *list*: im Mhd. breites Bedeutungsspektrum: ‚Kunstfertigkeit‘, ‚Mittel‘, ‚Trick‘ u.v.m.
VI, 7: *dienest werdeclîchen*: Terminologie des Hohen Minnesangs; vgl. das Begriffsglossar s.v.
dienst und *werdekeit*.

Fassung nach C

I　Vil minneklîchiu Minne, lâ!　　　　　　　　　　　55,26
　　war umbe tuost dû mir sô wê?
　　dû twingest hier, nû twinge ouch dâ,
　　versuoche, wer dir widerstê.
　5　　Nû lâ schouwen, ob dû iht tügest.
　　dû darfst niht jehen, daz dû in ir herze mügest!
　　ez wart nie sloz sô manicvalt,
　　daz vor dir gestüende, dû liebe meisterinne.
　　sliuz ûf! sist wider dich ze balt!

II　Vil minneklîche Minne, ich hân　　　　　　　　　55,8
　　von dir verlorn mînen sin.
　　dû wilt gewalteklîchen gân
　　in mînem herzen ûz und in.
　5　　Wie sol ich âne sin genesen?
　　dû wonest iemer, dâ er inne solte wesen.
　　dû sendest in, dû weist wol war.
　　dâ mac er leider alterseine niht erwerben.
　　owê, dû soltest selber dar!

III　Vil minneklîche Minne! ich wil　　　　　　　　　55,17
　　dir umbe dise boteschaft
　　noch füegen dînes willen vil.
　　wis wider mich nû tugenthaft.
　5　　Dîn lîb ist reiner tugende vol,
　　mit lûterlîcher reinekeit getiuret wol.
　　gebringest dûs an dîne stat,
　　sô lâ mich in, daz wir si mit ein ander gesprechen:
　　mir missegie, dô ichs eine bat.

　　　　　　　　　　　　　　IV

---

31 (C) I *191 [197] C.*
II *192 [198] C.*
III *193 [199] C.*

IV   Vrô Sælde teilet umbe sich   55,35
       si kêret mir den rugge zuo.
       dâ enkan si niht erbarmen sich,
       in weiz, waz ich dar umbe tuo.
    5   Si stêt ungerne gegen mir.
       gen ich hin für, ich bin doch iemer hinder ir: 56,1
       sine ruochet mich niht ane sehen.
       ich wolte, daz ir ouge an ir neckel stüende:
       sô müest ez âne ir danc geschehen.

V   Wer gap dir, Minne, den gewalt,   56,5
       daz dû doch sô gewaltic bist?
       dû twingest beide junge und alt,
       dâ für kan nieman keinen list.
    5   Nû lob ich got, sît dîniu bant
       mich sulen twingen, daz ich sô rehte hân erkant,
       wâ dienest werdeklîchen lît.
       dâ vone kume ich niemer, gnâde, frowe küniginne!
       lâ mich dir lieben mîniu zît!

VI   Ich fröidehelfelôser man,   54,37
       war umbe ⟨*mach ich*⟩ manigen frô,
       der mir es niht gedanken kan?   55,1
       owê, wie tuont die friunde sô?
    5   Jâ vriunt! waz ich von friunde sage!
       het ich dekeinen, der vernæme ouch mîne klage.
       nûn hân ich friunt, nûn hân ich rât.
       nû tuo mir, swie dû wellest, minneklîche Minne,
       sît nieman mîn genâde hât.

IV *194 [200] C.*
V *195 [201] C. In C neben 195 [201] Verweiszeichen auf 202 [209].*
VI *202 [209] C.*
2 mach ich] *fehlt.*

Erschließungshilfen

Zu auch in A überliefertem Text vgl. die Hilfen dort.

VI, 5: *friunde*: Anders als die übrigen Hss. scheint C in diesem Vers in beiden Fällen *vriunt* im Singular zu gebrauchen.

32

Ton 32 wird in drei aufeinander folgenden Fassungen ediert (nach den Handschriften A, C und E; vgl. die Erläuterungen im Textkritischen Kommentar).

Fassung nach A

I　Ir sult sprechen willekomen:　　　　　　　　　　　56,14
　　der iuch mære bringet, daz bin ich.
　　allez, daz ir habt vernomen,
　　dêst gar ein wint, nû vrâget mich.
5　　Ich wil aber miete,
　　　wirt mîn lôn iht guot,
　　　ich sage vil lîhte, daz iuch sanfte tuot.
　　seht, waz man mir êren biete.

II　Ich wil tiuschen vrowen sagen　　　　　　　　　56,22
　　solichiu mære, daz si deste baz
　　al der welte suln behagen,
　　âne grôze miete tuon ich daz.
5　　Waz wolde ich ze lône?
　　　si sint mir ze hêr.
　　　sô bin ich gevüege und bitte si nihtes mêr,
　　wan daz si mich grüezen schône.

III　Ich hân lande vil gesehen　　　　　　　　　　56,30
　　unde nam der beste*n* gerne war.
　　übel müeze mir geschehen,
　　künde ich ie mîn herze bringe*n* dar,
5　　Daz ime ⌐wol gevallen
　　　wolte⌐ fremeder site.
　　　waz hulfe mich, obe ich vil rehte strite?
　　tiuschiu zuht gât vor in allen.

　　　　　　　　　　　　IV

---

32 (A) I *57 A.*
II *58 A.*
III *59 A.*
2 beste *A.*　　　4 bringe *A.*　　　5 dc ime wolte wol gevallen fremeder sitte *Reimpunkt A.*

IV Von der Elbe unz an den Rîn,   56,38
her wider unz an der Unger lant,
dâ mügen wol die besten sîn.   57,1
daz ich in der welte hân erkant.
 5 Kan ich rehte schowen
   guot gelâz und lîp,
   ⟨..⟩ sô swüer ich wol, daz hie diu wîp
   bezzer sint danne ander frowen.

V Tiusche man sint wol gezogen,   57,7
rehte als engel sint diu wîp getân.
swer si schiltet, derst gar betrogen:
ich enkan sîn anders niht verstân.
 5 Tugent und reine minne,
   swer die suochen wil,
   der sol komen in unser lant, dâ ist wunne vil.
   lange müeze ich leben dar inne!

IV *59 A.*
6 lvp *A.*
V *60 A.*

Erschließungshilfen

I, 2: *mære*: hier ‚Neuigkeit‘.
I, 4: *dêst = daz ist.*
I, 8: *êren*: ‚an Ehrbezeugungen‘.

II, 1: *tiuschen*: ‚deutschen‘.
II, 8: *wan daz*: leitet eine Ausnahme zum vorher Gesagten ein: ‚als dass‘, ‚außer dass‘.

III, 7: ‚was hülfe es mir, wenn ich in rechter (aufrichtiger, fairer) Weise einen Wettkampf (zwischen der *tiuschen zuht* und der *fremeden site*) ausrichten würde – das Ergebnis steht schon immer fest‘ (V. 8). Vgl. weitere Erläuterungen im Textkritischen Kommentar.

IV, 4: ‚das alles habe ich in der Welt gesehen‘.
IV, 6: *gelâz*: ‚Bildung‘, ‚Gestalt‘, ‚Benehmen‘.
IV, 7/8: *wîp/frowen*: bewusstes Spiel mit Zentralbegriffen des Minnesangs: *wîp* bezieht sich mehr auf die Weiblichkeit an sich, *frowe* konnotiert soziale Aspekte. Vgl. auch das Begriffsglossar.

V, 4: *sîn*: Genitiv, abhängig von *verstân*: ‚ich kann es anders nicht begreifen‘.

Fassung nach C

I   Ir sult sprechen willekomen: 56,14
      der mære bringet, daz bin ich.
      allez, daz ir habent vernomen,
      dâst gar ein wint, nû frâgent mich.
5   Ich wil miete,
      und wirt mîn lôn iht guot,
      ich sage ⟨..⟩ lîhte, daz iu sanfte tuot.
      sehet, waz man mir êren biete.

II   Ich wil tiutschen frowen sagen   56, 22
      solchiu mære, daz si deste baz
      al der werlte suln behagen,
      âne grôze miete tuon ich daz.
5   Ze rîcheme lône
      sint si mir ze hêre,
      sô bin ich gefüege und bitte si nihtes mêre,
      wan daz si mich grüezen schône.

III   Tiutsche man sint wol gezogen,   57,7
      als engel sint diu wip getân.
      swer si schildet, der ist betrogen:
      ich enkan sîn anders niht verstân.
5   Tugent und reine minne,
      swer die suochen wil,
      der sol komen in unser lant, dâ ist wunne vil.
      lange müeze ich leben dar inne!

                      IV

---

32 (C) I *196 [203] C.*
II *197 [204] C.*
III *198 [205] C.*

IV   Ich hân lande vil gesehen   56,30
        unde nam der besten gerne war.
        übel müeze mir geschehen,
        künde ich ie mîn herze bringen dar,
    5   Daz ime ⌜wol gevallen
            wolte⌝ frömder site
            waz hulfe mich, ob ich unrehte strite?
        tiutschiu zuht gât vor in allen.

V   Von der Elbe unz an den Rîn,   56,38
        und wider unz in Ungerlant
        sô mügen wol die besten sîn,
        die ich in der werlte hân bekant.
    5   Kan ich schowen
            guot gelæze und den lîp,
            sem mir got, sô swüere ich wol, daz dâ diu wîp
        bezzer sint danne anderswâ die frowen.

VI   Der ich vil gedienet hân,   57,15
        unde iemer gerne dienen wil,
        diu ist von mir vil unerlân.
        iedoch sô tuot si leides mir sô vil.
    5   Si kan sêren
            mir daz herze und den muot.
            nû vergebez ir got, daz si an mir missetuot.
        her nâch mac si sichs bekêren.

IV *199 [206] C.*
5 f. wolde wol gevallen *C.*
V *200 [207] C.*
VI *201 [208] C.*

Erschließungshilfen

Zu auch in A überliefertem Text vgl. die Hilfen dort.

IV, 7: Vgl. A III,7. In C nun ein anderer Sinn: ‚was hülfe es mir, wenn ich mich in unrechter
   Weise einsetzen, d.h. die *fremede site* möglicherweise vorziehen würde?'

V, 6: *gelæze = gelâz*; vgl. A IV, 6.
V, 7: *sem mir got*: ‚so wahr mir Gott helfe'; vgl. Lexer II, 591 (*sam*).

VI, 3: *unerlân*: ‚von der lasse ich nicht ab'.

Fassung nach E

I   Ir sult alle sprechen wilkome*n*:   56,14
      der iu niuwe mære bringet, daz bin ich.
      allez, daz ir habt vernomen,
      daz ist allez ein wint, nû frâget mich.
 5   Ich wil aber miete,
       wirt mîn lôn ze ihte guot,
       ich sage iu lîhte, daz iu sanfte tuot.
       seht, waz man mir gebe zuo miete.

II   Ich wil tiuschen frouwen sagen,   56,22
      solche mære, daz sie deste baz
      aller werlde suln behage*n*,
      âne grôze miete tuon ich daz.
 5   Waz wirt mir ze lône?
       sît sie mir sint ze hêr,
       sô bin ich gefüege und enbite sie nihtes mê*r*,
       wenne daz sie mich grüezen schône.

III   Von der Elbe biz an den Rîn,   56,38
      wider her biz an Engellant,
      siu mügen wol die besten sîn,
      die ich in der werlde hân erkant.
 5   Kente ich rehter frouwen
       güete, gelâz und lîp,
       sô*m*ir got, sô swüer ich wol, daz hie diu wîp
       schœner sint denne dort die frowen.

                     IV

---

32 (E) *U^∞-Lesungen teilweise aufgrund der Transkription von Carl von Kraus, ZfdA 59, 1922, S. 312ff.;*
zahlreiche Stellen sind im Faksimile nicht mehr lesbar.

  I *101 E, 54^vL, 7 U^∞.*
1 alle] *fehlt L.* wilkūme *E.*   2 niuwe] *fehlt LU^∞.*   4 allez] gar *LU^∞.* nû] ir *L.*   6 ze] *fehlt*
L.   7 sage] gesach *U^∞.*   8 gebe zuo miete] man mir eren biete *U^∞.*
  II *102 E, 8 U^∞.*
3 behage *E.*   6 sie sint mir ze her *U^∞.*   7 me *E.*
  III *103 E, 9 U^∞.*
2 vñ wid^s unz an vng^el *U^∞.*   5 kundich rechte schowe *U^∞.*   7 sô*m*ir] somer *E,* so mir *U^∞.*

IV   Falschez volk ist gar betrogen,   57,7
          sie enkünne*t* êren niht begân.
          Tiusche man sint wol gezogen,
          reht als engel sint die wîp getân.
5   Fröide und reine minne,
          swer die suochen wil,
          der sol komen in unser lant, dâ ist wunne vil.
          lange muoz ich wonen dar inne!

V   Ich hân lande vil gesehen   56,30
          unde nam der besten gerne war.
          übel müeze mir geschehen,
          künde ich mîn hertze ie bringen dar,
5   Daz mir gevallen
          wolte tobende site.
          nû waz hülfe mich, ob ich unreht strite?
          tiusche zuht gefellet mir vor in allen.

IV *104 E, 10 U^∞*.

1 Falsches] lischez *U^∞*.   2 enkůnnē *E*.

V *105 E*.

Erschließungshilfen

Zu auch in A und C überliefertem Text vgl. die Hilfen dort.

III, 2: *Engellant*: Hingewiesen sei auf die topographische Varianz; A, C und U^xx haben *Ungerlant*. Vgl. dazu Willemsen, S. 150f.

IV, 1 *Falschez volk*: Text und Versposition (1/2 und 3/4) differieren zwischen AC und EU^xx. Statt *falschez* dürfte in U^xx [*we*] *lischez* gestanden haben (*we* ist aber nicht vorhanden); gemeint wären dann romanische Völkerschaften. Die wenig plausible (wenn auch nicht unmögliche Lesart) von E mag durch einen Lese- oder Hörfehler im Rezeptionsprozess entstanden sein: *welsch* > *valsch*.

IV, 2: *êren begân*: ‚Ehre erreichen‘.

IV, 8: *muoz*: hier zum Ausdruck des Futurs, ‚werde ich leben‘.

33

Ton 33 wird in zwei aufeinander folgenden Fassungen ediert (nach den Handschriften C und E; vgl. die Erläuterungen im Textkritischen Kommentar).

Fassung nach C

I   Minne diu hât einen site: 57,23
     daz si den vermîden wolde,
     daz gezæme ir baz!
     dâ beswært si manigen mite,
  5 den si niht beswæren solde.
     wê, wie zimt ir daz?
       Ir sint vier und zwênzec jâr
       vil lieber, danne ir vierzec sîn,
       und stellet sich vil übel, siht*s* iender grâwez hâr.

II   Minne was mîn frowe sô gar,   57,32
     daz ich wol wiste al ir tougen.
     nû ist mir sô beschehen,
     kumt ein junger ieze dar,
  5 sô wirde ich mit twerhen ougen
     schilhend an gesehen.
       Armez wîp, wes müet si sich?
       weizgot, wan daz si liste pfliget   58,1
       und tôren triuget, sî ist doch elter vil danne ich.

III

---

33 (C) I *203 [210] C.*
9 sihtz *C.*
   II *204 [211] C.*

III   Minne hât sich an genomen,   58,3
        daz si gêt mit tôren umbe
        springent als ein kint.
        war sint al ir witze komen?
     5 wes gedenket sî vil tumbe?
        sî ist joch gar ze blint,
            Daz si ir rûschen niene lât,
            und füere als ein bescheiden wîp!
            si stôzet sich, daz ez mir an mîn herze gât.

IV   Minne sol daz nemen für guot,   58,12
        underwîlent sô si ringet,
        daz ich sitzen gê.
        ich hân alsô hôhen muot
     5 als einer, der vil hôhe springet.
        wê, waz wil sis mê?
            Anders diene ich, swaz ich mac.
            si besuoche, wâ die sehse sîn,
            von mir hât si in der wochen ie den sibenden tac.

III *205 [212] C.*
IV *206 [213] C.*

Erschließungshilfen

II, 5/6: ‚… mit schiefen Augen schielend …‘.

III, 4: *witze*: ‚Verstand‘.
III, 8: *füere*: ‚sie möge sich benehmen wie …‘.   *bescheiden*: ‚klug‘.

IV, 3: *sitzen gân*: hier wohl ‚wohin gehen und sich setzen‘.
IV, 8: *besuochen*: ‚suchen‘.

Fassung nach E

I   Ich hân ir gedienet   181,1
     daz dâ heizzet frouwe Minne,
     daz iz immer clage
     ⟨. . . . . .⟩
  5 der gouch ist guoter sinne.
     daz mich der sol verjage,
       Der mîn tôre solte sîn,
       dâ wir zwêne werben umbe ein dinc!
       daz dinc tuot fürder, nimmer müez ez werden mîn.

II   Minne hât sich an genomen,   58,3
     daz si vert mit den tôrn ⟨..⟩
     springende als ein kint.
     war sint alle ir witze komen?
  5 wes gedenket sie vil tumbe?
     sie ist doch gar ze blint,
       Daz si ir rütschen niht enlât,
       und füere als ein bescheiden wîp!
       si stôzet sich, daz ez mir an mîn hertze gât.

III   Minne sol daz nemen für guot,   58,12
     underwîln sô sie ringet,
     daz ich sitzen gê.
     ich hân alsô hôhen muot
  5 als der vil hôhe springet,
     wes bedarf ich denne mê?
       Anders diene ich, swes ich mac.
       sie versuoche, wâ die sehse sîn,
       noch mêr hâts in der wochen ie den sibenden tac.

IV

---

33 (E) I *24 E.*
II *25 E.*
III *26 E.*

IV Minne hât noch einen site: 57,23
swie si den vermîden wolte,
daz gezæme ir baz!
sie beswæret manigen mite,
5 den sie niht beswærn solte.
wê, wie stât ir daz?
Ir sint vier und zwênzic jâr
lieber, denne ir vierzic sint,
und stellet sich als übel, sihet sie ein grâwez hâr.

IV *27 E.*
7 vier vnzwenzic *E.*

Erschließungshilfen

Zu auch in C überliefertem Text vgl. die Hilfen dort.

I, 4: Unter der Voraussetzung, dass die Strophe im gleichen Ton wie die übrigen konzipiert war, fehlt hier ein Vers; dies erschwert das Verständnis von V. 5.

I, 6–9: Die Aussage scheint bewusst unklar gehalten zu sein. Das sprechende Ich und ein Anderer, den das Ich als *tôren* bezeichnet, werben beide um ... *ein dinc*, nicht um eine Frau! *tuot* im letzten Vers dürfte als Imperativ Plural aufzufassen sein: ‚Tut das Ding weg!‘

34

A: I II IV III
B: II V VI; IV
C: I–VI
E: I II VI III IV
F: I   Text nach *BC auf der Basis von C

I   Die zwîvelære sprechent, ez sî allez tôt,   58,21
       ez lebe nû niemen, der iht singe.
       mugen si doch erkennen die gemeinen nôt,
       wie al diu welt mit sorgen ringe.
    5   Kumt sanges tac, man gehœret singen unde sagen:
       man kan noch wunder.
       ich hôrte ein kleinez vogellîn daz selbe klagen,
       daz tet sich under:
       ›ich singe niht, ez welle tagen‹.

II   Ich wânde, daz si wære missewende frî,   59,19
       nû sagent si mir ein ander mære.
       si jehent, daz niht lebendiges âne wandel sî,
       sô ist ouch mîn frowe wandelbære.
    5   Ich kan aber niht erkennen, waz ir missestê,
       wan ein vil kleine:
       si schadet ir vîenden niht, und tuot ir friunden wê.
       lât sî daz eine,
       swie vil ich suoche, ich vinde niht mê.

III

---

34 I *6 A, 207 [214] C, 165 E, 23 F.*
2/4 singen: ringen *F.*   2 ez] vñ *A,* ern *E.*   lebet *F.*   nû] *fehlt E.*   iht] niht *E,* ich *F.*   3 nv mv̂gen
AF.   erkennen die] bedenken die *A,* gedenken der *EF.*   gemeine *A.*   nôt] noch *F.*   5 gesanges
F.   man hôret *A,* so hôren *E,* sie horet *F.*   6 noch] ôch *A, fehlt F.*   7 cleine *A, fehlt E.*   vogelein
singen dasselbe *F.*   8 daz] ez *EF.*   vndˢ vnder *A.*   9 ich ensinge nicht *Punkt* es en wolle tage
F.   wôlle e *E.*
    II *7 A, 74 B, 208 [215] C, 166 E.*
1 si] *fehlt C.*   gar vor missewende *A.*   3 si jehent] si sprechent *E, fehlt A.*   lebediges *B.*   5 ich
enkan *A,* in kan *E.*   erdenken *A,* gedêken *E.*   waz] daz *E.*   6 won *B.*   7 viende *A,* vient
C.   9 vil is *E,* vil sich *A.*   flûche *C.*   vinde niht] en vindes *A,* vindes *E.*

III   Der alse guotes wîbes gert, als ich dâ ger,   59,10
    wie vil der tugende haben solde!
    nûn hab ich leider niht, dâ mite ich si gewer,
    wan ob si ein wênic nemen wolde.
5   Zwô tugende hab ich, der si wîlent nâmen war,
    schame unde triuwe.
    die schadent nû beide sêre. nû schaden alsô dar!
    ich bin niht niuwe:
    dem ich dâ gan, dem gan ich gar.

IV   Die lôsen scheltent guoten wîben mînen sanc,   58,30
    und jehent, daz ich ir übel gedenke.
    nû pflihten alle wider ⟨*mich*⟩ und haben danc,
    er sî ein zage, der dâ wenke!
5   Ob tiutschen wîben ieman ie gespræche baz?
    daz ich scheide
    die guoten und die bœsen, seht, daz ist ir haz.
    lobte ich die beide
    gelîche wol, wie stüende daz?

V   Ich bin iu eines dinges holt, haz unde nît,   59,1
    sô man iuch ûz ze boten sendet,
    daz ir sô gerne bî den biderben sît
    und daz ir iuwern hêrren schendet.
5   Ir spehere, sô ir nieman stæten muget erspehen,
    den ir verkêret,
    sô hebt iuch hein in iuwer hûs, ez muoz geschehen,
    daz ir unêret
    verlogenen munt und twerhez sehen.

VI

III *9 A, 209 [216] C, 168 E.*

1 gerte *E.*   2/4 sol: wil *E.*   3 nv han ich leider *A,* ich han aber leider *E.*   4 wēn so vil ob sie ein lützel wil *E.* lvzel vō mir wolte *A.*   5 dri *A.* tugenden *E.* des ich wilent nam *A.*   7 die nement beide ein ander schaden war *A.*   8 *fehlt E.*   9 swem ich *A.*

IV *8 A, 82 B, 210 [217] C, 169 E.*

1 schamelosen *C.* schelten *BE.*   3 nû] si *AE.* pflihtent *E.* wider] vbˢ *A.* mich] *fehlt BC.*   4 vñ si *A.*   5 swer gv̊ten wiben *A,* der tûschen frauwen *E.* ieman] *fehlt AE.*   6 ich si *A.*   7 guoten] besten *A.* und die] vō den *AE.* bœsten *A.* ir] dˢ *AE.*   8 die] si *AE.*   9 wol we wie *E.*

V *75 B, 211 [218] C.*

4 daz ir] *fehlt B.*   5/7/9 erspehen: geschehen: seht *B.*

VI   Ich hân iu geseit, waz ir missestât: 59,28
       zwei wandel hân ich iu genennet.
       nû sult ir ouch vernemen, waz si tugende hât,
       der sint ouch zwô, daz ir si erkennet.
5   Ich seit iu gerne tûsent: irn ist niht mê dâ,
       wan schœne und êre.
       die hât si beide volleklîche. hât si? jâ!
       waz wil si mêre?
       hie ist gelobt, lobe anderswâ!

VI *76 B, 212 [219] C, 167 E.*
1 v́ch *B.* gar gesaget daz *E.*   2 v́ch *B.*   3 so sůlt *E.*   4 ouch] *fehlt E.*   5 spriche ir *E.*   v́ch
B.   mere *B.*   dâ] *fehlt C.*   7 die zẘ hat sie vollenclichen *E.*   9 wol gelobet *BE.*   lob sie *E.*

Erschließungshilfen

I, 9: ‚ich singe nicht, es sei denn, es wird Tag‘ (exzipierende Konstruktion).

III, 3: *gewer* < *(ge-)wërn*: ‚bezahlen‘, hier eher: ‚beschenken‘.
III, 8: *niuwe*: hier ‚neumodisch‘.

IV, 3: *pflihten* = *phlihten*: hier ‚sich verbinden‘; *pflihten* und *haben* sind Konj. Pl.-Formen im
   Sinne eines Imperativs: ‚sie sollen/mögen …‘

V, 9: *twerhez sehen*: ‚schiefer Blick‘.

35

A: III II I
BC: I–V
E: I–III IV^{EO} V^{EO} VI^{EO}
O: I–III IV^{EO} V$^{EO}_{1-2}$
Text I–III nach *BC auf der Basis von B; die Folgestrophen getrennt nach BC und
EO.

I   Wie sol man gewarten dir,   59,37
        Welt, wilt dû alsô winden dich?
        wænest dich entwinden mir?   60,1
        nein, ich kan ouch winden mich.
    5   Dû wilt sêre gâhen,
            und ist ouch unnâhen,
            daz ich dir noch süle versmâhen.

II   Dû hâst lieber dinge vil,   60,6
        der mir einez werden sol.
        Welt, wie ich daz verdienen wil!
        doch solt dû gedenken wol,
    5   Obe ich ie getræte
            fuoz von mîner stæte,
            sît dû mich dir dienen bæte.

                                III

---

35 I *132 A, 77 B, 213 [220] C, 115 E, 27 O.*
1 Wer mach nv ghewarten dir *O*, Wer mac dir gewarten *E*.   man] ich *A*.   2 wilt dû] wildiv *C*, wilt
AO.   vinden *E*.   3 wenes dv *A*, du wenest *EO*.   entwenden *E*.   6 ouch] vil *AE*, harte *O*.   7
noch daz ich dir *O*.   dich *AE*.   noch] *fehlt E*.   sŭle *B*, svl *AE*.
    II *131 A, 78 B, 214 [221] C, 116 E, 28 O.*
1 *Lombarde nicht ausgeführt A.*   guter *EO*.   3 dienen *A*.   4 doch] io *EO*.   ge danken *O*.   5 ie]
hie *A*, *fehlt E*.   7 sit div *O*.

III   Welt, dû solt niht umbe daz   60,13
       zürnen, daz ich lônes man.
       trœste mich ein wênic baz,
       sich mich minneclîchen an.
    5   Dû maht mich wol pfenden
          und mîn heil erwenden:
          daz stêt, vrowe, in dînen henden.

       Tonfortsetzung nach BC auf der Basis von B

IV^BC Ich enweiz, wie dîn wille stê   60,20
       wider mich; der mîne ist guot
       wider dich. waz wilt dû mê,
       Welt, von mir wan hôhen muot?
    5   Wilt dû bezzer wunne,
          danne man dir gunne
          vröide und der gehelfen kunne?

V^BC   Welt, tuo mê des ich dich bitte,   60,27
       volge wîser liute tugent!
       dû verderbest dich dâ mitte,
       wilt dû minnen tôren jugent.
    5   Bitte die alten êre,
          daz si wider kêre
          und aber dîn gesinde lêre.

III *130 A, 79 B, 215 [222] C, 117 E, 29 O.*
1 ensolt *A.*   umbe daz] *fehlt E.*   2/4 mane: ane *EO,* mane: an *B,* nam: an *C.*   2 ob ich *A,* ob
ich dich *EO.*   3 grv̂ze *AEO.*   4 wunnēclichen *E,* willichlichē *O.*   5 mach *O.*   vil wol *E.*   6
vñ alle min *E,* al myn *O.*   7 in] an *EO.*
IV^BC *80 B, 216 [223] C.*
3 wildvs *C.*
V^BC *81 B, 217 [224] C.*
4 tŏren *B.*

Tonfortsetzung nach EO auf der Basis von E

IV^{EO}   Werlt, tuo ⟨mê⟩ des ich dich bitte,   60,27
        minne wîser liute tugent!
        dû verderbest dich dâ mitte,
        wilt dû minnen tôren jugent.
    5   Bite die alten êre,
           daz si wider kêre
           und aber dîn gesinde mêre.

V^{EO}   Werlt, wie lange sol ich gern,   [⁷182,1] 183,1
        dû weist wol wes unde wâ?
        dû muost mîner fröide enpern,
        mir enwerde buoz aldâ.
    5   Gêt heim, hie ist gesungen.
           wirde ich hie verdrungen,
           sô beslüzze ich mîne zungen.

VI^{EO}   Ich hân *d*ir gedienet sô,   [⁷182,8] 183,8
        Werlt, daz ich michs niht schame.
        swie dû mich mit lône machest frô,
        dir geschiht vil lîhte alsame.
    5   Ich wölte oc ein vil cleine.
           weistû, waz ich meine?
           wider liebe liep, daz eine.

IV^{EO} *118 E, 30 O.*
1 mê] *fehlt E.*   7 ghe sinne lere *O.*
    V^{EO} *119 E, 31 O.*
2 wes vñ *Ende der Überlieferung O.*
    VI^{EO} *120 E.*
1 dir] ir *E.*

Erschließungshilfen

I, 1: *gewarten/warten*: ‚dienen'.

II, 1: *lieber dinge*: Genitiv Plural, abhängig von *vil*.
II, 2: *der*: ‚derer', ‚von denen' (Genitiv Plural).

III, 6: *erwenden*: hier im Sinne von ‚verhindern' zu verstehen.

IV^{BC}, 5–7: Die Aussage in diesen Versen ist etwas kryptisch, der zweite Teil von V. 7 *der gehelfen kunne* ist zudem syntaktisch schwer anzuschließen; Schweikle kommentiert: „der, enthält die Funktionen von Dem.- und Rel.-Pron." (Bd. 2, S. 763): ‚einen, der dazu verhelfen kann'.

V^{EO}, 4: *buoz*: hier ‚Trost', ‚Abhilfe'.

36

Ton 36 wird in zwei aufeinander folgenden Fassungen ediert (nach den
Handschriften BC und E; F wird nur diplomatisch dokumentiert; vgl.
auch die Erläuterungen im Textkritischen Kommentar mit Erklärung
der Linien).

Fassung nach BC auf der Basis von B

I   Ich wil nû teilen, ê ich var,   60,34
    mîn varnde guot und eigens vil,
    daz iemen durfe strîten dar
    wan den ichz hie bescheiden wil.
5   Al mîn ungelücke wil ich schaffen jenen,
    die sich hazzes unde nîdes wenen
    darzuo mîn unsælicheit.
    mîne swære
    haben [ ] die lügenære.
10   mîn unsinnen
    schaffe ich den, die mit velsche minnen,
    den vrouwen nach herzeliebe senendiu leit.

II   Mir ist liep, daz si mich clage,   61,8
    ze mâze, als ez ir schône stê,
    ob man ir mære von mir sage,
    daz ir dâ von sî sanfte wê.
5   Sie sol iemer durch den willen mîn
    ungefüege swære und ungefüege vröide lâzen sîn,
    daz stêt senenden vrouwen wol, als ichz meine.
    dar ahtent jene vil cleine,
    die sich des flîzent,
10   daz siu sich den munt sô sêre bîzent.

III

36 (BC) I *62 B, 150 [156] C.*
9 haben in die lvgenẹre *B.*
II *87 B, 219 [226] C.*
10 sich] *fehlt C.*

III　　Nû bîtent, lânt mich widerkomen.　　　　　　　　　61,20
　　　　ich weiz der wîbe willen wol.
　　　　ich hân eine mær von in vernomen,
　　　　dâ mite ich manige erwerben sol:
　5　　Ich wil lîp und êre und al mîn heil verswern.
　　　　wie kunde sich deheiniu mîn danne erwern?
　　　　nein ich, weizgot, swaz ich sage!
　　　　got der solte
　　　　rihten, obe er wolte,
　10　　über die so swüeren,
　　　　daz in diu ougen ûz füeren,
　　　　daz siu sich stiezen doch einest an dem tage.

―――――――

III *88 B, 220 [227] C.*
3 me *BC.*

Erschließungshilfen

I, 11/12: Konjunktionslose Reihung; das Verständnis wird erleichtert, wenn man vor V. 12 ein ‚und' ergänzt.

II, 10: Das Bild von sich auf den Mund beißenden Frauen ist ungewöhnlich. Gemeint kann eine gewisse ‚Verbissenheit' oder ‚Verbitterung' sein.

III: Die Strophe ist in ihrem handschriftlichen Kontext nicht leicht zu verstehen, denn man fragt sich, woher oder wovon der sprechende Mann *widerkomen* möchte (vielleicht aus einer Art (Minne-)Exil?). Der Text der Strophe gibt darüber keine Auskunft, und auch im Kontext mit I (so ja in der 14. Aufl. angeordnet) erschließt sich ein Sinn nur vage. Von der ‚Erblasser'- und ‚Endzeitstimmung' ausgehend, mag der Wunsch nach einem *widerkomen* so gedeutet werden, dass der Mann, vielleicht bereits (tod-)krank, noch einmal in die Welt zurückkehren und mit zweifelhaftem Verhalten die Gunst der Damen erlangen möchte. Schnell aber besinnt er sich angesichts des jüngsten Gerichts (= *einest an dem tage*) eines Besseren (*revocatio* im Abgesang).

Fassung nach E

I   Ich wil teiln, ê ich var,   60,34
       mîn varende guot und eigens vil,
       daz iemen denne strîte dar,
       wenne als ich iuch bescheiden wil:
   5   Al mîn ungelücke schaffe ich jenen,
           daz sie gerne hazzes und nîdes wenen,
           darzuo mîne unsælickeit.
       mîne swære
       haben die lügenære.
   10 mînen unsin
       jene, die mit falsche minnen,
       den frouwen nach herzeliebe senede leit.

II   Sît mir denne nit mêr werden mac,   [⁷183,1] 184,1
       wenne als ich kûme dich gesehe,
       sô wünsche ich heiles al den tac
       und bin doch immer an der flê,
   5   Daz dich got vor falscher diet bewar
           und leite ze allen zîten in der engel schar.
       ouch bite ich dich, swâ du mich sehest,
       daz dû mir tougen
       schône mit den ougen
   10 dich zuo mir neiges
       und mir ein cleine liebe erzeiges:
       jon ruoche ich, ob du mich mit worten vêhest.

                          III

---

36 (E) I *174 E.*
II *175 E.*
8 daz tuo mir tougen *E.*

III   ›Man mac wol offenbâre sehen   [⁷183,13] 184,13
       dîn scheiden an den ougen mîn.
       nû sprich, wie wær mir geschehen,
       het ich getân den willen dîn?
   5   Son würde ich nimmer rechte vrô.
       dû enkumest wider, ich wirde iedoch alsô.
       dû bist mir ein fremder man.
       wê, warumbe
       clage ich sô sêre, ich tumbe,
   10   durch daz eine,
       daz wir ie wârn mit rede gemeine?
       doch wizze, daz ich dir ze lebene wol gan.‹

IV   Ich hân vil cleine an dir bejaget   [⁷183,25] 184,25
       wenne under wîln einen gruoz.
       dû hâst mir aber sô vil gesaget,
       daz ich dir immer dienen muoz.
   5   Ob ich an dir niht erworben hân,
       wol mich! sôn hât ein ander noch getân.
       alsô kannstû wesen gemeit.
       got dir lône,
       daz du mich hielde alsô schône.
   10   wis gesünde.
       wê, daz ich dich alsô fünde!
       frouwe, nû gedenke an alle mîne stætikeit.

IV *177 E.*
10 wis geswûde (*über dem w ein kleines e*) *E.*

Erschließungshilfen

I 11/12: Vgl. die Bemerkungen zur BC-Fassung.

II, 12: *jon*: ,fürwahr ... nicht'.

III, 7: *fremd*: ,(räumlich) entfernt', ,fort', ,unbekannt', ,befremdlich'.
III, 11: *ie*: kann positiv oder auch negativ (= *nie*) aufgefasst werden; vgl. Paul, Mhd. Gr., 2007, § S 147. Der Sinn verändert sich je nach Entscheidung deutlich.
III, 12: *gan* < *gunnen*.

IV, 3: Vgl. den Textkritischen Kommentar.
IV, 10: *wis*: Imperativ Sg. von *wesen* (,sei!').

Diplomatischer Abdruck Ton 36 (und 36a der 14. Auflage) nach F
(29 ff.)

*Der Schreiber von Hs. F verwendet zum Teil eigentümliche Abbreviaturen, die in
der Transkription nicht immer sehr nah wiedergegeben werden können; im Zweifel
ist das Faksimile zu konsultieren oder das inzwischen im Internet veröffentlichte
Digitalisat der Handschrift (Herzogin Anna Amalia Bibliothek Weimar).*

Ich wil teylen ee ich var
mein varende die aygen uil
Das nymãt denne stercken tar
wenn als ich hie beschaiden wil
All mein vngelucke ergenende
sich neydes und schatzes gerne wenen
dartzu mein vnseligkeit
und mein swere
die haben die lugenere
mein vnsynneˢ
genende mit valschen minneˢ
Den frawnˢ nach hertze liebe senende hertze leyt

man mag wol offenpare sehen
Dein schayden an den augen mein
nun sprich wie were mir geschehnˢ
hett ich gethan den willen dein.
so wurde ich nỹmer rechte fro.
du kemes doch wieder in mein tan ỹe doch so
pist du mir ein fremdˢ man
wir wurden ỹmer
clagen so sere ich tumer
durch das eine.
das warnˢ gut mit reden ie gemeine.
so wisse got. das ich dir wol zu lebene gan

Seint mir dein nicht mer werden mag
wenn das ich kunne mich verstee
So wünsch ich dir heyles nacht vnd tag
und ymer mer an mein^s flee
Das dich got vor valscher diet beware
vnd leite dich an aller engel schar.
auch pite ich wo du mich ersehest
das du taugen
ein lutzel mit den augen
zu mir neygest
vnd mir ein cleine lieb erzeygest.
so enruch ich ob du mir mit worten flehest

Ich han uil cleine an dir beiaget
wenn vnter weyln^s einen grusz
Du hast mir aber so wol uersaget
das ich dir ymer diene^s musz
Seint ich an dir nicht erworben han.
so wol mich so hat einannder auch gethan
also kanstu wesen gemeÿt.
got dir lone
das du mir helffest schone
nun (?) pisz gesunde
ob ich dich also funde
nun frawe gedencke an alle stetigkeit

Nun sweÿget vnd lasset wieder kumen
ich weisz uil weyber willen wol
ich han ein rede von Ir v^snomen
domit ich ir uil erwerben sol
wie mag sich eine gen mir erweren
ich wil leyb vnd ere und all mein haÿl fur sie venym
es waisz ich sage
got solte
dicke richten ob er wolte
die so sworen
vnd sich doch eines stiessen in den tage

37

Ton 37 wird in zwei aufeinander folgenden Fassungen ediert (nach den Handschriften EO und BC; vgl. die Erläuterungen im Textkritischen Kommentar).

Fassung nach EO auf der Basis von E

I   Ich wil nû mêr ûf ir genâde wesen frô   [⁷184,1] 185,1
     sô ferre, als ich ⟨. . . .⟩ immer mac.
     ichn weiz, ob allen liuten sî alsô;
     nâch eime guoten kumet mir ein sô bœser tac:
5   Sô ich zuo freuden niht enkan,
     sô gêt ez an ein scheiden. des
     pflac ich von kinde gerner denne ieman –
     in ruoche, wer mîn dar um lachet –
     zwâre, wünschen unde wænen
10   hât mich dicke frô gemachet.

II   Ich wünsche sô werde, daz ich noch gel*i*ge   [⁷184,11] 185,11
     bî ir sô nâhen, daz ich in ir ouge sehe
     und ich ir alsô vollenclîchen an gesige,
     swes ich sie denne frâge, daz sie mirs verjehe.
5   Sô sprich ich: »wiltus immer m*ê*
     beginnen, dû vil sælic wîp,
     daz dû mir aber tuost sô wê?«
     sô lachet sie vil minneclîche.
     wie nû, swenne ich mir nû sô gedenke,
10   bin ich von wünschen denne niht rîche?

                              III

---

37 (EO) I *178 E, 17 O.*
2 ich immer *E.*   3 *nur Reste lesbar; Ende der Überlieferung O.*
   II *179 E.*
1 gelege *E.*   5/6 mer beginnen *Punkt E.*

III   Mîn ungemach, daz ich durch sie erliten hân,   [⁷184,21] 185,21
        swenne ich mit senenden sorgen alsô sêre ranc,
        sol mich daz alsô cleine wider sie vervân?
        hân ich getrûret âne lôn und âne danc?
    5   Sô wil ich mich gehaben baz.
        waz, ob ir denne lieber ist
        mîn fröide denne mîn trûren? ich wünsche ouch daz.
        und sint ir denne beide unmære,
        sô spilt ich denne des einen gerner
    10   denne jens, daz dô gar verlorne wære.

IV   Owê, daz mir sô maniger missebieten sol!   [⁷184,31] 185,31
        daz clage ich hiute und immer rehter höfescheit.
        ir ist doch lützel, den ir schapel stê sô wol.
        ich enfünde *ie* doch ein her*ze*werendez leit,
    5   Und wær*e* [ ] von in anderswâ,
        wenne daz ich gerne bî ir bin,
        daz ist der schade, ich bin oc gerne dâ.
        des muoz ich missebieten lîden.
        iedoch swer sîne zuht behielte,
    10   dem stüende ein schapel wol von sîden.

III *180 E.*
IV *181 E.*
4 ie] in *E.*   hertze werendez *E.*   5 wer er von *E.*

Fassung nach BC auf der Basis von B

Ich wil niht mê ûf ir gnâde wesen vrô   61,32

Mir ist mîn rede enmitten zwei geslagen:
daz eine halbe teil ist mir verboten gar,
daz müezen ander liute singen unde sagen.
ich sol aber iemer mîner zühte nemen war
5   Und wunneclîcher mâze pflegen.
      umbe einez, daz si heizent êre,
      lâze ich vil dinges under wegen.
      mac ich des niht mê geniezen,
      stêt ez alse übel ûf der strâze,
10   sô wil ich mîne tür besliezen.

37 (BC) *89 B, 221 [228] C.*

2 halbteil *C.*   7 vil] *fehlt C.*   8 ich] si *C.*   mê] *fehlt C.*

Erschließungshilfen (Fassung nach EO):

Zu Schlüsselwörtern des Minnesangs (*freude, wîp, sorge, trûren*) vgl. das Begriffsglossar.

I, 6: Vgl. den Textkritischen Kommentar.

IV, 3–7: ‚Es gibt wenige, denen das *schapel* gut ansteht (*schapel* = Kopfschmuck für Frauen und Männer, häufig Symbol für höfische Gesinnung; vgl. auch das Begriffsglossar s. v. *gebende*). Ich würde auf immer ein herzbeschwerendes Leid empfinden, wenn (= *und*) ich von ihnen getrennt wäre, nur – dass ich gerne bei ihr bin, das ist der Schaden, ich bin einfach gerne dort.‘

Fassung nach BC:

Ich wil niht mê ûf ir gnâde wesen vrô: eine Art Strophenüberschrift; vgl. auch den Textkritischen Kommentar.

38

BC: I–IV   Text auf der Basis von C

I   Ob ich mich selben rüemen sol,   62,6
     sô bin ich des ein höbischer man,
     daz ich sô manige unfuoge dol,
     sô wol als ich gerechen kan.
  5   Ein   klôsenær, ob erz vertrüege? ich wæne, er nein.
       hât er die stat, als ich si hân,
       bestüende in danne ein zornelîn,
       ez wurde unsanfte widertân,
       swie sanfte ichz alsô lâze sîn.
 10   daz   und ouch mê vertrage ich doch dur eteswaz.

II   Frowe, ir sît schœne und sît ouch wert,   62,16
     den zwein stêt wol genâde bî.
     waz schadet iu, daz man iuwer gert?
     jô sint iedoch gedanke vrî:
  5   Wân   und wunsch, daz wolde ich allez ledic lân.
       [ ] höfeschent mîne sinne, dar,
       waz mac ich, gebents iu mînen sanc,
       des nement ir lîhte niender war.
       sô hân ichs doch vil hôhen danc:
 10   treit   iuch mîn lop ze hove, daz ist mîn werdekeit.

                                    III

---

38 I *90 B, 222 [229] C.*
4 ichz *B*   10 daz] do *B.*
II *91 B, 223 [230] C.*
3 v́ch *B.*   5 wunsche *B.*   6/7 was mag ich sin . hoveschen die minne dar . was mag ich gent sv́
minen sang *B,* was mac ichs hôfeschent mine sinne dar . was mac ich gebentsiu minen sanc *C.*

III   Frowe, ir habt mir geseit alsô,   62,26
       swer mir beswære mînen muot,
       daz ich ouch den mache frô,
       er schame sich lîhte und werde guot.
    5   Diu   lêre, ob si mit triuwen sî, daz [ ] schîne an iu.
       ich fröwe iuch, ir beswæret mich,
       des schamt iuch, ob ichz reden getar.
       lât iuwer wort niht velschen sich
       und werdet guot, sô habt ir wâr.
   10   vil   guot sît ir, dâ von ich guot von güete wil.

IV   Frowe, ir habet ein werdez tach   62,36
       an iuch gesloufet, den reinen lîp,
       wan ich nie bezzer kleit gesach.
       ir sît ein wol gekleidet wîp: 63,1
    5   Sin   und sælde sint gesteppet wol dar in.
       getrageniu ⟨wât⟩ ich nie genan:
       diz næme ich als gerne ich lebe.
       der keiser wurde ir spilman
       umb alsô rîche gebe.
   10   dâ,   keiser, spil! nein, hêrre keiser, anderswâ!

III *92 B, 224 [231] C.*
3 das ich den mache wider vro *B.*   5 das das *B,* dc das *C.*   10 vil gv̊t sint ir wan das ich gv̊t von
gv̊te wil *B.*
  IV *93 B, 225 [232] C.*
4 beclaidet *B.*   5 sinne *B.* gestēphet *C.*   6 *wât] fehlt C.*   7 dise *B.*   9 rîche] wunnecliche
B.

Erschließungshilfen

I, 4: *sô wol als*: hier im Sinne von ‚obwohl‘ (ich in der Lage bin, Rache zu üben).

II, 4–7: Hinter der hier gesetzten Interpunktion steht folgendes Textverständnis: (4) Gedan-
ken sind frei: (5) Hoffen und Wünschen (= Gedanken) will das Ich ungehindert lassen.
(6) Wenn die *sinne* (Verstand und Kunst?) *höveschen* (‚den Hof machen‘, ‚werben‘ oder
‚sich höfisch verhalten‘), so (7) nimmt die angesprochene Dame dies nicht wahr. – Vgl.
auch den Textkritischen Kommentar mit weiteren Hinweisen.

II, 7: *waz mac ich*: ‚was vermag ich zu tun‘.

II, 10: *treit* = *traget* (kontrahierte Form).

III, 7: *ob ichz reden getar*: ‚wenn ich es zu sagen wage‘.

IV, 6: *genan* = *genam*.

IV, 10: *keiser*: Ob ein bestimmter Kaiser gemeint ist (in der Forschung wurde Otto IV.
favorisiert), lässt sich heute aufgrund des bloßen Textbefundes nicht mehr eruieren. Das
Verständnis mittelalterlicher Texte (und historischer Texte überhaupt) wird grundsätzlich
dadurch erschwert, dass wir die pragmatische Situation des Textes nicht mehr kennen.
Mit der schriftlichen Fixierung ist der Text seiner Aufführungssituation beraubt. Vgl.
Hahn, 1992.

39 (1)

BC: I–IV   Text nach *BC auf der Basis von B

I   Die verzagten aller guoten dinge   63,8
      wænent, daz ich mit in sî verzaget.
      ich hân trôst, daz mir noch vröide bringe,
      der ich mînen kumber hân geclaget.
      5   Obe mir liep von der geschiht,
        sô enruoche ich, wes ein bœser giht.

II   Nît den wil ich iemer gerne lîden.   63,14
      vrowe, dâ solt dû mir helfen zuo,
      daz si mich von schulden müezen nîden,
      sô daz mîn lîp in herzeleide tuo.
      5   Schaffe, daz ich vrô gestê:
        sô ist mir wol, und ist in iemer wê.

III Friundîn unde vrowen in einer wæte   63,20
      wolte ich an iu einer gerne sehen.
      ob ez mir sô rehte sanfte tæte,
      alse mir mîn herze hât verjehen?
      5   ,Friundinne', daz ist ein süezez wort,
        doch sô tiuret ,vrowe' unz an daz ort.

IV Vrowe, ich wil mit hôhen liuten schallen,   63,26
      werdent diu zwei wort mit willen mir,
      sô lâze ich dir zwei von mir gevallen
      – daz ein keiser kûme gæbe *d*ir –:
      5   Friunt und geselle, diu sint [ ] dîn,
        sô sî vriundinne unde vrowe mîn.

---

39 (1) *Identischer Strophenbau mit 39 (2), folgt auf Ton 82 (S. 417); die Aussage legt nicht nahe, die zwei Strophenreihen als Einheit zu betrachten.*
   I *94 B, 226 [233] C.*
1 guoter *C.*
   II *95 B, 227 [234] C.*
   III *96 B, 228 [235] C.*
1 Frúnden *C.*   2 v́ch *B.*   5 ein] *fehlt C.*
   IV *97 B, 229 [236] C.*
4 mir *BC.*   5 sint baidv́ *BC.*

Erschließungshilfen

I, 1: ‚Die an allen guten Dingen Verzagenden/Verzweifelnden‘.

II, 3: *von schulden*: ‚mit Recht‘.
II, 4: *mîn lîp*: hier ‚ich‘.

III, 6: *unz an daz ort*: ‚ganz und gar‘.

40

Ton 40 wird in vier aufeinander folgenden Fassungen ediert (nach den Handschriften B, C, E und G; vgl. die Erläuterungen im Textkritischen Kommentar).

Fassung nach B

I   Die schamelôsen, liezen si mich âne nôt,   64,4
    sô hette ich weder haz noch nît.
    nû muoz ich von in gân, als diu zuht gebôt,
    ich lâze in laster unde strît.
  5   Dô zuht gebieten moht, wie schuof siz sô:
    tûsent werten einem ungefüegem man,
    unz er schône sich versan,
    und muose sich versinnen,
    sô vil was der gefüegen dô.

II   Si vrâgent und gefrâgent aber alze vil   63,32
    von mîner vrowen, wer si sî.
    daz müet mich sô, daz ich si in allen nennen wil,
    sô lânt si mich doch danne frî.
  5   Gnâde und ungenâde, dise zwêne namen
    hât mîn vrowe beide und sint ungelîch:
    der ein ist arn, der ander rîch.   64,1
    der mich des rîchen ierre,
    der müeze sich des armen schamen.

III

40 (B) *I 84 B.* Bedeutung des Trennstrichs: II–IV folgen nicht unmittelbar auf I.
  II *98 B.*
3 nemmen *B.*   8 ierren *B.*

III Ich wil der guoten niht vergezzen noch ensol,   64,22
    diu mir sô vil gedanke nimet.
    die wîle ich singen wil, sô vinde ich iemer wol
    einen niuwen lop, der ir gezimet.
  5 Nû habe ir diz für guot: sô lobe ich danne mê.
    ez tuot in den ougen wol, daz man si siht,
    und daz man ir vil tugenden giht,
    daz tuot wol in den ôren.
    sô wol ir des und wê mir, wê!

IV Swie wol diu heide in maniger varwe stât,   64,13
    sô wil ich doch deme walde jehen,
    daz er vil mê wunneclîcher dinge hât,
    sô ist dem velde baz beschehen.
  5 Sô wol dir ⟨. . . . .⟩
    sumer, daz ich iemer lobe dîne tage,
    træste mit trôste mîne clage.
    ich sage dirz ûf gnâde:
    diu mir ist liep, der bin ich leit.

III *99 B.*
2 gedẹnke *B.*   5 vergv̂t *B.*
 IV *100 B.*
2 gehen *B.*   5 *Keine Lücke B.*

Erschließungshilfen

I, 5: *schuof* < *schaffen*: hier ,einrichten', ,bewerkstelligen'.
I, 6: *werten* < *weren*: ,verteidigen gegen' (hier mit dem Dativ konstruiert).
I, 8: *muose*: Präteritalform zu *müezen*: ,musste'.

II, 8: *ierren* = *irren*: ,in Bezug auf etwas in die Irre leiten' (hier mit dem Genitiv konstruiert).

III, 4: *einen niuwen lop*: *lop* kann im Mhd. auch mask. Genus tragen.
III, 5: *habe ir*: *ir* = reflexiver Dativ; vgl. Paul, Mhd. Gr., 2007, § S 92 und Lexer I, 1133;
   Bedeutung hier: ,halten für'.

Fassung nach C

C¹: IV
C²: I–IV
a: III–IV   Text nach C²

I   Swie wol diu heide in meniger varwe stât,   64,13
       sô wil ich doch dem walde jehen,
       daz er vil mê wunneklîcher dinge hât,
       sô ist dem velde baz geschehen.
   5   Sô wol dir ⟨. . . . .⟩
       sumer, daz ich iemer lobe dîne tage,
       trœste mit trôste mîne klage.
       ich sage dirz ûf genâde:
       diu mir ist liep, der bin ich leit.

II   Ich wil der guoten niht vergezzen noch ensol,   64,22
       diu mir sô vil gedanke nimt.
       die wîle ich singen wil, sô vinde ich iemer *w*ol
       einen niuwen lop, der ir gezimt.
   5   Nû habe ir diz für guot: sô lobe ich danne mê.
       ez tuot in den ougen wol, daz man si siht,
       und daz man ir vil tugende giht,
       daz tuot wol in den ôren.
       sô wol ir des und wê mir, wê!

III   Si vrâgent unde frâgent aber ze vil   63,32
       von mîner frowen, wer si sî.
       daz müet mich sô, daz ichs in allen nennen wil,
       sô lânt si mich doch danne frî.
   5   Genâde und ungenâde, dise zwêne namen
       hât mîn frowe beide und sint ungelîch:
       der eine ist arn, der ander rîch.   64,1
       der mich des rîchen irre,
       der müeze sich des armen schamen.

                                    IV

---

40 (C) I *230 [237] C².*
I 5 *Keine Lücke C².*
II *231 [238] C².*
3 vol *C².*
III *232 [239] C, 13 a.*
1 alzi *a.*   3 ich si' allen *a.*   4 vñ lazem mich doch dar nach fri *a.*   6 die hat *a.* und] die *a.*

IV   Die schamelôsen, liezen si mich âne nôt,   64,4
        sô het ich weder haz noch nît.
        nû muoz ich von in gân, als diu zuht gebôt,
        ich lâze in laster unde strît.
5   Dô zuht gebieten mohte, wie schuof siz dô:
        tûsent werten einem ungefüegen man,
        unz er schône sich versan,
        und muose sich versinnen,
        sô vil was der ungefüegen dô.

IV *218 [225] C¹, 233 [240] C², 14 a.*
2 enhet *a.*   3 ich der alse mir dv zhůt gibot *a.*   4 liesz *a.*   5 sehet do schuof *a.*   6 tûsent]
daz hundirt *a.*   7 vil schone *a.*   8 und] do *a.*   můs *C¹.*   9 gefůgen *a C¹.*

Erschließungshilfen

Zu auch in B überliefertem Text vgl. die Hilfen dort.

IV, 9: Die hier gewählte Lesart *ungefüegen* ist dann verständlich, wenn man sie inhaltlich
rückbezieht auf den ersten Teil des Aufgesangs der Strophe (auf die *schamelôsen*); es wäre
auf die große Zahl von Menschen ohne Werte angespielt, denen sich das sprechende Ich
ausgesetzt sieht. – Die Forschung hat bislang nur die *gefüegen*-Lesart zur Kenntnis genom-
men. Ihr zufolge wird ausgedrückt, dass es eine große Menge von tugendhaften Men-
schen gibt, die dafür sorgen, dass sich die Tugendlosen bessern.

Fassung nach E

I   Die schamelôsen, liezen si mich âne nôt,   64,4
    sôn het ich weder haz noch nît.
    nû muoz ich von in gên, alsô diu zuht gebôt,
    ich lâze ir laster unde strît.
5   Dô zuht gebieten mohte, owê dô schuof siez *sô*:
    tûsent werten eime gefüegen man,
    unz er sich schône versan,
    ⟨. . .⟩
    sô vil was der gefüegen dô.

II ›Wie wol der heide ir manicvalte varwe stât,   64,13
    sô wil ich dem walde jehen,
    daz er vil wunnenclîcher varwe hât,
    noch ist dem velde baz geschehen.
5   Sô wol dir, sumer, sus getâner hôchgezît!
    sumer, daz ich immer lobe dîne tage,
    trôst, sô trœste ouch mîne clage.
    ich sage dir, was mir wirret:
    der mir ist liep, dem bin ich leit.‹

III Ich mac der guoten niht vergezzen noch ensol,   64,22
    die mir sô vil gedanke nimet.
    die wîle ich singen wil, ich vinde immer wol
    ein niuwez lop, daz ir gezimet.
5   Nû habe ir daz für guot: sô lobe ich denne mê.
    ez tuot in den ougen wol, daz man si siht,
    ⟨. . . .⟩
    ⟨. . . .⟩
    sô wol ir des, sô wê mir, wê!

---

40 (E) I *162 E.*
2 hat *E.*   5 sô] z𝑣̊ *E.*   6 warten *E.*   8 *fehlt ohne Lücke E.*
II *163 E.*
III *164 E.*
3 vinden *E.*   4 nûwe *E.*   5/6 *Reimpunkte nach guot und tuot E.*   7/8 *fehlen ohne Lücke E.*

Erschließungshilfen

Zu auch in B und C überliefertem Text vgl. die Hilfen dort.

I, 4: *lâzen*: hier im Sinne von ‚zurücklassen‘, ‚aufgeben‘; zu beachten ist die differierende
Formulierung in den übrigen Hss.

I, 6: Die übrigen Hss. überliefern hier *ungefüegen*, was deutlich sinnvoller ist. Da in E aber
V. 8 fehlt, ist über den Sinn des Abgesangs nicht abschließend zu befinden.

II: Durch die Textvarianz in V. 9 wird diese Strophe, anders als in den Fassungen B und C,
eindeutig als Frauenstrophe ausgewiesen.

Fassung nach G (zu Besonderheiten der Lautung vgl. den Textkritischen Kommentar)

I   Die schamelôsen, liezen si mich ôn nôt,   64,4
     sô hiet ich weder haz noch neit.
     nù muez ich bî in gên, als mir di zucht gebôt,
     † nû habn in laster unde streit †.
  5   Dâ zucht gebieten moht, owê, dâ schuef siz alsô,
     daz tausent werten ainem ungefüegen man,
     untz er sô schœn sich versan,
     ouch muest er sich versinnen,
     sô vil was der gefüegen dâ.

II   Si vrâgent unde vrâgent laider all ze vil   63,32
     von meiner vrowen, wer si sei.
     daz müet mich sô, daʒ ichs in allen nennen wil,
     und lâzen mich doch danne vrei.
  5   Gnâd und ungenâde, di zwêne namen
     hât mein vrowe bede – si sint ungleich:
     der aine ist arm, der ander reich.   64,1
     der mich des reichen irre,
     der muez sich des armen schamen.

III   Ich wil der gueten nicht vergezzen noch ensol,   64,22
     di mir sô vil gedanchen nimt.
     di weil ich singe, sô vind ich immer wol
     ein newez lop, daz ir gezimet.
  5   Nem ditz lop: sô lob ich danne mê.
     ez tuet wol in den ougen, daz man si siht,
     daz man ir tugnt giht,
     daz tuet in den ôren wol.
     sô wol ir des und owê mir, wê!

IV

40 (G) I *13 G.*
II *14 G.*
3 da *G.*
III *15 G.*

IV Swie wol diu haide in † manger hande † stât,   64,13
    sô muez ich doch dem walde iehn:
    durch daz er alsô vil der guten dinge hât,
    des ist dem walde baz geschehn.
 5 O wol dir, sumer, alsô manger hofschait!
    sumer, daz ich immer lobe deine tage,
    trôst nû trœste meine chlage.
    ich sag dir, waz mir wirret:
    daz mir ist lieb, dem bin ich lait.

V Ich hân di mære durch di ôren mein vernomen   [°187,1]
    ze tal untz in daz hertz mein.
    mein bot ist mir mit brâhten sorgen wider chomen,
    daz wirt an meinen vreuden schein.
 5 Nû sagn mê von minne, wi vil guet si sei,
    des geloub ich nicht, wan allez daz ich wil.
    ir lop hât von mir endes zil.
    daz was ir ie mit trewen
    nâch got fur allen dingen bei.

IV *16 G.*
V *17 G.*

Erschließungshilfen

Zu auch in B, C und E überliefertem Text vgl. die Hilfen dort.

I, 2: *hiet* = mundartliche Nebenform für *het*.

I, 3: Zu beachten ist, dass in G das Ich mit den *schamelôsen* geht, während es sich in den übrigen Hss. von diesen trennt.

I, 4: Der Vers ist wohl verderbt; nähere Informationen bietet der Textkritische Kommentar.

II, 4: *und*: hier in der im Mhd. häufiger bezeugten Bedeutung ‚wenn‘.

IV, 1: Nach *manger hande* fehlt augenscheinlich ein Nomen, z. B. *varwe* (vgl. die Parallelüberlieferung).

IV, 2–4: ‚... muss ich dem Wald Folgendes zusprechen: Dadurch, dass er so viele gute Dinge besitzt, ist der Wald besser gestellt.‘

41

B: V

C: I – V   Text nach C

I   Owê, hovelîchez singen,   64,31
      daz dich ungefüege dœne
      solten ie ze hove verdringen!
      daz dich schiere got gehœne!
   5   Owê, daz dîn wirde alsô geliget!
      des sint alle dîne friunde unfrô.
      daz muoz eht alsô sîn, nû sî alsô:
      frô Unfuoge, ir habt gesiget.

II   Der uns fröide wider bræhte,   65,1
      diu rehte und gefüege wære,
      hei, wie wol man des gedæhte,
      swâ man von im seite mære!
   5   Ez wære ein vil hovelîcher muot,
      des ich iemer gerne wünschen sol.
      frowen unde hêrren zæme ez wol,
      owê, daz ez nieman tuot!

III   Die daz rehte singen stœrent,   65,9
      der ist ungelîche mêre
      danne die ez gerne hœrent.
      doch volge ich der alten lêre.
   5   Ich enwil niht werben zuo der mül,
      dâ der stein sô riuschent umbe gât
      und daz rat sô mange unwîse hât.
      merkent, wer dâ harpfen sül.

                                                          IV

----

41 I *112 [117] C.*
II *113 [118] C.*
III *114 [119] C.*

IV   Die sô frevenlîchen schallent,   65,17
       der muoz ich vor zorne lachen,
       daz si in selben wol gevallent
       mit alsô ungefüegen sachen.
   5   Die tuont sam die frösche in eime sê,
       den ir schrîen sô wol behaget,
       daz diu nahtegal dâ von verzaget,
       sô si gerne sunge mê.

V   Der ungefüege swîgen hieze   65,25
       – waz man danne fuoge funde! –
       und si von den bürgen stieze,
       daz unfuoge dâ verswunde!
   5   Wurden ir die edelen habe benomen,
       daz wære allez nâch dem willen mîn.
       bî den gebûren lieze ich sî wol sîn,
       dannen ist si her bekomen.

Textfassung nach B

V'   Swer ungefuoge swîgen hieze
       – waz man noch von vröiden sunge! –
       und si abe den bürgen stieze
       daz si ⟨*uns*⟩ dâ von niht twunge.
   5   Wurden *ir* die grôzen höve benomen,
       daz wær allez nâch dem willen mîn.
       bî den gebûren liez ich sî wol sîn,
       dannen ist si och her komen.

IV *115 [120] C.*
V *101 B, 116 [121] C.*
1 Swer *B.*   2 was man noch von vrôden svnge *B.*   3 von] abe *B.*   4 das si da von niht twnge
B.   5 in die grossen hôve *B.*   7 bî den] die *C.*   8 och her komen *B.*
  V'
4 uns] *fehlt B.*   5 ir] in *B.*

Erschließungshilfen

I, 7: An Umgangssprache erinnernde Formulierung, etwa so viel wie: ‚wenn es denn sein muss, dann muss es eben sein!'

I , 8: *frô* = Kurzform von *frowe*; leitet hier die Allegorie der ‚Rohheit', ‚Verrohung' ein.

III, 5 ff.: Die Mühle mit ihren rauschenden und klappernden Geräuschen wird hier als Metapher für schlechte Sangeskunst verwendet.

IV, 7: *nahtegal*: steht hier metaphorisch für den höfischen Sänger; auch Gottfried von Straßburg bezeichnet Walther in seinem Literaturexkurs (im ‚Tristan') als ‚Nachtigall' der Lyriker.

V, 1–4: Es herrscht nur ein sehr loser syntaktischer Zusammenhang; die Passage zeichnet sich durch Anakoluthe, Parenthesen und Interjektionen aus.

42

Ton 42 wird in zwei aufeinander folgenden Fassungen ediert (nach den Handschriften C und FO; vgl. die Erläuterungen im Textkritischen Kommentar)

Fassung nach C

I   In einem zwîvellîchen wân   65,33
     was ich gesezzen und gedâhte,
     ich wolte von ir dienste gân,
     wan daz ein trôst mich wider brâhte.
   5   Trôst mac ez nit geheizen, ⟨ôwê des⟩!   66,1
     ez ist vil kûme ein ⟨*kleinez*⟩ trœstelîn,
     sô kleine, swenne ichz iu gesage, ir spottent mîn.
     doch fröwet sich lützel ieman, er enwizze wes.

II   Mich hât ein haln gemachet vrô: 66,5
     er giht, ich süle gnâde vinden.
     ich maz daz selbe kleine strô,
     als ich hie vor gesach bî den kinden.
   5   Hœret unde merket, ob siz denne tuo:
     »si tuot, sin tuot, si tuot, sin tuot, ⟨*si tuot*⟩.«
     swie dicke ich alsô maz, sô was ie daz ende guot,
     ⟨*daz trœstet mich*⟩ – dâ hœret ouch gloube zuo.

III   Swie liep si mir von herzen sî,   66,13
     sô mac ich doch wol erlîden,
     daz ich ir sî zen besten bî.
     Ich darf ir werben dâ nit mîden.
   5   ich enmac, als ich erkenne, des gelouben niht,
     daz ez ieman sanfte in zwîvel bringen müge.
     mir ist liep, daz die getrogenen wizzen, ⟨*waz si trüge*⟩,
     und alze lanc, dazs iemer rüemic man gesiht.

---

42 (C) I *442 [465] C.*
5 ôwê des] *fehlt C.*   6 kleinez] *fehlt C.*
  II *443 [466] C.*
6 si tuot] *fehlt C.*   8 daz trœstet mich] *fehlt C.*
  III *444 [467] C.*
3 zen] *fehlt C.*   4 weben C.   7 die] *unleserlich C.*   getogenen C.   waz si trüge] *fehlt C.*   8 das C.

Erschließungshilfen

I, 8: *er enwizze wes*: ‚es sei denn, er weiß worüber‘ (exzipierende Konstruktion).

III, 3: ‚dass ich für sie unter den Besten bin‘.

III, 4: *ir werben*: ‚Werben um sie‘ (hier als *genitivus objectivus* aufgefasst). *mîden*: ‚unterlassen‘, ‚aufgeben‘.

III, 8: Zum besseren Verständnis ist in der Übersetzung vor *alze lanc* das *mir ist* aus V. 7 einzufügen: Auf der einen Seite ist dem Ich lieb, dass die Betrogenen …, auf der anderen Seite währt es dem Ich zu lang, dass die Frau ständig prahlende Männer sieht.

Fassung nach FO auf der Basis von O

I   Dô got geschuof sô schœne ein wîp,   [⁷187,1] 189,1
    dô schuof er ir sô schœne sinne,
    daz man sie lobet für manigen lîp:
    ir schœne ist ûzen, tump dar inne.
  5   Wie sol ich die erwerben, die sô rechte sælic ist?
    mit mîner sælde erwürbe ich lützel dâ.
    ich wil mich rehte an ir genâde lân: jâ,
    daz ist mîn enderât und ouch mîn endelist!

II   In einem zwîfelwân   65,33
    was ich gesezzen unde dâhte,
    ich wolte ûz ir dieneste gân,
    wen daz ein trôst mich wider brâhte.
  5   Trôst ne mac ez niht geheizen, ôwê des!   66,1
    ez ist vil kûme ein kleinez trôstelîn,
    sô kleine, swenn ichz iu sage, ir spottet mîn.
    doch vröwet sich nieman nichtes, er newizze wes.

III   Mich hât ein halm gemachet vrô: 66,5
    er jet, ich süle genâde vinden.
    ich maz daz selbe kleine strô,
    als ich hie vor sach ⟨bî den⟩ kinden.
  5   Nû hoeret unde merket, ob siez denne tuo:
    »si tuot, si ne tuot, si tuot, ⟨si ne tuot, si tuot⟩.«
    swie dicke ichz alsô maz, sô was ie daz ende guot,
    daz trœstet mich – dâ hœret ouch geloube zuo.

---

42 (FO) I *20 F, 40 O.*
2 geschuff *F.*   4 ûzen] auch *F.*   6 erwirbe *F.* dan⁵ *F.*   7 lân] la *O.*
  II *21 F, 41 O.*
1 zweyffel wane *F.*   3 gân] *fehlt F.* Trost mag mich verhetzen awe des *F.*   6 kleine *O.*   7
wenn ich es in sage *F.* ichz] ich *O.*   8 doch frewet sich nymänt auch des er nun wisset wes *F.*
  III *22 F, 42 O.*
2 er jet] *fehlt F.*   3 dasselbe in dem stro *F.*   4 vorn⁵ sach von den kinden *F.* bî den] *fehlt O.*   5
tuo] tut *F.*   6 si tuot, si ne tuot, si tuot, si ne tuot, si tuot] sie ne tut *Punkt* sie thut *F,* sie tŭt sie
ne tŭt sie tŭt *O.*   7 ie] in *F.*   8 da horet auch vnd geloubet so *F.*

Erschließungshilfen

I, 4: *tump*: Die Semantik von *tump* ist ambivalent. Die meisten Belege zeigen negative Konnotationen: ‚dumm‘, ‚töricht‘ ‚einfältig‘. Es gibt aber auch Kontexte, in denen *tump* eher wertneutral im Sinne von ‚unerfahren‘, ‚jung‘ verwendet wird; diese Bedeutung dürfte hier am ehesten passen, wenn die Strophe nicht sehr ironisch aufzufassen ist.

III, 2: *jet* < *jehet*: ‚sagt‘.

42a

BC   Text nach C

Mich hât ein halm gemachet frô.   66,5
ich wæne, ich sül genâde vinden:
swie dicke ich maz daz selbe strô,
als ich gewon was her von kinden
5 − Sine tuot, si tuot, sine tuot, si tuot, sine tuot, si tuot −,
swie ich tet, sô wart ie daz ende guot.

42a *102 B, 234 [241] C.*
6 sô] do *B.*

43

A: IV V I II III
BC: I–V
w^x: I$_{3-12}$ II$_{1/2}$ IV$_{11-12}$ V$_{1-7}$ III$_{8-12}$
Text nach *BC auf der Basis von B

I Ir reiniu wîp, ir werden man,   66,21
   ez stât alsô, daz *man* mir muoz
   êre und minneclîchen gruoz
   nû volleclîcher bieten an.
 5 Des habent ir von schulden grœzer reht danne ê.
   welt ir vernemen, ich sage iu wes:
   wol vierzic jâr hân ich gesungen unde mê
   von minnen und alse iemen sol.
   Dô was ich sîn mit den andern geil,
 10 nû *enwirt mirs niht*, ez wirt iu gar,
   mîn minnensanc, der diene iu dar,
   und iuwer hulde sî mîn teil.

          II

---

43 *Mit diesem Ton endet der auf* *BC* *zurückgehende Bestand von C. Leserlichkeit der Fragmente* w^x *teilweise stark beeinträchtigt.*

I *101 A, 103 B, 235 [243] C, 2* w^x.
1 reinē *A.* 2 man] *fehlt BC.* 4 noch volleclichen *A.* 5/7 e: mer *A.* 5 hab *C.* von] nû
..n w^x. nv grosser rehte *B.* 6 irz w^x. vch *AB.* wes] *fehlt A.* 7 iare *B.* unde] oder *A* w^x. 9
ich ez *A,* ichs w^x. 10 nû ne wirts mir niht w^x, nv wirt mir sin niht me (m^{e}e *C*) *BC.* vch *A.* 11
mîn] *fehlt C.* minnen sang *BC* w^x, minne sanc *A.* iu] *fehlt* w^x.

II   Lât mich an eime stabe gân   66,33
        und werben umbe werdekeit
        mit unverzageter arebeit,
        alse ich von kinde habe getân,
    5   ⌐Sô   bin ich doch, swie nider ich sî⌐, der werden ein,
        gnuoc in mîner mâze hô.   67,1
        ⌐daz   hazzent⌐ die nidern. obe mich daz iht swache? nein.
        die werden hânt mich deste baz.
        Diu werde wirde diu ist sô guot,
    10 daz man irz beste lop sol geben.
        ez wart nie lobelîcher leben,
        [ ] swâ man dem ende rehte tuot.

III   Welt, ich hân dînen lôn ersehen: 67,8
        swaz dû mir gîst, daz nimest dû mir.
        wir scheiden alle blôz von dir.
        schame dich, sul mir alsam geschehen.
    5   Ich   hâte lîp unde sêle − des was gar ze vil −
        gewâget tûsent stunt durch dich,
        nû   bin ich alt und hâst mit mir dîn gumpelspil.
        und zürne ich daz, sô lachest dû.
        Lache uns eine wîle noch,
    10 dîn jâmertac wil schiere komen
        und nimet dir, daz dû uns hâst genomen,
        und brennet dich darumbe iedoch.

                        IV

II *102 A, 104 B, 236 [244] C, 3 w^x.*
3 areibeit *A.*   5 swie nider ich si so bin ich doch *BC.*   6 hoh *ABC.*   7 daz hazzent] hassent
das *BC,* mv̊t dc *A.*   8 biderben *A.*   9 dˢ wᵉden wirde ist *A.*   10 ir das beste *B,* in daz hohste
A.   11 enwart nie hovelicher *A.*   12 denne swa man *BC,* swer so *A.*   rehte] *fehlt A.*

III *103 A, 105 B, 237 [245] C, 6 w^x.*
1 ersehen] wol gesehen *A.*   3 nachent vñ blos *C.*   4 sol mir also *A.*   5 lip vñ sele han
ich *A.*   7 dîn] dir *A.* gampel spil *A.*   8 und zürne ich daz] ist mir dc zorn *A.*   9 nv lache
Aw^x.   vnser eine wile ienoch *w^x,* vns noch *Doppelpunkt (Umstellungszeichen?)* eine wile also *C.*   10/
11 khome.: benumen *w^x.*   10 schier vns *w^x.*   11 daz dû] datz *w^x,* swaz dv *A.* benomen
A.   12 iedoch] noch *w^x.*

IV   Mîn sêle müeze wol gevarn!   67,20
       ich hân zer welte manigen lîp
       gemachet frô, man unde wîp.
       kunde ich dar under mich bewarn!
   5   Lobe   ich des lîbes minne, daz ist der sêle leit,
       und giht, ez sî ein lüge, ich tobe.
       der   wâren minne giht si ganzer stætekeit,
       wie guot si sî, wie si iemer wer.
       Lîp, lâ die minne, diu dich lât,
  10 und habe die stæten minne wert.
       mich dunket, der dû hâst gegert,
       diu sî niht visch unz an den grât.

V   Ich hâte ein schœne bilde erkorn,   67,32
       und owê, daz ichz ie gesach
       und ouch sô vil zuo ime gesprach!
       ez hât schœne und rede verlorn.
   5   Dâ   was ein wunder inne, daz fuor ich enweiz war.
       dâ von gesweic daz bilde iesâ.   68,1
       sîn   lilienrôsevarwe wart sô karkervar,
       daz ez verlôs smac unde schîn.
       Mîn bilde, obe ich gekerket *bin*
  10 *in dir*, sô lâ mich ûz alsô,
       daz wir ein ander vinden frô,
       wan ich muoz aber wider in.

IV *99 A, 106 B, 238 [246] C, 4 w^x.*
1 Mîn] Dv́ *A*.   5 ist] *fehlt AC*.   6 und giht] si giht *A*.   7 weren *C*.   8 wie si] weiz si *A*, wie *C*. wert *B*.   12 dú ensi *Cw^x*. vische *B*.

V *100 A, 107 B, 239 [247] C, 5 w^x.*
1 schonez *A*, schone *Bw^x*.   2 und] *fehlt Aw^x*. ichz] ich *A*.   3 und ouch] vnt ie *w^x*, alder ie *A*. zuo] zv̂z *A*, mit *w^x*.   4 daz hat nů schoen *w^x*.   5 da wonte *A*, da wont *w^x*. weiz wa *w^x*.   6 dâ von gesweic] zů ha.t vntsweich *w^x*.   7 s.. .ose rot sin lylie wiz wart/ *w^x*. lilie rose varwe *A*. kackelvar *A*, kranc var *C*.   8 verlorn *A*. sin *A*.   9 bekerkelt bin *A*, gekęrchet si *BC*.   10 in dir] *fehlt BC*.

Erschließungshilfen

I, 8: *und alse iemen sol*: wörtlich: ‚und so, wie man soll‘; dies kann gut auf den Minnesang
bezogen werden – das Ich gibt nicht nur an, *wovon* es gesungen hat sondern auch *wie*. –
In der Forschung finden sich auch Stimmen, die diesen Halbsatz auf die Sangspruchdich-
tung Walthers beziehen – eine Deutung, die sich aber recht weit vom Text entfernt.

II, 12: *ende*: gemeint das Ende des Lebens; der Sprecher sagt, dass ein Leben, das das eigene
Ende stets präsent hält, das beste sei (*memento mori*-Philosophie).

IV, 8: *wer*: Konjunktiv Präsens von *weren*: ‚beständig sein‘, ‚andauern‘.

V, 1: *bild*: Gemeint kann der Körper des Sprechers sein, der im Alter verfällt. Es gibt aller-
dings auch andere Deutungen: *bild* als ‚Frau‘ oder ‚Kunst‘.

44

Ton 44 wird in zwei aufeinander folgenden Fassungen ediert (nach den Handschriften EFO und C; vgl. die Erläuterungen im Textkritischen Kommentar).

Fassung nach EFO (I nach *EF, II–V nach O mit EF)

A: III V II I
EF: I–V
O: II–V
s: I

I   Saget mir ieman, waz ist minne?   69,1
        weiz ich des ein teil, sô west ich es gerne mê.
        der sich baz denne ich versinne,
        der berihte mich, durch waz sie tuot sô wê.
   5   Minne ist minne, tuot sie wol;
        tuot sie wê, sô heizet sie niht rehte minne.
        sus enweiz ich, wie sie denne heizen sol.

II   Ob ich rehte râten kunne,   69,8
        waz die minne sî, sô sprechet denne jâ.
        minne ist zweier herzen wunne:
        teilent sie gelîche, sô ist die minne dâ.
   5   Sol sie aber ungeteilet sîn,
        sône kan sie ein herze aleine niht enthalden.
        owê, woltestû mir helfen, vrouwe mîn!

III

---

44 *Die in C anschließenden Töne* **44–53** *gehen auf eine mit A gemeinsame Quelle* *AC *zurück.*
I *13 A, 157 E, 45 F, 29 ³ s.*
1 ist] ich *F.*   2 weiz ich des ein teil] weisz ich es ein tail *F,* Wyst ichs ein deil *s, fehlt A.*   so wist ich gerne me *A,* ich westez gerne me *E.*   3 swer sich rehte nv versinne *A.*   versinne] vᵉmermee *(?)* *s.*   4 der] *fehlt s.*   berihte] bescheide *E.*   mich durch waz sie tů so we *E,* mich wie tᵛt sie so we *A.*   5 die thut so wol *F.*   6 und thut so wee *F.*   so enheizet si *A,* zone heiset *s,* und so heẏsset sie *F,* so heizze ich sie *E.*   rehte] *fehlt E.*   minne] …ne *A.*   7 sus] soz *A.*   enweiz ich] weisz nicht *F,* in weys ich nʒ *s.*   denne] *fehlt Es.*
II *12 A, 158 E, 46 F, 13 O.*
1 bitten kvnde *A.*   2 die] *fehlt E.*   sô] *fehlt A.*   denne] *fehlt AO.*   3 minne] In Ir *F.*   4 teilent sie die glich *E,* taylet die gleich *F.*   5 sol sie] sols *E,* sol *A.*   6 sône kan sie] so kans *E,* so kan sie *F.*   alleine ein hᵉze *A,* ein hertze *E.*   enthalden] belten *F.*   7 owê] *fehlt FO.*   vrouwe] trvwe *A.*

III   Vrouwe, ich trage ein teil zuo swære,   69,15
       wellest dû mir helfen, sô hilf an der zît.
       sî aber ich dir gar unmære,
       daz sprich endeclîche, sô lâz ich den strît
   5   Und bin von dir ein ledic man.
       dû solt aber einez rehte wizzen,
       daz dich lützel ieman baz geloben kan.

IV   Ich wil alsô singen immer,   [⁷190,1] 191,1
       daz sie danne sprechen: ›erne sanc nie baz‹.
       desne gedankestû mir nimmer!
       daz verwîz ich dir alrêst, sô denne daz.
   5   Weistû, wie sie wünschen dir?
       ›daz sie sælic sî, durch die man uns sus singet!‹
       sich, vrouwe, den gemeinen wunsch hâstû ouch von mir!

V   Kan mîn vrouwe süeze siuren?   69,22
       wænet sie, daz ich ir liep gebe umbe leit?
       solt ich sie dar umbe tiuren,
       daz si sich kêre an mîn unwerdekeit?
   5   Sô kunde ich unrehte spehen.
       owê, waz rede ich ôrlôser und ougen âne?
       swen die minne blendet, wie mac der gesehen?

III *10 A, 159 E, 47 F, 14 O.*

1 trage] eine eine trage *A*, frage *F*.   2 woltest du *FO*.   *Vor* hilf *Raum für vier Buchstaben O*.   hilf mir
est an *E*.   3 gar] *fehlt E*.   4 daz] so *E*.   endeliche *A*, endelich *EF*.   den] dir den *F*.   5 vñ
wirt (wirde *E*) ein *AE*.   ledic] selic *E*.   6 du maht *E*.   eines eines *A*, einer *E*.   7 nieman lûtzel
E, ymant lützel *F*.   baz danne ich *A*.   geleben *O*.

   IV *160 E, 48 F, 15 O.*

2 sprechent *E*.   er gesanc *E*.   3 des gedankest du *E*, Vnd des endanckest du *F*.   4 dir] dich
F.   sô] *fehlt F*.   5 wie] wes *E*.   wünschent *E*, wunschet *F*.   6 durch die] von der *E*.   sus] so
schone *E*.   7 hâstû] hast *E*.

   V *11 A, 161 E, 49 F, 16 O.*

1 siuren] feüren *F*, sûzzen *E*.   2 wænet] wan ez *A*, wil *E*.   ir] *fehlt A*.   liep gebe] gebe liep *E*, lob
geb *F*.   3 sol *AEF*.   grûzzen *E*.   4 sich kêre] ez wid͡skere gar *A*, widerkere *E*, kere *F*.   mîn]
mich *F*.   w͡sdecheit *AE*.   5 kan *E*.   sprechen *F*.   6 we waz spriche ich wenne *Punkt E*.   we
AE.   sprich *AE*.   orenlosor *A*, erloser *F*.   und] *fehlt A*.   7 swen] wen *F*, den *A*, swenne *E*.   die]
fehlt FO.   wie mac der geschehen *E*, wer mag das gerechen *F*.

Erschließungshilfen

I, 2: *es*: Gen., ‚davon‘.

II, 6: *enthalden*: hier so viel wie ‚bewältigen‘.

III, 4: *den strît lâzen*: ‚aufgeben‘.

IV, 4: *verwîzen*: ‚vorwerfen‘.

IV, 4: *sô denne daz*: ein schwer verständlicher und inhaltsarmer Halbvers; wörtlich ‚sodann dies‘. Gemeint kann sein, dass der Sprecher zunächst (*alrêrst*) der Frau vorwirft, dass sie ihm nicht dankt; darauf folgt die Ankündigung eines weiteren Vorwurfs.

IV, 7: *gemein*: hier ‚allgemein‘ (der Wunsch der Allgemeinheit/Gesellschaft).

Fassung nach C

I   Kan mîn frowe süeze siuren   69,22
    wænet sî, daz ich gebe liep umbe leit?
    sol ich si dar umbe tiuren,
    daz si ez wider kêre gar an mîn unwerdekeit?
5   Sô kunde ich unrehte spehen.
      wê, waz sprich ich ôrenlôser ougen âne? den diu minne blendet, wie
      [mac der gesehen?

II Saget mir ieman, waz ist minne?   69,1
    ⟨..⟩ sô west ich gerne ouch darumbe mê.
    swer sich rehte nû versinne,
    der berihte rehte mich, wie tuot si wê.
5   Minne ist minne, tuot si wol.
      tuot si wê, sône heizzet sî niht minne. sus enweiz ich, wie si danne
      [heizzen sol.

III Ob ich rehte râten kunne,   69,8
    waz diu minne sî, sô sprechent iâ.
    minne ist zweier herzen wunne:
    teilent sî gelîche, sô ist diu minne dâ.
5   Sol aber ungeteilet sîn,
      sô enkan si ein herze aleine niht enthalden. owê, woldest dû mir helfen,
      [frowe mîn!

IV Frowe, ich eine trage ein teil zeswære,   69,15
    wellest dû mir helfen, sô hilf an der zît.
    sî aber ich dir gar unmære,
    daz sprich endelîche, sô lâze ich den strît
5   Und wirde ein ledic man.
      dû solt aber einez wizzen, daz dich rehte lützel ieman baz danne ich
      [geloben kan.

                                      V

44 (C) I 240 [248] C.
II 241 [249] C.
III 242 [250] C.
IV 243 [251] C.

V   Daz ich dich sô selten grüeze,   70,1
       daz ist ân allen argen missetât.
       ich wil wol, daz zürnen müeze
       liep mit liebe, swâz von friundes herzen gât.
    5   Trûren unde wesen frô,
        sanfte zürnen, sêre süenen, das der minne reht, diu herzeliebe wil alsô.

VI   Dû solt eine rede vermîden,   70,15
       frowe, des getriuwe ich dînen zühten wol.
       tætest dûz, ich woldez nîden.
       als die argen sprechent, dâ man lônen sol:
    5   ›hete er sælde, ich tæte im guot.‹
        er ist selbe unsælic, swer daz sprichet, noch der werke niht entuot.

V *244 [253] C. [Varianten der C²- und EUˣ-Überlieferung sind bei Ton 45 dokumentiert; vgl. zum Zusammenhang von 44 und 45 den Textkritischen Kommentar.]*

  VI *245 [254] C. [Varianten der C²- und EUˣ-Überlieferung sind bei Ton 45 dokumentiert; vgl. zum Zusammenhang von 44 und 45 den Textkritischen Kommentar.]*

Erschließungshilfen

V: Es muss offen bleiben, ob die Strophe eine Männer- oder Frauenstrophe ist; anders in
45 I, wo durch das Wort *vrowe* deutlich wird, dass ein Mann spricht.
V, 6: *das*: hier verkürzt für *daz ist*.

45

C: I III; I–III

EUˣ: I–III   Text nach *CUˣ auf der Basis von Uˣ

I   Daz ich dich sô selten grüeze,   70,1
     vrowe, daz ist gar ân alle missetât.
     ich wil, daz wol zürnen müeze
     liep mit liebe, swâz von vriundes herzen gât.
  5   Niene trûre dû, wis vrô!
       samfte zürnen, sêre süenen, deis der minnen reht: diu herzeliebe
                                                        [wil alsô.

II   Ine gesach nie tage sô slîchen,   70,8
      sô die mîne tuont. ich wart in allez nâch.
      wess ich, war si wolten strîchen!
      mich nimet iemer wunder, wes in sî sô gâch.
  5   Si mugen von mir komen zuo deme,
       der ir niht sô schône pfliget als ich; sô lâ si denne schînen, ob si
                                                        [wizzen, weme.

III   Dû solt eine rede vermîden,   70,15
      vrowe, daz gezimt den dînen güeten wol.
      spræchestûz, ich woldez nîden,
      daz die bœsen sprechent, sô man lônen sol:
  5   ›Het er sæld, ich tæt im guot‹.
       er ist selb unsælic, der daz gerne sprichet unde niemer diu gelîche tuot.

---

45 *6 in keiner Hs. durch Punkt getrennt.*

I *244 [253] C¹, 401 [418] C², 42 E, 28 Uˣ.*
1 sô] *fehlt* C².   2/4 missetat: gar Uˣ.   2 vrowe] *fehlt* C¹.   gar] *fehlt* C¹C²E.   alle] allen argē
C¹, alle mine C²E.   3 wol das C¹.   4 lib (?) mit li… Uˣ.   5 nine .rure (?) dv wis vro Uˣ,
trurē vn̄ wesē fro C¹.   6 senfte C²E.   zürnen] dirnen C².   deis] .eis Uˣ, das ist C²E, das
C¹.   minne C¹.   reht] zeichen C²E.

II *402 [419] C², 43 E, 29 Uˣ.*
1 Ine ges.ch Uˣ, Ich gesach C².   sô] *fehlt* C²E.   3 wa Uˣ.   ..ichen Uˣ.   4 gâch] g… Uˣ.   5
si mugen zů dem komen C²E.   6 ne pflit Uˣ.   als ich] *fehlt* C²E.

III *245 [254] C¹, 403 [420] C², 44 E, 30 Uˣ.*
2 frowe des getruwe ich dinen zútē wol C¹.   den] *fehlt* E.   güeten] *fehlt* C².   3 tetest dvs C¹,
spreches durch E.   miden C².   4 als die argē sprechent da man lonē sol C¹.   6 swer dc sprichet
noch der werke niht entût C¹.   unde] *fehlt* Uˣ.   die geliche Uˣ, der geliche C²E.

Erschließungshilfen

I, 4 *swâz*: = *swâ ez.*
I, 6 *deis*: = *deist* = *daz ist.*

II, 2: *ich wart …*: ‚Ich schaue ihnen ständig hinterher' (*allez*: hier ‚immer').
II, 5f.: Vgl. den Textkritischen Kommentar. – In der Strophe wird die Lebenszeit, als *tage* bezeichnet, personifiziert: Die Zeit entflieht dem Ich. Es stellt sich vor, dass die Tage zu jemandem kommen können, der sich mit ihnen nicht angemessen, ‚schön', beschäftigt. Die Tage werden aufgefordert, nur dann zu strahlen (d.h. Schönes zu gewähren), wenn sie wissen für wen.

III, 6: Einander gegenüber gestellt werden das Reden im Sinne eines Nicht-Handeln-Wollens und das rechte Handeln (*tuon*), hier gemeint: das Belohnen.

46

AC: I–IV   Text nach *AC auf der Basis von C

I   Genâde, frowe, alsô bescheidenlîche: 70,22
      lâ mich dir einer iemer leben.
      obe ich daz breche, daz ich furder strîche!
      wan einez solt dû mir vergeben,
  5   Daz maht dû mir ze kurzer wîle erlouben gerne,
      die wîle unz ich dîn beiten sol.
      ich nennez niht, ich meine jenz, dû weist ez wol.
      ich sage dir, wes ich angest hân:
      dâ fürht ich, daz ich ez wider lerne.

II   ›Gewinne ich iemer liep, daz wil ich haben eine.   70,31
      mîn friunt der minnet andriu wîp.
      an allen guoten dingen hân ich wol gemeine,
      wan dâ man teilet friundes lîp.
  5   Sô ich in underwîlent gerne bî mir sæhe,
      sô ist er von mir anderswâ.
      sît er dâ gerne sî, sô sî ouch dâ.
      ez tuot sô manigem wîbe wê,
      daz mir dâ von niht wol geschæhe.‹

III   Si sælic wîp, si zürnet wider mich ze sêre,   71,1
      daz ich friunde an manige stat.
      sî gehiez mich nie geleben nâch ir lêre,
      swie jâmerlîch ich sî es bat.
  5   Waz hilfet mich, daz ich si minne vor in allen?
      si swîget iemer, als ich klage.
      wil sî danne, daz ich anderen wîben widersage,
      sô lâze ir mîne rede
      ein wênic baz gevallen.

                              IV

---

46 I *14 A, 246 [255] C.*
3 ob *C.*   7 ich meine jenz] *fehlt C.*   9 wider] *fehlt A.*
   II *15 A, 247 [256] C.*
1 Gewunne *C.*   2 and⁵ *A.*
   III *16 A, 248 [257] C.*
3 si enhiez nie *A.*   4 ich ez si ez gebat *A.*   7 danne] *fehlt A.*   and⁵ wid⁵sage *A.*

IV   ›Ich wil dir jehen, daz dû mich dicke sêre bæte,   71,10
        und nam ich des vil kleine war.
        dô wisse ich wol, daz dû allenthalben alsô tæte,
        dâ von wart ich dir sô frömde gar.
  5   Der mîn ze friunde ger, wil er mich gewinnen,
        der lâze alle solhe unstætekeit.
        gemeine liep daz dunket mich gemeinez leit.
        nû sage, weist dû anders iht?
        dâ von getar ich dich niht geminnen.‹

IV *17 A, 249 [258] C.*
1 mich] min *A.*   2 vil] *fehlt A.*   7 gemein liep *A.*   8 dv sage an *A.*

Erschließungshilfen

I, 1: *Genâde*: hier als Imperativ zu *genâden* = ‚Gnade erweisen‘ zu verstehen.

I, 3: ‚sollte ich dagegen verstoßen, dann möge ich mich fortscheren‘.

I, 5: *ze kurzer wîle*: wörtlich ‚für kurze Zeit‘ (eine Zeit, die in V. 6 näher bestimmt wird als die Zeit, die der Mann auf die Frau warten muss); andere Hgg. haben konjiziert zu *kurzewîle* und dann konkreter an die ‚Kurzweil‘ (Unterhaltung, Beschäftigung, Ablenkung) gedacht.

II, 3f.: ‚Bei allen guten Dingen habe ich Gemeinschaft gerne, / außer dort, wo man den Freund teilen müsste.‘

III, 2: *friunden*: ‚sich Freunde verschaffen‘; vgl. auch den Textkritischen Kommentar.

47

A: I–IV
C: II IV (C¹); I–IV (C²)   Text nach *AC² auf der Basis von A

B: III Reinmar
C: I; III Reinmar
E: I III IV Reinmar

I   ›Ich lebte ie nâch der liute sage,   MF 152,25
    wan daz si niht gelîche jehent.
    alse ich ein hôhez herze trage
    und sî mich wolgemuoten sehent,
5   Daz hazzet einer sêre,
     der ander giht, mir si fröide ein êre.
    nûn weiz ich, weme ich volgen sol.
    hete ich wîsheit unde sin,
    sô tæte ich gerne wol.

II   Ich hœre im meneger êren jehen,   71,19
    der mir ein teil gedienet hât.
    der ime in sîn herze kan gesehen,
    an des genâde suoche ich rât,
5   Daz er mirz rehte erscheine.
     nû fürht aber ich, daz erz mit valsche meine.
    tæt er mir noch den willen schîn,
    hæt ich iht liebers danne den lîp,
    des müeser hêrre sîn!‹

III

---

47 I *24 A, 355 [371] C².*
3 als iein *C².*   7 nv weiz *A.*   wene *A.*   9 gerne] *fehlt C².*
  Reinmar 14 C, 332 E.
1 ie] *fehlt C.*   2/4 sagen: sehen *E.*   3 sit ich ein so *E.*   4 mich so *E.*   5 des spottet *C,* daz
schiltet *E.*   6 dú fröide *C.*   8 wanne het *E.*   9 so tæte ich] ich tete *E.*
  II *25 A, 250 [259] C¹, 356 [372] C².*
5 ers mir *C².*   erschein *A.*   8 hat *A.*   9 mv̊zer *A,* mv̊ste er *C¹,* mv̊ze er *C².*

III   Ist daz mich dienest helfen sol,   MF 152,34
        als ez doch menegen hât getân,
        sô gewinnet mir ir hulde wol
        ein wille, den ich hiute hân.
  5   Der riet mir, daz ich ir bæte,
        und zurnde aber sî, daz ich ez dannoch tæte.   MF 153,1
        nû wil ich ez tuon, swaz mir geschiht.
        ein reiniu wîse sælic wîp,
        der lâz ich doch sô lihte niht.

IV   Wie kumet, daz ich sô wol verstân   71,27
        ir rede und sî der mîner niht,
        und ich doch grôzer swære [ ] *hân*,
        wan daz man mich frô drunder siht?
  5   Ein ander man ez lieze:
        nû volg aber ich, swie ich es niht genieze.
        swaz ich dar umbe swære trage,
        dâ ensprich ich niemer übel zuo,
        wan sô vil, daz ich ez clage.

III *26 A, 357 [373] C².*
6 si dc dc *C².*   9 doch so *AC².*
Reinmar 13 B, 19 C, 333 E.
2 doch] vil *E, fehlt BC.*   4 hiute] lange *BC.*   5 riete *E.*   ir] si *BC, fehlt E.*   6 zv̈rnet *E.*   aber]
fehlt BCE.   sis das *BCE.*   7 nv tv̈n ich es swas so mir geschiht *BC.*   8 in rainer wise ain *BC.*   9
der] *fehlt BCE.* enlazze *E.*
    IV *27 A, 251 [260] C¹, 358 [374] C².*
3 swere niht enhan *AC¹C².*   7 swar ich *A.*   8 enspich *A,* spriche *C¹.*
Reinmar 334 E.
2 minē *E.*   3 daz ich ein so hohez hertze trage *E.*   4 vñ man mich so frowen siht *E.*   5 ez]
daz *E.*   6 nv volge aber iz swie ez mich verdriezze *E.*   8 gespriche *E.* zuo] von *E.*   9 vil
ob iz clage *E.*

Erschließungshilfen

I: Das hier sprechende Ich dürfte eine Frau sein (daher die Auszeichnung der Strophe mit einem Anführungszeichen), doch gibt der Text selbst kein eindeutiges Signal (anders in Str. II).

II, 5: *erscheinen*: ‚zeigen‘.
II, 9: *müeser*: ‚müsste er‘.

III, 1: *helfen* hier mit Akk. (im Nhd. nur noch mit Dat.).

IV, 6: *geniezen*: mit Gen. ‚Nutzen haben von etwas‘.

48

AC: I–III   Text nach *AC auf der Basis von C

I   Mich hât ein wunneklîcher wân   71,35
     und ouch ein lieber friundes trôst
     in senelîchen kumber brâht.
     sol der mit fröide an mir zergân,   72,1
  5 sône wirde ichs anders niht erlôst,
     ez enkome als ich mirs hân erdâht
       Umb ir vil minneklîchen lîp,
       diu mir enpfrömdet elliu wîp,
       wan daz ichs [ ] durch si êren muoz.
  10 jône ger ich anders lônes niht
     von ir dekeiner wan ir gruoz.

II   ›Mit valschelôser güete lebt   72,9
     ein man, der mir wol iemer mac
     gebieten, swaz er ⟨..⟩ wil.
     sîn stæte mir fröide gebt,
  5 wan ich sîn vil schône pflac:
     daz kumt von grôzer liebe vil.
       Mir ist an im, des muoz ich jehen,
       ein schœnez wîbes heil geschehen.
       diu sælde wirt uns beiden schîn.
  10 sîn tugent hât im die besten stat
     erworben in dem herzen mîn.‹

        III

---

48 I *28 A, 252 [270] C.*
3 insenclichen *A.*   5 ich ez *A.*   6 gedacht *A.*   9 ich ez alle *A,* ich si alle *C.*
  II *29 A, 253 [271] C.*
1/4 liep: gebt *A.*   1 gv̊te *A.*   3 er wil *AC.*   5 phfac *A,* enpflag *C.*   9 div selde div *A.*

III   Die mîne fröide hât ein wîp   72,20
          gemachet stæte und endelôs
          von schulden al die wîle ich lebe.
          genâde suoch ich an ir lîp:
   5 enpfâhe ich wunneklîchen trôst,
          der mac wol heizen friundes gebe.
             Ein mannes heil mir dâ geschach,
             dâ sî mit rehten triuwen sprach,
             ich müeste ir herzen nâhe sîn.
 10   sus darf es nieman wunder nemen,
          ob âne sorge lebt daz [ ] mîn.

III *30 A, 254 [272] C.*
2 mich] *fehlt AC.*   9 mvze *A.*   10 nv endarf nieman *A.*   11 das herze min *C,* dc hᵉzen mich
A.

Erschließungshilfen

Zu Schlüsselwörtern des Minnesangs (*trôst, wân, friunt, froide, stæte*) vgl. das Begriffsglossar.

I, 4 – 6: ‚wenn der (Kummer) sich in Freude auflösen soll, / dann werde ich nicht anders
   erlöst / als in der Weise, wie ich es mir erdacht habe'.

I, 10 – 11: ‚Fürwahr begehre ich keinen anderen Lohn / von irgendeiner von ihnen außer
   ihren Gruß'; *ir gruoz*: *ir* kann Sg. oder Pl. sein, d.h. kann bezogen werden auf die *eine*
   Frau oder die anderen, die das Ich ehrt. Zum *gruoz* vgl. auch das Begriffsglossar.

49

AC: I–V
E: I II V IV III   Text nach C

I   Lange swîgen des hât ich gedâht: 72,31
     nû wil ich singen aber als ê.
     dâr zuo hânt mich guote liute brâht,
     die mugen mir noch gebieten mê.
   5   Ich sol in singen unde sagen,
        unde swes si gern, daz sol ich tuon: sô suln si mînen kumber
                                                            klagen.

II   Hœret wunder, wie mir sî geschehen   72,37
     von mîn selbes arebeit.
     Ein wîp, diu wil mich niht an sehen,   73,1
     die brâht ich in ir werdekeit,
   5   Daz ir der muot sô hôhe stât.
        ia enweiz si niht, swenne ich mîn singen lâze, daz ir werdekeit zergât.

III Iâ hêrre, waz si nû flüeche lîden sol,   73,5
     swenne ich nû lâze mînen sanc!
     alle, die si nû lobent, daz weiz ich wol,
     die scheltent danne ân mînen danc.
   5   Tûsent herze wurden frô
        von ir genâden, des si lîhte engeltent, scheide ich mich von ir
                                                            alsô.

IV

---

49 *Zur Überlieferung in b vgl. 49a.*
I *111 A, 255 [273] C, 83 E.*
1 des hât] hete ich *E.*   I, 2 wil] mûz *A.*   4 noch] wol *AE.*   5 in] fehlt *A.*   5 sol] wil *E.*   6
gern daz] gerne sehen daz *E.*   sô suln si mînen] so sûln aber sie den minē *E.*   miner *A.*
II *112 A, 256 [274] C, 84 E.*
1 sî] ist *AE.*   3 mich enwil ein wip niht an gesen *AE.*   4 ir] die *AE.*   5 der] *fehlt A.*   der
muot] lop *E.*   6 werdekeit] lop *A.*   werdekeit zergât] lop vil gar zv̂r gat *E.*
III *113 A, 257 [275] C 87 E.*
1 Iâ] *fehlt A.*   Ia hêrre] Vwe *E.*   3 si] *fehlt A.*   loben *A,* lebent *E.*   4 schelten *A.*   mine *A.*   6
des engeltent si lihte *A.*   6 tusent hertzē wv̂rden fro *Reimpunkt* von ir gnaden die des engelten
Reimpunkt lazzen sie mich v̂derben so *E.*   scheide] *fehlt A.*

IV   Dô mich des dûhte, daz si wære guot,   73,11
        wer was ir bezzer dô danne ich?
        dêst ein ende: swaz si mir getuot,
        sô mac si wol verwænen sich.
   5   Nimt si mich von dirre nôt,
           ir leben hât mînes lebens êre; sterbet si mich, sô ist si tôt.

V   Sol ich in ir dienste werden alt,   73,17
        die wîle junget sî niht vil.
        sô ist mîn hâr vil lîhte alsô gestalt,
        daz si einen jungen danne wil.
   5   Sô helfe got, her junger man,
           sô rechet mich und gêt ir alten hût mit sumerlaten an!

IV *114 A, 258 [276] C, 86 E.*
1 Dô] So *A.* des] *fehlt A.*   2 ir] er *A.*   4 des mac *E.* verweinen *A.*   6 leben] loben *A.* le-
bens] lebennes *A.*   6 sterbet si mich] sturbe aber ich *E.*
   V *115 A, 259 [277] C, 85 E.*
3 vil lihte wirt min har also gestalt *E.*   4 danne] *fehlt E.*   5 helfe vch got *AE.*   6 ir] die *E.*

Erschließungshilfen

Zu Schlüsselwörtern des Minnesangs (*werdekeit, kumber, arbeit, loben, genâde*) vgl. das Begriffsglossar.

I, 6: *gern*: ,verlangen', ,begehren'.

III, 4: *ân mînen danc*: ,gegen meinen Willen'.

IV, 4: *sich verwænen*: ,hoffen', ,erwarten', ,glauben'.

IV, 6: *sterbet si mich*: ,tötet sie mich'.

V, 6: *sumerlaten*: ,einjähriger schößling' (BMZ); gemeint ist ein frischer, biegsamer Zweig, mit dem besonders schmerzhafte Schläge ausgeteilt werden können.

49a

b: I–III (Reinmar)

I   Langez swîgen hêt ich mir gedâht,   72,31
    nû muoz ich singen aber als ê.
    dâr zuo hânt mich schœne vrowen brâht,
    sie möhten mir gebieten mê.
  5   Swaz ich singe oder in gesagen,
      iedoch sô bitte ichs allesament gemeine,
    daz sie den mînen kumber clagen.

II   Mich nimt wunder, wie mir sî beschehen   72,37
    an mînes selbes arebeit
    umbe ein wîp, diu wil mich niht ansehen;   73,1
    die brâht ich an ir werdekeit.
  5   Sît alle ir muot sô hôhe stât,
      sô enweiz ich, wenne ouch mich mîn singen lât,
    und als ir hœhstez lop zergât.

III   Bin ich in ir dienste worden alt,   73,17
    dâ bî sô junget sî niht vil.
    lîht ist mir mîn hâr alsô gestalt,
    daz si einen jungen haben wil.
  5   Nû helf iuch got, her junge man,
      daz ir mich rechent an der alten brût,
    und slâht mit sumerlatten dran!

*

49a *Als letzte Strophen einer Reinmar-Sammlung in b, die ohne Namen auf die Lieder Morungens folgt. Überlieferung in ACE vgl.* **49**.
   I *85 b.*
   II *86 b.*
   III *87 b.*

Zwei Strophen der Ballade Der edle Moringer *verwenden Verse von 49/49a:*

30.   Eins schweigens het ich mir erdacht,
           so muß ich aber singen ee,
           dartzu han mich die frawen pracht,
           die mügen mir gebieten mee.
    5   ich pit euch darumb, iunger man,
           gerecht mich an der alten praut,
           vnd schlacht mi*t* summerla*tt*en an!

31.   Ich was iungk, nun pyn ich alt,
           darumb gibt sie umb mich nit vil.
           das mir der part ist graw gestalt
           darumbs ein iungen haben wil.
    5   ee was ich herr, nun pyn ich knecht,
           das ist mir auff dieser hochzeit
           ein alte schussel worden gerecht.

Der edle Moringer *Text nach e (Lachmanns x; Siglen der Hss. und Drucke nach Schanze,* [2]*VL); verzeichnet werden nur die wichtigen Lesarten der übrigen Zeugen. Die ganze Ballade vgl. Deutsche Volkslieder, 1935, 106–121.*
    30 1 ach got was sol mich swygen *b.*   Ein langes sweigen *cdhijkl,* lang schuwigen *a.*   2 wil *dhjkl.* als ee *dhjkl,* vor vnd ee *c, fehlt a.*   3 die schönen frowen *dhi,* schone frowen *ab.*   4 nit gepitten *c,* wol helffen *dhijkl.*   5 dich (das *l*) du junger *dhjkl.*   7 vnd schlacht mir sumerlarchen an *efg,* so schlgent myt grossen ruten dran *b,* vnd schlach mit deiner lautten an *dhijkl,* sy hatt vnrecht an mir getan *c,* vnd schaffen ir mit froder dran *a.*
    31 1 Und was hilfft das ich bin worden alt *b,* Was ich schaff so bin ich alt *dhijkl,* Schuet sie mich das Ich bin alte *a.*   2 darumb so Iunger sie nit vil *a,* davon so Iunget sie nit vil *dhijkl,* vnd by den jungen zucht nyt fur *b.*   3 ist gar gestalt *a,* ist ungestalt *b.*

50

A: I–V
C: III IV; I II V
E: I II V$_{1-6}$ Text nach *AC auf der Basis von A

I   Die mir in dem winter vröide hânt benomen,   73,23
        si heizen wîp, si heizen man,
        disiu sumerzît diu muoz in baz bekomen.
        owê, daz ich niht vluochen kan!
5   Leider ich enkan niht mêre
        wan daz übel wort: unsælic. neinâ! daz wære alze sêre.

II   Zwêne herzeliebe vlüeche kan ich ouch: 73,29
        die vluochent nâch dem willen mîn.
        hiure müezens beide esel und den gouch
        hœren, ê si enbizzen sîn.
5   Wê ime denne dem vil armen!
        wess ich, obe siz noch gerûwe, ich wolte mich dur got erbarmen.

III   Wan sol sîn gedultic wider ungedult: 73,35
        daz ist den schamelôsen leit.
        swen die bœsen hazzent âne sîne schult,
        daz kümet von sîner frumecheit.   74,1
5   Trœstet mich diu guote alleine,
        diu mich wol getrœsten mac, sô gæbe ich umbe ir nîden cleine.

                        IV

---

50 *In C neben 261 [279] Verweiszeichen auf 370 [386].*
   I *116 A, 369 [385] C, 55 E.*
1 in dem] disen *E.*   2 heizzent *E.*   3 diu] *fehlt E.*   4 geflůchen *E.*   5 kan *E.*
   II *117 A, 370 [386] C, 56 E.*
1 hʳzekliche *CE.*   ouch] doch *E.*   2/4 min: si *A.*   2 vliehent *E.*   3 den] *fehlt E.*   4 gehören
E.   si *A.*   6 ich denne ob *E.*   erbarme *A.*
   III *118 A, 260 [278] C.*

IV Ich wil al der welte swern ûf ir lîp: 74,4
den eit sol si wol vernemen!
sî mir ieman lieber, maget oder wîp,
diu helle müeze mir gezemen.
5 Hât si nû deheine triuwe,
sô getrûwet sî dem eide und entstêt mîns herzen riuwe.

V Hêrren und vriunt, nû helfent an der zît: 74,10
daz ist ein ende, ez ist alsô.
ich enbiute iu mînen minneclîchen strît.
jô enwirt ich niemer rehte vrô:
5 Mînes herzen tiefe wunde,
diu muoz iemer offen stên, si enküsse mich mit friundes munde.
mînes herzen tiefe wunde,
diu muoz iemer offen stên, si enheiles ûf und ûz von grunde.
mînes herzen tiefe wunde,
10 diu muoz iemer offen stên, sine werde heil von Hiltegunde.

IV *119 A, 261 [279] C.*
1 vmb ir *C.*
V *120 A, 371 [387] C, 57 E.*
1 helfent an der zît] ratent mir *E.*   2 dc ein *A*, ez ist ein *E.*   3 ich enbýten dir *A*, in behalde
E.   4 ia enwirde ich *C*, ichn wirde *E.*   5 tiefen wunden *E.*   6 diu muoz] mûzzen *E.* si] es
C. enkûsche *E.*   7–10 *fehlt E.*   8 stên] *fehlt C.* grvnde *A.*

Erschließungshilfen

II, 3 f.: *enbiȥȥen sîn*: ‚gespeist haben‘. *Esel* und *gouch* (Kuckuck): Möglicherweise stehen diese
   Tiere für unkultivierte Künstler (Musikanten). In der AC-Fassung hören die *vlüeche* den
   esel und den *gouch*; in der E-Fassung könnte das Umgekehrte gemeint sein, dass nämlich
   der *esel* und der *gouch* die Flüche hören.
II, 6: *gerûwen*: = *geriuwen*: ‚betrüben‘.

IV, 6: *entstân*: hier im Sinne von ‚verhindern‘; wörtlich, sich gegen etwas stellen‘.

V, 6: *si enküsse* …: ‚es sei denn, sie küsst mich …‘ (exzipierende Konstruktion; diese syntakti-
   sche Konstruktion auch in V. 8 und 10).
V, 10: *Hiltegunde*: der einzige weibliche Eigenname bei Walther; eine nähere Identifizierung
   ist nicht möglich.

51

A: I II III IVa IVb
C: I–III; IVa IVb
E: I II III IVa   Text nach C (Vgl. den Textkritischen Kommentar mit Hinweisen zur
Trennlinie und zur Bedeutung der Strophennummerierung IV a/b.)

I   ›Nemet, frowe, disen kranz‹,   74,20
     alsô sprach ich zeiner wol getâner maget,
     ›sô zieret ir den tanz
     mit den schœnen bluomen, als irs ûfe traget.‹
5   Het ich vil edel gesteine,
         daz müest ûf ir houbet,
         ob ir mirs geloubet.
         sênt mîne triuwe, daz ich ez meine.

II   ›Frowe, ir sît sô wol getân,   75,9
     daz ich iu mîn schapel gerne geben wil,
     daz aller beste, daz ich hân.
     wîzer unde rôter bluomen weiz ich vil,
5   Die stênt sô verre in jener heide.
         dâ si schône entsprungen
         und die kleinen vogel sungen,
         dâ suln wir si brechen beide.‹

                                    III

---

51 *In C neben 263 [281] Verweiszeichen auf 372 [388].*
     I *134 A, 262 [280] C, 51 E.*
1 Frauwe nement *E.*   2 getâner] getanen *AE.*   4 die ir vffe *E.*   5 hete ich golt vñ edeles gesteine *E.*
6 mv̊z *A,* fůr *E.*   ir] vwer *A.*   7 gehŏbet *A.*
     II *135 A, 263 [281] C, 52 E.*
3 so iz aller beste han *E.*   4 wiz grůne vñ roter blůmen vil *E.*   5 niht verre an iener grůnen heide *E.*
6 do si vil schone springent *E.*   7 vñ dů vogelin singēt *E.*   kleinen] kleine *C.*

III   Si nam, daz ich ir bôt,   74,28
       einem kinde vil gelîch, daz êre hât.
       ir wangen wurden rôt
       sam diu rôse, dâ si bî den lilien stât,
   5   Des erschamten sich ir liehten ougen.
       dô neic si mir vil schône.
       daz wart mir ze lône.
       wirt mirs iht mêr, daz trage ich tougen.

IVa   Mir ist von ir geschehen,   75,1
       daz ich disen sumer allen meiden muoz
       vaste under diu ougen sehen.
       lîhte wirt mir einiu, sô ist mir sorgen buoz.
   5   Waz ob si gêt an disem tanze?
       frowe, dur iuwer güete
       ruket ûf die hüete.
       owê, gesæhe ichs under kranze!

IVb   Mich dûhte, daz mir *n*ie   75,17
       lieber wurde, danne mir ze muote was.
       die bluomen vieln ie
       von dem boume bî uns nider an daz gras.
   5   Seht, dô muoste ich von vröiden lachen,
       dô ich sô wunneklîche
       was in troume rîche,
       dô taget ez und muos ich wachen.

III *136 A, 264 [282] C, 53 E.*
2 gelic *A.*   4 sam] als *E.* da] so *E.* den] der *A.*   5 do schemten sich *E.* ir liechten] liehtv *A.*   6 doch neic ich ir vil schone *E.* dô] doch *A.*   8 wart mir *E.*

IVa *137 A, 372 [388] C, 54 E.*
2 daz ich allen megden disen sumer mǔz *E.* meiden] miden *A.*   3 diu] *fehlt E.*   4 vinde ich mine so ist mir aller sorgē bǔz *E.*   5 owe geschehe ez vnder crantze *E.* an] in *A.*   5:8 gǔte : hvte *A.*   7 ir rǔcket vf *E.*   8 waz ob sie get an disme tanze *E.* gesahe ich ez *A.* cranz *A.* gesehe *C.*

IVb *138 A, 373 [389] C.*
1 nie] ie *AC.*   4 den boumen *A.*   5 mǔste *C.*   8 mǔze *A,* mǔz *C.*

Erschließungshilfen

Vgl. den Textkritischen Kommentar mit Hinweisen auf kontroverse Interpretationen des Liedes.

I, 5–8: Die Lesart *ir* in V. 6 (gestützt durch C und E) deutet einen Wechsel der Sprechperspektive an: nicht mehr die Dame ist angesprochen, sondern das Publikum; der Mann spricht zum Publikum über die Frau und erzählt, dass eigentlich Geschmeide ihren Kopf zieren müsste. – Bislang ist die Strophe (soweit ich sehe: *nur*) mit der A-Lesart *iuwer houbet* gelesen worden (so auch Schweikle, der sonst immer C bevorzugt); in A geht die Anrede an die Dame auch im Abgesang weiter. Vgl. auch den Textkritischen Kommentar.

III, 6: ‚da verneigte sie sich vor mir …‘

IVa, 4: *ist mir sorgen buoz*: ‚habe ich keinen Kummer mehr‘.
IVb, 7: *in troume rîche*: ‚reich im Traum‘.

52

AC: I–V   Text nach *AC auf der Basis von A

I	Diu welt was gelf, rôt unde blâ,						75,25
	grüene in dem walde und anderswâ,
	die cleine vogele sungen dâ,
	nû schrîet aber diu nebelcrâ.
	5 phligt sî iht ander varwe? jâ!
	sist worden bleich und übergrâ.
	des rimphet sich vil menic brâ.

II	Ich saz ûf eime grüenen lê,						75,32
	dâ ensprungen bluomen unde clê
	zwischen mir und eime sê.
	der ougenweide ist dâ niht mê.
	5 dâ wir schapel brâchen ê,
	dâ lît nû rîf unde snê,
	daz tuot den vogellînen wê.

III	Die tôren sprechent ›snîâ snî‹,						76,1
	die armen liute ›owê owî‹.
	des bin ich swær alsam ein blî,
	der wintersorge hân ich drî.
	5 swaz der under andern sî,
	der wurde ich alse schiere vrî,
	wær uns der sumer nâhe bî.

			IV

---

52 I *147 A, 265 [283] C.*
3 kleinē *C.* singēt *C.* 5 hat si *C.* varwe da *Reimpunkt* ia *A.* 6 bleich wordē *C.*
II *148 A, 266 [284] C.*
3 ienem *C.* 4 was da me *C.* 6 vñ ŏch der sne *C.*
III *149 A, 267 [285] C.*
2 vñ arme lúte owi owi *C.* 3 bin] bra *A.* 4 des winters sorge *C.* 5 der vñ ŏch der ander
C. 6 alse] aller *C.*

IV   E danne ich lange lebt alsô,   76,8
           den crebz wolte ich ê ezzen rô.
           sumer, mache uns aber vrô,
           dû zierest anger unde lô.
    5 mit den bluomen spilt ich dô,
           mîn herze swebt in sunnen hô,
           daz jaget der winter in ein strô.

V   Ich bin verlegen als ein sû,   76,15
           mîn sleht hâr ist mir worden rû.
           süezer sumer, wâ bist dû?
           jâ sæhe ich gerner veltgebû,
    5 danne ich lange in selcher drû
           beclemmet wære, als ich bin nû:
           ich wurde ê munich ze Toberlû.

IV *150 A, 268 [286] C.*
1 lebt] *fehlt A.*   2 e wolde ich essen krebese ro *C.*   3 abˢ mache vns abˢ *A.*   7 der] den *A.*
    V *151 A, 269 [287] C.*
1 als esav *C.*   4 gerne *C.*   5 e dc ich *C.* lege *A.*   7 zetobernv *A.*

Erschließungshilfen

I, 5: ‚trägt sie eine andere Farbe …‘

II, 1: *lê*: ‚Hügel‘.

IV, 4: *lô*: ‚Sumpfwiese‘ oder ‚Gebüsch‘.

V, 1: *verlegen* < *verligen*: ‚lange liegen‘.
V, 7: *Toberlû*: heute ‚Doberlug‘, im Mittelalter ein bekanntes Zisterzienserkloster.

53

AC: I–IV   Text nach *AC auf der Basis von C

I   Vil süeze wære minne,   76,22
    berihte kranke sinne.
    got, durch dîn anebeginne
    bewar die kristenheit.
  5 dîn kunft ist frônebære
    über *al* der welde swære.
    der weisen barmenære,
    hilf rechen disiu leit.
    lœser ûz den sünden,
10 wir gern ze den swebenden ünden.
    uns mac dîn geist enzünden,
    wirt riuwic herze erkant.
    dîn bluot hât uns begozzen,
    den himel ûf geslozzen,
15 nû lœset unverdrozzen
    daz hêrebernde lant.
    verzinset lîp und eigen,
    got sol uns helfe erzeigen   77,1
    ûf den, der manigen veigen
20 der sêle hât gepfant.

II

---

53 *Mit diesem Ton endet die erste Reihe der auf* *AC *zurückgehenden Strophen von C.*
I 46 A, 270 [288] C.
6 al] vf *AC.*   7 den wisen *A.*   10 ze den] *fehlt A.*

II   Diz kurze leben verswindet,   77,4
        der tôt uns sündic vindet,
        swer sich ze gote gesindet,
        der mac der helle engân.
    5   bî swære ist genâde funden:
        nû heilent kristes wunden.
        sîn lant wirt schiere enbunden,
        dest sicher sunder wân.
        künigîn ob allen frowen,
  10   lâ werende helfe schowen.
        dîn kint wart dort verhowen,
        sîn menscheit sich ergap.
        sîn geist müeze uns gefristen,
        daz wir die diet verlisten.
  15   der touf si seit unkristen,
        wan fürhtent sî den stap,
        der ouch die juden villet?
        ir schrîen lût erhillet.
        manic lop dem kriuze erschillet:
  20   erlœsen wir daz grap!

                          III

II *47 A, 271 [289] C.*
14 wirt *A.*   16 fvhrten *A.*

III   Diu menscheit muoz verderben,   77,24
         suln wir den lôn erwerben,
         got wolde dur uns sterben,
         sîn drô ist ûf gespart.
      5 sîn kriuze vil gehêret
         hât maniges heil gemêret.
         swer sich von zwîvel kêret,
         der hât den geist bewart.
         sündic lîp vergezzen,
     10 dir sint diu jâr gemezzen,
         der tôt hât uns besezzen
         die veigen âne wer.
         nû hellent hin gelîche,
         daz wir daz himelrîche
     15 erwerben sicherlîche
         bî duldeklîcher zer.
         got wil mit heldes handen
         dort rechen sînen anden,   78,1
         sich schar von manigen landen
     20 *sîn* heilegestez her!

                              IV

III *48 A, 272 [290] C.*

6 teil *C.*   12 die vrigen ane wert *A.*   14 da wir *A.*   17 mir *A.*   18 dinen an den *A.*   19 vor
A.   20 sîn] den *C.*   den heiligeist *A.*

IV   Got, dîn helfe uns sende,   78,4
       mit dîner zeswen hende
       bewar uns an dem ende,
       sô uns der geist verlât,
   5 vor helleheizen wallen,
       daz wir dar in iht vallen.
       ez ist wol kunt uns allen,
       wie jâmerlîch ez stât,
       daz hêre lant vil reine,
 10 gar helfelôs und eine.
       Ierusalêm, nû weine,
       wie dîn vergezzen ist!
       der heiden überhêre
       hât dich verschelket sêre.
 15 dur dîner namen êre
       lâ dich erbarmen, Krist,
       mit welher nôt si ringen,
       die dort den borgen dingen,
       daz si uns alsô betwingen,
 20 daz wende in kurzer frist.

IV *49 A, 273 [291] C.*
18 boegen *A.*   19 si] *fehlt A.*

Erschließungshilfen

I, 1–4: ‚Du sehr süße, aufrichtige Liebe, berichtige sündhafte Gedanken. Gott, um deines
Anfangs wegen [gemeint ist wohl die begonnene Heilsgeschichte] rette die Christenheit.‘

I, 5: *frônebære*: In den Wbb. nur für unsere Stelle gebucht (hapax legomenen); von der Wort-
bildung aus betrachtet bedeutet das Attribut so viel wie ‚Freude hervorbringend‘ (vgl.
Klein, Solms, Wegera, 2009, S. 274f. zum Suffix *-bære*).

I, 19: *veige*: ‚der Todgeweihte‘.

II, 15: *touf*: eigentlich ‚Taufe‘, hier eher ‚die christliche Glaubensgemeinschaft‘, ‚die Christen‘.

IV, 18: Die Stelle ist sehr schwer verständlich (vgl. auch den Textkritischen Kommentar)
und hat zahlreiche Kommentare erfahren. Schweikle (Bd. 2, S. 463 und 783) fasst sie so
auf: ‚… die dort einen Vertrag aushandeln‘ und bezieht sie auf eine konkrete historische
Begebenheit (Versuch vertraglicher Einigung Friedrichs II.).

54 *Bogenerton*

C: I–XVII

I	Der anegenge nie gewan	78,24
	und anegenge machen kan,	
	der kan wol ende machen und âne ende.	
	sît daz allez stêt in sîner hende,	
5	wer wære danne lobes sô wol wert?	
	der sî der êrste in mîner wîse.	
	sîn lop gêt *vor* allem prîse.	
	daz lop ist sælic, des er gert.	

II	Nû loben wir die süezen maget,	78,32
	der ir sun niemer niht versaget.	
	si ist des muoter, der von helle uns lôste.	
	daz ist uns ein trôst vor allem trôste,	
5	daz man dâ ze himel ir willen tuot.	
	nû dar, die alten mit den jungen,	
	daz ir werde lop gesungen.	
	si ist guot ze lobenne, sî ist guot.	

III	Ich solt iuch engele grüezen ouch,	79,1
	wan daz ich bin niht gar ein gouch:	
	waz habt ir der heiden noch zerstœret?	
	sît iuch nieman siht noch nieman hœret,	
5	sagent, waz hânt ir noch dar zuo getân?	
	möhte ich got stille als ir gerechen,	
	mit we*m* solt ich mich besprechen?	
	ich wolte iuch hêrren ruowen lân.	

IV

---

54 I *274 [292] C.*
6 wis *C.*   7 fúr allē pris *C.*
  II *275 [293] C.*
  III *276 [294] C.*
7 wen *C.*

IV   Her Michahêl, her Gabrîêl,   79,9
        her tiufels vîent Raphahêl,
        ir pflegent wîsheit, sterke und arzenîe.
        dar zuo hânt ir engelkœre drîe,
    5 die mit willen leistent iuwer gebot.
        welt ir mîn lop, sô sint bescheiden
        und schadent allerêrst den heiden.
        lopt ich iuch ê, daz wære ir spot.

V   Man hôhgemâc, an friunden kranc,   79,17
        daz ist ein swacher habedanc,
        baz hilfet friuntschaft âne sippe.
        lâ einen sîn geborn von küniges rippe,
    5 ern habe friunde, waz hilfet daz?
        mâgschaft ist ein selbwahsen êre,
        sô muoz man friunde verdienen sêre.
        mâc hilfet wol, friunt verre baz.

VI   Swer sich ze friunde gewinnen lât   79,25
        und ouch dâ bî die tugende hât,
        daz er sich âne wanken lât behalten,
        des friundes mac man gerne schône walten.
    5 ich hân eteswenne friunde erkorn
        sô sinewel an sîner stæte,
        swie gerne ich in behalten hæte,
        daz ich in muoste hân verlorn.

VII

IV *277 [295] C.*
V *278 [296] C.*
1 hoh gemach *C.*
VI *279 [297] C.*
8 mv̂ste *C.*

VII   Swer mir ist slipfic als ein îs   79,33
             und mich ûf hebt in balles wîs,
             sinewel ich dem in sînen handen,
             daz sol zunstæte nieman an mir anden,
      5   sît ich dem getriuwen friunde bin
             einlœtic unde wol gevieret.
             swes muot mir ist sô vêch gezieret,   80,1
             nû sus, nû sô, dem walge ich hin.

VIII   Sich wolte ein ses gesibent hân   80,3
             ûf einen hôhvertigen wân,
             sus strebte ez sêre nâch der übermâze.
             swer der mâze brechen wil ir strâze,
      5   dem gevellet lîhte ein enger pfat.
             hôhvertic ses, nû stât gedrîet!
             dir was zem sese ein velt gefrîet,
             nû smiuc dich an der drigen stat!

IX   Swelh hêrre nieman niht versaget,   80,11
             der ist an gebender kunst verschraget,
             der muoz iemer nôtic sîn alde triegen.
             zehen versagen sint bezzer danne ein liegen.
      5   geheize minre unde grüeze baz,
             welle er ze rehte umbe êre sorgen.
             swes er niht müge ûz geborgen
             noch selbe enhabe, versage doch daz.

X

VII *280 [298] C.*
8 dē *C.*
VIII *281 [299] C.*
7 gefriget *C.*
IX *282 [300] C.*

X   Unmâze, nim dich beider an: 80,19
manlîchiu wîp, wîplîch man,
pfaflîch ritter, ritterlîch pfaffen,
mit den solt dû dînen willen schaffen,
5 ich wil dir si gar ze stiure geben.
ich wil dir junge altherren zeigen
und alte jungherren geben für eigen,
daz sî dir twerhes helfen leben.

XI   Den dîemant, den edelen stein,   80,35
gap mir der schœnesten ritter ein.
âne bete wart mir diu gâbe sîne.   81,1
jô lob ich niht die schœne nâch dem schîne:
5 milter man ist schœne und wol gezogen.
man sol die inre tugende ûz kêren,
sô ist daz ûzer lop nâch êren,
sam des von Katzenellenbogen.

XII   Ich bin dem Bogenære holt   80,27
gar âne gâbe und âne solt:
er ist milte, swie kleine ich sîn geniuze,
sô nieze in aber ein Pôlân alder ein Riuze.
5 daz ist allez âne mînen haz.
in bræhte ein meister baz ze mære
danne tûsent snarrenzære,
tæt er den hovewerden baz.

XIII

X *283 [301] C.*
5 dirs *C.*   *8 nach 5, durch Umstellungszeichen korrigiert C.*
XI *284 [302] C.*
XII *285 [303] C.*

XIII   Wer sleht den lewen? wer sleht den risen?   81,7
          wer überwindet jenen und disen?
          daz tuot jener, der sich selber twinget
          und alle sine lit in huote bringet
    5   ûz der wilde in stæter zühte habe.
          geligeniu zuht und schame vor gesten
          mugen wol ein wîle erglesten.
          der schîn nimt drâte ûf und abe.

XIV   Wolveile unwirdet manigen lîp.   81,15
          ir werden man, ir reiniu wîp,
          niht ensît durch kranke miete veile.
          ez muoz sêre stên an iuwerm heile,
    5   welt ir iuch vergeben vinden lân.
          zundanke wolveile unwirdet sêre.
          dâ bî sô swachet iuwer êre
          und ziuhet doch ûf smæhen wân.

XV   Swelh man wirt âne muot ze rich,   81,23
          wil er ze sêre striuzen sich
          ûf sîne rîchheit, sô wirt er ze hêre.
          ze rîch und ze arn, die leschent beide sêre
    5   an sumelîchen liuten rehten muot.
          swâ übric rîcheit zühte slucket
          und übric armuot sinne zucket,
          dâ dunket mich enwederz guot.

XVI

XIII *286 [304] C.*
XIV *287 [305] C.*
6 zvndanke (z *verbessert*) *C.*
XV *288 [306] C.*

XVI   Diu minne ist weder man noch wîp,   81,31
        si hât noch sêle noch den lîp,
        sî gelîchet sich dekeinem bilde.
        ir nam ist kunt, si selbe ist aber wilde,
    5   und enkan doch nieman âne sie
        der gotes hulden niht gewinnen
        ⟨. . . . .⟩   82,1
        si kam in valschez herze nie.

XVII   Ez ist in unsern kurzen tagen   82,3
        nâch minne valsches vil geslagen.
        swer aber ir insigel rehte erkande,
        dem setze ich mîne wârheit des ze pfande,
    5   wolt er ir geleite volgen mite,
        daz in unfuoge niht erslüege.
        minne ist ze himel sô gefüege,
        daz ich si dar geleites bite.

XVI *289 [307] C.*

7 fehlt C.   *8 als 7, danach Raum für einen Vers frei C.*
   XVII *290 [308] C.*

Erschließungshilfen

IV: Michael, Gabriel und Raphael sind Erzengel.

VII, 6: *einlætic*: ‚von gleichem Gewicht‘. *gevieret*: ‚beständig‘.

VII, 7: *vêch*: ‚mehrfarbig‘, ‚gefleckt‘.

VII, 8: ‚dem (gegenüber) wälze ich mich fort‘; zu beachten ist, dass das hsl. *dē* auch zu *den* aufgelöst werden könnte – dann wäre ein *walgen* + Akk (= ‚wegwälzen‘) anzusetzen.

IX, 2: *verschragen*: ‚gehemmt‘; im nur für Walther bezeugten Verb *verschragen* steckt das Nomen *schrage* = ‚Pfahl‘.

XI, 8: Gemeint ist wohl Diether II. von Katzenellenbogen (gest. ca. 1245).

XII, 1: Mit dem Bogner mag der in Str. XI genannte Katzenellenbogner gemeint sein.

XIII, 5: *habe*: hier ‚Hafen‘.

XIV, 3: *kranke miete*: ‚armseliger Lohn‘.

XIV, 6–8: Gemeint wohl ‚Sich ohne Anspruch auf Dank billig herzugeben, schmälert nicht nur das Ansehen, sondern führt auch zu trügerischer Hoffnung auf Dank‘.

XV, 1: *rich* = *rîch* (‚reich‘): Lexer I, 416 verzeichnet auch ein kurzes *rich* (wegen des Reims auf *sich*); es ist aber auch eine leichte Reimstörung denkbar (*rîch*: *sich*).

XV, 2: *striuzen*: Lexer glossiert ‚sich sträuben‘, ‚spreizen‘; etymologisch wohl verwandt mit *strûz* (dem Vogel Strauß); gemeint ist hier ein großspuriges Auftreten.

55 *Leopoldston, Erster Thüringerton, Zweiter Atzeton*

a: II III
C: I III IV V VI
w^xx^: VII~7–13~   Text I III IV V VI nach C, II nach a.

I   Rît ze hove, Dietrich!   82,11
      ›hêrre, in mac.‹ waz irret dich?
      ›in hân niht rosses, daz ich dar gerîte.‹
      ich lîhe dir einz, und wilt dû daz.
   5 ›hêrre, gerîte al deste baz.‹
      nû stant alsô, noch ein wîle bîte!
         Weder ritest gerner eine guldîn katzen,
         alder einen wunderlîchen Gêrhart Atzen?
         ›semir got, und æze ez höi, ez wær ein frömdez pfert.
  10   im gênt diu ougen umbe als einem affen,
         er ist als ein guggaldei geschaffen.
         den selben Atzen gebent mir her, sô bin ich wol gewert.‹
         nû krümbe dîn bein, rît selbe her hein, sît du Atzen hâst gegert.

                              II

---

55 *Für die Töne* **55–74** *ist C von wenigen Strophen (in A, a und E) abgesehen, die einzige Quelle. La hat sie deshalb aus der C-Reihenfolge (nach 7) herausgenommen und an dieser Stelle eingerückt.*
   I *30 C.*

II   Owê, daz wîsheit unde jugent,   82,24
       des mannes schœne noch sîn tugent
       niht erben sol, sô ie der lîp erstirbet!
       daz mac wol clagen ein wîser man,
    5 der sich des schaden versinnen kan,
       Reimâr, waz guoter kunst an dir verdirbet.
         Dû solt von schulden iemer des geniezen,
         daz dich des tages nie wolte verdriezen,
         dun spræches ie den vrowen wol 〈. . . . . .〉
    10 des süln si iemer danken dîner zungen.
       und hetest anders niht wan eine rede gesungen –
       sô wol dir, wîp, wie reine dîn nam! – dû hetest ⌐alse gestriten
       an ir lop⌐, daz elliu wîp dir iemer gnâden solten biten.

III   Dest wâr, Reimâr, dû riuwest mich   83,1
       michels harter danne ich dich,
       ob dû lebtest und ich wær erstorben.
       ich wil ez bî mînen triuwen sagen,
    5 dich selben wolt ich lützel klagen:
       ich klage dîn edelen kunst, daz si ist verdorben.
         Dû kundest al der werlte fröide mêren,
         sô dû ez ze guoten dingen woltes kêren.
       mich riuwet dîn wol redender munt und dîn vil süezer sanc,
    10 daz die verdorben sint bî mînen zîten.
       daz dû niht eine wîle mohtest bîten!
       sô leist ich dir geselleschaft, mîn singen ist niht lanc.
       dîn sêle müeze wol gevarn, und habe dîn zunge danc!

IV

II *22 a.*
9 wole *Punkt a.*   12/13 an ir lob alse gi stritin daz *a.*
III *23 a, 31 C.*
1 des swar *a.*   2 michel *a.*   5 wil *a.*   6 edel *a.*   7 alle *a.*   10 d^s verdorben ist *a.*   13 ge-
warn *a.*

IV   Swâ der hôhe nider gât   83,14
       und ouch der nider an hôhen rât
       gezucket wirt, *dâ* ist der hof verirret.
       wie sol ein unbescheiden man
   5 bescheiden, des er niht enkan,
       sol er mir büezen, des mir niht enwirret?
          Des stênt die hôhen vor den kemenâten:
          sô suln die nideren umbe daz rîche râten.
       swâ den gebrichet an der kunst, seht, dâ tuont sî niht mê,
  10 wan daz siz umbe werfent an ein triegen:
       daz lêrent sî die fürsten unde liegen.
       die selben brechent uns diu reht und stœrent unser ê.
       nû sehent, wie diu krône lige und wie diu kirche stê!

V   Ich muoz verdienen swachen haz: 83,27
       ich wil die hêrren ⟨*lêren*⟩ daz,
       wies iegeslîchen rât wol mügen erkennen.
       der guoten ræte der sint drî,
   5 drîe ander bœse stênt dâ bî
       zer linggen hant. lât iu die sehse nennen:
          Vrum unde gotes hulde und weltlich êre,
          daz sint die guoten. wol im, der si lêre!
       den möht ein keiser nemen ⟨..⟩ an sînen hôhsten rât.
  10 die andern heizent schade, sünde und schande.
       dâ erkenne si bî, ders ê niht erkande:
       wan hœret an der rede wol, wie ez umbe daz herze stât.
       daz anegenge ist selten guot, daz bœsez ende hât.

VI

IV *32 C.*
3 dâ] dc *C.*
V *33 C.*
2 lêren] *fehlt C.*

VI   Drîe sorge hab ich mir genomen.   84,1
          möht ich der einer zende komen,
          sô wære wol getân ze mînen dingen.
          iedoch swaz mir dâ von geschiht,
   5   in scheid ir von ein ander niht.
          mir mac an allen drin noch wol gelingen.
             Gotes hulde und mîner frowen minne,
             dar umbe sorge ich, wie ich die gewinne.
             daz dritte hât sich mîn erwert unrehte manigen tac:
   10   daz ist der wunneklîche hof ze Wiene.
             in gehirme niemer, unz ich den verdiene,
             sît er sô maniger tugende mit sô stæter triuwe pflac.
             man sach Liupoltes hant dâ geben, daz sî des niht erschrak.

VII   ⟨. . . . .   [⁸XXVII,1]
          . . . .
          . . . .
          . . . .
   5   . . . .
          . . . .
           . .⟩ sich leiden vriunden unde mâgen
            und umbez guot lîp unde sêle wâgen,
            ob er dan sô biderb ist, daz er daz selbe guot
   10   gerne umb êre teilte, ob man in lieze,
            und ez in den itel biutel niene stieze,
            stolze marschalk ⟨. . .⟩, swâ man diz allez tuot!
            ich smecke Seveken in dem râte: ein brant lît in der gluot.

VI *34 C.*
2 koṁ *C.*
VII *1 w^{xx}. Leserlichkeit teilweise stark beeinträchtigt.*
7 sich *Beginn der Überlieferung w^{xx}.*   10 t.ilte *w^{xx}.*   11 itel] *auch als* stel *lesbar.*   12 marschalk *Punkt*
swar man *w^{xx}.*

Erschließungshilfen

I, 1: Dietrich: Eine historische Persönlichkeit scheint mit diesem Namen hier nicht gemeint zu sein. Aus dem Dialog ergibt sich, dass Dietrich eine wenig begüterte Person ist. In der Forschung wurde Dietrich daher als ‚Knappe‘ Walthers rsp. des Dialogpartners bezeichnet.

I, 1–13: Der Dialog zwischen dem ‚Herrn‘ und Dietrich ist nicht leicht zu verstehen; es gibt mehrere Ansätze (vgl. Schweikle 1, S. 480f.), die alle nicht ganz überzeugen. Sicher ist, dass die Strophe gegen Gerhard Atze gerichtet ist; sie hängt intertextuell mit der Strophe 73 III (L. 104,7) zusammen, die entstehungsgeschichtlich sicher vor dieser Strophe anzusetzen ist. Dort geht es darum, dass ein Ich-Sprecher Klage gegen Gerhard Atze erhebt, weil dieser das Pferd des Sprechers erschossen habe. Dass wir hier eine reale Szene gespiegelt finden (d.h.: Walther spricht als historisches Individuum), ist möglich, aber nicht zu beweisen.

I, 5: *gerîte* = *ich gerîte*: Personalpronomina können im Mhd. zuweilen noch eingespart werden.

I, 6/7: *Gêrhart Atze*: Seit Moriz Haupt nimmt man an, dass mit diesem Namen eine 1196 und 1252 beurkundete Person (*Gerhardus Atzo*) gemeint ist; dieser erscheint als Zeuge in einer Urkunde Landraf Hermanns von Thüringen; vielleicht gehörte er dem Ministerialenstand an (vgl. Otto Dobenecker: Regesta diplomatica necnon epistolaria Historiae Thuringiae, Jena 1900ff., unv. ND 1986, Regeste 999). Vgl. auch 73 III.

I, 11: *guggaldei*: ‚Kuckuck‘.

I, 13: Der Sinn dieses Verses ist unklar: Soll der Knappe, da er auf Atze reiten will, nun zu Fuß ‚nach Hause‘ (*hein*) gehen? (Vgl. Wi/Mi, Bd. II, S. 305f.) Vieles hängt davon ab, wie man den Ausdruck *bein krümben* und *rîten* hier verstehen will.

II/III: Totenklagestrophen auf den Dichterkollegen Reinmar. Im Laufe der Forschungsgeschichte wurden u.a. auch diese Strophen zum Anlass genommen, an eine (Dichter-) ‚Fehde‘ zwischen Reinmar und Walther zu denken; es fällt aber hier auf, dass der *Künstler* Reinmar wertgeschätzt wird, nicht hingegen der *Mensch*.

II, 6: *Reimâr*: Reinmar (der Alte); mhd. Minnesänger, einer der Hauptvertreter des ‚hohen Minnesangs‘, Zeitgenosse Walthers.

II, 7: Paraphrase: ‚Du sollst immer daraus Nutzen ziehen, dass dir kein Tag Leid tat, über die Damen gut zu sprechen.‘

II, 12: Zitat aus einem Reinmar-Lied (MF 165,28); es handelt sich nicht um einen Liedanfang, sondern um den Beginn einer Strophe inmitten eines Liedes.

III, 6: *verderben*: hier ‚umkommen‘.

IV, 9f.: Paraphrase: ‚Die schlechten Ratsherren arbeiten nicht an ihren Defiziten, sondern verdrehen (vertuschen) diese mit Betrügereien‘.

IV, 12: *ê*: ‚althergebrachtes Recht/alte Ordnung‘.

IV, 13: Die den Verben *ligen* und *stên* inhärente Bildlichkeit spricht dafür, dass Walther nur die weltliche Machtordnung pervertiert sieht (woraus die Kirche gar noch Nutzen zieht). Versuche, die Strophe auf konkrete Ereignisse zu beziehen, sind bei Schweikle 1, S. 484f. zusammengefasst.

V, 7: *vrum*: ‚Tugend‘, ‚Tüchtigkeit‘.

V, 11: *ê*: hier ‚früher‘.

VI, 5: *in* = *ich* + *ne/en*.

VI, 11: *in gehirme*: ‚ich ruhe nicht‘.

VI, 13: *Liupolt*: Leopold VI., Herzog von Österreich und der Steiermark (1176/77 bis 28. Juli 1230); förderte Wien; Ausbau eines bedeutenden höfisch-kulturellen Zentrums.

VII, 1–7: Vgl. den Textkritischen Kommentar.

VII, 11: *îtel biutel*: ‚leerer Beutel‘ (wenn die Lesart *îtel* richtig ist; vgl. den Textkritischen Kommentar).

VII, 13: *Seveken*: Es spricht viel dafür, dass der aus der Dietrich-Epik bekannte, heimtückische und falsche Ratgeber *Sibeck* gemeint ist. Vgl. Frantzen, Neophilologus, 1916, 27–29.

3 *Kaiser Friedrichs- und Engelbrechtston*
(Fortsetzung)

C: VI–XI

VI   Si frâgent mich vil dicke, waz ich habe gesehen,   84,14
      swenne ich von hove rîte, und waz dâ sî geschehen.
      ich liuge ungerne und wil der wârheit halber niht verjehen.
      ze Nüerenberc was guot gerihte, daz sage ich ze mære.
    5 umb ir milte frâget varndez volk, daz kan wol spehen.
      die seiten mir, ir malhen schieden dannen lære.
      unser heimlichen fürsten sint sô hovebære,
      daz Liupolt eine müeste geben, wan daz er ein gast dâ wære.

VII   Ich drabe dâ her vil rehte drîer slahte sanc,   84,22
      den hôhen und den nidern und den mittelswanc,
      daz mir die rederîche*n* iegeslîche*r* sagen dank.
      wie könde ich der drîer eime nû ze danc gesingen?
    5 der hôhe der ist mir ze starc, der nider gar ze kranc,
      der mittel gar ze spæhe an disen twerhen dingen.
      nû hilf mir, edlr küniges rât, dâ enzwischen dringen,
      daz wir alle ein ungehazzet liet zesamene bringen.

                              VIII

---

3 *Fünf Strophen im gleichen Ton in Buch I (S. 14 f.). Diesen Ton hat La auf zwei Bücher verteilt, da VI–XI nur in C und dort getrennt von I–V überliefert sind.*
VI *35 C.*
VII *36 C.*
3 rederiche iegesliche *C.*

VIII   Von Rôme keiser hêre, ir hânt alsô getân   84,30
    ze mînen dingen, daz ich iu muoz danken lân;
    in kan iu selbe niht gedanken, als ich willen hân.
    ir hânt iuwer kerzen kündeklîchen mir gesendet,
   5   diu hât unser hâr gar besenget an den brân
    unde hât ouch uns der ougen vil erblendet,
    doch hânt si mir des wîzen alle vil gewendet:
    sus mîn frum und iuwer êre ir schilhen hât geschendet.

IX   Von Kölne werder bischof, sint von schulden frô!   85,1
    ir hânt dem rîche wol gedienet und alsô,
    daz iuwer lop dâ enzwischen stîget unde sweibet hô.
    sî iuwer werdekeit dekeinen bœsen zagen swære,
   5   fürsten meister, daz sî iu als ein unnütze drô.
    getriuwer küniges [ ] pflegære, ir sît hôher mære,
    keisers êren trôst, baz danne ie kanzelære,
    drîer künige und einlif tûsent megde kamerære.

X   Swes leben ich lobe, des tôt den wil ich iemer klagen.   85,9
    sô wê im, der den werden fürsten habe erslagen
    von Kölne! ôwê, daz in diu erde mac getragen!
    in kan im nâch sîner schulde keine marter vinden:
   5   im wære alze senfte ein eichîn wit umbe sînen kragen,
    in wil sîn ouch niht brennen noch zerliden noch schinden
    noch mit dem rade zerbrechen noch ouch dar ûf binden.
    ich warte allez, ob diu helle in lebende welle slinden.

XI

VIII *37 C.*

1 h⁵re *C.*   2 úch *C.*   6 hant *C.*

 IX *38 C.*

6 kúnig ist *C.*

 X *39 C.*

XI   Swer an des edeln lantgrâven râte sî   85,17
       dur sîne hübscheit, er sî dienstman oder vrî,
       der mane in umb mîn lêren, sô daz ich in spür dâ bî.
       mîn junger hêrre ist milt erkant, man seit mir, er sî stæte,
     5 dar zuo wol gezogen: daz sint gelobter tugende drî.
       ob er die vierden tugende willeklîchen tæte,
       sô gienge er ebne und daz er selten missetræte,
       wær unsûmic. sûmunge schât dem snit und schât der sæte.

XI *40 C.*

Erschließungshilfen

VI: Die Deutung der Strophe ist umstritten; vgl. v. Kraus, WU, S. 328 ff. und Wi/Mi, Bd. II, 310 f.

VI, 4: *Nüerenberc*: Kann bezogen werden auf den Nürnberger Hoftag am 23. Juli 1224 oder Ende November 1225.

VI, 6: *malhe*: ,Tasche', ,Sack'.

VI, 7: *heimlich*: Hier: ,(ein)heimisch'.

VI, 8: *Liupolt*: gemeint sein dürfte Leopold VI. (1176/77 – 1230), Herzog von Österreich. *wan daz*: ,wenn ... nicht' (vgl. IV, 8)

VII, 1: *draben*: in transitiver Verwendung bedeutet *draben* ,traben lassen', ,in Trab versetzen'. Diese Lesart ist nicht einfach zu verstehen. Vgl. auch den Textkritischen Kommentar. Schweikle (1, S. 209) übersetzt: „Ich trabe einher [...] mit drei Arten von Sangesweisen".

VII, 2: *mittelswanc*: möglicherweise Begriff aus der Fechtersprache: ,auf die Mitte zielender Fechthieb'. Das Wort ist in den Wörterbüchern nur für Walther belegt. Eine andere Deutung bei v. Kraus, WU, S. 331, der an das „Fliegen der Vögel" denkt.

VII, 4: *eime*: ,... jemandem von den dreien ...' *ze danc*: ,als Dank' oder ,um Dank zu erfahren'.

VIII: Mit dem *keiser hêre* ist wahrscheinlich Friedrich II. gemeint (so der Forschungskonsens), aber auch Otto IV. (Kaiserkrönung 1209) ist nicht völlig auszuschließen. Die Zuordnung ist nicht zuletzt auch deshalb schwierig, weil der Text äußerst schwer zu verstehen ist.
Der Kaiser überreicht dem sprechenden Ich (der biographischen Gestalt Walther von der Vogelweide?) eine Kerze: Belegt ist eine solche Handlung als Zeichen der Verlängerung eines Dienstverhältnisses. Demnach stünde das Ich in den Diensten des Kaisers und dieser hätte das Dienstverhältnis verlängert. Etwas unverständlich ist Walthers Einsatz des Adverbs *kündeclîchen*: Warum wird betont, dass der Kaiser die Kerze ,auf geschickte Weise' versendet hat?
In den Versen 5 und 6 verursacht die Kerze durch Flamme und Helligkeit Schäden; die Wimpern des sprechenden Ich und anderer Personen (wer sind diese?) werden verbrannt, und zwar *gar*, d.h. voll und ganz, die Augen werden geblendet.
Die Fortsetzung des Gedankengangs mit dem adversativen *doch* (in den meisten Fällen als ,dennoch', ,trotzdem' wiederzugeben) in V. 7 ist nicht leicht nachzuvollziehen. Angesprochen wird nun eine neue Gruppe von Personen, die dem sprechenden Ich ,viel vom Weißen' zugewendet hat; damit dürfte gemeint sein, dass diese Personen zum Ich hinüber schielen, die Augäpfel also stark in eine Richtung drehen. In der Forschung wird dies häufig als Äußerung von Neid interpretiert.
In V. 8 wird der ,schräge Blick' mit dem Wort *schilhen* wieder aufgenommen. Das substantivierte Verb dürfte hier Objekt sein, *frum* und *êre* Subjekt. Ausgesagt wäre also, dass der Nutzen, den das Ich aus dem Kerzengeschenk ziehen kann (Fortbestand des Dienstverhältnisses), und das große Ansehen, das der Kaiser daraus zieht (Demonstration von *milte*), die Neider und Missgünstigen *schenden* (,zu Nichte machen').
(Vgl. die Hinweise bei Schweikle, Bd. 1, S. 437 f. und ausführlich Ruth Schmidt-Wiegand.)

IX, 1: Erzbischof von Köln war von 1216 bis zu seiner Ermordung im Jahr 1225 Engelbrecht (= Engelbert) I. von Berg. Er wurde von Friedrich II. zum „Provisor" des Reiches und zum Vormund Heinrichs (VII.) ernannt. (LdM, Bd. II, Sp. 1917)

IX, 3: *dâ enzwischen*: Eine solche Formulierung hat meist lokalen Charakter, kann aber auch temporal im Sinne von ‚inzwischen' verstanden werden (vgl. Lexer III, 1220).

IX, 4: Dieser Vers ist syntaktisch als konditionaler Vordersatz zu V.5 zu verstehen: ‚wenn Euer Ansehen …'

IX, 6: *hôher mære*: ‚von hoher Bekanntheit'.

IX, 7: *kanzelære*: Berater des Königs, vgl. die territorialdifferenzierten Ausführungen zu diesem Amt in LdM, Bd. V, Sp. 910–929.

IX, 8: Mit den drei Königen sind wohl die Heiligen drei Könige gemeint. Rainald von Dassel hatte 1164 Reliquien der drei Könige nach Köln gebracht; in den 1180er Jahren war zu ihrer Aufbewahrung ein eigener Schrein gebaut worden.
Mit der Erwähnung der elftausend Jungfrauen wird auf eine in Köln lokalisierte Legende angespielt, der gemäß Ursula, die Tochter eines britischen Königs, darauf wartend, dass ihr künftiger Gatte den christlichen Glauben annimmt, sich mit elftausend Jungfrauen auf eine Meerfahrt begibt und in Köln den Märtyrertod erleidet. Seit dem 10. Jh. ist die Legende in Köln gut bezeugt.

X, 2 f.: Mit dem *fürsten von Köln* ist erneut Engelbrecht gemeint (s. Strophe IX). Er wurde am 7. November 1225 bei Gevelsberg aus politischen Gründen ermordet. (Nähere Information im LdM, Bd. III, Sp. 1917 f.)

X, 5: *eichîn wit*: Ein aus Eichenholzreisern geflochtener Strang.

X, 6: *zerlîden*: ‚zerteilen', möglicherweise mit Pferden auseinander reißen. *schinden*: zu Tode quälen, möglicherweise durch Häutung.

XI, 1: Mit dem Landgrafen ist wahrscheinlich Ludwig IV. von Thüringen (1200–1227) gemeint, Sohn des literaturgeschichtlich bedeutenden Hermann I.

XI, 8: *unsûmic*: = ‚zuverlässig', ‚rechtzeitig'.

56

C

Ich sach hie vor eteswenne den tac,   85,25
daz unser lop was gemein allen zungen.
swâ uns dehein lant iender nâhe lac,
daz gerte suone, oder ez was betwungen.
5   Rîcher got, wie wir nâch êren dô rungen!
dô rieten die alten und tâten die jungen.
nû krump die rihter sint!
diz bîspel ist ze merkenne blint;
swaz nû dâ von geschehe, meister, daz vint!

56 *41 C.*

Erschließungshilfen

3: *dehein*: hier ‚irgendein‘.

4: *suone gern*: hier ‚nach Frieden verlangen‘.

8: *bîspel*: im Mittelhochdeutschen eine Textsortenbezeichnung: ‚zur Belehrung erdichtete Ge-
schichte, Fabel, Gleichnis, Sprichwort‘ (Lexer I, 284 f.).

8 f.: Der Vers ist mehrdeutig, je nachdem, ob man *blint* eher auf *bîspel* oder auf *merken* bezieht.
Da jedoch eine adverbiale Verwendung von *blint* kaum nachzuweisen ist, dürfte der Sinn
des Verses am ehesten sein: ‚Dieses *bîspel* ist als dunkel/verborgen aufzufassen‘ / ‚sein
Sinn ist dunkel‘; folgerichtig wird im letzten Vers ein *meister* (ein Ausdeuter) aufgefordert,
Sinn und Tragweite des *bîspel* herauszufinden (was in der Tradition solcher Texttypen
häufig anzutreffen ist; vgl. Wi/Mi, Bd. II, S. 315 f.). – Die Übersetzung Schweikles ‚diese
Geschichte ist schwer hinzunehmen‘ (Schweikle Bd. 1, S. 315) entfernt sich weit vom
Text. In der Forschung wurden mehrere historische Situationen als Anlass für die Strophe
rekonstruiert (Zusammenfassung bei Schweikle Bd. 1, S. 508 f.) – der Text ist indes so
allgemein gehalten, dass keine zu verifizieren ist.

57

CE: I – V

A: I – III Lutold von Seven   Text nach C

I Frowe, lânt iuch niht verdriezen   85,34
   mîner rede, ob sî gefüege sî.
   möht ichs wider iuch geniezen,   86,1
   sô wær ich dien besten gerne bî.
5   Wizzent, daz ir schœne sît.
   hânt ir, als ich mich verwæne,
   güete bî der wolgetæne,
   waz danne an iu einer êren lît!

II ›Ich wil iu ze redenne gunnen,   86,7
   sprechent, swaz ir welt, ob ich niht tobe.
   daz hânt ir mir an gewunnen
   mit dem iuwerm minneklichem lobe.
5   In weiz, ob ich schœne bin,
   gerne hete ich wîbes güete.
   lêrent mich, wie ich die behüete;
   schœner lîp der touc niht âne sin.‹

III Frowe, daz wil ich iuch lêren,   86,15
   wie ein wîp der welte leben sol:
   guote liute sult ir êren,
   minneklîch an sehen und grüezen wol;
5   Eime sult ir iuwern lîp
   geben für eigen umb den sînen.
   frowe, woltent ir den mînen,
   den gæbe ich umb ein sô schœne wîp.

                              IV

---

57 I *42 C, 78 E, Lvtold von Seven 7 A.*
1 Frowen *A*, Frauwe ir *E*.   2 mine *E*.   ob] so *A*.   gefûge sin *E*.   3 mohte *A*.   vch iht *A*.   4 gŭ-
ten *A*.   6 hatte *A*.   als] danne alse *A*.   7 wolgetane *A*.   8 vch reiner *A*, ir ein⁵ *E*.
II *43 C, 79 E, Lvtold von Seven 8 A.*
1 mûz *E*.   2 swaz ir wôllet frauwe ob ich niht tobe *E*.   3 an mir *A*.   4 vwern minneclichen
A.   8 reiner lip *A*.   der touc] en tovg *AE*.
III *44 C, 80 E, Lvtold von Seven 9 A.*
1 daz] so *A*.   iv *CE*.   2 der] zer *AE*.   4 minneclichen *E*.   grüezen] *fehlt E*.   5 einer *E*.   6 zŭ
eigene geben vñ nemē den sinen *E*.   umb] nement *A*.   7 owe frauwe *E*.   den] *fehlt E*.

IV ›Beide an schouwen und an grüezen,   86,23
    swâ ich mich dar an versûmet hân,
    daz wil ich vil gerne büezen.
    ir hânt hovelîch an mir getân.
  5   Tuont durch mînen willen mê:
    sît niht wan mîn redegeselle!
    in weiz nieman, dem ich welle
    nemen den lîp, ez tæte im lîhte wê.‹

V   Frowe, lânt mich ez alsô wâgen: 86,31
    ich bin dicke komen ûz grôzer nôt,
    unde lânt es iuch niht betrâgen,
    stirbe aber ich, sô bin ich sanfte tôt.
  5   ›Hêrre, ich wil noch langer leben!
    lîhte ist iu der lîp unmære,
    waz bedorfte ich solher swære,
    solt ich mînen lîp umb iuwern geben?‹

IV *45 C, 81 E.*
1 Beide schauwen vñ grûzzen *E.*   2 swaz *E.*   4 hovelîch] vil wol *E.*   5 *fehlt E.*   6 sit min
gǔt rede geselle *E.*   7 nieman weiz ich *E.*   8 neme *E.*
  V *46 C, 82 E.*
1 Frauwe daz wil ich so wagen *E.*   2 in grozze *E.*   3 des ensol mich nit betragen *E.*   6 der
lîp] daz leben *E.*   7 bedǔrfet ir *E.*

Erschließungshilfen

I, 3/4: ,Kann ich davon (Bezug: *rede*) Euch gegenüber Nutzen haben / dann wäre ich gerne
unter den Besten'; gemeint ist: wenn er Anerkennung als Sänger (Werbender) erhält, dann
möchte er in der vordersten Reihe stehen.

II, 2: *ob ich niht tobe*: Der Nebensatz ist ambivalent: ,wenn ich bei Verstand bin' oder ,wenn/
solange ich nicht rase = wütend werde'.

III, 5; IV, 8; V, 6/8: *lîp*: Hier Spiel mit der doppelten Bedeutung des Wortes: ,Leib'/,Körper'
und ,Leben'. Hs. E zerstört dieses Spiel, indem sie in V. 6 statt *lîp leben* überliefert.

V, 3: *betrâgen*: ,schwer werden'.

58

C: I II III V IV VI

α: I$_{1-4}$

I   Nieman kan mit gerten   87,1
    kindes zuht beherten.
    den man zêren bringen mac,
    dem ist ein wort als ein slac.
  5 dem ist ein wort als ein slac,
    de*n* man zêren bringen mac.
    ⌜kindes zuht beherten
    nieman kan⌝ mit gerten.

II   Hüetent iuwe*r* zungen,   87,9
    daz zimt wol dien jungen.
    stôz den rigel für die tür,
    lâ dekein bœse wort dar für.
  5 lâ dekein bœs*e* wort dar für,
    stôz den rigel für die tür.
    daz zimt wol dien jungen:
    hüetent iuwer zungen!

III   Hüetent iuwere ougen   87,17
    offenbâr und tougen,
    lânt si guote site spehen
    und die bœsen übersehen.
  5 und die bœsen übersehen
    lânt si guote site spehen,
    offenbâr und tougen
    ⟨*hüetent iuwere ougen*⟩!

IV

---

58 I *47 C, fol. 232ᵛ α.*

1 kan] mach *α.*   2 erherten *α.*   3 wer sich seluer priemē mach *α.*   zeron *C.*   4 slach *Ende der Überlieferung α.*   5 Dē *C.*   6 dem *C.*   zeron *C.*   7/8 niemā kan behcrtē *Reimpunkt* kindes zuht mit gerten *C.*

  II *48 C.*

1 úwerre *C.*   5 bôs *C.*

  III *49 C.*

8 *fehlt C.*

IV   Hüetent iuwere ôren   87,25
        oder ir sint tôren.
        lânt ir bœsiu wort dar in,
        daz gunêret iu den sin.
    5 daz gunêret iu den sin,
        lânt ir bœsiu wort dar in,
        oder ir sint tôren,
        hüetent iuwere ôren!

V   Hüetent wol der drîer   87,33
        leider alze frîer.
        zungen, ougen, ôren sint
        dicke schalchaft, zêren blint.
    5 dicke schalchaft, zêren blint
        zungen, ougen, ôren sint,
        leider alze frîer
        hüetent wol der drîer!

VI   Nieman ritter wesen mac   88,1
        drîzec jâr und einen tac,
        im gebreste muotes,
        lîbes alder guotes.
    5 lîbes alder guotes,
        im gebreste muotes,
        drîzec jâr und einen tac
        nieman ritter wesen mac.

IV *51 C.*
7 ald⁵ *C.*
V *50 C.*
VI *52 C. Vgl. Freidanks Bescheidenheit 57,6 – 9.*

Erschließungshilfen

I, 2: *beherten*: ‚hart machen‘, ‚sichern‘.

IV, 2/7: *sint*: ‚seid‘.

V, 2: *frier* < *frî/vrî*: Attribut zu *drî* (= die drei Sinne); gemeint ist, dass die genannten Sinne unbeständig und ungezügelt sind.

V, 4/5: *zêren* = *ze êren*.

V, 4: *schalchaft*: ‚boshaft‘.

59

AC: I II III IV VI V VII   Text nach C mit A

I Friuntlîche lac   88,9
  ein rîter vil gemeit
  an einer frowen arme.
  er kôs den morgen lieht,
5 dô er in durch diu wolken
  verre schînen sach.
  diu frowe in leide sprach:
  ›wê geschehe dir, tac,
  daz dû mich lâst bî liebe
10 langer belîben nieht.
  daz sî dâ heizent minne,
  daz ist niwan sende leit.‹

II ›Friundinne mîn,   88,21
  dû solt dîn trûren lân.
  ich wil mich von dir scheiden,
  daz ist uns beiden guot.
5 ez hât der morgensterne
  hie inne gemachet lieht.‹
  ›mîn friunt, nû tuo des nieht,
  lâ die rede sîn,
  daz dû mir iht sô sêre
10 beswærest mînen muot.
  war gâhest alse balde?
  ez ist niht wol getan.‹

III

---

59 I *31 A, 53 C.*
3 arn *C.*   4/10 morgēlieht: niet *CA.*   6 so verre *A.*   8 Owe *mit Lombarde A.*   tach *C.*   12
ist] *fehlt A.*
  II *32 A, 54 C.*
2 trvren *A.*   6 gemachet hinne lieht *A.*   7 niht *A.*

III ›Frowe, nû sí,   88,33
  ich wil belîben baz.
  nû rede in kurzen zîten
  allez, daz dû wil,
 5 daz wir unser huote
  triegen aber als ê.‹
  ›mîn friunt, daz tuot mir wê,   89,1
  ê aber ich dir bî
  gelige, mîner swære
 10 der ist leider alze vil.
  nû mît mich niht lange,
  vil liep ist mir daz.‹

IV ›Daz muoz also geschehen,   89,7
  daz ich es niene mac;
  sol ich dich, frowe, mîden
  eines tages lanc,
 5 sô enkumt mîn herze
  doch niemer von dir.‹
  ›mîn friunt, nû volge mir.
  dû solt mich schiere sehen,
  ob dû mir sîst mit triuwen
 10 stæte sunder wanc.
  owê der ougenweide,
  nû kiuse ich den tac.‹

          V

III *33 A, 55 C.*

1/8 nû sî: bî] nv sich: bi *C (vgl. 8),* nv *Punkt:* bi *A.* 4/10 wilt: al zevil *A.* 4 daz] *fehlt A.* 8 e ich *Reimpunkt* dir ab^s (ab^s *durch Zeichen umgestellt vor* ich) *C.* 11 ze lange *A.*
 IV *34 A, 56 C.*

2 ez *A.* 5 sô] io *A.* 10 stæte] *fehlt A.* 11 ŏgen w^s de *C.*

V   ›Waz helfent bluomen rôt,   89,19
       sît ich nû hinnen sol?
       vil liebiu friundinne,
       die sint unmære mir,
   5 reht als dien vogellînen
       die winterkalten tage.‹
       ›friunt, dâst ouch mîn klage
       und mir ein werende nôt.
       jon weiz ich niht ein ende,
 10 wie lange ich dîn enbir.
       nû lige eht eine wîle,
       son getæt dû nie sô wol.‹

VI   ›Frowe, ez ist zît.   89,31
       gebiut mir, lâ mich varn.
       ja tuon ichz dur dîn êre,
       daz ich von hinnen ger.
   5 der wahter diu tageliet
       sô lûte erhaben hât.‹
       ›friunt, wie wirt es rât?
       dâ lâze ich dir den strît.
       owê des urloubes,
 10 des ich dir hinnan wer.
       von dem ich habe die sêle,   90,1
       der müeze dich bewarn.‹

                 VII

V *36 A, 58 C.*
5 vogeln *C.*   10 ich dich *A.*
  VI *35 A, 57 C.*
3 io *A.*   4 von hinne *A.*   7 frvndin *A,* frúnden *C.*   wart *A.*   8 dc laz *A.*   10 ich dir *C.*

VII   Der ritter dannen schiet,   90,3
          dô sente sich sîn lîp
          und liez ouch sêre weinde
          die schœnen frowen guot.
   5 doch galt er ir mit triuwen,
          dazs im vil nâhe lac.
          si sprach: ›swer ie gepflac
          ze singenne tageliet,
          mir der wil wider morgen
  10 beswæren mînen muot.
          nû lige ich liebes âne
          reht als ein senende wîp.‹

VII *37 A, 59 C.*

3 weinēde *C.*   6 dc ime *A*, das im *C.*   7 gephac *A.*   8 zesingen *A.*   11 âne] eine *A.*

Erschließungshilfen

I, 4: *morgen lieht*: Adjektive können im Mhd. auch nachgestellt werden.

II, 9: *iht*: hier ‚nicht‘.

III, 5: *huote*: ‚Aufsicht‘; vgl. auch das Begriffsglossar zum Minnesang.

III, 8: *ê*: temporal ‚ehe‘, ‚bevor‘, hier am besten mit ‚bis‘ zu übersetzen.

IV, 2: *daz*: Subjunktion mit syntaktischer Funktion; hier in kausaler Verwendung: ‚da‘, ‚weil‘. – *es* = Genitiv; *mugen* + Genitiv: ‚etwas gegen etwas ausrichten können‘.

IV, 4: *eines tages*: Genitivus partitivus, abhängig von *lanc*: ‚einen Tag lang‘.

V, 9: *jon weiz = jâ enweiz* ...

V, 11: *eht*: Füllwort mit unspezifischer Bedeutung, etwa: ‚doch‘, ‚also‘.

VI, 7: *es*: Genitiv, abhängig von *rât werden.*

60

C: I–V

G: II$_{2-8}$–IV   Text nach C

I   Ane liep sô manic leit,   90,15
       wê, wer möhte daz erlîden iemer mê!
       wær ez niht unhövescheit,
       sô wolt ich schrîen: sê, gelücke, sê!
   5   Gelücke daz enhœret niht
       und selten ieman gerne siht,
       swer triuwe hât.
       ist ez alsô, wie sol mîn danne iemer werden rât?

II   Wê, wie jâmerlich gewin   90,23
       tegelich vor mînen ougen vert.
       daz ich sô gar ertôret bin
       mit mîner zuht, und mir daz nieman wert!
   5   Mit den getriuwen alten siten
       ist man nû ze der welte versniten.
       êre unde guot
       hât nû lützel ieman, wan der übel tuot.

                                                        III

---

60 I *60 C.*

II *61 C, 1 G (Leserlichkeit von 4/5 beeinträchtigt).*

2 tægeleichen vert *Beginn der Überlieferung G.*   3 sô gar] svst *G.*   4 mit] an *G.*   6 zv der werld
nv *G.*   8 nû] *fehlt G.*

III Daz die man als übel tuont,   90,31
     dâst gar der wîbe schult: dêst leider sô.
     hie vor dô ir muot ûf êre stuont,
     dô was diu welt ûf ir genâde frô.
  5 Hei, wie wol man in dô sprach,
     dô man die fuoge an in gesach!
     nû siht man wol,
     daz man ir minne mit unfuoge erwerben sol.

IV   Lât mich zuo den frowen gân: 91,1
     sô ist daz mîn aller meiste klage,
     sô ich ie mêre zühte hân,
     sô ich ie minre werdekeit bejage.
  5 Si swachent wol gezogenen lîp,
     ez ensî ein wol bescheiden wîp.
     der meine ich niht.
     diu schamt sich des, swâ iemer wîbes scham geschiht.

V   Reiniu wîp und guote man,   91,9
     swaz der lebe, die müezen sælic sîn.
     swaz ich den gedienen kan,
     daz tuon ich, daz sî gedenken mîn.
  5 Hie mit sô künde ich in daz:
     diu werlt enstê danne schiere baz,
     sô wil ich leben,
     sô ich beste mac, und mînen sanc ûf geben.

III *62 C, 2 G.*
2 dêst leider sô] daz ist also *G.*   3 hie vor dô] da *G.*   4 da *G.*   6 sach *G.*   8 ir hvlde mit vngefvg *G.*

IV *63 C, 3 G.*
1 vrevden *G.*   2 sô ist daz] daz selb ist *G.*   aller] *fehlt G.*   5 gezogen *G.*   6 ist si ein wol gemachet weip *G.*   7 we daz siz tvnt *G.*   8 wi sint si so gedigen *Reimpunkt* an den div ere stvnt *G.*

V *64 C.*

Erschließungshilfen

I, 5–7: *Gelücke* dürfte Subjekt sowohl in V. 5 als auch in V. 6 sein (grammatikalisch wäre
auch möglich, *ieman* in V. 6 als Subjekt zu begreifen). *swer* in V. 7 steht hier in der Position
eines Relativpronomens (vgl. Paul, Mhd. Gr., 2007, § S 123).

II, 1: *gewin*: Hier im Sinne von (nicht nur materiellem) ‚Lohn' zu verstehen.
II, 2: *vert* < *varn*: ‚fahren', hier: ‚kommen'.
II, 4: *zuht*: vgl. das Begriffsglossar. – *wert* <*wern*, hier: ‚entschädigen' (vgl. Lexer III, 788 f.).
II, 8: *wan*: ‚außer'.

III, 5: ‚Hei, wie gut man ihnen damals zugesprochen hat'.

IV, 5: *wol gezogen lîp*: hier gemeint ‚einen gut erzogenen, tüchtigen Mann' (*lîp* bezeichnet
häufig die gesamte Persönlichkeit eines Menschen, nicht nur den körperlichen Teil).
IV, 6: exzipierende Konstruktion (negiertes Verb im Konjunktiv); dieser Vers formuliert eine
Ausnahme von dem, was in V. 5 gesagt ist: nicht gemeint sind eben *bescheiden wîp*, also
‚kluge Frauen', sondern nur die *frowen*, d.h. die adligen Damen.

V, 2: *swaz der lebe*: *der* = relativer Genitiv, bezieht sich auf *wîp* und *man*: ‚was auch immer
von denen lebt …'.

Zur (nicht edierten) Fassung G:
IV, 6: *si* wird in G als Pronomen verwendet und ist nicht, wie in Fassung C, eine Konjunktiv-
form von *sîn* (vgl. auch den Textkritischen Kommentar).
IV, 8: *gedigen* < *gedîhen*: ‚geraten'; hier: ‚was ist aus ihnen geworden …'. – *stunt* < *stân*: hier
‚verweilte'.

61

C: I–V

I   Junger man, wis hôhes muotes   91,17
     dur diu reinen wol gemuoten wîp,
     fröwe dich lîbes unde guotes,
     unde wirde dînen jungen lîp.
  5   Ganzer fröide hâst dû niht,
      sô man die werdekeit von wîbe an dir niht siht.

II   Er hât rehter fröide kleine,   91,23
     der sî von guoten wîben niht ennimt,
     offenbâr, stille und eine
     und als ez der mâze danne zimt.
  5   Dar an gedenke, junger man,
      und wirp nâch herzeliebe: dâ gewinnest an.

III Ob dû es danne niht erwirbest,   91,29
     dû muost doch iemer deste tiurre sîn.
     dazt an fröiden niht verdirbest,
     daz kumt allez von der frowen dîn.
  5   Dû wirst alsô wol gemuot,
      daz dû den andern wol behagest, swie sî dir tuot.

IV Ist aber, daz dir wol gelinget,   91,35
     sô daz ein guot wîp dîn genâde hât,
     hei, waz dir danne fröiden bringet,
     sô si sunder wer vor dir gestât.
  5   Halsen, triuten, bî gelegen,   92,1
      von sô rehter herzeliebe muost dû fröiden pflegen.

V

---

61 *Tongleich mit Reinmar MF XXVII.*

I *65 C.*

II *66 C.*

III *67 C.*

IV *68 C.*

V   Sich, nû hab ich dich gelêret,   92,3
        des ich selber leider nie gepflac.
        ungelücke mir verkêret,
        daz ein sælic man volenden mac.
5   Doch tuot mir der gedinge wol
        und der wille, den ich hân, daz ichz noch erwerben sol.

V *69 C.*

Erschließungshilfen

I, 1: *hohes muotes*: vgl. das Begriffsglossar.

I, 2: *dur*: hier ‚wegen‘.

I, 3: *lîbes* < *lîp*: kann ‚Körper‘ und allgemein ‚Leben‘ bedeuten.

I, 3: *guotes*: sowohl als materieller (‚das Gut‘, ‚der Besitz‘) als auch als ideeller Wert (‚das Gute‘) zu verstehen.

I, 6: *werdekeit*: vgl. das Begriffsglossar; hier ‚Würde, die von einer Frau verliehen wird‘.

II, 1: *rehter frôde kleine*: ‚wenig an echter Freude‘ (Genitivkonstruktion, partitiver Genitiv abhängig von *kleine*).

II, 4: *mâze*: vgl. das Begriffsglossar.

II, 6: *herzeliebe*: hier im Gegensatz zur ‚hohen Minne‘ als gegenseitige, gleichberechtigte und erfüllte Liebe zu verstehen; vgl. auch das Begriffsglossar.

III, 2: *tiurre*: Komparativ zu *tiure* (eigentlich *tiurer*).

III, 2: *muost* < *müezen*; hier eher nicht im Sinne von ‚müssen‘ zu verstehen, sondern als Ausdruck des Futurs: ‚wirst‘.

III, 3: *dazt*: Kontraktion von *daz du*.

III, 3: *an frôden niht verdirbest*: ‚dass du nicht zugrunde gehst an mangelnden Freuden‘.

IV, 2: *dîn genade hât*: *dîn* = Genitiv, abhängig von *genâde hân*: im Nhd. nur zu umschreiben: ‚… dir gegenüber Gnade erweist‘.

IV, 4: *sunder wer*: ‚ohne Widerstand‘.

IV, 6: *muost*: vgl. III, 2.

IV, 6: *frôden pflegen*: hier im Sinne von ‚Freude erfahren‘.

V, 2: *gepflac* < *pflegen*: hier ‚erfahren‘, ‚erleben‘.

V, 4: *volenden*: ‚vollbringen‘.

62

C: I–IV (Vgl. den Textkritischen Kommentar mit Hinweisen zur Sonderüberlieferung der Strophe IV in den Hss. ii² und ss²)

I   Ein niuwer sumer, ein niuwe zît,   92,9
       ein guot gedinge, ein *l*ieber wân,
       diu liebent mir en widerstrît,
       daz ich noch trôst ze fröiden hân.
   5   Noch fröwet mich ein anderz baz
       danne aller vogellînen sanc:
       swâ man noch wîbes güete maz,
       dâ wart ir ie der habedanc.
       Daz meine ich an die frowen mîn,
 10 dâ muoz noch mêre trôstes sîn.
       si ist [ ] schœner danne ein schœne wîp,
       die schœne machet lieber lîp.

II   Ich weiz wol, daz diu liebe mac   92,21
       ein schœne wîp gemachen wol.
       iedoch swelh wîp ie tugende pflac,
       daz ist diu, der man wünschen sol.
   5   Diu liebe stêt der schœne bî
       baz danne gesteine dem golde tuot:
       nû jehet, waz danne bezzer sî,
       hânt dise beide rehten muot.
       Si hœhent mannes werdekeit.
 10 swer ouch die süezen arbeit
       dur sî ze rehte kan getragen,
       der mac von herzeliebe sagen.

III

---

62 I *70 C.*
2 h°zelieber *C.*   11 noch schôner *C.*
  II *71 C.*
8 disú *C.*

III   Der blic gefröwet ein herze gar,   92,33
       den minneklîch ein wîp an siht:
       wie welt ir danne, daz der var,
       dem ander liep von in beschiht?
  5   Der ist eht manger fröiden rîch,
         sô jenes fröide gar zergât.
       waz ist den fröiden ouch gelîch,   93,1
         dâ liebez herze in triuwen stât,
      In schœne, in kiusche, in reinen siten?
  10 swelh sælic man daz hât erstriten,
       ob er daz vor den frömden lobet,
       sô wizzent, daz er niht entobet.

IV   Waz sol ein man, der niht engert   93,7
       gewerbes umb ein reine wîp?
       si lâze in iemer ungewert,
       ez tiuret doch wol sînen lîp.
  5   Er tuot dur einer willen sô,
         daz er den andern wol behaget:
       sô tuot in ouch diu eine frô,
         ob im diu ander gar versaget.
       Dar an gedenke ein sælic man,
  10 dâ lît vil sælde und êren an.
       swer guotes wîbes minne hât,
       der schamt sich aller missetât.

III *72 [71] C.*
IV *73 [72] C.*

Erschließungshilfen

I, 3: *liebent* < *lieben*, hier ‚jmd. erfreuen‘.

I, 3: *en widerstrît* = *in widerstrît*: ‚um die Wette‘.

I, 9: *meinen*: hier ‚richten an‘.

I, 12: *die schœne*: Akk.-Objekt; *lieber lîp*: Subjekt.

II, 4: *wünschen*: hier mit Genitiv (*der*), im Nhd. folgt der Akk.

II, 5: *stân bî*: hier im Sinne von ‚passen zu‘ (mit Dat.).

II, 10: *süeze arbeit*: Oxymoron; vgl. das Begriffsglossar s. v. *arbeit*.

III, 1/2 : ‚… ein Herz von jemandem, den …‘.

III, 5/6: Gemeint ist wohl: Der bloße Blick ist flüchtig, während andere Freuden (erotischer, körperlicher Art) beständig(er) sind.

III, 8/9: Vgl. zu den Nomen das Begriffsglossar.

III, 11: *frömden*: hier vielleicht im Sinne von ‚die Unwissenden‘ (denen etwas fremd ist) zu verstehen.

IV, 7: *tuon* mit Akk. d. Person; *in* = Sg.

Strophe 62 IV ist außer in C noch in vier anderen Hss. überliefert und
wird in zwei aufeinander folgenden Fassungen (nach den Hss. ii² und
ss²) ediert; vgl. die Erläuterungen im Textkritischen Kommentar.

Fassung nach i auf der Basis von i²

Waz sol ein man, der niuts engert
gewerbes umb ein reinez wîp?
Waz denne lât sie in immer ungewert?
Dannoch zieret sie sînen lîp.
5   Er tüege durch die eine sô,
       daz er den andern wol behage.
     Lîhte machet in ein ander vrô,
       ob im die eine gar versage.
Dar an gedenke ein ieclich man,
dâ lît vil tugende und êren an.
Swer reiner wîbe minne hât,
der schamet sich aller missetât.

IV *1 i, 1 i².*
1 nv́t *i¹.*

Fassung nach s auf der Basis von s^2

Waz sol ein man, der niht engert
zuo werben um ein reine wîp?
sie lâze im immer ungewert,
er tuoret dannoch sînen lîp.
5   Er tuo durch einer willen sô,
daz er der ander wol behage.
† der einer mach im wol machen vrô,
ob im der ander widersage †.
des trœste sich ein selic man,
10 dar ligt vil tuocht und êren an.
wech man eins reines wîbes minne hât,
der schemt sich aller missetât.

IV *41^4 s^1, 81^4 s^2.*
1−8 *fehlt s^1*   5 *eenre willen s^2.*   10 *vil tuocht] důegdē s^1.*

Erschließungshilfen

Fassung nach i (Str. IV):
1: *niuts*: Nbf. zu *niht(s)*.
5: *tüege*: alemannische Konj. Präs.-Form von *tuon*; vgl. Paul, Mhd. Gr., 2007, § M 70.

Fassung nach s (Str. IV):
3/7: Die Form *im* kann im Mittelniederdeutschen auch den Akkusativ bezeichnen; vgl. den Textkritischen Kommentar.
4: *tuoret = tiuret*.
7 f.: Die Passage ist wohl verderbt; der besonderen Überlieferung wegen wird aber keine Besserung vorgenommen.
10: *tuocht*: nd. für *zuht*.
11: *wech = welch*.

63

C: I – III

I   Waz hât diu welt ze gebenne   93,19
     liebers danne ein wîp,
     daz ein sende herze baz gefröwen müge?
     waz stiuret baz ze lebenne
5   danne ir werder lîp?
     in weiz niht, daz ze fröiden hôher tüge.
        Swenne ein wîp von herzen meinet
        den, der ir wol lebt ze lobe,
        dâ ist ganzer trôst mit fröiden underleinet:
10   disen dingen hât diu welt niht dinges obe.

II   Mîn frowe ist zwir beslozzen,   93,29
     der ich liebe trage,
     dort verclûset, hie verhêret, dâ ich bin.
     des einen hât verdrozzen
5   mich nû manige tage,
     sô gît mir daz ander senelîchen sin.
        Solt ich pflegen der zweier slüzzel huote,
        dort ir lîbes, hie ir tugent,
        disiu wirtschaft næme mich ûz sendem muote,
10   und næme iemer von ir schœne niuwe jugent.

III

---

63 **I** 74 [73] C.
II 75 [74] C.
3 verherret C.

III   Wænet huote scheiden   94,1
       von der lieben mich,
       die ich mit stæten triuwen her gemeinet hân?
       solhe liebe leiden,
5   des verzîhe sich:
       ich diene iemer ûf den minneklîchen wân.
          Mac diu huote mich ir lîbes pfenden,
          dâ habe ich ein trœsten bî:
          sîn kan niemer von ir liebe mich gewenden.
10   twinget sî daz eine, sô ist daz ander frî.

III *76 [75] C.*

Erschließungshilfen

I, 6: *in* = *ich* + *ne*.

I, 9: *underleinen*: ‚unterstützen'.

I, 10: *niht dinges*: partitiver Genitiv; ‚diesen ‚Dingen' kann die Welt nichts anderes über-
ordnen'.

II, 3: *verhêret*: ‚allzu erhaben'; vgl. den Textkritischen Kommentar.

II, 4: *des einen*: Objektsgenitiv zu *verdriezen*, heute mit dem Akk. wiederzugeben.

III, 4f.: ‚Eine solche Liebe/Freude zu Leid zu machen, darauf soll sie (= die *huote*) verzich-
ten.' Zur *huote* vgl. das Begriffsglossar.

III, 7: *pfenden* + Genitiv: ‚einer Sache berauben'.

III, 9: *sîn* = *si* + *ne*.

64

Ton 64 wird in zwei aufeinander folgenden Fassungen ediert (nach den
Hss. AUˣ und C; vgl. die Erläuterungen im Textkritischen Kommentar)

Fassung nach AUˣ auf der Basis von A

I   Dô der sumer komen was   94,11
    und die bluomen dur daz gras
    wunneclîchen sprungen,
    al dâ die vogele sungen,
  5 dar kom ich gegangen
    an einen anger langen.
    dâ ein lûter brunne entspranc,
    vor dem walde was sîn ganc,
    dâ diu nahtegale sanc.

II   Bî dem brunnen stuont ein boum,   94,20
    dâ gesach ich einen troum:
    dô kom ich von der sunnen
    gegangen zuo dem brunnen,
  5 daz diu linde mære
    den küelen schaten bære.
    bî dem brunnen ich gesaz,
    mîner swære ich gar vergaz,
    schier enslief ich umbe daz.

III

64 (AUˣ) I *139 A, 7 Uˣ.*
3 wunneclîchen] minnichlichen *Uˣ*.   6 an] durch *Uˣ*.   7 spranc *Uˣ*.
II *140 A, 8 Uˣ.*
3f. ich was von sunnen untwichen zv dem brünen *Uˣ*.   6 mir kuler *Uˣ*.   8 miner sorgen ich
vˢg[?]z *Uˣ*.   9 schier] *unleserlich Uˣ*.

III   Dâ bedûhte mich zehant,   94,29
        wie mir dienten alliu lan*t*,
        wie mîn sêle wære
        ze himel âne swære,
    5   und wie der lîp solte
        gebâren, swie er wolte.
        dâne was mir niht *ʒe* wê.
        got, der waldes, swiez ergê,
        schœner troum enwart nie mê.

IV   Gerne slief ich iemer dâ,   94,38
        wan ein unsæligiu krâ,
        diu begonde schrîen.   95,1
        daz alle krâ gedîen,
    5   alse ich in des gunne!
        si nam mir michel wunne.
        von ir schrîen *ich* erschrac,
        wan daz dâ niht steines lac,
        sô wære ez ir suontac.

V   Wan ein wunderaltez wîp   95,8
        diu getrôste mir den lîp.
        die begond ich eiden,
        nû hât si mir bescheiden,
    5   waz der troum bed*iut*e.
        daz hœret, lieben liute:
        zwên und einer, daz sint drî,
        danno*ch* seite si mir dâ bî,
        daz mîn dûme ein vinger sî.

III *141 A, 9 U^x.*
1 zehant] *unleserlich* U^x.   2 lant] lanc *A.*   3 mîn] *unleserlich* U^x.   5 wie der lîp] *unleserlich*
U^x.   7 dâne] *unleserlich* U^x.   ze] *sehr unleserlich A.*   8 gewaldes U^x.
    IV *142 A, 10 U^x.*
6 michel] gute U^x.   7: ich] ir *A.*   9 sûnes tac U^x.
    V *143 A, 11 U^x.*
1 Ein vil wundren altez wip U^x.   2 diu getrôste] hat getrostet U^x.   5 bedvhte *A.*   6 hœret]
merken U^x.   7 daz] d^s U^x.   8 dannoc *A.* seite] sagt U^x.

Erschließungshilfen

I, 5: *kom* = *kam*.
I, 8/9: Vgl. den Wortlaut in Ton 16 I, 7/9.

II, 2: *gesach* = *sach*.
II, 8: *mîner swære*: Genitiv, abhängig von *vergezzen*; im Nhd. mit dem Akkusativ wiederzugeben.

III, 1: *bedûhte* < *bedunken:* ‚(er-) scheinen'.
III, 4: *ze*: hier im Sinne von ‚in'.
III, 8: *waldes* = *walde es*: ‚möge sich … annehmen'; *es* = Genitiv.

IV, 8 f.: *wan daz*: hier ‚nur', ‚aber'; im Nhd. am besten mit V. 9 beginnen: ‚es wäre ihr Jüngster Tag gewesen – nur gab es da keinen Stein (*niht steines*: partitiver Genitiv); ‚wenn es einen Stein gegeben hätte, dann wäre es …'.

V, 3: *eiden*: hier ‚beschwören' im Sinne von ‚bitten'.
V, 6: *lieben liute*: hier schwache Form des Adjektivs aufgrund des Vokativs der Anrede; vgl. Paul, Mhd. Gr., 2007, § S 57.1.

Fassung nach C

I   Dô der sumer komen was   94,11
      und die bluomen dur daz gras
      wunneklîch entsprungen,
      und die vogel sungen,
   5 dô kâm ich gegangen
      ûf einen anger langen.
      dâ ein küeler brunne entspranc,
      dur den anger was sîn ganc,
      dâ diu nahtegal wol sanc.

II   Ûf dem anger stuont ein boun,   94,20
      dâ getrounde mir ein troun:
      ich was zuo dem brunnen
      gegangen von der sunnen,
   5 daz diu linde mære
      mir dâ schaten bære.
      dô ich dâ gesezzen was,
      mîner sorge ich gar vergaz,
      vil schiere entslief ich umbe daz.

III   Dô bedûhte mich zehant,   94,29
      wie mir dienten elliu lant,
      und wie mîn sêle wære
      ze himel âne swære,
   5 und doch der lîp solte
      hie leben, swie er wolte.
      dâ was mir sanfte und niender wê.
      got bescheide ez, wie ez ergê,
      wan bezzer troun enwart nie mê.

                             IV

---

64 (C) I *77 [76] C.*
II *78 [77] C.*
III *79 [78] C.*

IV   Gerne wær ich iemer dâ,   94,38
         wan ein vil unsælic krâ,
         diu begunde erschrîen.   95,1
         daz alle krâ gedîjen,
   5   als ich in des gunne!
         si benam mir michel wunne.
         von ir schrîenne ich erschrac,
         wan daz dâ kein stein enlac,
         ez wær gewesen ir endestac.

V   Ein vil wunderaltez wîp,   95,8
         diu getrôste mir den lîp.
         die begunde ich eiden,
         dô begunde si mir bescheiden,
   5   waz der troun betiute.
         daz merkent wîse liute:
         zwên und einer, daz sint drî,
         ouch sô seite si mir dâ bî,
         daz mîn dûme mîn vinger sî.

IV *80 [79] C.*
V *81 [80] C.*

Erschließungshilfen

Vgl. auch die Hilfen zur AU^x-Fassung.

II, 1/2: *getrounde* < *troumen*: mit Dat.: ‚träumen‘. *boun: troun* sind Nebenformen für *boum: troum*.

IV, 4: *gedîjen* = *gediên* < *gedîhen*: hier im Sinne von ‚ergehen‘ zu verstehen.

V, 6: *daȥ merkent wîse liute*: *merkent* kann sowohl 3. Pl. Ind. als auch Imp. Pl. sein (vgl. Paul, Mhd. Gr. 2007, § M 70 Anm. 8); es muss daher offen bleiben, ob es sich um eine Anrede handelt (dann müsste nach *merkent* ein Komma gesetzt werden) oder ob ein Aussagesatz vorliegt.

65

C: I–V

a: II

I   Waz ich doch gegen der schœnen zît   95,17
        gedinges unde wânes hân verlorn!
        swaz kumbers an dem winter lît,
        den wânde ich ie des sumers hân verborn.
     5   Sus sazte ich allez bezzerunge für:
        swie vil ich trôstes ie verlür,
        sô hât ich doch ze fröiden wân.
        dar under misselanc mir ie:
        in vant sô stæte fröide nie,
   10 si wolte mich ê ich si lân.

II   Muoz ich nû sîn nâch wâne frô,   95,27
        sôn heize ich niht ze rehte ein sælic man.
        dem ez sîn sælde füeget sô,
        daz im sîn herzeliep wol guotes gan,
     5   Hât ouch der selbe fröiderîchen sin,
        des ich vil leider âne bin,
        sôn spotte er niht dar umbe mîn,
        ob im sîn liep iht liebes tuot:
        ich wære ouch gerne hôhgemuot,
   10 möht ez mit liebes hulden sîn.

                   III

---

65 I *82 [81] C.*

5 alles *C.*

II *83 [82] C, 21 a.*

1 Mv̊z ich nach wane wezin vro *a.*   2 so bin ich niht von *a.*   3 Obe sich ens dinc gi fugit so
a.   5 vroidin sin *a.*   6 ob ich in leide trurich bin *a.*   7 so spot er *a.*   9 wol gi mv̊t *a.*   10
îliebes hulde *a.*

III   Er sælic man, si sælic wîp,   95,37
        der herze ein ander sint mit triuwen bî!
        ich wil daz, daz ir beider lîp   96,1
        getiuret und in hôher wirde sî.
    5   Vil sælic sîn ir jâr und al ir zît!
        er ist ouch sælic sunder strît,
        der nimt ir tugende rehte war,
        sô daz ez in sîn herze gêt.
        ein sælic wîp, diu sich verstêt,
   10 diu sende ouch guoten willen dar.

IV   Sich wænet maniger wol begên,   96,9
        sô daz er guoten wîben niht enlebe.
        der tôre kan sich niht verstên,
        waz ez fröide und ganzer wirde gebe.
    5   Dem lîht gemuoten dem ist iemer wol
        mit lîhten dingen, als ez sol.
        swer wirde und fröide erwerben wil,
        der gediene guotes wîbes gruoz.
        swen sî mit willen grüezen muoz,
   10 der hât mit fröiden wirde vil.

V   Jâ hêrre, wes gedenket der,   96,19
        dem ungedient ie vil wol gelanc?
        ez sî ein sî, ez sî ein er,
        swer alsô minnen kan, der habe undank,
    5   Und dâ bî guoten dienst übersiht.
        ein sælic wîp, diu tuot des niht,
        diu merket guotes mannes site,
        dâ scheidet sî die guoten von.
        sô ist ein tumbe sô gewon,
   10 daz ir ein tumber volget mite.

III *84 [89] C.*
IV *85 [90] C.*
V *86 [91] C.*

Erschließungshilfen

Zu zahlreichen Schlüsselwörtern des Minnesangs (*trôst, herzeliebe, huld, triuwe, dienst, gruoz* u. a.) vgl. das Begriffsglossar.

I, 4: *des sumers*: ‚im Sommer'. – *verborn* < *verbern*: ‚ablassen von'.
I, 5: *allez*: ‚immer'.
I, 9: *in = ich ne/en...*

IV, 1: *sich begên*: ‚leben'.
IV, 2: *sô daz*: hier wohl im Sinne von *sô* = ‚wenn' zu verstehen; in der Kombination *sô + daz* ist diese Bedeutung aber kaum mit weiteren Belegen zu stützen.

V, 8: *dâ ... von*: ‚dadurch'; vgl. Lexer III, 457.

66

C: I–IV

I   Stæte ist ein angest und ein nôt,   96,29
    in weiz niht, ob si êre sî:
    sî gît michel ungemach.
    sît daz diu liebe mir gebôt,
5   daz ich stæte wære bî,
    waz mir leides sît geschach!
        Lât mich ledic, liebe mîn frô Stæte!
        wan ob ich sis iemer bæte,
        sô ist si stæter vil danne ich.
10 ich muoz von mîner stæte sîn verlorn,
    diu liebe enunderwinde ir sich.

II Wer sol dem des wizzen dank,   97,1
    dem von stæte liep geschiht,
    nimt der stæte gerne war?
    dem an stæte nie gelank,
5   ob man den in stæte siht,
    seht, des stæte ist lûter gar.
        Alsô habe ich stæte her gerungen,
        noch enist mir leider niht gelungen.
        daz wende, sælic frowe mîn,
10 daz ich der valschen ungetriuwen spot
    von mîner stæte iht müeze sîn.

                                III

66 I 87 [92] C.
7 strete (?) C.
  II 88 [93] C.

III   Het ich niht mîner fröiden teil   97,12
       an dich, herzeliep, geleit,
       sô möht es wol werden rât.
       sît nû mîn fröide und al mîn heil,
    5 dar zuo mîn werdekeit,
       niht wan an dir eine stât:
           Solt ich danne mîn herze von dir scheiden,
           sô müeste ich mir selben leiden.
       daz wære mir niht guot getân.
   10 doch solt dû gedenken, sælic wîp,
       daz ich nû lange kumber hân.

IV   Frowe, ich weiz wol dînen muot,   97,23
       daz dû gerne stæte bist,
       daz hab ich befunden wol.
       jâ hât dich vil wol behuot
    5 der vil reine wîbes list,
       der guotiu wîp behüeten sol.
           Alsus fröit mich dîn sælde und ouch dîn êre,
           und enhân niht fröide mêre.
       nû sprich, bin ich dar an gewert?
   10 dû solt mich des geniezen lân,
       daz ich sô rehte hân gegert.

III *89 [94] C.*
IV *90 [95] C.*

Erschließungshilfen

Zu zahlreichen Schlüsselwörtern des Minnesangs (*stæte, nôt, fröide, kumber, êre*) vgl. das Begriffsglossar.

I, 11: ‚es sei denn, die Geliebte bemächtigt sich ihrer' (der Beständigkeit).

II, 1: ‚Wer soll dem dafür danken …'.

IV, 10: *geniezen*: ‚Nutzen haben' + Gen.

67

C: I–V

I   Ez wær uns allen   97,34
     einer hande sælden nôt,
     daz man rehter fröide schône pflæge als ê.
     ein missevallen
    5 daz ist mîner fröiden tôt,
     daz dien jungen fröide tuot sô rehte wê.   98,1
       War zuo sol ir junger lîp,
       dâ mit si fröide solten minnen?
       hei, wolten sî ze fröiden sinnen,
   10   junge man, des hulfen noch diu wîp.

II   Nû bin ich iedoch   98,6
     frô und muoz bî fröiden sîn
     durch die lieben, swie ez dar under mir ergât.
     mîn schîn ist hie noch,
    5 sô ist bî ir daz herze mîn,
     daz man mich ofte sinnelôsen hât.
       Hie solten sî ze samene komen,
       mîn lîp, mîn herze, ir beider sinne!
       daz si des wol wurden inne,
   10   die mir dicke fröide hânt benomen.

                          III

---

67 I *91 [96] C.*
  II *92 [97] C.*
1 iedoch] e doch *C.*

III   Vor den merkæren   98,16
        kan nû niemanne liep geschehen,
        wan ir huote twinget manegen werden lîp.
        daz muoz beswæren
   5   mich, swenne ich si solte sehen,
        sô muoz ich si mîden, sî vil sælic wîp.
            Doch müeze ich noch die zît geleben,
            daz ich si willic eine vinde,
            sô daz diu huote uns beiden swinde;
  10   dâ mite wurde mir liebes vil gegeben.

IV   Vil maniger vrâget   98,26
        mich der lieben, wer si sî,
        der ich diene und allez her gedienet hân.
        sô des betrâget
   5   mich, sô spriche ich: ir sint drî,
        dien ich diene, sô hab ich zuo der vierden wân.
            Doch weiz siz alleine wol,
            diu mich hât sus zuo zir geteilet.
            diu guote wundet unde heilet,
  10   der ich vor in allen dienen sol.

V   Nû, frowe Minne,   98,36
        kum si minneklîchen an,
        diu mich twinget und alsô betwungen hât.
        brinc sî des inne,
   5   daz werdiu minne twingen kan.
        waz ob minneklîchiu liebe ouch sî bestât?   99,1
            Sô möhte si ouch gelouben mir,
            daz ich si gar von herzen meine.
            nû, Minne, bewære irz und bescheine,
  10   daz ich iemer gerne diene dir!

III *93 [98] C.*
IV *94 [99] C.*
V *95 [100] C.*

Erschließungshilfen

I, 3: *pflegen*: hier ‚sich befassen mit‘, ‚Umgang haben mit‘.

II, 3: *durch die lieben*: ‚wegen der Geliebten‘.
II, 4: *schîn*: ‚Abbild ohne Geist und Verstand‘, ‚der Körper‘.

III, 1/3/9: *merkære/huote*: vgl. das Begriffsglossar s. v. *huote*.

IV, 4: *betrâgen*: ‚langweilen‘, ‚verdrießen‘; ‚wenn mich das verdrießt …‘.

68

C: I–V

I   Sumer unde winter beide sint   99,6
    guotes mannes trôst, der trôstes gert.
    er ist rehter fröide gar ein kint,
    der ir niht von wîbe wirt gewert.
   5   Dâ von sol man wizzen daz,
    daz man elliu wîp sol êren,
    und iedoch die besten baz.

II   Sît daz nieman âne fröide touc,   99,13
    sô wolte ouch ich vil gerne fröide hân
    von der mir mîn herze nie gelouc,
    ez ensagte mir ir güete ie sunder wân.
   5   Swenne ez diu ougen sante dar,
    seht, sô brâhtens im diu mære,
    daz ez fuor in sprüngen gar.

III   In weiz niht wol, wie ez dar umbe sî: 99,20
    sîn gesach mîn ouge lange nie.
    sint ir mînes herzen ougen bî,
    sô daz ich âne ougen sihe sie?
   5   Dâ ist doch ein wunder an geschehen.
    wer gap im daz sunder ougen,
    daz ez si zaller zît mac sehen?

                        IV

---

68 I *96 [101] C.*
II *97 [102] C.*
III *98 [103] C.*

IV Welt ir wizzen, waz diu ougen sîn,   99,27
  dâ mit ich si sihe dur elliu lant?
  ez sint die gedenke des herzen mîn,
  dâ mitte sihe ich dur mûre und ouch dur want.
 5 Nû hüeten, swie si dunke guot,
   sô sehent si doch mit vollen ougen
   herze, wille und al der muot.

V Wirde ich iemer ein sô sælic man,   99,34
  daz si mich âne ougen sehen sol?
  siht si mich in ir gedanken an,
  sô vergiltet sî mir mîne wol.
 5 Mînen willen gelte mir,
   sende mir ir guoten willen,   100,1
   mînen den habe iemer ir.

IV *99 [104] C.*
V *100 [105] C.*

Erschließungshilfen

Zu zahlreichen Schlüsselwörtern des Minnesangs (*trôst, fröide, wân, ougen, sælic* u.a.) vgl. das Begriffsglossar.

II, 1: *touc* < *tugen*: ‚taugen‘.

II, 3: *gelouc* < *liegen*: ‚lügen‘.

II, 4: ‚es (das Herz) sprach von ihrer Güte nicht ohne Gewissheit‘.

IV, 5–7: Gemeint wohl: ‚Nun mögen die Aufpasser (Motiv der *huote*; vgl. das Begriffsglossar) tun, was sie wollen, Herz, Wille und Gesinnung werden sie (die Frau) trotzdem völlig ungehindert (= *mit vollen ougen*) wahrnehmen‘.

V, 7: ‚meinen (Willen), den möge sie immer für sich haben‘ (*haben* + Dat; vgl. auch 30 I, 9 und 81 II, 8).

69

C: I – III

I   Ich gesprach nie wol von guoten wîben,   100,3
       was mir leit, ich wurde frô.
       sende sorge konde ich nie vertrîben
       minneklîcher danne alsô.
    5   Wol mich, daz ich in hôhen muot
       mit mînem lobe gemachen kan,
       und mir daz sanfte tuot.

II   Owê wolte ein sælic wîp alleine,   100,10
       sô getrûrte ich niemer tac,
       der ich diene, und hilfet mich vil kleine
       swaz ich sî geloben mac.
    5   Daz ist ir liep und tuot ir wol,
       aber sî vergizzet iemer mîn,
       sô man mir danken sol.

III   Frömde wîp, diu dankent mir vil schône,   100,17
       daz si iemer sælic müezen sîn!
       daz ist wider mîner frowen lône
       mir ein kleinez denkelîn.
    5   Si hab den willen, den si habe,
       mîn wille ist guot, und klage diu werc,
       gêt mir an den iht abe.

---

69 I *101 [106] C.*
5 hohem *C.*
  II *102 [107] C.*
  III *103 [108] C.*

Erschließungshilfen

I, 1 f.: ,Wenn ich betrübt war, wurde ich immer dann froh, wenn ich gut über gute Frauen
sprach'.
I, 5: *in*: ,ihnen' (Rückbezug auf die *guoten wîben* in V. 1).

III, 4: *denkelîn*: Diminutiv zu *dank* (,kleiner Dank'); nur hier belegt.
III, 7: ,wenn ich durch sie (die *werc*) nichts erreiche'.

70

A: I
C: I–IV
w^x: I₁₋₃   Text nach C

I   Frô Welt, ir sult dem wirte sagen,   100,24
        daz ich im gar vergolden habe,
        min grœste gülte ist abe geslagen,
        daz er mich von dem briefe schabe.
5   Swer im iht sol, der mac wol sorgen,
        ê ich im lange schuldic wære,
        ich wolt ez zeinem juden borgen.
        er swîget unz an einen tac,
        sô wil er danne ein wette hân,
10   sô jener niht vergelten mac.

II   ›Walther, dû zürnest âne nôt,   100,33
        dû solt bî mir belîben hie.
        gedenke, waz ich dir êren bôt,
        waz ich dir dînes willen lie,
5   Als dû mich dicke sêre bæte.
        mir was vil inneklîche leit,   101,1
        daz dûz sô selten tæte.
        bedenke dich, dîn leben ist guot.
        sô dû mir rehte widersagest,
10   sôn wirst dû niemer wol gemuot.‹

III

---

70 *6 Versgrenze nicht durch Punkt markiert C.*

I *133 A, 105 [110] C, 7 w^x.*

3 grozer gelt *A,* groze ge… *Ende der Überlieferung w^x.*   *6/7* ê ich des leides wolte phlegen *Punkt* ich
solte ê zeimem ivden borgen *A.*   *8* der swiget iemer vnz *A.*   *9* so heizet er danne ein wette
geben *A.*   *10* alse iener *A.*

II *106 [111] C.*

III   Frô Welt, ich hân ze vil gesogen,   101,5
        ich wil entwonen, des ist zît.
        dîn zart hât mich vil nâch betrogen,
        wand er vil süezer fröiden gît.
   5   Dô ich dich gesach reht under ougen,
        dô was dîn schouwen wunderlich
        〈. . . .〉 al sunder lougen.
        doch was der schanden alse vil,
        dô ich dîn hinden wart gewar,
  10   daz ich dich iemer schelten wil.

IV   ›Sît ich dich niht erwenden mac,   101,14
        sô tuo doch ein dinc, des ich ger.
        gedenke an mangen liehten tac
        und sich doch underwîlent her,
   5   Niuwan sô dich der zît betrâge.‹
        daz tæt ich wunderlîchen gerne,
        wan daz ich fürhte dîne lâge,
        vor der sich nieman kan bewarn.
        got gebe iu, frowe, guote naht.
  10   ich wil ze herberge varn.

III *107 [112] C.*
7 al svnder lŏgen *C.*
IV *108 [113] C.*
6 gerene *C.*   9 úch *C.*

Erschließungshilfen

Vgl. auch Ton 35 (Allegorie der Welt).

I, 1: *wirt*: Mit Blick auf die metaphorisch-allegorische Gestaltung des Liedes ist der *wirt* Gehilfe oder Geselle der Frau Welt; Walther bedient sich hier zweier Welt-Allegorien, einmal einer männlichen (lat. *mundus*, mask.: ‚Welt‘) im Sinne eines ‚Fürsten der Welt‘, und einmal einer weiblichen, bedingt durch das weibliche Geschlecht von ‚Welt‘ in der deutschen Sprache.

I, 4: *schaben*: ‚abschaben‘; die Bildlichkeit rührt von der mittelalterlichen Korrekturtechnik her; man schabte fehlerhafte Worte oder Buchstaben mit einem Rasiermesser vom Pergament.

I, 5: *sol* < *suln* = hier: ‚schulden‘.

I, 6/7: *jude*: Ausgehend vom metaphorischen Bereich des ‚Schulden haben‘ wird hier auf Juden als Geldverleihern Bezug genommen. Schwieriger wird das Verständnis, wenn man die ‚Schuld‘ im moralischen Sinne versteht.

I, 8: *er* = der *wirt*.

I, 9/10: *sô ... danne ... sô*: ‚dann ... wenn‘.

I, 9: *wette*: hier ‚Rückzahlung‘.

II, 9: *widersagen*: eigentlich ‚widersprechen‘, hier eher im Sinne von ‚sich von jemandem abwenden‘.

III, 1/2: *sûgen/entwenen*: Metaphorik des Stillens und Abstillens (Entwöhnens).

III, 3: *vil nâch*: ‚fast‘, ‚beinahe‘.

III, 4: *er*: Bezug ist *der zart* (die ‚Zärtlichkeit‘, das ‚Verwöhnen‘) in V. 3.

III, 9: *hinden*: Walther beschreibt hier die schon aus lateinischer Dichtung und aus der bildenden Kunst bekannte Allegorie der Frau Welt: Vorne (äußerlich) ist es eine schöne und verführerische Frau, hinten (eigentlich) aber ist die Welt verfallen, verwest, hässlich, von Nattern und Kröten durchsetzt (so zeitgenössische Skulpturen).

IV, 5: *betrâgen*: hier ‚wenn dir die Zeit nicht zu schade ist‘.

IV, 7: *wan daz ich*: ‚wenn ich nicht ...‘ – *lâge*: ‚Hinterhalt‘.

71 *König Heinrichston, Rügeton*

C: I–III

a: II   Text nach C

I   Selbwahsen kint, dû bist ze krump,   101,23
     sît nieman dich gerihten mac
     – dû bist dem besmen leider alze grôz,
     den swerten alze kleine –,
  5 nû slâf unde habe gemach.
     ich hân mich selben des ze tump,
     daz ich dich ie sô hôhe wac.
     ich barc dîn ungefüege in friundes schôz,
     dîn leit bant ich ze beine,
 10 mînen rugge ich nâch dir brach.
         Nû sî dîn schuole meisterlôs an mîner stat, in kan dir niht.
         kan ez ein ander baz, [ ] *mirst* liep, swaz liebes dir dâ von geschiht.
         doch weiz ich wol, swâ dîn gewalt ein ende hât,
         dâ stêt dîn kunst nâch sünden obedach.

                                        II

---

71 I *109 [114] C.*
12 mirst] das ist mir *C.*

II Diu minne lât sich nennen dâ, 102,1
    dar sî doch niemer komen wil.
    si ist den tôren in dem munde zam,
    und in dem herzen wilde.
5   nû hüetet ir iuch, reinen wîp.
    vor kinden bergent iuwer jâ,
    sône wirt ez niht ein kindes spil.
    minne und kintheit sint ein ander gram.
    vil dicke in schœnem bilde
10 siht man leider valschen lîp.
        Ir sult ê spehen, war umbe, wie, wenne und wâ, rehte unde weme
    ir iuwer minneklîchez jâ sô teilet mite, daz ez gezeme.
    sich, Minne, sich, swer alsô spehe, der sî dîn kint,
    sô man, sô wîp, die andern dû vertrîp.

III Ich was durch wunder ûz gevarn, 102,15
    dô vant ich wunderlîchiu dinc.
    ich vant die stüele leider lære stân,
    dâ wîsheit, adel und alter
5   gewalteclîche sâzen ê.
    hilf, frowe maget, hilf, megde barn,
    den drîn noch wider in den rinc,
    lâ sî niht lange ir sedeles irre gân.
    ir kumber manicvalter
10 der tuot mir von herzen wê.
        Ez hât der tumbe rîche nû ir drîer stuol, ir drîer gruoz.
    owê, daz man dem einen an ir drîer stat nû nîgen muoz!
    des hinket reht und trûret zuht und siechet schame.
    diz ist mîn klage, noch klagte ich gerne mê.

II *110 [115] C, 30 a.*
1 nemin *a.*   3 dēme torin *a.*   5 hůtin uwer gůtin wip *a.*   6 kinden] torin *a.*   9/10 man sihet
dicke in schonin bilde falsin lip *a.*   11 wie wenne] wa wenne *a.*   wâ rehte] wie rehte *a.*   12 ir
uw⁵ mīnenclichez lachen reht mitte dz *a.*   es *Punkt (?)* v *Punkt* zheme *a.*   13 swer] d⁵ *a.*   14 so
wip so man *a.*
III *111 [116] C.*
5 gewaltig *C.*   9 manigvalt *C.*

Erschließungshilfen

I, 1: *selbwahsen*: ,von selbst entstanden'.
I, 7: *wac* < *wegen*.
I, 13f.: vgl. den Textkritischen Kommentar.

III, 1: *durch wunder*: ,um Wunder zu finden'.
III, 8: *sedeles*: Gen. abhängig von *irre gân*; ,lass sie nicht auf ihre Sitze warten'.

72

C: I–III

I   Mir ist diu êre unmære,   102,29
     dâ von ich ze jâre wurde unwert,
     und ich klagende wære:
     wê mir armen hiure! diz was vert.
     5   Alsô hân ich mangen kranz verborn
        unde bluomen vil verkorn.
        jô bræche ich rôsen wunder, wan der dorn.

II   Swer sich sô behaltet,   102,36
     daz im nieman niht gesprechen mac,
     wunneklîche er altet,   103,1
     im enwirret niht ein halber tac.
     5   Der ist frô, swenne er ze tanze gât,
        swes herze ûf êre stât.
        wê im, des sîn geselle unêre hât!

III   Wan sol iemer frâgen   103,6
     von dem man, wie ez umb sîn herze stê.
     swen des wil betrâgen,
     der enruochet, wie diu zît zergê.
     5   Maniger schînet vor den frömden guot
        unde hât doch valschen muot.
        wol im ze hove, der heime rehte tuot.

---

72 I *117 [122] C.*
II *118 [123] C.*
III *119 [124] C.*

Erschließungshilfen

I, 4: *vert*: ‚im vorigen Jahr'.
I, 7: *wan der dorn*: ‚... wären da nicht die Dornen'.

III, 1: *Wan*: hier ‚Man'.
III, 4: *enruochen*: ‚nicht an etwas denken'.

73 *Zweiter Thüringerton, Erster Atzeton*

C: I–III

I   Swâ guoter hande wurzen sint   103,13
in einem grüenen garten
bekliben, die sol ein wîser man
niht lâzen unbehuot.
5   er sol in spilen vor als ein kint
mit ougenweide zarten.
dâ lît gelust des herzen an,
und gît ouch hôhen muot.
    Sî bœse unkrût dar under,
10   daz breche er ûz besunder
   − lât erz, daz ist ein wunder −
und merke, ob sich ein dorn
mit kündekeit dar breit*e*,
daz er den furder leit*e*
15   von sîner arbeit*e*:
si ist anders gar verlorn!

II

---

73 I *120 [125] C.*
13 *Reimpunkt nach* kündekeit *C.*   13/14/15 breit: leit: arbeit *C.*

II   Uns irret einer hande diet: 103,29
der uns die furder tæte,
so möhte ein wol gezogener man
ze hove haben die stat.

5 die lâzent sîn ze spruche niet,
ir drüzzel, der ist sô dræte.
kunde er, swaz ieman guotes kan,
daz hulfe niht ein blat.

    ›Ich und ein ander tôre,
10   wir dœnen in sîn ôre,
daz nie kein münch ze kôre
sô sêre mê geschrei.‹   104,1
gefüeges mannes dœnen,
daz sol man wol beschœnen,
15   müeget des mannes hœnen,
hie gêt diu rede enzwei.

III   Mir hât her Gêrhart Atze ein pfert   104,7
erschozzen zIsenache.
daz klage ich dem, den er bestât:
der ist unser beider voget.

5 ez was wol drîer marke wert.
nû hœrent fræmde sache,
sît daz ez an ein gelten gât,
wâ mit er mich nû zoget.

     Er seit von grôzer swære,
10   wie mîn pfert mære
dem rosse sippe wære,
daz im den vinger ab
gebizzen hât ze schanden.
ich swer mit beiden handen,
15   daz sî sich niht erkanden:
ist ieman, der mir stab?

II *121 [126] C.*
III *122 [127] C.*

Erschließungshilfen

I, 1–3: ‚Wo auch immer Pflanzen guter Art / in einem grünen Garten / verwurzelt sind
…‘.

I, 6: *zarten* + Dativ: ‚jemanden liebkosen‘.

II, 2: *furder tuon*: ‚fortschaffen‘.

II, 15: *müeget* < *müejen*: ‚verdrießen‘; hier zu ergänzen ein unpersönliches ‚es‘-Subjekt.

III, 1: *Gêrhart Atze*: Wohl Gerhardus Atzo, ein als Zeuge in einer Urkunde Landraf Her-
manns von Thüringen erscheinende Person (1196 und 1252 erwähnt); vielleicht gehörte
er dem Ministerialenstand an (vgl. Otto Dobenecker: Regesta diplomatica necnon episto-
laria Historiae Thuringiae, Jena 1900ff., unv. ND 1986, Regeste 999.). Vgl. auch 55 I.

III, 3: *bestân* + Akk. d. Pers.: ‚sich gegen jemand stellen, um ihn zu bekämpfen‘, ‚angreifen‘
(so die Hauptbedeutungen bei BMZ); hier aber im ebenfalls belegten Sinn ‚jemandem
unterstellt sein‘ zu verstehen.

III, 8: *zogen*: hier ‚hinhalten‘.

III, 10: *pfert mære*: ‚liebes Pferd‘ (Adj. können im Mhd. vor- und nachgestellt werden).

III, 16: *staben*: ‚einen Eid abnehmen‘.

74 *Tegernsee-Spruch*

C

Man seit mir ie von Tegersê,   104,23
wie wol daz hûs mit êren stê:
dar umbe kêrte ich mêr dan eine mîle von der strâze.
ich bin ein wunderlîcher man,
5 daz ich mich selben niht entstân
und mich sô vil an frömede liute lâze.
   Ich schilte sîn niht, wan got genâde uns beiden.
   ich nam dâ wazzer,
   alsô nazzer
10   muost ich von des münches tische scheiden.

---

74 *Mit diesem Ton endet die Strophenreihe, die La aus der Folge von C herausgenommen hat (vgl. 55).*
123 [128] C.

Erschließungshilfen

5: *entstân*: ‚verstehen'.
9: *alsô nazzer*: ‚so nass'.

75

AC   Text nach A

Daz milter man gar wârhaft sî,   104,33
geschiht daz, dâ ist wunder bî.
der grôze wille der dâ ist,
wie mac der werden verendet?   105,1
5 dêswâr, dâ hœret witze zuo
und wachen gegen dem morgen vruo
und anders manec schœner list,
daz ez iht werde erwendet.
    Der alsô tuot,
10   der sol den muot
    an riuwe selten kêren.
    mit witzen sol erz allez wegen
    und lâze got der sælden phlegen.
    sô sol man stegen
15   nâch langer wernden êren.

75 *Dieser und der folgende Ton entstammen (ebenso wie Strophen zu bereits aufgenommenen Tönen) einem Nachtrag (355 [371] − 373 [389]), in dem C erneut die Quelle *AC auswertet.*
104 A, 365 [381] C.
12 wizzen *AC.*   13 selde *C.*   15 lange *C.*

Erschließungshilfen

4: *verenden*: ‚in Erfüllung gehen‘.
8: *erwenden*: ‚verhindern‘.
12: *mit witzen*: ‚mit Verstand‘.
14: *stegen*: ‚streben‘.

76 *Meißnerton*

AC: I–III   Text nach *AC auf der Basis von A

I   Nû sol der keiser hêre   105,13
      vürbrechen dur sîn êre
      des lantgrâven missetât,
      wand er was doch zwâre
5   sîn vîent offenbâre.
      die zagen truogen stillen rât.
        Si swuoren hie, si swuoren dort
        und pruoften ungetriuwen mort.
        von Rôme fuor ir schelden.
10   ir dûf enmohte sich niht verheln,
      si begonden under zwischen steln
      und alle einander melden.
      seht, diep stal diebe,
      drô tet liebe.

II

---

76 I *108 A, 366 [382] C.*

2 vur brechen *AC.*   8 priŵeten *A.*   9 schelten *AC.*   13 diepstal *A.*   14 drô] div *C.*

II   Der Mîssenære solde   105,27
        mir wandeln, ob er wolde,
        mînen dienst lâz ich allez varn,
        niewan mîn lop alleine.
    5   deich in mit lobe iht meine,
        daz kan ich schône wol bewarn.
            Lobe ich in, sô lobe er mich.
            des andern alles des wil ich
            in minneclîch erlâzen.
    10 sîn lop daz muoz och mir gezemen,
        oder ich wil mînez her wider nemen
        ze hove und an der strâzen,
        sô ich nû genuoge   106,1
        gewarte sîner vuoge.

III   Ich hân dem Mîssenære   106,3
        gevüeget menic mære,
        baz danne er nû gedenke mîn.
        waz sol diu rede beschœnet?
    5   möhte ich in haben gecrœnet,
        diu crône wære hiute sîn.
            Het er mir dô gelônet baz,
            ich dient ime aber eteswaz,
            noch kan ich schaden vertrîben.
    10 er ist aber sô vüege niht,
        daz er mir biete wandels *iht,*
        dâ lâzen wirz belîben.
        waz vil verdirbet,
        des man niht enwirbet!

Die Strophen 106,17 – 108,14, die wohl Ulrich von Singenberg, dem Truchseß
von St. Gallen, gehören, hatte La wegen eines schwachen Anhaltspunkts – in A
gehen zwei Walther zugeschriebene Strophen voraus – an dieser Stelle eingerückt.
Sie stehen nun S. 560 ff.

II *109 A, 367 [383] C.*
5 daz in mī lob *C.*   9/12 erlazet *A,* erlazen *C:* straze *AC.*   13 ich] ist *A.*   gnv̊g *AC.*   14 warte
C.
III *110 A, 368 [384] C.*
10/11 niht: reht *AC.*   10 so gevv̊ge *C.*

Erschließungshilfen

Vgl. zu Bezeichnungen wie *keiser*, *lantgrâf* usw. das Begriffsregister.

I, 1: *keiser*: gemeint wohl Otto IV. (1175 oder 1176 bis 19. Mai 1218).

I, 2: *vürbrechen*: hier soviel wie ‚aufgeben‘, ‚auf sich beruhen lassen‘; die Bedeutung ist schlecht belegt; vgl. ausführlicher den Textkritischen Kommentar.

I, 3: *lantgrâf*: gemeint wohl Hermann von Thüringen (um 1155 bis 25. April 1217), ein bedeutender Literaturmäzen, hier wird aber auf seine politischen Handlungen abgehoben.

I, 8: *mort*: Grundbedeutung ist die ‚geplante Tötung‘; ob mit *mort* darüber hinaus auch bloß ‚Missetat‘ oder ‚Verrat‘ bezeichnet werden konnte (so die Deutung von Schweikle), ist unsicher; die Belege bei BMZ sind dünn; einer darunter ist unsere Stelle. Ohne genaue historische Informationen darüber, was die anonymen Verschwörer planten, wird sich die Bedeutung von *mort* nicht eindeutig bestimmen lassen.

I, 9: *Rôm*: gemeint ist der Papst, hier wohl Innozenz III. (1160/61 bis 16. Juli 1216).

I, 10: *dûf*: Nebenform zu *diube* = ‚Diebstahl‘; ähnlich wie der *mort* (vgl. I, 8) ist auch hier die anzusetzende Bedeutung für *dûf* unsicher. Grundsätzlich bezeichnet das Wort *dûf/diube* die Straftat des Stehlens; unklar aber ist dann, was gestohlen worden sein soll. Möglicherweise wird *dûf* hier allgemeiner im Sinne von ‚Übeltat‘, ‚Räuberei‘ verwendet.

I, 11: *under zwischen steln*: ‚sich gegenseitig bestehlen‘.

II, 1: *Mîssenaere*: gemeint wohl Markgraf Dietrich von Meißen (gest. 17. Febr. 1221).

II, 2: *wandeln*: hier ‚vergüten‘.

II, 3ff.: *dienst*: Es ist unklar, was genau mit dem ‚Dienst‘ gemeint ist. Fasst man *niewan* in V. 4 als ‚außer‘ auf, dann könnte der Dienst zumindest noch in etwas anderem bestanden haben als nur in der Lobpreisung des Meißners. Das *wandeln* kann sich auf den *dienst* beziehen oder aber auch, wenn man V. 3 als Parenthese versteht, auf das *lop*; gemeint dann: ‚Der Meißner sollte mir nichts als meinen Lobpreis vergelten (meinen sonstigen Dienst stelle ich nicht in Rechnung)‘. In jedem Fall dürfte das ‚Lob‘, das der Sprecher an den Meißner richtet, semantisch mit den *mæren* aus III, 2 zusammengehen: das Ich sorgt für eine gute Reputation des Meißners. Als Gegenleistung fordert es ‚Lob‘ vom Meißner ein – gemeint kann eine bloß ideelle Anerkennung der Leistung sein, wahrscheinlicher aber ist wohl eine (auch) materielle. – Wenn man das ‚Lob‘ in II, 4 aber nicht als Teil des Dienstes versteht, dann könnte *mîn lop* bedeuten: die Anerkennung, die der Meißner dem Ich entgegenbringen sollte.

II, 12: Mit der Formulierung müssen nicht konkrete Orte der Aufführung gemeint sein (in der Forschung aber durchaus diskutiert), sondern es kann rein rhetorisch ‚überall‘ gemeint sein. Neigt man doch zu einem konkreten Verständnis, dann könnte man die Stelle als Beleg dafür anführen, dass solche politischen Texte auch jenseits höfischer Räume rezipiert worden sind.

III, 13: *waz vil*: ‚wie viel …‘ (Interjektion; vgl. auch den Textkritischen Kommentar).

77   Buch IV

C: I–V

I   Ganzer fröiden wart mir nie sô wol ze muote,   109,1
      mirst geboten, daz ich singen muoz.
      sælic sî, diu mir daz wol verstê ze guote!
      mich mant singen ir vil werder gruoz.
   5   Diu mîn iemer hât gewalt,
         diu mac mir wol trûren wenden
         unde senden   fröide manicvalt.

II   Gît daz got, daz mir noch wol an ir gelinget   109,9
      – seht, sô wære ich iemer mêre frô –,
      diu mir beide herze und lîp ze fröiden twinget.
      mich betwanc nie mê kein wîp alsô.
   5   Ez was mir gar unbekant,
         daz diu Minne twingen solde
         swie si wolde,   unz ichz an ir bevant.

III   Süeze Minne, sît nâch dîner süezen lêre   109,25
      mich ein wîp alsô betwungen hât,
      bit si, daz si ir wîplich güete gegen mir kêre,
      sô mac mîner sorgen werden rât.
   5   Dur ir liehten ougen schîn   110,1
         wart ich alsô wol enpfangen,
         gar zergangen   was daz trûren mîn.

                        IV

---

77 *Die Töne 77–84 überliefert nur C unter Walthers Namen. Sie folgen dort auf Spruchtöne (I. Buch und **104**) und sind unterbrochen durch den Nachtrag aus der Quelle *AC (vgl. **75**). – 7 in II–V durch Reimpunkte getrennt.*
I *348 [364] C.*
II *349 [365] C.*
III *350 [366] C.*

IV   Mich fröit iemer, daz ich alsô guotem wîbe   110,5
dienen sol ûf minneklîchen danc.
mit dem trôste ich dicke trûren mir vertrîbe,
unde wirt mîn ungemüete kranc.
5   Endet sich mîn ungemach,
sô weiz ich von wârheit danne,
daz nie manne   an liebe baz beschach.

V   Minne, wunder kan dîn güete liebe machen   109,17
und dîn twingen swenden fröiden vil.
dû lêrest liebe ûz spilnden ougen lachen,
swâ dû mêren wilt dîn wunderspil.
5   Dû kanst fröiderîchen muot
sô verworrenlîche verkêren,
daz dîn sêren   sanfte unsanfte tuot.

IV *351 [367] C.*
V *352 [368] C.*

Erschließungshilfen

I, 1: *Ganzer fröiden*: Genitiv der Relation: ‚Was vollständige Freuden angeht …‘.
I, 3: *verstân*: hier im Sinne von ‚auslegen‘.

II, 6: *solde* < *suln*: hier ‚können‘.

III, 5: *dur*: hier dürfte die traditionelle Vorstellung anklingen, dass der Mann durch die Augen
der Frau in ihr Herz gelangt (und dort ‚empfangen‘ wird; vgl. auch das Begriffsglossar
s.v. *ouge*); durch das Nomen *schîn* ist das Bild allerdings nicht ganz stringent, da nun der
Glanz der Augen der Eingang zum Herzen wäre.

IV, 4: *kranc*: hier ‚schwach‘.
IV, 7: *liebe*: wie auch sonst bei Walther ist die Semantik von *liebe* ambivalent und pendelt
zwischen ‚Freude‘ (ursprüngliche Bedeutung) und ‚Liebe‘. Vgl. auch das Begriffsglossar.

V, 1: ungewöhnliche Syntax: *wunder* bezieht sich auf *liebe*; *güete* ist Subjekt: ‚Minne, deine Güte
kann eine Fülle von *liebe* bewirken‘ (zu *liebe* vgl. die Erläuterung zu IV, 7).
V, 3: ‚du zeigst der *liebe*, wie sie aus leuchtenden Augen lachen kann‘.
V, 7: *sanfte unsanfte*: typisches Oxymoron des Hohen Minnesangs.

78

C: I II

I   Wol mich der stunde, daz ich sie erkande,   110,13
       diu mir den lîp und den muot hât betwungen,
       sît daz ich die sinne sô gar an sie wande.
       des si mich hât mit ir güete verdrungen.
    5   Daz ich von ir gescheiden niht enkan,
       daz hât ir schœne und ir güete gemachet
       und ir rôter munt, der sô lieplichen lachet.

II   Ich hân den muot und die sinne gewendet   110,20
       an die reinen, die lieben, die guoten.
       daz muoz uns beiden wol werden volendet,
       swes ich getar in ir hulden gemuoten.
    5   Swaz ich fröiden zer werlte ie gewan,
       daz hât ir schœne und ir güete gemachet
       und ir rôter munt, der sô lieplichen lachet.

---

78 I *353 [369] C.*
II *354 [370] C.*

Erschließungshilfen

I, 2: *lîp*: steht häufig für ‚Person', kann aber, wie hier, auch konkreter den ‚Körper' bezeichnen.

I, 4: *des*: greift auf, was in den Versen 1–3 gesagt wurde; vgl. auch den Textkritischen Kommentar.

II, 4: ‚was auch immer ich wage zu verlangen im Rahmen ihrer Huld'; vgl. auch den Textkritischen Kommentar.

79

C: I II III$_{1-5}$

A: I II III$_{1-5}$ Lutold von Seven   Text nach C

I   Wer kan nû ze danke singen?   110,27
         der ist trûric, der ist vrô:
         wer kan daz zesamne bringen?
         der ist *sus*, der ist sô.
     5   Sî verirrent mich
            und versinnent sich:
            wess ich, waz si wolten, daz sunge ich.

II   Fröide und sorge erkenne ich beide,   110,34
         dâ von singe ich, swaz ich sol.
         mir ist liebe, mir ist leide.
         sumerwunne tuot mir wol.   111,1
     5   Swaz ich leides hân,
            daz tuot zwîvelwân,
            wie ez mir umb die lieben sul ergân.

III   Wol iu kleinen vogellîn*en*!   111,5
         iuwer minneklîcher sanc,
         der verschallet gar den mînen,
         al diu werlt, diu seit iu dank.
     5   Alsô danken ir
            ⟨. . . . .
            . . . . ⟩

---

79 I *374 [390] C, Lvtolt von Seven 4 A.*
2 dierr ist trvric *A.*   4 dirre (d^s *C*) ist trvric *AC.*   sô] vro *A.*   5 v^{s}ierren *C.*   sich *A.*   7 wes
ich *AC.*
   II *375 [391] C, Lvtolt von Seven 5 A.*
7 wie ez] weiz *A.*
   III *376 [392] C, Lvtolt von Seven 6 A.*
1 vch *A.*   vogellin *AC.*   2 wunneclicher *A.*   4 vch *A.*   *6/7 fehlt AC.*

Erschließungshilfen

I, 6: *versinnen*: Hier im Sinne von ‚sich in etwas verlieren‘, ‚zu sehr über etwas nachgrübeln‘ zu verstehen. Zur Problematik vgl. den Textkritischen Kommentar.

II, 3: *liebe … leide*: hier flektierte Adjektive; im Nhd. unflektiert wiederzugeben; vgl. Paul, Mhd. Gr., 2007, § S 104.

II, 6: *zwîvelwân*: Selten belegtes Kompositum aus *zwîvel* = ‚Zweifel‘, ‚Unsicherheit‘ und *wân* = ‚Hoffnung‘; gemeint also: ‚unsicheres Hoffen‘.

80

C

A Niune   Text nach C

Selpvar ein wîp,   111,12
âne wîz, rôt, ganzlicher stæte
ungemâlet, daz si niht gebuggerâmet wære,
ich lob ir lîp,
5 swie ich sî doch nie niht gebæte.
jâ hœre ich gerne von ir guotiu mære,
    Diu ir val hâr ûf gebunden hât.
    bî ir manigiu hin zer kirchen gât,
    diu ir swarzen nak vil hôhe blecken lât.
10   ich wæne, daz gebende ungelîche stât.

---

80 *377 [393] C, Nivne 42 A.*
2 ganztlicher *A.*   5 gebere *A.*   8 ze *A.*   9 nach *A.*   blecket *A.*

Erschließungshilfen

1–3: Der anakoluthische Charakter der Verse 1–5 erschwert ein rasches Verständnis. Gemeint ist wohl Folgendes: ‚Eine Frau, die eine natürliche Hautfarbe hat, ohne weiße und rote Schminke, ohne äußere Markierung ihrer vollkommenen *stæte* …‘. *ganzlicher stæte*: Genitiv, abhängig von *ungemâlet*. *gebuggerâmet*: nur für diese Textstelle belegte Verbalableitung des Nomens *buckeram*: ‚steifes aus ziegen- oder bockshaaren gewebtes zeug‘ (Lexer). Mehrere Verständnismöglichkeiten der Stelle, die alle ihre Probleme haben, sind im Textkritischen Kommentar dokumentiert.

10: *gebende*: Ein Kopfschmuck aus einem Tuch, das um Kinn und Kopf gebunden wurde. Unterschiedliche Färbung und unterschiedliches Material dienten zur sozialen Differenzierung; vgl. auch das Begriffsglossar.

81

C: I II

In dem dône: Ich wirbe umb allez daz ein man   111,22

I   Ein man verbiutet ein spil âne pfliht,
    des im nieman wol gevolgen mac.
    er giht, wenne sîn ouge ein wîp ersiht,
    si sî sîn ôsterlîcher tac.
5   Wie wære uns andern liuten sô geschehen,
    solten wir im alle sînes willen jehen?
    ich bin der eine, derz versprechen muoz:
    bezzer wære mîner frowen senfter gruoz.
    dâ ist mates buoz.

II ›Ich bin ein wîp, ein wîp dâ her gewesen   111,32
    sô stæte an êren und ouch alsô wol gemuot:
    ich trûwe ouch noch vil wol genesen,
    daz mit selkem stelne nieman keinen schaden tuot.
5   Swer aber küssen hie ze mir gewinnen wil,
    der werbe ez mit vuoge und ander spil.
    ist, daz ez im wirt iesâ,
    er muoz sîn iemer sîn mîn diep und habe imz dâ   112,1
    und lege ez anderswâ.‹

---

81 *Einzig zu diesen Strophen gibt die Handschrift einen Hinweis auf den Ton – ein Lied Reinmars MF X. Der überlieferte Wortlaut wirft jedoch, wenn nicht vielfach gebessert wird, gerade metrische Probleme auf. Die beiden Strophen stimmen untereinander und mit Reinmars Lied nicht überein. Da die Variationsfreiheit, die sich eine solche Parodie nehmen konnte, unbekannt ist, bleiben Besserungsversuche fragwürdiger als sonst. Aus diesem Grund wird der Text einmal in einer Fassung geboten, die nur normalisiert und zwei offenkundige Verderbnisse bessert, eine zweite Fassung versucht, eine metrische Form vorsichtig zu rekonstruieren. Zu einer anderen metrischen Interpretation der handschriftlichen Fassung vgl. Schweikle, ZfdA, 1986, 246–251.*

I *379 [395] C.*

II *380 [396] C.*

4 mit] mir *C.*   7 e sa *C.*

Erschließungshilfen

Strophenüberschrift: *dôn*: ‚Ton'. Mit dem Terminus wird meist ein lyrischer Gesamtkomplex, bestehend aus *wort* (Text) und *wîse* (Melodie, Musik), bezeichnet; besonders in den spät-mittelalterlichen Meisterliederhandschriften wird mit *dôn* auf ein metrisch-musikalisches Muster (früherer) Autoren verwiesen, das nun mit neuem Text versehen wird (in Art einer Kontrafaktur). Problematisch und in der Forschung umstritten ist indes, wie eng der *dôn*-Begriff historisch zu fassen ist (denn Walthers Lied weist an mehreren Stellen metrische Abweichungen von Reinmars *dôn* auf). – Ob die gesamte Überschrift, die auf Reinmars Ton MFMT X verweist, von Walther selbst stammt oder aber von einem Hand-schriftenredaktor (-schreiber), ist ungewiss.

I, 1: *verbieten*: nicht nhd. ‚verbieten', sondern ‚zu hoch bieten', ‚übertrieben bieten' (in einem *spil*).

I, 2: *des*: Gen. der Relation (Bezug: das *spil*): ‚darin'.

I, 4: *ôsterlîcher tac*: ‚Ostertag'; mit dieser eher ungewöhnlichen Metapher (hier in der Funktion eines Intertextualitätsmarkers) wird auf ein weiteres Reinmar-Lied angespielt, MFMT XIX, 3: *Si ist mîn ôsterlîcher tac* (V. 5).

I, 6: *jehen* mit dem Gen. *sînes willen*: ‚jemandem seinen Willen lassen/zugestehen'.

I, 7: *versprechen*: nicht nhd. ‚versprechen', sondern ‚absprechen', ‚zurückweisen', ‚wider-sprechen'.

I, 8: *mîner frowen senfter gruoz*: *mîner frowen* kann morphologisch Gen. oder Dat. Sg. sein. Als Gen. bieten sich zwei Deutungsmöglichkeiten an: *genitivus subjektivus* oder *genitivus objecti-vus*. Die Lesart als *genitivus subjectivus* läuft darauf hinaus, dass der Gruß von der Dame ausgeht; diese in der Forschung durchaus zu findende Deutung passt indes wenig zum Komparativ *bezzer*. Sinnvoller scheint die Lesart als *genitivus objectivus* bzw. als Dativ zu sein: ‚Gruß, der der Dame entgegen gebracht wird', denn dies ist eine treffende Pointe mit Blick auf das anzitierte Reinmar-Lied.

I, 9: *buoz* + Genitiv: ‚Abhilfe für etwas'. Hier: ‚Das Matt wird aufgehoben' im Sinne von ‚dem Matt wird etwas entgegen gesetzt'. Walther greift Reinmars Schachspielmetapher (MFMT X, 1) intertextuell auf.

II, 4: *selkem stelne*: ‚solchem Diebstahl'; verwiesen wird hier auf Reinmar MFMT X, 3: *... daz ich âbe ir wol rédendem múnde ein küssen mac verstéln.*

II, 5: *küssen*: hier – mit Blick auf die Entgegnung auf Reinmar – eindeutig substantiviertes Verb: ‚das Küssen'. Vgl. aber 30 IV (L. 54,7) und die Erläuterungen dort zum Wort *küssen*.

II, 7–9: Zu *iesâ* vgl. den Textkritischen Kommentar. Die Grundbedeutung für (*ie*) *sâ* wird in den Wbb. mit ‚sogleich', ‚alsbald' angegeben, was hier nicht besonders gut passt. Die meisten Belegstellen lassen aber auch zu, *sâ* im Sinne von ‚schnell' zu verstehen; *iesâ* dann: ‚sehr schnell'. Gemeint ist: Die Dame wünscht sich vom Mann ausdauernde Wer-bung; stiehlt er ihr einen Kuss zu rasch ab, so wird sie sich vom Mann abwenden; damit wird auch die bei Reinmar eingeräumte Rückgabe des Kusses zurückgewiesen.

Metrisch gebesserte Textfassung

In dem dône: Ich wirbe umb allez daz ein man

I' Ein man verbiutet ⌐âne pfliht
     ein spil⌐, des im nieman wol gevolgen mac.
     er giht, swenne ⌐ein wîp ersiht
     sîn ouge⌐, sî sî sîn ôsterlîcher tac.
  5   Wie wære uns andern liuten sô geschehen,
         solten wir im alle sînes willen jehen?
         ich bin, der [ ] *imez* versprechen muoz:
         bezzer wære mîner frowen senfter gruoz.
         dâ ist mates buoz.

II' ›Ich bin ein wîp [ ] dâ her gewesen
     sô stæte an êren und ouch alsô wol gemuot:
     ich trûwe ouch noch vil wol genesen,
     daz mir ⟨*mit*⟩ selkem stelne nieman [ ] schaden tuot.
  5   Swer [ ] küssen hie ze mir gewinnen wil,
         der werbe ez mit vuoge und ander spil.
         ist daz ez im wirt *ie* sâ,
         er muoz sîn iemer sîn mîn diep, und habe imz dâ
         und [ ] anderswâ.‹

82

C: I II

I   Müeste ich noch geleben, daz ich die rôsen   112,3
mit der minneklîchen solde lesen,
sô wold ich mich sô mit ir erkôsen,
daz wir iemer friunde müesten wesen.
    5   Wurde mir ein kus noch zeiner stunde
von ir rôten munde,
sô wære ich an fröiden wol genesen.

II   Waz sol lieblich sprechen, waz sol singen,   112,10
waz sol wîbes schœne, waz sol guot,
sît man nieman siht nâch fröiden ringen,
sît man übel âne vorhte tuot,
    5   Sît man triuwe, milte, zuht und êre
wil verpflegen sô sêre,
sô verzagt an fröiden maniges muot.

---

82 I *381 [397] C.*
II *382 [398] C.*

Erschließungshilfen

I, 1 f.: *rôsen lesen*: ‚Rosen sammeln‘; konnotativ mag die im Minnesang geläufige Metapher
vom ‚Blumen brechen‘ (= Defloration) mitschschwingen; vgl. auch das Begriffsglossar
s. v. *bluomen*.

I, 4: *friunde*: hier ‚Geliebte‘.

I, 7: *genesen*: hier ‚sich wohlbefinden‘.

39 (2)

C: I–III

I   Ir vil minneklîchen ougenblicke   112,17
       rüerent mich alhie, swanne ich si sihe,
       in mîn herze. owê, sold ich si dicke
       sehen, der ich mich vür eigen gihe!
    5   Eigenlîchen dien ich ir,
         daz sol sî vil wol gelouben mir.

II   Ich trage in mînem herzen eine swære,   112,23
       der ich von mir lâzen niht enmac,
       bî der ich vil gerne tougen wære
       beide naht und ouch den liehten tac.
    5   Des enmac nû niht gesîn,
         ez enwelle diu liebe vrowe mîn.

III Sol ich mîner triuwe alsust engelten,   112,29
       sô ensol niemer man getrûwen ir.
       si vertrüege michels baz ein schelten
       danne ein loben, daz geloubent mir.
    5   Wê, war umbe tuot si daz,
         der mîn herze treit vil kleinen haz?

---

39 (2) Vgl. zur Tonnummerierung den Textkritischen Kommentar. *Nach III Raum für zwei Strophen C. Identischer Strophenbau in* **39 (1)***; doch die Aussage legt nicht nahe, die zwei Strophenreihen als Einheit zu betrachten.*
I *383 [399] C.*
II *384 [400] C.*
III *385 [401] C.*

Erschließungshilfen

I, 4/5: *eigen/eigenlîchen*: Die Attribute gehören der Lehnsterminologie an; der sprechende
Mann bezeichnet sich gleichsam als ‚Eigentum' der Dame.

II, 6: *ez enwelle*: ‚es sei denn, die liebe Herrin …' (exzipierende Konstruktion).

84

C: I–IV

I   ›Frowe, vernemt dur got mir diz mære: 112,35
    ich bin ein bote und sol iu sagen,
    ir sult wenden einem ritter [ ] swære,   113,1
    der lange hât getragen.
5   Daz sol ich iu künden sô:
     ob ir in welt fröiden rîchen,
     sicherlîche*n*
     des wirt manic herze vrô.

II   Frowe, enlât iuch des sô niht verdriezen,   113,7
    ir engebt im hôhen muot.
    des muget ir und alle die wol geniezen,
    den ouch fröide sanfte tuot.
5   Dâ von wirt sîn sin bereit,
     ob ir in ze fröiden bringet,
     daz er singet
     iuwer êre und werdekeit.‹

III   ›Jâ möht ich mich des an in niht wol gelâzen,   113,23
    daz er wol behuote sich.
    krumbe wege, die gênt bî allen strâzen,
    dâ vor got behüete mich.
5   Ich wil nâch dem rehten varn,
     ze leide im, der mich anders lêre.
     swar ich kêre,
     dâ müeze mich doch got bewarn!‹

                IV

---

84 I *386 [402] C.*
3 sine sende sw⁵e *C.*   7 sich⁵liche *C.*   8 vrô] *irrtümlich zweimal notiert C.*
II *387 [403] C.*
1 rowe *Lombarde nicht ausgeführt C.*
III *388 [404] C.*

IV　　　›Frowe, sendet im ein hôhgemüete,　　　　　　　　　113,15
　　　　sît an iu sîn fröide stât.
　　　　er mac wol geniezen iuwer güete,
　　　　sît diu tugent und êre hât.
　5　　　Frowe, gebt im hôhen muot.
　　　　welt ir, sîn trûren ist verkêret,
　　　　daz ez in lêret,
　　　　daz er daz beste gerne tuot.‹

IV *389 [405] C.*

Erschließungshilfen

Zu Schlüsselwörtern des Minnesangs (*fröide, hoher muot, werdekeit, êre*) vgl. das Begriffsglossar.

II, 1f.: ,… lasst es Euch nicht lästig werden, ihm *hohen muot* zu geben'. Zur Konstruktion vgl. Paul, Mhd. Gr., 2007, § S 147.

III, 1: *gelâzen an*: ,verlassen auf'.

85

CEU^x: I–V
F: II–V
O: I II₁₋₂ IV V   Text nach U^x

I   ›Mir tuot einer slahte wille   113,31
    sanft, und ist mir doch dar under wê.
    ich minn einen ritter stille,
    deme enmac ich niht versagen mê,
  5 Des er mich gebeten hât.
    tuon ichs niht, mich dunket, daz mîn nimmer werde rât.

II Dicke dunk ich mich sô stæte   113,37
    mînes willen. sô mir daz geschiht,
    swie vil er mich danne bæte   114,1
    al die wîle, daz enhulfe niht.
  5 Iezuo hân ich den gedanc:
    waz hilfet daz? der muot enwert niht eines tages lanc.

III Wold er mich vermîden mêre!   114,5
    jâ versuochet er mich alze vil.
    owê, des vürht ich vil sêre,
    daz ich müeze volgen, swes er wil.
  5 Gerne het ichz nû getân,
    wan daz ich muoz versagen und wîbes êre sol begân.

                            IV

---

85 *Die Töne* **85** *bis* **97** *hat C aufgrund einer mit E gemeinsamen Quelle *CE nachgetragen. La ließ sie am Ende der Sammlung; O U w kannte er noch nicht. —* **85** *Tongleich mit Reinmar MF XXXIII.*
  I *390 [406] C, 1 E, 23 O, 2 U^x.*
4 dem mag *CE.* ich niht] *fehlt O.*   6 ich des *O.*   immer *EO.*
  II *391 [407] C, 2 E, 1 F, 24 O, 3 U^x.*
1/2 stete ..nes willen so mir daz *noch lesbar; Rest der Strophe fehlt O.*   1 Offt dunck *F.*   4 daz] so
CE. niht] es niht *CE,* in nicht *F.*   5 Ye so *F.* danck *F.*   6 der muot enwert niht] den mut er
wirt nicht *F,* der mv̊t ist kvme *C,* der mût kume ist *E.*
  III *392 [408] C, 3 E, 2 F, 4 U^x.*
1 Uil *C,* Wil *E.*   2 jâ] so *CE.* alze vil] zuuil *F.*   3 vorhte *C.* vil ze scre *C.*   4 mv̊s
CEF. volgen swes] veIehen wer *F.*   5 ich es *F.*   6 ich] ichs im *CE.*

IV   Ine getar vo*r* tû*s*ent sorgen,   114,11
          die mich tougen in dem herzen mîn
          twingent âbent unde morgen,
          leider niht getuon den willen sîn.
    5   Daz ichz immer einen tac
          sol gevristen, deist ein klage, diu mir ie bî dem herzen lac.

V   Sît daz im die besten jâhen,   114,17
          daz er alsô schône kunde leben,
          sô hân ich im mir vil nâhen
          ⟨*in*⟩ mî*me* herzen eine stat gegeben,
    5   Dar noch nieman inne trat.
          sie hânt daz spil verlorn, er eine tuot in allen mat.‹

IV *393 [409] C, 4 E, 3 F, 25 O, 5 U^x.*
1 Ich entar *FO,* Ich getar *E.*   von tugent *U^x.*   2/3 mich twīgent in dem herzen min *Reimpunkt* den abent vñ den morgen *CEFO.*   4 mac ich leid^s (leideider *C*) niht getŭn den (des *C*) willen sin *EC,* nicht gethun den willen sein *FO.*   5 ichz] ich es *F,* ez *E,* ich *O.*   6 fristen *F.* deist] das ist *CEFO.* ein] mein *FO.* mir] Im *F.* ie] vil nahe *CE.* dem] den *O.*
  V *394 [410] C, 5 E, 4 F, 26 O, 6 U^x.*
1 iehen (*zu* iahen *gebessert C*) *CE.*   2 schône] *fehlt F.* kunne (*gebessert aus* kunde ? *O*) *CEO,* künes *F.*   3 mir] *fehlt CEFO.*   4 eine stat in mime herzen geben (gegeben *E*) *CE.* in meinē *FO,* mineme *U^x.* 5 da noch *CEO,* darnach *F.* in getrat *CEFO.*   6 daz] tat *F.* er] vñ er *CE.* alle mut *F.*

Erschließungshilfen

I, 1: *einer slahte*: Gen., abhängig von *wille*; wörtl.: ‚der Wille einer bestimmten Art‘.
I, 6: *rât werden* + Gen.: hier: ‚einen Ausweg finden‘, ‚eine Lösung finden‘.

II, 6: *muot*: Vgl. das Begriffsglossar.

III, 2: *versuochen*: ‚auf die Probe stellen‘.
III, 6: *wan daz*: hier ‚aber‘.   *versagen*: ‚ablehnen‘.   *begân*: ‚für etwas sorgen‘.

V, 6: *mat tuon*: ‚Matt setzen‘ (Schachsprache).

86

CE: I–III

U^x: I–V   Text nach U^x mit *CE

I   Der rîfe tet den cleinen vogellînen wê,   114,23
     daz sie niene sungen.
     nû hœr ichs aber wünneclîchen als ê,
     nûst die heide entsprungen.
   5   Dâ sach ich bluomen strîten wider den klê,
     weder ir lenger wære.
     mîner vrowen send ich disiu mære.

II   Uns hât der winter kalt und andre nôt   114,30
     vil getân ze leide.
     ich wânde, daz ich immer bluomen rôt
     gesæh in grüener heide.
   5   Jâ schadet guoten liuten, wære ich tôt,
     die nâch vröiden ringen
     und die gerne tanzen unde singen.

III

---

86 *Einzelne Buchstaben unleserlich U^x.*

I *395 [411] C, 6 E, 12 U^x.*

1 vogellin *CE*.   2 nit ensvngen *CE*.   3 nv hŏrt es *C*, nu hŏrt irs (vl is *überschrieben*) *E*.   aber] ad^s
U^x. wnneklich *C*.   5 grv̊nen kle *CE*.   7 send] seit *CE*.

  II *396 [412] C, 7 E, 13 U^x.*

4 in] an *CE*.   5 jâ] ioch *CE*. schadet] schat es *CE*.   6 wrouden rinden *U^x*, frŏiden rvngen
CE.   7 tantzten *E*. singen] sprvngen *CE*.

III		Versûmt ich disen wünneclîchen tac,	114,37
		sô wær ich verwâzen,	
		und wære mir ein êweclîcher slac:	115,1
		dannoch müest ich lâzen	
	5	*Alle* mîne vröide, der ich wîlent ⟨ *pflac*⟩.	
		got gesegen iuch alle,	
		wünschent ouch, daz mir ein heil gevalle!	

IV		›Ez was an einer wunniclîchen stat,	[⁸XXVI,1]
		daz wir zwei gerieten.	
		mîn hêrre, der mich hie belîben bat,	
		der mac mir gebieten.	
	5	Jâ enstêt niht ein dürre wîdenblat,	
		dar an ez mir wirret.	
		hêrr, ir hât es sünd, ob ir mich irret.‹	

V		Diu guote, der ich immer dienen sol	[⁸XXVI,8]
		sunder valschez lôsen,	
		ir wangen die gelîchent sich vil wol	
		den lilien unde rôsen.	
	5	Waz ist wunders, ob ich ⟨…	
		. . . . . .	
		. . . .⟩	

III *397 [413] C, 8 E, 14 Uˣ.*
3 mir] an min⁵ frôide *CE.* e/ (wichli *getilgt*) welich⁵ *Uˣ*, angeslicher *CE.* tac *E.*   4 mv̊ze ichs
C.   5 alle] an *Uˣ.* pflac] *fehlt Uˣ.*   7 ouch] noch *CE.*
   IV *15 Uˣ.*
   V *16 Uˣ.*
5 ob ich *Ende der Überlieferung Uˣ.*

Erschließungshilfen

I, 3: *ichs* = *ich sie*.

III, 1: *versûmen*: ,vernachlässigen'.
III, 2: *verwâzen*: ,verderben'.
III, 7: *gevallen*: ,zukommen'.

IV, 5–7: Die Passage ist nicht leicht zu verstehen. Denkbar ist Folgendes: ,Fürwahr gibt es überhaupt nichts (noch nicht einmal ein dürres Weidenblatt), das mich in Verwirrung bringt.' Nun ändert sich die Redeperspektive und die Frau spricht den Mann direkt an: ,Herr, ihr versündigt euch, wenn ihr mich in die Irre führt.' Gemeint könnte sein, dass die Frau mit der Begegnung mit dem Mann in der freien, schönen Natur einverstanden ist, nicht aber mit weiteren (sexuellen) Handlungen des Mannes – wie sie ja in der Pastourellentradition stets vorhanden sind. Denkbar ist aber auch, dass das Strophenende ironisch zu verstehen ist (hier spielen heute nicht mehr rekonstruierbare Performanzelemente eine womöglich bedeutende Rolle für die Deutung).

V, 2: *lôsen*: ,fröhlich sein' (substantiviertes Verb).

87

CE: I–III   Text nach *CE auf der Basis von C

I   Hêrre Got, gesegene mich vor sorgen,   115,6
        daz ich vil wunneklîche lebe.
        wil mir ieman sîne fröide borgen,
        daz i'm ein ander wider gebe?
   5   Die vinde ich vil schiere, ich weiz wol wâ,
        wan ich liez ir wunder dâ,
        der ich vil wol mit sinnen
        getriuwe ein teil gewinnen.

II   Al mîn fröide lît an einem wîbe,   115,14
        der herze ist ganzer tugende vol,
        und ⟨ist sô⟩ geschaffen an ir lîbe,
        daz man ir gerne dienen sol.
   5   Ich erwürbe ein lachen wol von ir:
        des muoz sî gestaten mir,
        wie mac siz behüeten?
        ich fröiwe mich nâch ir güeten.

III   Als ich under wîlen zir gesitze,   115,22
        sô sî mich mit ir reden lât,
        sô benimt si mir sô gar die witze,
        daz mir der lîp alumbe gât.
   5   Swenne ich iezuo *wun*der rede ka*n*,
        gesiht sî mich einest an,
        sô hân ichs vergezzen,
        waz wolde ich dar gesezzen.

87 I *398 [415] C, 9 E.*
3 frauden *E.*   4 im *CE.*
II *399 [416] C, 10 E.*
1 alle *C.*   2 tvgēden *C.*   3 ist sô] *fehlt CE.*   5 erwrbe *C.*
III *400 [417] C, 11 E.*
5 wunder] vō der *CE.*   kam *CE.*

Erschließungshilfen

Zu Schlüsselwörtern des Minnesangs (*sorge, fröide, tugent, güete*) vgl. das Begriffsglossar.

I, 4: *i'm = ich im*: ‚ich ihm‘.
I, 6: *ir wunder*: *ir* = partitiver Gen., abhängig von *wunder*: ‚überaus viel von ihr‘.

III, 4: ‚… dass mir schwindelt‘.
III, 5: *wunder rede*: *rede* = Gen., abhängig von *wunder*: ‚viel an Rede‘ (‚viele Worte‘).
III, 8: ‚weswegen ich mich dorthin gesetzt habe‘.

88

CE: I−V

O: I II III₁ IV₂₋₈ V   Text nach O mit *CE

I	Mir nimt immer wunder, waz ein wîp	115,30
	an mir habe ersehen,	
	daz sie ir zouber leit an mînen lîp.	
	waz ist ir geschehen?	

5   Jâ hât sie doch ougen,
      wie kumet, daz sie als übele siht?
      ich bin aller manne schœneste niht,
      daz ist âne lougen.

II   Hât ir ieman von mir iht gelogen,   116,1
      der besehe mich baz.
      sie ist an mîner schœne gar betrogen,
      sie enwelle anders w*az*.

5   Wie stât mir daz houbet,
      daz ist niht zuo wol getân.
      sie betriuget lîhte ein tumber wân,
      ob sis niene geloubet.

III

---

88 I *404 [421] C, 67 E, 36 O.*

1 Mich *CE.*   2 ges… (ir *über* ge *nachgetragen*) *O.*   3 daz sie] das *C*, daz *E.*   4 geschen *E*, gesc… *O.*   5 si hat ŏch ŏgen *CE.*   6 daz sie] das *C*, daz *E.* gesiht *C*, geschiht *E.*   7 … bin *O.* schŏ-nest *CE.*

   II *405 [422] C, 68 E, 37 O.*

1 Habe *CE.* iht von mir *CE.*   2 so beschŏwe mich bas *CE.*   3 … ist *O.* mir schone *C.*   4 si wil anders niht wan *kein Reimpunkt CE; vgl. 2.* anders w… *O.*   5 daz] min *CE.*   6 ist] enist *CE.*   7 … be truget *O.* einen tumber wanne *E.*   8 niene] …ene *O*, nit *CE.*

III Dâ sie wonet, dâ sint wol tûsent man,   116,9
   die vil schœner sint,
   wan daz ich ein lützel fuoge kan,
   sô ist mîn schœne [ ] ein wint.
 5 Fuoge hân ich kleine,
   doch ist sî *genæme* ⟨*wol*⟩,
   sô daz sî vil ⟨*guoten*⟩ liuten sol
   iemer sîn gemeine.

IV Wil si fuoge für die schœne nemen,   116,17
   sô ist sie wol gemuot.
   tuot sie daz, sô muoz ir wol gezemen,
   swaz sie mir getuot.
 5 Sô wil ich mich neigen
   und tuon allez, daz sie wil.
   waz bedarf sie denne zoubers vil,
   wan daz ich bin ir eigen?

V Lât iu sagen, wiez umbe ir zouber stât,   116,25
   des sie wunder treit:
   sie ist ein wîp, die schœne und êre hât,
   dâ bî liep und leit.
 5 Daz sie iht anders kunne,
   des sol man sich gar bewegen,
   wan daz ir minneclîchez pflegen
   machet sorge und wunne.

III *406 [423] C, 69 E, 38 O (auf III 1 folgt ohne Lücke IV 2–8).*
1 sie wonēt *E.* sint] wonēt *CE.*   3 zv̂ge *C.*   4 gar ein *CE.*   6 genæme wol] gemeine *Reim-*
punkt CE.   7 guoten] *fehlt CE.*
 IV *407 [424] C, 70 E, 38 O (vgl. III).*
2 wol] vil wol *CE.*   3 tuot] kan *CE.*   4 sie m... *O.*   6 tuon] *fehlt C.*   7 ... sie *O.*   8 ich
bin doch ir eigen *CE.*
 V *408 [425] C, 71 E, 39 O.*
1 ...at *O.* v̂ch *C.* weiz *O.*   2/4 treget: leit *E.*   6 das sol man gar verheln *CE.*   7 wnnek-
liches leben *CE.*   8 machet sorge vn̄ wnne das ist ir leben *CE.*

Erschließungshilfen

Zu zahlreichen Schlüsselwörtern des Minnesangs (*lîp, ougen, schœne, êre, liep, leit*) vgl. das Begriffsglossar.

II, 4: exzipierende Konstruktion: ‚es sei denn, sie möchte etwas anderes‘.

IV, 7 f.: *wan daz* leitet in den meisten Fällen eine exzipierende Konstruktion ein; hier ist die Verwendung etwas anders: ‚was braucht sie denn Zauberei, wo ich doch schon ihr Eigenmann bin?‘ Anders, deutlich einfacher, die Formulierung in CE: *ich bin doch ir eigen.*

V, 6: *bewegen*: ‚vermeiden‘, ‚verzichten‘.

V, 7 f.: Die letzten zwei Verse sind nicht einfach zu verstehen: *ir minneclîchez pflegen* lässt sich mit ‚ihr liebevoller Umgang / ihr liebevolles Verhalten‘ übersetzen. Das exzipierende *wan daz* dürfte sich auf V. 5 beziehen: ‚dass die Frau noch etwas anderes kann, soll man sich aus dem Kopf schlagen – allein ihr liebevolles Verhalten bereitet Sorge und Freude.‘

89

CE: I–V   Text nach *CE auf der Basis von C

I   Bî den liuten nieman hât   116,33
     hovelîchern trôst denne ich.
     sô mich sende nôt bestât,
     sô schîne ich geil und trœste selben mich.
5   Alsô hân ich dicke [ ] mich betrogen
       unde durch die werlt menige fröide erlogen;
       daz liegen was aber lobelich.

II   Leider ich muoz mich entwenen   117,8
      meniger wunne, der mîn ouge an sach.
      war nâch sol sich einer senen,
      der nit gloubet, waz hie vor geschach?
5   Der weiz lützel, waz daz sî, gemeit.
        daz ist senender muot mit gerender arbeit.
        unsælic sî daz ungemach!

III   Meniger wænet, der mich siht,   117,1
      mîn herze sî an fröiden hô.
      hôher fröide hân ich niht,
      und wirt mir niemer wider wan alsô:
5   Werdent tiusche liute wider guot,
        und trœstet sî mich, diu mir leide tuot,
        sô wirde ich aber wider vrô.

                                   IV

---

89 I *409 [426] C, 93 E.*
5 dike selben *C,* dicke selbe *E.*
  II *410 [427] C, 94 E.*
1 mich] *fehlt C.*   2 der] die *E.*   3 sich] ich *C.* sene *E.*   5 gemeint *CE.*
  III *411 [428] C, 95 E.*
5 werden *CE.*

IV   Ich hân ir gedienet vil,   117,15
      der werlte, und wolte ir gerne dienen mê,
      wan daz si übel danken wil
      und wænet, daz ich mich nit verstê.
   5   Ich verstên michs wol an eime site:
          des ich aller sêrest ger, sô ich des bite,
          sô gît siz einem tôren ê.

V   Ich enweiz, wie ichz erwerben mac.   117,22
      des man dâ phligt, daz widerstuont mir ie.
      wir*b*e aber ich, sô man ê phlac,
      daz schadet mir lîhte; sus enweiz ich wie.
   5   Doch verwæne ich mich der fuoge dâ,
          daz der ungefüegen werben anderswâ
          genæmer sî danne wider sie.

IV *412 [429] C, 96 E.*
6 aller erst *C.*   7 gitez siez *E.*
V *413 [430] C, 97 E.*
3 wirde *CE.*   6 erwerben *E.*   7 wider si *C.*

Erschließungshilfen

Zu zahlreichen Schlüsselwörtern des Minnesangs (*trôst, fröide, ougen, arbeit, leit, dienst*) vgl. das Begriffsglossar.

I, 4: *geil*: im Mhd. neutral ‚froh‘.
I, 7: *liegen*: ‚lügen‘.

II, 2: *der*: partitiver Genitiv; ‚von der mein Auge etwas gesehen hat‘.

V, 5: *verwænen* + Gen.: ‚hoffen‘.

90

Ton 90 wird in zwei aufeinander folgenden Fassungen ediert (nach den Handschriften CEU^{xx} für Walther und A für Niune; vgl. die Erläuterungen im Textkritischen Kommentar).

Fassung nach CEU^{xx} auf der Basis von C

CE: I–III
U^{xx}: II III

I   Wer gesach ie bezzer jâr,   118,12
     wer gesach ie schœner wîp?
     daz entrœstet nit ein hâr
     einen unsæligen lîp.
5   Wizzet, swem der anegenget an dem morgen fruo,
      dem gêt unglücke zuo.

II   Swâ sô liep bî liebe lît   117,36
     gar ân alle sorge vrî,
     merket, ob des winters zît
     den zwein wol gesetzet sî.
5   Waz hân ich gesprochen? wê, dâ solt ich hân geswigen,
      sol ich iemer sô geligen!

III Ich wil einer helfen clagen,   118,18
     der ouch fröide zæme wol,
     dazs in alsô valschen tagen
     schœne tugent verliesen sol.
5   Hie bevor wær ein lant gefröiwet umbe ein sô schœne wîp:
      waz sol der nû schœner lîp?

---

90 I *414 [437] C, 98 E.*
3 niht cnhar *E.*   5 swem] swenne *E.*
II *415 [438] C, 99 E, 1 U^{xx} (einzelne Buchstaben unleserlich).*
1 lit *Beginn der Überlieferung U^{xx}.*   2 an alle sorge *CE,* vor allen sorgen *U^{xx}.*   4 gesetzet] e… *U^{xx}.*
III *416 [439] C, 100 E, 2 U^{xx} (nur Bruchstücke lesbar).*
3 daz in *E.*

Erschließungshilfen

Zu Schlüsselwörtern des Minnesangs (*træsten/trôst, schœne, liebe, sorge, ligen*) vgl. das Begriffs-glossar.

I, 5: *anegengen*: ‚als Vorzeichen entgegenkommen', hier wohl gemeint: als ‚böses Omen er-scheinen'; das Verb ist nicht häufig zu belegen.

III, 3: *dazs = daz si.*
III, 6: *soln* + Dat.: ‚nützen'.

Fassung nach A (Niune)

I   Nû singe ich, als ich ê sanc: 117,29
    wil aber ieman wesen vrô?
    daz die rîchen haben undanc
    und die jungen haben alsô!
  5   Wist ich, waz in würre – daz möhten si mir gerne sagen –,
    sô hulf ich ir schaden clagen.

II   Swâ sô liep bî liebe lît   117,36
    gar vor allen sorgen vrî,
    ich wil, daz diu sumerzît
    den zwein wol erteilet sî.   118,1
  5   Sumer unde winter, der zweier êren ist sô vil,
    daz ich beide loben wil.

III   Hât der winter kurzen tac,   118,5
    sô hât er die langen naht,
    daz sich liep bî liebe mac
    wol erholn, daz ê dâ vaht.
  5   Waz hân ich geredet? owê, jâ het ich baz geswigen,
    sol ich iemer sô geligen.

---

90 I *39 A.*
II *40 A.*
5 wint *A.*
III *41 A.*
1 *ohne Lombarde und Punkt an II 6 angeschlossen A.*   4 erhohi *A.*

Erschließungshilfen

Zu Schlüsselwörtern des Minnesangs (*sanc, liebe, sorge, ligen*) vgl. das Begriffsglossar.

I: Die Strophe weist viele intertextuelle Referenzen zu Walthers Strophe 19 I auf, insbesondere wird V.1 *Wil aber ieman wesen vrô* hier wörtlich zitiert.

III, 5: Der Vers ist mehrdeutig: es handelt sich entweder um eine ,gebrochene Revocatio' (die scheinbare Selbstempörung wird gleich wieder zurückgenommen) oder um die Andeutung eines Diskretionsbruchs (dem Mann wird bewusst, dass er nicht über erotische Wünsche hätte sprechen dürfen, wenn er sie für sich selbst beansprucht).

91

CE: I–V

F: I II III₄₋₆ IV   Text nach *CE auf der Basis von C

I	Ich bin nû sô rehte vrô,	118,24
	daz ich vil schiere wunder tuon beginne.	
	swenne ez sich gefüeget sô,	
	daz ich erwirbe mîner frouwen minne,	
	5 Sô stîgent mir die sinne	
	hôher danne der sunnen schîn. gnâde, ein küneginne!	

II	Ich ensach die guoten nie	118,30
	sô dicke, daz ich daz verbære,	
	mirn spilten diu ougen ie.	
	der kalte winter was mir gar *unmære*.	
	5 Ander liute dûhte er *swære*,	
	mir was die wîle, als ich enmitten in dem meien wære.	

III	Disen wunneklîchen sanc	118,36
	hân ich gesungen mîner [ ] frouwen ze êren.	
	des sol sî mir wizzen danc,	119,1
	wan ich wil iemer durch si fröide mêren.	
	5 Wol mac sî mîn herze sêren;	
	waz danne, ob sî diu beidiu tuot? daz kan si wol verkêren.	

IV

---

91 I *417 [440] C, 110 E, 5 F.*

1 nû] *fehlt C.*   2 vil schiere] so swere *F.*   tuon] thu *F,* nu *E.*   3 swenne] Leichte *F.*   6 höher
deñ die synne schon gnad künigynne *F.*

II *418 [441] C, 111 E, 6 F.*

1/2 Ich ensach die schonen so dicke nỹe das ich des ỹe verpere *F.*   3 ie] zu Ir ye *F.*   4 gar ze
swere *CE,* ye vnmere *F.*   5 er so swere *F,* er gůt *CE.*   6 mir was rechte als es vor mittē *F.*   mitten
E.

III *419 [442] C, 112 E, 7 F.*

1–3 *fehlt F.*   2 liebē frŏwē *C,* hertzen lieben frauwen *E.*   4 Durch sie so wil ich meine freude
meren *F.*   frauden *E.*   5 mîn herze] im herge *F.*   6 diu beidiu] mir layde *F.*   das kan sî] Sie mag
es *F.*

IV   Dar zuo enkunde nieman mir   119,5
        gerâten, daz ich schiede von dem wâne.
        kêrt ich mînen muot von ir,
        wâ fünde ich denne *eine sô wol getâne*,
   5   Diu sô wære valsches âne?
        si ist schœner unde baz gelobt denne Helêne und Dijâne.

V   Hœrâ Walther, wie ez mir stât,   119,11
        mîn trûtgeselle von der Vogelweide.
        helfe suoche ich unde rât:
        diu wolgetâne tuot mir vil ze leide.
   5   Kunden wir gesingen beide,
        daz ich mit ir müeste brechen bluomen an der liehten heide!

IV *420 [443] C, 113 E, 8 F.*
1/2 niemant geraten mir das ich schayde *F.*   1 Dazn kŏnde *E,* das nun kunde *F.*   4 wâ] wañ
F. ich denne ein so schŏn wip *E,* ich ein so schŏne wip *kein Reimpunkt C.*   5 sô] also *F, fehlt*
C.   6 schone *F.* pas gethan *F.* helena oder dyana *F.*
   V *421 [444] C, 114 E.*
6 ir] dir *C.* liehten] grŭnē *E.*

Erschließungshilfen

Zu Schlüsselwörtern des Minnesangs (*minne, gnâde, guot, ougen, sanc, fröide*) vgl. das Begriffs-glossar.

I, 6: *ein*: hier zur Unterstützung des Vokativs gebraucht, kann in der Übersetzung ausgelassen werden; vgl. Paul, Mhd. Gr., 2007, § S 134.

II, 1−3: ‚Ich sah die Gute nie so oft, dass ich es hätte vermeiden können, dass meine Augen leuchteten (wenn ich sie sah)‘.

IV, 6: *Helêne/Dijâne*: Frauenfiguren der antiken Mythologie, Helena gilt als außergewöhnlich schön (in mittelalterlicher Rezeption aber auch als sündhaft und verführerisch); Diana (entspricht der griechischen Göttin Artemis) wurde in der römischen Antike als Jungfrau und Helferin der Frauen verehrt (die mittelalterliche Rezeption weicht davon teilweise aber stark ab).

V, 1/2: Dies ist die einzige namentliche Selbstanrede Walthers in seinem Werk; in 70 II, V. 1 erscheint der Vorname *Walther* im Kontext eines Rollenspiels (Frau Welt spricht den Dichter an); vgl. ferner 8a V. 6 u. 11 und 10 XII, V. 2, sowie Anhang 10, V*, V. 14.

92

CE: I –IV   Text nach *CE auf der Basis von C

I   Got gebe ir iemer guoten tac   119,17
     und lâze mich noch gesehen,
     die ich minne und nit erwerben mac.
     mich müet, daz ich si hœre jehen,
5   Wie holt si mir entriuwen wære,
       und sagt mir ein ander mære,
       des mîn herze inneklîchen kumber lîdet iemer sît.
     ouwê, wie süeze ein arbeit!
     ich hân ein senfte unsenftekeit.

II   ›Ich wære dicke gerne vrô,   119,35
     wan daz ich nit gesellen hân.
     nû si alle trûren*t* sô,
     wie möhte ich*z* eine denne lân,   120,1
5   Ich enmüese ir vingerzeigen lîden.
       ich enwolte fröide durch si nit mîden.
       sus behabe ich wol ir hulde, daz siz lâz*en* âne nît:
     wand ich gelache niemer niht,
     dâ ez ir dekeiner siht.‹

                        III

---

92 I *422 [445] C, 125 E.*
7 minnenclichen *E.*   9 fenfte vnseftekeit *C.*
II *423 [446] C, 126 E.*
3 allen *E.* truren *CE.*   4 ich *CE.*   7 behalde *E.* sis laze *C,* sie lazzen *E.* nît] niht *E.*

III   ›Got hât vil wol ze mir getân,   119,26
    sît ich mit sorgen minnen sol,
    daz ich mich underwunden hân,
    dem alle liute sprechent wol.
5   Im wart von mir in allen gâhen
    ein küssen und ein umbevâhen:
    dô schôz mir in mîn herze, daz mir iemer nâhe lît,
    unz ich getuon, des er mich bat.
    ich tætez, wurde mirs diu stat.‹

IV   Ez tuot mir inneklîchen wê,   120,7
    als ich gedenke, wes man phlac
    in der werlte wîlent ê.
    ouwê, daz ich nit vergezzen mac,
5   Wie rehte vrô die liute wâren!
    dô kunde ein sælic man gebâren,
    unde spilte im sîn herze gegen der wunneklîchen zît.
    sol daz niemer mêr geschehen,
    sô müet mich, daz ichz hân gesehen.

*Im Anschluss an diesen Strophenkomplex folgt in C und E eine weitere Strophe,
deutlich als tonzugehörig gekennzeichnet; sie weist in beiden Hss. unterschiedliche
Defekte und Besserungsversuche durch Schreiber/Redaktoren auf. Dies deutet dar-
auf hin, dass die Strophe in der Vorlage von CE bereits einen besonderen Status
eingenommen hat. Die Metrik der Strophe ist derjenigen des Tons 93 wesentlich
näher als der des Tons 92. Im Folgenden wird die Strophe im Wortlaut von C und E
wiedergegeben (ohne Interpunktion und Längezeichen). Vgl. auch den Textkriti-
schen Kommentar.*

C

Sit daz ich eigenlichen sol .
die wile ich lebe ir sin undertan .
und si mir mag wol .
gebüezen den kumber den ich durch si han .
5   Gelitten und iemer also liden muoz .
    daz mich enmag getrœsten nieman si entuoz
    so sol si nieman den dienest min .
    und bewar dar under micht .
    daz si sich an mir ouch versume sich niht .

III *424 [447] C, 127 E.*
1 hât] *fehlt C.*   4 sprechen *E.*   9 mirs diu] mir sin *E.*
  IV *425 [448] C, 128 E.*
2 wes] des *E.*   8 iemer *C.*

E

Sit daz ich eigenlichen sol .
die wil ich lebe ir sin undertan
und sie mir mac wol gebüezzen .
den kummer den ich durch sie han .
5   Geliden nu lange und immer also liden muoz .
      daz michn mag getrœsten nieman sie entuoz .
      so sol sie nemen den dienst min .
      und bewar dor under mich
      daz sie sich an mir auch versueme sich niht .

(9: auch an mir, *durch Umstellungszeichen in der Hs. zu* an mir auch *gebessert.*)

Erschließungshilfen

Zu Schlüsselwörtern des Minnesangs (*kumber, arbeit, sorge, trûren*) vgl. das Begriffsglossar.

II: Die Strophe wird hier als Frauenstrophe verstanden. Mit Blick auf V. 7 könnte sie auch als Männerstrophe gelesen werden; vgl. dazu den Textkritischen Kommentar.

II, 3–6: Bei Beibehaltung des hsl. Wortlauts lässt sich die Passage folgendermaßen verstehen:
,Wo sie nun alle trauern, wie könnte ich allein es unterlassen, es sei denn, ich müsste ertragen, dass sie mit Fingern auf mich zeigen. Ihretwegen wollte ich Freude nicht aufgeben.' Viele Hgg. haben die Passage anders interpungiert und mit Blick auf die ,exzipierende Konstruktion' in den Text eingegriffen. Vgl. auch den Textkritischen Kommentar.

III, 9: *stat*: ,Gelegenheit'.

CE-Folgestrophe: siehe Erschließungshilfe zu 93 V.

93

Ton 93 wird in zwei aufeinander folgenden Fassungen ediert (nach den
Handschriften AC für Hartmann von Aue und E/C für Walther; vgl.
die Erläuterungen im Textkritischen Kommentar).

Fassung nach AC, auf der Basis von C (Hartmann)

I   Dir hât enboten, frowe guot,   MF 214,34
       sînen dienst, der dirs wol gan,
       ein ritter, der vil gerne tuot
       daz beste, daz sîn herze kan.
    5   Der wil dur dînen willen disen sumer sîn
         vil hôhes muotes verre ûf die genâde dîn.   MF 215,1
         daz solt dû minneklîch enpfân,
         daz ich mit guoten mæren var,
         sô bin ich willekomen dar.

II   »Dû solt ime mînen dienest sagen: MF 215,5
       swaz im ze liebe muge geschehen,
       daz möhte nieman baz behagen,
       der in sô selten habe gesehen.
    5   Und bite in, daz er wende sînen stolzen lîp,
         dâ man im lône: ich bin ein vil frömdez wîp
         zenpfâhen sus getâne rede.
         swes er ouch anders ⟨danne⟩ gert,
         daz tuon ich, wan des ist er wert.«

III

---

93 (AC) I *Hartmann 1 A, Hartmann 42 C.*
1 Mir hattenbotten *A.*   2 dir ez wol *A.*
  II *Hartmann 2 A, Hartmann 43 C.*
1 ime botte *A.*   7 zenpfahenne *A.*   8 swer er vch anders gert *A.*   danne] *fehlt C.*

III   Mîn êrste rede, die si ie vernan,   [⁷217,1] 219,1
           die enpfie si, daz mich dûhte guot,
           biz sî mich nâhen zir gewan;
           zehant bestuont si ein ander muot.
  5   Swie gerne ich wolte, in mac von ir niht komen:
           diu grôze liebe hât sô vaste zuo genomen,
           daz sî mich nien lâzet vrî,
           ich muoz ir eigen iemer sîn.
           nû enruoch, êst ouch der wille mîn.

III *Hartmann 3 A, Hartmann 44 C.*
1 vernam *A.*   2 daz] des *A.*   5 ich mac *A.*   7 niht enlazet *A.*   9 êst ouch] est dochh *A*
(das erste h ist versehentlich in A nicht ganz ausgeführt worden).

Fassung nach E; vgl. den Textkritischen Kommentar mit Erläuterungen zum Trennstrich nach IV.

I   Dir hât enboten, frowe guot,   MF 214,34
    sîn dienest, der dirs vil wol gan,
    ein ritter, der vil gerne tuot
    daz beste, daz sîn herze kan.
  5   Der wil durch dînen willen disen sumer sîn
    vil hôhes muotes verre ûf die gnâde dîn.
    den solt dû minneclîchen enpfân,
    swenne ich mit sülchen mæren var,
    sô bin ich willekumen dar.

II   »Dû solt im, bote, mînen dienest sagen: MF 215,5
    und swaz ime heiles mag geschehen,
    daz enkünne nieman baz beiagen,
    der in sô selten habe gesehen.
  5   Und râte im, daz er dâ bewende sînen lîp,
    dô man ime lône: ich bin ime ein fremde wîp
    zenpfâhene sô getâne rede.
    swes er denne nâch êren gert,
    daz tuon ich, wanne er ist es wert.«

III   Dô ich der rede alrerst began,   ['217,1] 219,1
    dô enpfieng siez, daz michz dûhte guot,
    und mich rehte zuo ir gewan;
    zuohant bestuont sie ein ander *muot*.
  5   Nû möhte ich niht, swie gerne ich wolte, von ir kumen:
    die minneclîche liebe hât sô zuo genumen,
    daz sie mich niht lezzet frî,
    des muoz ich immer ir eigin sî*n*.
    in ruoche, ez ist der wille mîn.

IV

---

93 (E) I *121 E.*
II *122 E.*
III *123 E.*
4 muot] wan *E.*   8 sîn] si *E.*

IV   Swer giht, daz minne sünde sî,   [⌐217,10] 219,10
         der sol sich ê bedenken wol.
         ir wont vil manige êre bî,
         der man durch reht geniezen sol,
    5   Und volget michel stæte und dar zuo sælickeit:
         daz immer ieman missetuot, daz ist mir leit.
         die valschen minne mein ich niht,
         die möhte unminne heizen baz,
         der wil ich immer sîn gehaz.

V   Sît daz ich eigenlîchen sol,   120,16
         die wîl ich lebe, ir sîn undertân,
         und sî mir mac ⌐gebüezen wol⌐
         den kummer, den ich durch sie hân
    5   Geliten nû lange und immer alsô lîden muoz,
         daz michn mac getrœsten nieman, sî entuoz,
         sô sol sie nemen den dienst mîn,
         und bewar dar under mich,
         daz si [ ] an mir ouch ⌐niht versûme sich⌐.

IV *124 E, 29⁴ s.*

1 saget *s.*   2 sich vͬsinnē *s.*   4 genesē *s.*   5 Dͬ volgȝ michel truwe vnd stedicheit *s.*   6 immer] *fehlt s.* mir] ir *s.*   7 Der valschē mīne dye in meyn nicht *s.*

V *426 [449] C, 129 E.*

3 wol *(Reimpunkt C)* gebͮzzen *CE.*   5 geliden *E.* nû lange] *fehlt C.*   7 nemen] nieman *C.*   8 micht *Reimpunkt C.*   9 das si sich an mir ŏch versume sich niht *C,* daz sie sich auch an mir vͬsûme sich niht *E (über auch und* mir *Umstellungszeichen, die wohl signalisieren:* an mir auch*).*

Erschließungshilfen (Bezug: E-Fassung)

Zu zahlreichen Schlüsselwörtern des Minnesangs (*dienst, ritter, genâde, stæte, minne, kumber, trôst*) vgl. das Begriffsglossar.

I, 5/6: gemeint: ‚Der (Mann) will um deinetwillen diesen Sommer ganz und gar hochgemut sein in der Hoffnung auf deine Gnade‘; *verre* hier als verstärkendes Adverb: ‚sehr‘, ‚viel‘ gebraucht (gut belegt).

II, 3: *beiagen*: Grundbedeutung ‚erjagen‘, ‚erringen‘, hier schwer verständlich. Die AC-Fassung überliefert *behagen*; Bedeutung des Kontextes dort: ‚was ihm an Freude widerfahren mag, das kann niemandem, der ihn so selten (wie ich) gesehen hat, besser gefallen‘. Vgl. auch den Textkritischen Kommentar.

III, 9: *in ruoche* = *ichne ruoche*: ‚es kümmert mich nicht‘.

V, 1: *eigenlîchen*: ‚wie ein Leibeigener‘.
V, 3: *gebüeẕen*: ‚Abhilfe schaffen für etwas‘.
V, 9: ‚damit sie mich nicht vernachlässige‘.

94

CE: I–V
F: II IV V
O: I II$_{1-4}$ Text I und II$_{1-4}$ nach O, II$_{5-9}$–V nach *CE auf der Basis von C

I   Weder ist ez übel oder guot,   120,25
    daz ich mîn leit verhelen kan?
    man siht mich dicke wol gemuot,
    sô trûret manic ander man,
5   Der mînen schaden halben nie gewan.
    sô gebâre ich dem gelîche,
    als ich sî maniger vreuden rîche.
    nû ruochez got gevüegen sô,
    daz ich von wâren schulden müeze werden vrô.

II Wie kumet, daz ich sô menigen man   120,34
    von sender nôt geholfen hân
    und ich mich selben niht ne kan
    getrœsten, mich entriege ein wân?
5   Ich minne ein wîp, diu ist guot und wol getân,   121,1
    die lât mich aller rede beginnen,
    ich kan aber endes nit gewinnen.
    dar umbe wære ich nû verzaget,
    wan dazs ein wênic lachet, sô si mir versaget.

III

---

94 I *427 [450] C, 130 E, 43 O.*
1 oder ist es *CE.*   2 vůr holen han *O.*   4 …nder *O.*   5 nie halben *CE.*   6/7 gelich: frauden-
rich *E.*   6 …o *O.*   7 maniger] *fehlt CE.*   8 …v rv̊chez *O,* nv mv̊s es *C,* nu mů̊zze ez *E.*   9
müeze werdcn] werde *CE.*
    II *428 [451] C, 131 E, 26 F, 44 O.*
1 Die *C.*   manigem *E.*   2 sender] siner *CE.*   3 vnd in mir selber nicht kan *F.* und] sit
CE.   4 ge *Ende der Überlieferung O.* entriege] nun trage *F.*   5 ich mein ein weyp *F.* guot und]
fehlt F.   6 lât] enlat *CE.*   7 inne aber endes *F.*   9 ein wênic] lutzel *F.* si mir] ist mir *E.*

III   Si sehe, daz si innen sich bewar   121,6
        − si schînet ûzen fröidenrîch −,
        daz si an den siten iht irre var,
        sô wart nie wîp sô minneklîch,
    5   Sô *tæte* ir lop vil frouwen lobes *entwîch*.
        ist sie nâch ir wirde gefurrieret,
        die schœne, die si ûzen zieret,
        kan ich ir denne gedienen iht,
        des wirt bî selken êren ungelônet niht.

IV   Swie noch mîn fröide an zwîvel stât,   121,15
        den mir diu guote mac vil wol
        gebüezen, ob sis willen hât,
        sôn ruoche eht, waz ich kumbers dol.
    5   Si vrâget, des mich nieman vrâgen sol,
        wie lange ich welle bî ir belîben:
        si ist mir iemer vor allen wîben
        ein wernder trôst, ze fröiden mir.
        nû müeze mir geschehen, als ich gloube an ir.

V   Gnuoge kunnen deste baz   121,24
        gereden, daz sî bî liebe sint.
        swie dicke ich ir noch bî gesaz,
        sô wesse ich minner danne ein kint.
    5   Ich wart an allen mînen sinnen blint.
        des wær ich anderswâ betœret.
        si ist ein wîp, diu nit gehœret
        und guoten willen kan gesehen.
        den hân ich, sô mir iemer müeze liep geschehen.

III *429 [452] C, 132 E.*
5 tæte] stet *CE.*   entwîch] ein wiht *C,* enwiht *E.*
IV *430 [453] C, 133 E, 27 F.*
1 Swie] Wann *F.*   2 mac vil wol] so wol mag *F.*   4 eht] ich *EF.*   5 freget mich des mich
EF.   6 wolde an Ir *F.*   7 ŷmmer mir *F.*   9 als das ich *C.*
V *431 [454] C, 134 E, 28 F.*
1 kunne dester *F.*   2 gernden *C.*   da sie bey lebṅ *F.*   3 nach bey besaß *F.*   5 ich] Vnd *F.*   7 das
ist *F.*   8 und] vnd doch *F.*   ersehen *F.*   9 mir] *fehlt C.*   liep] lob *F.*

Erschließungshilfen

Zu zahlreichen Schlüsselwörtern des Minnesangs (*trûren, vreude, nôt, wân, schœne, êre, lôn, kumber, trôst, liebe*) vgl. das Begriffsglossar.

I, 8: *ruochen*: hier ‚mögen‘, ‚geneigt sein‘.
I, 9: *von schulden*: ‚mit Recht‘.

II, 1f.: *helfen* kann im Mhd. auch mit dem Akk. stehen; die Lesart in E hingegen zeigt die Verwendung mit dem Dativ.
II, 4: Exzipierende Konstruktion: ‚… wenn mich nicht ein *wân* trügt‘.
II, 9: *dazs = daz si*.

III, 5: Konjektural hergestellter Vers; zugrunde liegt die Annahme einer Konstruktion *entwîch tuon* im Sinne von ‚beiseite schieben‘, ‚verdrängen‘; vgl. auch den Textkritischen Kommentar.
III, 6: *gefurrieren*: hier ‚ausstatten‘, ‚schmücken‘.

IV, 3: *gebüezen*: ‚Abhilfe schaffen für etwas‘.
IV, 4: *ruoche*: zu ergänzen ist das hier fehlende Pronomen ‚ich‘: ‚es ist mir gleichgültig …‘.
eht: ein semantisch schwer bestimmbares, in jedem Fall aber wenig bedeutsames Füllselwort, nhd. etwa: ‚nun‘, ‚nun einmal‘.
IV, 9: ‚Nun möge es mir so geschehen, wie ich es mir von ihr erhoffe.‘ Auch denkbar: ‚Nun möge mir alles geschehen – ich glaube an sie‘ (*als = allez*; vgl. auch den Textkritischen Kommentar).

V, 6: *betœren*: hier ‚zum Toren/Narren machen‘.

95

CE: I–III   Text nach *CE auf der Basis von C

I   Die grîsen wolten michs überkomen,   121,33
    diu welt gestüende trûreklîcher nie
    und hete an fröiden ab genomen;
    doch streit ich zornlîche wider sie,
  5   Si möhtens wol *gewalten* –
    ez wirt niemer wâr!
    mir was ir rede swâr.
    sus streit ich mit den alten;   122,1
    die hânt den strît behalten
  10   nû wol lenger denne ein jâr.

II   Mîn ouge michel wunder siht,   122,4
    die ez vil wirs verdienen kunnen denne ich,
    daz dien sô schœne heil geschiht.
    ouwê welt, wie kumt ez umbe dich!
  5   Ist got selch ebenære?
    er gît dem einen gewin –
    dem andern sin.
    sô wæne ich, alse mære
    ein rîcher tôre wære,
  10   sô rîch, als ich armer bin.

III

---

95 I *432 [455] C, 135 E.*
1 mich des *CE.* wider striten *C.*   4 zorniclichen *E.*   5 mohtēs *C.* wol gedagen *kein Reimpunkt*
CE.
  II *433 [456] C, 136 E.*
3 schŏn *E.*   10 als ich] so ich *E.*

III   Hie vor, dôs alle wâren vrô,   122,14
        dô wolte nieman hœren mîne klage;
        nû ist sumelîchen sô,
        daz si mir wol gelouben, swaz ich in sage.
   5   Nû müeze got erwenden
        unser arbeit
        und gebe uns sælikeit,
        daz wir die sorge swenden.
        ouwê möhte ez verenden!
  10   ich hân ein sunderleit.

III *434 [457] C, 137 E.*
1 Hie bevor *E.*   do wir alle *C.*   9 ez] ich *C.*   10 svnder leit *CE.*

Erschließungshilfen

Dieser Ton weist sangspruchartige Züge auf, und die drei Strophen stehen nur in einem losen inhaltlichen Zusammenhang – grundsätzlich ist denkbar, dass sie zu unterschiedlichen Zeiten gedichtet und/oder vorgetragen worden sind. Hinweise auf eine Gesamtdeutung des Tons bei Schweikle, Bd. 2, S. 748 ff.

I, 1: *überkomen*: ‚überreden‘, ‚überzeugen‘.

I, 5: ‚Sie könnten es durchaus mit Gewalt erzwingen‘ (das wichtige Verb ist allerdings eine Konjektur – vgl. den Textkritischen Kommentar).

I, 9: *den strît behalten*: ‚den Sieg erringen‘.

II, 5: *ebenære*: ‚Gleichmacher‘; hier ironisch verwendet im Sinne von: ‚Ist Gott solch ein gerechter Verteiler …?‘

II, 8 – 10: Das Verständnis dieser Verse ist schwierig; im Laufe der Walther-Philologie wurden viele unterschiedliche Versuche gemacht. Vorschlag hier: ‚Daher glaube ich, dass ein reicher Tor, der so reich ist wie ich arm (= *armer*, hier flektiertes Adjektiv) bin, so hoch angesehen (= *mære*) ist‘.

III, 10: *sunderleit*: Der Text sagt nicht, worin dieses ‚besondere Leid‘ des sprechenden Ichs besteht; will man einen Bezug zu II sehen, dann könnte dieses *sunderleit* die Ungerechtigkeiten meinen, die dort angesprochen sind.

96

CE: I–IV   Text nach *CE auf der Basis von C

I   Ein meister las,   122,24
      troume und spiegelglas,
      daz sî zem winde
      bî der stæte sîn gezalt.
   5 loup und gras,
      daz ie mîn fröide was,
      – swie ich nû erwinde,
      ich dunke mich alsô gestalt –
          Dar zuo bluomen manicvalt,
  10   diu heide rôt, der grüene walt,
          der vogellîn sanc ein trûric ende hât,
          dar zuo der linde
          süeze und linde.
          sô wê dir, Welt, wie dirz gebende stât!

II   Ein tumber wân,   122,38
      den ich zer welte hân,
      der ist wandelbære,   123,1
      wand er bœsez ende gît.
   5 ich solte in *lân*,
      wan ich mich wol verstân,
      daz er iht gebære
      mîner sêle grôze*n nît*.
          Mîn armez leben in sorgen lît,
  10   der buoze wære michel zît.
          nû vorhte ich siecher man den grimmen tôt,
          daz er mit swære
          an mir gebære.
          vor vorhten bleichent mir diu wangen rôt.

                                             III

---

96 I *435 [458] C, 197 E.*
1 Ein] Min *E.*   12 der] ein *E.*
  II *436 [459] C, 198 E.*
4 bôzs *C.*   5 lassen *CE.*   8 grosse not *CE.*   14 die wange *E.*

III   Wie sol ein man,   123,13
        der niuwan sünden kan,
        ⟨des hân⟩ gedingen
        oder gewinnen hôhen muot?
   5 sît ich gewan
        den muot, daz ich began
        zer welte dingen,
        merken übel unde guot,
           Dô greif ich, als ein tôre tuot,
  10 zer vinstern hant rehte in die gluot
        und mêrte ie dem tievel sînen schal.
        des muoz ich ringen
        mit *geringen*:
        nû ringe und senfte ouch Jêsus mînen val.

IV   Heiliger Crist,   123,27
        sît dû gewaltic bist
        der welte gemeine,
        die nâch dir gebildet sint,
   5 gip mir die list,
        daz ich ⌐in kurzer vrist
        dich gemeine
        alsam dîne erwelten kint⌐.
           Ich was mit geschenden ougen blint
  10 und aller guoten dinge ein kint,
        swie ich mîne missetât der welte hal.
        mache mich reine,
        ê mîn ⟨unreine⟩
        sêle versinke in daz verlorne tal.

III *437 [460] C, 199 E.*

3 des hân] *fehlt CE.*   8 merkent *E.*   13 mit sorgen *Punkt CE.*

IV *438 [461] C, 200 E.*

4 sin *C.*   6−8 das ich dich in kvrzer vrist *Reimpunkt* alsam dine erwelten kint *Reimpunkt* gemeine
    Reimpunkt CE.   13 unreine] *fehlt CE.*   14 versenke sich in *E.*

Erschließungshilfen

I, 3f.: ‚… dass sie, was Beständigkeit angeht, dem Wind gleichen.'

I, 7: *erwinden*: ‚sich enden'; hier im Sinne von ‚dem Ende des Lebens entgegen gehen'.

I, 12/13: In V. 12 ist mit dem Wort *linde* der Baum gemeint, in V. 13 ist es ein Adjektiv in der Bedeutung ‚weich', ‚sanft', ‚milde'.

I, 14: *gebende*: ‚Kopfbedeckung'; vgl. das Begriffsglossar.

II, 1: *wân*: vgl. das Begriffsglossar.

II, 7f.: ‚damit er meiner Seele nicht großes Unglück beschere'.

II, 13: *gebære*: von *gebâren* im Sinne von ‚verfahren'; die Form könnte auch auf das starke Verb *gebern* zurückgehen (eigentlich ‚hervorbringen', vgl. V. 7), was allerdings semantisch nicht passt.

III, 3: *gedingen*: in der hier konjizierten Umgebung als Nomen aufgefasst: ‚Hoffnung'.

III, 7: *dingen*: hier ‚Hoffnung haben auf'.

III, 10: *zer vinstern hant*: ‚zur linken Hand'; vgl. auch den Textkritischen Kommentar.

III, 12f.: ‚deshalb muss ich mit Mühe kämpfen'.

III, 14: *ringen*: hier ‚erleichtern'.

IV, 2f.: *gewaltic sîn*: ‚Gewalt haben über'.

IV, 3: *gemeine*: hier am ehesten als ‚Gemeinschaft' (Nomen) aufzufassen; denkbar aber auch als nachgestelltes Adjektiv zu *welte*, dann müsste *gewaltic sîn* mit dem Genitiv konstruiert sein.

IV, 7: *gemeinen*: von *meinen* im Sinne von ‚lieben'.

IV, 11: *hal* < *heln*: ‚verstecken', ‚verbergen'.

97

C: I–III
E: I₁₋₉
wˣ: III₄₋₁₂   Text nach C

I Owê, war sint verswunden alliu mîniu jâr!   124,1
   ist mîn leben mir getroumet, oder ist ez wâr?
   daz ich ie wânde, daz iht wære, was daz iht?
   dar nâch hân ich geslâfen und enweiz ez niht.
5 nû bin ich erwachet und ist mir unbekant,
   daz mir hie vor was kündic als mîn ander hant.
   liute und lant, dannan ich von kinde bin *gezogen*,
   die sint mir frœmde worden, reht als ob ez sî ge*l*ogen.
   die mîne gespiln wâren, die sint træge unde alt.
10 bereitet ist daz velt, verhouwen ist der walt.
   wan daz daz wazzer fliuzet, als ez wîlent vlôz,
   für wâr, ich wânde, mîn ungelücke wurde grôz.
   mich grüezet maniger trâge, der mich bekande ê wol,
   diu welt ist allenthalben ungnâden vol.
15 als ich gedenke an manigen wunneklîchen tac,
   die mir sint enphallen, als in daz mer ein ſlac,
   iemer mêre ouwê.

                          II

---

97 I *439 [462] C, 212 E.*

1 wa *E.*   2 mir min leben *E.*   6 hie] *fehlt E.*   7 dannā (danne *E*) ich von kinde bin geborn
CE.   8 gelegen *C.*   9 die mine *Ende der Überlieferung E.*   16 flac *C.*

II   Owê, wie jæmerlîche junge liute tuont,   124,18
        den *hô* vil niuweclîche ir gemüete stuont,
        die kunnen niuwan sorgen, owê, wie tuont si sô?
        swar ich zer werlte kêre, dâ ist nieman vrô,
   5   tanzen, singen zergât mi*t* sorgen gar.
        nie kristenman gesach sô jæmerlîche jâr.
        nû merkent, wie den frouwen ir gebende stât,
        die stolzen ritter tragent dörpellîche wât.
        uns sint unsenfte brieve her von Rôme komen,
  10   uns ist erloubet trûren und frôide gar benomen.
        daz müet mich inneklîchen sêre – wir lebten ie vil wol –,
        daz ich nû für mîn lachen weinen kiesen sol.
        die wilden vogel betrüebet unser clage,
        waz wunders ist, ob ich dâ von verzage?
  15   waz spriche ich tumber man durch mînen bœsen zorn?
        swer dirre wunne volget, der hât jene dort verlorn,
        iemer mêr ouwê.

III   Owê, wie uns mit süezen dingen ist vergeben!   124,35
        ich sihe die bittern gallen mitten in dem honige sweben:
        diu welt ist ûzen schœne, wîz, grüen und rôt,
        und innan swarzer varwe, vinster sam der tôt.
   5   swen si nû verleitet habe, der schouwe sînen trôst:
        er wirt mit swacher buoze grôzer sünde erlôst.
        dar an gedenkent, ritter, ez ist iuwer [ ] dinc.   125,1
        ir tragent die liehten helme und manigen herten rinc,
        dar zuo die vesten schilte und die gewîhten swert.
  10   wolte got, wær ich der signünfte wert!
        sô wolte ich nôtic man verdienen rîchen solt.
        joch meine ich nit die huoben noch der hêrren golt,
        ich wolte selbe crône êweklîchen tragen,
        die möhte ein soldener mit sîme sper bejagen.
  15   möhte ich die lieben reise gevarn über sê,
        sô wolte ich denne singen wol unde niemer mêr ouwê.

II *440 [463] C.*
2 hô] nv *C.*   4 ist ist *C.*   5 mit] mir *C.*
III *441 [464] C, 1 w*^x *(teilweise unleserlich).*
4 varwe *Beginn der Überlieferung w*^x.   5 habe verleitet *w*^x.   7 ez] daz *w*^x.   úwer úwer *C.*   10
wær] wen wer *w*^x.   segenunge *w*^x.   11 richen *Ende der lesbaren Überlieferung w*^x.

Erschließungshilfen

I, 7 f.: Zwei Verständnismöglichkeiten: a) ‚Leute und Land, durch die ich von Kindheit an aufgezogen wurde …‘ oder b) ‚Leute und Land, von denen ich als junger Mann weggezogen bin …‘; vgl. den Textkritischen Kommentar mit näheren Erläuterungen.

I, 10: *verhouwen*: ‚gerodet‘.

I, 11: *wan daz*: ‚nur‘.

II, 2: ‚die vor Kurzem (neulich) hochgemut waren‘; vgl. auch den Textkritischen Kommentar.

II, 7: *gebende*: ‚Kopfbedeckung‘; hier ist gemeint, dass die Kleiderordnung nicht mehr den Konventionen entspricht. Vgl. auch das Begriffsglossar.

II, 9: Das Gros der Forschung identifiziert die *brieve* mit den Enzykliken Papst Gregors IX. vom 1. und 8. Oktober 1227, in denen den deutschen Bischöfen und Fürsten die Exkommunikation Kaisers Friedrichs II. verkündet wurde. Vgl. dazu ausführlich Volkmann, 1987, S. 363–408, der allerdings die *brieve* als Anspielung auf die an Friedrich und die Kreuzfahrer gerichteten und die Notlage des Heiligen Landes beklagenden päpstlichen Kreuzzugsaufrufe seit 1218 versteht.

III, 1: *vergeben*: hier ‚vergiften‘.

III, 8: *rinc*: ‚Ring‘, gemeint ist hier wohl ein Kettenhemd, das aus vielen Ringen besteht.

III, 12: *huobe*: ‚Hufe‘ im Sinne von ‚Land einer gewissen Größe‘.

III, 13 f.: *selbe*: nicht Adjektiv zu *crône*, sondern Adverb: ‚ich selbst‘; gemeint kann die Himmelskrone sein. Der *soldener* wird in der Forschung meist mit Longinus identifiziert, der Christus mit seinem Speer in die Seite stach. Nach Joh. 19, 34 war es indes ein namentlich nicht genannter Soldat. Die im Mittelalter kursierenden legendarischen Berichte variieren insofern, als der Lanzenstich zum Gnadenakt wird, der den leidenden Christus von den Folterqualen erlöst – in dieser Version ist der Söldner, der mit Longinus identifiziert wird, positiv besetzt. Vgl. auch Walther 11, V (L. 37,14). – Es ist aber auch denkbar, dass hier bloß ein Kreuzfahrer gemeint ist.

III, 15: *ich*: Ob wir in diesem *ich* die historische Person Walther von der Vogelweide sehen dürfen, wurde und wird kontrovers diskutiert.

ANHANG

In Fortführung der überlieferungsorientierten Anordnung der Ausgabe, die von den handschriftlichen Zuschreibungen, nicht vom Echtheitsurteil der Forschung ausgeht, sind im Anhang die Töne und Strophen zusammengestellt, die über die Texte im Hauptteil hinaus in der Überlieferung in einen mehr oder minder deutlichen Bezug zu Walther gebracht wurden. Sie sollen damit für die Diskussion um die Aussagekraft solcher Zuschreibungen bereitgestellt werden. Vor allem sind alle Töne und Strophen aufgenommen, die in früheren Auflagen verstreut in den Anmerkungen, als Unechte Lieder *von Lachmanns Vorrede oder als* Neue Lieder und Sprüche, *die C. von Kraus aufgrund neuer Handschriftenfunde einbezog, abgedruckt oder verzeichnet waren, soweit sie nicht als Zusatzstrophen zu den entsprechenden Tönen der Bücher I—IV gestellt wurden. Es sind dies*

1. *Töne, die Walther in wenigstens einer Handschrift namentlich zugewiesen werden,*
2. *Töne, die ohne namentliche Zuweisung, aber im Kontext von Tönen Walthers überliefert sind,*
3. *Strophen in Tönen Walthers,*
3a. *Strophen in Tönen Walthers mit fremder Autorenzuschreibung,*
3b. *Namen- und kontextlose Strophen in Tönen Walthers,*
4. *Strophen, für die Walthers Autorschaft in Erwägung gezogen wurde.*

Die Nummerierung der Töne in 1 und 2 setzt neu mit 101 an, da die C-Reihe von Buch IV hier keine Fortsetzung findet. Die Strophen in 3 erscheinen unter der Tonnummer des Hauptteils, werden aber durch Index bei der Strophennummer unterschieden.

Die Strophen werden jeweils nach den Handschriften ediert, die sie Walther zuschreiben oder seine Autorschaft vermuten lassen, in einzelnen besonderen Fällen sind lediglich die Strophenanfänge verzeichnet. Die Lesarten der übrigen Handschriften sind in der Regel im Apparat notiert. Auf andere Editionen unter konkurrierender Zuschreibung ist jeweils im Textkritischen Kommentar hingewiesen.

1. Töne, die Walther in wenigstens einer Handschrift zugewiesen werden

101

A: II III IV I
E: I–V
Uˣ: I–V
C: I II V III IV Rudolf von Rotenburg
c: II III I Neidhart   Text nach Uˣ

I Mir saget ein ellender pilgerîn   KLD 49.XII,1
   ungevrâget von der vrowen mîn,
   daz si wære
   schœne unde wol gemuot.
 5 daz was mir ein mære,
   daz [ ] mir in deme herzen sanfte tuot.

II ›Hiute geb ir got vil guoten tac,   KLD 49.XII,2
   die ich anders niht gegrüezen mac‹,
   sprich ich immer
   alle morgen vruo
 5 und vergizz ir nimmer
   gegen dem âbent guoter naht dar zuo.

III

---

101 I *129 A, 33 E, 19 Uˣ, Her Rŭdolf von Rotenburg 18 C, Neidhart 114,3 c.*
1 enlender *E.*   pelegrim *Uˣ.*   3/4 wie si schŏne were *Reimpunkt* vñ da bi wol gemŭt *C.*   3/5
wˢe: mare *Uˣ.*   3 Daz] er iach dc *A.*   5 was] ist *C.*   6 daz was mir *Uˣ.*   in] an *AC.*
c überliefert die Strophe in folgender Form: Mir hat ein ellender pillgraim gesagt / von der frawen mein vor
Vngevragt(?) er sagt sie wer schoñ vnd auch Wolgemŭt / das ist ein liebes mère / das mir an dem
herczen sannfft tütt.

II *126 A, 34 E, 20 Uˣ, Her Rŭdolf von Rotenburg 19 C, Neidhart 114,1 c.*
1 Got der gebe der lieben gŭtē tag *CE.*   2 die ich] died ich *Uˣ*, der ich *AC*, sit ir *E.*   3 also
sprich *ACE.*   immer] *fehlt E.*   4 alle] wider dē *CE.*   6 gegen dem] widˢ dē *CE.*   gŭte *E.*   zv
Uˣ.
c überliefert die Strophe in folgender Form: Got geb der lieben guten tag / die Ich annders nit gegrüssen
mag / also sprich ich alczeit an dem morgen frù / vnd vergiß Ir nymˢ an dem abent / ein gute nacht
darczu.

III   Sie bat mich, dô ich jungest von ir schiet,   KLD 49.XII,4
        daz ich ir gerne sante mîne liet.
        die solt ich ⌐ir senden¬,
        wess ich, bî weme,
   5 ders ir wîzen henden
        schône bring und ir ze boten gezeme.

IV   Waz ob mich ein bote versûmte gare?   KLD 49.XII,5
        ich wil mê dan tûsent senden dare.
        dazs ir bringen
        disen vil süezen sanc.
   5 sôs in schône singen,
        sô wirt mir doch ein habedanc.

V   Mîner sinn ich halber dâ vergaz,   KLD 49.XII,3
        dô ich urlop nam und sî gesaz
        vor mir schône
        sam der âbentrôt.
   5 wart mir iht ze lône,
        daz was undersniten mit senender nôt.

III *127 A, 35 E, 21 U^x, Her Rûdolf von Rotenburg 21 C, Neidhart 114,2 c.*
2 dc ich ir sante mine nvwen (senden *C*) liet *AC.* sante] sůnge *E.*   3 wolte *C.* senden ir
U^x.   4/5 wem: gezem *A.*   4 nv en weiz ich *AC.*   5 witzen *U^x.* hende *A*, handen *E.*
6 bringe vñ ir zeboten wol gezeme *E.* brahte *A.* ir] mir *C.* zeme *C.*
c überliefert die Strophe in folgender Form: Doich aller Jungst von Ir schied / sie bat mich das ich sǫnge und
auch sandt ir lied / die wolt ich Ir nu senden west ich nu bei (*verbessert aus* bes) wem / der ir weissen
hendenn / vnd ir zu einē poten wolgeczeme.
    IV *128 A, 36 E, 22 U^x, Her Rûdolf von Rotenburg 22 C.*
1/2 gar: dar *ACE.*   1 botez (?) *U^x.* v^csumet *AC.*   2 wil] můz *E.*   3 die ir bringen *E*, so si
ir alle bringent *C.* ir] ir alle *A.*   4 disen vil süezen sanc] disen sůzzen sanc *E*, minen sv̌zen *A.* di-
sen] den *C.*   5 sôs in] vñ in *A*, vñ in ir *C.* singent *C.*   6 doch] vil lihte *AC*, niht *E.*
    V *37 E, 23 U^x, Her Rûdolf von Rotenburg 20 C.*
1 ich do halber *E.* alb^s (h *rasiert?*) *U^x.*   2 dod *U^x.* si so sas *C.*   3 si bran vf schone *C.*
4 sam] so *E.*   5 wirt *C.*   6 dast vnder snitten gar mit sender not *C.* send^s *E.*

Erschließungshilfen

I, 1: *ellend*: ,fremd'.

II, 5 f.: ,und ich vergesse niemals, ihr am Abend eine gute Nacht zu wünschen'.

III, 2: *liet*: ,Strophe'; hier Plural.
III, 5: *ders* = *der si*.

IV, 1: *versûmen*: hier ,im Stich lassen'.
IV, 5: *sôs* = *sô si*.

V, 2: *urlop*: ,Abschied'.

102

A: I–III
F: I III II
C: I III II Rubin   Text nach A

I   Werder gruoz von frowen munde,   KLD 47.XIV,1
    der fröit ûf und ûf von grunde
    baz danne alle*r* vogele singen.
    kan aber ieman vrô belîben
 5 anders iht wan bî den wîben,
    furder, swer des habe gedingen!
        Waz gelîchet sich dar zuo?
        swer nû wunne   prüeven kunne,
        der sage, waz ime sanfter tuo.

II Wîlen fragt ich der mære,   KLD 47.XIV,2
    waz für trûren sanfter wære.
    daz wolte ich vil gerne schowen.
    dô hôrt ich die wîsen ræte,
 5 daz och niht sô sanfte tæte
    sô diu vröide von den frowen.
        Von den ist ez mir geschehen
        sunder lougen,   swaz diu ougen
        ganzer fröide habent gesehen.

                                III

---

102 I *144 A, 11 F, Her Rubin 37 C.*
2 grv́nde *A.*   3 alle *A,* al dˢ *C.*   vogelein *F.*   4 kan] Mag *F.*   5 wan] dañ *F.*   6 frey̌ von
swere ane iungelingꝛ *F.*   8 swer] der *C.*   prv̌wen *A,* probiren *F.*   9 der sage mir was Im sein
frunde *F.*

II *145 A, 13 F, Her Rubin 39 C.*
1 Sibilla fragete *F.*   einer mere *CF.*   2 für trûren] vor troy̌e *F.*   sumffter *F,* senfte *C.*   3 vil] *fehlt*
F.   4 do volget ich (doch hett ich *F*) dˢ wisē rete *CF.*   5 och] es *C, fehlt F.*   6 von] bey *F.*   7
dc ist mir vō ir beschehē *C,* Was Ist mir von Ir geschehꝛ *F.*   9 fröide] tvgēde *CF.*   ersehen *C.*

III   Sist vil guot, daz ich wol swüere,   KLD 47.XIV,3
       der diu rîche gar durvüere,
       von dem orte unz an daz ende,
       der envunde ir niender eine,
   5   diu mich alsô rehte reine
       dûhte âne alle missewende.
           Obe siz doch diu beste sî?
           nein si, hêrre   dest ir verre,
           sî getuo mich sorgen vrî.

III *146 A, 12 F, Her Rubin 38 C.*
1/2 swere: durch vere *F.*   1 vil] so *C, fehlt F.*   2 der] wer *F.*   3 unz] bisz *F.*   4 Da nun fünd
ich nynndert eine *F.* envumde *A.*   6 alles *F.*   7 siz doch] sie es nun *F,* si nv *C.* si] *fehlt F.*   8
dèst ir] es ist gar *F.*   9 sie nun zu mir steyget freÿ *F.* sin entv̊ *C.*

Erschließungshilfen

Zu zahlreichen Schlüsselwörtern des Minnesangs (*gedinge, wunne, vröide, ougen, rein, sorge, trûren*) vgl. das Begriffsglossar.

I, 6: *furder*: hier etwa ‚nur zu‘, ‚wohlan‘.

III, 3: *von dem orte*: ‚vom Anfang …‘.

III, 7: *siz = si ez*; das *ez* kann in der Übersetzung übergangen werden; zur Konstruktion vgl. Paul, Mhd. Gr., 2007, § S 113.

III, 8: *nein si =* ‚nein, sie ist es nicht‘.

III, 9: Exzipierende Konstruktion: ‚… wenn sie mich nicht von Sorgen befreit.‘

103

A

Jâ lige ich mi*t* gedanken   der alrebesten bî.   XIII,1
mir ist leit, daz ich si ie gesach,   sol sî mir fremede sîn.
ich enmac ir niut vergezzen   deheine zît; sist guot
und ist behuot.
5 des trûret mir der muot.
ir sult mir alle helfen clagen   diu leit, diu man an ir tuot.

103 *42 A.*
1 mir *A.*

Erschließungshilfen

1: *bîligen*: vgl. das Begriffsglossar.
4: *behuot* < *behüeten*: ‚geschützt'; vgl. *huote* im Begriffsglossar.

104

C: I–IV
J: I–IV Rumelant   Text nach C

I   Got in vier elementen   HMS 45.LXXIII,1
    sich erscheinet.
    ob wir den niht rehte erkenten,
    der uns hât gereinet,
5   aller sünden smitten
    wuosch ⟨*uns abe sîn bluot*⟩,
    sîn fleisch wart durchstochen
    sam diu erde,
    diu mit pflüegen wirt gebrochen;
10 dar nâch der vil werde
    an dem kriuze enmitten
    hienc; sîn fruht ist guot,
        Die uns sîn fleischlich erde in acker brâhte.
        ze der sâte er wart gepflüeget an der marter,
15   dô er der menschen brœdekeit bedâhte,
        dô wart diu menscheit im trûter und zarter.
    nû kumt sî*n erbarmen*
    uns ze trôste,
    sît daz er den fröiden armen
20 genædeklich erlôste
    von des tievels keten ûz der helle gluot.

II

---

104 I *344 [360] C, Rvmelant 1 J.*
6 wůsh *C.*   uns abe sîn bluot] *fehlt C.*   9 tzů brochen *J.*   11 mitten *J.*   14 ze der] tzů *J.*   an]
in *J.*   15 der menschen] mensliche *J.*   16 diu] *fehlt J.*   17 sinre bermde *C.*   19 den] die
J.   21 kyten *J.*

II   Wer mac daz begrîfen   HMS 45.LXXIII,2
       al mit sinne,
       wie man twinget in den pfîfen
       luft, daz sî gewinne
5   süezer dœne schellen
       kreftic unde lût?
       von im selben kunde
       luft niht bringen
       alsô guoter dœne funde,
10   ⟨des⟩ muoz man sie twingen,
       steigen unde vellen,
       dâ von wirt si trût.
          Sam ist uns Got herzeklîchen trûter,
       sît daz der luft in sînes herzen grunde
15   getwungen wart sô reine, süeze, lûter.
       der lüfte galm erschal im ûz dem munde,
       dô des kriuzes fürste
       sprach mit swære
       jæmerlîchen, daz in dürste
20   und ez vollekomen wære.
       er brâhte ûz der helle manic sêle brût.

                 III

III   Viur ist niht sô kreftic   HMS 45.LXXIII,3
       heiz aleine,
       êr im sîn natûre zuo scheftic
       wirt. wie manz meine,
    5 des ist ungelêret
       maniger hande man.
       mit den blâsbalgen
       viur wirt gepînet,
       daz ez muoz vor winden walgen,
   10 daz sîn *gluot* erschînet,
       krefteklich gemêret
       wirt sîn hitze dan.
          Alsô wart Gotes barmekeit geblâsen,
          manges juden balges âtem an sp*îte*
  15 sînen lîp, dô ⟨er⟩ enpfienc vil manic marter mâsen,
       dâ von sîn lop erhillet alsô wît*e.*
       nû sîn genâden güete
       heize brinnet,
       in der wâren minne glüete
  20 er die menschen minnet.
       des sî Got gehêret, der daz allez kan.

IV

III *346 [362] C, Rvmelant 3 J.*
3 e *Punkt* sin martyr ym tzv sceftich *J.*   4 wirt wie manz] wert *Punkt* wye man daz *J.*   8 wirt gepynet *Punkt* vivr *J.*   9 wynde *J.*   10 gelôte *C*, glǔte *J.*   11 kreftelichen meret *J.*   13/15 geblosen: mosē *C.*   14 vil maniges *J.* spietē *C.*   15 Dyn lib *J.* er] *fehlt C.* manic] *fehlt J.*   16 er klynget *J.* wit *C.*   18 heyzer *J.*   20 div menscheit *J.*   21 geeret *J.*

IV   Wazzer hât nat*iu*re   HMS 45.LXXIII,4
          kalt gestellet,
          wan betwinget ez mit fiure,
          daz sîn walm erwellet,
5   dar inne râwe spîse
          wirt gemachet gar.
          sunder twingen siudet
          wazzer selten;
          wer mich mit künste verg*iu*det,
10   des muoz ich engelten.
          ob ich daz bewîse,
          des wirt man gewar:
                Crist ist gelîch dem wazzer an den sachen,
                ie wesender Got, stark, ê er mensche wurde.
15   ist wazzer stark, daz mac man sterker machen;
                sam tet sich Got mit sîner menschen burde:
                Cristes ouge wazzer
                sot in walme.
                wart sîn menscheit freuden lazzer
20   von des tôdes qualme,
                des stêt er ze prîse, vo*n* missewende bar.

IV *347 [363] C, Rvmelant 4 J.*

1 nature *C.*   5 daz eyn roe spise *J.*   9 swer mich des myt kvnst vů gudet *J.*   vᵉgvdet *C.*   13
Crist] Got *J.*   an den] in dysen *J.*   14 e *Punkt* wesender *J.*   17 ougen *J.*   20 von] in *J.*   21
tzů prisende myssewende bar *J.*   von] vor *C.*

Erschließungshilfen

Das Programm, das in der ersten Strophe in den Versen 1 und 2 angekündigt wird (‚Gott erscheint in den vier Elementen‘), wird in den vier Strophen des Tons ausgeführt (I: Erde; II: Luft; III: Feuer; IV: Wasser). – Vgl. Kern, 2000.

I, 3: ‚auch wenn wir den nicht umfassend erkennen‘.

I, 5: *smitte*: wohl eine unverschobene (niederdeutsche) Form zu *smitze*; BMZ und Lexer geben ‚Fleck‘, ‚Makel‘ als Bedeutung an – nur unter Verweis auf diese Stelle. Allerdings verzeichnet das mittelniederdeutsche Wörterbuch (Schiller-Lübben) mehrere Belege für ndt. *smitte* = ‚Fleck‘, auch im moralischen Sinn. Diese nddt. Form ist sicher auch ein Hinweis auf Rumzlant (von Sachsen) als Verfasser.

I, 15: *bedâhte* < *bedenken* (nicht < *bedecken*; das Prät. wäre dann kurz: *bedahte*).

II, 7: *von im selben*: ‚von allein‘.

II, 16: *galm*: ‚Schall‘, ‚Ton‘.

III, 3: *zuo scheftic*: Das Wort *scheftec* ist schlecht belegt; im Verbund mit *zuo* nur für unsere Stelle; die Wbb. sind sich unsicher, ob ein Kompositum *zuoscheftec* anzusetzen ist. Ich gehe einstweilen davon aus, dass *zuo* als Adverb verstärkenden Charakter hat (‚sehr‘): ‚… bevor seine Natur sehr geschäftig wird‘.

III, 4: *meinen*: hier wohl ‚auslegen‘, ‚verstehen‘.

III, 14: *spîte* < *spî(w)en*: ‚anspeien‘.

IV, 1: *Natiure* ist Subjekt, *wazzer* Akk.-Objekt.

IV, 2: *kalt gestellet*: ‚kalt gemacht‘.

IV, 9: *vergiuden*: Mit dem Präfix *ver-* nur für diese Stelle belegt; das Grundwort bedeutet: ‚großtun‘, ‚prahlen‘. *giuden* ist nicht transitiv belegt, daher ist ein genaues Verständnis schwierig. Es dürfte in folgende Richtung gehen: ‚wer mich mit Kunst prahlend übertrifft …‘; vgl. auch Kern, 2000.

IV, 13: *an den sachen*: ‚darin‘.

IV, 19: *lazzer*: Komparativ zu *laz* = ‚matt‘, ‚träge‘, hier eher: ‚frei‘, ‚ledig‘.

105

105

I–III *468–470 C, Meist⁵ heinrh Teschler 37–39 C.*

C überliefert das Lied außer unter den Tönen Meister Heinrich Teschlers auch am Ende der Walther-Sammlung im Anschluß an 444 [467], dort aber nachträglich von anderer Hand mit der Überschrift Meist⁵ heinrh Teschler *versehen.*

106

EO: I–V
s: IV V
A: I–IV Truchseß von St. Gallen
C: I–V Walther von Mezze   Text nach E

I   Sich huob ein ungefüeger zorn   KLD 62.IV,1
      von guoten friunden umbe ein wîp.
      den hânt sie beidenthalp verkorn,
      mîn herze wider mînen lîp.
5   Dem herzen wolten ougen helfen minnen,
      dâ wider streit der lîp mit allen [ ] sinnen.
      dar zuo begonden sî mich laden.
      ichn weiz, wes ich mich underwant,
      daz ich sie ſuonde ûf mînen schaden.

II   Zehant dô sie versuonden sich   KLD 62.IV,2
      durch mînen willen, als ich bat,
      dô tâtens übel wider mich,
      daz sie mich von der selben stat
5   Enliezen weder wîchen noch gewenden;
      ichn gelobte, daz ich in hülfe verenden.
      daz hân ich ûf ein dinc getân:
      ob wir gewinnen, des wir gern,
      sô wellen sie mich teiln lân.

                         III

---

106 *Leserlichkeit von O durch Abrieb oder Beschnitt teilweise beeinträchtigt.*

I *138 E, 8 O, Der Trvhsze von S. Gallen 97 A, Her Walther von Meʒʒe 12 C.*
3 nv hant si beide vf mich gesworn *A*, nv hant sich beidenthalb vᶠsworn *C.* sie en beident halp
O. 4 mîn] dc *AC.* 5 dc hᶠze wil dē ŏgen helfen mīnē *C.* dʋ̈ ŏgen *AO.* 6 streit] strep *A*,
strebt *C.* sinen sinnen *AE.* 7 nv hant si mich darzv geladen *A.* sich mich *E.* 9 suonde]
fv̊nde *E*, svnt svnt *O.*

II *139 E, 9 O, Der Trvhsze von S. Gallen 98 A, Her Walther von Meʒʒe 13 C.*
1 vᶠstv̊ndē *C.* 2 ich si bat *A.* 3 tetes *A.* 5 nie liezen wider wenken noch gewenden *A*, liezen
widᶠ wichen noh wendē *C.* gewichē *O.* 6 ich lop in dc ich hvlfe ir not volenden *A*, ich enlobt in
e ich enhvlf in ir not vol enden *C*, ene gelobete in hulf ir leit vǔr enden *O.* 7 ûf] vmb *C.* 8
gewinnē wir dc wir da gern *C.* gewinnen] ir werben *O.* 9 dc si mich danne teilen lan *A.*

III   Sie gît uns immer fröide vil,   KLD 62.IV,3
            gewinne wir daz beste wîp.
            vernemet, wie ich denne teiln wil:
            dem herzen lieplîchen lîp,
    5   Mîne sinne scheide ich ir sinnen,
            ir ougen mînen ougen gar zuo minnen,
            sie wil ich immer haben mir
            ze wunnenclîcher stætikeit
            und mich sel*b*en geben ir.

IV   Wenne daz ich *minnec*lîchen tobe,   KLD 62.IV,4
            sôn bin ich niht ein sinnic man,
            daz ich mir selber daz gelobe,
            des sie mir lîhte niht engan.
    5   Ich wünsche, als ich vil gerne sæhe,
            mir wær liep, daz mir vil wol geschæhe.
            sie sol niht zürnen umbe daz,
            ez tuot mir wol und schadet ir niht,
            und ist mir die wîle dest baz.

                        V

III *140 E, 10 O, Der Trvhsze von S. Gallen 99 A, Her Walther von Mezze 14 C.*
1 Nv han wir iem⁵ wūnē vil *C.*   vroiden *A.*   2 gewinne] erw⁵bē *CO.*   3 nv hôret wie *A,* nv seht
wie *C.*   4 dem h⁵zē h⁵ze dē libe lib *CO.*   dem h⁵ze herzeliebe *A.*   5 ir sinne die bescheide ich
minen sinnen *A,* ir sīne erteile ich minē sīnen *C.*   be scheide *O.*   6 ir ôge *C.* mînen] aninen
A.   gar] al *AC.*   7 si selben wil ich haben mir *ACO.*   8 mīneklich⁵ *C.*   9 vñ wil mich selben
AC.   selten *E.*

IV *141 E, 11 O, 29¹ s, Der Trvhsze von S. Gallen 100 A, Her Walther von Mezze 15 C.*
1 sinnenclichen *E.* tobe] doene *s.*   2 so *A.* ein] wol *AC.*   3 mir selbē *Cs,* mit selbern *A.*   ge-
louie *s.*   4 nien *CO.*   5/6 mir wer eht liep dc mir vil wol geschehe / vñ dc si mich vō h⁵zen gerne
sehe *A.* sehe: geschehe *CEOs.*   5 doh wúnsch ich als ich g⁵ne sehe *C.* also ich g⁵ne *Os.*   6
liep] vil lieb *C.* vil wol] wol *Cs.*   7 ze ne zol nicht zorn om das *s,* dc sol si lazen ane haz *A.* sine
C.   8 ez schat ir niht vñ tv̂t mir wol *A.*   9 und ist mir] mir ist die *ACs.* dest] vil ze *s.*

V   Ez wizzen alle liute niht,   KLD 62.IV,5
      daz wünschen alsô samfte tuot
      und waz dâ heiles von geschiht;
      ez wirt ein herze hôchgemuot.
  5   Ein sælic man mac gerne wol gedenken,
          ern kan den sorgen nimmer baz entwenken.
          ez hât mich dicke dar zuo brâht,
          daz ich mîn selbes hêrre was,
          als ich sô liebe hân gedâht.

V *142 E, 12 O, 29² s, Her Walther von Mezze 16 C.*
1 des ne *(fehlt s)* wezzen al die livte nicht *Os.*   3 und waz dâ heiles von] wc do liebes võ *C.*   von]
abe *O, fehlt s.*   4 dc h⁵ze wirdet wol gemůt *C.*   w.. ge můt *O,* wol gemoet *s.*   5 gedenke *E,* denchē
s.   6 den] *fehlt s.*   baz] *fehlt s.*   7 ez] dc *C.*   mich dicke] mer dich *s.*   8 mins *s.*   9 so ich so
C, wan ich zů *s.*

Erschließungshilfen

Zu zahlreichen Schlüsselwörtern des Minnesangs (*friunt, ougen, lîp, fröide, herz, stæte, sælic, hôchgemuot*) vgl. das Begriffsglossar.

I, 3: *verkorn* < *verkiesen*: hier ‚aufgeben‘.

I, 7: *laden*: zwei Bedeutungen sind denkbar: ‚einladen‘, ‚vorladen‘, ‚auffordern‘ oder aber ‚beladen‘, ‚belasten‘. Je nachdem, wofür man sich entscheidet, erhält die Strophe einen etwas anderen Sinn. Das Pronomen *sî* kann sich entweder auf die Augen oder auf Herz und Körper beziehen.

I, 9: *suonde* < *süenen*: ‚versöhnen‘.

II, 6: *ichn*: hier wohl *ich in* (‚ich ihnen‘); die zunächst nahe liegende Deutung des -n als Negationspartikel muss man mit Blick auf den letzten Strophenteil fallen lassen (was Hs. A stützt); allerdings sei darauf hingewiesen, dass C und O eindeutige Verneinungen aufweisen.

II, 7: *ûf ein dinc*: ‚unter einer Bedingung‘.

II, 9: *teiln*: hier ‚aufteilen‘.

III, 5: *scheide* < *scheiden* (stark und schwach belegt): ‚trennen‘, ‚teilen‘. Diese Grundbedeutung passt hier nicht, man wird wohl *scheiden* im Sinne von *bescheiden* (‚einrichten‘, ‚einen Platz zuweisen‘; so auch Hss. A und O) zu verstehen haben.

IV, 1: *minneclîchen*: hier aufzufassen als ‚durch die / wegen der Liebe‘.

V, 6: *entwenken*: ‚entkommen‘.

107

E: I–V
s: I
C: I–III Walther von Mezze   Text nach E

I   Ich hân ein herze, daz mir noch sol   KLD 62.VII,1
      grôzen frumen oder schaden machen.
      ein varende lôn erwürbe ich wol,
      dô von ich einen sumer möhte lachen.
  5   Als iz denne erwürbe,
          daz wær unstæte sô der clê,
          mit den bluomen ez verdürbe;
          sô müest ich werben aber als ê.
          ze heile müez ez mir ergân,
  10   ich wil eins armen lônes niht,
          mir tuot noch baz ein lieber wân.

II   Sol mir nû leide von ir geschehen,   KLD 62.VII,2
      der ich wol gan, daz ir wol geschæhe,
      sô hân ich mînen schaden *gesehen*;
      mir stüende baz, daz *ich sie* niht ensæhe.
  5   Wirt mir immer wê von minnen,
          sô weiz ich wol, daz sie daz tuot,
          schœner lîp mit reinen sinnen,
          vor merkern wol behuot.
          owê, jô lobe ich sie ze vil,
  10   sie küsset lîhte ein sælic man
          – der wær ich gerne, sie enwil!

                          III

---

107 I *143 E, 68¹ s, Her Walther von Mezze 22 C.*
1/2 mir sol / noh grossen schadē oder frumē *C*, mich zol / Vyl scaden oder vromē *s*.   1 hân] ahabe
(?) C.   3 varndē *C*, varendes *s*.   5 wie dan of ich das erworue *s*.   6 sô] sam *Cs*.   7 Mitten
blůemē ets verdoruen *s*.   9 ze] nah *C*. mich *s*.   10 In wil des armes lones nicht *s*, in ger eins
varnden lones niht *C*.   11 mich frôit noh *C*. lieber] rijcher *s*.
II *144 E, Her Walther von Mezze 23 C.*
1 mir leit *C*.   2/4 geschehe: ensehe (sehe *C*) *CE*.   2 gan] gunde *C*. wol] lieb *C*.   3 mī leit
C. gesehen] getan *E*.   4 noh bessᶜ were mir dc ich ir niht sehe *C*. ich sie] iz *E*.   7 schône
wib *C*.   8 vor allē valsche wol behůt *C*.   10 küsset] mīnet *C*.

III   Der ungezogenen ist sô vil,   KLD 62.VII,3
       die wolgezogen werden*t* schier unmære.
       jô wæn, ich überkêren wil,
       sô rehte sælic sint die lügenære.
   5   Sol man guot und êre erliegen,
       war umbe sprich ich denne wâr?
       ich kan alsô schône triegen,
       als die dâ tragent geverwet hâr.
       die frouwen verkêrent uns den site,
  10   die gerne hœren*t* lôse reden;
       nû haben [ ], daz sie erwerben mite!

IV   ›Vil sælic man, gedenke mîn,   KLD 62.VII,4
       ich hân dir zwêne boten bî gelâzen,
       daz sie dich immer manend*e* sî*n*,
       durch daz sie guotes mannes nie vergâzen.
   5   Mîne triuwe und mîne stæte,
       die zwei hân ich zuo dir gesant.
       dû maht gerne volgen i*r* ræte,
       die dû sô rehte hâst erkant.
       durch reht ich ir geniezen sol
  10   ⟨. . . . .⟩
       sich, bistû guot, sô tuost dû wol.‹

V   Die liebes wal und wehsel hân,   KLD 62.VII,5
       hô und nider, swie manz zuo in versuochet,
       daz mich die niht ungeirret lân,
       des muoz ir beste fröide sîn verfluochet.
   5   Dô in die kurzewîle tohte,
       dar nâch, als in ⌈dô stuont der muot⌉,
       dâ ich in zuo gedienen mohte,
       dô dûhte sie al mîn fröide guot.
       nû blœzen selten sich ir z*a*ne
  10   gein mir ûf minnenclîchen gruoz;
       sô wil ich sie doch genâde man*e*.

III *145 E, Her Walther von Meᵹᵹe 24 C.*
1 vngezogē *C.*   2 werden *E.*   3 ich wene *C.*   4 sit dc so selig sint *C.*   5 guot und êre]
wibes mīne *C.*   6 sprich] seit *C.*   8 als] sam *C.*   9 wib *C.*   den] die *C.*   10 vñ hȯřēt gˢne
lose rede *C.* hȯrcn *E.*   11 haben auch *E.*
    IV *146 E.*
3 mannenden si *E.*   7 irre *E.*   10 *fehlt E.*
    V *147 E.*
6 der mût do stûnt *E.*   9/11 zene: manen *E.*

Erschließungshilfen

Zu zahlreichen Schlüsselwörtern des Minnesangs (*herz, lôn, bluomen, wân, leit, schœne, lîp, merker, sælic, stæte, dienen/dienst, genâde*) vgl. das Begriffsglossar.

I, 3: *varende lôn*: ‚flüchtiger Lohn‘.

II, 8: *vor merkern wol behuot*: ‚beschützt vor den Aufpassern‘; diese Lesart – so ja in E verbürgt – ist hintersinnig, denn traditionell sind die *merkære* dazu da, die Frau zu schützen, hier aber ist die Frau vor den *merkæren* geschützt – und das bedeutet, dass die gesellschaftliche Kontrolle über die Frau nicht mehr greift. Diese Deutung wäre hinfällig, wenn man in E einen Fehler vermutet und eigentlich *von* statt *vor* gemeint war.

III, 3: *überkêren*: Ein Verb *überkêren* ist im Lexer nur einmal für einen sehr späten Text (die Salzburgischen Taidinge) belegt. Die angegebene Bedeutung ‚Weidevieh treiben‘ passt hier nicht. Geht man vom Grundwort *kêren* = ‚sich wenden‘ aus, dann würde das Präfix *über* eine verstärkende Funktion ausüben (vgl. Klein, Solms, Wegera, V 131); Bedeutung hier etwa: ‚ich werde mich voll und ganz abwenden‘.
III, 5: *erliegen*: ‚zusammenlügen‘.
III, 10: *lôse*: ‚leichtfertig‘ (häufig in erotischen Kontexten).
III, 11: Gemeint wohl ‚Nun mögen sie (die Frauen) damit leben, was sie mit ihrem Verhalten erreicht haben‘.

V, 2: ‚… wie auch immer man es (gemeint wohl die Unbeständigkeit) bei ihnen erprobt‘.
V, 3: ‚dass die mich stören‘.
V, 5: *tohte* < *tugen*: ‚nutzen‘.

108

E: I–IV
F: I–II
C: II–IV Rudolf von Fenis   Text nach E

I   Ich was ledic vor allen wîben.   MF XIII.VIII,1
    alsus wande ich frô belîben,
    daz mich keine mê betwunge
    und mich von mînen fröiden drunge.
5   Dô wolte ich, daz mir gelunge,
    sô daz ich doch sanfte runge.
    was daz niht ein tumber muot?
    wer gewan ie sanfte guot?

II Man saget mir, daz liute sterben,   MF XIII.VIII,2
    der sî vil, die verderben,
    sô sie minnent alzuo sêre.
    wâfen, hiute und immer mêre!
5   Wie behalte ich lîp und êre?
    sie ist mir ein teil ze hêre.
    sol sie denne ein frouwe sîn?
    jâ sie, weiz got, immer mîn!

III

---

108 I *187 E, 38 F.*
1 Ich was ledig vor allen weyben das wil ich vor allen frawⁿ singen *F.*   leidic *E.*   2 alsus wånde *E,*
Vnd also wil *F.*   3/4/5/6 betwůnge: drůnge: gelůnge: růnge *E.*   3 ir keine gunt zwingen *F.*   4
Noch von meinⁿ freude dringen *F.*   6 ich doch] *fehlt F.*
II *188 E, 39 F, Graue Růdolf võ Núwenburg 23 C.*
1 Ich horte ie sagen dc lúte ersterbē *C.*   2 der sî vil] der sie auch wunder *F,* ir si wunder *C.*   3
die da mīnē *C.*   mỹnnē also *F.*   4/5 got behv́te mir lib vñ ere *Reimpunkt* ich diene ir iemer swar ich
kere *C.*   6 nv (ja *F*) ist si mir *CF.*   7 sol] wil *C.*   8 immer] *fehlt C.*

III   Wer hât ir gesaget mære,   MF XIII.VIII,3
        daz mir ieman lieber wære?
        der müeze als unsanfte ringen,
        als ich tuon mit seneden dingen.
    5   Sol mir an ir misselingen,
        sô muoz in mîn sorge twingen.
        tôre, kum dîns fluoches abe,
        selbe tæt, selbe habe!

IV   Mir gât einez ime herzen,   MF XIII.VIII,4
        dá von lîde ich manigen smerzen.
        daz ersuochet mir die sinne
        beidenthalben ûzen und inne.
    5   Wê mir, kumet daz von der minne,
        daz i's immer denne beginne!
        wê, war umbe sprich ich daz?
        tuot ez wê, ez tuot ouch baz.

III *189 E, Graue Růdolf vō Núwenburg 24 C.*
1 geseit dú mere *C.*   4 seneden] selbē *C.*   5 misselingen] niht gelingē *C.*   6 in mîn] mich dú
C.   7/8 we war vmbe spriche ich dc *Reimpunkt* tv̊t si we si tv̊t ŏch bas *C, vgl. IV 7/8.*
  IV *190 E, Graue Růdolf vō Núwenburg 25 C.*
1 wont eines an dem *C.*   2 do *E.* manigen] senden *C.*   3 dvrsv̊chet *C.*   4 beide vsserthalb
C.   5/6 ŏw *(getilgt?)* dc kvmt alles von der minne *Reimpunkt* ŏwe dc ichs ie beginne *C.*   7/8 tore
tv̊ dich flůchens abe *Reimpunkt* selbe tete selbe habe *C, vgl. III 7/8.*

Erschließungshilfen

Zu Schlüsselwörtern des Minnesangs (*fröide, muot, lîp, êre, sorge*) vgl. das Begriffsglossar.

I, 1: *ledic vor*: ‚frei von‘.

II, 6: *sie*: das Pronomen dürfte sich auf eine (zuvor aber nicht eingeführte) Frau beziehen.

III, 1: *mære sagen*: ‚eine Geschichte erzählen‘.
III, 8: sprichworthaft: ‚Du hast es selbst getan, nun trage die Konsequenzen‘.

IV, 3/4: *sinne … ûzen und inne*: ‚äußere‘ und ‚innere‘ Sinne – der Hintergrund für diese Differenzierung liegt in der antik-mittelalterlichen Seelenlehre begründet.

108a

E

Waz wirret, daz si mich vernæme,
daz ir nimmer missezæme?
hete ich doch den schaden eine,
den si hât mit mir gemeine,
5 sô claget ich ir swîgen cleine.
mac sie hœren, waz ich meine,
ouch schadet ez ir vil cleine.

MF XIII.VIII

108a *191 E.*

Erschließungshilfen

3: *eine*: ‚allein‘.

109

E: I–IV

CCª: III Heinrich von Morungen   Text nach E

I   Ich wil immer singen   MF XIX.XXXIII²,1
        dîne hôhen wirdekeit
        und an allen dingen
        dînen hulden sîn gereit.
   5   Frouwe, ich kan niht wenken
            ⟨......⟩
            hâstu tugende und êren vil,
            daz wolte ich und immer wil.

II   Sie sint *un*verborgen,   MF XIX.XXXIII²,2
        frouwe, swaz dû tugend*e* hâst.
        den âbent und den morgen
        sagent sie allez, daz dû begâst.
   5   Dîne redegesellen
            die sint, swie wir wellen,
            guoter worte und guoter site;
            dâ bist dû getiuret mite.

                            III

---

109 I *20 E.*

6 *fehlt E.*   7 haste *E.*

II *21 E.*

1 verborgen *E.*   2/4 has: begas *E.*   2 tugendē *E.*   6 wollen *durch übergeschriebenes* e *korrigiert*
E.

III Frouwe, ich wil mit hulden   MF XIX.XXXIII²,3
    reden ein wênic wider dich.
    daz solt dû verdulden.
    zürnest dû, sô swîge aber ich.
  5 Wilt dû dîner jugende
    kumen gar zuo tugende,
    sô tuo friunden friuntschaft schîn,
    swie dir doch ze muote sî.

IV Nieman sol daz rechen,   MF XIX.XXXIII²,4
    ob ich hôhe sprüche hân.
    wâ von sol der sprechen,
    der nie hôhen muot gewan?
  5 Ich hân hôchgemüete.
    frouwe, dîne güete,
    sît ich die alrêrst sach,
    sô weste ich wol, waz ich sprach.

III *22 E, Her Heinrich von Morüge 103 C, C^a 3^v.*
C und C^a überliefern die Strophe im Kontext zweier anderer Strophen in folgender Form: Frowe ich wil mit huldē
Reimpunkt redē eī wenīg *(Reimpunkt C^a)* wider dich *Reimpunkt (fehlt C^a)* dc solt dv v^sduldē *Reimpunkt*
zúrnest dv so swige aber ich *Reimpunkt* wiltu dine ivgēde krônē wol mit tvgende *Reimpunkt (fehlt C^a)* so
wis mir genedig sv̂zú fruht vñ trôste mich dur dine zuht *CC^a*.
 IV *23 E.*

Erschließungshilfen

Zu zahlreichen Schlüsselwörtern des Minnesangs (*singen, werdekeit, hulde, tugent, êre, friunt, muot*) vgl. das Begriffsglossar.

I, 4: *gereit sîn*: ‚bereit sein‘.

110

E: I–IV
F: I   Text nach E

I   Wie hân ich vil sælic man   [⁷XVII,31] XVII,13
       zuo allen spiln sus getân geve*l*le,
       daz ich niht gedienen kan,
       daz mir ieman rehte lônen welle.
    5   Mac ich dienen anderswâ,
         dâ mîn dienest mich vervâ,
         als ich bite – daz man spreche: jâ!

II   Wære ich bî ir tûsent jâr,   [⁷XVIII,1] XVII,20
       sô enkönde ich aller rede mêre,
       wene daz ich ir gerne sage wâr
       und liep hân ir lîp und ir êre.
    5   Des biut ich ir mînen eit,
         wil sies græzer sicherheit,
         mac sie sprechen ›jâ‹, ich bin bereit.

III   Eines dinges prîse ich sie,   [⁷XVIII,8] XVII,27
       des ist sie sô rehte wol versunnen:
       daz sie gerne mîdet die,
       die sô vil unnützer rede kunnen.
    5   Wol mich, daz sie erkennen kan
         einen lachenden man,
         daz sint dinc, der ich ir wol gan!

                              IV

---

110 I *106 E, 9 F.*
F überliefert die Strophe in folgender Form: Wie han ich uil vnselig man / zu allem spil solich vngeuelle / Das ich nicht gediene kan *Reimpunkt* / das nymāt rechte lonen wölle / Mag ich denn annders wa *Reimpunkt* / das mein dinst mich verfah / also ich pete das man spreche ja *F.*   2 getan *Reimpunkt* geuiele *E.*
    II *107 E.*
4 lip vn ir *E.*
    III *108 E.*
4 kůnnen *E.*

IV   Könde ich des geniezen iht,   [⁷XVIII,15] XVII,34
        daz sie an mir genædeclîche tæte,
        sôn könde ich verderben niht.
        sus ist al mîn fröide gar unstæte!
    5   Seht an disen grîsen rok:
        ich gewinne alsülchen lok
        und ein grawez kinne als ein bok.

IV *109 E.*
7 kinde *E.*

Erschließungshilfen

Zu zahlreichen Schlüsselwörtern des Minnesangs (*sælic, lôn, dienen/dienst, lîp, êre, genâde, fröide*) vgl. das Begriffsglossar.

I, 1f.: *gevelle hân*: ‚Glück im Spiel haben‘.

II, 6: *sies*: = *sie es* (Gen.); *es*: ‚in dieser Hinsicht‘.

111

E: I–IV

I   Jâ, waz wirt der kleinen vogelîne?   [⁷XV,1] XIV,1
    der kalte snê,
    der tuot in wê.
    daz sint nû die meiste swære mîne,
  5 mir enfüege got
    sülchen spot,
       Daz die schœne gnâde an mir tæte,
       die mir næhest mînen arn vernæte.

II   Owê, daz ich alsô verre   [⁷XV,9] XIV,9
    von ir hin
    gevarn bin!
    jô fürhte ich sêre, daz ez mir gewerre,   XV,1
  5 daz sie ein ander siht,
    und ich niht.
       Wolte got, und wærens alle tôren,
       die ir sô vil gerûnen zuo den ôren!

III   Wil sie wider sie lange strîten,   [⁷XV,17] XV,6
    als wider mich,
    daz lob ich.
    sô getuot siez noch in langen zîten.
  5 ê denne ez ergê,
    ich kume ê.
       Wanne des einen förht ich harte sêre:
       kan ich vil, sie kan lîhte mêre.

                                        IV

---

111 I *16 E.*
1 vogelin *E.*
  II *17 E.*
2 her *E.*   5 sihet *E.*   7 torn *E.*   8 gerumē *E.*
   III *18 E.*
8 liht *E.*

IV   Tumbe liute nement mich besunder   [⁷XV,25] XV,14
        und frâgent [ ] dâ bî,
        wer sie sî.
        rieten siez, daz wære ein michel wunder,
    5   wenne daz nie geschach,
        des ich dâ jach.
            Müget ir hœren gemelîche mære?
            gerne weste ich ⌜selbe, wer sie⌝ wære.

Erschließungshilfen

I, 8: *arn vernæjen*: ‚einen Ärmel annähen/zunähen‘ o.ä. Die Bedeutung ist unklar; möglicher-
weise ist eine weibliche Dienstleistung für den Mann gemeint, bei der diese dem Mann
sehr nahe kommen muss. Zu beachten ist der parodistische Charakter des gesamten
Liedes.

III, 5f.: Ohne konkret zu werden, wird hier darauf angespielt, dass die potentielle Gefahr
besteht, dass die anderen Männer dem Ich des Liedes zuvorkommen könnten.

IV, 5: *wenne*: hier ‚denn‘.
IV, 7: *gemelîch*: ‚lustig‘, ‚komisch‘.

112

E

Herzeliebez frouwelîn, XIII,11
tuo an mir dîn êre!
dâ von solt dû sælic sîn
hiut und immer mêre.
5 dû solt machen
mich und manigen vrô,
daz wir dich an lachen,
wol dir, und tuost alsô!
frowe, dû solt tragen
10 pfeller unde sîden,
daz sie gar verzagen,
jene, die uns dâ nîden,
und süln alsô schône zieren dich,
daz dû noch solt gewern mich.

---

112 *50 E.*
3 do von *E.*

Erschließungshilfen

Zu Schlüsselwörtern des Minnesangs (*herzeliebe, frouwelîn, êre, sælic*) vgl. das Begriffsglossar.

10: *pfeller* = *pheller*: ‚kostbares Seidengewand'.

113

E: I – VI

I   Ich hân die zît   wol gesehen an der linden: [⁷XVI,1] XV,22
      sie ist worden val:
      owê, jô lît   a*l* ir loup vor de*n winden*
      verre imme tal.
    5   Des müezen beide,
       walt und heide,
       werden zuo leide.

II   Swaz grüenes was,   daz blîchet besunder   [⁷XVI,8] XV,29
      ⟨.....⟩
      loup unde gras,   schœne bluomen dar under
      ⟨.....⟩
    5   Noch clage ich mêre,
       daz die vogel hêre
       trûrent alzuo sêre.

III   Als ez nû stât,   sô ist ez zuo sorgen   [⁷XVI,15] XV,36
      sêre gewant.
      der winter hât   michel êre verborgen,
      die ich hân genant.
    5   Daz clage ich vil cleine,   XVI,1
       wolt ein wîp aleine,
       owê, sie vil reine!

                         IV

.

---

113 I *72 E.*
3 allez ir laub vor der linden *E.*
  II *73 E.*
2 *fehlt E.*   4 *fehlt E.*
  III *74 E.*

IV   Swer wîp wil sehen   beide schœne und wîse,   [⁷XVI,22] XVI,4
der sol frâgen dar:
sô muoz er jehen,   daz nie sunne ze prîse
stüende sô gar.
5   Hœrt ir ie baz grüezen
mit worten sô süezen,
ich wil die lüge büezen.

V   Dâ mac ein man   wol verliesen die sinne   [⁷XVI,29] XVI,11
von grôzer nôt.
lachet sie in an,   sô ist ir munt und ir kinne
wîz unde rôt.
5   Seht, dise schulde
machet, daz ich dulde
nôt umbe ir hulde.

VI   Sich, sælic wîp,   daz ich sô lange mîde   [⁷XVI,36] XVI,18
dich, daz tuot mir wê.
dîn süezer lîp   ist unsenfte als ein sîde,
swarz als ein snê.
5   Nâch sülchen güeten
mac mîn herze wüeten –
wie sol i'z behüeten?

IV *75 E.*

V *76 E.*

1 sunne *E.*

VI *77 E.*

1 Sich] Sie *E.*   7 iz behuten *E.*

Erschließungshilfen

Zu zahlreichen Schlüsselwörtern des Minnesangs (*bluomen, klagen, trûren, sorge, rein, schœne, gruoz/grüezen, nôt, sælic, lîp, vogel*) vgl. das Begriffsglossar.

IV, 7: *lüge büezen*: ‚für die Lüge einstehen / Abbitte leisten‘.

114

E: I–V

I   Jârlanc sint die tage trüebe,   [⌐XVII,1] XVI,25
    lützel ist, daz sich zuo fröiden üebe.
        Des sint löuber unde gras
        verdorben, dar zuo bluomen unde clê,
5   daz der ougen wunne was.
    den vogeln tuot der calte rîfe wê.

II   Sumer, dû hâst manige güete,   [⌐XVII,7] XVI,31
    dû gîst al der werlde hôchgemüete.
        Winter, hâstû trôstes iht,
        sô trœste mich, daz ich lobe dich.
5   leider, dû hâst ⟨… niht⟩,
    niuwen einen: des selben des gelustet mich.

III Winter, dû hâst lange nehte,   [⌐XVII,13] XVI,37
    der ist sælic, dem sie kumen rehte.
        Der mit fröiden leben sol
        bî ⟨der naht⟩, dem ist sie niht ze lanc.
5   dem tæte niht sô wol
    der blüewende meie noch sîn vogelsanc.

IV   Ligens ân angest unde warme,   [⌐XVII,19] XVII,1
    sie an sînem munde, er an ir arme,
        Sô ist in liep der kurtze tac.
        der langen naht sint sie, ich wæne, frô.
5   lît man noch, als man dô lac,
    dô i's pflac, sô ist ez noch alsô.

                          V

---

114 I *88 E.*
  II *89 E.*
5/6 du hast nûwen einē *E.*
  III *90 E.*
4 der naht] *fehlt E.*
  IV *91 E.*
6 do is *E.*

V   Wol bedurfte ich guoter sinne,   [⁷XVII,25] XVII,7
       mich entrœstet weder zît noch minne.
          Wâ von ist mir daz geschehen,
          wenne daz ich mich durch friunt versûmet hân?
5   wollen sie daz übersehen,
          daz stêt in übel, und hân ich wol getân.

V *92 E.*

Erschließungshilfen

Zu zahlreichen Schlüsselwörtern des Minnesangs (*fröide, bluomen, ougen, wunne, trôst, sælic, friunt, vogel*) vgl. das Begriffsglossar.

I, 1: *jârlanc*: ‚zu dieser Jahreszeit‘.

IV, 6 *i's*: = *ich es* (Gen.), abhängig von *pflegen*.

115

Z: I$_{4-18}$-III

----sîn hin-ne ge- no-men.

Sô ist des al- den cla- ge,

daz sî-ne ta- ge zer-gan-gen sin

mit al-sô ma-ni-ger swæ-re.

der jun- ge den-ket»werd ich grâ,

mir vrömę-det sâ die vro-we mîn‹,

und trû- ret von dem mæ-re,

als ich die wi-sen hœ- re sa- gen,

wie kum-mer-lich ez al- lez stê.

sich be−gin−nent noch die jun−gen cla− gen,

des sich die grî−sen vröu− ten è.

der mil−te sich nâch è− ren se− net,

dem kar−gen ist nâch guo− te wè

naht un−de ta−ge, wie er vil be− ja−ge,

unz im daz ei− ne gar ge−stê.

I   ⟨. XXVIII,1

      . . . .

      . . . .

  .⟩ sîn h*in*ne genomen.

5   Sô ist des alden ⟨.⟩ clage,

      daz sîne tage   *zerga*ngen sî*n*

      mit alsô maniger swære.

      der junge denket: ›werd ich grâ,

      mir vrömedet sâ   die vrow*e* mîn‹,

10   und trûret von dem mære,

      als ich die wîsen hœre sagen,

      wie kummerlich ez allez stê.

      sich beginnent noch die jungen clagen,

      des sich die grîsen vröuten ê.

15   der milte sich nâch *e*ren senet,

      dem kargen ist nâch guote wê

      naht unde ta*ge*,   wie er vil bejage,

      unz im daz eine gar gestê.

II

---

115 *Ob die Seitenkolumne* Meister walter *dieses auf der verlorenen Vorseite beginnende Lied einschließt oder den Beginn der Walther-Sammlung mit dem Palästinalied (7) Spalte b unten markiert –* Überschrift Meister walter von der vogelweide *– bleibt ungewiß. – Überlieferung in Z an einzelnen Stellen unleserlich.*

   I *1 Z.*

1–3 *fehlt* Z.   4 sin henne *Beginn der Überlieferung* Z.   5 alden clage Z.   6 zergangen sîn] zcargen sint Z.   8 werdich Z.   9 vrowen Z.   15 heren Z.   17 tach Z.

II   Schadet ez im an den tri*uw*en iht,   XXVIII,1 [!]
     den alder mache*t* grîse?
     nein ez, des entuot ez niht.
     wirt aber der junge iht wîse,
5   Daz er dem rehten bî gestê,
         den sult ir ê   ze bürgen nemen,
         dan der von künsten liege.
     iuch sol des argen übermuot
     niht dunken guot   noch iu [ ] gezemen,
10   ob er den vrömeden triege.
     welt ir im lop dar umbe geben,
     waz ob er iu daz selbe tuot?
     nû hazzet ouch des rîchen leben,
     der âne milte habe sîn guot.   XXIX,1
15   daz m*er* ist bœse vür den durst
     unde hât doch wâc und manigen visch;
     waz hilfet daz?   mich trenket baz
     ein cleine brunne, vind ich in vrisch.

III Einen tiuvel ich beswuor,   XXIX,1 [!]
     d*az* er mir sagete mære,
     dô er von der helle vuor,
     wâ *gebender* sêle iht wære:
5   ›Wâ sint sie hin, die milte hie
         begiengen ie?   waz den geschiht,
         dar umbe muoz ich sorgen.‹
     mîn vrâge was im ungemach.
     wie zorn er sprach: ›ine weiz ir niht,
10   sie sint vor mir verborgen.
     der guot ist hie gemeine gewesen,
     der keines sêle entfienc ich nie,
     sie sint vor mir vil wol genesen.
     mînem meister werdent die,
15   die giric sint und hordent schaz,
     die sint zen êwen gar verlorn.
     nû wizze daz,   in quæme baz,
     wær ir decheiner nie geborn.‹

II *2 Z.*

1 tr ... en *Z.*   2 mache. *Z.*   9 noch uch zo vrůnt gezemen *Z.*   11 wilt *Z.*   12 vch *Z.*   15
mer] mir *Z.*   16 wisc *Z.*

III *3 Z.*

2 des *Z.*   4 wa der siele *Z.*   9 wie] wo *Z (vgl. Klein, ZfdPh, 1987, 91 A. 57).*   16 ewigen *Z.*

Erschließungshilfen

I/II: Jugend und Alter sowie Reichtum und Armut stellen häufig Themen der Sangspruch-
     dichtung dar.

I, 15/16: *milte* und *karc* verweisen auf herrscherliche Tugend (Freigebigkeit) bzw. Untugend
     (Geiz).
I, 18: ‚bis ihm allein das (= das Gut, der Besitz) völlig gehört‘.

II, 7: *liege* < *liegen*: ‚lügen‘.

III, 2: *mære sagen*: ‚berichten‘.
III, 9: *wie zorn*: ‚in welch großem Zorn‘.

116

m: II III
[C: I II IV Reinmar der Alte
E: I–V Reinmar der Alte]

II   Waz unmâze ist daz, hân ich daz gesworen,   MF XXI.LIb,2
    daz sie mir lieber ist den alle wîp?
    an deme eide wirt niemer hâr verloren,
    des setze ich ir ze pfande mînen [ ] lîp.
   5   Wie sie mir gebietet, alsô wil ich leben.
      mîne ougen hân nie wîp gesên, die kunnen sô hôhen muot geben.

III Ich sprach nie: ›vrowe, tuot an mir wol‹,   MF XXI.LIb,3
    wen ›weset mîn gnædic‹, des bat ich.
    ine weiz, vür waz ich daz haben sol.
    sie swîget allez und lât reden mich.
   5   Dâ ist ⟨…⟩ niht ganzes trôstes bî,
      nû müeze mir [ ] geschên, als ich ir trûwe und och mîn geloube sî.

116–120 *m schiebt in die Strophenreihe von Bl. 3ᵛ zweimal den Namen* Walt⁵ *ein. Der Zeugniswert ist gering, bis auf eine werden alle Strophen anderwärts Reinmar bzw. Hartmann zugeschrieben. Sie werden hier nach m ediert, ohne daß die hier fehlenden Strophen aus der Reinmar- oder Hartmannüberlieferung zugefügt werden; die Strophenzählung orientiert sich an den vollständigen Fassungen in MF, wiewohl die von m ausgewählten Strophen nicht notwendig diesen Zusammenhang fordern. Auch wird auf eine ausführliche Dokumentation der Parallelüberlieferung im Apparat verzichtet. Vgl. Kornrumpf, 1972, 18 und Schmeisky, 1978.*

116 II *1 m.*
3 mȳber *m.*   4 mynes sulues lip *m.*   6 küne so hohe mǔte *m.*
III *2 m.*
2 men *m.* my *m.*   3 inne *m.*   4 allent *m.*   5 ist nicht *m.*   6 mir an ir gheschen *m.*

Erschließungshilfen

Zu Schlüsselwörtern des Minnesangs (*lîp, ougen, muot, genâde, trôst*) vgl. das Begriffsglossar.

II, 3: gemeint wohl: ‚an dem Eid wird keinen Deut gerüttelt‘.

III, 3: Der Vers ist vom Verständnis her ambivalent: a) ‚Ich weiß nicht, was ich davon halten soll‘ oder b) ‚Ich weiß nicht, wodurch ich das erreichen kann‘.

117

m: IV

[bCE: I−III Reinmar der Alte]

IV Ich wi*l* vrô ze liebe mînen vriunden sîn   MF XXI.XVII,4
    und allen den ze leide,
    die mir âne schulde tuont ir nîden schîn
    und wænent balde, wie ich scheide
5   Den muot von vröiden umbe *ir* haz.
    sterben sie von leide, sô enwart mir ê nie baz.

---

117 IV *3 m.*
1 wille *m.*   5 yren *m.*

118

m: II III V

[E: I–V Reinmar der Alte]

II   Waz ich dulde an mînem lîbe,   MF XXI.LVII,2
        daz mir doch niht helfen mac!
        des enwil ich nimmer wîbe
        lenger mê trûwen einen tac.
      5   Waz rede ich? jâ sint sie guot!
         ich hœre sagen, daz sie niht alle haben einen muot.

III   Weste ich, waz ir wille wære,   MF XXI.LVII,3
        daz tete ich enweiz ez niht,
        âne daz ich sie verbære.
        waz dar umbe mir beschiht,
      5   Ine verlobe sie niemer tac.
         ich weiz wol, daz mich âne sie nieman wol getrœsten mac.

V   Ich ensach nie wîp sô stæte,   MF XXI.LVII,5
        des ich ir doch niht engan,
        die sô harte missetæte,
        sô sie tuot an einem man.
      5   Mîn rede ist noch gar ein wint;
         des wil sie mich zuo allen zîten triegen sam ein junges kint.

---

118 II *4 m.*

1 mynen *m.*   2 myn [*vielleicht gebessert zu* myr *durch feine Rasur*] *m.*   4 leñgk *m.*

  III *5 m.*

  V *6m.*

4 eynen *m.*

Erschließungshilfen

III, 2: Hier begegnet eine constructio apo coinu, d.h. das Pronomen *ich* bezieht sich sowohl
   auf *tete* als auch auf *enweiz*.

III, 6: *âne sie*: ‚außer ihr'.

V, 2: *engan* < *gunnen*: hier ‚gestatten', ‚gewähren', ‚durchgehen lassen'.

119

m: III IV II
[BC: I–V Hartmann von Aue
E: I III IV II Reinmar der Alte]

III   Daz ein wîp getriuwe sî,   MF XXII.XVIII,3
des bedarf ich rehte wol,
bin ich ir leider selten [ ] bî;
des ich doch niht engelten sol,
5   Went ich sie durch guot verbir,
liez ich ez umbe ir êre niht,
ichne quæme nimmer vuoz von ir.

IV   Doch wil sie mich niht geweren,   MF XXII.XVIII,4
daz ich ir lige nâhen bî,
und zuo vriunde niht enberen,
wie mac ich wizzen, wie deme sî?
5   Sô ist sie mir och niht gehaz;
dâ enstüende noch [ ] gnâde bî,
mir tæte mîn viant lîhte baz.

II   Reht ist, daz ein sælic man   MF XXII.XVIII,2
sanfte erwerbe, waz er wil,
der doch lop verdienen kan,
als ich gerne tæte vil.
5   Der hât minniclîchen gruoz
von den besten, die nû lebent.
ez ist ein nôt, wer [ ] lange bîten muoz.

---

119 III *7 m.*

2 rechten *m.*   3 selden vry *[vielleicht durchgestrichen]* by *m.*   5 vorbere *m.*   6 leytz *m.*
IV *8 m.*
2 lieghe *m.*   6 dar en ste noch andere gnade by *m.*
II *9 m.*
7 altzo langhe vor beyden *m.*

Erschließungshilfen

Zu zahlreichen Schlüsselwörtern des Minnesangs (*triuwe, êre, bîligen, friunt, genâde, sælic, gruoz, nôt*) vgl. das Begriffsglossar.

III, 5: *verbir* < *verbern*: ‚aufgeben‘, ‚meiden‘.
III, 7: *quæme* = *kæme*.

IV, 6–7: ‚wenn nicht noch etwas Zuneigung da wäre, würde mich selbst ein Feind besser behandeln.‘

120

m: IV V$_{1-2}$
[A: I II III VI V Reinmar der Alte
b: I II III VI IV Reinmar der Alte
C: I–VI Reinmar der Alte
E: I VI II III IV Reinmar der Alte]

IV   *O*wê, daz alle, die nû leben*t*,   MF XXI.XV,4
         wol hânt ervunden, wie mir ist nâch eine*m* wîbe,
         und mir den rât noch nie engebe*nt*,
         daz ich trôstet wurde bî lebende*m* lîbe.
   5   Sô enclage ich al mîn ungemach,
            wen daz den ungetriuwen ie baz den mir geschach,
            die nie gewunnen nôt von sender swære.
            ⌜wolte got⌝, erkanten guote wîp
            ir sumelîche*r* werben, wie dem wære!

V   Ein rede der liute tuot mir wê,   MF XXI.XV,5
         dar enkan ich nicht duldiclîchen zuo ⟨*gebâren.*
         nu tuont siz alle deste mê:
         si vrâgent mich ze vil von mîner vrowen jâren
   5   *Und sprechent, welcher tage si sî,*
            dur daz ich ir sô lange bin gewesen mit triuwen bî.
            si sprechent, daz es möhte mich verdriezen.
            nu lâ daz aller beste wîp
            ir zuhtelôser vrâge mich geniezen.⟩

---

120 IV *10 m.*
1 Swe *m.* leben *m.*   2 eynen *m.*   3 en gheben *m.*   4 lebēden *m.*   7 ghe wnne *(?)* wunnē
m.   8 god wolte *m.*   9 somelighe *m.*
    V *11 m.*
2–9 zuo] to *Ende der Überlieferung m, Ergänzung nach MF.*

Erschließungshilfen

IV, 6: *wen daʒ*: ‚außer dass'.

2. Töne, die ohne namentliche Zuweisung, aber im Kontext von Strophen Walthers überliefert sind

121

a: I II

I   Ein wîp mit wîbes güete,   166,21
    diu rehte in wîbes sinne treit ein wîplich hôhgemüete,
    diu wîbet sich sô schône, daz ir wîpheit sælde birt.
    wol ir, diu sich sô wîbet,
  5 daz sî in rehter wîbes tugent bî wîbes zuh*t* belîbet;
    der w*ei*z ich eine, diu des niemer fuoz verstôzen wirt.
      Diu reine minnenclîche tuot
      sô rehte an allen dingen,
      dâ von ir stæte wîbes êre sint behuot
  10 und och ir lîp
      for falsche gar; si ist sô guot,
      daz ich si næme, und *s*olt ich welen ûz al der welte ein wîp.

II   Nû hœrent, lât iuch wîsen,   166,33
    wie sich ein sælic frowe sol for anderen frowen p*rî*sen,
    sô daz ir lop bekêret nâch der besten folge sî.
    si sol die hôhfart mîden,
  5 dâ mite ein sælic frowe mac ir wîbes zuh*t* versnîden,
    und sol doch rehtes hôhes muotes niemer werden frî.
      Si minne zu*h*t und hôhen muot,
      sî stæte an allen dingen,
      bescheidenlîche frô und doch dar under guot,
  10 diemüet*ec* lîp
      dâ bî den allen rehte tuot,
      reine und erbermic herze habe, und sî nâch wunsche ein wîp!

---

121 I *28 a.*
5 zhuch *a.*   6 wez *a.* fuez *a.*   7/9/11 tůt: behůet: gůet *a.*   11 falze *a.*   12 folt *a.*
   II *29 a.*
2 pˢsin *a.*   5 zhuch *a.*   6 nimer *a.*   7 zhuct *a.*   7/9/11 můet: gůet: tůet *a.*   9 bi scheden-
liche *a.*   10 diemůteit lib *a.*   12 nach wnzhe *a.*

Erschließungshilfen 121

Zu zahlreichen Schlüsselwörtern des Minnesangs (*güete, (hôher) muot, sælde, tugent, zuht, rein, êre, lîp, herz*) vgl. das Begriffsglossar.

II, 3: ‚so daß ihr Lob nach der Zustimmung der besten gerichtet sei‘ (Wi/Mi, Bd. II, S. 430).
II, 10–11: ‚demütiges Wesen daneben ist allen den erwähnten guten Eigenschaften entsprechend‘ (Wi/Mi, Bd. II, S. 430).

122

U^x

[e: I–IV Reinmar der Alte]

V   ⟨*Ich*⟩ het ime [ ] alle wîle vor gestân, ob mich die   MF XXI.LXVII,5
                                                          [*h*uote lieze.
     mîne vriunt die vürhtent, daz ich werde wunt von sîme scharpfen
                                                          [spieze.
     daz er mich erschieze,
     d*es* ich gar ân angest bin.
  5 wan schiuzet er, sô stich ich in,
     sô sê, waz ers geniez*e*.

---

122 *Am Beginn des Fragments U*^x*, als letzte Strophe eines fünfstrophigen Lieds in e.*
1 U^x*, her reymar 376 e.*
1 het] *Beginn der Überlieferung U*^x*.   ime uor alle U*^x*.   gute U*^x*.   2 vůrchtent (?) U*^x*.   von] mit e.   3
er schietze (?) U*^x*.   4 daz U*^x*.   5 wan] fehlt e.   6 geniezen U*^x*.

Erschließungshilfen

V, 1: *vorstân*: Tervooren, 1991, S. 74 verweist auf die Bedeutung ‚schützend vor jemandem stehen‘, die aus der Fechtersprache stamme. Dies aber kann nur ironisch gemeint sein, denn die Strophe – und in e das gesamte fünfstrophige Lied – ist obszöner Art. Es geht um praktizierte Sexualität (vgl. auch die Penismetapher *scharpfer spiez*).

123

U^{xx}: I–IV

I   ⟨*Ez sprach*⟩ ein w*îp* bî Rîne   ⁸XXVI,1 [!]
     zeine*m* ⟨*vogelîne*⟩:
     ›⟨*mîn*⟩ man d*er* heizet Isengrîn.
     ⟨*dû solt im sag*⟩en, bote mîn,
     5   daz er umb ⟨*unser êre*⟩
     von *Pülle* wider *kêre*.

II   Unser ⟨*zweier veste*⟩,   ⁸XXVI,7 [!]
     d*â* suochent vremede geste.
     wen ⟨*daz ich vil*⟩ listic bin,
     sie stigen nahtes zuo ⟨*mir in*
     5   *und*⟩ slichen zeiner lucken,
     die b*irge* ⟨*ich vor ir*⟩ *t*ucken.

III   *I*ch hân gegen ir ma*ngen*   ⁸XXVII,13
     ⟨*niht schermes*⟩ vor gehangen,
     wen einen rihte*n* ⟨*sie her vüre*⟩,
     der snellet vast unz an die ⟨*türe*⟩.
     5   ⟨*waz*⟩ vru*m*t ich alters eine?
     er wirfet ⟨*swære*⟩ *st*ei*n*e.‹

IV   An dise*m* vogelîne,   ⁸XXVII,19
     sô stêt ⟨*ez nû Isen*⟩grîne.
     verdirbet *nû daz* vogelîn,
     ⟨*daz klaget*⟩ *i*emer Isengrîn.
     5   ›wan he*b*estû di*ch* ⟨*ze Pülle*⟩?‹
     ›*wî*p, den *g*raben *ge*fülle!‹

---

123 *Von U^{xx} durch Blattbeschneidung nur Reste vorhanden, zum Teil schwer lesbar; Ergänzungen in* ⟨ ⟩, *Vermute-*
tes kursiv. Vgl. die diplomatische Wiedergabe bei v. Kraus, ZfdA, 1922.
    I *3 U^{xx}.*
    II *4 U^{xx}.*
6 *die bei (?) U^{xx}.*
    III *5 U^{xx}.*
    IV *6 U^{xx}.*
1 *disen U^{xx}.*

Erschließungshilfen

Aufgrund des sehr fragmentarischen Charakters der Überlieferung ist die vorliegende Rekonstruktion (besonders durch von Kraus) an manchen Stellen sehr hypothetisch. Dennoch dürfte zu erkennen sein, dass der Text obszöner Art ist.

I, 6: *Pülle*: Apulien.

II, 1/5: *veste/lucke*: ‚Festung', ‚Lücke', hier wohl Metapher für ‚Vulva'/ ‚Vagina'.
II, 6: *tucke*: ‚Heimtücke'.

III, 1: *mange*: ‚Schleudermaschine' (Kriegsgerät); hier wohl Metapher für ‚Penis'.
III, 2: *scherm*: ‚Schutzschirm'.

IV, 5/6: Unklar ist, wer hier spricht. Die Rede in V. 5 mag von der Frau an den Vogel gerichtet sein: Sie fragt, wann (oder: warum nicht) sich der Vogel nach Apulien aufmacht. V. 6 kann vom Vögelchen gesprochen werden: Es fordert die Frau auf, den Graben (ggfl. auch dies Metapher für ‚Vulva'/‚Vagina') zu füllen, d.h., die Angreifer (die fremden Männer) einzulassen. – Besonders hier aber ist zu bedenken, dass über den Wortlaut der Strophe insgesamt kaum Sicherheit zu gewinnen ist.

124

F: I–V
p: I₁₋₄
C: I III II Friedrich von Hausen   Text nach F

I   ›Wol ir, sie ist ein sælic wîp,   MF X.XVIIb,1
    jâ, die von senender arbeit nie leit gewan.
    des het ich den mînen lîp
    vil wol behuot, wan daz mich ein vil sælic man
5   Mit rehter stæte hât ermant, daz ich im guotes gan.
    ouch twinget mich der kumber sîn und tuot mir wê
    und ist mîn angst gar,
    sîn nemen tûsent ougen wâr,
    wenn er kumt, dâ ich in sê.

II   Owê, tuo ich, wes er gert,   MF X.XVIIb,2
    dâ von mac ich gewinnen leit und ungemach.
    lâz aber ich in ungewert,
    daz ist ein lôn, der guoten mannen nie geschach,
5   Mich riuwet êrst nû, daz ich in und er mich ie gesach.
    sol ich sîn – daz ist mîn nôt – ze vriunde enpern?
    und muoz doch sîn
    und wil iemer hüeten mîn.
    ich entar in niht gewern.

                              III

---

124 I *40 F, 36 p,* Her Friderich von Husen *51 C.*
1 ir] *fehlt p.*   2 jâ] *fehlt Cp.*   senen der *F,* sendˢ *Cp.*   3 alse habe *p.*   den] *fehlt p.*   4 har vil wol
behûtet *Ende der Überlieferung p.*   behûtet *C.*   vil] *fehlt C.*   6/9 wee: sehe *F.*   6 ouch] uv *C.*   7
ist dc min *C.*   8 neme *F.* nemēt wol *C.*   9 kome *C.*   dâ] das *F.*
II *41 F,* Her Friderich von Husen *53 C.*
1 tet ich des *C.*   2 môht *C.*   4 gûtem manne *C.*   5 alrerst mût mich dc *C.*   und] ald *C.*   6/
7 vñ sol ich sin zefrúnde enbern *Reimpunkt* dc ist mir leit vñ mûˢs doch sin *C.*   8 ich wil hv̂tē min
C. mîn] nein *F.*   9 engetar sin *C.*

III   Er ist mir liep und lieber vil,   MF X.XVIIb,3

danne ich iemer lieben manne mêr gesage.

ob er mir ez niht gelouben wil,

daz tuot wê, sô nân, als ich i*m* liebe trage.

5   Er sol gedenken an die stat mit vreuden alle tage,

dâ ich in rehter liebe gar in umbevienc,

und *er mich* wider.

dâ lac alle sorge nider,

uns*er* wille dô volgienc.

IV   Ich wil tuon den willen sîn,   MF X.XVIIb,4

und wær ez al den vriunden leit, die ich ie gewan,

sît daz ich hie i*m* holder pin,

danne in aller welte ie vrouwe einem man.

5   Nû ich daz herze mîn von im niht gescheiden kan.

er hât gesprochen dicke wol, ich solte im sîn

liep für alle wîp.

des ist er mîn leitvertrîp

und diu hœhste wunne mîn.

V   Solt er des geniezen niht,   MF X.XVIIb,5

d*az* er in hôher wirde wol bewîsen ma*ch*,

daz man im des pesten giht

und alle sîne zît i*m* guote*r* ding*e* jach,

5   Und ouch daz sîn süezer munt des ruomes nie gepfla*ch*,

dâ von betrüebet wurde ein sælic wîp.

des ist gewert,

wes sîn herze von mir begert,

und solt ez kosten mir den lîp.‹

III *42 F,* Her Friderich von Husen *52 C.*
2 dāne ich im vil liebē māne sage *C.* danne] weñ *F.*   3 er dc niht *C.*   4 dc ist mir leit *C.*   nân]
nun *F,* nahe *C.* ich in *F,* ich die *C.*   5–9 getorste ich genendē *Reimpunkt* so wolde ich im enden
Reimpunkt sine klage *Reimpunkt* wan dc ich vil sendes wip *Reimpunkt* erfúrhtē mv̊s der eren min *Reimpunkt*
vñ des lebēnes sin *Reimpunkt* d͛ mir ist alsam der lip *C.*   6 dâ] das *F.*   7 er mich] ich in *F.*   9
vnnß *F.*

IV *43 F.*
3 im] in *F.*   4 danne] weñ *F.*

V *44 F.*
2/4/5 mag: jach: gepflag *F.*   2 des *F.*   4 in guten dingen *F.*

Erschließungshilfen

Zu zahlreichen Schlüsselwörtern des Minnesangs (*sælic, arbeit, leit, lîp, stæte, kumber, ougen, lôn, friunt, lieb, vreude, herz, wunne*) vgl. das Begriffsglossar.

II, 7: Antwort auf die Frage in V. 6: ‚Es muss sein!‘

III, 4: ‚Das schmerzt, es geht so nahe, wenn (oder: in dem Maße wie) ich ihm Liebe antrage‘.

V, 1 – 6: Die Verse 2 – 5 beziehen sich allesamt auf V. 1 zurück.

3. Strophen in Tönen Walthers

3a. Strophen in Tönen Walthers mit fremder Autor-Zuschreibung

11

A: Truchseß von St. Gallen

I* Ich wil niht mê den ougen volgen noch den sinnen. 31,3
diu rieten mir an zwei, daz ich diu solde minnen,
diu wâren âne valsch geworht beidiu ûzen und och innen.
    Dâ wart ein wênec in geleit, daz was niht stæte,
5   des vielten sich ir egge, dô si solten hân gesniten.
    und wære eht niht wan daz alleine drinne vermiten,
    sô wæren si allenthalben alse ganz an ir getæte,
Daz sich ein iegeslîcher mohte lâzen dran.
owê, daz ich der trüge ie kunde an in gewan!
10 wie übel ich mich des schaden ⟨..⟩ und in des lasters gan!

---

11 I* *Trvhsze 110 A.*
8 iecslicher *A.*   9 genan *A.*

Erschließungshilfen

I*, 2: *zwei*: Bezug unklar. Denkbar ist ein Zusammenhang mit der Strophe L. 30, 29, die in
der C-Fassung des Tons 11 (Hauptteil) ediert ist; dort ist von erprobten Schwertern die
Rede, sodass die Strophe I* darauf verweisen könnte (vgl. Wi/Mi, Bd. II, S. 149).

I*, 4: *wênec*: ‚eine Kleinigkeit'.

I*, 5: ‚deshalb (ver-) bogen sich die Klingen, als sie schneiden sollten'.

I*, 6: ‚und wenn nicht dies allein im Inneren fehlte' (gemeint: ‚wenn es nicht den einen
Makel gäbe').

I*, 10: Es fehlt ein finites Verb; in der Editionstradition finden sich die Vorschläge: *schame*
oder *fröuwe*; vgl. auch den Textkritischen Kommentar.

3b. Namen- und kontextlose Strophen in Tönen Walthers

1

J

⟨.............⟩

II*b5*   Waz râchen sie
an im? er nie
mit in begie
wan veterlîche sache.
5 Sîn lêre was in ê bereit,
sie tâten im âne schulde leit.
des ist ir unheil worden breit
zer helle an ungemache.

IV*   Wê in des unde nimmer wol,
ir pîn sich niht verenden sol.
der grözten pîne sint sie vol,
Der dâ ist in abgrunde,
5 Gamaliêl in kunde
an thalamot die vunde.
Die valschen vunde rouben
ir sinne rehtez gelouben.
Waz wil ich des geredet mê?
10 wir bitten got, daz er an sê
Die Kristes gelouben warten
unde nie dâ von gekarten.
Krist zelt sie sîne zarten,
daz wizzen die gelarten.
15 Sîn schirm ist ob in tegelîch,
ouch will er sie ze himelrîch
Hân, sie ganzen gelouben ûf kristelîchez leben,
sô wil er êwic êre zu himelrîche in geben.
âmen, âmen, âmen.

---

1 J 2ʳᵃ.

Erschließungshilfen

II*b5* 1 f.: *sie*: Gemeint sind die Juden; *im*: Christus.

IV*, 4: Der Vers ist in seiner semantischen und syntaktischen Rolle nicht leicht zu durch-
schauen. Hier wurde mit Blick auf das folgende Verständnis interpungiert: In V. 3 wird
davon gesprochen, dass die Juden voll von schlimmster Qual seien; in V. 4 kann –
verunklärt durch einen Genuswechsel (*pîn* kann sowohl weibliches als auch männliches
Genus haben) – diese Qual im Abgrund der Hölle verortet worden sein.

IV*, 5 – 8: *Gamaliêl*: Hier gemeint ein angesehener Pharisäer und Lehrer zur Zeit der Apostel.
Die Passage ist wohl so zu verstehen, dass Gamaliêl den Juden am Talmud die rechten
Lehren (*vunde*) aufzeigt; die falschen Lehren führen indes zu einem Verlust des rechten
Glaubens. Bei diesem Verständnis ist zu beachten, dass das Wort *vunt* mit einer recht
spezifischen Bedeutung belegt wird, die bereits eine Portion Vorverständnis in sich trägt.

8

Ma

I*   Ez sol ûz schalches munde
gelîche zemen den biderben man
sîn loben und ouch sîn schelden.
got selbe niht engunde
5 den geisten, daz si in ruofen an,
si müezen ir lobes entgelden.
    Er heizet si vâren in die swîn,
    wie mohte ein schande grœzer sîn?
    dâ mit tet er uns allen schîn,
10 daz wir ir lobes niht enruochen,
die selbe unlobelîche lebent
und in den schaden tiefe swebent,
swem ⟨....
....⟩ ein vluochen.

---

8 I* *Ma III.*
13/14 *Nach* swem *Spaltenwechsel, Blattbeschnitt.*

Erschließungshilfen

4−6: Gott verbietet den Dämonen, dass diese ihn anrufen; für solch eine Art von ‚Lob‘
müssen sie Strafe erleiden.
10: *enruochen*: ‚nicht wünschen‘.

9

Ma: I*
s: II* III*

I*   Ein ander minne mac unminne heizen wol,
verwâzen ketzerîe und aller schaden vol!
obe aller missetât daz hœst unbilde!
die ervant ein wîser meister, Orpheus genant.
5 des harphen was den wilden tieren sô bekant,
daz sî dâ bî vergâzen gar ir wilde.
    Der kêrte an schœne junge man
    der wîbe minne. owê, daz sich noch ieman kan,
    verschamter lîp, vor got geunêrte schœne!
10 owê, daz er mannes bilde hât,
der alsô harphet unde an im harphen lât!
nâturen vîant − daz in der tiuvel hœne!
Amen!

II*

---

9 I* *Ma II.*
3 vmbilde *MaFr.*   8 owei *MaFr.*   12 hone *Reimpunkt* Amen *Punkt* D⁵ tugēt scrib⁵ *MaFr.*
Dieser Strophe gehen folgende fragmentarische Verse voran, die möglicherweise zum selben Ton gehören:
... inne *Punkt*
di hat vro nat ....../ben *Punkt*
swa si noch wont *Punkt* vñ ind⁵ werlde ist bliben *Punkt*
da let sich selden veilē werde minne

II*   *E*yn goyter moyt ist gerne wiser worde rijch,
         Eyn goyter moyt ist velsches vry rijchelijch,
         Eyn goyter moyt werket goeds hulde und eere,
         Eyn goyter moyt kan ongemakes vil bewaren,
    5 Eyn goyter moyt mach wol dorch alle rijche varen,
         Eyn goyter moyt ist goet ymermee*re*,
         Eyn goyter moyt macht gůeten vil,
         Eyn goyter moyt nicht gerne oncuyschet sprechen wil,
         Eyn goyter moyt kan man tzu eren bringen,
  10 Eyn goyter moyt ist zues unde goet,
         Eyn goyter moyt den edelen goeden zenfte doet,
         Eyn goyter moyt can na goedes hulden ringen.

III*   Ein bueser moyt verermet ziel und lijp,
         Ein bueser moyt crenct gerne werde lijp,
         Ein bueser moyt spricht gerne untgůepijliche,
         Ein bueser moyt dem duvel vil zů lieve doyt,
    5 Ein bueser moyt nemmer dankes sprichet goet,
         Ein bueser moyt ist bueser worde rijche,
         Ein bueser moyt ist scalken lief,
         Ein bueser moyt ist alre eren gar *e*in dief,
         Ein bueser moyt velschet locht und erden,
  10 Ein bueser moyt ist buesheit vol,
         Ein bueser moyt nemmer dankes sprichet wol,
         Ein bueser moyt deyt siel und lijp verderven.

II* *36 [1] s.*

1 *Initiale nicht ausgeführt s.*   4 *ong/makes (?) s.*   6 *ymermee s.*

III* *36 [2] s.*

8 *gar in s.*

Erschließungshilfen

I*: Zur Verteufelung der Homosexualität im historischen Kontext vgl. Bein, ZfdPh 1990.

I*, 8: … *owê* …: wohl soviel wie: ‚Ohweh, dass sich darauf jemand versteht!‘ (möglicherweise eine verderbte Stelle).

II* und III*: Mittelniederdeutscher Text. Ein mittelniederdeutsches Wörterbuch ist online verfügbar:
http://www.rzuser.uni-heidelberg.de/~cd2/drw/s/Sa-schm.htm#Schiller-Lubben.

II*, 1–12: *moyt* = mhd. *muot*.

II*, 9: *man*: ‚Männer‘ (*man* ist im Mhd. Nom. Sg. und Pl.; Umlaut und -er-Endung sind späte Analogiebildungen).

II*, 10: *zues* = mhd. *suoz*.

III*, 1: *ziel* = mhd. *sêl(e)*.

III*, 3: *untgùepìjliche*: Das Wort ist so in den verfügbaren mittelniederdeutschen Wörterbüchern nicht zu finden. Es dürfte sich am ehesten um eine – vielleicht verschriebene – Form von ‚unbillich‘ handeln, Sinn hier: ‚Ein ‚böser‘/‚schlechter‘ Charakter redet gern in ungebührlicher Weise‘.

III*, 5/11: *dankes*: ‚freiwillig‘.

III*, 7: *scalken lief*: ‚… den Bösen lieb‘.

III*, 9: *locht* = *lucht*: ‚Luft‘.

10

H: I* – V*

I*   Gehovet, verhovet unde ungehovet,   [⁷148,16] 149,16
       die zwei geswechet unde verschrovet
       sint gar, daz dritte mac wol êren walten.
       behoveter man, dîn werdez leben
    5 ist aller mâze schône gegeben;
       des mac dîn zarter lîp in sælden alten.
          Eren bist dû ingesinde,
          trahte, daz unfuoge swinde
          vor den clâren ougen dîn.
   10 unde tuost alsô unde folgest mîner lêre,
       sâ bûwes dû ûf êren strâze.
       guot man, ganzer zuht niht lâze,
       halt daz reht âne argen pîn,
       fliuch falschen rât, mîns herzen trûtgeselle,
   15 sâ wirt dîn lop der werlde schîn.

II*   Verhofter schalc, waz sol dîn leben?   149,31
       dir ist niht anders hie gegeben
       wen spot, den trîbes dû zuo allen stunden.
       daz ist dîns herzen seitenspil,
    5 des kanst dû trîben alsô vil.
       wol hin alzuo den leiden hellehunden!
          Den reinen dû vil gar verschimphes,
          alle dinc dû ime unglimpfes,
          wê dir, snœder hellebarn!
   10 dir ist alsam dem feigen Kam verfluochet,
       dû luftes nît, dû eiterclûse.
       alsô ûf den hûwen ist dîn grûse,
       den man siht des nahtes ⟨varn⟩.
       kêre zuo ime, deme dû dienest zuo allen stunden;
   15 ich mac dich lenger niht gesparn.

                                III*

---

10 I* *74 H.*
12 zůht *H.*   14 fluch *H.*
  II* *75 H.*
8 unglimpis *H.*   13 varn] *fehlt H.*

III*   Ich wil deme ungehoften man   149,46
ein hûs ûf aller schanden ban
hin bûwen alsô den siechen ûf dem felde.
wande er ist aller tugende fúl:
5   alsô ein vil unfersunnen mûl
stêt er vil ⟨*tumbe*⟩ ûf aller hande melde.
     Er slunde alsame ein ruoch alleine
     gerne sîne habe gemeine
     naht und tac zuo aller stunt,
10   ouwê, daz dich getruoc ie wîbes kunne!
daz was ein jæmerlîche swære.
gote bist dû gar unmære,
deist mir von dir worden kunt,
dû arger zage, dû snœdez faz unreine.
15   wol hin deme tiufel in den munt!

IV*   Got hât ime rehten sin gegeben,   150,61
wer an ime selben hât daz leben,
daz man in für gehoften man erkennet.
deme ist sûr unde süeze kunt.
5   an schanden wirt er niht enzunt,
obe er den sin gehoftes muotes wennet.
     Ein bîspel kieset an Adâme,
     dô Kaym, sîn feiger sâme,
     zuo der werlde wart geborn;
10   in ungehofte sluoc er sînen bruoder,
Abel, den fil tugende rîchen,
deme sîn opher wirdeclîchen
wac dô für den gotes zorn.
vor gotes ougen sint die ungehoften
15   same nezzelkrût unde scharpher dorn.

V*

III* *76 H.*
4 düginde fol *H.*   6 tumbe] *fehlt H.*   uffe *H.*   15 düfil *H.*
  IV* *77 H.*

V*   ›Durch got dû sage mir, meister mîn,   150,76
          sich, daz geteilte wese dîn,
          daz beste kius al under disen beiden.
          dû solt bî dem verhoften wesen,
    5   bî ungehoftem man genesen.
          der zweier solt dû mich durch zuht bescheiden‹.
              ›Kint, dû tuost eine dumme frâge,
              der ich dich vil gar untrâge
              minniclîch bescheiden wil.
   10   verhofter leckere, der ist sô unmære
          vor den clâren gotes ougen;
          sô mac der unsanfte tougen
          wole erwerben hoves zil.
          ich Walther bî den ungehoften balde
   15   blibe durch ir gumpelspil.‹

                              *

V* *78 H.*
5 ungehoftin *H.*   9 minnīclich *H.*   12 sa *H.*

Erschließungshilfen

I*, 2: *verschroven*: ‚verderben', ‚zerreißen'; das Verb wird bei Lexer (III, 220) und BMZ als
   hapax legomenon gebucht.
I*, 11/15: *sâ*: ‚sogleich'.

II*, 1: *schalc*: ‚böser Mensch'.
II*, 6: *leid*: ‚tödlich' (Adjektiv).
II*, 10: *Kam* = Ham, ein Sohn Noahs, der verflucht wurde.
II*, 11: *luftes nît*: Gemeint ist jemand, der dem Mitmenschen nicht die Luft zum Atmen
   gönnt.
II*, 12: *hûwe*: ‚Nachteule', ‚Uhu'. Die Passage hat Sprichwortcharakter. Wi/Mi formulieren
   (II, S. 424): „Es geht ein Schrecken von dir aus, wie vom Uhu".

III*, 2: *ban*: ‚Bahn'.
III*, 6: Gemeint vielleicht: ‚der unhöfische Mann steht töricht wie ein Esel da und wird zum
   Objekt des Geredes'.
III*, 10: *kunne*: hier ‚Geschlecht'.

IV*, 6: *wenen* + Gen.: ‚an etwas gewöhnen'.
IV*, 13: *wac* < *wegen*: hier ‚aufwiegen', ‚ausgleichen'.

V*, 8: *untrâge*: ‚schnell'.
V*, 9: *bescheiden*: ‚unterrichten'.
V*, 15: *durch*: ‚wegen'.

Die Kolmarer Meisterlieder-Sammlung überliefert in diesem Ton noch fünf späte Strophen, von denen keine anderwärts Walther zugewiesen wird. Vgl. RSM 5, WaltV/7/500a/b (S. 471 f.) und Haustein, Lied im deutschen Mittelalter, 1996.

t: I^t – V^t

Her walth⁵s võ d⁵ vogelweyde hoff wyse od⁵ wēdelwys

I^t	Mary du bist daz bernde ryß	Bartsch 810
II^t	Mary du bist der here tron	
III^t	Mary du bist der eymer rot	
IV^t	Mary du bist die here rüt	
V^t	Mary du bist die schon hester	

Die Meisterliederhandschrift y überliefert in diesem Ton ohne Namen drei Strophen, die nur hier bezeugt sind. Vgl. RSM 5, WaltV/7/501 (S. 472).

cgm 1019 (y): I^y – III^y

Jm wendel donn

I^y	Jch han lang an ein wirt gezert
II^y	Sich auf du edelle Cristenheit
III^y	Sich mensch die pann das ist dein leben

11

n

I** Rît oder gât ieman gevangen oder gebunden? 152,1
treit ieman ganzen lîp mit hundert tûsent wunden?
ist ieman lebendic und doch tôt? hât ieman daz befunden?
Jâ daz geschiht von eime unbescheiden wîbe;
5 wâ sich ein êren gerender man zuo der gesellet hât,
der ist gevangen und gebunden, des ist kein rât,
und ist ouch wunt an sêle und an deme lîbe.
Aber ein sælic man mac sich wol vröiwen immer mê,
deme got hât gegeben ein reine biderbe wîp zuo der ê,
10 wan ir güete und ir tugent liez ime geschehen niemer kein wê.

*

---

11 I* *I 20 n.*
4 vnbeszeidine *n.* 9 bierue *n.*

Die Kolmarer Meisterlieder-Sammlung überliefert in diesem Ton neun Strophen, darunter drei
für Walther früh bezeugte. Vgl. RSM 5, WaltV/8/500–502 (S. 476 f.).

    t: I^t–III^t; IV^t–VI^t

    C: IV^t Schuolmeister von Ezzelingen   Text nach t

I^t   Ich habe in haubt sonden lange geslaffen leyder,   Bartsch CLV,2
    dar vmb so forht ich sele vnd lip ir beyder.
    here got, bescher vns dort dyn hymmelschen kleyder.
     ⌐Bitt dinen son, Maria, hochgelobte koniginne⌐,
   5   für mich, sit er durch dich düt vnd lat,
     habe ich uff dieser erden ye gelebt in missetad,
     daz ist mir leit. ich bitt dich, fraüwe, der dinen gewaren mynne.
    Vil hochgelobter fatter, son, hayliger geist,
    sit dü alle ding herkennest vnd wol weist,
   10   so herbarme dich, here, über vns, sit dü herbarmhertzikeit dreist.

II^t   Der abent zühet zu, der dag wil mir entsliffen,   Bartsch CLV,3
    myn lieht blümen felwent kalt riffen,
    myn grünes graß zu haüwe würt, mag ich wol griffen.
     Ich forchte, daz der meder kome, der mir myn füter mote.
   5   got *wolle*, daz er lange sü, daz det mir werlich not.
     den meyder, den ich meyne, daz ist der grymme dot;
     dez lit myn hertz in schrecken groß beyde frü vnd spote.
    Got wolle, daz wir also rechen vnser haüwe
    vnd daz wir vnser grünez graß also verstra*ü*wen,
   10   daz wir vns mit got in dem paradise herfraüwen.

              III^t

  11^t *Unter der Überschrift* Her walth^es võ der vogelweyde gespaltē wys *sind in t in Dreierbars notiert:* **11** I
I^t II^t, III^t **11** XII XVI, IV^t V^t VI^t. – *Die Schreibung der Hs. ist beibehalten (y ohne den regelmäßig darüber
gesetzten Punkt, Superskripte und Abbreviaturen aufgelöst).*

  I^t *807,2 t.*

4 Maria hoch gelobte koniginne bitt dinen son *t.*

  II^t *807,3 t.*

5 wolle] wz *t.*   9 verstraûwen *t.*

III[t]   Es sint nit alles frunde, die man do frunde heisset.   Bartsch CLVI,1
         er ist ein fruont, der gein dem andern früntlich beysset
         in gantzer steter liebe vnd in sin früntschafft dan dar zu reisset.
             Er ist ein frünt, der gein dem man mit worten
    5   lebt in dem hertzen sin an allez küntterfeyt.
             ich enahte sin zü fründe nit, yme *si* danne leit,
             waz sinem lieben frúnd*e* wirret vnd schat an allen orten.
         Er ist ein frunt vnd ein getrüwer man,
         der sinen fründen in fruntschafft alles guten gan
    10   in gantzer steter liebe vnd er dar an nit wencken enkan.

IV[t]   Mit dienste man gar lützel hüre erwirbet,   Bartsch CLVII,1
         nü merckent alle, wie vil dienstes nü vil verdirbet.
         die eym jüngen dienent, der vergisset, der alte stirbet.
             Ach got, wer mag der rechten mittelünge geforen,
    5   daz er also gediene, daz sin dienst yt werde verlorn?
             wer selb it hat, daz ist ym güt, weiß got, für den zorn.
             man siht die heren dicke gein dem dienste schmehelich geborn.
         Welich knecht sich dürch sinen heren gesümet yemer dag,
         der sin selbes ding nit wirbet, obe er mag,
    10   der sümet sich, wanne ez ist nit alz do man drüwe plag.

                                              V[t]

III[t] *808,1 t.*

6 si] *sie t.*   7 *fründen t.*

IV[t] *809,1 t, Der Schůlmeist[s] von Esselingen 6 C.*

C überliefert die Strophe in folgender Form:

Mit dienste man iezvnt harte kvme gůt erwirbet *Reimpunkt* nv merkent alle wa von dienest vil verdirbet *Reimpunkt* dv du dien ivngen der vergisset (?) dien alten der erstirbet *Reimpunkt* ia herre got w[s] kan der rehten mittel varen *Reimpunkt* das er also gediene das sin dienest iht si verlorn *Reimpunkt* swer selbe iht hat das ist gůt weisgot für den zorn *Reimpunkt* die herren kvnnen gegen ir diener schalkelich gebaren *Reimpunkt* swer sich dvr sinen herren svmet iemer tag *Reimpunkt* das er sin selbes ding nit schaffet ob er mag *Reimpunkt* der effet sich es ist nit als do man trúwen phlag *Reimpunkt*.

V^t   Ich habe gefarn wite sihte in den landen,   Bartsch CLVII,2
        vff vppekeit der welte habe ich ⟨*mich*⟩ wol verstanden
        vnd kan mich doch gehüten nit, mir gange doch vil zü handen.
            Die sonne die scheyn ye, daz ich mich syn dicke müste fraüwen,
   5   dar nach so kam ein regen vnd maht mir die kleyder naß.
        dar an soltu gedencken, getrüwer knecht, furbaz:
        wanne dich din here lachet an, so laß dir sin getraüwen.
        Wanne dir die sonne schinet, lege den mantel an.
        biz dinem heren zü allen züten vndertan,
   10   dien ym wol, getrüwe yme nit, daz rat ich, wo ich kan.

VI^t   Nu merckent, wie getrüwer dienst sich vollendet,   Bartsch CLVII,3
        daz ⟨*er*⟩ in siner getrüwekeit suß würt gephendet,
        mit vndanckberem lone so würt dienstes vil herwendet.
            Getrüwer knecht, nü diene wol, daz ist myn lere.
   5   wanne dü verdienest dinen lon, so soltü sin begeren.
        düstü daz, ez würt dir liep, ich wil dichs weren.
        folge mynß rotes hie, ez fromet dich noch mere.
        Wie drüt, wie liep auch dich din here hat vsßerkorn,
        hat er dir drüwe geben vnd dar zü eide gesworn,
   10   nü diene yme drissig iare wol, es ist zü eynre stünt verlorn.

V^t *809,2 t.*

2 mich] *fehlt t.*

VI^t *809,3 t.*

2 er] *fehlt t.*

Erschließungshilfen

I**, 4: *unbescheiden*: ‚unentschieden‘, ‚ungebührlich‘ oder auch ‚unklug‘ – der semantische
  Spielraum ist recht groß; hier passt wohl am besten ‚unentschieden‘, d.h. eine Haltung
  der Frau, die den Mann in einem Schwebezustand verbleiben lässt: lebendig und tot
  zugleich (V. 3).

I^t, 1: *haubt sonden*: ‚schwere Sünden‘, ‚Todsünden‘.
I^t, 5: *düt und lat*: ‚tut und lässt‘.
I^t, 10: *dreist* < *tragen*: ‚du trägst‘.

II^t, 2: *kalt riffen* ist Subjekt des Satzes; *rîf* = ‚Reif‘ wird im Mhd. auch im Plural verwendet.
II^t, 4: *meder*: ‚Mäher‘; *mote* < *mæjen* : ‚mähen‘, Prät.

III^t, 1–3: Das Verständnis der Verben *beysset* und *reisset* ist problematisch. Vom Reim her
  betrachtet müssten sich *beysset* und *reisset* auf *heisset* reimen; das würde bedeuten, dass
  beysset ein diphthongiertes *bîzen* wäre, nicht aber mhd. *beizen*. Bedeutung: *früntlich bîzen* =
  ‚freundliches Zeigen der Zähne‘, ‚lächeln‘. Ähnlich *reisset*: diphthongiert < *rîzen*. Aller-
  dings diphthongiert t sonst nicht. Geht man also bei *beysset* von *beizet* aus, wäre zum
  einen die Lautqualität eine andere, und zum anderen würde auch die Bedeutung (‚auf
  Beizjagd gehen‘ u.ä.) kaum passen. So auch bei *reisset* = *reizet*; die Lautqualität ist eine
  andere als bei *heizzet* – die Bedeutung ‚reizen‘ hingegen passt in den Kontext: die Freund-
  schaft des einen reizt die des anderen.
III^t, 5: *küntterfeyt*: ‚Falschheit‘.

IV^t, 1: *hure* = *hiure*: ‚heute‘.
IV^t, 3: Der Satz ist syntaktisch etwas holprig; gemeint wohl: ‚Dient man einem Jungen, dann
  vergisst der zu belohnen, dient man einem Alten, dann stirbt er, bevor er entlohnt hat‘.
IV^t, 4: *mittelünge*: ‚der mittlere Weg‘ (in dieser Bedeutung bei Lexer I, 2189 nur für diese
  Stelle gebucht).
IV^t, 5: *yt* = *iht*, hier in negativer Bedeutung ‚nicht‘.
IV^t, 6: Gemeint wohl: ‚Jemanden, der dient (und dafür nichts erhält), besänftigt die Tatsache,
  dass er schon etwas besitzt‘.
IV^t, 7: *geborn* = *gebâren*: ‚sich verhalten‘.
IV^t, 8: *gesümet* < *sûmen*: ‚versäumen‘.
IV^t, 8–10: Gemeint: ‚Der Diener soll sich nicht im Dienst aufreiben, sondern auch sich
  selbst im Blick haben, denn die ‚gute alte Zeit‘, in der noch ‚Treue‘ herrschte, ist vorbei‘.

V^t, 1: *wite sihte*: wörtl.: ‚weite Sicht‘; hier syntaktisch am ehesten adverbial zu verstehen: ‚Ich
  bin in den Ländern viel sehend gereist‘.
V^t, 3: … *mir gange* …: ‚mir ist doch viel zugegangen‘ (von dem Reichtum der Welt).
V^t, 7: Der zweite Halbvers ist in der überlieferten Form schwer verständlich. Der Kontext
  (vor allem V. 8 und 10) lässt erwarten, dass dem Knecht hier geraten wird, dem Lachen
  des Herrn nicht zu trauen (genauso wie man dem Schein der Sonne nicht trauen soll).
  Die Konstruktion ist jedoch schwer durchschaubar: ist *sin* das Verb ‚sein‘ oder ein Genitiv
  (rückzubeziehen auf ‚Herr‘ oder dessen ‚Lachen‘)? Und wie wäre ein reflexives *lâzen* zu
  verstehen?

VI^r, 2: *phenden*: ‚jemandem etwas nehmen', hier zu so zu verstehen, dass für den Dienst Lohn eingeholt wird.

14

A: I* II* Reinmar der Fiedler

I*   Got welle sône welle, doch sô singet der von Seven   165,1
       noch baz danne ieman in der welte. frâget nifteln unde neven,
       geswîen, swiger, sweher, swâger, ⟨ob⟩ ez ensî wâr.
       tageliet, clageliet, hügeliet, zügeliet, tanzeliet, leich er kan,
    5 er singet criuzeliet, twingliet, schimphliet, lobeliet, regeliet als ein man,
       der mit werder kunst den liuten kürzet langez jâr.
          Wir mugen wol alle stille swîgen, dâ hêr Liutolt sprechen wil;
       ez darf mit sange nieman giuden wider in.
       er singet alsô hô ob allen meistern hin,
    10   ern werde noch, die nû dâ leben, den brichet er daz zil.

II*   Daz êrste wîp dem êrsten man den êrsten schaden riet,   165,11
       dâ von got vil menege sêle von deme paradîse schiet.
       dirr itewîz der wirret guoten reinen wîben niht.
       wîp unde wîp, gelîcher name, vil ungelîchez leben.
    5 der welde heil uns einiu nam, daz habt uns einiu wider geben,
       ein engel und ein reine wîp sint [ ] wol in einer phliht.
          Vil reiniu muoter unde maget, diu uns von Even stricke nam,
       dîn werdicheit behüet uns noch diu reinen wîp.
       sô gewinnet wegescheiden hie der zweir lîp;
    10   die guoten dort, die übelen hie. wer ist den beiden gram?

---

14 I* *Reimar der Videler* 11 *A.*
3 ob] *fehlt A.*   5 schiemphiet *A.*
II* *Reimar der Videler* 12 *A.*
1 dem] den *A.* eriet *A.*   3 diert *A.*   4 wil *A.*   6 sint beide wol *A.*   9 gewinnent *A.*   10
wer ist] die sint *A.*

Erschließungshilfen

I*, 1: *Got welle sône welle* …: ‚Ob Gott will oder nicht …'.

I*, 4: *hügeliet*: ‚Freudengesang'; *zügeliet*: die Bedeutung ist unklar; Lexer formuliert (III, 1169): „lied mit besonders langen zügen des fiedelbogens?" Lachmann hatte zu *lügeliet* gebessert, doch Lexers Hinweis auf die Wörter *zucdôn, zügewîse* mahnt zur Vorsicht.

I*, 5: *twingliet*: „drängendes (zur *milte*) nötigendes lied" (Lexer II, 1601 nach Wackernagel – ohne weitere Belege für ein solches Kompositum). *regeliet*: In dieser Schreibweise lässt sich das Kompositum nicht weiter belegen; zu glossieren wäre es mit ‚Bewegungslied'; Lachmann hatte zu *rüegliet* (‚Rügelied') konjiziert, doch sollte man angesichts der grundsätzlich sehr unfesten Gattungsbezeichnungen auch hier mit einer Korrektur vorsichtig sein.

I*, 10: *ern werde noch* …: hier wird eine Ausnahme mit Bezug auf V. 9 formuliert: ein Meister, den er nicht übertrifft, muss erst noch geboren werden. *zil brechen*: hier ‚künstlerisch vernichten'.

II*, 3: *itewîz*: ‚tadelnder, strafender Vorwurf'.

II*, 6: *in einer phliht*: ‚von einer Art'.

15

M: I*

I*   Der starke winder hât uns verlân,   167,16
        diu sumerzît ist schône getân,
        walt unde heide sih ich nû an
        loup unde bluomen, clê wolgetân,
    5 davon mac uns fröide nimmer mêr zergân.

---

15 I* *M (Carmina Burana 135a)*

24

h

I*   Got herre,   ⟨verre⟩   mane ich dich,   174,1
        niht verre,   herre,   mir
        dîne hulde.   schulde   hân ich vil.
        nâch schulde   ⟨hulde⟩   die suoche ich.
    5   sît niuwe   riuwe   dir
        bringet riuwe   niuwe   swâ du wil,

        Sô bedenket   wol dîn güete,
        daz mich hât betrogen
        der werlte süeze.   ir valschen ræte
    10 hânt becrenket   mîn gemüete;
        dicke ich hân gelogen.
        gerne ich dir büeze   missetæte.

        Ere   sêre   mich verriet,
        si liuget,   triuget   vil der diet.
    15 Crist der wîse   wîse   mich dar,
        dâ dîn wunne   kunne   wesen gar.

---

24 I* *23 h.*

1 verre] *fehlt h.*   3/6 viel: wilt *h.*   4 hulde] *fehlt h.*   5 nivwer rivwe (*e unterpunktet*) *h.*   9 wˢlten
h.   12 bvze missete *h.*   14 viel dˢ dich *h.*

Erschließungshilfen

I*, 2: *verre* < *verren*: ‚fern halten‘.
I*, 13: *verriet* < *verrâten*: ‚falsch raten‘, ‚irreleiten‘.

In h⁵ walth⁵s guldin wyse

t: I–XXI

Nur in der Meistersingerüberlieferung wird die Goldene Weise außer Wolfram auch Walther zugeschrieben, allerdings ohne alte Textüberlieferung. Vgl. RMS Walth V/24/2a–5a (S. 488–490)

Iᵗ	Die trinitat gedryet	Bartsch 811
IIᵗ	Ich bitt bitt dich vatt⁵ h⁵e	
IIIᵗ	Wer büwet in die kore	
IVᵗ	Maria magt reine	
Vᵗ	Des bistu gar besünder	
VIᵗ	Fraüwe meyt üch stūt gezeme	
VIIᵗ	Johans in latterne	
VIIIᵗ	Fraüwe magt ir worent wise	
IXᵗ	Fraüwe meyt ir solt nit loügen	
Xᵗ	Uatter ich wil dich bittē	
XIᵗ	Daz swebet od⁵ hanget	
XIIᵗ	Got hat gotte gefroget	
XIIIᵗ	Wer rotet wo got were	Bartsch 812
XIVᵗ	In adelers wise	
XVᵗ	Ach h⁵re got ich schrie	
XVIᵗ	Vil maniger mich an lachet	Bartsch 813
XVIIᵗ	So phii dir falsches lachen	
XVIIIᵗ	Wo wart ye falsch so grosser	
XIXᵗ	Die slange die hat gesprochen	Bartsch 814
XXᵗ	Ein apphel der wart gessen	
XXIᵗ	Ein engel kam mit zorne	

4. Strophen, für die Walthers Autorschaft in Erwägung gezogen wurde

Lutolt von Seven

A: I Lutold von Seven
D: II

I   Mich wundert wie den liuten sî, die sich der êren   KLD 35.VIII,1
                         [schament

II   Swelch man diu jâr hât âne muot, diu doch manzîtic   KLD 35.VIII,2
                         [sint

I *Lvtolt von Seven 21 A.*
II *233 D.*

Ulrich von Singenberg, Truchseß zu Sankt Gallen
SM 12.30

A: I–V Truchseß von St. Gallen

I   Der guote wîn wirt selten guot, wan ⟨*in*⟩ dem guoten   106,17
                                  [vazze.
    wirt daz bereitet ze rehte, sô habe*t ez* den wîn.
    dar umbe wunder nieman, ob ich an dem künege hazze,
    hât er ein herze, al*s* sî dâ sagent, sol daz niht werden schîn.
  5   Im sint die treffe alsô vertriben, er welle ræzer sîn:
      sô ist vaz und tranc ein wiht,
      guot wîn mac ie sô lange ligen, daz man in seiger siht.

II   Ez nam ein wittiwe einen man,   hie vor in alten zîten.   106,24
    dô kam vil ritter unde frowe*n* dur ir liebe dar.
    alse dô der brûtegome kan,   des wart ein michel strîten,
    wie sî der briute bunden, des zerwurfen sî sich gar.
  5   Ze jungest bant si ir selber, daz ir niht daran enwar.
      hêr künic, nû sît gemant,
      daz ir kein gebende zam, wan daz si ir selber bant.

III   Der künic behielte küneges namen, dern in behalten hieze,   106,31
    und lebte och, swie si in hiezen leben,   die in hânt in ir pfli*h*t.
    nû ist billich, daz er des gein rehten liuten wol genieze:
    wan sol im schulde und êre geben,   dar mans dran gesiht.
  5   Werd aber er sîn selbes man, sô lône in anders niht,
      wan alse ir rât nû sî,   107,1
      und swer in sælden roube, den mache er de*r* êren vrî.

                        IV

SM 12.30 I *Der Truchsʓe von S. Gallen 111 A.*
1 in] *fehlt A.*   2 habet ez] *habez A.*   4 alsi *A.*
  II *Der Truchsʓe von S. Gallen 112 A.*
2 frowe *A.*
  III *Der Truchsʓe von S. Gallen 113 A.*
2 pflit *A.*   7 der] den *A.*

IV   Si jehent, daz bœser kom ie nâch. daz hât sich nû verkêret: 107,3
       wan vindet nû, daz man nie vant   hie vor bî Karlen zîte.
       sich hânt deshalp der lande reht ze hove wol gemêret.
       ez waz ê sleht alsam ein hant,   nû sint drunder michel strîte.
   5   Swâ man dem ungetriuwen man die triuwe wider gît,
       dâ ist daz gerihte guot:
       wan einem man kan niht geschaden, swer für guot hât, swaz er tuot.

V   Dâ hin dâ her wart nie sô wert in allen tiuschen landen.   107,10
       swer nû dâ hin dâ her niht kan,   der ist an dem spil betrogen.
       künige wâren, die niht dâ hin dâ her bekanden,
       nû sint si den list wol komen an   intwerhes umben bogen.
   5   Ez heten hie bevor die grôzen vürsten niht gelogen
       dur liute noch dur lant,
       nû ist in meistic allen wol dâ hin dâ her bekant.

IV *Der Truchsze von S. Gallen 114 A.*
4 slæht *A.*
  V *Der Truchsze von S. Gallen 115 A.*
3 da her da har *A.*   4 nv sit si *A.*   intwerhes] inthv̊rs *A.*

Erschließungshilfen

I, 4−6: „wenn er ein (mutiges?) Herz hat wie man sagt, daß dies nicht sichtbar werden soll.
Ihm sind die Faßdauben so schlecht gefügt; wenn er nicht stärker gärt (um das Faß zu
sprengen), dann geht neben dem Faß auch der Trank zugrunde." (Schiendorfer, SM, S.
129).

II, 4/5: *binden/bant*: hier gemeint das Anlegen des ‚Gebendes‘, einer mittelalterlichen Kopf-
bedeckung, die oft sozialsymbolischen Charakter hat. Vgl. das Begriffsglossar s. v. *gebende*.
II, 5: *enwar* < *enwerren*; ‚... sodass sie nicht darauf verzichten musste‘.

III, 1: *dern* ...: „wenn jemand ihn (den König) ihn (den Königstitel) behalten hieße" (Schien-
dorfer, SM, S. 130).
III, 4: ‚man soll ihm (dem König) Schuldigkeit und Ehre erweisen‘. Der zweite Halbvers ist
schwer verständlich; *mans* ist aufzulösen als *man si*; das Pronomen dürfte auf *schulde* und
êre zu beziehen sein. – Schiendorfer schlägt vor: „... wo sie angebracht scheinen" (SM,
S. 130).
III, 5−7: ‚Wenn der König selbstständig wird, dann möge er sie nicht anders belohnen, als
sie es selbst raten, und wer ihnen das Glück raubt, den soll er entehren‘.

IV: Grundaussage: Früher war das Recht einfach und übersichtlich, heute kompliziert und
zerstritten – daher kann es geschehen (Abgesang), dass Unrecht nicht als solches geahn-
det wird.
IV, 1: *daz bœser*: ‚Böseres‘, ‚Schlimmeres‘.
IV, 2: *wan*: hier ‚man‘. *Karlen zîte*: Gemeint sehr wahrscheinlich Karl der Große (747/
748−814).
IV, 3: *deshalp = dishalp*: ‚auf dieser Seite‘; es dürfte hier ein Raum bezeichnet werden.
IV, 4: *sleht*: ‚eben‘, ‚glatt‘.

V, 1: *dâ hin dâ her*: Schiendorfer überlegt, ob es sich um den Namen eines Gesellschaftsspiels
handelt (SM, S. 130).
V, 4: *intwerhes* ...: „auf verqueren Umwegen" (Schiendorfer, SM, S. 130).

SM 12.31

A: I II Der Truchseß von St. Gallen

I   Vil meniger mich berihtet,   107,17

der niht berihten kan

sich selben alse er solde;

des alte ich vor den tagen.

   5 wie gar er mich vernihtet,

der mir niht guotes gan,

und giht, wie vil er wolde

mit mîner kunst bejagen

      In vremeden landen werdecheit. nû bin ich sô gesite,

10   hæt ich hie guot und êre,

daz næm ich vür daz mêre,

dar umbe ich iemer dur daz jâr des tievels zîte lite.

II   Gelêrter vürsten crône   107,29

mit ûz erwelter tugent,

mit zuht, mit kunst, mit güete,

hât got hin zim genomen.

   5 der lebte hie vil schône

mit alter kunst in jugent.

nâch lobe stuont sîn gemüete,

des was sîn name ⟨komen⟩   108,1

      ⟨. . . . .⟩, der ie nâch sælden warp.

10   nû phlege sîn got, der rîche.

des wünschen inneclîche,

sît tiurre vürste sîn genôz nie manegen zîten verdarp.

SM 12.31 I *Der Truchsze von S. Gallen 116 A.*

9 virmiden *A.*   10 hat *A.*

II *Der Truchsze von S. Gallen 117 A.*

2 tv́gent *A.*   8/9 name d⁵ ie *A.*

Erschließungshilfen

I, 11: ‚das hielte ich für das Wichtigste‘.

I, 12: *tievels zîte*: Möglicherweise ist mit dem *tievel* die Person gemeint, die in den V. 5–9 beschrieben wird.

II, 12: ‚da ein erhabenerer Fürst, ihm ähnlich, noch niemals verstorben ist‘.

SM 12.20

A: Der Truchseß von St. Gallen

V   Uns ist unsers sanges meister an die vart,   108,6
        den man ê von der Vogelweide nande,
        diu uns nâch *im* allen ist vil unverspart.
        nû waz frumet, swaz er ê der welte erkande?
5   Sîn hôher sin ist worden cranc.
        nû wünschen ime dur sînen werden hovelichen sanc,
        sît dem sîn vröide sî ze wege,
        daz sîn der süeze vater nâch gnaden phlege.

SM 12.20 V *Der Truchsze von S. Gallen 118 A.*
3 in *A*.

Erschließungshilfen

5: *cranc*: hier ‚schwach‘, ‚kraftlos‘.
7: *ze wege*: ‚fort‘.

TEXTKRITISCHER KOMMENTAR

Zu jedem Ton gibt es einen Kommentar, der insbesondere textkritische Probleme benennt und editorische Entscheidungen begründet. Wenn von „Hgg." (= Herausgebern) die Rede ist, so sind damit, wie in der 14. Aufl., frühere Hauptherausgeber des Waltherschen Werks gemeint (Lachmann, Wilmanns / Michels, von Kraus, Brinkmann, Maurer; vgl. die Gesamtbibliographie).

Ton 1

Walthers Leich ist in vier Hss. überliefert: In C wird die (von allen Hss. umfangreichste) Walther-Sammlung mit dem Leich eröffnet. In den Hss. k und k², die sonst keine Walther-Texte enthalten, ist der Leich im Kontext von Leichs anderer Autoren tradiert, wobei k² mit k fast identisch ist. Die Hs. l schließlich steht in großer Nähe zu k/k², auch hier Leichs anderer Autoren. Zur Versikel-Reihenfolge in k (k²) und l: Diese Hss. eröffnen den Leich mit der Versikel-Gruppe III, d. h. mit mariologischen Ausführungen. Dies mag dadurch motiviert sein, dass k/k² vor und nach Walthers Leich andere mariologische Texte notiert haben.

Zur Struktur: Die hier gebotene Strukturierung des Leichs in Versikel und Versikel-Gruppen kann nicht ohne weiteres auf die Hss. zurückgeführt werden (C z. B. präsentiert einen fortlaufenden Text ohne Absätze oder andere Auszeichnungen). Die hier gewählte Gliederung beruht auf einer eingehenden metrischen Analyse aller Einzelverse. Besonders die Reimstruktur spielte bei der Entscheidungsfindung eine wichtige Rolle. Eine andere Versikelgliederung, aufbauend auf Maurer, bei Schweikle, Bd. 2, S. 480 ff. Vgl. zur Forschungsgeschichte ferner Grafetstätter, 2004, Knapp, 2005.

I

1–9: Im Gegensatz zur 14. Aufl. wird in V. 3 die C-Lesart *sin* (statt *dîn*) beibehalten, wie Peter Kern vorgeschlagen hat; vgl. Kern, 1999: „In meiner Auffassung ist es also die Trinität, die in sich eine Dreiheit eingeschlossen hatte (den *sin*, den *fürgedanc* und den *rât*)."

5: Die C-Lesart *driu* ist ein Neutrum und würde daher den neutralen Artikel *daz* erfordern; vgl. Paul, Mhd. Gr., 2007, § M 60. Der hergestellte Text orientiert sich an der k-Lesart mhd. *drî*.

10: C überliefert die Pluralform *hant*; das zugehörige Subjekt sind die *sinne* in Vers 11. Ein Verständnis ist nicht unmöglich, wenn man nach Vers 11 den Satz beendet. Vers 12 müsste mit einem Komma enden; er wäre als eine syntaktisch nur lose mit dem Folge-Versikel verknüpfte Einführung des Subjekts (Teufel) zu verstehen, dessen Taten in II a1 geschildert werden. Die k-Lesart *hat* scheint allerdings die *lectio difficilior* zu sein, zumal in dieser Version der Teufel als Urheber sündhaften Handelns deutlicher benannt ist.

II a1

1: Im Gegensatz zur 14. Aufl. wird die C-Lesart *bœsez* beibehalten. In der Bedeutung ‚sündig‘, ‚schwach‘ passt das Wort zum Kontext. Die k-Lesart *blode* (= *blœde*: ‚vergänglich‘) ist gleichfalls sinnvoll.

II b1

1: Im Gegensatz zur 14. Aufl. (*schowe*) wird die C-Lesart *schowet* beibehalten. Sie kann als Imperativ Plural, bezogen auf *maget* und *muoter*, verstanden werden oder als Form des Ihrzens, wenngleich Maria sonst geduzt wird; vgl. Palmer, 1988.

II b3

2f.: Der kritische Text ist nach k gebessert. Unter Berücksichtigung der Formresponsion in II*b3 spricht sehr viel dafür, dass in C ein Überlieferungsdefekt vorliegt.

II b5

9: Die C-Lesart in Vers 9 *swa sis* ist offensichtlich fehlerhaft, denn sie gibt zum Ausdruck, dass sich die *schar* bewegt und die Richtung vorgibt. Die Textverbesserung geht auf k zurück, wenngleich k eine andere Syntax und darüber hinaus eine andere Versikelstruktur aufweist. Vgl. auch Reinitzer, 1989.

III 1

6: *beslôz*: ‚schloss zu‘, ‚besetzte‘. In dieser und der folgenden Textpassage geht es um die Empfängnis Christi durch das Ohr Marias; vgl. dazu Volfing, 2004. Die k-Variante *Entslozzen* weist in besonderer Weise auf diese Vorstellung der ‚geistlichen Befruchtung‘ hin; das Wort Gottes ‚öffnet‘ Maria. Die C-Lesart *besloz* drückt eigentlich das Gegenteil aus. Die meisten Interpreten und Übersetzer sind darüber hinweggegangen bzw. haben sich für die k-Lesart entschieden (so auch Schweikle). Doch auch die C-Lesart ist sinnvoll. Ihr entsprechend ‚besetzt‘ das Wort Gottes das Ohr Marias. Möglicherweise nimmt diese Vorstellung auf Ez 44,2f. Bezug, wo vom verschlossenen Tor die Rede ist; vgl. Salzer, 1893; vgl. ferner Leyser, Predigten 25, 26 (zit. bei Salzer, 1893, S. 28).

II*a2

1: Da es in diesem und im folgenden Versikel um die Reue der Menschen geht, ist die C-Lesart *rûwe* sicher eine Verschreibung für *riuwe*.

II*a3

3: *gernde*: Die Hss. überliefern *gerne,* was Lachmann und Schweikle übernehmen. Die Bedenken, die von Kraus, 1935/1966, S. 16 geäußert hat, sind indes noch nicht ausgeräumt. Bleibt man bei *gerne*, ließe es sich nur als nachgestelltes Adjektiv mit

Bezug auf *riuwe* verstehen; Bedeutung dann: ‚wo er weiß, dass die Reue begierig ist‘. Belege für eine solche syntaktische Konstruktion sind aber bislang nicht zu finden; vgl. Lexer I, 885; Schweikles Kommentar (Bd. 2, S. 798) führt nicht weiter. Daher halte ich an der Konjektur fest: ‚Wo er weiß, dass die Reue verlangend ist‘.

II*b1

1f.: In der Überlieferung weichen C und k an mehreren Stellen voneinander ab. Das Verständnis in k (u. 14. Aufl.): ‚Nun sende, Vater und Sohn, denselben Geist herunter, damit er mit seiner süßen Frucht trockene Herzen erfrische‘. In C (15. Aufl.) weicht die Metaphorik von k ab und das Subjekt des Nebensatzes ist ein anderes: ‚Nun sende uns, Vater und Sohn, den wahren Geist herunter, damit wir mit deiner süßen Feuchtigkeit ein trockenes Herz erfrischen‘. Problematisch ist in C die Nasalform *abe-n* (statt *abe*). Es bleibt wenig anderes übrig, als hier eine reimbedingte Sonderform anzusetzen, die aber sonst nicht weiter zu belegen ist; vgl. auch Schweikle Bd. 2, S. 799; sein Verweis auf Paul, Mhd. Gr., 1998, § 384 (= Paul, Mhd. Gr., 2007, § S 94), führt indes nicht weiter.

2: Die Variante *vruht* vs. *fuhte* kann auf einen Lesefehler zurückgehen: Der k-Schreiber kann ein *-iuht-* seiner Vorlage als *-ruht-* missdeutet haben. Aber auch der umgekehrte Vorgang ist denkbar, wie auch nicht auszuschließen ist, dass bewusst zwei verschiedene Bilder verwendet wurden.

II*b4

2: C überliefert *vf eine gegeben*, k *vf ein gegeben*. In beiden Fällen dürfte ‚zusammenführen‘ gemeint sein, was die Wörterbücher allerdings nicht belegen, auch nicht in der konjizierten Form *ein*. Daher wird die C-Lesart *eine* beibehalten.

3: C überliefert *kristen tvmes pfliget*, k *kristentvms giht*. Aufgrund der Reimbindung zu Vers 4 (*niht*) überliefert nur k einen korrekten Text. Die in der 14. Aufl. übernommene Konjektur von von der Hagen, 1838, (*pfliht*) wird hier wieder verworfen, da diese Verbform nicht von dem überlieferten *pfliget* abgeleitet werden kann. Insofern scheint es sinnvoller, die Leithandschrift hier zu verlassen.

IV

5: Im Gegensatz zur 14. Aufl. wird die C-Lesart *vs* gegenüber der k-Lesart *von* beibehalten. Die C-Variante passt gut zur metaphorischen Bedeutung von *zunge* (‚Sprache‘), die k-Variante eher zur konkreten.

13: Im Gegensatz zur 14. Aufl. wird die C-Lesart *den* gegenüber der k-Lesart *des* beibehalten. Gemäß der C-Lesart verbirgt sich in *gedinge* ein starkes Maskulinum. Bei BMZ I, S. 339b war ein starkes *gedinge* bezweifelt worden. Die jüngeren Findebuchbelege verzeichnen jedoch mehrere starke Maskulina, sodass die C-Lesart nicht singulär ist.

Ton 2

Im Gegensatz zur 14. Aufl. wird der Reichston in der Reihenfolge der Hss. B und C ediert. Hs. A bietet die Strophen II und III in umgekehrter Folge. Die Überlieferung des Reichstons stellt einen Editor vor kaum lösbare Probleme, denn keine der drei Hss. bietet einen Text, der ohne Konjektur bzw. Verbesserung mithilfe der anderen Hss. akzeptabel ist. Die unterschiedlichen Strophenreihungen helfen nicht bei der Entscheidung für einen der beiden Überlieferungsstränge. In der Forschung wurde sehr intensiv und über lange Zeiträume hinweg die Textgenese des Reichstons diskutiert – zumeist vor dem Hintergrund eines Bezugs der Strophen zu konkreten historischen Ereignissen. Letzten Endes aber sind solche Genesen nicht zu beweisen.

Die Entscheidung, den Reichston in der 15. Aufl. auf den Hss. B und C basieren zu lassen, gründet in einer Abwägung der handschriftlichen Defekte. Es sei aber ausdrücklich darauf hingewiesen, dass die Edition nach A ebenfalls einiges für sich hat. Auf eine Fassungsedition wird indes verzichtet, da ein Benutzer die variierende Strophenfolge leicht überschauen kann. Vgl. U. Müller, 1983, Heinzle, 1999 und 2000, Müller / Springeth, 2001, Burkert, 2010.

I, 3: *ellebogen*: A und C haben die Form *ellenbogen*; da neben der Grundform *ellen* auch eine Nebenform *elle* belegt ist (Lexer I, 541), dürfte auch das B-Kompositum möglich sein.

I, 8: Die Alternation des Verses ist nicht regelmäßig, doch mit Blick auf viele ähnliche Fälle rechtfertigt diese Unregelmäßigkeit einen Eingriff nicht (vgl. auch die allgemeinen Bemerkungen zum Umgang mit der Metrik in der Einleitung zur 15. Aufl.).

I, 24: Im Gegensatz zu A weist der exzipierende Satzteil in BC keine Negation auf. Dies ist nach Paul, Mhd. Gr., 2007, § S 159 dann nicht nötig, wenn der übergeordnete Satz negiert ist (wie in diesem Fall).

II, 8: Die erforderlichen vier Hebungen können gut realisiert werden, indem man auf *ê* und *wart* je eine beschwerte Hebung legt, gefolgt von der ersten Silbe von *oder*, die ebenfalls eine Betonung trägt.

II, 15: *swerte*: Der geläufige Akk. Pl. lautet *swert*; vgl. aber Paul, Mhd. Gr., 2007, § M 14 mit Anm. 2, wo von Pluralformen (Nom./Akk.) auf -e die Rede ist.

III, 5: A hat mit der Lesart *kriuchet* eine stilistisch (und ggfl. auch inhaltlich) abwechslungsreiche Variante. Die BC-Lesart ist freilich ebenfalls sinnvoll.

III, 10: Im Gegensatz zu A überliefern B und C mit *stritten* eine Präteritalform. Sie erscheint inmitten der übrigen präsentischen Formen isoliert, doch mag dadurch ein Akzent auf die lange Dauer der Zustände im Tierreich gelegt worden sein (,es war schon früher so und währt bis heute').

III, 12–15: die Formen *siu* werden hier als Nom. Pl. Neutrum aufgefasst; die Pronomen beziehen sich auf die zuvor genannten Tiere (vgl. Paul, Mhd. Gr., 2007, § S 137).

III, 13–16: Während A in den Versen 13–14 eine exzipierende Konstruktion aufweist (in V. 14 kann die Negation fehlen, weil der übergeordnete Satz negiert ist; vgl. Paul, Mhd. Gr., 2007, § S 159), haben B und C eine einfachere Konstruktion: die V. 14–16 stellen drei nebengeordnete Hauptsätze dar, V. 13 eine als Parenthese zu lesende Aussage. Die BC-Lesart ist daher wohl jünger als die A-Lesart, da die Tendenz zur Auflösung exzipierender Konstruktionen im 14. Jh. deutlich zunimmt (dies zeigen z. B. viele Lesarten von E). Die Wortwahl in den Versen 14–16 (zweimal *schaffent*) ist stilistisch nicht schön; A ist hier deutlich ‚besser‘. All dies zeigt aber eindringlich die editorische Problematik: A ist zumindest hier die ‚bessere‘ Hs., doch würde man an anderen Stellen nicht auf sie bauen können (besonders in der zweiten Strophe).

III, 22: *cirkel*: An dieser Stelle dürfte C die rechte Lesart bewahrt haben: gemeint sind wohl „runde Kronreife der Könige und Fürsten im Unterschied zur (symbolhaft) achteckigen Kaiserkrone; Metonymie, bezogen auf andere zeitweilige Thronanwärter" (Schweikle, Bd. 1, S. 343, ähnlich auch Wi/Mi). Die B-Variante *kilche(n)* mag über ein Missverständnis entstanden sein, wie es insbesondere die A-Lesart *cirken* provoziert haben könnte (*cirken* > *kir-ch-en* > *kilchen* (= mundartliche Variante). Dennoch ist auch die ‚Kirchen‘-Variante nicht unsinnig, vor allem im Kontext der B-Reihenfolge, die ja bereits in der Strophe *Ich sach mit mînen ougen* die kirchliche Macht thematisiert hat.

III, 23–24: Der mhd. Text ist mehrdeutig; eine moderne Interpunktion würde ihn eindeutig machen. Darauf wird hier bewusst verzichtet. In der Forschung sind zwei Lesarten diskutiert worden, abhängig von der Bestimmung des Kasus von *philippe*: Fasst man *philippe* als Vokativ auf, so wird Philipp aufgefordert, sich selbst zu krönen; liest man *philippe* aber als Dativ, so wird das deutsche ‚Volk‘ aufgefordert, Philipp zu krönen. Zur Interpretationsdebatte vgl. Kern, 1992 und Heinzle, 1999.

Ton 3

Die Überlieferung des Kaiser-Friedrichs- und Engelbrechtstons ist weder in C noch in B frei von Verderbnissen. Beide Hss. nötigen den Editor zu Konjekturen. Die Entscheidung, den Text auf C zu basieren, beruht auf einer Abwägung der Quantität und Qualität der Textmängel.

I, 3: In diesem Vers weisen beide Hss. zwei unterschiedlich zu bewertende Probleme auf. Die Negation des Verbs *verlüren* scheint den Sinn der Textstelle deutlich zu stören. Vom Kontext der ersten drei Verse ausgehend kann nur gemeint sein, dass alle menschliche Anstrengung, die Allgewalt Gottes zu verstehen, zum Scheitern verurteilt ist. Die Hss. aber drücken mit der Negation genau das Gegenteil aus. Von daher ist es notwendig, mit den meisten Hgg. zu konjizieren. Zwar behält Schweikle die Negation in seinem kritischen Text bei, er übersetzt aber so, als ob sie nicht dort stünde (Schweikle, Bd. 1, S. 216 f.). Darüber hinaus wird in diesem Vers ein größeres metrisches Problem deutlich: Alle früheren Hgg. haben das handschriftlich überlieferte Adverb *beide* aus dem Text herausgenommen, weil ihrer Meinung nach der Vers dadurch metrisch überladen sei. In nahezu allen fünf Strophen dieses ersten Ton-Teils stoßen wir allerdings auf ähnliche metrische Probleme (so in II, 3 f.; IV, 5 u. 7; der dritte Vers aller Strophen ist in den Hss. weder einheitlich 6- noch 7-hebig realisiert); darüber hinaus ist ein regelmäßig alternierender Rhythmus vieler Verse nicht gegeben − nicht selten muss man viele Hilfskonstruktionen (beschwerte Hebungen, Doppelsenkungen, Elision, Apokope, Synalöphe) zur Anwendung bringen. Aus diesem Grund sollten besonders bei den fünf Strophen dieses Tons Konjekturen aus metrischen Gründen nicht vorgenommen werden, wenn nicht noch andere Gründe dafür sprechen (vgl. Kommentar zu II, 3/4). Im Gegensatz zur 14. Aufl. wird daher das hsl. überlieferte Wort *beide* im Text belassen.

II, 3/4: Obwohl die Hebungszahl in V. 3 zwischen sechs und sieben Hebungen wechselt (vgl. Kommentar zu Strophe I), scheint der Eingriff fast aller Hgg. hier gerechtfertigt, wenn man, was nahe liegt, von einem in den Hss. an falscher Stelle platzierten *beide* ausgeht. Darüber hinaus wäre V. 4 ohne eine Wortergänzung deutlich unterfüllt.

IV, 5: Im Gegensatz zur 14. Aufl. wird in diesem Vers keine Kontamination aus den Lesarten B und C hergestellt; der kritische Text folgt hier der Hs. B. Dem sich dadurch zunächst ergebenden metrischen Problem (Unterfüllung) kann begegnet werden, indem man auf den Eigennamen *Constantîn* drei beschwerte Hebungen legt. (Dass dies nicht undenkbar ist, zeigt der berühmte Parzivalvers (283,7), der nur aus dem Eigennamen *Condwiramurs* besteht; die geforderten vier Takte des epischen Reimpaarverses sind hier nur durch den Ansatz von vier beschwerten Hebungen einzulösen.)
IV, 7: Im Gegensatz zur 14. Aufl. wird hier kein Füllwort (*wol*) aus metrischen Gründen eingefügt. Denkbar sind beschwerte Hebungen auf *sô* und *het*.

V, 1: Im Gegensatz zur 14. Aufl. wird die hsl. Lesart *so* beibehalten. Die Konjektur *dô* stellt zwar einen deutlichen intertextuellen Bezug zu 2 II, 22 (Reichston) her, der aber zum Verständnis des Textes nicht nötig ist (vgl. Wi/Mi, Bd. II, S. 82).
V, 3: Statt des Wortes *goteshûse* überliefern die Hss. übereinstimmend *goteshûseræ̂re*. Im Bewusstsein, hier inkonsequent zu verfahren (mit Blick auf die im Kommentar zu I skizzierten metrischen Probleme), wird die Konjektur der meisten Hgg. übernommen, weil es auch mit viel Mühe kaum möglich erscheint, den Vers wenigstens 7-hebig zu realisieren. Die editorische Diskussion dieser Stelle macht deutlich, dass man immer wieder in aporetische Situationen gerät, was dazu führt, dass eine konsequente Gleichbehandlung ähnlicher Fälle kaum zu erzielen ist.

Ton 4

Die Hss. A, B und C überliefern unterschiedlich viele Strophen: A fünf, B drei, C sechs. Cormeau hatte die Reihenfolge von C gewählt, den Text der Strophen II−VI aber nach A ediert. Dies ist etwas widersprüchlich, denn die Lesarten von A sind nicht deutlich ‚besser' als diejenigen von BC. Deshalb wird in der 15. Aufl. der Wortlaut nach C hergestellt. Die Entscheidung, diejenige Hs., die alle Strophen überliefert, zur Leithandschrift zu machen, bringt eine gewisse Konsequenz in die Editorik, sie ist aber durchaus auch anfechtbar. Man könnte mit guten Gründen auch die älteste Hs., hier A, zur Grundlage machen, die gegenüber BC eine fast ‚bessere' Strophenanordnung aufweist. Denn A hat mit den Strophen III, IV, V eine Sequenz, die sich mit deutlich weltlichen Herrschaftsthemen befasst, während die Strophen VI und II kirchenpolitischen Inhalts sind. Würde man A als Leithandschrift wählen, müsste überlegt werden, wie die nur in BC überlieferte Strophe I angeordnet wird − man könnte sie, getrennt durch ein deutliches Zeichen von den übrigen Strophen − an das Ende setzen. Die Entscheidung, nicht so zu verfahren, mag vielleicht den Vorteil mit sich bringen, in anderen Fällen noch umfangreicherer Sangspruchüberlieferung mit der strophenreichsten Hs. eine konsequente Editionsbasis zu besitzen.

III, 6: Die Hss. A und B überliefern das Verb *rechen* (‚Rache üben'), Hs. C *rehten* (‚Recht sprechen'?). Das Verb *rehten* ist zwar belegt (vgl. Lexer II, 381), doch nicht sehr gut − üblicher ist die Form *rihten*. Beide Lesarten ergeben im Kontext der Strophe zwar einen Sinn, doch erscheint es mir wahrscheinlich, dass es durch Hör- oder Abschreibfehler zur C-Varianz gekommen ist; daher weiche ich hier auf B aus.

IV: Die Strophen IV − VI sind in C an anderer Stelle überliefert, durch ein Verweiszeichen aber den Strophen I − III zugeordnet.

IV, 3: Im Gegensatz zur 14. Aufl. (*er hât daz himelrîche*) und anders als alle anderen Hgg. wird die Lesart *ir hânt*, die von beiden Hss. gestützt wird, beibehalten. Zur Interpretation vgl. Kern, 2002.

V, 9: Sowohl A als auch C haben die Lesart *des herzeichen*. Lachmann hatte diese Lesart beibehalten, nur das hsl. *des* als schwachbetonten Artikel *dez* aufgefasst. Im Gegensatz zur 14. Aufl. wird diese Interpretation Lachmanns hier übernommen; die Verbesserung der übrigen Hgg. zu *des herren zeichen* ist semantisch nicht nötig.

Ton 5

Im Gegensatz zur 14. Aufl. wird dieser Ton nicht in zwei Metrikvarianten aufgeteilt (5/5a).

Der Ton ist mit drei aufeinanderfolgenden Strophen (I, III, IV) in B, mit vier Strophen (I − IV) in C überliefert. Die Farbauszeichnung der Lombarden in C signalisiert, dass C alle vier Strophen als tonidentisch aufgefasst hat. Die meisten Hgg. seit Lachmann haben an der Tonidentität festgehalten (anders aber Plenio, PBB, 1917, S. 264, Anm. 1).

Je nach metrischer Grundauffassung muss allerdings der Wortlaut einzelner Verse in allen vier Strophen verändert werden, um eine Tongleichheit herstellen zu können; dies haben die meisten Hgg. auch getan.

Besonders in den Versen 2 und 4 der Strophen III und IV hat man eine Tonvarianz zu I und II feststellen wollen. Es ist indes ohne größere Schwierigkeiten möglich (z. B. durch Akzeptanz von Auftaktvarianten und beschwerten Hebungen), den zur Diskussion stehenden Versen eine gleiche Hebungszahl zuzuweisen. Andere Verse (so II, 1, II, 6, IV, 1, IV, 5) scheinen in der Überlieferung über- bzw. unterfüllt zu sein. Die meisten Hgg. haben durch Tilgung bzw. Einsetzung von Wörtern ein einheitliches Metrum herzustellen versucht. Dies wird in der 15. Aufl. nicht praktiziert, weil der überlieferte Text hier Anlass gibt zu vermuten, dass die Metrik der einzelnen Strophen schon in einem frühen Stadium instabil gewesen ist – möglicherweise bedingt durch einen langen Zeitraum, in dem die vier Strophen entstanden sind.

I, 3: Im Gegensatz zur 14. Aufl. (*belîbet der*) wird die hsl. Wortfolge *der belîbet* beibehalten. Die ersten drei Verse sind auch mit der Umstellung nur schwer verständlich. Nach Auffassung der meisten Hgg. und Interpreten ist die Strophe als Kreuzzugsaufruf zu verstehen, bezogen entweder auf den 4. Kreuzzug (1198/1202/03–04) oder auf den 5. Kreuzzug (1213–1234/39 mit mehreren Unterbrechungen). Der Text selbst enthält allerdings keine eindeutigen Verweise auf diese realhistorischen Ereignisse – er wäre allerdings vor einem solchen Hintergrund gut verständlich. Nach Wi/Mi (II, S. 88 ff.) wäre in den ersten vier Versen Folgendes ausgesagt: (1) Staunen darüber, dass sich viel Ehrenhaftes aus Deutschland in die Fremde fortbegibt; (2) es werden zwei Werte genannt, Tugend und Besitz; (3/4) Mahnung: Wer diese Werte besitzt, mit ihnen aber daheim bleibt, der verspielt den himmlischen Lohn.

Die Umstellung in der 14. Aufl. in V. 3 (*belîbet der*) erzeugt einen Konditionalsatz; die Spitzenstellung des Verbs ist in der Tat gemäß Grammatik in solchen Fällen das Übliche (vgl. Paul, Mhd. Gr., 2007, § S 157). Ohne Konjektur aber mag die Passage folgendermaßen zu verstehen sein: (1) Klage darüber, dass ehrenhafte Werte aus Deutschland verschwinden; (2) Diese Werte werden genannt: es sind Verstand und Tapferkeit sowie materielle Werte (Besitztum); (3) es wird festgestellt, wie die aktuelle Lage aussieht: ‚wer immer auch diese Werte besitzt, demjenigen, der in Schande verharrt' (= der in der Heimat bleibt), (4) dem wird prophezeit, dass er keinen himmlischen Lohn erlangen wird.

II, 1/6: Im Gegensatz zur 14. Aufl. werden keine metrisch bedingten Konjekturen durchgeführt; vgl. die Erläuterungen zur Tonmetrik oben.

III/IV: Im Gegensatz zur 14. Aufl. werden diese Strophen nicht als formal zusammengehörige Tonvarianten aufgefasst. II und IV weisen allerdings an unterschiedlichen Stellen metrische Divergenzen auf, die nun nicht mehr verbessert werden. Vgl. die Erläuterungen zur Tonmetrik oben.

Ton 6

Ton 6 ist mit fünf Strophen in C, mit drei Strophen in p überliefert. Die Entscheidung für C als Leithandschrift liegt auf der Hand; der Text ist durchgängig gut. Die Überlieferung von drei Strophen in der Hs. p (Bern, um 1350) zeugt von einer interessanten Rezeption von Teilen des Walther-Textes. Sie befinden sich in p zusammen mit weiteren 33 Strophen innerhalb eines sonst gattungsfremden Umfeldes und bilden ein Florilegium ähnlich dem in der Hs. i/j, wo zwischen Wolframs Parzival und dem sog. ‚Niuwen Parzifal‘ von Claus Wisse und Philipp Colin ebenfalls einzelne lyrische Strophen verschiedener Autoren zu einer Kleinsammlung zusammengestellt worden sind.

p überliefert nur drei Strophen (in der Reihenfolge: V, II, IV); die Ich-Klage (C I) sowie die Ich-Reflexion über die verehrte Frau (C III) fehlen. p eröffnet das Lied mit einer Erörterung falscher Verhaltensweisen, an die sich die Begriffsbestimmung von Minne anschließt; das Lied endet mit einer Klage des Ich darüber, dass die Frauen die wahren Absichten der Männer nicht mehr erkennen können.

Die lexikalischen Varianten in p (z. B. *selde* für *tugent*) verändern die Strophen- und Liedsemantik kaum. Der gegenüber C veränderte Stropheneingang in IV ist wohl bedingt durch die Anbindung an II. Diese Veränderung verursacht allerdings eine Textverderbnis im Reimbereich IV 1/3.

Ton 7

Das sog. ‚Palästinalied‘ zählt zu den am meisten interpretierten und diskutierten religiösen Liedern Walthers. Gleichzeitig stellt es überlieferungsgeschichtlich betrachtet einen äußerst komplizierten Fall dar. Die Hss. A, B, C, E haben jeweils nur Teile des Liedes (wenn man denn überhaupt von *einem* Ursprungslied ausgehen darf). Ein einzelnes Strophenexzerpt hat noch die lateinische Carmina-Burana-Hs. M; eine Kontrafakturstrophe mit Minnesangtext findet sich in der Weimarer Liederhs. F. Die strophenreichste Hs. ist Z (12 Strophen), gefolgt von C und E (jeweils 11), A (7) und B (6). Keine Hs. gleicht einer anderen, weder im Strophenbestand, noch in der Strophenreihenfolge, noch im Wortlaut. Einziger Fixpunkt ist Strophe I, die in allen Hss. (mit Ausnahme von F) an erster Stelle des Liedes steht (der Wortlaut unterscheidet sich aber auch hier). Gewisse Reihungsübereinkünfte finden sich bei den Strophenkomplexen I–III und V–VIII (aber auch hier mit Textvarianz).

Die Grundaussagen der einzelnen Fassungen variieren je nach Textbestand und Strophenreihung beträchtlich; vgl. die Fassungsinterpretationen bei Willemsen, 2006.

Die meisten älteren Hgg. haben bislang versucht, *eine* Fassung herzustellen – meist mit Hilfe von Athetesen von als unecht und sekundär deklarierten Strophen. Cormeau war in der 14. Aufl. behutsamer vorgegangen und hatte durch Einrükkung von Strophen einen Liedkern von möglichen (späteren) Erweiterungen differenzieren wollen. Der Text, der geboten wird, hat allerdings keine Absicherung mehr in der Überlieferung.

Nach langem Abwägen möglicher Lösungen für diesen besonderen Fall bin ich zu dem Schluss gekommen, alle überlieferten Fassungen des Liedes zu edieren. Nur so wird die Varianz wirklich deutlich; und nur so wird der Benutzer angeregt, sich mit jeder Überlieferungsversion kritisch auseinander zu setzen.

Vgl. Jurzik, 2002 mit Überlegungen zu einer digitalen Edition des Palästinaliedes.

Überlieferungsübersicht

Strophenbeginn	A	B	C	E	Z	M	F
Nû alrêst	I	I	I	I	I	I	–
Schœne lant	II	–	II	III	II	–	–
Hie liez er	III	–	III	IV	V	–	–
Hinnen vuor	IV	IV	V	V	VII	–	–
Dô er den tievel	V	–	VI	VI	VIII	–	–
In diz lant	VI	V	VII	VIII	XI	–	–
Juden, Cristen	VII	II	IX	VII	III	–	–
Dô er sich <wolte>	–	III	IV	–	VI	–	–
Unserre lantrehtære	–	VI	VIII	IX	X	–	–
Ir lât iuch nit verdriezen	–	–	X	X	XII	–	–
Dar nâch was er / Sît was er	–	–	XI	XI	IX	–	–
Mê danne tûsent hundert	–	–	–	II	IV	–	–
Vrowe mîn, durch	–	–	–	–	–	–	XIII

Fassung nach A

III, 4: *eine*: Die hsl. Lesart wird beibehalten, wenngleich der in den übrigen Hss. überlieferte Gegensatz *eigen* – *vrî* hier nicht realisiert ist; die A-Version ist indes nicht unmöglich.

III, 7: Der Vers scheint in A verderbt (*wie dir zeiden dienst der zorn*), möglicherweise auf eine Verlesung von *heiden* > *zeiden* zurückgehend. Gebessert wird nach Z. Diese Stelle (V. 6 und 7) variiert in allen Hss., was auf Verständnisprobleme im Prozess der Textüberlieferung hindeutet.

IV, 5: Besserung aufgrund einer Reimstörung in A.

IV, 6: Sowohl die Syntax (Komparativ *ebener*) als auch die Metrik machen die Ergänzung von *danne* nötig (mit den anderen Hss.).

V, 5: Die übrigen Hss. überliefern *ir huote*. Wenngleich die Versionen mit Possessivpronomen zweifellos ‚glatter‘ sind, muss dennoch die A-Version nicht notwendigerweise gebessert werden; die Formulierung ohne *ir* ist abstrakter.

V, 7: Obwohl rein sprachlich (grammatikalisch) betrachtet die A-Lesart *nuoc* (< *nagen,* st.v.: ‚(ab-) nagen') nicht anstößig ist, ist sie doch von der Bildlichkeit her unpassend. Es spricht alles dafür, dass der A-Schreiber ein *ſl* als *n* verlesen hat; die übrigen Hss. stützen diese Annahme.

VI, 3–5: In der Überlieferung stehen die Wörter *witewe, arme* und *weise* an unterschiedlicher Stelle, ohne dass dadurch aber die Strophensemantik gestört wird. Daher wird hier die A-Fassung getreu der Hs. wiedergegeben.

VII, 1: Die übrigen Hss. stellen das Wort *cristen* an den Satzanfang, was rhetorisch besser zu sein scheint; unverständlich ist die Folge in A aber nicht; daher wird sie hier beibehalten.

VII, 2: Die A-Lesart *dinir* gibt keinen Sinn (wahrscheinlich Lesefehler des Schreibers); Besserung mit den übrigen Hss. Löst man die hsl. Variante auf zu *din ir*, wäre denkbar, dass der A- (oder *A-) Schreiber Folgendes verstanden hat: ‚… sagen, dass ihr Erbe dein (= Gottes) sei'. Problematisch ist aber, dass bei diesem Verständnis nur an dieser Stelle der Strophe eine Anrede an Gott erscheinen würde.

VII, 5: *d ſ* ergibt keinen Sinn; wahrscheinlich Verlesung von *her* aus der Vorlage.

VII, 7: Die übrigen Hss. überliefern *gewer* (< *gewern*); aber auch die nicht präfigierte Form *wern* ist belegt. Die Metrik ist in der A-Fassung nur unwesentlich betroffen, daher wird die A-Lesart beibehalten.

Fassung nach B

III, 1: In B fehlt ein flektiertes Verb; Ergänzung nach den übrigen Hss.

IV, 1 Die Form *sune* ist als Nom. Sg. nicht zu belegen.

IV, 3: In der B-Überlieferung fehlt eine flektierte Verbform, Ergänzung nach den übrigen Hss.

V, 3–5: Die Verteilung der Nomen ist in den anderen Hss. anders (vgl. z. B. A), aber hier ebenfalls sinnvoll.

VI, 5:7: Identischer Reim *hât: hât,* wie auch in E. C und Z überliefern die metrisch bessere Fassung (*lât: hât*).

Fassung nach C

Der Trennstrich zwischen Strophe IX und X zeigt an, dass die beiden letzten Strophen in der Hs. als Nachträge notiert waren, aber durch ein Verweiszeichen dem Ton zugeordnet wurden.

III, 6/7: Vgl. A III 6/7. Im Gegensatz zu A bietet C einen verständlicheren Text, daher wird die C-Lesart hier nicht geändert, zumal die Varianz in allen Hss. zeigt, dass die Stelle den Schreibern Schwierigkeiten bereitet hat. Die Verse 6 und 7 lassen sich so auffassen: In V. 6 werden Speer, Kreuz und Dornenkrone gepriesen, weil durch sie die Erlösung der Menschheit eingeleitet wurde. Gleichzeitig aber erregen diese Marterwerkzeuge den Zorn des Menschen; *wie* verstehe ich im Sinne von

‚obwohl', ‚wiewohl'. Denkbar ist aber auch, in V. 6 nach *wol dir* ein Ausrufezeichen zu setzen und *sper, criuze* und *dorn* als vorgezogenes indirektes Objekt zu *zorn sîn* zu verstehen. Angesprochen wäre entweder Christus (Bezug V. 1) oder der Mensch (Bezug V. 2).

V, 5: *ez si ein*: Diese Stelle variiert in allen Hss. Das Verb im Konjunktiv (*si*) findet sich nur in C; der Indikativ der anderen Hss. entspricht der Grammatik ‚besser' (Paul, Mhd. Gr., 2007, § S 14–20), allerdings ist die Modusvariante kein zwingender Grund, die Leithandschrift hier zu verlassen.

X, 5: In der nachgetragenen Strophe fehlt in C (und auch in E) Text; Ergänzung nach Z.

XI, 3: In der nachgetragenen Strophe fehlt in C (und auch in E) Text für einen Takt; Ergänzung nach Z.

Fassung nach E

I, 1: Alle anderen Hss. überliefern statt *sihe lebe*, was sicher die bessere Lesart ist. Hier soll aber die E-Fassung überall dort beibehalten werden, wo E keinen im engen Sinn ‚falschen' oder unverständlichen Text bietet. Die E-Variante mag auf einen Lesefehler des Schreibers zurückgehen: Vorlage *lebe*, das *l* wird als Schaft-s (ſ), das *b* als *h* verlesen. Beim ‚Verlesen' mag der Schreiber das Motiv des Sehens aus V. 2 antizipiert haben.

I, 7: Es ist wahrscheinlich, dass der Schreiber einen Abschreibfehler (Zeilensprung o. ä.) beging, als er auch im 7. Vers als Reimwort *stat* schrieb (alle anderen Hss. haben *trat*), zumal nun auch die Reimqualität leidet (zweimal Kurzvokal, einmal Langvokal). Der E-Text ist dennoch verständlich (‚wo Gott als Mensch präsent ist') und wird daher nicht verändert – nicht zuletzt, um die Charakteristik der E-Überlieferung zu verdeutlichen (wenig Rücksicht auf metrische Verhältnisse, Neigung zu ‚einfacheren' syntaktischen Konstruktionen u. a.).

II, 1: Z überliefert, was ‚richtiger' zu sein scheint, *hundert tûsent*, doch ist E auch hier nicht wirklich unverständlich. Augenscheinlich bereitete dem Schreiber diese Reihenfolge der Zahlwörter keine Probleme.

II, 4: Der Lesart *vñ gehahtē* kann ich keinen Sinn abgewinnen, daher Konjektur (zu vergleichen ist auch die ganz andere Konstruktion in Z). Die Konstruktion Konjunktion + Verb im Infinitiv legt nahe, dass der E- (*E-) Schreiber in *besunder* ebenfalls einen Infinitiv gesehen hat (vgl. auch die Lesart *besunden* in Z). Mit den derzeitigen Hilfsmitteln ist ein Verb (*ge-*) *ahten* nicht zu belegen. Wi/Mi konjizieren zu *nû gephahten* und versuchen, näher an der E-Überlieferung zu bleiben (allerdings ist *gephahten* schlecht belegt). Kasten/Kuhn deuten die Stelle ganz anders („*gehahten* = *phahten* oder *ahten*)" und übersetzen: „… Wunder kann ich besser im einzelnen ermessen als ein kleines Kind", S. 1033.

IV, 1: Der Vers ist wohl metrisch unterfüllt; vier Takte sind nur durch Ansatz von beschwerten Hebungen auf *Sît, liez* und *er* zu realisieren.

IV, 4: Das Präsens *werden* ist mit Blick auf das Präsens *sî* in V. 2 zu rechtfertigen.

V, 5: Textverlust E; vgl. die übrigen Hss.

V, 6: Der Vers ist wohl metrisch unterfüllt; vier Takte sind nur durch Ansatz von beschwerten Hebungen auf *ein* und *zein* zu realisieren.

VII, 1: Der Vers ist unterfüllt und im Reimbereich gestört; Besserung nach den übrigen Hss.

VIII, 4: Subjekt fehlt, Ergänzung nach den übrigen Hss.; vgl. dort aber die variierende Reihenfolge der Subjekte.

IX, 1/2: Der Schreiber von E (oder der Vorlage) hat den Text augenscheinlich missverstanden und mehrere Verderbnisse produziert oder tradiert. Der identische Reim *rihten* : *rihten* wird hier beibehalten; in V. 2 aber muss gebessert werden, da der Text sonst nicht verständlich ist. Ursprünglich dürfte der E- (E*)-Schreiber mit den Verbformen *rihtent* und *envristent* Prädikate zum Plural-Subjekt *lantrihtere* gemeint haben. Dann ist ihm oder einem späteren Korrektor aber aufgefallen, dass der Reim 1:3 gestört ist, er hat also das Ind. Pl.-Morphem -t bei *rihtent* getilgt (vgl. Apparat); nun aber war die Syntax zerstört.

X, 5: Wie in C Textverlust; Ergänzung nach Z.

XI, 3: In der nachgetragenen Strophe fehlt in E (und auch in C) Text für einen Takt; Ergänzung nach Z.

Fassung nach Z

II, 6: *herre*: Die anderen Hss. haben *here* (*hêre*); das Adjektiv kann sich dort auch auf die Jungfrau Maria beziehen. Die Z-Variante *herre* aber ist nur auf *kint* zu beziehen: das Kind, das Herr über alle Engel ist. Auf Langvokal e lässt Z sonst keine Doppelkonsonanz folgen; vgl. *heren* Z fol. 1va und *mere*, Z fol. 2vb.

IV, 3: Besserung aus Gründen des Reims und der Syntax.

V, 5: *wære wir* = *wæren wir*: zum Nasalverlust vgl. Paul, Mhd. Gr., 2007, § M 70 Anm. 7.

VIII, 6/7: Der Sinn der Z-Variante ist problematisch; die Lesart wird aber, weil formal nicht anstößig, beibehalten; vgl. die Erschließungshilfe zur Stelle.

X, 1/3: Wie E hat auch Z einen identischen Reim 1:3, der sicher sekundär ist (hier aber nicht gebessert wird); die anderen Fehler, die E hat (vgl. dort), finden sich in Z nicht.

Ton 8, 8a, 8b

Zur Überlieferung des Tons 8 und der tonvariablen Strophen 8a und 8b: Der Ton 8 umfasst insgesamt (die Tonvarianten eingerechnet) 5 Strophen. Davon überliefern

die Hss. B und Z nur jeweils eine (B: 8 I; Z: 8b). Komplexer und auf den ersten
Blick unübersichtlicher ist das Überlieferungsbild in den Hss. A und C, die hier
kaum auf eine gemeinsame Vorlage zurückgehen: A überliefert zusammenhängend
die Strophen 8 I–III sowie 8 a und 8 b (in durchgehender Reihenfolge). In C sind
die Strophen an unterschiedlicher Stelle in der Hs. notiert. An erster Stelle finden
wir die Strophe 8b, allerdings isoliert inmitten anderer Töne. Nach 19 tonfremden
Strophen folgt in C ein Dreierblock, bestehend aus den Strophen 8 I, 8a und 8b
(8b hier ein zweites Mal!). An viel späterer Stelle in C ist ein Zweierblock aufge-
schrieben: 8 II und III.

Bei der Entscheidung, wie dieser Ton zu edieren sei, spielte bereits in der
14. Aufl. die Interpretation der Metrik eine wichtige Rolle. Cormeau hatte zwei
Tonvarianten ausgemacht und die Edition des gesamten Tones 8 in 8, 8a und 8b
aufgeteilt. Entscheidend war für ihn eine metrische Variante im 10. Vers, wo sich
in C drei, vier und fünf Hebungen gegenüberstehen (in A findet sich nur eine Variante:
drei Hebungen vs. vier). Cormeau ging davon aus, dass diese Varianten möglicher-
weise (von Walther?) bewusst gesetzt worden sind; er fasste sie nicht als verbesse-
rungswürdige Überlieferungsfehler auf.

In der 15. Aufl. übernehme ich Cormeaus Entscheidung, da sie mir hier – an-
ders als im Falle von Ton 5 (vgl. den Kommentar dort) – gut begründet erscheint.
Auch die Handschriftenmischung (C mit A) lässt sich in diesem Fall nicht vermei-
den, denn beide Hss. zeigen an unterschiedlichen Stellen Textdefekte. Im Falle von
8a werden, wie in der 14. Aufl., die Textfassungen von A und C ediert, da die
Varianten für einen Apparat zu zahlreich sind.

8

II, 12: Im Gegensatz zur 14. Aufl. (und gegen fast alle Hgg.) wird der hsl. Wortlaut
an der beibehalten. Ausgesagt ist, dass der Herr abgesetzt wurde (V. 11) und die
Fürsten eine (neue) Wahl vorgenommen haben. Die Entscheidung der Hgg., die
Worte *an* und *der* zusammen zu schreiben und das Verb *sitzen* transitiv zu verstehen
(was belegt ist, wenn auch nicht sehr gut, vgl. Lexer II, 944 f.), ist nachvollziehbar:
dann wäre deutlicher gesagt, dass die Fürsten einen anderen Herrn gewählt haben.
Vielleicht ist *ander* sogar die (freilich so nicht belegte!) *lectio difficilior*. Die Schreib-
weise in beiden überliefernden Hss. spricht aber gegen eine Konjektur. Zu verste-
hen ist der Vers folgendermaßen: ‚Die Fürsten setzten sich zur Wahl zusammen‘.

III, 7: Die Konjektur *creftec* ist nötig. Die Fehler in A und C sind gut dadurch zu
erklären, dass in der Vorlage ein f als Schaft-s missverstanden wurde. Die C-Vari-
ante *crestet* lässt sich als Lesefehler (c als t) erklären.

8a

Die Entscheidung, hier zwei hsl. Fassungen zu edieren, trägt dem Sonderstatus dieses Falles Rechnung. Aufgrund der unterschiedlichen Namen und verschiedener lexikalischer Varianten spricht einiges dafür, dass ein Grundtext im Laufe seiner Geschichte in zwei Varianten kursierte. Dabei ist die Variante 1, die in der Hs. C überliefert ist, in einer sehr guten Textgestalt erhalten geblieben. Variante 2, in A tradiert, hat aber augenscheinlich sehr gelitten, denn es häufen sich kleinere und größere Fehler, die man verbessern muss, wenn man der Variante einen Sinn abgewinnen will. Die Fehler machen den Eindruck, dass der Text im Überlieferungsumfeld vor A an manchen Stellen missverstanden wurde – womöglich in einem sehr konkreten Sinn, denn manche Fehler könnten regelrechte Hörfehler sein, bedingt vielleicht durch dialektale Aussprache bestimmter Silben und Vokale. – Vgl. zur Fassungsdiskussion E. Herrmann / H. Wenzel, 1971.

Fassung nach C

V. 12: Die Genese des hsl. *kurken* dürfte durch eine Fehlinterpretation des Graphems c in der Vorlage als k zu erklären sein.

Fassung nach A

Die zahlreichen Verbesserungen gegen die Hs. A sind für ein Verständnis nötig. Zur möglichen Fehlergenese vgl. den einleitenden Kommentar zu 8a.

8b

1: *liet*: Die Entscheidung für C als Leithandschrift hat die Lesart *liet* zur Konsequenz. Die Variante in A *lieht* ist allerdings auch bedenkenswert und hat, z. B. bei Wi/Mi, zu weitreichenden Interpretationen geführt, die allerdings nicht nötigen, die C-Lesart zu verwerfen. Vgl. Wi/Mi, Bd. II, S. 106f. mit einer Zusammenfassung verschiedener Deutungsansätze, die darauf hinauslaufen, dass Walther eine Kerze zugeschickt bekommen habe. – Grundsätzlich ist bei Fällen wie diesem auch darauf hinzuweisen, dass es sich bei graphematischen Varianten vom Typ *liet* – *lieht* auch um bloße Verschreibungen handeln kann und dass der Variante keinerlei Intention zugrunde liegt.

Ton 9

Im Gegensatz zur 14. Aufl. wird Ton 9 zum einen in der Reihenfolge und im Wortlaut nach B ediert; aufgrund charakteristischer und semantisch bedeutender lexikalischer Varianten werden zum anderen aber auch die in C überlieferten Strophen gleichberechtigt abgedruckt — erst auf diese Weise ist der Benutzer in der Lage, sich Klarheit über die Varianz zu verschaffen.

Im Falle von Ton 9 begegnet der äußerst seltene Fall, dass B mehr Strophen überliefert als C. Allerdings deutet freigelassener Raum in C vor und nach den dort notierten drei Strophen darauf hin, dass den Redaktoren von C bewusst war, noch nicht alle Strophen des Tones zur Abschrift erhalten zu haben. Wenn man die in C freigelassenen Textzeilen auszählt, so war für insgesamt fünf weitere Strophen Platz gelassen (eine vor und vier nach den vorhandenen Strophen — (wobei unsicher bleibt, ob der vor der ersten Strophe von Ton 9 freigelassene Raum nicht auch für zwei Strophen des vorstehenden Tones 54 reserviert worden sein kann.)

Fassung nach B:

I, 6: Die Lesart *zetmen* in B (für ‚Zepter‘) scheint verderbt; ein solches Wort ist bislang nicht belegt.

II, 11: *an* Die Präpositionsvariante *ob* in C ist genauer, denn der Waise ist ja in der Tat ‚oberhalb‘ des Nackens zu sehen, wenn die Krone auf dem Kopf ist. Allerdings ist die Semantik der Präpositionen im Mhd. in der Regel offener als im Nhd., sodass die Lesart von B nicht unmöglich ist (‚... bei wem der Waise am Hinterkopf zu sehen ist‘).

IV, 12: *stîgen*: B überliefert *sîgen*. Das Verb ist durchaus belegt, es bedeutet aber soviel wie ‚herbsinken‘. Von der gesamten Bildlichkeit und Rhetorik der Strophe ausgehend ist gerade als letztes Wort der Strophe nicht eine Bewegung nach unten zu erwarten sondern nach oben. Von daher scheint die Konjektur gerechtfertigt.

Fassung nach C:

I, 7: *lachent*: Die Hgg. haben hier C verlassen und aus B *liuhtent* eingesetzt. Das ‚Leuchten‘ mag zwar besser zum Edelstein passen, doch gibt das ‚Lachen‘ einen ebenso guten Sinn. Vgl. aber zum Schönheitsideal des leuchtenden Menschen Heinzle, 1999, S. 231.

Ton 10

Wie bei manch anderen Sangspruch-Tönen zeigt sich die Überlieferung auch hier recht disparat. C hat mit 14 Strophen die umfangreichste Textsammlung bewahrt (und sie ist Basis der Textedition); ihr folgt die Heidelberger Hs. D mit zwölf Strophen in anderer Reihenfolge. Nur zwei Strophen überliefert B, eine r, die sonst nirgendwo Aufnahme fand. Auf eine Fassungsedition wird hier (anders als bei Ton

11) verzichtet, da die thematischen Gruppierungen durch die folgenden Fassungs-
kommentare gut skizziert werden können:

B: Wie in vielen anderen Fällen überliefert B nur eine schmale Auswahl dessen,
was vor allem in C überliefert ist. Wir können hier allerdings nicht von einer ge-
meinsamen Quelle *BC ausgehen, weil die Textvarianten zwischen B und C recht
weit gehen. Ob schon die Quelle *B nur zwei Strophen oder wenig mehr enthielt
oder ob der Bestand von B ein bewusster redaktioneller Eingriff war, muss offen
bleiben. Die B-Strophen VII und IV haben gemein, dass sie keine Zeitaktualität
besitzen und einen impersonalen (be-) lehrenden Ton aufweisen.

C: C überliefert die meisten Strophen. Dies und der gegenüber D ‚bessere‘ Text
sind Grund für die editorische Entscheidung, den Ton in der C-Folge wiederzuge-
ben. Wie in der Sangspruchdichtung üblich, bilden die 14 Strophen keine themati-
sche Einheit. Es lassen sich lediglich Themengruppen festmachen (z. B. Weltende,
Weltklage, Erziehung). Die Tatsache, dass z. B. die Strophen II, XII und XIV, die
den Wiener Hof zum Thema haben, nicht beieinander stehen, zeigt, dass es den
C-Redaktoren nicht sehr an einer thematischen Ordnung der Strophen gelegen war.

D: D überliefert nur 12 Strophen. Einige Strophen weisen die auch in C überlieferte
Reihenfolge auf. Es lassen sich vier mit C übereinstimmende Gruppen ausmachen
(Strophen III, IV, V; Strophen VI und VII; Strophen VIII, IX und X; sowie die
Strophen XI und XII). D stellt diese Gruppen allerdings in einer anderen Reihen-
folge zusammen als C. Die D-Sammlung beginnt mit drei Strophen, die Dekadenz-
erscheinungen beklagen. Darauf folgt, durchaus passend, die Weltklage III, im
Anschluss Strophen, die Endzeit und Gleichheit der Menschen im Tod thematisie-
ren. Die sich anschließenden Strophen I und VI werden über die Rede von ‚*gotes
hulde und ére*‘ miteinander in Beziehung gesetzt. Die Strophen VII und XI stehen
etwas isoliert, ergänzen inhaltlich aber durchaus diesen ersten großen Komplex.
XII und II bilden den zweiten weitaus kleineren Teil und beziehen sich beide auf
den Wiener Hof.

r: Der Kontext der r-Strophen (darunter Strophe XV) ist charakterisiert durch
Verfalls- und Endzeitthematik. Welche Quelle r zugrunde liegt, ist unbekannt. Wenn
die Strophe von Walther stammt, verwundert die Tatsache, dass sie weder in C
noch in D Eingang fand.

I: D weist eine Reihe von lexikalischen Varianten auf, die aber die Strophensemantik
kaum tangieren; es handelt sich im Wesentlichen um stilistische Varianten.

II: Die lexikalischen Varianten in D variieren auch hier im Wesentlichen stilistisch.
II, 1: Im Gegensatz zur 14. Aufl. wird die C-Lesart *verspert* gewählt. Zwar überwie-
gen die nicht umgelauteten Präterital- und Partizipialformen, doch scheint der Aus-
gleich früh einzusetzen, wie die Belege bei Lexer, III, 243 f. zeigen.

IV: Die D-Varianten sind sinnneutral. Die B-Varianten erzeugen besonders im metrischen Bereich zahlreiche Fehler (z. B. Reim 10:14). Einige lexikalische Varianten (V. 5, 6 und 12) verändern die Grundaussagen der Strophen nicht.

V, 11: Im Gegensatz zur 14. Aufl. wird die C-Lesart *swer* beibehalten, da auch die D-Lesart *swa er* keine ‚glattere‘ Syntax bietet. Die Verse 10 bis 14 haben anakoluthischen Charakter.

VI, 7: Im Gegensatz zur 14. Aufl. (D: *der wise minnet*) wird die C-Lesart beibehalten. Mit Blick auf V. 9 und 11 weist C zwar eine etwas harte Numerusverschiebung auf, berücksichtigt man aber die zahlreichen Inkongruenzerscheinungen der mhd. Grammatik, so wird man hier nicht von einem wirklichen ‚Fehler‘ sprechen können.

VII: Wortlaut und Syntax weichen in B teilweise deutlich von C ab, ohne doch sinnverändernd zu sein; die Metrik ist in C glatter.

VIII, 12: C hat irrtümlich den Komparativ *bæser* zweimal. Es muss gebessert werden, entweder wie hier mit D zu *bæsen* (= das ‚Bösetun‘) oder, auch möglich, zu *bæsern* (= das ‚Schlechtermachen‘).

IX, 6: Cormeau hatte sich, anders als die übrigen Hgg., für die C-Lesart *ungebachen* entschieden. Sie ist verständlich, wenn man den Ausdruck metaphorisch auf Alter und Charakter bezieht (*ungebachen* = ‚unfertig‘, ‚unreif‘). Diese Bedeutung findet sich bei Lexer, III, 1828 und im Dt. Wb. Bd. 24, Sp. 618, jedoch wird als Beleg nur unsere Walther-Stelle angeführt.

XII: Die D-Varianten sind weitgehend sinnneutral, weisen aber, wie auch in anderen Strophen, metrische Defizite auf.

XIII, 3: *stuol*: Obwohl die hsl. Lesart *stuont* nicht unverständlich wäre, spricht sehr viel für die Konjektur von Melchior Goldast (1611). Vgl. zur Stelle und zur Tradition der Konjektur Bein, 2007, besonders S. 75 f. und 82 f.

XIV, 11: Im Gegensatz zur 14. Aufl. wird der hsl. Wortlaut beibehalten: Der Vers hat in der Geschichte der Walther-Textkritik zahlreiche ‚Besserungen‘ erfahren (eine Vielzahl von Beispielen bei Wi/Mi, Bd. II, S. 130). Die von Lachmann vorgeschlagene und von Cormeau übernommene Konjektur (*die stelle von den mærhen læren*) ist von dem ihr folgenden Kontext her betrachtet (V. 12 f.) zweifellos ‚gut‘, entfernt sich aber weit von der Hs. – Wenn man die Präposition *von* lokal auffasst (viele Belege bei BMZ 4, Sp. 369–379), dann mag hier lediglich gemeint sein, dass in Ställen aufbewahrte Taschen (Satteltaschen?) geleert werden. Mit V. 12 käme ein neuer Gedanke ins Spiel: Auch Pferde werden verschenkt.

XIV, 11/12: Die Hs. weist ursprünglich den Reim *lern*: *wiren* auf. Nachträglich ist (in der Hs.) *wiren* zu *wern* korrigiert. Die Kadenzen des Tons in den Versen 11 und 12 sind aber sonst durchgängig weiblich, daher wird hier gebessert.

Ton 11

Mit Ton 11, dem König-Friedrichston liegt einer der umfangreichsten Sangspruch-
töne Walthers vor. Gleichzeitig sind Strophen dieses Tons in sehr vielen Hss. über-
liefert, wobei keine einzige Hs. alle Strophen dieses Tons enthält. Insgesamt gibt es
21 Strophen, davon eine nur für den Truchsessen von Sankt Gallen gebucht; von
den übrigen 20 gibt es zwei in der Parallelüberlieferung, die ebenfalls dem Truch-
sessen zugewiesen werden (s. u.). Da wir es insbesondere bei solch umfangreichen
Sangspruchtönen nicht mit liedhaften Einheiten zu tun haben, spielt die Strophen-
anordnung in den Hss. kaum eine poetologische Rolle. Interessant ist hier vielmehr,
welche Strophen des Tons in welche Sammlungen Eingang gefunden haben.

In der 14. Aufl. hatte Cormeau folgenden Editionsweg gewählt: Er edierte den
Ton als eine Sammlung von 20 durchnummerierten Strophen (I–XX), zuzüglich
einer XXI. Strophe, die als Kontrafaktur gedeutet wurde. Die Überlieferungsüber-
sicht in der 14. Aufl. informierte über die Verteilung der Strophen auf die Hss.:

A: I II VII; VIII IX
B: I XIII VII XXI; XIV XV XII XVI
C: II III IV V VI IX X; XI XII I VII XIX; VIII
o: XII_{4-10}
t: I; XII XVI
w^{xx}: VII II I_{1-2}
Z: I_{8-10} XV XIV IX XVII XII VII IV; XVIII
A: XIX XX Truchseß
C: XXI Truchseß

Der Text der einzelnen Strophen musste zwangsläufig immer wieder auf je anderen
Hss. beruhen, sodass Cormeau wie folgt formulierte: „Text I VIII XIX nach C mit
A, II–VII IX–XII nach C, XIII XIV XV XVI XXI nach B, XVII XVIII nach Z,
XX nach A".

Eine solche Textkonstitution wirkt zunächst eklektizistisch, ist aber durchaus
vertretbar mit Blick auf die Besonderheiten der Sangspruchdichtung (s. o.). Ich gehe
in der 15. Aufl. einen anderen Weg: Strophen des Tons werden in den vier Haupt-
hss. A, B, C und Z tradiert. Es empfiehlt sich, den Ton in diesen vier Sammelkon-
texten editorisch aufzubereiten, da nicht nur der Strophenbestand, sondern teil-
weise auch der Wortlaut stark differiert. Gleichzeitig sieht der Benutzer, welche
Strophenkomplexe in den Hss. zusammengetragen wurden. Die Varianten der teil-
weise fragmentarischen Überlieferung in o, t, und w^{xx} werden in Form diploma-
tischer Transkriptionen der Z-Fassung im Editionsteil nachgestellt.

Die meisten Strophen sind in den Hss. Walther zugeordnet. Zwei Strophen (*Swer
sich des staeten friundes, Der welte vogt*) weisen eine doppelte Autorzuschreibung auf:
einmal in Hs. A und einmal in Hs. C findet sich eine Verbuchung unter dem
Truchsessen von St. Gallen. Die in der 14. Aufl. unter der Ordnungsnummer XX
edierte Strophe (*Ich wil niht mê*) ist nur in A und nur unter dem Truchsessen von

St. Gallen überliefert. Insofern besteht von ihrer Überlieferungssituation aus betrachtet kein Anlass, sie im Waltherteil der Ausgabe zu edieren. Sie wird hier in der 15. Aufl. in eine neue Rubrik (3a) des Anhangs aufgenommen.

Vgl. die Zusammenfassung der Varianzproblematik von Ley, 2007. Frau Ley arbeitet an einer Dissertation ausschließlich zum König-Friedrichston; Abschluss voraussichtlich 2014. Zum Inhalt der einzelnen Fassungen des Tons vgl. Bein, 1997, S. 179–213. Aufgrund der Komplexität der Überlieferung werden nach einer tabellarischen Übersicht die Fassungen hier kurz inhaltlich vorgestellt:

	A	B	C	Z
I	vil wol (B I, Z I)	vil hôch (A I, Z I)	ich hân (A II)	[vil hôch] (AB I)
II	ich hân (C I)	die wîsen	ich wolte	erne hât niht (B VI)
III	von Rôme	von Rôme	der künic	ich trunke (B V)
	(B III, C XI, Z VII)	(A III, C XI, Z VII)	(Z VIII)	
IV	herzoge (C XII)	der welte vogt	durchsüezet	der schalk
				(A V, C VI)
V	ein schalc	ich trunke	vil süeziu	swâ nû
	(C VI, Z IV)	(Z III)		
VI		er hât niht	er schalc	nû weiz got
		(Z II)	(A V, Z IV)	(B VII, C IX)
VII		got weiz wol	ich hân mîn	zu Rôme
		(C IX, Z VI)		(AB III, C XI)
VIII		sît got ein	ir fürsten	der künic (C III)
IX			got weiz wol (B VII, Z VI) swelich man	
X			vil wol gelopter (ABZ I)	
XI			von Rôme (AB III, Z VII)	
XII			swer sich	
XIII			herzoge (A IV)	

Fassung nach A

I: Gebets- und Reuetext aus einer demütigen Ich-Perspektive, Zweifel an bestimmten christlichen Verhaltensregeln. – II: Klage über Unzuverlässigkeit Ottos IV. – III: Klage des Künstler-Ichs mit Bitte (an Friedrich II.) um Unterstützung. – IV: (Ironische?) Panegyrik auf den Herzog von Österreich (Leopold VI.). – V: Allgemeine Klage über unzuverlässige und betrügerische Ratgeber.

Fassung nach B

I (= A I): Gebets- und Reuetext aus einer demütigen Ich-Perspektive, Zweifel an bestimmten christlichen Verhaltensregeln. – II: Lebens- und Weltdidaxe: Lebensmaximen und Gefahren. – III (= A III): Klage des Künstler-Ichs mit Bitte (an Friedrich II.) um Unterstützung. – IV: Kontrafakturstrophe zu III, wahrscheinlich nicht von Walther (in C unter dem Truchsessen von St. Gallen). (Ironische) Kommentierung der Lebensklagen Walthers von der Vogelweide. − V und VI: Didaktische Strophen: Anprangerung der Trunksucht. − VII: Didaktische Strophe: Kritik an Unehrlichkeit und Heuchelei. − VIII: Didaktische Strophe: Kritik an sozialen Übelständen, Unverständnis für christliche Vorstellung vom Jüngsten Gericht.

Fassung nach C

I (= A II): Klage über Unzuverlässigkeit Ottos IV. − II: Fortsetzung der Otto-Kritik aus I. − III: (Scherzhafte) Klage über ein unnützes Geschenk (wahrscheinlich von Friedrich II.). − IV und V: Deutlicher thematischer Wechsel: hyperbolische Frauenpreisstrophen im Sinne des hohen Minnesangs. − VI (= A V): Allgemeine Klage über unzuverlässige und betrügerische Ratgeber. − VII: Dankesstrophe für ein Lehen (wohl an Friedrich II.). − VIII: Ratgeberstrophe: die Fürsten sollen den König (wahrscheinlich Friedrich II.) nicht hindern, einen Kreuzzug zu unternehmen. − IX (= B VII): Didaktische Strophe: Kritik an Unehrlichkeit und Heuchelei. − X (= A I / B I): Gebets- und Reuetext aus einer demütigen Ich-Perspektive, Zweifel an bestimmten christlichen Verhaltensregeln. − XI (= A III / B III): Klage des Künstler-Ichs mit Bitte (an Friedrich II.) um Unterstützung. − XII: Didaktische Strophe: Freundschaftslehre. − XIII (= A IV): (Ironische?) Panegyrik auf den Herzog von Österreich (Leopold VI.).

Fassung nach Z

I (= A I/B I/C X): Gebets- und Reuetext aus einer demütigen Ich-Perspektive, Zweifel an bestimmten christlichen Verhaltensregeln (fragmentarisch). − II und III (= B V und VI): Didaktische Strophen: Anprangerung der Trunksucht. − IV (= A V/C VI): Allgemeine Klage über unzuverlässige und betrügerische Ratgeber. − V: Didaktische Strophe: Klage über Dekadenz der Ritterschaft und Panegyrik auf Herzog Leopold VI. von Österreich. − VI (= B VII/C IX): Didaktische Strophe: Kritik an Unehrlichkeit und Heuchelei. − VII (= A III/B III/C XI): Klage des Künstler-Ichs mit Bitte (an Friedrich II.) um Unterstützung. − VIII (= C III): (Scherzhafte) Klage über ein unnützes Geschenk (wahrscheinlich von Friedrich II.). − IX: Didaktische Strophe: allgemeine Tugendlehre.

***

Fassung nach A

A überliefert nur fünf Strophen, wobei auffällig ist, dass nach den ersten drei Strophen eine tonfremde folgt, bevor die beiden übrigen Friedrichston-Strophen notiert wurden. Eingeschoben ist eine Strophe aus dem Unmutston (Ton 12), deren Metrik der von Ton 11 nicht unähnlich ist. In der Edition weist der Trennstrich zwischen III und IV auf diese Eigentümlichkeit hin.

I, 5: Zwei Silben (mindestens aber eine Hebung) fehlen; die Überlieferung muss hier, anders als in anderen Fällen, als fehlerhaft angesehen werden. Auf eine lexikalische Ergänzung wird hier jedoch verzichtet.

I, 6: Zwei Silben (mindestens aber eine Hebung = das Reimwort) fehlen; auf eine Ergänzung wird hier verzichtet.

I, 7: Durch den Singular *sin* ist der Reim in A gestört.

II, 1: Die Negation *enmache* ergibt keinen Sinn; die Fassung des Verses in A scheint formal eine exzipierende Konstruktion zu sein, doch ergibt auch diese hier keinen Sinn. Die Lesarten der übrigen Hss. stützen die Besserung zu *mache*.

II, 2: *nam* vs. *man*, möglicherweise mundartbedingte Vertauschung der Nasale; häufiger belegt ist *nan* für *nam*; vgl. Paul, Mhd. Gr., 2007, § L 94.

II, 2: *tougenlîche*: Ein Abschreibfehler ist für A nicht auszuschließen; die übrigen Hss. haben *trügelîche*(n), was besser in den Zusammenhang passt. Da aber keine völlige Textverderbnis vorliegt, wird die Lesart beibehalten.

II, 7: Der Schreiber scheint den geforderten Gegensatz *bœste* vs. *beste* nicht realisiert zu haben; um eine Besserung kommt man nicht herum. Möglicherweise haben wir es hier mit einem Fehler zu tun, der durch Diktat des Textes hervorgerufen wurde (Verhörung von ö zu e).

II, 8: Die handschriftliche Lesart *ich hotte* ist sinnlos; wahrscheinlich handelt es sich um einen Lesefehler, womöglich ausgehend von einem abgekürzten *her* (h⁵).

III, 2: Das handschriftliche *leit* ist wohl Verschreibung aus *lat*; am Ende des Verses Reimstörung, daher Besserung zu *armen*.

IV, 3: A überliefert *doch*. Fast alle Hgg. (Ausnahme Schweikle) haben zu *hôch* gebessert. Die Konjektur scheint vordergründig den Sinn des Kontextes besser zu bedienen. Hier wird aber auf eine solche Besserung verzichtet, nicht zuletzt mit Blick auf C, die ebenfalls *doch* überliefert. Wie in den Erschließungshilfen erläutert, mag das adversative *doch* Indiz einer außerliterarischen Referenz sein.

V, 3: In der Hs. ist der Vers um einen Takt zu lang; überdies ist der Reim auf *liege* gestört; daher Besserung.

V, 5: Wegen des geforderten Reims auf *schame* Besserung zu *erlame*.

V, 6: *selbem*: offensichtliche Verschreibung; Besserung zu *selben*.

Fassung nach B

B überliefert acht Strophen, wobei (ähnlich wie in A) auffällig ist, dass nach den ersten vier Strophen zwei tonfremde folgen, bevor die beiden übrigen Friedrich-ston-Strophen notiert wurden (dies Bedeutung des Trennstrichs in der Edition). Eingeschoben sind zwei Strophen aus dem Unmutston (Ton 12), deren Metrik der von Ton 11 nicht unähnlich ist.

III, 4/5: In B fehlt Text; die Versstruktur ist gestört; die in V. 4 überschüssigen Worte werden nach V. 5 verschoben; V. 5 bleibt aber unterfüllt; vgl. die Fassungen C und Z.

III, 9: Der Vers ist überfüllt; wahrscheinlich hat der Schreiber versehentlich zwei Mal den Komplex *von der heide und* abgeschrieben (vgl. V. 4 der Hs. bzw. 5 der Edition).

V, 4: Wortumstellung aufgrund der hsl. Reimstörung.

V, 9: Der Vers ist unterfüllt; auf eine Ergänzung wird verzichtet.

VI, 2: Der Vers ist hsl. überfüllt; auch nach Tilgung von *das* und *ime* ist eine Fünfhebigkeit nur mühsam zu realisieren.

VI, 10: Dittographie von *gebrochen ime*.

VII, 3: Die hsl. Lesart *gewissenen ræte* ist grammatisch nicht haltbar. *mit* erfordert einen Dativ, der in der Form *ræte* als Singular begegnet (aber nur, wenn der Ansatz eines stf. *rât* richtig ist (vgl. Lexer II, 347 mit Verweis auf unsere Stelle)); *gewissenen* aber scheint eine Pluralform zu sein. Eine naheliegende Konjektur *ræten* verbietet sich aus Reimgründen, daher wird hier das Adjektiv grammatikalisch angepasst.

VII, 8: *lechelich*: der lange Umlaut (*ę* = *æ*) ist sonst nicht zu belegen; vgl. Lexer I, 1808 f.

VIII, 6: Besserung der hsl. Reimstörung wegen (*alê*).

Fassung nach C

C überliefert 13 Strophen, allerdings nicht ohne Unterbrechung. Nach den ersten sieben Strophen folgt eine tonfremde Strophe (hier 11a); Ton 11 wird fortgesetzt mit fünf Strophen; darauf folgend notiert C 38 tonfremde Strophen, auf die eine letzte Strophe von Ton 11 folgt (in der Edition durch Trennstriche markiert).

I, 5: In C ist der exzipierende Satz nicht negiert, dafür aber, dem Sinn nach, der Obersatz; vgl. Paul, Mhd. Gr., 2007, § S 159.

I, 5: Die hsl. Form *sprüchen* ist grammatikalisch nicht haltbar.

II, 3: Die Hs. verbindet mit der Form *milt* ein Adjektiv und mit der Form *lange* ein Adverb mit dem Verb *wesen*. Auf eine Vereinheitlichung (zugunsten der Adjektivform *lanc*) wird hier verzichtet. Zum „Verbum substantivum in Verbindung mit Adverb" vgl. Paul, Mhd. Gr., 2007, § S 38.3.

II, 10: Der C-Schreiber wiederholt wohl irrtümlich das Reimwort des 9. Verses (*grôz*) auch im 10. Vers. Die Korrektur zu *gnôz* dürfte das Richtige treffen; ein identischer Reim ist eher unwahrscheinlich.

III, 10: Der Vers ist in C unterfüllt; Ergänzung nach Z.

IV, 3: Im Gegensatz zur 14. Aufl. wird hier nicht gegen die Hs. konjiziert. Die ‚geforderte' Siebenhebigkeit kann erreicht werden, wenn man auf *ûf* eine beschwerte Hebung setzt mit folgender Hebung auf der ersten Silbe von *erde*.

IV, 4: Im Gegensatz zur 14. Aufl. wird hier nicht gegen die Hs. konjiziert. Die ‚geforderte' Sechshebigkeit kann erreicht werden, wenn man auf *swâ* und *die* je eine beschwerte Hebung legt; die dadurch entstehende Betonung macht durchaus Sinn.

IV, 6: Grammatikalisch lässt sich *fröiden* (Plural?) wohl nicht halten.

IV, 7: *sihet*: Zur nicht synkopierten Form der 3. Sg. Präs. von *sehen* vgl. Paul, Mhd. Gr. 2007, § M 70.

IV, 10: *strâle*: Als stf. kann diese Form Nominativ Plural sein. *schiezzen*: der hsl. bezeugte Konjunktiv (hier als Optativ aufzufassen) muss nicht verändert werden. Zwar sind die drei vorangehenden Verse im Indikativ formuliert, doch spricht nichts dagegen, im letzten Vers eine Wunschperspektive zu sehen.

V, 2: Der Vers scheint unterfüllt zu sein, doch ist die Realisierung von sechs Hebungen möglich, wenn man auf *lîp*, *gît* und *bern-* jeweils beschwerte Hebungen setzt. Die frühere Konjektur *wünneberndez* ist durchaus gefällig, greift aber nicht wenig in die Verssemantik ein.

V, 6: Die überlieferte Verbform *gît* ist semantisch und syntaktisch nicht zu halten.

VI, 9: Im Gegensatz zur 14. Aufl. wird hier in den C-Wortlaut keine Negation eingefügt. Zwar haben die Hss. A und Z diese Negation, doch ist auch die Variante ohne Negation sinnvoll: Die falschen Ratgeber mögen entweder ihre falschen Gelübde gar nicht aussprechen oder aber, wenn sie dies getan haben, widerrufen (*versagen*).

VI, 10: Mit dem Wort *klage* weist C sicher einen Fehler auf, der gut dadurch erklärbar ist, dass die Vorlage von C (*C) möglicherweise die Lesart *kalc* als Metathese *klac* überlieferte.

VII, 8: Im Gegensatz zur 14. Aufl. wird die hsl. Lesart *âne* nicht apokopiert, denn selbst nach einer solchen Manipulation bleibt der Vers unregelmäßig und ist nur mühsam sechshebig zu realisieren.

VII, 9: *volle*: Die zweisilbige Adjektivform ist nach Lexer (III, 432) nur für Walther (unsere Stelle) belegt.

VIII, 1: Im Gegensatz zur 14. Aufl. wird die hsl. Lesart *werent* beibehalten. Es handelt sich um die 2. P. Pl. Konj. Prät. von *wesen* und bezieht sich auf die Anrede *Ir fürsten*.

IX, 1: Der Vers scheint unterfüllt zu sein, doch ist die Realisierung von sechs Hebungen möglich, wenn man auf *Got weiz wol* drei beschwerte Hebungen legt, was vom Sinn her ohne weiteres möglich ist. Von daher wird auf eine Ergänzung von *hove-* (so in B, t und Z) verzichtet.

IX, 4: Der C-Schreiber dürfte versehentlich eine Silbe in *lechere* (< *lechelere*) ausgelassen haben; Korrektur nach den übrigen Hss.

X, 5: Zwei Silben (mindestens aber eine Hebung) fehlen; auf eine Ergänzung wird hier verzichtet.

X, 10: Zu belegen ist nur die Form *anders* im Sinne von ‚sonst‘; daher Ergänzung des -s.

XII, 7: Die C-Lesart *sich* (statt *sî*) ergibt aufgrund der syntaktischen Konstruktion von V. 6/7 keinen Sinn. Richtig ist die A-Lesart *sî*; das Pronomen bezieht sich zurück auf den zweiten Halbvers 6.

XII, 8: Die Hs. C überliefert das Wort *lehen* in der Form *lene*; hierbei handelt es sich um eine landschaftssprachliche kontrahierte Form, die im kritischen Text normalisiert wird. Vgl. Lexer I, 1859 f.

XII, 8: Im Gegensatz zur 14. Aufl. wird die C-Lesart *dicke wol noch* beibehalten, obwohl der Vers dadurch leicht überladen wirkt. A überliefert das Adverb *wol* nicht und hat somit eine ‚bessere‘ Metrik. Wie an vielen anderen Stellen, so kommt man auch hier nur schwer zu einer intersubjektiv verbindlichen Lösung des Problems. Wenn man die drei Worte *dicke wol noch* als dreisilbigen Takt auffasst (was aufgrund der geschlossenen Silben mit der gängigen metrischen Lehre nicht gut harmoniert), so lässt sich der Vers sechshebig lesen. – Eine andere Lösung bestünde darin, *dicke* nicht zweihebig zu lesen (Apokope des e); auch auf diese Weise lassen sich sechs Hebungen realisieren.

XIII, 8: Im Gegensatz zur 14. Aufl. wird die C-Lesart *vol füeget* im kritischen Text beibehalten. Mit Schweikle (Bd. 1, 134 f.) lässt sich die Lesart deuten als: ‚voll und ganz fügen/rechtfertigen‘.

Fassung nach Z

Z überliefert neun Strophen, von denen die letzte von den übrigen durch eine tonfremde Strophe getrennt ist (durch den Trennstrich in der Edition gekennzeichnet).

III, 3: Z überliefert *liebe* (anders als *lîb* in B). Es spricht viel dafür, dass B die *lectio difficilior* darstellt. Dennoch ist die Z-Variante verständlich, sowohl mit Blick auf die Grundbedeutung von *liebe* (Freude), als auch mit Blick auf die bei Walther bereits schon existierende Bedeutung ‚Liebe‘.

III, 5: Die handschriftliche Schreibung *vmpern* ist eine Mundartvariante für *enbern*. Vgl. Schiller-Lübben, Mittelniederdeutsches Wörterbuch, Bd. V, S. 2.

IV, 6: Der Konjunktiv *machen* mag vom Konjunktiv in V. 5 motiviert sein, doch ergibt er hier keinen Sinn, denn V. 6 drückt eine üble Tatsache aus, keinen Wunsch. Daher wird der Dental ergänzt.

IV, 7: Der Singular *pflit* scheint falsch zu sein; einziger Bezug wäre die *witze*, vertreten durch das Pronomen *sie* – das aber ergibt keinen Sinn; daher Korrektur zum Plural *pflegent*.

V, 8: Die Z-Lesart *der vürsten* ist nicht völlig unverständlich; der erste Halbvers würde etwa bedeuten: ‚Dort finden wir die Herrlichkeit der Fürsten‘. Der zweite

Halbvers ist indes nur mühsam anzuschließen, denn das Pronomen *der* bezöge sich dann auf *wert*. Wesentlich sinnvoller ist es, das Pronomen auf den *vürsten* zu beziehen, dann aber kommt man um eine Konjektur (*der* > *den*) nicht umhin.

VI, 7: Der Schreiber von Z hat zunächst die Wortform *luttel* notiert. Unter dem zweiten l befinden sich zwei Punkte; über dem e findet sich ein nicht ganz eindeutig zu identifizierendes Zeichen, möglicherweise ein r. Dies lässt sich so deuten, dass im Bereich des End-Liquids eine mundartbedingte Korrektur vorgenommen worden ist. Vgl. zum Liquidwechsel Paul, Mhd. Gr., 2007, § L 90.

VI, 8: *lachen* wird als Infinitiv in Verbindung mit dem finiten *tuo* aufgefasst. Vgl. eine ähnliche Formulierung in Walthers Leich (III 3,4; L. 6,2); vgl. weiter Paul, Mhd. Gr., 2007, § S 28 4.2.4.

VII, 3: Die handschriftliche Form *eygenen* (Akkusativ) wird aus grammatikalischen Gründen zu *eigenem* (Dativ) gebessert.

VIII, 4: Ein feminines *nutze/nütze* ist schlecht belegt (ein Beleg bei Lexer II, 124), aber nicht auszuschließen; daher wird auf eine Konjektur verzichtet.

VIII, 9: Auf eine Verbesserung des Modus (*prüeven* > *prüevent*; vgl. C) wird hier verzichtet, wenngleich der Sinn der Aussage etwas unklar bleibt. Davon ausgehend, dass Z bewusst den Konjunktiv gesetzt (abgeschrieben) hat, würde die Aussage darauf hinauslaufen, dass die *pfaffen* aufgefordert würden, nicht in die *arche* zu schauen, um dort etwas finden zu können. Das widerspricht etwas dem folgenden Vers, der ja genau eine solche Aufforderung im positiven Sinne ausdrückt, doch mag die Redeperspektive hier eine andere sein: das Ich spricht die *pfaffen* nicht mehr direkt an, sondern redet nun *über* sie: auch wenn sie *prüevent* – sie werden nichts finden. Ob man in V. 9 eine syntaktische Grenze nach *arken* setzen kann und das *nicht* zum zweiten Halbvers rechnen lässt, wäre weiter zu prüfen; Sinn dann etwa: ‚sie mögen nachsehen – nicht, dass da etwas drin sei!'

IX, 7: In Z fehlt ein Vers.

Ton 11a

Die Überlieferung dieser Strophe weist in den Hss. C und Z große Varianzen auf. Wie in der 14. Aufl. wird die Strophe hier nach C ediert, weil sie im Gegensatz zu Z die vollständigste Version darstellt. Eine detaillierte Aufbereitung der Varianzproblematik bei Bein, Schul- und hochschuldidaktische Materialien, 2004. Hier sei auf eine besonders sinnschwere Varianz hingewiesen: Während in C in Vers 4 von einem *bœsen man* die Rede ist, wird in Z von einem *guoten man* gesprochen. Vgl. auch die Erschließungshilfen zu 11a.

8: Der Konjunktiv *haben* (C) wird hier, auch mit Blick auf den Indikativ *ligent*, im Modus verändert.

10: Statt *hagel* (Z) überliefert C *snabel*. Wenngleich das Verständnis der gesamten Strophe sehr schwierig ist, übernehme ich an dieser Stelle die Korrektur *hagel* mit Z. Zwar mag eine Assoziation von Lachen zu Schnabel denkbar sein, doch erscheint mir wahrscheinlicher, dass der C-Schreiber das anlautende *h* als *fn* verlesen und in der Folge das gesamte Wort missverstanden hat.

Ton 12

Ähnlich wie Ton 11 ist auch Ton 12 einer der umfangreichsten Sangspruchtöne in Walthers Werk. Die Hss. A, B und C überliefern Strophen des Tons in unterschiedlicher Reihung, wobei C mit 16 Strophen die umfangreichste Sammlung bietet; alle A-Strophen sind auch hier enthalten sowie fünf B-Strophen; B bietet noch zwei Strophen, die C nicht kennt.

Man hätte diesen Fall editorisch ähnlich wie Ton 11 angehen, also drei Fassungen edieren können. Ich habe davon abgesehen, weil hier mit der C-Fassung immerhin (fast) alle Strophen des Tons präsent sind. Die beiden singulären B-Strophen werden im Anschluss an die C-Folge, durch einen Strich abgesetzt, platziert, aber durchnummeriert. – Die folgende kurze Skizze der Strophenkomplexe in A und B verdeutlicht dem Benutzer die Sammelkonzepte dieser Hss.

Sammlung A: Sie beginnt mit fünf Strophen (L. 31,33 / 32,7 / 31,13 / 32,17 / 32,27), die Kunst- und Zeitklage thematisieren; darauf folgt unmittelbar eine dreistrophige Papstkritik (L. 33,1 / 34,4 / 34,24); es schließen sich drei Strophen an (L. 34,34 / 35,7 / 35,17), die teils panegyrisch, teils kritisch-heischerisch ausfallen; es folgt eine Strophe (L. 35,27), in der es um die häufig thematisierte Schein-Sein-Dialektik geht; unterbrochen durch tonfremde Strophen schließt die A-Sammlung ab mit dem Wunsch des Ichs nach Sesshaftigkeit (L. 31,32). Vgl. auch Schuchert, 2010, bes. S. 234 ff.

Sammlung B: Wie in anderen vergleichbaren Fällen, überliefert B nur eine kleine Auswahl dessen, was in Parallelhandschriften im selben Ton überliefert ist – wir wissen allerdings nicht, ob eine bewusste Selektion aus einer umfangreicheren Quelle vorliegt oder ob schon die Quelle für B nur vergleichsweise wenige Strophen enthielt.

Hier fällt auf, dass die Strophen dieses Tons nicht durchgehend überliefert sind, sondern von Strophen in anderen Tönen durchmischt sind. Thematisch beginnt B mit einer Strophe (L. 31,13), die allgemeinen politischen Charakter hat (Zeitklage); nicht unmittelbar folgt eine Strophe (31,23), die dem Wunsch des Ichs nach Sesshaftigkeit Ausdruck verleiht; erneut unterbrochen von tonfremden Strophen folgt sodann eine dreistrophige Periode (L. 33,11 / 33,21 / 33,31), die ausschließlich Papstkritik zum Thema hat; nach einer weiteren Tonunterbrechung folgen zwei Strophen (L. 31,33 und 32,27), die der Kunstklage gewidmet sind – mit einer an einen Fürsten gerichteten Bitte um Abhilfe.

Die mit den Ordnungsnummern 12a und 12b markierten Töne stellen Tonvarianten dar; die Kadenzen in den Versen 3/4 bzw. 1/2 weichen von den Kadenzen des Tons 12 ab (Weiblich-Männlich-Differenz).

I, 7: Im Gegensatz zur 14. Aufl. wird die BC-Lesart *zuo dem künige* nicht verändert. Sie ist zwar deutlich anders als die A-Lesart *vor ir zuo den frowen* (14. Aufl.), aber doch in zwei Hss. bezeugt und auch trotz des im 8. Vers folgenden *künige* durchaus sinnvoll.

III, 7: Im Gegensatz zur 14. Aufl. (AB-Lesart) wird die C-Lesart *unhovelîchen* im Text beibehalten; sie ist ganz unanstößig.

IV, 8: *singen* muss (mit A) ergänzt werden, denn der Vers wäre sonst unterfüllt; auch weist die in C überlieferte Konjunktion *und* deutlich darauf hin, dass C einen wirklichen Fehler aufweist.

V, 1: Im Gegensatz zur 14. Aufl. wird die Form *Kernders* (aus C) beibehalten und als zweisilbiges Wort mit je einer beschwerten Hebung gedeutet.
V, 2: Im Gegensatz zur 14. Aufl. wird die C-Lesart beibehalten, wenn auch das Verständnis nicht leicht ist: C überliefert: *wil er dur ein vermissebieten mich also lan blangen*. Die Hgg. haben unterschiedliche Konjekturen vorgenommen, die aber nicht unbedingt nötig sind. Mit Schweikle (Bd. 1, S. 177 und S. 420) kann man *vermissebieten* als Kompositum in der Bedeutung ‚Widerruf‘ verstehen − allerdings ist ein solches Kompositum *hapax legomenon*; Lexer (III, 181) verzeichnet ein ebenfalls nur einmal belegtes *vermissehellen*. *blangen* (= *belangen*) kann ‚verlangen‘, ‚Sehnsucht haben‘ bedeuten. Der Vers wäre dann etwa so aufzufassen: ‚Will er durch einen Widerruf mich in solcher Weise sehnsüchtig werden lassen‘. − Die Schwierigkeit des Verses wird auch durch die stark variierende Lesart in A deutlich, die indes kaum zu verstehen ist: *wir er dvr ein vermissen bieten mir also dvr wanken*.
V, 6: C überliefert statt *hate*: *hat*; möglicherweise nur der Fall einer Apokope; Besserung mit A.

VI, 3: Im Gegensatz zur 14. Aufl. wird der hsl. Text von AC unverändert übernommen; eine Einfügung von *der* vor *miuse* ist nicht nötig; die neue Interpunktion macht das Verständnis deutlich.
VI, 9: AC überliefern *wider sanc*, was wohl ein Fehler sein dürfte, zumal dadurch ein identischer Reim auf V. 7 entsteht. B hat die *lectio difficilior* mit *wider swank*, was zudem einen guten Bezug zum Verb *swingen* besitzt.

VII, 1: Aus metrischen Gründen (deutliche Unterfüllung des Verses in C) wird mit B gebessert (Einfügung von *alrest*).
VII, 4: Im Gegensatz zur 14. Aufl. wird die C-Lesart beibehalten. Seit Lachmann hat man das Perfekt der C-Fassung konjiziert und zu einem Futur verändert (‚will/ wird ... geben‘). Das mag auf den ersten Blick stimmiger sein; dennoch sollte man die Hs. hier ernst nehmen. Die Passage wäre so zu verstehen: Früher hat ein übler

Papst, Gerbrecht, nur sich selbst zugrunde gerichtet; in der Gegenwart aber hat der Papst nicht nur sich selbst, sondern auch die gesamte Christenheit dem Untergang zugeführt. Dies aber kann man als einen Prozess verstehen, der durchaus noch aufzuhalten ist.

VIII: Die Varianten zwischen A und C gehen in der VIII. Strophe so weit und semantisch bedeutsam auseinander, dass es hier angebracht ist, die Strophe in zwei Fassungen zu edieren; sie werden unmittelbar hintereinander angeordnet.

VIII (C), 6: Im Gegensatz zur 14. Aufl. wird die wohl nötige Korrektur von C vollständig aus A generiert. Bislang hat die C-Lesart *ie dar under mü(e)lin in ir kasten* keine befriedigende Deutung erfahren und wurde daher für den kritischen Text verworfen. Vgl. die Diskussion bei Padberg, 1997, S. 133. Eine genaue Betrachtung der Hs. zeigt, dass der Buchstabe l im Wort *mv̄lin* sehr wahrscheinlich nachträglich aus einem u korrigiert worden ist, indem der erste Teilgraph des u mit einer Oberlänge versehen und aus dem zweiten Teilgraphen durch einen i-Strich ein i gemacht wurde. Wenn dies so zutrifft muss die ‚verbesserte‘ Lesart umso mehr erstaunen – was hat sich der Schreiber/Korrektor dabei gedacht? Möglicherweise hat er an das Verb *müllen/müln* gedacht, das in der Bedeutung ‚zermalmen‘, ‚zerstören‘ belegt ist (Lexer I, 2224). Der Vers könnte dann so aufgefasst werden: ‚unterdessen zerstören (wir) ihnen die Kästen‘ – gemeint könnte sein, dass der Papst die Schatztruhen der Könige aufbricht und plündert. – Diese Deutungen beruhen auf sehr vielen Vorannahmen, sodass ich für den kritischen Text auf A ausweiche, die einen sehr gut verständlichen Text bietet.

VIII (C), 8: Die Konjektur *welschen* (C: *velschen*, A: *wehsel*) liegt nahe: Zum einen ist ein umgelautetes Adjektiv *valsch > velsch* kaum zu belegen; zum anderen wird diese Stelle durch Thomasin von Zirklaria (‚Der Welsche Gast‘; V. 11195) zitiert – und zwar ist dort von einem *welchischen schrîn* die Rede. – Eine ganz andere Bedeutung liegt der A-Lesart zugrunde.

VIII (C), 10: In C ist der Vers deutlich unterfüllt. Auf eine lexikalische Rekonstruktion wird hier im Gegensatz zur 14. Aufl. verzichtet; auf von Kraus geht die Ergänzung *leien magern unde* zurück – Worte, die er aus der Strophenerweiterung in A entlehnt hatte (vgl. die Fassungsedition von A).

VIII (A), 1: A weist am Versanfang zweifellos einen Defekt auf, der möglicherweise einem Hörfehler geschuldet ist; Konjektur von *Die* zu *Wie*.

VIII (A), 5: Aus Gründen des in A gestörten Reims auf *kasten* wird das hsl. *wusten* zum in C überlieferten *wasten* gebessert; *wasten* ist allerdings nur für diese Stelle bezeugt.

VIII (A), 10: *mit der torschen legen guote masten*: Der überlieferte Text (*mir* statt *mit*; *mosten* statt *masten*) lässt sich zum einen kaum verstehen (ein Verb *mosten* ist nicht zu belegen; vgl. aber Schweikle, Bd. 1, S. 166), zum anderen ist der Reim gestört; daher Besserung mit Padberg 1997, S. 135f. Allerdings ist zu bedenken, dass durch die Konjektur *masten* ein identischer Reim auf V. 13 hergestellt wird.

VIII (A), 13: *tasten:* Die Hs. überliefert *staten,* was zum einen keinen Sinn ergibt, zum anderen den Reim stört. Die Besserung zu *tasten* (Fehlergenese: Silbenumkehr) bietet sich wegen des Reims an. BMZ verzeichnen die Konjektur als für Walther gebucht und glossieren: ,tasten „in obscönem sinn"'.

IX, 2: C überliefert statt *ir er.* Möglicherweise verbirgt sich hinter *er* eine mitteldeutsche Form für *ir* (so Paderg 1997, S. 148); ein Pronomen *er* macht hier keinen Sinn. − Im Gegensatz zur 14. Aufl. wird die handschriftliche Lesart *swendet* beibehalten im Sinne von ,zerstören', ,auszehren' (C schreibt zunächst *pfende,* unterpungiert dieses Wort und setzt den Text mit *swendet* fort).
IX, 10: Im Gegensatz zur 14. Aufl. wird die schwach flektierte Form *tœrinnen* beibehalten. Die Wörterbücher setzen zwar *tœrinne* als stf. an, doch gibt es insgesamt nur wenige Belege − und darunter unsere − konjizierte! − Waltherstelle; erneut zeigt sich die fatale Wechselbeziehung von konjizierender Editorik und historischer Grammatik.

X, 1: Die in A fehlende Präposition *bî* wird aus C ergänzt − sowohl grammatikalisch als auch metrisch spricht Vieles dafür.

XI, 10: Im Gegensatz zur 14. Aufl. wird die C-Lesart *und* nicht zu *sin* konjiziert. V. 9 und 10 lassen sich so verstehen: ,Nun mögen sie um seiner Ehre willen geben, wie er es nun tut, und sie mögen jetzt dem Hof gemäß leben − so, wie es aber jetzt steht, ist der höfische Anstand nicht gewahrt'.

XII, 2: Beide Hss. weisen eine Reimstörung auf (*verleitet: seren/seret*). Die Hgg. haben unterschiedlich gebessert; eine Diskussion bei Padberg, S. 201. Die hier beibehaltene Konjektur *seitet* geht auf Wackernagel zurück und soll so viel bedeuten wie: ,fesseln', ,bestricken'. Es ist indes zu bedenken, dass ein solches Verb für die mhd. Zeit nicht belegt ist − postuliert wird eine Ableitung vom ahd. *biseidôn,* wohl ein hapax legomenon. Andere Konjekturen sind allerdings nicht ,besser'. − Noch nicht überlegt wurde, in den hsl. Varianten eine Verlesung des Verbs *feiten* (,schmücken') zu sehen. Dann müsste man für V. 2 eine ironische Sprechweise ansetzen: Der Papst ,schmückt' die Geistlichen mit den Stricken des Teufels.
XII, 7: Beide Hss. weisen eine Reimstörung auf (*more: ror*), die durch Apokope des -e gebessert wird.
XII, 8: Im Gegensatz zur 14. Aufl. wird der hsl. Wortlaut (*leset*) nicht verändert, da der gesamte Vers in seiner Bedeutung unklar ist; vgl. die ausführliche Forschungsdiskussion bei Padberg, S. 205 f. und 212 − 216. Gemäß der Mhd. Gr. müsste die Form *leset* Imperativ Plural oder 2. Pers. Plural Präsens sein. Die Konjektur *liset* stellt die 3. Pers. Sg. Präs. her − nicht bezeichnetes Subjekt wäre der Papst.

XIII, 5: Die Hss. überliefern statt *dô daz,* A in der Schreibweise *daz,* C abgekürzt als *dc.* Syntaktisch funktionieren die hsl. Varianten nicht. Man mag vermuten, dass ein ursprüngliches *do* als *dc* verlesen worden ist. Vgl. die Diskussion bei Padberg, S. 221.

XV, 4: Beide Hss. überliefern *er waz e*, A schreibt *waz*, C *wc*. Syntaktisch fehlt ein Objektspronomen, das hier ergänzt wird. Das Problem mag zu erklären sein, wenn man an einen Diktat- oder Hörfehler denkt: ein schnell gesprochenes *was ez* kann leicht als *was( )z* aufgefasst worden sein — dann bereits in der Vorlage von A und C.

XVI, 2: Beide Hss. überliefern statt *weich wich*. Lachmann noch edierte *wich*, verwies aber bereits auf eine Besserung von Benecke, der zu *weich* konjiziert hatte. Diese Besserung wurde von den meisten Hgg. übernommen, und sie passt sehr gut in den Kontext, zumal es einen Beleg in Ulrichs von Etzenbach ,Alexander' gibt, die sie bestens stützt: *sie* [unfähige Feinde, die geschmückt umher laufen] *sint weicher — dann die frouwen* (V. 7563; vgl. die ,Mittelhochdeutsche Begriffsdatenbank' s. v. ,weich'). Freilich muss bedacht werden, dass man gegen zwei Textzeugen entscheidet. Die hsl. Lesart *wich* bedeutet ,heilig', ,geweiht'; sie als (mundartliche?) Variante zu *weich* zu verstehen, erlauben die vorliegenden Hilfsmittel nicht (so aber Schweikle, Bd. 1, S. 431) — der Diphthong -ei- in *weich* geht lautgeschichtlich nicht auf ein -î- zurück. — Wollte man bei *wich* bleiben, müsste man hier mit einer stark ironischen Rede rechnen, denn die Belege für *wich* zeigen einen deutlich ,ernsten' religiösen Sinnzusammenhang.

XVI, 9: Beide Hss. überliefern *tore* statt *more*. Rein syntaktisch betrachtet ist auch die hsl. Lesart möglich; allerdings spricht doch Vieles für die Konjektur von Wakkernagel, die die meisten Hgg. übernommen haben. Insbesondere legen die Rede von der *varwe* in V. 8 und das Farbwort *wîz* in V. 10 nahe, dass dieser Bildkomplex auch in V. 9 ausgefüllt ist. Auch bilden der *tor* auf der einen und die Tugendhaftigkeit auf der anderen Seite kein Gegensatzpaar. — Grundsätzlich ist aber anzumerken, dass hier eine Konjektur vorliegt, die ausschließlich auf eine, auch ästhetisch motivierte, Interpretation zurückgeht (in anderen Fällen, in denen in der 15. Aufl. Konjekturen begegnen, spielen zumeist noch weitere Gründe eine Rolle, so die Grammatik und Metrik).
Im Gegensatz zur 14. Aufl. wird die C-Lesart *tugenden* beibehalten und als Dat. Plural (bezogen auf *vol*) gedeutet.

XVIII, 2: Die B-Lesart *sinnen* ist grammatikalisch nicht korrekt; es liegt hier ein Genitiv Plural vor — daher Besserung zu *sinne*.

XVIII, 7: Aus metrischen Gründen haben fast alle Hgg. (auch Schweikle!) das Wort *allen* getilgt. Es lassen sich aber sieben Hebungen dann realisieren, wenn man *âne allen* verschleift und dafür einen Takt ansetzt.

Ton 12 a

I, 10: Der Vers ist in C um einen Takt überladen; daher Verkürzung von hsl. *himelriche* zu *himele*.

II, 4: C überliefert *dem edeln herzen*; fast alle Hgg. haben zu *dînem herzen* gebessert –
was freilich zur Redeperspektive (Anrede Marias) besser passt. Allerdings ist der
Vers auch mit der Lesart *dem* gut verständlich – besonders wenn man an eine
Aufführungssituation denkt, bei der mit dem Wort *dem* eine Zeigegeste verbunden
ist.

II, 9: C überliefert *nie*; die meisten Hgg. haben zu *ie* konjiziert. Aus grammatikali-
schen Gründen ist das nicht nötig, denn die Kombination von *dehein* (= im Sinne
von ‚kein‘) mit einem weiteren negierenden Ausdruck bleibt eine Negation (vgl.
Paul, Mhd. Gr., 2007, § S 128). Mit Beibehaltung des hsl. Wortlauts muss allerdings
ein identischer Reim von 7 : 9 in Kauf genommen werden.

III, 9: Will man dieser Strophe nicht den Status einer Tonvariante zuschreiben,
kommt man nicht umhin, einen Textverlust von einem Vers anzusetzen.

IV, 4: *dennoch*: hier ‚darüber hinaus‘.
IV, 6:10: Es liegt eine leichte Reimstörung vor: *süeze: büezen*, die nicht gebessert
wird.
IV, 10: *Jôhan*: Johannes, Apostel Jesu; er wird als derjenige identifiziert, der als
einziger der Kreuzigung beiwohnte.

V, 8: Die hsl. Lesart … *nider daz sî niht hôrte noch ensprach* führt zu einer Überfüllung
des Verses (7 statt 6 Hebungen); daher Konjektur.

Ton 13

11: Im Gegensatz zur 14. Aufl. wird die hsl. Lesart *asche* in den kritischen Text
gesetzt. Cormeaus Entscheidung für *valewische* orientierte sich an Lachmanns Vor-
schlag in dessen Anmerkungen, den die meisten Hgg. übernommen hatten. Eine
wichtige Rolle bei der Entscheidung für die Konjektur spielten metrische Überle-
gungen. Da der Strophe aber bereits in der 14. Aufl. ein eigener Tonstatus zuer-
kannt worden ist, gibt es keinen Grund, Vers 11 nicht fünfhebig zu lesen (denn es
gibt keine tonidentischen Vergleichsstrophen).

Ton 14

5: Im Gegensatz zur 14. Aufl. wird die hsl. Lesart *selen* beibehalten; es liegt die
schwache Form des Dat. Sg. vor; weitere Belege für die schwache Flexion: Lexer
II, 863 f. (allerdings dort nur mit Artikel).
6: Die hsl. Form *vôre* mag regionalsprachlich den Diphthong ‚uo‘ bezeichnen; vgl.
Paul, Mhd. Gr., 2007, § L 49.
8: Im Gegensatz zur 14. Aufl. wird die hsl. Lesart *mehtent* beibehalten. Zur 1. P. Pl.
mit Dental vgl. Paul, Mhd. Gr., 2007, § M 70 Anm. 8; zum Wurzelvokal vgl.
§ L 34.

10: Im Gegensatz zur 14. Aufl. wird die hsl. Lesart *drú* beibehalten. Zwar scheint nach freundlicher Auskunft von Thomas Klein (Bonn; brieflich 22. 4. 2006) die grammatikalische Klassifizierung in Paul, Mhd. Gr., 2007, § M 60 in der Tat auf viele hsl. bezeugte Fälle zuzutreffen: „Es scheint doch so zu sein, dass die u/v-haltigen Formen *driu, driv, drú, drev, dreu* usw. im Mhd. stets Neutrum sind" (Klein). Mit Blick auf die Darstellung in der Deutschen Grammatik von W. Wilmanns (Hinweis ebenfalls von Thomas Klein) scheint es indes nicht ausgeschlossen zu sein, dass ein neutrales Demonstrativum sich auf mehrere feminine Nomen bezieht (vgl. Wilmanns, Deutsche Grammatik, § 356.2). Aufgrund des in den Hss. des 14. Jhs. zunehmend zu beobachtenden Zusammenfalls der starktonigen iu-Formen mit den schwachtonigen e-Formen (*disiu* − *dise*) wird eine deutliche Zuordnung zu Genusklassen ohnehin sehr erschwert.

Ton 15

Die Überlieferung dieses Tons legt eine Fassungsedition nahe: Die Hss. B und C überliefern zwei Strophen, Hs. E fünf, wobei die zwei BC-Strophen in E in anderer Reihung erscheinen. Es spricht einiges dafür, dass der Ton, ausgehend von einem Strophenkern (BC), im Laufe der Zeit Texterweiterungen erfahren hat. Die relative Autonomie der Strophen erlaubte eine variable Anordnung. Vgl. ausführlich Bein, 2003.

Fassung nach BC

II, 5: Da die Verse der beiden BC-Strophen eine deutliche Tendenz zu daktylischem Rhythmus aufweisen, wird hier (mit C) eine fehlende Silbe (*nû*) ergänzt.

Fassung nach E

Im Gegensatz zur 14. Aufl. wird in den Strophen der E-Fassung nicht aus metrischen Gründen konjiziert, weil der in BC gut erkennbare daktylische Rhythmus in den E-Strophen nur unvollkommen realisiert ist. Es spricht Vieles dafür, dass im Laufe der Liedgenese der ursprüngliche Rhythmus verloren gegangen ist.

Ton 16

Das berühmte Lindenlied ist textkritisch unproblematisch; von den beiden überliefernden Hss. ist C die bessere und bildet die Editionsbasis.

II, 7: C formuliert einen Aussagesatz, während B durch die Inversion (*kuster mich*) eine Frage bildet. Beide Lesarten sind möglich. Im Gegensatz zur 14. Aufl. wird die C-Version hier beibehalten.

Ton 17

Der Ton ist in fünf Hss. mit unterschiedlichem Strophenbestand und unterschiedlicher Strophenreihung überliefert. Die Strophen I–III scheinen einen Liedkern zu bilden, da sie in allen Hss. in dieser Reihenfolge überliefert sind (ausgenommen das Fragment U^x). In A folgt unmittelbar Strophe IV; diese fehlt in B und erscheint in C an deutlich isolierter Stelle (rund 250 Strophen später, aber durch Verweiszeichen verknüpft). E und U^x überliefern noch eine fünfte Strophe, die allerdings vor die vierte von A und C gesetzt ist.

Der Vergleich der Hss. zeigt, dass wir es mit zwei Gruppen zu tun haben: ABC auf der einen und EU^x auf der anderen Seite. Im Gegensatz zur 14. Aufl. wird der Ton nicht als Mischredaktion, sondern in zwei Fassungen ediert.

Fassung nach ABC

III, 6/7: A hat versehentlich das Reimwort *teilen* aus V. 6 in V. 7 wiederholt; möglicherweise generierte dieser Fehler einen weiteren, nämlich die Missinterpretation des Possessivpronomens *minen* als flektiertes Substantiv *minnen*. Beide Fehler werden, gestützt durch die Hss. B und C, korrigiert.

IV, 4: *neinen*: C und die Fassung EU^x haben *neina*. Diese Form ist die geläufige Verstärkung von *nein*. In *neinen* mag man eine seltene Variante vermuten.

Fassung nach EU^x

III, 2: Mit *mer* weist E eine Reimstörung auf, die hier korrigiert wird.

IV, 2/3/4: Mit Blick auf die Metrik der übrigen Strophen weisen die Verse 2 und 3 in E eine Unterfüllung auf. Leider gibt die fragmentarische Überlieferung in U^x keinen Aufschluss darüber, wie die Verse möglicherweise metrisch korrekt gestaltet waren. – Während E mit *man : han* einen unreinen Reim zeigt, hat U^x mit dem Reimwort *kan* (V. 4) die bessere Variante.

V, 4: Die mit E verwandte Hs. U^x überliefert *dazs* (= *daz si*); E dürfte das verkürzte Pronomen übersehen haben, oder aber der Schreiber hat den Vers anders verstanden, etwa so: ‚Das [Bezug V. 3] möge uns nicht entgehen'. Da dies aber weniger wahrscheinlich ist, wird hier mit U^x korrigiert.

Ton 18

Ton 18 ist in drei Hss. mit jeweils unterschiedlicher Strophenanzahl und -reihenfolge überliefert. Wenngleich die Textvarianz nicht sehr groß ist, empfiehlt es sich hier doch, im Gegensatz zur 14. Aufl., drei Fassungen zu edieren, denn wenn auch einerseits B und C gegenüber E enger zusammengehören, weisen alle Hss. andererseits doch auch singuläre Varianten auf. Dies könnte ein Hinweis darauf sein, dass ein Liedkern sehr früh unterschiedliche Bearbeitungen erfuhr. Ein Studium der Text- und/oder Überlieferungsgenese kann hier am besten über Fassungseditionen erfolgen.

Fassung nach B

I, 7: *gedenken* mit Akk. ist belegt, sodass die B-Lesart *ichz* beibehalten werden kann (vgl. Lexer I, 768).

I, 8: Ein Vers fehlt; vgl. die Parallelüberlieferung in C und E.

II, 8: Das grammatikalisch erforderliche Pronomen *si* (Subjekt) verkürzt B zu -z (*obz;* Akk.-Objekt); eine Korrektur zu *obs* ist nötig.

III, 8: *so* bewusst ohne Längezeichen wegen -o in Hiatstellung.

Fassung nach C

I/II: Es spricht nichts dagegen, die beiden Strophen in der C-Fassung zu edieren; der Austausch der Abgesänge (vgl. B und E) beeinträchtigt die Strophensemantik nicht. Ein solcher Fall von Varianz begegnet selten. Er mag Indiz dafür sein, dass nicht nur auf der Ebene der Strophenreihenfolge und -anzahl (aufführungsbedingt?) variiert werden konnte. Wilmanns (1867) hatte eine andere (nicht poetologische) Erklärung erwogen: Seiner Meinung nach waren die Abgesänge bereits in der angenommenen gemeinsamen Vorlage von BCE vertauscht und durch Randzeichen korrigiert. B habe die Korrekturhinweise übersehen, E missverstanden und habe die Strophen vertauscht; allein C habe den richtigen Text erhalten.

III, 5: Im Gegensatz zu E überliefert C das Substantiv *herzeliep* nicht in der Form des partitiven Genitivs. Es handelt sich hier um den sog. „Nominativ als casus pendens", ein außerhalb der Konstruktion stehender Nominativ, der im nachfolgenden Satz durch ein Pronomen aufgegriffen wird, das syntaktisch determiniert ist. Vgl. Paul, Mhd. Gr., 2007, § S 56.

V, 8: Die Hgg. haben *niht* ergänzt. Darauf wird hier verzichtet, was allerdings eine ganze andere Verssemantik generiert, die letztlich dem gesamten Lied eine sehr eigene Pointe verleiht: Das Ich weiß um die Flüchtigkeit von Liebesfreuden und zieht sich gerade deshalb in eine Phantasie- oder Scheinwelt (*valsche fröiden*) zurück. Vgl. Burkert, Zu L. 41,13 ff., 2010, S. 89–91.

Fassung nach E

II, 1/3: *frô: frô:* Der identische Reim ist sicher auf einen Abschreibfehler zurückzuführen; da die Semantik aber nicht betroffen ist, wird auf eine Korrektur verzichtet.

III, 5: Mit der Variante *gewan* (statt *gesach*) weist E eine gravierende Reimstörung auf, die hier gebessert wird (nach C). Interessant ist allerdings, dass die *gesach*-Lesart der Versaussage eine beobachtende Perspektive verleiht; erst in V. 6 kommt in C durch die Variante *mir bî* (E: *bî*) Subjektivität in die Aussage. E verfährt fast umgekehrt.

Ton 19

Im Gegensatz zur 14. Aufl. werden zwei Fassungen ediert, eine nach den Hss. BC, eine zweite nach den Hss. EU[x]. Der in der 14. Aufl. edierte Text hatte keine Stütze in der Überlieferung; die Reihenfolge orientierte sich an einem frühen Vorschlag von Wackernagel (vgl. den Hgg.-App. in der 14. Aufl.). Zwar ist durchaus richtig, dass das Lied mit der konjizierten Reihenfolge in sich schlüssig ist, doch sind die überlieferten Reihenfolgen keineswegs unmöglich. Die beiden hier edierten Folgen repräsentieren handschriftlich gestützte Fassungen, die in dieser Weise von der Walther-Forschung noch kaum zur Kenntnis genommen worden sind.

Fassung nach BC

Die BC-Fassung wird auf der Basis von Hs. C ediert; die Abweichungen von B sind minimal.

IV, 4: Der Plural *den selben* scheint nicht gut zum Singular *einem rîchen man* zu passen, doch begegnen solche Inkongruenzen im Mhd. nicht selten; vgl. auch die Pluralformen in II.

Fassung nach EU[x]

In E nach II der Autorname *Walther*; III beginnt mit großer Lombarde.

IV, 4: *ware*: Das Fehlen des Nasals ist möglicherweise mundartlich bedingt.
IV, 7: *schamen/schemen* ist nur reflexiv belegt; das Reflexivpronomen ist in U[x] möglicherweise nur aufgrund des Beschnitts nicht mehr vorhanden (*die* steht eng am Blattrand (Schnittkante)).

Ton 20

Dieser Ton ist mit allen vier Strophen in sieben Hss. überliefert; eine achte hat nur die ersten neun Verse der ersten Strophe. Eine so reiche Überlieferung eines Minneliedes ist in Walthers Werk einzigartig. Und eine weitere Besonderheit begegnet: Sieben Hss. überliefern die Strophen des Tons in der gleichen Reihenfolge. Dies steht in deutlichem Gegensatz zu sehr vielen anderen Fällen, in denen Strophenanzahl und -reihenfolge differieren. Im Zusammenhang mit Varianzanalysen sollte dieser Fall dringend mitdiskutiert werden.

Der Wortlaut zeigt allerdings Varianzen. Diese sind zwar zahlreich, verändern aber die Strophen- und Liedsemantik nicht oder nur geringfügig. Daher ist eine Fassungsedition in diesem Fall nicht zielführend. Ich übernehme die Herstellung des kritischen Textes nach O (so auch in der 14. Aufl.). O (um 1300) ist nicht nur ein sehr alter Zeuge, sondern hat darüber hinaus eine sehr gute Textqualität bewahrt.

I, 1: Die Hss. BO überliefern *tvgenden,* mit den übrigen Hss. wird hier zu *tugende* verbessert. Diese Entscheidung beruht auf den Befunden der Mhd. Gr. und der Wörterbücher, denen gemäß das starke Nomen *tugent* weder im Gen. Sg noch im Gen. Pl. auf -en endet. Wie in manchen anderen Fällen ist eine Entscheidung wie diese durchaus strittig, weil sie auf Frequenzangaben beruht, die noch weit davon entfernt sind, repräsentativen Charakter zu haben und so etwas wie eine grammatische ‚Norm' zu belegen. Größere Sicherheiten mag man gewinnen, wenn das Projekt einer handschriftengestützten neuen Mhd. Grammatik (Thomas Klein, Hans-Joachim Solms, Klaus-Peter Wegera) zu einem Abschluss gekommen ist.

I, 2: Im Gegensatz zur 14. Aufl. wird die hsl. Lesart *gereit* (O) beibehalten. Das Wort ist als Variante zu *bereit* gut belegt (vgl. Lexer I, 876).

II, 4: O überliefert statt *mînen: uwen* (= *iuwern*). An dieser Stelle weicht O bedeutsam von allen anderen Hss. ab: Diese bringen den Gedanken zum Ausdruck, dass die sprechende Frau dem Mann dankt, dass er sie (= *mînen lîp*) *tiuret.* In der O-Lesart wird das Gegenteil ausgedrückt. Dem Mann wird aufgrund seiner guten Redefähigkeit bescheinigt, dass er sich selbst (= *iuwern lîp*) *tiuret.* Dieser Gedankengang hat etwas Reizvolles, er scheint mir aber doch nicht wahrscheinlich zu sein. So ist es etwa auch denkbar, dass das Wort *uwen* auf eine bloße Verlesung von *minen* zurückgeht (die Buchstaben m-i-n können je nach Schreibereigenart auch als u-w interpretiert werden).

II, 6: Der (inhaltsarme) Vers 6 fehlt in den Hss. EFO und wird mit den anderen Hss. ergänzt.

III, 6: Im Gegensatz zur 14. Aufl. wird der Vers nach O hergestellt: *der vogelsanc.* Cormeau hatte wie die meisten anderen Hgg. *der vogele singen* (nach BC) ediert. Hinter dieser Entscheidung steht die Überlegung, die Kadenz des sechsten Verses an die der übrigen Strophen anzugleichen (weiblich). Es muss allerdings bedacht werden, dass in O nur in der ersten Strophe eine weibliche Kadenz überliefert ist; in der zweiten Strophe fehlt der gesamte Vers, und in der vierten Strophe findet sich eine zweisilbig männliche Kadenz. Da es sich um eine Waisenzeile handelt, gibt es keine zusätzliche Stütze durch einen Reim. Aus diesem Grund wird die O-Lesart beibehalten.

IV, 6: Im Gegensatz zur 14. Aufl. wird der Vers nach O hergestellt. Cormeau (und die meisten Hgg.) hatte eine Wortumstellung vorgenommen: *ime gedenken,* dies aus denselben Gründen (Kadenz), wie sie zu III, 6 erläutert wurden. Ich belasse es hier bei einer zweisilbig männlichen Kadenz (*ime*).

IV, 7: An dieser Stelle muss O verlassen werden, weil sie den Vers deutlich überfüllt überliefert: *tzo maze nydere und ouch tzo mazen ho.*

Ton 21

E ist die einzige Hs., die das Lied mit vier Strophen überliefert. Es gibt zwar
Hinweise auf eine Überlieferungsverwandtschaft mit O, doch sind diese nicht so
zwingend, dass man den kritischen Text auf eine Quelle *EO ausrichten muss (so
Cormeau in der 14. Aufl.). Obwohl E (wie auch in vielen anderen Fällen) manche
metrische Unregelmäßigkeiten aufweist (z. B. überfüllte Verse), wird E hier weitge-
hend ohne Eingriffe als Leithandschrift verwendet. Dass im Laufe der Überliefe-
rung die Metrik verändert wurde, zeigen in diesem Fall auch B und C (z. B. I, V. 4,
wo diese nur vier Hebungen aufweisen − E hingegen sechs). Da BCO nur zwei
von vier Strophen überliefern und die Wortvarianz nur geringe semantische Rele-
vanz hat, ist eine Fassungsedition nicht notwendig.

I, 1 f.: Zur Grammatik des zweiten Verses vgl. Paul, Mhd. Gr., 1998, § 492 E (nicht
in der 25. Aufl. der Mhd. Gr. von 2007 übernommen); es handelt sich um eine
elliptische Fügung (Aussparen eines Verbs) mit exzipierender Bedeutung: ‚wäre
nicht das Ansehen der Lügner‘.

I, 6: E überliefert den Vers ohne Subjekt (*si*); es wäre denkbar, die Verben *gân* und
stân auf die vier Substantive in V. 8 zu beziehen (diese wären dann Subjekt; der
Satz würde als Apokoinu fortgesetzt). Da E aber sonst (im Vergleich zu anderen
Hss.) eher einfachere syntaktische Varianten aufweist, scheint diese Möglichkeit
nicht sehr wahrscheinlich zu sein; daher wird mit BC gebessert.

I, 6 f.: *gân: lân*: Der Konjunktiv lässt sich über den Status der Verse (abhängige
Nebensätze) erklären. Denkbar ist aber auch, dass E nicht mehr systematisch zwi-
schen Konjunktiv und Indikativ unterscheidet. Paul, Mhd. Gr., 2007, § M 70, A 9.
I, 9: Syntaktisch betrachtet ist ein Indikativ nötig; E überliefert *raten*; vgl. die Bemer-
kung zu I, 6 f.

II, 1: Reimstörung in E; eine Verbesserung mit O ist nötig.

IV, 3: Der Vers wird nach E ediert, muss aus Reimgründen im zweiten Teil aber
korrigiert werden.

IV, 7: In diesem Vers haben sich sehr wahrscheinlich reine Abschreibfehler nieder-
geschlagen (Dittographien von *mit* und *mit gedanken*); eine Verbesserung ist aus
metrischen Gründen nötig (Versüberfüllung).

IV, 12: Auf den ersten Blick mag die E-Lesart wenig sinnvoll erscheinen; sie ist
dennoch nicht unmöglich. E versteht die letzten beiden Verse wohl so: Dem Ich
nützt es nichts, die Augen zu schließen − die Frau schaut ihm dann eben nicht in
seine Augen, sondern in sein Herz bzw. durch ihr Herz (in E fehlt das Possessivpro-
nomen *mîn*, das BCO überliefern!). In BC und auch O ist die Bildlichkeit traditionel-
ler: hier kann das Herz sehen, und zwar eben all das, was den Augen verborgen
bleibt. Die zahlreichen Textvarianten in der IV. Strophe mögen belegen, dass ein
Verständnis bereits bei mittelalterlichen Rezipienten nicht einfach war. Vgl. auch 31
II und III.

Ton 22

C überliefert die längste Version des Tons mit vier Strophen, A und B haben drei Strophen, wobei aber A die erste C-Strophe und B die letzte C-Strophe fehlt. Im Gegensatz zur 14. Aufl. wird das Lied nach Hs. C ediert. Die Textvarianz von A und B hält sich in engen Grenzen; größere Bedeutungsverschiebungen ergeben sich nicht. Daher ist es nicht nötig, zwei oder gar drei Fassungen zu edieren.

Wie auch in vielen anderen Fällen überliefert B eine Kurzfassung; sie ist, verglichen mit A und C, sehr kohärent. Die nur in A und C überlieferte Strophe IV bringt dem gegenüber ein Problem in das Liedganze: Zum einen ist sie in beiden Hss. mit nur 8 Versen überliefert. Dies kann auf einen Defekt der Quelle *AC zurückgehen − oder es liegt eine Tonvariante vor. Die Hss. allerdings weisen sie eindeutig dem Ton der übrigen Strophen zu. Besonderheit in C: Dort sind zwei Spaltenzeilen frei gelassen. Entweder wurde die gesamte Strophe erst in einem zweiten Durchgang nachgetragen (und man hatte vorsorglich Platz für 10 Verse reserviert), oder man hatte beim Aufschreiben bemerkt, dass die Quelle nur 8 Verse enthielt − und hoffte, aus einer anderen Quelle die fehlenden Verse nachtragen zu können. − Darüber hinaus kommt durch die Personengruppe der *pfaffen* ein Motiv ins Spiel, das sich in den ersten drei Strophen gar nicht findet. Auch dadurch erhält die Strophe einen Sonderstatus.

III, 5: Im Gegensatz zur 14. Aufl. wird das Negationswort *niht* nicht gegen die drei Hss. eingesetzt. Der Vers scheint unterfüllt zu sein, doch lässt sich Vierhebigkeit erreichen, wenn man auf *(en)-gap* und *ir* je eine Hebung setzt (Hebungsprall).

IV, 1−10: Die Verbformen *crenkent*, *lânt*, *gestânt*, *werbent* und *verderbent* sind in beiden Hss. ohne Dental überliefert. Es könnte sich demnach um Konjunktivformen handeln. Diese in allen Fällen grammatikalisch zu ‚begründen‘, gelingt indes nicht. Denkbar ist daher, dass in der Quelle *AC nicht mehr konsequent zwischen den alten Konjunktiv- und Indikativformen differenziert wurde (wie dies ja auch sonst in den Haupthandschriften zu beobachten ist). Die Häufung dieser Fälle in einer Strophe ist dennoch auffallend, zumal die Form *wellent* in V. 4 zeigt, dass dem Schreiber von *AC durchaus noch alte Indikative bekannt sind. Ferner muss bedacht werden, dass man aufgrund des angenommenen Textverlustes in V. 5/6 letztlich keine sichere Aussage über den syntaktischen Zusammenhang zumindest der zweiten Strophenhälfte machen kann.

IV, 7: Die Hss. A und C überliefern die schwach flektierte Form *edelen*. Nach dem Zahlwort *zwên(e)* ist aber starke Flexion zu erwarten (wie nach unbestimmtem Artikel). Ob dies jedoch im 12. und 13. Jh. konsequent umgesetzt wurde, muss einstweilen fraglich bleiben. Zu vergleichen ist Ton 12 II, V. 3 wo A, B und C nach *zwên(e)* das Adjektiv stark flektieren.

Ton 23

Ton 23 (in der 14. Aufl. zusammen mit 23a) stellt eine editorische Herausforderung dar, nicht nur aufgrund der reichen Überlieferung, sondern auch wegen der langen und kontroversen Forschungsgeschichte. In der 14. Aufl. hatte Cormeau zwei Lieder ediert, davon ausgehend, dass sich die Strophen unter 23 und diejenigen unter 23a metrisch unterscheiden und somit der Fall einer Tonvarianz gegeben sei. So hatten es vor Cormeau auch viele andere Editoren gesehen, wenn man auch interpretatorisch immer wieder Zusammenhänge zwischen den fünf Strophen diskutiert hat (u. a. zu nennen: Kuhn, 1952 und 1982 sowie Ruh, 1985; Kern, 1995).

Die meisten Hgg. sahen die Tonvarianz im jeweils 8. Vers der fünf Strophen verborgen. Während die Strophen des Tons 23 im 8. Vers fünf Hebungen aufwiesen, fänden sich im jeweils 8. Vers der Strophen des Tons 23a sechs (oder, wenn man von klingenden Kadenzen ausgeht: sechs vs. sieben Hebungen). Dieses Bild allerdings stimmt mit der Überlieferung der Strophen in den Hss. nicht überein. Gerade der 8. Vers ist in keiner der Hss. metrisch konsistent überliefert; weder gibt es eine durchgehende 5-Hebigkeit in den unter 23 gefassten Strophen noch eine durchgehende 6-Hebigkeit in den 23a-Strophen. Die Hss. zeigen vielmehr folgendes Bild:

23:
8. Vers in A: Str. I: 5 h; Str. II: 6 h; Str. III: 6 h
8. Vers in B: Str. I: 6 h; Str. II: 6 h; Str. III: 4 h
8. Vers in C: Str. I: 6 h; Str. II: 5 h; Str. III: 5 h
8. Vers in E: Str. I: 5 h; Str. II: 5 h; Str. III: 4 h
8. Vers in F: Str. I: fehlt; Str. II: 5 h; Str. III 6 h
8. Vers in N: Str. I: 5 h [andere Strophen fehlen; II nur Fragment]

23a:
8. Vers in A: Str. I: 7 h; Str. II: 6 h
8. Vers in B: Str. I: 6 h; Str. II: 5 h
8. Vers in C: Str. I: 6 h; Str. II: 5 h
8. Vers in E: Str. I: 6 h; Str. II: 6/5 h
8. Vers in F: Str. I: 6 h; Str. II: 6 h

Diesem unklaren Bild steht gegenüber, dass die Hss. A, C und E die fünf Strophen (3 aus Ton 23 und 2 aus Ton 23a) eindeutig als *einen* Ton überliefern; in B und F gibt es keine deutlichen Auszeichnungen für neuen Tonbeginn, insofern muss die Frage, wie die Schreiber von B und F die Strophenzusammengehörigkeit aufgefasst haben, offen bleiben.

Die Hss. A und B überliefern die fünf Strophen in folgender Reihenfolge: I–III (23) + I–II (23a) (so auch F, allerdings fehlt F die Str. I (23)). C und E zeigen eine andere Strophenfolge: I–II (23) + I–II (23a) + III (23).

Nach eingehender Diskussion des Falles habe ich mich entschlossen, ihn anders als in der 14. Aufl. zu behandeln: Obwohl die Strophen von 23 und diejenigen von

23a thematisch nicht nahtlos zu- und ineinander passen, sollte eine gegen die Hss. gerichtete Separierung in zwei Lieder unterbleiben, zumal die Philologiegeschichte zu diesem Lied gezeigt hat, dass es durchaus Möglichkeiten gibt, die fünf Strophen als zusammengehörig zu lesen.

Die metrischen Differenzen treten so unregelmäßig auf, dass sie nicht geeignet sind, eine Tonvariante anzusetzen.

Es werden vier Fassungen ediert: je eine nach A, B, C und E; die Varianten von F und N werden der A-Fassung zugeordnet. Auf diese Weise kann sich ein Benutzer der Edition ein deutliches Bild von der Überlieferung der Texte machen und auf der Basis der unterschiedlichen Strophenfolgen sowie der lexikalischen Varianten neue Studien anstellen.

Fassung nach A

I, 2: Im Gegensatz zur 14. Aufl. wird der Indikativ *lachent* (in A und N) nicht zum Konjunktiv (so in BCE) verändert. Paul, Mhd. Gr., 2007 verzeichnet in § S 179.4 Fälle, in denen *sam* sowohl mit dem Indikativ als auch dem Konjunktiv verbunden ist. Zwar erfährt *sam* je nach Modus eine Bedeutungsverschiebung, doch wäre auch die in der Grammatik angegebene Bedeutung ‚in gleicher Weise wie' in unserem Fall denkbar. Überdies zeigen die hsl. Varianten eine Unsicherheit im Modusgebrauch.
I, 3: Aufgrund des Reims auf *zuo* (V. 6) wird das hsl. *vro* zu *vruo* gebessert.
I, 4: Die hsl. Form *vogelliv* kann auf eine Verlesung von *vogellin* zurückgehen (*v-n*-Differenz graphematisch oft wenig deutlich).

II, 5: Im Gegensatz zur 14. Aufl. wird die Wortstellung von A nicht verändert (BC: *umbe sehende ein wenic*); der Sinn bleibt unverändert.
II, 8: Wie in der einleitenden Bemerkung dargelegt, wird nicht aus metrischen Gründen im 8. Vers gebessert.

III, 4: Die hsl. Lesart *werden* ist nicht unmöglich, wenn man einen Konstruktionsbruch in Kauf nimmt: ‚Seht ihn an (= den Mai) und seht an den würdevollen Frauen, ob …'. Dennoch wird hier mit Blick auf die in allen anderen Hss. andere Konstruktion zu *werde* gebessert.
III, 8: Wie in der einleitenden Bemerkung dargelegt, wird nicht aus metrischen Gründen im 8. Vers gebessert.
III, 9/11: Die zweisilbige Kadenz in A wird nicht mit den anderen Hss. zu einer einsilbig-männlichen verändert.

IV, 5: Die hsl. Form *werder* ist fehlerhaft und muss zu *weder* gebessert werden.
IV, 6: Im Gegensatz zur 14. Aufl. wird auch in diesem 6. Vers nicht der Metrik wegen gebessert; beschwerte Hebung auf *daz* mit folgendem Hebungsprall *súo-che*.
IV, 8: A hat versehentlich die Worte *wirb ich nider* zweimal notiert (Phänomen der Dittographie).

V, 5: Das hsl. *wurde* ist als nicht umgelautetes gerundetes *wirde* aufzufassen und wird hier normalisiert.

Fassung nach B

III, 2: In B ist der Vers um eine Hebung überladen; auf einen Eingriff verzichte ich hier, nicht zuletzt wegen der anderen, bereits oben genannten metrischen Probleme.

III, 7: Der handschriftliche Wortlaut ist in den Versen 7 und 8 augenscheinlich verderbt. Man könnte zwar noch V. 7 handschriftlich verstehen (*ahi der mich hie welle niessen*: ‚Hei, wer mich hier den Nutzen davon haben lassen will‘), aber in V. 8 entsteht dann durch den Reimzwang eine grammatikalisch nicht mögliche Form: *liezen* wäre Plural; Subjekt ist aber *ich*.

IV, 4/5: *der darf sich iuwer niht beschamen inne / ze hove noch an der strâze.* Der Schreiber hat nach *beschamen* einen Reimpunkt gesetzt und nicht bemerkt, dass der Reim in diesem Falle gestört ist.

Fassung nach C

I, 6: Das Fragewort *waz* fehlt in C; ohne dieses Wort ist der Vers zwar mit einiger Anstrengung verstehbar (‚dem gleicht Freude‘), doch spricht aufgrund der Parallel-überlieferung alles für einen bloßen Verlust in C.

III, 11: Anders als in den übrigen Hss. ist die Aussage in der C-Fassung nicht verneint. Vom Kontext her lässt sich der Vers nur dann verstehen, wenn man das Wort *an* nicht als *âne* (‚ohne‘), sondern als Präposition *an* auffasst: ‚die Unmäßigkeit lässt mich in Not zurück‘; mhd. *an* kann durchaus im Sinne von ‚in‘ verwendet werden; vgl. Lexer I, 57−65.

Fassung nach E

I, 4: Das in den Hss. A, B, C und F überlieferte Adverb *wol* fehlt hier; dennoch muss nicht aus metrischen Gründen eingegriffen werden, wenn man einen Hebungsprall (*vogel*)*-lîn* − *sín-*(*gent*) ansetzt.

II, 1−5: Der Aufgesang ist in E metrisch gestört und muss gebessert werden. Der Apparat zu E verzeichnet die gesamte Passage; man erkennt, dass der Schreiber falsche Reimbindungen hergestellt hat.

III, 4−5: Ähnlich wie in II, 1−5 ist auch hier dem Schreiber eine Fehldeutung der metrischen Struktur unterlaufen, die mit den anderen Hss. zu bessern ist.

IV, 5: Der Vers ist unterfüllt und weist eine Reimstörung auf; Besserung mit A.
IV, 6: Die E-Lesart *wünschent* stellt einen Plural dar; Bezug ist aber die *hohe minne* − daher Besserung zum Singular.

V, 2: Zum Verlust des Endungs-n bei nachgestelltem Pronomen vgl. Paul, Mhd. Gr., 2007, § M 70, Anm. 7.
V, 2: Das überlieferte *hochgeziten* muss wegen der dadurch entstehenden Reimstörung (Reimwort: *strite*) gebessert werden.

Ton 24

Im Gegensatz zur 14. Aufl. wird Ton 24 in zwei Fassungen ediert, eine nach BC und eine nach A. Der Fall weist folgende Besonderheit auf: Nur B und C haben den Text im Walther-Teil; A überliefert die Strophe unter Reinmar. Grundsätzlich könnte die A-Überlieferung daher unbeachtet bleiben. Dies ist indes hier nicht angezeigt, weil der Ton eine außergewöhnlich komplexe Metrik und Reimstruktur aufweist. Das hat augenscheinlich die Schreiber aller drei Hss. überfordert, sodass keine der Hss. die anzunehmende ursprüngliche Metrik bewahrt hat.

Cormeau hatte den Text nach A ediert, musste aber an mehreren Stellen mit BC bessern. Insbesondere aber der erste Teil von BC ist deutlich ‚schlechter' als in A, d. h. hier, dass A in den Versen 1–3 jeweils die *lectio difficilior* aufweist (der Schlagreim ist hier erhalten, aber nicht in BC). Da wir es aber mit einer Einzelstrophe zu tun haben, gibt es keine weiteren Verbürgungen für ein Tonschema, sodass die Varianten in BC in den meisten Fällen gleichfalls ‚funktionieren', wenn auch im Vergleich zu A künstlerisch abfallen. – Hinzuweisen ist auf die im Anhang edierte Kontrafakturstrophe (*Got herre* ..., S. 556), die allerdings gerade im ersten Teil ebenfalls Defekte beim Schlagreim aufweist. Es ist also angebracht, dem Benutzer die handschriftlichen Versionen möglichst unverändert zur Verfügung zu stellen – auf diese Weise können Prozesse der Textveränderungen leichter analysiert werden.

Fassung nach A

V. 6: In A ist der Vers unterfüllt und darüber hinaus fehlt der Schlagreim (der in BC erhalten ist); daher wird an dieser Stelle gebessert (aber behutsamer als in der 14. Aufl.).

V. 12: In A fehlt der erste Halbvers, der in BC mit den Worten *fröide enterbet* erhalten ist; diese werden hier aus metrischen Gründen eingesetzt. Im Gegensatz zur 14. Aufl. wird im zweiten Halbvers die hsl. A-Lesart *der vil* (BC: *ir*) beibehalten; *der* = ‚von der/ihr'.

V. 14: A überliefert anstelle des in B richtig tradierten Präfixes *an* (zu *sehen*) das Verb *han*. Mit einiger Mühe könnte man den Vers auch so verstehen (‚dann sollte sie, wenn sie es wollte, mich haben'), allerdings wird durch das lange â in *hân* der Reim auf das kurze *man* gestört; daher hier Besserung mit B (C hat eine dritte Variante mit *lan*; auch hier ist die Reimqualität gestört).

Ton 25

Der Ton ist reich bezeugt: Strophen finden sich in vier Walther-Hss. und einer Reinmar-Hs. In der 14. Aufl. hatte Cormeau eine fünfstrophige Liedfassung ediert, die es so allerdings in der Überlieferung nicht gibt. Im Wesentlichen stehen sich gegenüber: A mit vier Strophen und C mit fünf Strophen, diese anders gereiht als in

A. B tradiert zwei Strophen, n eine. Unter Reinmar ist in e, wie in C, eine fünfstrophige Fassung überliefert, allerdings erneut mit variierender Strophenreihenfolge.

A: *Hier vor* − *Ich sanc* − *Ich sage* − *Wîp muoz*
B: *Hier vor* − *Ich sage*
C: *Hie vor* − *Ich sage* − *Wîp muoz* − *Zwô fuoge* − *Ich sanc*
n: *Wîp muoz*
e Reinmar: *Hier vor* − *Zwô fuoge* − *Ich sage* − *Wîp muoz* − *Ich sanc*

Im Gegensatz zur 14. Aufl. werden zwei Fassungen (A und C) ediert; der Fassung A werden die Varianten von B und n zugeordnet, ebenfalls diejenigen von e (da e den Text unter Reinmar überliefert, wird diese Fassung nicht extensiv behandelt; die e-Varianten zur *Zwô-fuoge*-Strophe finden sich bei 25 (C) IV).

Fassung nach A

I, 4: Ergänzung des Endungs-e bei *unminneclîche* aufgrund der Reimbindung zu V. 2.
I, 8: Die A-Variante *si* statt (*sing(e)*) ist sicher verderbt; alle anderen Hss. stützen die Besserung.

II,1: Statt *hie* (C und e) überliefert A *hiute*. Die Hgg. haben alle die Ce-Lesart gewählt und damit das folgende Wort *vor* temporal gedeutet (,vormals'). Die A-Lesart mag zwar auf einem Fehler beruhen, ist aber dennoch verständlich; *vor* hat dann lokale Bedeutung (,vor den Damen').
II, 2: Die A-Lesart *minne lobe* ergibt kaum Sinn. Es ist von einem Abschreib- (-m- als -nn- verlesen) oder auch von einem Hörfehler des A-Schreibers auszugehen. Besserung mit den übrigen Hss.

III, 8: A überliefert einen Dat Sg.: *manne*. Es spricht vieles (Plural *wîben* und C-Überlieferung) dafür, dass ein Nasalstrich vergessen wurde.
III, 13: A scheint eher *getrenket* als *gecrenket* geschrieben zu haben, allerdings sind sich die Grapheme t und c sehr ähnlich.

Fassung nach C

II, 11−13: C weist im Reimbereich eine deutliche Störung auf; Reim *gedenkent*: *gedenket*. Es ist von einer Dittographie auszugehen. Gebessert wird mit Be.
II, 13: Die C-Lesart *gelichet sin úch* (ähnlich auch B) ergibt keinen Sinn, Besserung mit A.

III, 2/12: C überliefert, anders als die übrigen Hss., den Plural *frowen*. Zwar geht es um Begriffe, doch ist nicht auszuschließen, dass C auch *wîp* pluralisch aufgefasst hat (,Frauen' und ,Herrinnen' sind Bezeichnungen …); jedenfalls ist ein Eingriff gegen C nicht nötig.

V, 4: C überliefert *grüeze* (also einen Imperativ Singular); der Kontext (mehrere Frauen in V. 1) und die Wortstellung sprechen aber dafür, dass in C lediglich ein Nasalstrich vergessen wurde. Besserung mit den übrigen Hss.

V, 12: In C steht über dem Wort *danken* in kleinerer Schrift das Wort *eren*. Eine Tilgung von *danken* ist indes nicht sicher auszumachen. Denkbar ist, dass ein Schreiber/Redaktor fälschlicherweise einen Reim auf *keren* und/oder *vber heren* herstellen wollte.

Ton 26

Der Ton ist mit fünf Hss. (AEG/C/O sowie sehr fragmentarisch s) reich bezeugt. Der edierte Text und die Strophenreihenfolge beruhen auf Hs. A; sie ist mit O die älteste und weist kaum Verderbnisse auf. Im Gegensatz zur 14. Aufl. wird der A-Text noch konsequenter zum kritischen Text.

Die Reihenfolge der Strophen in C und O weicht von der Gruppe AEG ab; in C sind die III. und IV. Strophe vertauscht; in O die II. und IV. Diese Strophenfolgevariationen sind ohne Verlust von Textkohärenz möglich und beeinflussen die Liedsemantik kaum. Daher legt diese Varianz eine Fassungsedition nicht nahe.

Besonderheit in C: Auf Str. II folgt IV. Dadurch liegt keine cap-finido-Verknüpfung mehr vor wie in der AEG-Fassung (II, 6: *schœne*: III, 1: *schœne*). Allerdings erscheint in der III. Strophe der C-Fassung in V. 3 das Motiv der *schœne*.

Besonderheit in O: Die oben genannte cap-finido-Verknüpfung bleibt in O erhalten. Durch die Positionierung von IV an die zweite Stelle ergibt sich in dieser Fassung eine Aufnahme des Motivs des *holt*-Seins aus Str. I, V. 6 in der *Ich vertrage*-Strophe in V. 5.

Die fünf (mit dem s-Fragment: sechs) Hss. weisen neben einer Strophenfolgevariation auch eine Reihe von Textvarianten auf. Auch sie aber generieren keine Fassungen mit einem je eigenen Sinngefüge (G hat darüber hinaus nicht wenige wirkliche Textverderbnisse). Auch aus diesem Grunde wurde auf Fassungseditionen verzichtet. – Hingewiesen sei aber auf folgende interessante Varianten: I, 3: *gesprechen* C verleiht den Äußerungen des Mannes eine soziale Komponente. IV, 6: Die E-Varianten, für sich durchaus sinnvoll, zeugen wohl von einem Textmissverständnis; der goldene Ring (statt: gläserne) wird zum Lohn der Königin. Davon ist in den anderen Fassungen nicht die Rede. Die E-Lesart stellt ein interessantes Rezeptionszeugnis dar.

II, 2: Im Gegensatz zur 14. Aufl. wird der A-Text beibehalten, d. h. auf das verstärkende *zuo* bzw. *so* der übrigen Hss. verzichtet. Dadurch beginnt der Vers auftaktlos. Diese metrische Variante erscheint allerdings nicht bedeutsam, zumal in III, 2 ein schwerer zweisilbiger Auftakt vorliegt und von daher ein durchgängiges regelmäßiges Muster ohnehin nicht begegnet.

III, 5: A hat die Lesart *schoner*, also einen Komparativ. Der Vers an sich ist auch damit verständlich (‚Liebe macht schönere Frauen / Frauen schöner‘), allerdings legt der Kontext der Strophe doch den Positiv der übrigen Hss. nahe, zumal A in

V. 6 mit dem Wort *lieben* ebenfalls einen Positiv überliefert – und *schœne* und *liebe* korrespondieren deutlich.

III, 6: Im Gegensatz zur 14. Aufl. wird der A-Text beibehalten. Der Vers ist auch in dieser Weise als 8-Heber realisierbar, entweder, indem man einen Hebungsprall nach *getuon* ansetzt, oder, indem man – etwas gegen die Wortbetonung – die Partikel -*ne* (in *sine*) betont.

IV, 2: A überliefert *und als ich zeiner wile vertrage*, eine ganz singuläre Version des Verses, die für sich nicht unverständlich ist, die aber das große Manko hat, den Reim mit V. 4 zu zerstören. Von daher muss die A-Lesart aufgegeben werden.

V, 6: Im Gegensatz zur 14. Aufl. wird der A-Text beibehalten. Der Vers ist auch in dieser Weise als 8-Heber realisierbar, indem man auf *ô-wê* zwei beschwerte Hebungen legt, was aufgrund der Bedeutung der Interjektion ohne Schwierigkeiten möglich ist.

Ton 27

Im Gegensatz zur 14. Aufl. wird Ton 27 in zwei Fassungen ediert: nach C und E. Beide überliefern vier Strophen, jedoch in abweichender Reihung, außerdem überliefert E statt der dritten C-Strophe eine eigene andere. Die Hss. B und s bieten Kurzversionen: B nur 2 Strophen, s 3. Die Textvarianz geht nicht so weit, dass für sie eine eigene Fassungsedition nötig wäre. Die Lesarten von B und s werden im Apparat zur C-Fassung dokumentiert.

Eine durchweg sinnvolle und verständliche Fassung bietet nur Hs. C. In E ist zweifellos ein durch Missverständnisse geprägter Rezeptionsprozess dokumentiert; insbesondere die III. und IV. E-Strophe zeigen dies deutlich. Anders als in anderen Fällen können die Fassungen hier also hierarchisiert werden. Die eigenwillige (und nur in E bezeugte) Strophe *Si beginnent alle* könnte Ergebnis eines (misslungenen?) Versuchs sein, sich mit der Motivik neuer kommunikativer Möglichkeiten (in der dritten E-Strophe) auseinander zu setzen. Auf konjekturale Eingriffe in der IV. E-Strophe wird verzichtet; verschiedene Hinweise bei Schweikle, Bd. 2, S. 739.

Die Varianz der Fassungen von B und s gegenüber C und E macht sich hauptsächlich auf der Strophenebene bemerkbar. Beide Fassungen sind gut lesbar und ergeben einen Sinn. B bietet eine nur zweistrophige Liedversion (ohne Frauenpreis und Thematisierung von kommunikativen Problemen). Diese beginnt mit der Ermahnung einer *frowe*, über ihre Beziehung zum (sprechenden) Mann nachzudenken; eine einseitige Liebe wird abgelehnt. Darauf folgt die Strophe *Bin ich dir unmœre*; sie knüpft lexikalisch über *mœre* – *unmœre* gut an die erste an. Der Mann versichert seine Liebe zur Frau und beklagt, von ihr nicht beachtet zu werden. Die Strophe und das Lied enden in B mit der Bitte an die Frau, sie möge dem Mann helfen.

s beginnt ihre Liedversion (mit eigener Überschrift *Ich dyn byn*) mit einem Frauenpreis: die besungene Dame wird über alle anderen erhoben. Daran schließt die

Strophe mit der *huote*-Diskussion und der Thematik rund um eine in der Gesellschaft unverfängliche Kommunikation zwischen Frau und Mann an. Das s-Lied endet mit einer Ermahnung der *frowe*, über ihre Beziehung zum (sprechenden) Mann nachzudenken; die bestehende Einseitigkeit der Liebe wird abgelehnt.

Fassung nach C

I, 8: Sechshebigkeit kann durch Betonung auf *ich* und *bin* (Hebungsprall) erreicht werden.

Fassung nach E

I, 3: Der Vers fehlt in E; Ergänzung mit C.

I, 8: Sechshebigkeit kann durch Elision des e in *sêre* erreicht werden.

II, 8: Der Vers ist − wie auch in B − wohl unterfüllt. Sechshebigkeit wäre allenfalls dadurch zu erreichen, dass man auf alle Worte des Verses eine Betonung legt (und mit mehreren Hebungsprallen operiert); wahrscheinlicher ist Textverlust im Laufe der Überlieferung (*dekeinez*) und Verschlimmbesserung des dadurch entstandenen Fehlers durch die Negation *niht* − ohne Rücksicht auf die Versmetrik.

III, 4: Der Vers ist unterfüllt. Der Fehler dürfte durch ein Missverständnis des Verbs *wîzen* (Hss. C und s) entstanden sein: Während C und s richtig überliefern (*wîzen* = ,vorwerfen'), interpretiert E *wisse/wize* der Vorlage als eine flektierte Form des Verbs *wizzen* (,wissen') und muss dementsprechend den Satzbau verändern (und den Vers kürzen).

III, 8: *sô dû baz mügest*: C und s haben den Halbvers mit Verneinung, was sinnvoller erscheint. Wahrscheinlich ist die Negation in E einem Überlieferungsdefekt zum Opfer gefallen. Dennoch ist ein Verständnis auch des nicht negierten Textes denkbar, etwa in folgendem Sinne: ,wenn dir das besser gefällt', ,wenn es dir dabei besser geht'. Vgl. zu *mugen* = ,sich befinden', z. B. mit *wol* oder *übel*, Lexer I, 2219.

Ton 28

Das berühmte ,Mai-Lied' ist in C mit sechs Strophen qualitativ sehr gut überliefert. Im Gegensatz zur 14. Aufl. wird der C-Wortlaut, soweit es grammatikalisch vertretbar ist, beibehalten. Die verkürzte A-Fassung ist auch bei veränderter Strophenreihung verständlich; da aber unter Lutold überliefert, unterbleibt eine Fassungsedition. M überliefert Einzelstrophen in lateinischen Kontexten; s separiert eine Strophe, die ohne Kontext verständlich ist; auf sie folgt ohne Auszeichnung 26 IV.

III, 7: C überliefert *den anger*; eine Korrektur zu *dem* scheint unumgänglich, wenn man nicht *strîten ûf* + Akkusativ auffassen möchte im Sinne von ,um etwas kämpfen'; treffende Parallelbelege ließen sich aber nicht finden.

IV, 3: C überliefert *dast* (Kontraktion für *daz ist*?), was syntaktisch nicht funktioniert; daher Besserung zu *daz*. Wie in manchen anderen Fällen mögen solche Fehlschreibungen auf einem Hörfehler beim Diktat beruhen.

VI, 7: Im Gegensatz zur 14. Aufl. wird die C-Lesart beibehalten; sie ist weder inhaltlich noch metrisch anstößig (lediglich ein Hebungsprall *mir ein* liegt vor).

Ton 29

Im Gegensatz zur 14. Aufl. wird Ton 29 in zwei Fassungen ediert, denn ein siebenstrophiges Lied wie in der 14. Aufl. hat es nie gegeben. Es lassen sich hingegen zwei Fassungen in der Überlieferung differenzieren: Auf der einen Seite steht C mit einem fünfstrophigen Verband, auf der anderen Seite eine andere Texttradition, die sich in den Hss. E, O und U^x niedergeschlagen hat (O und U^x sind allerdings nur fragmentarisch erhalten). Beide Traditionen unterscheiden sich nicht nur in der Reihung der Strophen, sondern auch durch unterschiedlichen Strophenbestand. Nur die Strophen C I–III finden sich auch in der EOU^x-Tradition (in U^x nur I und II). Anstelle der Strophen C IV und V überliefern EO andere Strophen. – O- und U^x-Varianten werden der E-Fassung zugeordnet und dort im Apparat dokumentiert.

Fassung nach C

III, 6: Im Gegensatz zur 14. Aufl. wird die C-Lesart *klagete* beibehalten. Es gibt genügend Parallelen für die Kombination Ind. Präs. im Konditionalsatz und Konj. Prät. im Hauptsatz; vgl. Paul, Mhd. Gr., 2007, § S 192.5.

Fassung nach E

I, 1: Fünfhebigkeit kann durch Ansatz eines Hebungspralls in *ún-sáelic* erreicht werden.
I, 3/4: Diese Verse sind in E augenscheinlich unterfüllt.

II, 5: Vierhebigkeit kann durch Ansatz eines Hebungspralls in *ér-béit* erreicht werden.

IV, 2: Die E-Lesart *mir* wurde von den meisten Hgg. mit O zu *min* gebessert. Schweikle (Bd. 2, S. 298) behält die E-Lesart bei und übersetzt: „sie hat mir viel schöne Lebenszeit verdorben"; dem schließe ich mich an.
IV, 4: *eine*: Die meisten Hgg. haben seit Haupt zu *ouch ein ende geben* konjiziert. Schweikle übersetzt die Konjektur mit „werde ich ihr auch eine Entscheidung abverlangen". Die Verssemantik wäre damit gut getroffen, doch stützen die Wörterbuchbelege eine solche Übersetzung nicht (*ende geben* bedeutet vornehmlich ‚beenden', ‚zu Ende bringen'). Daher wird diese Konjektur in der 15. Aufl. nicht über-

nommen. − Sinnvoll wäre durchaus, *eine* als ‚Einsamkeit' zu verstehen (vgl. Lexer I, 523), allerdings ist die Beleglage nicht sehr gut (aus der ‚höfischen Zeit' nur ein Beleg im ‚Tristan'). Mit Blick auf die O-Lesart *eynen* scheint es wahrscheinlich, dass schon den zeitgenössischen Rezipienten die Stelle Verständnisschwierigkeiten bereitet hat. Daher wird eine Crux gesetzt zur Kennzeichnung der textkritischen Unsicherheit.

IV, 8: *anderswâ*: aus Reimgründen Besserung der E-Lesart *anderswar* (mit O).

Ton 30

Ton 30 ist eines der meistinterpretierten Lieder Walthers. Alle fünf Strophen sind in fünf Hss. überliefert: A, C, D, N und − neu − Br (Brünner Fragment; dazu weiter unten); die Strophenreihenfolge weicht allerdings ab. Die meisten Hgg. haben sich für die Reihenfolge von DN entschieden − und dies aus gut nachvollziehbaren rhetorischen Gründen (Steigerung der Aussagen; Tradition der Schönheitsbeschreibung *a capite ad calces*: von Kopf zu den Füßen). Lachmann hatte noch gemutmaßt, dass sich in der Überlieferung zwei dreistrophige Lieder verbergen könnten − seine Meinung hat spätestens nach v. Kraus' Untersuchung (WU, S. 193 ff.) keine Akzeptanz mehr gefunden. Sie ist freilich auch nicht objektivierbar, da alle Hss. einen fünfstrophigen Verband überliefern. Dennoch mögen die unterschiedlichen Reihenfolgen Ergebnis einer allmählichen Liedgenese sein bzw. Zeugnis davon geben, dass nicht immer alle Strophen zu jeder Zeit gemeinsam vorgetragen worden sind (vgl. auch Haustein, 1999).

Cormeau hatte in der 14. Aufl. die rhetorisch ‚gute' Reihenfolge von DN gewählt, den Text selbst aber nach A mit C hergestellt (und dies, obwohl eine deutliche Verwandtschaft von A und C hier nicht nachzuweisen ist). Dieses Vorgehen, das einen Text zum Ergebnis hatte, den es in dieser Weise wohl nie gegeben hat, soll in der 15. Aufl. vermieden werden. Daher werden drei Fassungen ediert: nach DN, A und C (DN zuerst, weil sie die bekannteste Reihenfolge bietet).

Betrachtet man die Textvarianten im Einzelnen, so fällt zwar auf, dass es recht viele gibt, dass diese aber, zumindest auf eine Strophenebene bezogen, semantisch kaum von Gewicht sind. Das könnte dazu verleiten, auf eine üppige Fassungsedition zu verzichten − wie in anderen Fällen. Hier aber steht man doch vor folgender Problematik: Ediert man die Reihenfolge DN mit Text nach D, so muss man beispielsweise in Kauf nehmen, dass D im jeweils 9. Vers einer jeden Strophe (ein Sonderproblem stellt die erste Strophe dar, s. u.) vier Hebungen aufweist, während die übrigen Hss. eine deutliche Tendenz zur Dreihebigkeit zu erkennen geben. Streng genommen bedeutet das, dass D nicht nur auf der Wort- und Strophenreihungsebene, sondern auch im Bereich der Metrik von den anderen Hss. abweicht und eine Tonvariante darstellt, die man editorisch nicht beseitigen darf.

Die metrisch abweichende Fassung der übrigen Hss. muss dann aber zwangsläufig in der Edition bekannt gemacht werden. Dies ist mit ein Grund dafür, drei

Fassungen zu edieren (von der Tatsache abgesehen, dass die gesamte Forschung zum Lied bislang nur von einem AC-Text ausgegangen ist). Der Benutzer der Edition hat nun die Möglichkeit, sich ein genaues Bild vom Überlieferungsstatus des Textes zu machen und kann besser als bisher über die unterschiedlichen Strophenreihenfolgen und lexikalischen Varianten nachdenken. Besonders in der *Ir kel*-Strophe (DN V) spiegelt die Überlieferung deutlich eine ‚Arbeit am Text' wider.

2010 veröffentlichte Freimut Löser ein neu gefundenes Fragment zu unserem Ton (das sogenannte ‚Brünner Fragment'). Es enthält Text von fünf Strophen, allerdings jeweils nur knapp die Hälfte aufgrund eines vertikalen, mechanischen Pergamentverlusts (Beschnitt). Löser kommt zu dem Schluss, dass sich das Brünner Fragment „zu keiner bekannten Hs., zu keinem der bekannten anderen Fragmente" stellt. Aus diesem Grunde wird es im Anschluss an die drei oben genannten Fassungen nach Löser abgedruckt.

Fassung nach DN

Aufgrund von Synkopen und Apokopen weist D an einigen Stellen eine unregelmäßige Metrik auf; dies wird in der Edition nicht geglättet.

I, 1: Die Lesart *wundern* von D kann als instrumentaler Dativ (Plural) aufgefasst werden; vgl. Paul, Mhd. Gr., 2007, § M 36.3.
I, 9/10: Sowohl in D als auch in N ist aufgrund abweichender Syntax die Strophenmetrik gestört, eine Besserung ist nicht vermeidbar. Die zahlreichen Reimpunkte in D zeigen die Unsicherheit des Schreibers: *hab er mit mir gemeine . wise . vnde wort . lobe ich hie so lobe er dort.*

II, 9: *jungen*: Zur Endung der 1. Pers. auf -en vgl. Paul, Mhd. Gr., 2007, § M 70, Anm. 5.

III, 7: *himelwagen*: Die Lesart in D *himel tagen* ergibt keinen Sinn; Verbesserung mit den anderen Hss.
III, 9: D schreibt *mirz*; dahinter verbirgt sich eine Kontraktion von *mir si* – daher Korrektur des z > s.

V, 6: Das Adjektiv *nacket* fehlt in D; alle anderen Hss. überliefern dieses ‚Signalwort', N an späterer Stelle. Es kann sein, dass das Adjektiv irrtümlich in D fehlt (dafür spricht auch die gestörte Metrik); nicht auszuschließen ist aber, dass ein redaktioneller Eingriff vorliegt, um die Strophe zu entschärfen.

Fassung nach A:

I, 4: Das in A überlieferte *vil der* ergibt keinen Sinn; man könnte bei *der* an ein geschwächtes *dar* denken, doch ist der Zusammenhang mit dem Adverb *vil* problematisch. Wahrscheinlicher ist ein Lesefehler des A-Schreibers, der ein *w^sde* der Vorlage verlesen hat. Zu beachten ist, dass der Vers in allen Hss. einen anderen Wortlaut aufweist (semantisch allerdings weitgehend neutral).

I, 6: *diz*: Bezug ist das neutrale *wîp* in V. 1 (C und D überliefern mit *dise* das natürliche Geschlecht des Bezugsnomens; vgl. Paul, Mhd. Gr., 2007, § S 137).

II, 7: Ergänzung von *himel oder* mit den anderen Hss. aus metrischen Gründen; eine Verlesung des A-Schreibers ist aufgrund des zweimaligen Vorkommens von *himel* gut vorstellbar.

III, 5: Aufgrund des zweisilbig männlichen Reims Verbesserung des hsl. *legt* zu *leget*.

IV, 1: *iewer*: als Kurzform für *ieweder* aufgefasst; Wbb.-Belege fehlen allerdings.

IV, 5: Hinter der A-Schreibung *dicke* dürfte sich wohl nur der Imp. Sg. von *decken* (> *decke*) verbergen.

IV, 8: Der zweite Halbsatz benötigt ein formales Subjekt: *ez* (vgl. Paul, Mhd. Gr., 2007, § S 113); A mag die Wörter *als ez* in der Vorlage als *alse* verlesen haben.

V, 4: Besserung von hsl. *sin* zu *schîn* aus Gründen der Semantik unumgänglich (auch ein identischer Reim wäre sehr ungewöhnlich).

Fassung nach C

II, 10: *gernden*: C schreibt *gerndē*, d. h. es ist nicht zu entscheiden, ob zu *gernden* oder *gerndem* aufzulösen ist.

III, 4: Statt *mê* überliefert C eindeutig *nie* und drückt damit das genaue Gegenteil dessen aus, was eigentlich nur gemeint sein kann. Ein hsl. *me* der Vorlage als *nie* zu verlesen, kann leicht geschehen, da i-Punkte häufig fehlen. Es erstaunt, dass der C-Schreiber an dieser Stelle augenscheinlich keine Verständnisprobleme gehabt hat.

III, 6: Die Position des Superskripts in *gerȯfet* legt nahe, dass der C-Schreiber das Wort *geroufet* (< *roufen* = ‚ausreißen‘) niedergeschrieben hat. Das ergibt indes keinen rechten Sinn, wenn man nicht so weit gehen will, dem Schreiber zu unterstellen, an ein ‚Wegreißen der Decke‘ gedacht zu haben, was indes vom weiteren Kontext her gesehen ebenfalls unwahrscheinlich ist.

IV, 7: *alle*: wird aus metrischen Gründen nicht in den kritischen Text übernommen.

Ton 31

Im Gegensatz zur 14. Aufl. werden zwei Fassungen ediert: eine Fassung, die weitgehend auf Hs. A beruht und eine zweite, die C folgt. Dies ist deshalb geboten, weil C nicht nur eine andere Strophenreihenfolge bietet, sondern darüber hinaus auch eine größere Menge von Wort- und Formulierungsvarianten aufweist, die teilweise mit der variierenden Strophenreihenfolge in Zusammenhang stehen. Problematisch ist die Position der Str. VI (= I A); sie ist in C in einem anderen Tonkontext isoliert überliefert, aber durch ein Umstellungszeichen als zu Ton 31 gehörig markiert. Das entsprechende Zeichen steht am Blattrand neben Strophe V; unklar bleibt, was genau der Korrektor damit anzeigen wollte: bloß die Tonzugehörigkeit oder bereits die genaue Position der Strophe. Die editorische Entscheidung, die Strophe an das Liedende zu setzen, ist somit nicht ganz unstrittig. – Demgegenüber weist Hs. E keine fassungsrelevante Varianz auf. Und F bietet zwei thematisch geordnete Exzerpte: eine Zusammenstellung der Klagestrophen (A I und V) sowie zwei Strophen, die die Macht der allegorisierten Minne behandeln. Eine eigene Edition dieser Komplexe ist nicht nötig, zumal auch der F-Wortlaut, wie auch sonst, schlecht ist. Lesarten von E und F werden der A-Fassung zugeordnet, die Einzelstrophe in B erscheint als Fassung V'.

Fassung nach A

II, 6: Im Gegensatz zur 14. Aufl. wird die A-Lesart beibehalten. Sie weicht charakteristisch von der Parallelüberlieferung ab. Nach A ist es der Wunsch des Mannes, dass die Minne in seinem Herzen weilt. In C hingegen ist es so, dass der *sin* im Herzen (= der Stelle, an der sich die Minne befindet) sein sollte. Wieder anders überliefert E: Dort soll ein pronominales *sie* im Herzen wohnen, gemeint wohl die Frau, um die sich der Mann bemüht. Die unterschiedlichen Lesarten zeigen, dass schon im Mittelalter der Abgesang dieser Strophe Verständnisschwierigkeiten bereitet hat. Keine der Varianten ist einfach zu verstehen. Die A-Variante mag bedeuten, dass der Mann durchaus zufrieden ist, dass die Minne in seinem Herzen Platz genommen hat, dass er aber auch wünscht, dass die Minne dem Verstand hilft, die Frau zu erobern.

II, 9: Im Gegensatz zur 14. Aufl. wird die A-Lesart *ir soltent* beibehalten. Die Mischung der Anredeformen (Ihrzen vs. Duzen) sollte man nicht ex post vereinheitlichen; möglicherweise ist sie stilistisch gewollt – Dieser 9. Vers in A auftaktlos.

III, 4: Die A-Lesart *tugenthafter* muss aus Gründen des Reims gebessert werden.

III, 9: Im Gegensatz zur 14. Aufl. wird die Lesart A: *ich ez* beibehalten; sie ist grammatikalisch möglich und gegenüber C und E fast sinnneutral (,als ich allein es erbat').

IV, 3: In A fehlt ein Halbvers; Ergänzung nach C mit Folgekorrektur bei *twinge.*

IV, 6: Der Sinn erfordert eine Negation bei *mügen.* Sie scheint in A zu fehlen, allerdings überliefert A *herzen muogest*, d. h. der Schreiber von A mag (Hörfehler bei Diktat?) die Silbe *-en* (eigentlich Negationspartikel, zum Verb gehörig) irrtümlich an das Substantiv angefügt haben (als Flexionsmorphem missverstanden).

IV, 8: Korrektur aus metrischen und grammatikalischen Gründen.

VI, 6: Im Gegensatz zur 14. Aufl. wird der von A überlieferte Indikativ beibehalten; dieser Modus ist an dieser Stelle ebenso möglich wie der Konjunktiv (in C).

Fassung nach C

I, 8: *liebe meisterinne*: Um die C-Fassung möglichst getreu zu dokumentieren, wird an dieser Stelle keine Änderung vorgenommen. Der C-Text ist durchaus verständlich: ,Meisterin der Liebe/Freude'. Die Parallelüberlieferung bietet indes: *diebe meisterinne*, was vom metaphorischen Kontext her sehr viel ‚besser‘ passt und sicher als die *lectio difficilior* anzusehen ist.

VI, 2: In C fehlen in diesem Vers sowohl Subjekt als auch Verb; Ergänzung nach A.

Ton 32

Im Gegensatz zur 14. Aufl. wird Ton 32 in drei Fassungen ediert: nach A, C und E. Der Editionstext der 14. Aufl. war in keiner Hs. bezeugt (I – V nach A, VI nach C). Da die Hss. A, C und E untereinander im Wortlaut und in der Strophenfolge signifikant abweichen und dadurch die Liedsemantik in stärkerer Weise betroffen ist, liegt es nahe, alle drei Hauptfassungen separat zu edieren (L überliefert nur einen Teiltext als literarisches Zitat und kann von daher bei der Fassungsdiskussion außen vor bleiben. U^{xx} ist derart zerstört und weist derart viele Textverluste auf, dass man auf ihr keine eigene Fassungsedition gründen kann; dort, wo Vergleiche mit den anderen Hss. möglich sind, zeigen sich Nähen von U^{xx} zu E. Die Lesarten von L und U^{xx} werden der Fassungsedition E zugeordnet). Durch die editorische Präsentation von drei Fassungen ist der Benutzer nun in der Lage, die Varianz vollständig zu erfassen und zu interpretieren.

Fassung nach A

III, 5 f.: Die Wortumstellung im kritischen Text wurde der Metrik wegen (Reimbindung von V. 5 zu V. 8) vorgenommen, da ansonsten V. 6 nicht dreihebig zu realisieren wäre. A und auch C weisen eine syntaktisch geglättete Lesart auf (kein Enjambement), haben aber augenscheinlich die metrischen Probleme nicht bemerkt. C allerdings setzt durchaus richtige Reimpunkte nach *gevallen* und nach *sitte*; A aber hat nach *gevallen* keinen Reimpunkt.

III, 7: Im Gegensatz zur 14. Aufl. wird die A-Lesart *vil rehte* (C und E überliefern *vnrehte*) im kritischen Text beibehalten. Auf den ersten Blick mag diese Lesart unsinnig sein. Sie ergibt aber dann einen Sinn, wenn man die Stelle etwa so auffasst: ‚was hülfe es mir, wenn ich in rechter (aufrichtiger, fairer) Weise einen Wettkampf (zwischen der *tiuschen zuht* und der *fremeden site*) ausrichten würde – das Ergebnis steht schon immer fest‘ (V. 8). Eine solche Deutung erscheint möglich und begründet von daher die editorische Entscheidung.

Bedacht werden muss aber auch, dass die A-Lesart lediglich Ergebnis eines Abschreibfehlers sein kann. Die Silbe *vn* (in *vnrehte*) der Vorlage kann leicht als *vil* verlesen worden sein.

IV, 4: Im Gegensatz zur 14. Aufl. wird der Vers in der A-Version beibehalten. Er ist als eigenständiger Hauptsatz lesbar. *Daz* ist hier also nicht Relativpronomen

(CEU^xx überliefern *die* = Relativpronomen, bezogen auf *die besten* in V. 3), sondern neutrales Akkusativobjekt: ‚das alles habe ich in der Welt gesehen'.

IV, 7: Der Vers ist in A unterfüllt; CEU^xx haben an dieser Stelle den Ausruf *sem mir got.*

Fassung nach C

I, 2: Im Gegensatz zu AELU^xx hat C das Anredepronomen *iuch* nicht. Metrisch bleibt der Vers aber möglich, wenn man auf *dér* und *máe-re* je eine Hebung setzt.

I, 5: In der C-Fassung tendiert der jeweils 5. Vers zu Dreihebigkeit. Einzig in Strophe III liegt ein Vierheber vor.

I, 7: Der Vers ist in C unterfüllt; die anderen Hss. überliefern *vil lihte* bzw. *iv lihte.*

II, 4–6: Wortlaut und Satzkonstruktion in C weichen von der in A und E signifikant ab (vgl. die Fassungen dort). Die C-Fassung erfordert andere Interpunktion; gemeint hier: ‚für reichen Lohn sind sie mir zu vornehm'.

III, 2: Vgl. das metrische Problem in I, 2. Der C-Wortlaut des Verses kann aber beibehalten werden; Hebungen auf *als* und *en-gel* sind von der Verssemantik her ohne weiteres möglich, und der Vers ist fünfhebig realisierbar.

IV, 5f.: Vgl. den Kommentar zu A III, 5f.

V, 5f.: Vgl. den Kommentar zu I, 5.

VI, 5f.: Vgl. den Kommentar zu I, 5f.

Fassung nach E

II, 3: Aus Reimgründen muss der fehlende Nasal in *behage(n)* ergänzt werden.

II, 7: Aus Reimgründen muss der fehlende Liquid in *mê(r)* ergänzt werden.

Ton 33

Im Gegensatz zur 14. Aufl. wird dieser Ton in zwei Fassungen ediert, denn es handelt sich sowohl bei C als auch bei E jeweils nur um ein *vier*strophiges Lied (in der 14. Aufl. suggeriert die Art der Edition ein fünfstrophiges). Beide Lieder unterscheiden sich nicht nur durch unterschiedliche Strophenreihung, sondern auch dadurch, dass E eine Strophe überliefert, die C nicht kennt, dafür aber eine C-Strophe nicht tradiert.

Fassung nach C

I, 9: Die Lesart *sihtz* ist zu *sihts* zu korrigieren, denn mit dem Graphem ‚z' ist das Pronomen *si* gemeint. Der Fehler mag auf (mündliches) Diktat des Textes zurückzuführen sein (der Schreiber hört nur das Phonem /z/, denkt aber nicht über den grammatikalischen Status nach).

II, 1: Im Gegensatz zur 14. Aufl. wird das Wörtchen *so* nicht gestrichen. Vierhebigkeit lässt sich durch Apokope des Endvokals in *frowe* beim Vortrag leicht realisieren.

Fassung nach E

I, 1: Da der 4. Vers in dieser E-Strophe fehlt (keine Reimentsprechung zu V. 1; keine Lücke in der Hs.!), kann nicht gesagt werden, ob *gedienet* den Reim herstellen sollte oder ob ein Textverlust anzunehmen ist, daher keine Interpunktion. Vierhebigkeit ließe sich realisieren, indem man auf die ersten drei Wörter je eine beschwerte Hebung legt, was rhetorisch (Liedbeginn in E!) durchaus Sinn machen würde.

I, 4: Unter der Voraussetzung, dass diese erste Strophe im gleichen Ton wie die übrigen gedichtet worden ist, fehlt an dieser Stelle ein ganzer Vers.

III, 5: Vierhebigkeit ist realisierbar durch beschwerte Hebungen auf *als der*.

III, 7: *mugen* kann auch mit dem Genitiv konstruiert werden; die Belege im Lexer I, 2218 bzw. BMZ II, 3a – 8a sind allerdings mit der Stelle hier nicht ganz vergleichbar.

Ton 34

Ton 34 ist in fünf Hss. überliefert. Die Varianz macht sich hauptsächlich im Strophenbestand und in der Strophenreihenfolge bemerkbar. Ein genauer Vergleich der vier Hauptfassungen (F kann vernachlässigt werden) zeigt allerdings, dass aufgrund des stark sangspruchartigen Charakters der Strophen in keinem Fall eine konzise Liedeinheit vorliegt. Alle Strophen stellen in sich geschlossene Sinneinheiten dar und sind prinzipiell für sich allein verständlich. Einzig die Strophe *Ich hân iu geseit* … birgt einen intertextuellen Verweis auf die Strophe *Ich wânde daz si wære* … Insofern könnte man hier von einer zweistrophigen Einheit sprechen, die allerdings nur in E als solche wiedergegeben wird. Denkbar ist auch, dass beide Strophen keinen unmittelbaren Entstehungszusammenhang hatten, sondern mit durchaus größerer Unterbrechung nacheinander verfasst worden sind. Editorische Konsequenz aus diesen Überlegungen ist, dass nur eine Fassung ediert wird, und zwar die umfangreichste aus C. Damit sind dem Benutzer alle Strophen zugänglich. Der C-Text weist an einigen Stellen kleinere Fehler auf, die möglichst mit Hilfe von B gebessert wurden (wie bereits in der 14. Aufl. – Abweichungen werden angemerkt).

II, 1: In C fehlt das Subjekt im *daz*-Satz; die Ergänzung ist notwendig.

II, 7: Die C-Lesart *vient* wäre als apokopierte Dativ-Singular-Form möglich (vgl. dazu Paul, Mhd. Gr., 2007, § M 5.4), doch ist die Pluralform, wie sie in B und E überliefert ist, aufgrund des Parallelismus zu *friunden* wahrscheinlicher.

II, 9: Obwohl die Lesart *fluoche* (C) nicht unverständlich ist, spricht aufgrund der Parallelüberlieferung und des näheren Kontextes (*suochen*) alles dafür, dass der C-Schreiber ein Schaft-s in seiner Vorlage als f verlesen hat. Besserung nach ABE.

III, 3: In der 14. Aufl. war irrtümlich *sí* gedruckt worden; es handelt sich aber hier um das Pronomen, nicht um die Konjunktivform von *sín*.

IV, 1: Die C-Lesart *schamelosen* ist gut verständlich, überlädt aber den Vers um einen ganzen Takt; daher wird hier die Variante der Hss. ABE bevorzugt.
IV, 3: BC weisen einen unterfüllten Vers auf; daher Ergänzung von *mich* nach AE.
IV, 6: Da der 6. Vers nicht durchgängig mit Auftakt beginnt (vgl. III, V. 6), kann die C-Lesart − im Gegensatz zur 14. Aufl. − ohne *wan* beibehalten werden.

V, 3: Im Gegensatz zur 14. Aufl. wird kein Wort gegen die beiden Hss. eingefügt. Die geforderte 6-Hebigkeit kann durch beschwerte Hebungen auf *ir*, *sô* und *gerne* erreicht werden.

VI, 5: C weist eine Reimstörung auf; Besserung nach BE.

Ton 35

Strophen dieses Tons sind in fünf Hss. überliefert; es gibt insgesamt sieben Strophen. In der 14. Aufl. wurde der Ton mit sieben durchnummerierten Strophen ediert. In einer solchen Gestalt existiert er aber in *keiner* Hs. Es lassen sich vielmehr drei Fassungen differenzieren: eine dreistrophige in A, eine fünfstrophige in BC sowie eine sechsstrophige in EO (O fragmentarisch) wobei sich EO nicht nur durch zwei ‚Zusatzstrophen‘ auszeichnen, sondern auch dadurch, dass ihnen die Strophe IV^{BC} fehlt. Die Textvarianz auf der einen und die Strophenvarianz auf der anderen Seite legen es indes nicht nahe, alle drei Fassungen zu edieren. Vielmehr zeigt sich, dass alle Strophen in sich geschlossen sind und ohne Auswirkungen auf eine Liedkohärenz fast beliebig angeordnet werden können − daher kann die dreistrophige A-Fassung im Verbund von BC I−III mitgeteilt werden. Die Edition in der 15. Aufl. beginnt mit den drei Strophen, die in allen Hss. überliefert sind, nach BC (die Varianten von A werden im Apparat verzeichnet); ab Strophe IV differenziert sich die Überlieferung in einen BC- und einen EO-Teil − diese Teile werden getrennt ediert und nacheinander angeordnet.

I, 7: Im Gegensatz zur 14. Aufl. wird die Form *süle* übernommen; sie ist immerhin in drei Hss. bezeugt.

III, 2: Aus Reimgründen ist die Korrektur *mane* > *man* unumgänglich.

IV^{EO}: Ergänzung des in E fehlenden *mê* (nach O, auch in BC) aus metrischen und semantischen Gründen (die Welt wurde bereits zuvor um etwas gebeten).

VI^{EO}: Die hsl. Lesart *ir* ist zwar grammatikalisch (syntaktisch) möglich, doch wenig wahrscheinlich, denn dann würde sich das Pronomen auf eine Frau beziehen, von der sonst im Lied nicht die Rede ist (in III ist mit der *vrowe* die Welt gemeint: ‚Frau Welt').

Ton 36 (und 36a der 14. Aufl.)

Im Gegensatz zur 14. Aufl. werden zwei Fassungen ediert: eine BC-Fassung (Basis B) und eine E-Fassung. Die F-Fassung ist qualitativ so schlecht, dass sie lediglich diplomatisch mitgeteilt wird. Auf eine Differenzierung des Tons in Tonvarianten (36 und 36a) wie in der 14. Aufl. wird hier aus folgendem Grund verzichtet: Die Strophen, die zu diesem Tonkomplex gehören, sind in zwei deutlich differierenden Weisen überliefert worden. Die BC-Tradition zeichnet sich dadurch aus, dass zunächst nur eine Strophe (*Ich wil nû teilen*) in die Sammlungen (bzw. in ihre Quellen) Eingang fand. Erst an wesentlich späterer Stelle folgen in B und C die Strophen *Mir ist liep* und *Nû bîtent*. Auffallend ist, dass die Strophe *Mir ist liep* sowohl in B als auch in C zwei Verse kürzer ist als die übrigen Strophen (wenn man V. 7, wie die Hss. nahe legen – Reimpunkt fehlt! – mit *ichz meine* enden lässt). Das hat zumindest der Schreiber von C bemerkt und die Strophe mit einer andersfarbigen Lombarde ausgezeichnet. Da diese Strophe weder in E noch in F vorhanden ist, sind weitere Vergleiche nicht möglich. Streng genommen könnte man dieser Strophe den Status eines eigenen Tons oder einer Tonvariante verleihen. In einer Edition würde dies aber bedeuten, den Strophenverband der Hss. aufzulösen. In anderen Fällen mag das gerechtfertigt sein, hier jedoch soll die eigenartige Überlieferungssituation deutlich dokumentiert werden. Dem dienen auch die differenzierten Linien: die durchgezogene Linie markiert, dass Strophe I und II in den Hss. nicht aufeinander folgen. Die gestrichelten Linien weisen darauf hin, dass die Strophe II ein anderes Metrikschema hat als III (und I). Von der verkürzten Strophe II abgesehen treten in allen anderen Strophen noch weitere versmetrische Differenzen auf. Sie waren in der 14. Aufl. verbessert worden. Davon wird hier Abstand genommen, weil auch diese Differenzen möglicherweise auf eine schon sehr frühe Tonunsicherheit zurückgehen, die ihren Grund in dem äußerst vagen Zusammenhang der Strophen hat. – Vgl. Bein, ‚schlechte Handschriften', 2010.

Fassung nach BC

I, 9: Die Basishandschrift B überliefert *haben in die lvgenҽre. in* könnte das reflexive Dativpronomen im Plural sein; *haben* kann laut Lexer I, 1133 mit Akkusativ und reflexivem Dativ konstruiert werden. Aber die Bedeutungen ‚sich denken, halten, gelten lassen' sind in unserem Kontext nicht besonders passend. Daher werden die Lesarten der anderen Hss., die das Wort *in* nicht tradieren, hier bevorzugt.

II: Diese Strophe wird handschriftengetreu mit 10 Versen ediert; man muss sie somit als tonvariant betrachten. Beide überliefernden Hss. setzen übereinstimmend und eindeutig Reimpunkte nach *clage, stê, sage, wê, mîn, sîn, meine, cleine, flîzent* und *bîzent*. Es spricht auch nichts dagegen, die Strophe mit dem 10. Vers enden zu lassen; es ‚fehlt' nichts, wie dies noch in der 14. Aufl. suggeriert wurde. – Die geschlossene Linie zwischen der ersten und der zweiten Strophe soll darauf hinweisen, dass beide Strophen mit deutlichem Abstand in den Hss. überliefert sind (was schon in ihrer Vorlage so gewesen sein wird). Die gestrichelten Linien zwischen der zweiten und der dritten Strophe signalisieren, dass die Strophen zwar aufeinander folgen, aber mit unterschiedlich farbiger Lombarde ausgezeichnet sind, was bedeutet, dass – zumindest in C – der Schreiber die Tondifferenz erkannt hat.

III, 3: Hinter dem einsilbigen *me* der Hss. mag sich die Form *mær* verbergen; vgl. auch *mê* und *mêr(e)*.

Fassung nach E

II, 7:12: Unreiner Reim; kurzes e in *sehest* reimt auf langes ê in *vlêhest*; ein sicheres Indiz für die Unechtheit der Strophe (so die Einschätzung in früherer Zeit) ist damit aber nicht gegeben.

II, 8: Die hsl. Lesart *tuo* ist aus syntaktischen Gründen nicht haltbar; nur der Vers 8 für sich ergäbe einen Sinn (‚tu mir das heimlich an!'). Möglicherweise liegt hier ein Hörfehler des Schreibers zugrunde (was auf ein Textdiktat hinweisen würde).

IV, 3: Hinzuweisen ist auf die semantisch deutlich variierende Lesart in F: *so wol versaget*. In F wird also auf eine Verweigerung der Dame abgezielt, die indes so ‚angenehm' ist, dass der Mann seinen Dienst auf immer fortsetzen wird. – Die E-Lesart hat anderen Sinn, möglicherweise ist sie entstanden im Verbund mit dem Verständnis von III, V. 11, wo davon die Rede ist, dass die Frau mit dem Mann *mit rede gemeine* gewesen ist.

IV, 10: Die Lesart *geswuende* ergibt keinen Sinn, daher Korrektur zu *gesünde*.

Ton 37

Ton 37 zeigt – verglichen mit anderen Mehrfachüberlieferungen – ein untypisches Bild: Vier Strophen überliefert E; die erste, sehr fragmentarisch, auch O. Eine weitere Strophe, nicht in E vorhanden, aber wohl doch im gleichen Ton, überliefern BC. Cormeau hatte in der 14. Aufl. ein fünfstrophiges Lied angesetzt, wenngleich die 5. Strophe durch die beigegebene (überlieferte!) Überschrift einen gewissen Sonderstatus innehat. Es muss aber zweifelhaft bleiben, ob es jemals eine fünfstrophige Vortragseinheit gegeben hat. Die Überlieferung spricht eher dagegen. Daher werden in der 15. Aufl. zwei Fassungen ediert: eine E (O)-Fassung und, ohne Weiterzählung der Strophen, eine BC-Fassung. Die Edition des Tones ist noch aus einem weiteren Grund schwierig: Das metrische Bild ist anders als in anderen Fällen sehr uneinheitlich, hier sicher auch durch die Waisenzeile 6 bedingt, die in E und auch BC unregelmäßig durch Reimpunkte markiert ist. Es gibt, gemessen an einer ‚Idealmetrik‘ des Tons (unsicher aber ist schon hier, an welchen/welcher Strophe/n man sie festmachen sollte), stark überfüllte und unterfüllte Verse. Cormeau hatte an vielen Stellen bessernd eingegriffen. Auch in der 15. Aufl. gibt es Konjekturen, allerdings weniger als in der 14. Die von den Metriken ausgewiesenen Möglichkeiten, eine unregelmäßige ‚Schriftmetrik‘ im Vortrag zu glätten, werden hier exzessiver angewendet als sonst (vgl. die Einzelkommentare unten) – dies durchaus im Bewusstsein, dass mancher Benutzer damit seine Schwierigkeiten haben wird.

Fassung nach EO

Die vierstrophige EO-Fassung stellt zum größten Teil eine Minneklage dar, die Elemente des ‚hohen Sangs‘ enthält, aber, besonders in der zweiten Strophe, auch Sinnlichkeit thematisiert (wenn auch nur als Gedankenspiel). Die vierte Strophe erweitert die Thematik um Kritik an der höfischen Gesellschaft.

I, 2: Der Vers ist so stark unterfüllt, dass mit Textverlust zu rechnen ist, der hier indes nicht expressis verbis wiederhergestellt wird.
I, 6: *scheiden*: Cormeau hatte, wie andere Hgg., zu *wænen* konjiziert. Die Konjektur passt zwar gut in den folgenden Kontext, doch ist auch die überlieferte Lesart verständlich, etwa in folgendem Sinne: ‚Wenn ich keine Freude bekommen kann, muss ich mich davon verabschieden/trennen/lösen‘.

II, 1: Der Vers scheint unterfüllt, doch lassen sich sechs Hebungen realisieren, wenn man auf *sô* und *wér-de* jeweils eine Hebung setzt (Hebungsprall).
II, 7: Der Vers scheint unterfüllt, doch lassen sich fünf Hebungen realisieren, wenn man auf *sô* und *wê* jeweils eine Hebung setzt (Hebungsprall).
II, 9: Der Vers scheint überfüllt, doch lassen sich vier Hebungen realisieren, wenn man *mir nû* eine Senkungsposition zuweist.

III, 9: *denne*: Fast alle anderen Hgg. haben zu *doch* konjiziert. Dies ist nicht nötig, wenngleich sich bei Beibehaltung des überlieferten Wortlauts die Wiederholung des Wortes *denne* über fünf aufeinander folgende Verse erstreckt; stilistisch schön ist weder der eine (handschriftliche) noch der andere (konjizierte) Fall.
III, 10: Der Vers scheint überfüllt, doch lassen sich vier Hebungen realisieren, wenn man *daz dô* eine Senkungsposition zuweist.

IV, 4/5: Die Besserungen der 14. Aufl. werden beibehalten, da die hsl. Lesart keinen Sinn ergibt.

Fassung nach BC:

Die BC-Strophe lässt sich weitgehend nur formal (Ton und Überschrift) an das EO-Lied anbinden. Sie scheint auf etwas zu antworten, was nicht vertextet wurde: auf Kritik an Walthers Kunst (Zensur?).

Der Satz *Ich wil niht mê ûf ir gnâde wesen vrô* ist wohl nicht als Strophenvers zu verstehen, sondern als eine Art Überschrift mit intertextuellem Charakter; er bindet die BC-Strophe an den in EO überlieferten Ton.

1: Der Vers scheint unterfüllt, doch lassen sich sechs Hebungen realisieren, wenn man auf *ist* und *mîn* jeweils eine Hebung setzt (Hebungsprall).

Ton 38

Der Ton ist nur in B und C überliefert, in gleicher Reihenfolge und mit vergleichs- weise wenigen Textvarianten. Der Überlieferungsbefund ist also wenig spektakulär; das Textverständnis im Detail hingegen wird durch ausgefallene Syntax, Metaphorik und Metrik erschwert. Das Lied gehört zweifellos der ‚Hohen Minne‘ und der Gruppe der ‚Preislieder‘ an, doch weicht die sprachliche Realisierung der Ideolo- geme von vielen anderen Liedern deutlich ab.

Cormeau hatte in der 14. Aufl. den Text auf der Basis von B ediert. Es zeigte sich aber, dass diese Leithandschrift öfter dort verlassen werden musste, wo B deutliche Fehler aufweist. Zwar ist auch C nicht fehlerfrei, doch lässt sich eine Edition besser auf ihr aufbauen, da (abgesehen von zwei offensichtlichen Dittogra- phien) nur an zwei Stellen mit B im engeren Sinn gebessert werden muss (IV, V. 5 f.). Eine Verwandtschaft zwischen B und C ist – wie in anderen Fällen – anzunehmen, doch gibt es auch nicht wenige Trennvarianten, die zumindest Zeug- nis davon ablegen könnten, dass entweder der Schreiber/Redaktor von B oder von C (ggf. auch beide) den Text ihrer Vorlage leicht verändert haben.

I, 4: *gerechen*: B überliefert das Verb mit einem Akkusativobjekt (*ichz g.*), doch kennt Walther auch eine absolute Verwendung (vgl. 4 III, 6).
I, 6: *hât*: Der Indikativ Präs. wird von beiden Hss. überliefert. Die meisten Hgg. haben zu *hæt* konjiziert, was die übrigen Konjunktive nahe zu legen scheinen. Die Grammatik beschreibt aber auch Formen der Modus-Inkongruenz, vgl. Paul, Mhd. Gr., 2007, § S 192.5; daher wird hier die hsl. Lesart beibehalten.

II, 4–9: Die Textpassage wird anders interpungiert als in der 14. Aufl. mit folgen- dem Sinnverständnis: (4) Gedanken sind frei: (5) Hoffen und Wünschen (= Gedan- ken) will das Ich ungehindert lassen. (6) Wenn die *sinne* (Verstand und Kunst?) *höveschen* (‚den Hof machen, werben‘ oder ‚sich höfisch verhalten‘), so (7) nimmt die angesprochene Dame dies nicht wahr. Die Passage ist nicht einfach zu erschließen; möglicherweise liegt die eine oder andere Textverderbnis in der Quelle von B und

C vor, die nicht mehr lokalisierbar ist. Die B-Variante, die keinen rechten Sinn ergibt, deutet darauf hin: *was mag ich sin . hoveschen die minne dar . was mag ich gent sv minen sang.* – Im Gegensatz zur 14. Aufl. wird *dar* nicht auf *höfeschen* bezogen, sondern auf *geben* (daher die geänderte Interpunktion; Vorschlag von Judith Neugebauer). Im BMZ ist das Verb *höfeschen* mit dem Richtungsadverb *dar* nur für unsere Stelle bezeugt; *dar geben* ist zwar als feste Fügung nicht zu belegen, doch lässt sich *geben* eher mit dem Richtungsadverb *dar* verbinden als das Verb *höfeschen. dar* mag sich auf den *hof* (V. 10) beziehen.

II, 6: Der Vers beginnt in C (ähnlich auch in B) mit *was mac ichs*, wodurch der Vers metrisch überfüllt wird; daher Tilgung. Wahrscheinlich handelt es sich um eine der öfter vorkommenden Dittographien (versehentlichen Doppelschreibungen); vgl. V. 7.

II, 7: *gebents iu:* Die Schreibung in C *gebentsiu* lässt zwei Deutungen zu: a) *gebent siu* und b) *gebents (= gebent si) iu.* Aufgrund der Redeperspektive (Anrede an die Dame) ist die Auflösung b) wahrscheinlicher.

III, 5: Die Hss. überliefern *das das* (B) bzw. *dc das* (C). Es ist nicht klar entscheidbar, ob es sich um eine Dittographie handelt (vgl. die Schreibvarianz innerhalb von C!); immerhin lässt sich das doppelte *das (daz)* sinnvoll lesen: ,dass das an Euch sichtbar werde!' Allerdings wird die Versmetrik gestört (sieben Hebungen mit dem doppelten *das*), daher wird die Konjektur der 14. Aufl. übernommen.

III, 10: Der syntaktische Zusammenhang zwischen dem ersten und zweiten Halbvers von 10 ist in B anders realisiert, nämlich durch die exzipierende Einleitung *wan daz*, die hier nicht leicht zu verstehen ist.

IV, 5: *gesteppet:* C liest *gestēphet*, also Partizip Perfekt zum Verb *stemphen* = ,prägen', ,aufstempeln', ,einprägen' u.ä. Die C-Variante ist grammatikalisch und auch semantisch möglich, doch spricht aufgrund der Kleidermetaphorik die B-Lesart *gesteppet* (= terminus technicus) deutlich für sich; sie ist als *lectio difficilior* anzusehen. Die C-Lesart mag durch einen Lesefehler des C-Schreibers zustande gekommen sein, der diesen im Prozess des Schreibens interpretierend verbesserte.

IV, 6: Das Fehlen des Nomens in C dürfte auf einem Fehler beruhen (betroffen ist auch die Metrik), daher Besserung mit B.

IV, 9: Die Differenz *riche* (C) vs. *wunnecliche* (B) ist nahezu sinnneutral, das viersilbige Adjektiv ist indes versmetrisch besser. Dennoch kann man hier bei der C-Lesart bleiben und lesen: *úmb(e) álso ríche gébe.*

Ton 39 (1)

Ton 39 (1) (L. 63,8) ist in zwei Hss. (B und C) überliefert, die kaum voneinander abweichen; die wenigen Probleme werden weiter unten kommentiert. Der Ton ist aber in anderer Hinsicht eine besondere Herausforderung, denn in C gibt es an späterer Stelle drei Strophen im gleichen Ton, und der Schreiber hat noch für zwei weitere Strophen Platz gelassen. Diese Strophen waren in der 14. Aufl. als Ton 83 ediert worden. Da aber die arabische Bezifferung Töne bezeichnet, ist es nicht konsequent, hier einen Ton 83 anzusetzen. Vielmehr müssen auch diese drei C-Strophen die Ordnungsziffer 39 erhalten, ähnlich wie dies im Falle von Ton 3 und „3 Fortsetzung" getan wurde. Um die beiden Strophenkomplexe auseinanderhalten zu können, wird der erste als 39 (1) gekennzeichnet, der zweite (ehemals 83) als 39 (2). Um das Zitieren der Walthertöne nicht weiter zu verunklären, werden die auf 83 folgenden Töne *nicht* umnummeriert, d.h. Ton 84 der 14. Aufl. bleibt auch Ton 84 der 15. Aufl.

In der 14. Aufl. gab es den Hinweis, dass die „Aussage" nicht nahelege, „die zwei Strophenreihen als Einheit zu betrachten". Die Tatsache als solche ist der Forschung lange bekannt, Friedrich Maurer hat sich ausführlich mit der Tonübereinstimmung befasst (vgl. Maurer, 1963 (¹1957)). In der Tat ist es problematisch, die sieben Strophen als eine Liedeinheit zu betrachten, zumal C die beiden Reihen an unterschiedlicher Stelle notiert hat. Man kann aber aufgrund des freigelassenen Manuskriptraumes in C spekulieren, ob nicht die eine oder andere Strophe von 39 (1) mit den Strophen von 39 (2) (ehemals 83) kombiniert werden konnte. Das heißt: Vielleicht haben wir es hier mit dem Fall eines tongleichen Strophenrepertoires zu tun, das zu unterschiedlichen Gelegenheiten je anders zusammengestellt werden konnte.

II, 4: In der 14. Aufl. war der Vers konjiziert worden (den meisten Hgg. folgend): *sô* [ ] *mîn liep in* ...". Es spricht aber nichts dagegen, die hsl. Lesart beizubehalten. Der sprechende Mann wünscht sich, dass die ‚anderen' mit Recht auf ihn neidisch sind, „sodass ich (= *mîn lîp*) ihnen Herzeleid zufüge". Die Folge des Neides ist Schmerz; vgl. auch V. 6.

IV, 4: In der 14. Aufl. war das hsl. *daz* zu *dazs* konjiziert worden (so auch die meisten anderen Hgg.), wobei sich das *s* auf die *zwei wort* in V. 3 bezog. Die Besserung ist aber nicht nötig, wenn man das *daz* als kollektives Demonstrativum auffasst: ‚dieses (alles) gäbe dir ...'.

Nötig hingegen ist die Besserung des hsl. *mir* zu *dir*, da zum einen in aller Regel nicht von einem identischen Reim ausgegangen werden kann, zum anderen der Vers mit dem Pronomen *mir* keinen Sinn ergibt.

IV, 5: Das hsl. *baidiu* überlädt den Vers um einen ganzen Takt; daher Tilgung.

[Der Kommentar zu 39 (2) folgt auf den Kommentar zu Ton 82.]

Ton 40

Strophen des Tons 40 werden in fünf Hss. überliefert, wobei keine Überlieferungssituation der anderen gleicht; es treten Varianten im Bereich der Strophenanordnung, des Strophenbestandes und des Wortlauts auf. Auffallend und selten ist ferner, dass sowohl in B als auch in C die Strophe *Die schamelôsen* als Einzelstrophe 13 bzw. 14 Strophen vor den übrigen Strophen notiert worden ist, wobei in C diese Strophe noch einmal als Schlussstrophe des Tonverbandes 40 wiederholt wird.

In der 14. Aufl. hatte Cormeau eine Fassung nach *BC ediert, im Apparat allerdings notiert, dass auch die Strophenfolge nach B und G sinnvoll sei. In einem Aufsatzbeitrag (Cormeau, 1994) hatte Cormeau Überlegungen zur Genese und zur Authentizität der Fassungen angestellt. Sein Fazit war, dass C die „ursprüngliche, vom Autor konzipierte Fassung" und die BG-Fassung ein Rezeptionsdokument sei (S. 38). Es war Cormeau freilich bewusst, dass diese Einschätzung nicht zu ‚beweisen' ist.

Die Überlieferung ist derart komplex und variantenreich, dass es angebracht ist (anders als in der 14. Aufl.), vier Fassungen zu edieren (die a-Varianten – nur zwei Strophen – werden lediglich im Apparat zu C verzeichnet). Nur so ist der Benutzer in der Lage, die semantischen Differenzen der Fassungen adäquat wahrzunehmen. Die folgenden kurzen Fassungsparaphrasen machen bereits deutlich, dass grundsätzlich alle Strophenfolgen möglich sind, dass es indes einmal mehr, einmal weniger ‚passende' Strophenpaare gibt. Die stark variierende Überlieferung mag ein Hinweis darauf sein, dass Teile des Tones, ggf. auch einzelne Strophen, je eigene Aufführungssituationen gehabt haben. Dies ist gut denkbar, weil die Strophen in sich geschlossen sind und kaum feste Anbindungen benötigen.

Fassung nach B

B beginnt mit einer sangspruchähnlichen Strophe, in der sich das sprechende Ich über *schamelose* Menschen und Verlust von *zuht* (wohl am Hof oder allgemein in der Welt) beklagt. Diese Strophe steht in B isoliert inmitten anderer Töne. Erst 14 Strophen später wird der Ton mit einer metareflexiven Minnesangstrophe fortgesetzt: Das Ich/der Sänger referiert Fragen aus dem Publikum nach der Identität der besungenen Dame. Der Sänger beantwortet diese Fragen mit einer Allegorie: Die Dame trage zwei Namen, *genâde* und *ungenâde*. Auf diese Strophe folgt eine Sängerreflexion: der Sänger wird immer in der Lage sein, die Frau neu zu lobpreisen, was sowohl ihr als auch der Gesellschaft gut tut; das sprechende Ich wünscht sich positive Reaktionen. Die B-Fassung wird mit einer ‚klassischen' Minneklage beendet, die von einem topischen Natureingang eingeleitet wird.

Die Linie zwischen der ersten und zweiten Strophe verdeutlicht, dass B die erste Strophe nicht im Verbund mit den anderen überliefert.

II, 3: Das hsl. *nemmen* ist augenscheinlich ein Verschreiber für *nennen*.
II, 8: Aufgrund des Singular-Subjekts *der* muss das Verb im Konj. Sg. stehen.

III, 4: *einen*: metrisch als zweisilbiger Auftakt zu behandeln bzw. Verschleifung zu *ein(e)n* im Vortrag.

IV, 2: Da *gehen* als Nebenform zu *jehen* nicht belegbar ist, wird normalisiert.

IV, 5: Der Vers ist unterfüllt, der Reim auf V. 9 nicht vorhanden; so auch in C. Die Parallelüberlieferung in G und E (vgl. dort) macht die Annahme plausibel, dass die Quelle *BC einen Textverlust aufwies, den weder B noch C bemerkte.

Fassung nach C

Strophe IV wird in C zweimal überliefert. Der Text von IV C^1 (als Einzelstrophe) ist nahezu identisch mit IV C^2; auffällige Ausnahme allerdings im 9. Vers: Die Lesart *gefûgen* von C^1 verändert den Sinn der Strophe beträchtlich. Vgl. weiter die Erschließungshilfen zur Stelle. Es ist freilich nicht auszuschließen, dass der Schreiber C^2 einen Fehler begangen hat (aufgrund des zwei Zeilen darüber stehenden Wortes *vngefûgē*).

Wie in B, so beginnt der Ton mit der isolierten *Die schamelosen*-Strophe, die später aber noch einmal als Schlussstrophe des Tonverbandes wiederholt wird (so nach C^2 ediert). Der mehrstrophige C^2-Komplex setzt mit einer ‚klassischen' Minneklage ein, die auf einen topischen Natureingang folgt. Die Folgestrophe beinhaltet die Versicherung, dass der Sänger immer in der Lage sein wird, die Frau neu zu lobpreisen, was sowohl ihr als auch der Gesellschaft gut tut, wobei das sprechende Ich sich positive Reaktionen wünscht. In der anschließenden Strophe moniert der Sänger, dass das Publikum zu sehr nach der Identität der Frau frage. Er erklärt sich bereit, die Fragen zu beantworten, wenn man ihn danach in Ruhe lasse; es folgt eine Allegorie: die Dame trage die zwei Namen *genâde* und *ungenâde*. Der Ton wird nun mit der bereits als Einzelstrophe tradierten Strophe über *schamelose* Menschen und den Verlust von *zuht* (wohl am Hof oder allgemein in der Welt) beendet.

I, 5: Der Vers ist unterfüllt, der Reim auf V. 9 nicht vorhanden; so auch in B. Die Parallelüberlieferung in G und E (vgl. dort) macht die Annahme plausibel, dass die Quelle *BC einen Textverlust aufwies, den weder B noch C bemerkte.

II, 3: Dies Lesart *vol* ist augenscheinlich ein Verschreiber für *wol*.

IV, 5: Der in C^1 und C^2 überlieferte identische Reim (5:9) wird beibehalten.

Fassung nach E

E beginnt ebenfalls mit der *schamelôsen*-Strophe, in der wie in B und C der Verlust von *zuht* am Hof und in der Welt beklagt wird. Die nun folgende Strophe der ‚klassischen' Minneklage wird durch Varianz in V. 9 zur Frauenstrophe umgewandelt. Es folgt eine Strophe mit Minnesang-Reflexion, in der der Sänger sich damit brüstet, immer neue Lobeshymnen auf die Frau ersinnen zu können – gleichzeitig betont er den Nutzen dieses Lobs für die Gesellschaft und für die Frau; zwei Verse (7 und 8) fehlen.

I, 5: Aufgrund der Reimstörung in E Besserung des überlieferten *zuo* zu *sô*.
I, 6: Die Lesart E: *tusent wartē eime gefügen man* wird hier beibehalten, auch wenn sie mit Blick auf die Parallelüberlieferung verderbt scheint. Da aber V. 8 in E fehlt, ist

ein eigenes E-Verständnis nicht auszuschließen: ‚Tausend hatten Acht auf einen anständigen Menschen' (*warten* = *warteten* < *warten* mit Dat.: ‚auf jmd. achten').

III, 3: Der Infinitv *vinden* lässt sich im Satzgefüge nicht erklären; Besserung zur flektierten Form *vinde*.

III, 4: Da *niuwe* als vorangestelltes Adjektiv den Belegen nach immer flektiert wird, wird hier die neutrale Form hergestellt.

Fassung nach G

Das Fragment G weist eine − im Vergleich zu A, B und C − eigentümliche Lautung und Graphie auf (u. a. frühe Diphthongierung); es würde sehr weit gehen, wollte man die sonst in dieser Ausgabe angewandten Normalisierungsregeln auch hier umsetzen; daher wird bei der Edition der G-Fassung nur im Bereich der s-, z- und u/v-Graphie sowie der Kürzel ‚normalisiert'.

G beginnt mit der *schamelôsen*-Strophe, die wiederum den *zuht*-Verlust kritisiert. Die zweite Strophe formuliert den Ärger des Sängers darüber, dass ständig nach der Identität der Frau gefragt werde, und enthält die Antwort, die in Form einer Allegorie gegeben wird: Die Dame trage zwei Namen, *genâde* und *ungenâde*. In der dritten Strophe reflektiert der Sänger über den Nutzen des Minnesangs, indem er behauptet, seine Preisungen der Frau täten Gesellschaft und Dame gut. Die vierte Strophe bringt nach einem Natureingang eine ‚klassische' Minneklage; aufgrund einer charakteristischen Varianz in V. 9 kann die Strophe weder als Frauen- noch als Männerstrophe identifiziert werden. Fassung G schließt das Lied mit einer nur hier tradierten Strophe über die Sorgen des Sängers und seine Enttäuschung über die Zurückweisung der Frau ab.

I, 4: Der hsl. Text scheint verderbt, aber da die Verderbnis nicht genau zu lokalisieren ist, wird auf eine Verbesserung verzichtet. Folgendes ist denkbar: *habn* = *haben* (‚sie mögen haben/halten', Subjekt pronominal nicht versprachlicht) oder *habn* = *haben* (flektierte Verbform zum Subjekt *laster unde strît*); *in* = Verschreibung für *ir*?; oder: *in* = reflexiver Dativ (vgl. zu *haben* + refl. dat.: Lexer I, 1133; zu vergleichen ist weiter Grimm, Dt. Wb., Bd. 10, Sp. 57 sowie Grimm, Dt. Gr., Bd. IV, S. 705 mit Belegen aus dem Mhd.)?; oder: *in* = Kontraktion aus *ich* + *en/ne*? Eine Entscheidung ist auch deshalb schwer zu fällen, da G in V. 3 weit von den übrigen Hss. abweicht: hier reiht sich das Ich in die Schar der *schamelôsen* ein, während er sich in den anderen Fassungen von ihr entfernt.

I, 5:9: Vom Schriftsprachlichen her betrachtet liegt eine Reimstörung vor, die im Vortrag kaum auffallen dürfte.

I, 3/8: *mvez* / *mvest*: Eine Durchsicht des kleinen Fragments zeigt, dass G keinen *uo*-Diphthong kennt und stattdessen *ve/ue* schreibt.

II, 3: Das hsl. *da* ist nur schwer zu verstehen (es wäre ein lokales ‚dort'), daher Besserung zu *daz*.

III, 2:4: Leichte Reimstörung; im Vortrag aber auf einfache Weise zu beheben.

III, 7: Vierhebigkeit kann durch beschwerte Hebung auf *daz* und *man* erreicht werden.

IV, 1: Der Vers ist in der hsl. Version nicht vollständig; nach *manger hande* müsste noch ein Nomen folgen, z. B. *varwe* (vgl. die Parallelüberlieferung).

Fassung nach a (nicht eigens ediert)

Sie ist die kürzeste Fassung und beschränkt sich auf Kritik am Kunstbetrieb: Die erste Strophe spielt mit dem Fiktionalitätscharakter des Minnesangs, die zweite thematisiert kritisch eine Gruppe von *schamelosen* Menschen und den Verlust von *zuht* am Hof. V. 3 ist unterfüllt und lässt dadurch offen, wie der sprechende Mann auf die *schamelosen* reagiert.

Ton 41

Der Ton wirft textkritisch keine großen Probleme auf. C überliefert fünf Strophen, die an keiner Stelle verbessert werden müssen (im Gegensatz zur 14. Aufl.). Auffällig ist, dass nur die fünfte Strophe separat noch in B tradiert wird; zu begründen ist das vielleicht durch den Sangspruchcharakter der Strophe: sie benötigt keinen weiteren Kontext, um verstanden werden zu können.

I, 4: Im Gegensatz zur 14. Aufl. (und allen Hgg.) wird die hsl. Lesart *dich* beibehalten (Konjektur war *die*). Das Pronomen bezieht sich auf das unhöfisch gewordene Singen; dieses soll Gott schmähen. Der folgende Vers 5 fügt sich semantisch bruchlos an.

V, 7: Die Konjektur *bî den* (mit B; C überliefert *die*) scheint notwendig zu sein. Zwar könnte der C-Text der 5. Strophe bis V. 7 pluralisch verstanden werden, in dem Sinne, dass *ungefüege* als Substantivierung des Adjektivs *ungevuoc* bzw. *ungefüege* aufgefasst würde: ‚die Verrohten‘. Der letzte Vers aber macht über die Verbform *ist* deutlich, dass es sich um einen Singular handeln muss. Möglicherweise hat das der Schreiber nicht erkannt und in V. 7 lesen wollen: *die gebûren liez ich sî wol sîn*: ‚ich ließe sie [= die Verrohten] Bauern sein‘ (zu einer solchen Konstruktion vgl. BMZ I, 944 ff.: *lâzen* „mit beigefügter prädicativer bestimmung. [...] a. durch ein substantiv“). Mit Blick auf den Wortlaut in B und dem eindeutigen Singular in V. 8 wird indes deutlich, dass ein solches Verständnis unzutreffend ist.

Fassung nach B (V')

V', 4: Der Vers hat anderen Wortlaut als C; die Ergänzung des Pronomens *uns* scheint nötig, da *twingen* nicht intransitiv zu belegen ist; außerdem fordert die Metrik vier Hebungen, die mit Ergänzung einer Silbe eingängiger zu realisieren sind.

V', 5: B überliefert statt *ir*: *in*, fasst das Pronomen als Plural auf und bezieht es wahrscheinlich auf ein als Plural verstandenes *ungefuoge* in V. 1. Es handelt sich hier um ein ähnliches Problem wie in der C-Fassung der fünften Strophe (s. o.).

Ton 42 und 42a

Ton 42 ist in der hsl. Überlieferung in zwei Fassungen erhalten geblieben: C und FO überliefern je eine dreistrophige Fassung. Die C-Fassung unterscheidet sich durch zahlreiche lexikalische Varianten und insbesondere variierende Strophenreihenfolge und -substanz von der FO-Fassung. In der 14. Aufl. war ein vierstrophiger Ton ediert worden, den es in dieser Weise wahrscheinlich nie gegeben hat. Um die Überlieferung adäquat editorisch zu dokumentieren, müssen in diesem Fall zwei Fassungen hergestellt werden. – Ton 42a, in B und C überliefert, stellt eine Kurzfassung von 42 II dar.

Fassung nach C

I, 5: *owê des*: fehlt in C, dadurch werden die Versmetrik und der Reim gestört; Besserung mit O.
I, 6: *kleinez*: fehlt in C, dadurch ist der Vers stark unterfüllt; Besserung mit O.

II, 4: *bî den kinden*: In der 14. Aufl. war aus metrischen Gründen der Artikel *den* getilgt worden. Da aber sowohl F als auch O (vgl. Fassung FO) den Vers etwas anders überliefern, wird hier die C-Version beibehalten.
II, 6: Das letzte *si tuot* fehlt in C; es wird hier aus metrischen und semantischen Gründen (die Versaussage muss positiv enden) ergänzt. Zu beachten ist, dass keine Hs. diesen Vers metrisch ,korrekt' überliefert (vgl. die FO-Fassung).
II, 8: *daz træstet mich* fehlt in C; der Vers ist damit stark unterfüllt; Besserung mit O.

III, 3: C überliefert *zem besten*. Das ist für sich verständlich und auch anderweitig belegt, doch hier ist ein Plural gefordert, sonst ergibt die folgende Passage keinen Sinn.
III, 4: Die Lesart *weben* in C ist sicher als Verschreiber zu werten; Besserung zu *werben*. Die Hgg. (außer Cormeau) haben *mîden* zu *nîden* konjiziert und damit folgenden Sinn hergestellt: ,Das Ich darf das Werben der anderen Männer nicht neidisch betrachten'. Ich fasse hingegen *ir werben* als *genitivus objectivus* im Sinne von ,Werben um sie' (die Frau) auf.
III, 6: Die meisten Hgg. haben *daz ez* (so C) zu *dazs* (= *daz si*) konjiziert; *si* wird bezogen auf die Frau. Die hsl. Lesart bedeutet etwas anderes: *ez* bezieht sich auf das Werben des Ich.
III, 7: *waz si trüge* fehlt in C; dadurch ist der Vers unterfüllt und der Reim gestört, daher Besserung.

Fassung nach FO

Der metrische Status des 5. Verses ist nicht eindeutig. I, 5 ist in der Überlieferung ein Siebenheber. Der 5. Vers der Folgestrophe kann als Siebenheber gelesen werden, während der 5. Vers der letzten Strophe eher ein Sechsheber ist. Auf Eingriffe wird hier verzichtet.

I, 7: In O wurde sehr wahrscheinlich auf *la* der Nasalstrich vergessen. Es könnte sich aber auch um einen nasallosen Infinitiv handeln (Paul, Mhd. Gr., 2007, § M 70 A. 15), der allerdings im O-Fragment sonst nicht auftritt.

II, 1: Der Vers ist auftaktlos zu lesen; dann sind vier Hebungen realisierbar: auf *In*, *ei-*, *zwî-* und *wân*.
II, 6: O überliefert *kleine*. Nach den Beschreibungen der Grammatik (Paul, Mhd. Gr., 2007, § M 23) wäre indes *klein* die schwache und *kleinez* die starke Flexionsform; Besserung mit F.
II, 7: O überliefert *sagen* ohne Objekt, was grammatikalisch kaum haltbar ist; daher Besserung mit F (auch C hat das entsprechende Pronomen).

III, 4: Der Vers ist in O unterfüllt und auch syntaktisch unvollständig; Besserung mit C.
III, 6: Der Vers ist in O deutlich unterfüllt (wie auch in C und F); Besserung nach den versmetrischen Forderungen durch Ergänzung von *si ne tuot, si tuot*.

Ton 43

Das prominente Lied (,Alterston' genannt) ist in vier Hss. und dort in drei unterschiedlichen Reihenfolgen überliefert. Alle Reihenfolgen sind gut lesbar und verständlich, was dem Umstand geschuldet ist, dass die Strophen, ähnlich vielen Sangspruchstrophen, in sich geschlossene Sinneinheiten bilden; auffällig ist dabei, dass der Strophenkomplex I/II in allen Fassungen in gleicher Folge, wenn auch an unterschiedlicher Position tradiert ist. Die unterschiedlichen Strophenfolgen mögen auf den ersten Blick eine Fassungsedition nahelegen; allerdings ist die Textvarianz vergleichsweise gering, sodass es hier ökonomischer ist, *eine* Fassung nach BC zu edieren (wie in der 14. Aufl.) und die Reihenfolgen von A und w^x an dieser Stelle nur zu erläutern, um dem Benutzer einen Weg der alternativen Lektüre zu weisen.

 Reihenfolge A: Das Lied beginnt hier (L. 67,20) mit der Leib-Seele-Diskussion und der Auseinandersetzung um die ,rechte' Minne, die möglicherweise als Liebe zu Gott verstanden wird, was allerdings nicht explizit gesagt ist. Die zweite Strophe (L. 67,32) knüpft thematisch gut mit der etwas enigmatischen *bilde*-Diskussion an. Darauf folgen zwei Strophen (L. 66,21 und 66,33), die die gesellschaftlichen und künstlerischen Leistungen des Sprechers thematisieren und entsprechende Wertschätzung einfordern. Die Strophe L. 66,33 endet mit einer Endzeitperspektive, die in der Schlussstrophe (L. 67,8) aufgenommen wird und in eine harsche Kritik an der verführerischen Welt mündet.

Reihenfolge wˣ: Die Reihenfolge in wˣ unterscheidet sich von der edierten in BC durch die Position der Strophe L. 67,8, die hier das Liedende bildet; dadurch erhält die Kritik an der Welt eine besondere Betonung.

I, 2: In BC fehlt das Subjekt des Satzes, das allerdings in A zu finden ist; daher Korrektur.

I, 10: B und C überliefern einen deutlich fünfhebigen Vers, während A die vom Tonschema her geforderten vier Hebungen realisiert; daher Besserung mit A. Im Vergleich zu BC weist A damit die *lectio difficilior* auf – BC haben bei gleicher Semantik eine weniger komplexe Syntax.

II, 5: Das komplizierte Reimprinzip des Tons in den Versen 5/6 und 7/8 (erstes Wort des Verses 5 (und 7) reimt auf das letzte Wort des Verses 6 (und 8)) ist in BC (und wohl schon in ihrer Vorlage) nicht mehr erkannt worden. Mit Blick auf die übrigen Strophen ist eine Besserung mit A nötig.

II, 6: Alle Hss. überliefern *hoh* statt des reimbedingt nötigen *hô*. Auch dies dürfte der Tatsache geschuldet sein, dass die Schreiber die Reimstruktur nicht mehr durchschaut haben.

II, 7: Auch hier ist die Reimstruktur des Tons in den Hss. nicht erkannt worden, sodass eine Wortumstellung nötig ist.

II, 12: Die sonst sehr regelmäßige Vierhebigkeit des Tons in allen Versen außer 5 und 7 legt nahe, hier gegen BC zu bessern und das Wort *denne* zu streichen.

III, 5: Im Gegensatz zur 14. Aufl. wird die Lesart BC *hate* (statt *hân*) beibehalten. Die temporale Stufung lässt sich wie folgt verstehen: Das Ich hatte (in ferner Vergangenheit) Leib und Seele aufs Spiel gesetzt, darauf folgte (Präteritum) die Erkenntnis, dass dies zu viel war; und nun (V. 7, Präsens) hadert das Ich in der Gegenwart mit der Welt und ihrem Ränkespiel.

V, 9 f.: Die Hss. B und C weisen in V. 9 eine Reimstörung auf (*si: in*), die mit A gebessert wird; in V. 10 sind die Hss. BC unterfüllt und auch syntaktisch nur schwer akzeptabel – daher auch hier Korrektur mit A.

Ton 44

Überliefert sind drei in Strophenbestand und -folge unterschiedliche Fassungen: A (III V II I), C (V I II III), EF (I II III IV V). O dürfte nur des mechanischen Textverlusts wegen um eine Strophe kürzer sein (I fehlt) und sonst zur EF-Gruppe gehören. s bietet – wie auch sonst häufiger – nur einen Liedausschnitt (eine Strophe: I). Eine Besonderheit dieses Tons haben Henkes/Schmitz 1999 herausgearbeitet: In C stehen die bislang unter Ton 44 überlieferten Strophen in einem größeren Kontext, der noch zwei weitere Strophen umfasst, die in C mit der gleichen Lombardenfarbe wie die übrigen vier ausgezeichnet sind; somit kann man in der Tat von einem sechsstrophigen Liedverband ausgehen. Dieser wird hier erstmals in einer Waltheredition zugänglich gemacht; ausdrücklich sei auf die Textdarstellung mit Interpretation bei Henkes/Schmitz verwiesen. Die genannten beiden Zusatzstrophen sind in C allerdings doppelt überliefert, zum zweiten Mal nämlich im Kontext von Ton 45, der sich metrisch wenig von 44 unterscheidet – hier kommt es insbesondere darauf an, wie man den letzten Vers der Strophe betrachtet: als Langzeile, so geschehen in Ton 45, oder als zwei Kurzverse wie in Ton 44. Da die Hss. in der Verteilung der Reimpunkte bei den 44er-Strophen uneinheitlich verfahren, geben sie keinen hinreichenden Anlass, eine Langzeile anzunehmen (wie sie Maurer in seiner Ausgabe angesetzt hatte).

Es bietet sich an, zwei Fassungen zu edieren: Zum einen, wie bereits in der 14. Aufl., eine Fassung, die auf den Hss. EFO basiert; zum anderen, nun neu, eine sechsstrophige C-Fassung.

Die A-Fassung unterscheidet sich gegenüber C durch eine andere Strophenreihenfolge und auch durch diverse kleinere Textverderbnisse. Insbesondere die Reihung zeigt deutlich, dass man A keinen eigenen Fassungsstatus zuschreiben sollte, denn die Strophenfolge II–I am Ende des A-Liedes ist geradezu widersprüchlich, denn es hat keinen Sinn, nach erfolgter Minnedefinition zu fragen: *Saget mir ieman, waz ist minne?* Die Textvarianten von A (und auch der Einzelstrophe s) werden der EFO-Fassung zugeordnet.

Fassung nach EFO

Die Entscheidung, eine Fassung auf der Hss.-Gruppe EFO basieren zu lassen, erfolgte mit Blick auf die fünfstrophige Fassung des Liedes (in AC fehlt Strophe IV). Die Differenzierung der Textherstellung nach Str. I einerseits (nach *EF) und Str. II–V (nach O mit EF) andererseits ist dadurch bedingt, dass in O, die mit EF verwandt ist, die erste Strophe – wohl nur mechanischen Textverlusts wegen – nicht überliefert wird. Für die Strophen II–V wird O als der älteste und grundsätzlich beste Zeuge der Gruppe EFO als Basishandschrift gewählt; nur vereinzelt muss mit Hilfe von EF gebessert werden.

I: Strophe I wurde hier als Mischredaktion aus E und F ediert, weil weder E noch F einen durchgängig akzeptablen Text bieten.
I, 2: Obwohl die E-Lesart des zweiten Halbverses sinnvoll und metrisch nicht anstößig ist, wurde auf F ausgewichen, da alle Hss. außer E den Eingang mit *sô* bilden.
I, 6: E bietet mit der Lesart *so heizze ich sie* eine grammatisch korrekte Form, im Gegensatz zu F, die der Konjunktion *und* wegen syntaktisch unverständlich ist. F hingegen formuliert, wie alle anderen Hss. mit Ausnahme von E, unpersönlich (*so heÿsset*). Mit dem Pronomen *ich* banalisiert E die Aussage bzw. zerstört den sentenzenhaften Charakter der Verse 5 und 6; daher Ausweichen auf F.

I, 7: Aufgrund des fehlenden *denne* ist der Vers in E und s unterfüllt; Besserung mit F.

II, 2: Aufgrund des fehlenden *denne* ist der Vers in O unterfüllt; Besserung mit EF.

II, 7: Aufgrund des fehlenden *owê* ist der Vers in FO unterfüllt; Besserung mit E.

III, 6: Im Gegensatz zur 14. Aufl. wird die Konjektur von von Kraus (Einfügung des Wortes *vrouwe* am Ende des Verses aus metrischen Gründen) nicht übernommen. Die geforderte Sechshebigkeit lässt sich durch Hebungen auf *dû*, *sólt* und *á-ber* erreichen (Hebungsprall). Auf den ersten Blick mag diese Enscheidung inkonsequent anmuten, da in I, 7, II 2 und 7 wegen ähnlicher Unterfüllungen gebessert wurde. Der Unterschied aber besteht darin, dass hier keine einzige Hs. eine andere Versmetrik bietet.

IV, 4: Komma nach *alrêst: sô denne daz* wird als zusammengehöriges Syntagma aufgefasst. Möglich wäre auch eine andere Interpretation, die erst nach *sô* einen syntaktischen Einschnitt setzt.

V, 6: Im Gegensatz zur 14. Aufl. wird das zweisilbe *owe* aus OF nicht verworfen. Sechshebigkeit lässt sich wie folgt realisieren: Betonungen auf *-wê*, *réd-*, *ôr-*, *lôs*, *oug-*, *ân-*.

V, 7: Der Artikel *die*, der in FO fehlt, wird mit den übrigen Hss. (auch aus Gründen der besseren Alternation) eingefügt.

Fassung nach C

Wie bereits weiter oben skizziert, hat C die vier EOF-Strophen V I II III zusammen mit zwei weiteren als einen Ton überliefert. Dieser Tonverband wird als C-Fassung ediert, wenngleich sich im Versbereich 5−7 nicht unerhebliche metrische Probleme ergeben. Im Unterschied zur Edition der EFO-Fassung wird nicht von einer jeweils siebenversigen Strophe ausgegangen, sondern von einer sechsversigen, wobei der sechste Vers als Langzeile zu betrachten ist. C immerhin ist hier konsequent, was das Setzen von Reimpunkten angeht und stützt eine solche Deutung − anders die Lage bei der EFO-Fassung (s. o.). Aber auch bei Ansatz von Langzeilen ergibt sich innerhalb der C-Fassung keine durchgängig übereinstimmende Metrik des sechsten Verses: Strophe I umfasst 12 Hebungen, II 11, III 12, IV 12, V 11 und VI nur 9. Die Differenz zwischen 11 und 12 Hebungen mag noch als tolerabel angesehen und mittels der üblichen Operationen (Verschleifungen, Hebungsprall usw.) im Vortrag ausgeglichen werden, doch der letzte Vers der 6. Strophe ist zweifellos unterfüllt. − Auf eine Korrektur mit Hilfe der C^2-Fassung wird hier aber verzichtet, um die Überlieferungslinien nicht zu verunklären.

Die C^2-, E- und U^x-Varianten zu C^1 sind im Apparat von Ton 45 dokumentiert; die Abweichungen sind beträchtlich.

II, 2: Der Vers ist in C unterfüllt; auf eine Textergänzung wird hier aber verzichtet. Folgende Fehlergenese ist sehr wahrscheinlich: In der unmittelbaren Vorlage von C war der erste Halbvers, den die anderen Hss. überliefern (*weiz ich des ein teil*) ausgefallen. Damit war der Vers um die Hälfte verkürzt. Der C-Schreiber oder -Redaktor bemerkte dies und versuchte, durch die Einfügung der sinnneutralen Wörter *ouch darumbe* den Vers aufzufüllen, was aber nur unvollkommen gelang.

III, 2: Sechshebigkeit bei Hebung auf *sô* und *spré-(chent)* erreichbar.

V, 6: Die hsl. Form in C^1 *das* kann als Variante zur in U^x überlieferten Form *(d)eis* aufgefasst werden; es handelt sich um eine Kontraktion von *daz ist* (häufig als *deist* realisiert).

Ton 45

Der Ton umfasst drei Strophen, die inhaltlich in keinem unmittelbaren Zusammenhang stehen; besonders die 2. Strophe steht isoliert, was sich auch daran zeigt, dass sie in einem ersten Überlieferungskomplex in C fehlt (dieser – C^1 – ist hier als Strophe V und VI einer C-Fassung von Ton 44 ediert). An anderer Stelle bezeugt C (= C^2) allerdings alle drei Strophen, wie auch die Hss. E und U^x. Da U^x eine gute Textqualität aufweist und zudem alt ist, liegt die Entscheidung, sie als Basishandschrift zu verwenden, nahe. Eine Fassungsedition ist in diesem Falle nicht angezeigt, da es für einen Benutzer sehr leicht ist, sich den zweistrophigen Verbund von C^1 vor Augen zu führen, der zudem als Str. V und VI von Ton 44 (C-Fassung) zugänglich ist. Vgl. auch weitere Bemerkungen im Textkritischen Kommentar zu Ton 44 (dort auch Literaturhinweise zur Diskussion eines möglichen Zusammenhangs zwischen 44 und 45).

II, 6: Im Gegensatz zur 14. Aufl. wird der handschriftliche Text nicht verändert. Der zweite Halbvers hat in der Editionsgeschichte viel Aufmerksamkeit erregt; es wurde teilweise weitreichend in den hsl. Wortlaut eingegriffen, insbesondere wurden das hsl. *wizzen* zu *wîzen* verändert sowie der Imp. Sg. *lâ* zum Konjunktiv Plural *lâzen/lân* konjiziert (vgl. den 2. Apparat in der 14. Aufl.). In der Tat ist ein Verständnis der Stelle nicht einfach. Gerade aber mit Blick auf die auffällige Überlieferung (s.o.), die zu erkennen gibt, dass schon im Mittelalter die Zusammengehörigkeit der Strophen sehr brüchig erschienen ist, ist es angebracht, in den Wortlaut nicht einzugreifen. Folgendes Verständnis ist denkbar: Die Tage entschwinden dem sprechenden Ich und begeben sich möglicherweise zu einem anderen Menschen, der sie nicht so fürsorglich behandelt wie das Ich. Es folgt nun eine Aufforderung, die Tage mögen erstrahlen – aber nur dann, wenn sie wissen, für wen. Nicht ganz unproblematisch ist bei diesem Verständnis der Imp. Sg. *lâ*. Auf wen bezieht er sich? Es gibt mehrere Möglichkeiten: a) der Imp. bezieht sich auf den Menschen, zu dem die Tage gegangen sind; b) auf die Frau (dann aber muss man die Strophe in engerem Kontext mit der ersten betrachten, was der Inhalt indes nicht nahelegt); c) bei dem Imp. handelt es sich nicht um eine Aufforderung an ein Gegenüber, sondern an eine imaginäre Instanz, die die Aufforderung unpersönlich erscheinen lässt (das Dt. Wb. (Grimm) verzeichnet dafür genug Belege, s. v. *lassen* 11b, z. B.: „lass die von ihren Kräften sagen, die schwach und bloß von Tugend sind" M. Opitz; die vorliegenden Hilfsmittel belegen eine solche Verwendung für die mhd. Sprache aber nicht.)

Ton 46

Der Ton ist in den Hss. A und C in gleicher Reihenfolge und mit gleichem Strophenbestand überliefert. Einige Bindevarianten deuten auf eine gemeinsame Quelle hin, aber es gibt auch singuläre Varianten, die die Situation verunklären. Die meisten Hgg. haben an mehreren Stellen aus metrischen Gründen konjiziert, so auch Cormeau. Im Gegensatz zur 14. Aufl. wird hier deutlich zurückhaltender verfahren (s. u.); gleichzeitig ist dieser Ton aber auch ein beredtes Beispiel für die großen Schwierigkeiten, denen ein Editor begegnet, wenn er an metrischen Prämissen festhalten will (vgl. dazu auch meine Bemerkungen in der Einleitung zur 15. Aufl.).

I, 1: Im Gegensatz zur 14. Aufl. wird der hsl. Wortlaut nicht verändert. Die meisten Hgg. haben aus metrischen Gründen Wörter ergänzt. Metrisch ist der Vers sechshebig zu realisieren, indem man *ál-sô* mit zwei Hebungen versieht. *Genâde* wird als Verbform aufgefasst (hier Imperativ).

I, 5: Im Gegensatz zur 14. Aufl. wird der hsl. Wortlaut *ze kurzer wîle* (statt konjiziert *ze kurzewîle*) beibehalten. Frühere Hgg. haben an das Kompositum ‚Kurzweil' gedacht. Ob die Schreiber der Hss. dies gemeint haben, mag aber zweifelhaft sein, da das Kompositum in dieser Zeit bereits auch handschriftlich weit verbreitet ist. Man kann diese Stelle auch folgendermaßen deuten: ‚für kurze Zeit' (nämlich die Zeit, in der der Mann auf die Frau warten muss).

II, 1: Die Entscheidung gegen die Basishandschrift C liegt darin begründet, dass C das Verb *gewinnen* im Konj. Prät. überliefert. Dies würde bedeuten, dass die Frau noch gar keinen Geliebten hat – was allerdings im Widerspruch zum Indikativ in den Versen 2, 6 (und semantisch auch 7) steht.

II, 7: Im Gegensatz zur 14. Aufl. wird hier nicht aus metrischen Gründen konjiziert (Einfügung von *iemer*). Die emphatische Aussage des Verses erlaubt, drei beschwerte Hebungen auf *sî, ouch* und *dâ* anzusetzen.

III, 2: Im Gegensatz zur 14. Aufl. wird kein Reflexivpronomen (*mich*) gegen die Hss. eingefügt. Metrisch ist dies kein Problem, wenn man den Vers auftaktlos ansetzt. Allenfalls zu bedenken wäre, ob ein intransitiver Gebrauch des Verbs *friunden* zu belegen ist. Die Wörterbücher legen das zwar nicht nahe, doch ist insbesondere hier auf das bekannte Problem zirkulärer Argumentation im Bereich der synchronen Grammatik des Mittelhochdeutschen hinzuweisen: Während Lexer (III, 525) als Beleg für den reflexiven Gebrauch des Verbs *friunden* unsere Stelle (mit Konjektur) angibt, findet sich bei BMZ noch die handschriftliche Version als Beleg für eine Verwendung im Sinne von *amicum facere*.

III, 8 f: Im Gegensatz zur 14. Aufl. wird auch hier nicht aus metrischen Gründen konjiziert (*nû* am Versende). In V. 8 wird auftaktlos gelesen mit Hebungsprall: beschwerte Hebung auf *sô* und *lâ-ʒe*; V. 9 ebenfalls auftaktlos mit Hebungsprall: beschwerte Hebung auf *ein* und *wê-nic*.

IV, 9: Im Gegensatz zur 14. Aufl. wird das überlieferte Präfix *ge-* bei *ge-tar* nicht getilgt; metrisch entsteht keine ernste Störung.

Ton 47

Der Ton weist eine ungewöhnliche Überlieferung auf: Unter Walther ist zunächst in A ein vierstrophiges Lied überliefert, das sich auch in C (hier C^2) unter Walther findet − beide Textfassungen gehen auf eine gemeinsame Quelle zurück. C hat in einem anderen Kontext (112 Strophen zuvor) noch einmal die Strophen II und IV (hier C^1). Unter dem Namen Reinmar sind Teile des Liedes in den Hss. B (Str. III), E (Str. I, III, IV) und C überliefert − in C die Str. I und III, indes nicht unmittelbar nacheinander. Die Strophen finden sich in der Reinmarüberlieferung zusammen mit anderen tongleichen oder tonähnlichen zu neuen Liedkontexten verknüpft.

Die Edition des Tons folgt weitgehend der 14. Aufl. mit kleineren Abweichungen (s. u.). Auf eine Fassungsedition wird verzichtet. Nachfolgend aber Erläuterungen zu den beiden Fassungen:

1. Die vierstrophige Fassung in A und C^2: (I) zeigt ein orientierungsloses Ich, (II) das Ich sucht Rat bei einem Mann, über den viel Gutes gesagt wird; allerdings hat das Ich auch Zweifel, (III) der sprechende Mann bekundet seinen Willen zum Dienst − auch wenn sich Widerstände auftun, (IV) thematisiert − wie häufig im Minnesang − kommunikative Probleme, es geht um Schein und Sein; der Mann aber erträgt seinen Kummer willig.

2. Die zweistrophige Fassung in C^1: Hier handelt es sich um einen Wechsel, (II) ist aus der Perspektive einer Frau, (IV) aus derjenigen eines Mannes gesprochen.

III, 9: Im Gegensatz zur 14. Aufl. wird der hsl. Wortlaut aus metrischen Gründen nicht verändert (Tilgung von *doch*). Vierhebigkeit ist durch Ansatz eines Auftakts leicht zu realisieren.

IV, 3: Die Konjektur (Tilgung der Negation) wird beibehalten. Zwar gibt das Festhalten am hsl. Wortlaut bei Lachmann, Wilmanns/Michels und Schweikle zu denken, doch lassen sich die Überlegungen, die dabei eine Rolle spielen, bislang nicht philologisch stützen. Schweikle übersetzt den negierten Vers so: ‚und ich doch Kummer nicht zur Schau stelle'; *enhân* aber als ‚nicht zur Schau stellen' zu verstehen, wird durch die Wörterbücher nicht gestützt. Nach vielen Recherchen und Diskussionen entscheide ich mich, die Konjektur beizubehalten, da mir nur damit ein adäquates Textverständnis möglich erscheint.

Ton 48

Gemeinsame Varianten (Fehler) von A und C deuten auf *eine* Quelle hin; es gibt aber auch singuläre Varianten, die auf Sonderwege im Überlieferungsprozess hinweisen. Auffällig sind eine Reihe von deutlichen metrischen ‚Defekten'.

I, 9: Sowohl A als auch C überliefern einen stark überladenen Vers. Die Konjektur (seit Lachmann) wird beibehalten.

II, 3: Die Hss. weisen hier einen deutlich unterfüllten Vers auf. Der Ansatz einer Lücke wird beibehalten, auf eine lexikalische Vermutung aber verzichtet.

III, 2: Im Gegensatz zur 14. Aufl. wird hier der hsl. Wortlaut beibehalten, obwohl damit ein Halbreim (*endelôs: trôst*) in Kauf genommen werden muss (so auch Wi/ Mi und Schweikle). Dies mag eine strittige Entscheidung sein, die vielleicht aber dadurch zu rechtfertigen ist, dass eine Besserung, die einen reinen Reim herstellt, semantisch stark in den Text eingreifen würde (wie etwa an Lachmanns Konjektur *... und mich erlôst* deutlich wird).

III, 11: Auch hier weisen beide Hss. einen überladenen Vers auf; die Tilgung des Wortes *herze* ist angezeigt. Möglicherweise ist das Nomen sekundär in die Überlieferung geraten, um das Verständnis des Verses zu erleichtern.

Ton 49/ Ton 49a

Das Lied ist in drei Hss. überliefert: AC stehen E gegenüber. Der Vergleich der Fassungen zeigt, dass eine Fassungsedition (AC vs. E) kaum gerechtfertigt wäre. Die E-Fassung ist zwar grundsätzlich lesbar (vgl. dazu den Fassungskommentar unten), doch im Ganzen betrachtet deutlich schlechter als AC; es drängt sich der Eindruck auf, es hier mit zwei sekundär zusammengefügten Strophenkomplexen zu tun zu haben (E I – III = AC$^{I\,II\,V}$ und IV – V = AC$^{IV\,III}$), was in der dreistrophigen Fassung von 49a eine gewisse Stütze findet. Im Gegensatz zur 14. Aufl. wird die AC-Fassung nicht nach A sondern nach C ediert, weil der C-Text keine Eingriffe erforderlich macht. Ein metrisches Problem stellen die jeweils sechsten Verse dar. In der Überlieferung schwankt die Anzahl der Hebungen zwischen 8 und 9. Auf editorische Eingriffe zur Egalisierung wird verzichtet, da gerade der sangliche Vortrag solcher Langverse viele Möglichkeiten bietet, Text und Melodie zu synchronisieren. Offen muss auch bleiben, ob der Ansatz von Langzeilen überhaupt das Richtige (‚Ursprüngliche'?) trifft − Reimpunkte finden sich im Zäsurbereich der letzten Zeile in den überliefernden Hss. nicht durchgängig. Der Ansatz der Tonvariante 49a ist darin begründet, dass die V. 6 und 7 zusammen genommen neun Hebungen aufweisen; die in 49 edierte Langzeile 6 weist hingegen acht Hebungen auf. Hs. b setzt konsequent hinter den jeweils 6. Vers einen Reimpunkt; insofern ist der Ansatz einer Waisenzeile hier handschriftlich gestützt.

Charakteristik der E-Fassung: Die Strophen AC III und V sind in E in umgekehrter Folge in das Lied eingebettet, d. h., die Warnung und Drohung, gerichtet an die Frau (AC III), steht in E am Liedende, während die ‚Rache'-Strophe (AC V) in E in der Liedmitte angeordnet ist. Dadurch entsteht deutlich der Eindruck einer Zweiteilung, denn die Strophen E I–III stellen eine in sich geschlossene Einheit dar, die mit den Strophen E IV–V keine konsequente Fortsetzung erfährt; vielmehr stellen diese Strophen eine alleinstehende Sequenz dar, die möglicherweise in der Vorstufe von E auch als eine solche ein (Vortrags-) Leben gehabt hat. Die Tonvariante 49a zeigt überdies, dass auch in einem weiteren Textzeugen (b Reinmar) nur eine dreistrophige Fassung in Umlauf war, sodass man vermuten darf, dass der Ton lange Zeit sehr unfest gewesen ist und mit unterschiedlichem Strophenbestand in den Traditionsprozess Eingang gefunden hat.

Ton 50

Das Lied bzw. Teile des Liedes sind in den Hss. A, C und E überliefert. A bietet eine fünfstrophige Fassung. C überliefert ebenfalls fünf Strophen, diese sind jedoch in zwei Blöcken getrennt voneinander aufgezeichnet worden: zunächst ein zweistrophiger Block (III, IV), über hundert Strophen später ein dreistrophiger (I, II, V); ein Zeichen weist auf die Zusammengehörigkeit der Strophen hin, die Strophenreihenfolge bleibt aber unklar. E überliefert nur den letzten C-Block, anders als C in der V. Strophe ohne Refrain. Die Textedition orientiert sich an Hs. A, der strenger gefolgt wird als in der 14. Aufl. Der Überlieferungsbefund in den Hss. C und E lässt den Schluss zu, dass zwei (Teil-) Fassungen des Liedes existierten: einmal der Komplex C¹ (*Wan sol sîn* und *Ich wil al der welte*) und einmal der Komplex C²E (*Die mir in dem Winter / Zwêne herzeklîche vlüeche / Hêrren und vriunt*). Im Folgenden eine kurze Charakteristik der nicht eigens edierten Fassungen:

Fassung nach C¹ (*Wan sol sîn* und *Ich wil al der welte*): Die Fassung wird sangspruchartig eröffnet mit einer sentenzhaften Handlungsmaxime, die zu Besonnenheit und Ruhe auffordert, auch wenn dem Menschen Gegenteiliges widerfährt. Am Ende der Strophe wird die Minnethematik eingeführt. Sie wird in der zweiten Strophe aufgegriffen und fortgesetzt: der Mann schwört der Frau, nur sie zu lieben und erwartet (indirekt formuliert) eine positive Reaktion.

Fassung nach C²E (*Die mir in dem Winter / Zwêne herzeklîche vlüeche / Hêrren und vriunt*): Diese Fassung beginnt mit einer Klage des sprechenden Mannes über gestörte Freude in der Winterzeit; er ist über die Störer verärgert und sucht nach geeigneten Ausdrücken (*vlüechen*). Dieses Thema wird in der folgenden Strophe in etwas kryptischer Weise weitergeführt: als Flüche werden *esel* und *gouch* angeführt. Am Ende gibt sich der Sprecher, wie auch am Ende der ersten Strophe, versöhnlicher — wenn denn die Widersacher Reue zeigen. Passen die ersten beiden Strophen gut zusammen, so ist der Übergang zur dritten weniger gut, denn von einem *minneclîchen strît* war bisher nicht die Rede.

I, 3: *muoz*: In der 14. Aufl. wurde gegen alle Hss. zu *müez* konjiziert. Der überlieferte Indikativ ist indes verständlich, wenn man ihn futurisch auffasst.

II, 1 *herzeliebe*: Die in A belegte Lesart steht gegen *herzekliche* in C und E; in der 14. Aufl. war letztere gewählt worden. Da aber das Adjektiv *herzeliep* gut belegt ist, kann man bei der A-Variante bleiben.

II, 5: A und C überliefern den Singular *im ... dem*; E einen Plural, den Cormeau in der 14. Aufl. in den kritischen Text nahm. Vom Kontext her spricht einiges für den Plural, doch ist auch der Singular nicht unverständlich, insbesondere dann, wenn man die Vortragssituation mit berücksichtigt: Hier kann der 5. Vers durch Intonation und/oder Gestik hervorgehoben worden sein, sodass eine strenge grammatikalische Textlogik nicht zwingend erforderlich war.

V, 3: A überliefert *dir* statt *iu*; aufgrund des Plurals *Hêrren und vriunt* (V. 1) lässt sich an *dir* nicht festhalten.

Ton 51

Das sog. ‚Kranz-Lied' ist eines der am häufigsten — kontrovers — interpretierten Lieder Walthers. Die Debatten betreffen sowohl den Inhalt und Texttyp (Pastourelle/Mädchenlied; eine Forschungsübersicht bei Schweikle, Bd. 2, S. 674—679) als auch die überlieferte Strophenreihenfolge und damit in Zusammenhang die Liedkohärenz.

Die Überlieferung: Die Hss. A, C und E tradieren einmal einen zusammenhängenden fünfstrophigen Komplex (A), einmal — mit Unterbrechung — einen dreistrophigen und zweistrophigen (C) sowie einmal einen vierstrophigen Komplex (E). Geht man von einem fünfstrophigen Lied aus, dann ist es so gut wie unmöglich, dieses in der AC-Reihung zu lesen. Denn: Die Strophe *Mich dûhte* entlarvt das Geschehen der Strophen I—III als Traum, die Strophe *Mir ist*, ganz im Präsens formuliert, stellt eine ‚Wach'-Ebene dar: das Ich sucht in der ‚Wirklichkeit' die Traum-Frau. In der Reihenfolge von AC würde also erst auf die präsentische ‚Wirklichkeitsstrophe' die Aufdeckung erfolgen, dass die erotische Begegnung ein Traumerlebnis war — dies ist handlungs- und erzähllogisch schwer hinnehmbar (anders Bennewitz, 1989). Im Laufe der langen Forschungsgeschichte zu diesem Lied wurde allerdings des Öfteren überlegt (vgl. die Debatte Wapnewski vs. Hahn, ferner die Beiträge von Mohr, Schweikle, Bennewitz – diese und weitere dokumentiert bei Scholz, 2005, S. 138 ff.), ob die beiden Schlussstrophen nicht alternativ Verwendung gefunden haben könnten. Diese Überlegungen haben einiges für sich, und auch die Überlieferung in C mag ein Indiz dafür sein, dass das Lied einen Kernteil und einen variablen Schlussteil gehabt hat. Dies vorausgesetzt, wird nun, anders als in der 14. Aufl., die Strophenreihung nicht konjektural verändert. Basis des Editionstexts ist die C-Fassung. Die Strophen I–III werden in dieser Nummerierung nacheinander ediert; die folgende Trennlinie deutet an, dass die Folgestrophen in C nicht im Verbund mit I, II, III überliefert sind. Da sie in der überlieferten Reihung nicht sinnvoll anzuknüpfen sind, werden sie nicht als IV und V, sondern als IVa und IVb bezeichnet. Damit wird signalisiert, dass es sich höchstwahrscheinlich um alternative Schlussstrophen gehandelt hat bzw. dass nur eine Umkehr der Folge (IVb–IVa) eine kohärente Liedversion ergeben konnte. – Während die Wortvarianz zwischen A und C recht gering ist, weicht E an zahlreichen Stellen lexikalisch weit ab (besonders sei hingewiesen auf III, 6 und IVa 5/8).

I, 6: C überliefert (wie E) *ir*, was die Redeperspektive gegenüber A (*vwer*), diese in der 14. Aufl. präferiert, deutlich verschiebt. In CE endet also die direkte Rede des Mannes mit V. 4. Die V. 5–8 richten sich an das Publikum. Ein Schreib- oder Hörfehler ist nicht auszuschließen, doch muss eine in zwei nicht unmittelbar verwandten Hss. bezeugte Lesart zu denken geben. (Für intensive Diskussion dieser Stelle danke ich Frau Judith Neugebauer.)

II, 1: Im Gegensatz zur 14. Aufl. wird das in allen drei Hss. überlieferte Wort *frowe* im Text belassen. Dadurch ist eindeutig markiert, dass in dieser Strophe der Mann spricht (in der Forschung finden sich kontroverse Debatten darüber, wer in der Strophe spricht, weil die meisten Hgg. das Wort *frowe* wegkonjiziert hatten). Das metrische Problem lässt sich wie folgt lösen: Die jeweils ersten Verse aller Strophen können gut vierhebig gelesen werden (in früherer Forschung wurde ein Dreiheber angesetzt).
II, 3: Im Gegensatz zur 14. Aufl. wird das in allen drei Hss. überlieferte Wort *aller* im Text belassen; zur Metrik vgl. den Kommentar zu II, 1, auch der jeweils dritte Vers lässt sich vierhebig lesen.
II, 6/7: Die Präteritalformen *entsprungen* und *sungen* scheinen nicht gut zum Präsens in V. 5 und besonders V. 8 zu passen, doch muss bedacht werden, dass immerhin zwei Hss. (AC) dieses Temporalgefüge überliefern und damit augenscheinlich kein (Verständnis-) Problem gehabt haben. Daher bleibe ich im Gegensatz zur 14. Aufl. bei der AC-Lesung.
II, 7: Aus grammatikalischen Gründen muss der fehlende Nasal in C mit A ergänzt werden.

IVb, 1: A und C überliefern *ie*. Sowohl aus inhaltlichen als auch aus metrischen Gründen (identischer Reim auf V. 3) muss zu *nie* gebessert werden.

IVb, 8: Es spricht alles dafür, dass sich hinter den hsl. Lesarten *muoze* bzw. *muoz* die dentallose Präteritalform von *müezen* (= *muose*) verbirgt.

Ton 52

Das Lied ist in A und C in gleicher Reihenfolge überliefert und enthält kaum textkritische Probleme. Die Entscheidung für A als Basishandschrift begründet sich darin, dass C mehr Fehler enthält als A.

III, 3: Die A-Lesart *bra* (statt C *bin*) ist sehr merkwürdig und fehlergenetisch schwer erklärbar; wahrscheinlich liegt ein Zeilensprung beim Abschreiben vor (zu I, 6).

IV, 1: In A fehlt das Verb; Ergänzung nach C.

IV, 3: In A muss die Dittographie *aber ... aber* getilgt werden.

IV, 7: A liest *den winter* und vertauscht damit Subjekt und Objekt; man kann die A-Version verstehen, doch dürfte die C-Lesart dem Strophenkontext eher angemessen sein.

V, 5: Statt *lange* überliefert A *lege*. Möglicherweise verbirgt sich hinter der A-Lesart der Konj. Prät. von *ligen*; allerdings funktioniert dann der syntaktische Fortgang in V. 6 nicht mehr.

V, 7: A überliefert *zetobernv*; mit C wird zu *ze Toberlu* gebessert. Die A-Lesart mag auf einen Hörfehler zurückgehen.

Ton 53

Der Ton ist in A und C in gleicher Strophenfolge und mit nur wenigen Textvarianten überliefert. Die Entscheidung für C als Basishs. begründet sich darin, dass A einige (wenige) Varianten/Fehler aufweist (besonders in Str. III), die C nicht hat.

I, 6: Beide Hss. überliefern statt *über al*: *über uf*, was allerdings ein Fehler bereits in der Vorlage von A und C sein dürfte. Wahrscheinlich steht hinter dem Defekt Folgendes: Im Laufe der Textüberlieferung ist es wohl zu Unsicherheiten bezüglich der Präposition gekommen, möglicherweise gab es eine Fassung mit der Formulierung *über der welde swære* und eine zweite mit *úf der welde swære*. Ob Bodmers Konjektur *über al der* ... (von den Hgg. und Cormeau übernommen) etwas Ursprüngliches trifft, bleibt unsicher. Da man aber in jedem Fall eingreifen muss, übernehme ich die Konjektur auch in der 15. Aufl. Möglich wäre auch, das *uf* der Hss. ersatzlos zu tilgen.

III, 20: Im Gegensatz zur 14. Aufl. (dort lautete der Vers: *des heilegeistes her*) wird Lachmanns Konjekturvorschlag *sîn* statt hsl. *den* berücksichtigt. In den Hss. scheint die Stelle verderbt zu sein. Beide Hss. überliefern den Artikel *den*, was keinen Sinn ergibt; daher Konjektur zu *sîn* (denkbar wäre auch *dîn*, allerdings müsste man dann einen harten Wechsel in der Sprechperspektive in Kauf nehmen). A setzt als darauf folgendes Nomen *heiligeist* (= der Heilige Geist), C hingegen den Superlativ *heilegestes*. Der Kontext spricht eher für die C-Lesart: Ab V. 17 wird Gottes Wille zur Rache beschrieben, ab V. 19 drückt der Sprecher seinen Wunsch aus, dass sich das ‚heiligste Heer‘ versammeln möge. Dieses setzt sich (V. 17) aus ‚Heldenhänden‘ zusammen; diese Formulierung scheint mir weniger zu einem ‚Heer des Heiligen Geistes‘ zu passen.

IV, 18: Die beiden Hss. bereiten mit ihren Lesarten *borgen dingen* (C) bzw. *bægen dingen* (A) gleichermaßen Probleme. Die C-Lesart wird hier beibehalten, da sie etwas besser verständlich ist als die A-Fassung. Die Lesart *bægen* lässt sich nicht befriedigend verstehen, ein Lese-/Abschreibfehler *-or-* > *æ* ist gut vorstellbar. – Vgl. die Erschließungshilfen.

Ton 54

Der strophenreiche Bogner-Ton ist nur in C überliefert. Von daher ergeben sich kaum textkritische Probleme bzw. Entscheidungsnöte; Einzelheiten werden weiter unten kommentiert.

I, 6:7: Die Konjekturen *wîse*: *prîse* (seit Benecke) erscheinen aus metrischen Gründen nötig, da der Ton in den Versen 6 und 7 sonst nur weibliche Kadenzen aufweist.

III, 7: Die Konjektur *wem* ist aus grammatikalischen Gründen nötig; *mit* erfordert den Dativ.

VI, 5: Im Gegensatz zur 14. Aufl. wird die hsl. Form *friunde* (Plural) beibehalten. Mit Blick auf V. 6 und 7 dürfte hier eine Inkongruenzerscheinung des Numerus vorliegen; vgl. Paul, Mhd. Gr., 2007, § S 138.
VI, 8: Die Konjektur *muoste* ist aufgrund eines erforderlichen Indikativs nötig. In der hsl. Lesart *müeste* mag man eine Modusattraktion (zu *hæte*, V. 7) vermuten.

VII, 3: Im Gegensatz zur 14. Aufl. wird die hsl. Verbform *sinewel* beibehalten, anzunehmen ist eine Apokope der Personalendung *-(l)e*.

VIII, 6: Im Gegensatz zur 14. Aufl. wird die hsl. Form *stat* beibehalten, hier zu verstehen als 2. Pers. Pl. Imp. (die Sechs wird geihrzt).
VIII, 7: Aus Reimgründen muss das hsl. *gefriget* zur kontrahierten Form *gefrîet* gebessert werden.
VIII, 8: Im Gegensatz zur 14. Aufl. wird die hsl. Form *drigen* beibehalten, da sie (anders als in V. 7) nicht im Reim steht und zu *drîen* angepasst werden müsste.

XIII, 4: Im Gegensatz zur 14. Aufl. wird die hsl. Lesart *alle sine* mit Blick auf die Normalisierungsregeln beibehalten.

XV, 1: *rich*: Wie in der 14. Aufl. wird hier (mit Lexer I, 416) ein kurzes *rich* angesetzt; aber bereits bei BMZ finden sich Zweifel. Denkbar ist auch eine leichte Reimstörung (Kurzvokal reimt auf Langvokal).

Ton 55

Der Überlieferungsbefund ist merkwürdig: es gibt sieben Strophen im Schema des Tons 55, die auf drei Hss. verteilt sind, aber nur *eine* findet sich in zwei Hss.: Str. III (in a und C). Vier weitere Strophen überliefert C, je eine weitere a und w[xx] (fragmentarisch). Da es sich um Sangspruchdichtung handelt, werden poetologische Aspekte durch diese Strophenstreuung kaum berührt. Die Editionsprinzipien der 14. Aufl. können übernommen werden; kleinere Abweichungen werden weiter unten erläutert.

II, 9: Der Vers ist in der Überlieferung unvollständig; auf eine Ergänzung, die allzu hypothetisch wäre, wird aber verzichtet.

II, 12: In der 14. Aufl. wurde die hsl. Formulierung *din nam* zu *ein nam* konjiziert; dies wohl deshalb, weil der entsprechende Vers bei Reinmar (MF 165,28) seit jeher „*Sô wol dir, wîp, wie rein ein nam*" lautet (so zumindest in den Reinmar-Editionen). Die entsprechende Strophe ist in vier Hss. (A, B, C und E) überliefert, doch nur drei bezeugen die Lesart *ein*, Hs. C schreibt *din*. Auch von daher sollte der Wortlaut von a beibehalten werden, denn es ist ja nicht auszuschließen, dass es zwei konkurrierende Fassungen der Strophe – vielleicht schon zu Lebzeiten Walthers – gegeben hat und dass a auf die Tradition der Reinmar C-Fassung rekurriert. Die Wortumstellung am Ende des Verses ist aus Reimgründen notwendig.

IV, 3: Das hsl. *dc* passt syntaktisch nicht, daher Besserung zu *dâ*; eine Fehlergenese ist leicht nachvollziehbar: Lesefehler *da > dc*.

V, 2: Im Satz fehlt ein Verb; die Ergänzung *lêren* (seit Bodmer) dürfte das Richtige treffen.

V, 9: Der Vers ist in der Überlieferung metrisch unterfüllt. Die Hgg. setzten ein *gerne* an; in der 15. Aufl. wird auf eine Konkretisierung verzichtet, weil unterschiedliche Füllwörter sowie Stellen der Einfügung denkbar sind.

VII, 1–7: Der Beginn der Strophe fehlt; Maurer hatte angenommen, es handle sich hier um eine Walther-Strophe, die Wolfram im ‚Parzival' anzitiere: (24)„*des muoz hêr Walther singen* / (25) *,guoten tac, boes unde guot.'* / (26) *swâ man solhen sanc nu tuot,* / (27) *des sint die valschen gêret.* / (28) *Kei hets in niht gelêret,* / (29) *noch hêr Heinrich von Rîspach.*" (Pz 297, 24ff.). Vgl. auch Naumann, ZfdA, 1951/52, 125–127. Es ist schwer zu sagen, über wie viele Verse sich im Parzival das ‚Zitat' erstreckt. Maurer lässt die Walther-Strophe mit den ‚Parzival'-Versen 25, 26, 27 beginnen und setzt danach eine Lücke von ca. 3,5 Versen an. Maurers Annahme ist sehr hypothetisch, daher wird sein Versuch nicht übernommen. – Merkwürdig bleibt indes, dass, wenn mit dem Namen ‚Walther‘ im ‚Parzival‘ Walther von der Vogelweide gemeint ist, es in der Walther-Überlieferung keinen solchen Vers gibt.

VII, 11: Die Schreibweise des ersten Buchstabens von *itel* (oder *stel*) ist mehrdeutig; das Schaft-s ist im Fragment sonst deutlich größer. Wenn *itel* das Richtige trifft, handelt es sich bei *biutel* um ein starkes Neutrum (Lexer belegt maskulines und neutrales Genus); dies wiederum erlaubt die endungslose Form *itel* (statt *itel(e)n*); vgl. Paul, Mhd. Gr., 2007, § M 23 und M 28). – Die Herausgeber haben sich mehrheitlich für die Lesart *stelbiutel* entschieden (in der Bedeutung ‚Diebessack‘). Die Wörterbücher belegen ein solches Wort aber nicht.

VII, 12: Der Vers ist in der Überlieferung unterfüllt; daher Ansatz einer Lücke.

Ton 3 Fortsetzung

Die hier im Buch III edierten sechs Strophen sind im gleichen Ton gedichtet wie die des Tones 3 in Buch I. Lachmann hatte die Strophen deshalb an unterschiedlichen Orten in seiner Edition platziert, weil die Strophen VI–XI nur in C, die Strophen I–V in B *und* C überliefert werden. Da die 15. Aufl. grundsätzlich an der Lachmannschen Bucheinteilung festhält, wird diese Tontrennung beibehalten, die allerdings eine gewisse Stütze in C findet, denn zwischen Strophe V (= 8C) und Strophe VI (= 35C) liegen 27 Strophen in anderem Ton.

VII, 1: *drabe*: Im Gegensatz zur 14. Aufl. wird die handschriftliche Lesart, die Lachmann noch in seinem Text beibehalten hatte, der Konjektur *traf* vorgezogen. Es ist schwer zu entscheiden, ob man *draben* intransitiv (wie Schweikle in seiner Ausgabe) oder transitiv verstehen kann oder soll. Im einen wie im anderen Fall ergibt sich eine etwas außergewöhnliche Bildlichkeit, was aber mit Blick auf die Metaphern in den folgenden Versen, die möglicherweise der Fechtersprache angehören, relativiert wird.

VII, 3: *rederîchen iegeslîcher*: die hsl. Lesart *rederiche iegesliche* ist grammatikalisch nicht haltbar. Aufgrund des Verbs muss das Subjekt im Plural stehen (*rederîchen*). Schwieriger zu lösen ist die Problematik des Folgewortes *iegesliche*. Die meisten Hgg. haben sich Wackernagels Konjektur *iegeslîches* angeschlossen. Um eine Verbesserung kommt man wohl nicht umhin, doch scheint ein Bezug auf das feminine *slahte* sinnvoller; daher wird im Gegensatz zur 14. Aufl. nun die Konjektur *iegeslîcher* eingesetzt.

VII, 4: Im Gegensatz zur 14. Aufl. wird die hsl. Lesart *eime* (statt *einen*) beibehalten. *eime* ist als Dativobjekt auch ohne weitere Begleitung eines Nomens belegt (vgl. Rudolf von Ems: Barlaam und Josaphat, V. 76.). *der drîer* kann als partitiver Genitiv transitiver Verben aufgefasst werden (Paul, Mhd. Gr., 2007, § S 72).

VII, 8: Im Gegensatz zur 14. Aufl. wird die hsl. Lesart *alle* (statt *als ê*) beibehalten; das Adjektiv kann auf das sprechende Ich und den Rat bezogen werden. Die Konjektur *als ê* greift tief in den Sinn ein und stellt einen intertextuellen Bezug her, der nicht zu belegen ist.

VIII, 6: Die hsl. Lesart *hant* wäre dann verständlich, wenn man sie auf den *keiser* bezieht (wie V. 4). Die Bildlichkeit spricht jedoch deutlich dafür, dass hier die *kerȝe* gemeint ist, deren Licht die Augen *erblendet*.

IX, 6: Die hsl. Lesart *kúnec ist* ergibt keinen Sinn. Denkbar ist, dass dieser Schreibfehler entstanden ist, als dem Schreiber der entsprechende Vers diktiert wurde. Der Schreiber hätte das Wort *küniges* falsch interpretiert und zu *kúnec ist* aufgelöst. Denkbar ist aber auch eine unleserliche Vorlage.

Ton 56

Es handelt sich um eine Einzelstrophe, die nur in C überliefert ist. Es gibt keine Vergleichsstrophen im selben Ton – von daher ist jede Art metrischer Besserung fragwürdig. In der Forschung wurden zahlreiche Konjekturen vorgenommen (vgl. den Hgg.-Apparat in der 14. Aufl.), um einen daktylischen Rhythmus (wieder) herzustellen. – Auf solche Eingriffe wird, wie auch in der 14. Aufl., verzichtet.

7: Wohl mit Blick auf den vierhebigen 8. Vers hatte Cormeau im 7. einen fehlenden Takt angesetzt. Da jedoch keine Aussage über die Tonmetrik gemacht werden kann, wird hier darauf verzichtet.

Ton 57

Die Überlieferung zeigt zwei Fassungen: Eine fünfstrophige in CE ist für Walther verbürgt, eine dreistrophige in A für Lutold von Seven (einen biographisch nicht genauer identifizierbaren Dichter, möglicherweise Zeitgenosse Walthers). – Da in dieser Ausgabe nur Lieder und Töne ediert werden, die auch in der Überlieferung mit dem Namen ‚Walther' in Verbindung gebracht werden, ist es hier allein nötig, die C-Fassung (wie in der 14. Aufl.) wiederzugeben. Im Folgenden aber einige Bemerkungen zu den beiden Fassungen, die deutlich voneinander abweichen, im Wesentlichen dadurch bedingt, dass die Walther-Fassung zwei Strophen mehr aufweist als die Seven-Fassung. Mehr als in anderen Fällen wird die Grundaussage eines Liedes hier entscheidend durch den Umstand verändert, dass die zwei CE-Strophen im einen Fall vorhanden sind, im anderen nicht. Die Seven-Fassung stellt ein eher traditionell zu nennendes Lied dar: einen Dialog zwischen einem werbendem Mann und einer bescheidenen, zurückhaltend-lernwilligen Frau. Allerdings ist die Rollenverteilung (Mann eher dominant, Frau eher devot) nicht die des ‚hohen Sangs', und auch der am Ende der dritten Strophe formulierte Wunsch des Mannes geht ja über das meist ideelle Ansinnen der ‚Hohe-Sang-Männer' hinaus. − Die Walther-Fassung hingegen erhält durch die Strophen IV und V einen ganz anderen Charakter: Das Bild der Frau − in den Strophen I−III noch das einer etwas naiven oder unverständigen Person − wandelt sich durch die Folgestrophen deutlich dahingehend, dass die Frau das raffinierte Werbungsspiel des Mannes durchschaut und ihn mit seinen eigenen rhetorischen Waffen schlägt, denn sie überträgt die *lîp*-Metaphorik auf eine allzu realistische Ebene: ein *lîp*-Tausch täte weh, würde schmerzen, ja zum Tod führen − die Dame jedoch wünscht, noch etwas länger zu leben (vgl. auch die Herzenstauschepisode in Hartmanns von Aue ‚Iwein' mit ähnlicher Komik, V. 2990−3023). In der Forschung ist meist die Überlegung anzutreffen, dass Seven mit dem Liedgut Walthers aufgetreten sei und dass daraus einige Unsicherheiten in der Zuschreibung entstanden wären. In unserem Fall hätte Seven die provozierenden Strophen IV und V bewusst weggelassen. Das kann so sein. Wer aber will ausschließen, dass nicht auch das Umgekehrte denkbar ist? Seven hat ein dreistrophiges, wenig spektakuläres Lied gedichtet, das von Walther erweitert wurde und dadurch eine besondere, komisch-ironische Pointe erfuhr.

Der Editionstext basiert auf C, die deutlich besser ist; E weist zahlreiche lexikalische und syntaktische Änderungen auf, die den Text sowohl metrisch als auch semantisch meist verschlechtern. Besonders deutlich wird das in Str. II, die E zur Männerstrophe macht (mindestens bis V. 4), indem sie in V. 2 die Apostrophe *frauwe* einfügt. Nur mit Mühe ist eine solche Variante zu verstehen.

IV, 2: Im Gegensatz zur 14. Aufl. wird *swa* aus C beibehalten, was gegenüber der E-Lesart *swaz* fast sinnneutral ist.

Ton 58

Das Lied ist textkritisch relevant nur in C überliefert, dort allerdings mit besonderen Herausforderungen an den Editor (s. u.). Für die Textherstellung unbedeutend, aber in anderer Hinsicht bemerkenswert ist die Überlieferung der ersten vier Verse der ersten Strophe in Hs. α: In niederdeutscher Sprache ist dort notiert:

Nymant mach mid ger −
                    ten
kyndes tzucht erher −

wer sich seluer priemen m −
                    ach
dem(m) ist eyn wort as eyn sl −

Bislang war noch nicht berichtet worden, dass vor diesem Vierzeiler − augenscheinlich vom selben Schreiber − der folgende lateinische Satz notiert wurde (Kürzel aufgelöst): *Augustinus dicit / Aristotiles erat deus in humano corpore hospitatus.* Es ist noch näher zu prüfen, ob es einen Zusammenhang zwischen dem lateinischen Text und den mndt. Versen geben könnte.

Zur C-Überlieferung: Aufgrund der besonderen poetischen Struktur des Palindroms ergeben sich hier, anders als sonst, größere Probleme bei der Textherstellung. Augenscheinlich hat die Palindrom-Struktur im Laufe der Überlieferungsgeschichte gelitten, wenn man davon ausgeht, dass Strophen und Verse ursprünglich wohlbedacht und kalkuliert das Palindrom-Muster erfüllten. Der Editor steht vor der nicht einfachen Entscheidung, entweder ein ‚gestörtes Palindrom' gemäß der C-Überlieferung zu edieren oder aber einige Konjekturen vorzunehmen und das Palindrom wiederherzustellen. Ich habe mich entschieden, den konjizierten Text der 14. Aufl. beizubehalten, weil die poetische Struktur hier mehr als andernorts eine wirkliche Textverderbnis in C anzeigt (Strophe V ist schlechterdings nicht, wie in C, vor IV zu setzen, denn die deiktische Formulierung *der drîer* setzt eine Nennung der drei Sinne voraus). – Das größere Spatium zwischen der V. und VI. Strophe wird indes nicht übernommen. Die Strophe fügt sich zwar nicht stringent an die übrigen fünf an, kann aber durchaus als ein ‚Ausblick' auf die moralische Erziehung eines Ritters gelesen werden.

Ton 59

Das einzige Tagelied Walthers ist mit gleicher Strophenanzahl und in gleicher Strophenreihenfolge in A und C überliefert. Die Strophenfolge hat der Forschung von Beginn an Probleme bereitet, und fast alle Hgg. (Ausnahme Schweikle mit Verweis auf Scholz, 1989) haben die Strophen V und VI getauscht, um textlogische Härten zu vermeiden. Dieser Eingriff wird auch in der 15. Aufl. vorgenommen. Begründung: Die Strophe ‚*Frowe, ez ist zît*' würde sich zwar im Anschluss an die Strophe IV verstehen lassen, doch fügt sich die Strophe ‚*Waz helfent bluomen rôt*' nicht sinnvoll an, denn am Ende der Strophe ‚*Frowe, ez ist zît*' ist die Verabschiedung der beiden Liebenden weitgehend vollzogen und die Dame empfiehlt ihren Liebhaber Gott an. Die Frage ‚*Waz helfent bluomen rôt*' wäre nun völlig deplaziert und hätte keinen Bezug zur vorangehenden Strophe. – Es ist möglich, dass die Strophe ‚*Waz helfent bluomen rôt*' nicht zum Kernbestand des Liedes gehört hat; das Lied ist auch ohne diese Strophe problemlos verständlich. Sollte diese Hypothese zutreffen, dann wäre es denkbar, dass im Laufe des Traditionsprozesses die ‚Zusatzstrophe' an falscher Stelle verschriftlicht worden ist.

I, 8: C schreibt *tach* und stellt einen falschen Reimbezug zu den Versen 6 und 7 her.

I, 10: A und C überliefern *niet*; aufgrund der Reimstörung ist eine Besserung nötig.

III, 8: C hat zunächst die Wortstellung von A: *e ich dir aber bi* notiert, dann aber durch Korrekturzeichen die Wortfolge verändert.

IV, 11: Die C-Variante *ougen werde* dürfte ein Schreibfehler sein.

VI, 10: *dir*: In der Regel steht *wern* mit dem Akk. der Person, BMZ aber belegen auch vereinzelte Verwendungen mit dem Dativ (III, 581 b).

VII, 6: Ohne Subjekt macht der Vers keinen Sinn. Das Fehlen des Subjekts (*si*) ist gut erklärbar, wenn man von Textdiktaten in den Vorstufen zu den Hss. ausgeht. Die zwei s-Laute sind in mündlicher Realisierung kaum zu separieren.
VII, 9: Im Gegensatz zur 14. Aufl. wird die überlieferte Wortfolge beibehalten; ein Eingriff, wie ihn die meisten Hgg. vorgenommen haben (*der wil mir*), ist nicht nötig; durch die hsl. Folge wird das Pronomen *der* stark betont.

Ton 60

Das Lied ist in zwei Hss. überliefert: C (I−V) und G (II−IV). G ist ein Fragment, wohl die Außenseite einer Lage, sodass eine größere Menge Text verloren gegangen ist. Es ist gut denkbar, dass G auch die erste Strophe überliefert hat. Die nur in C tradierte fünfte Strophe fehlt in G allerdings eindeutig, da auf die vierte Strophe dort ein neues Lied folgt (Ton 26). − Das Lied wird in der C-Fassung wiedergegeben; die Textqualität ist gut und nötigt zu keinerlei Konjekturen. Eine zusätzliche Edition der G-Fassung erscheint wenig ergiebig, denn mit Ausnahme der letzten Verse von Strophe IV gibt es keine bedeutsamen Textvarianten, und auch die Strophenreihung ist gleich. Die wesentliche Differenz zwischen C und G besteht darin, dass in G die Schlussstrophe von C fehlt. Möglicherweise befand sie sich bereits in der Vorlage von G nicht, oder aber der Redaktor von G hat sie bewusst nicht in seine Sammlung aufgenommen.

Die C-Strophe V hebt sich insofern von den übrigen Kultur-Klagestrophen ab, als sie explizit die Sangeskunst thematisiert. Der sprechende Mann (Walther?) gibt sich als Künstler zu erkennen und droht der Gesellschaft, ihr seinen künstlerischen Dienst vorzuenthalten, wenn sich die Rahmenbedingungen für gute Kunst nicht ändern. Durch diese Strophe erhält das Lied in C eine besondere Note, insofern der Sitten- und Kulturverfall eng mit der Tätigkeit eines ‚Sängers‘ (Dichters?) verkoppelt wird. Diese Nuance fehlt in der G-Fassung, die allerdings auch als drei- (bzw. ursprünglich wohl vier-) strophiges Lied eine in sich stringente Einheit darstellt. Eine Betrachtung des weiteren Kontexts in G lässt keine tief gehenden Schlüsse bezüglich eines klaren Sammelprofils zu, zumal das Doppelblatt wohl eine Außenlage darstellt und der Textverlust groß ist. Eine Überlegung dahingehend, dass G möglicherweise grundsätzlich die Sang-Thematik ausgeklammert wissen wollte, findet jedenfalls im Fragment keine Stütze; denn sowohl im Waltherton 40 als auch im Reinmarlied XXXV wird der Sang thematisiert.

Größere Textvarianz weist G gegenüber C nur in Strophe IV, V. 5 ff. auf; der Text dort lautet:

5 *si swachent wol [geno durchgestrichen] gezogen leip* .
6 *ist si ein wol gemacbet weip* .
7 *we daz siz tvnt*
8 *wi sint si so gedigen . an den div ere stvnt.*

Der syntaktische Status von V. 6 ist unklar; er lässt sich aufgrund des Numerus (Singular) weder problemlos an V. 5 anschließen noch auf V. 7 beziehen. Wahrscheinlich liegt eine Textverderbnis vor, die möglicherweise folgende Genese gehabt hat: In C weist der 6. Vers eine exzipierende Konstruktion mit einem negierten Verb im Konjunktiv auf, hier vom Verb *sîn* abgeleitet: *ensî*. Es ist gut denkbar, dass der Schreiber von G (oder auch schon der Schreiber von *G) diese Konstruktion missverstanden und die flektierte Form *sî* als weibliches Pronomen aufgefasst hat. Die G-Varianz zeigt darüber hinaus, dass C den wesentlich anspruchsvolleren Text bietet, denn dort geht es ja nicht um ein *wol gezogen wîp* sondern um ein *wol bescheiden wîp*. Walther bringt in der C-Fassung also eine neue Dimension ins Spiel: die der Intelligenz (*bescheidenheit* = Klugheit), während in G lediglich auf die Schönheit bzw. Wohlerzogenheit von Frauen abgehoben wird.

I, 2 / III, 3: Im Gegensatz zur 14. Aufl. wird aus metrischen Gründen nicht konjiziert. Die Verse sind an mehreren Stellen metrisch nicht eindeutig (auch im 8. Vers der 1. Strophe!). Durch die bekannten Operationen (Synkope, Apokope, Verschleifung, schwebende Betonungen usw.) beim mündlichen Vortrag können Unter- oder Überfüllungen leicht ausgeglichen werden.

Ton 61

Der Text des Liedes, nur in C überliefert, weist editorisch kaum Probleme auf.

II, 3: Im Gegensatz zur 14. Aufl. wird die hsl. Form *offenbar* (ohne Endungs-e) beibehalten; sie ist auch als Adverb belegt (Lexer II, 144); der entstehende Hebungsprall mag gar zur Betonung der Begriffe beitragen.

V, 2: Im Gegensatz zur 14. Aufl. wird die hsl. Form *selber* beibehalten. Die Mhd. Gr. dokumentiert auch bei nachgestelltem Pronomen *selp* starke Flexion (Paul, Mhd. Gr., 2007, § M 48).

Ton 62

Das Lied ist mit vier Strophen in C überliefert. Die IV. Strophe findet sich noch je zweimal in den Handschriften s (= s¹/s²) und i (= i¹/i²). Dieser auffällige Befund spricht dafür, dass Strophe IV auch außerhalb des in C überlieferten Liedverbandes eine eigene, isolierte Verbreitung erlangte.

Da sich der Wortlaut der IV. Strophe in s und i sowohl untereinander als auch im Vergleich zu C deutlich unterscheidet, wird die IV. Strophe in drei Fassungen ediert: nach C, s und i; der besseren Vergleichbarkeit wegen werden auch bei i und s die Normalisierungsregeln angewendet – im Falle von s der besonderen mundartlichen Gegebenheiten (niederdt.) wegen aber behutsamer als sonst. Die Doppelüberlieferung in i (i^1 und i^2) weist nur eine minimale Differenz auf (der besseren Lesbarkeit der Handschrift wegen ist die Editionsgrundlage i^2). Die vier in s^1 überlieferten Verse unterscheiden sich vom Vergleichskomplex in s^2 nur in zwei Fällen, die in einem Apparat dokumentiert werden (Editionsgrundlage ist s^2, da nur sie die Strophe vollständig überliefert; s^1 beginnt erst mit V. 9).

Das Überlieferungsbild in s ist auffällig. s^1 (vier Verse unserer Str. IV): Mit diesen vier Versen beginnt die Spalte b von fol. 22r, augenscheinlich vom Schreiber als neuer strophischer Komplex aufgefasst, denn Spalte a endet mit einem dreistrophigen Verband, der mit den Worten *Ich dyn byn* überschrieben ist. Fasst man den Text zwischen dieser Überschrift und einer in Spalte b folgenden neuen Überschrift *Ein Jammerliche clage* als zusammengehörig auf, dann präsentiert sich uns ein kleines Minnesangflorilegium, das aus Strophen bzw. Strophenteilen von Liedern Walthers und eines Anonymus (in: KLD, s. u.) zusammengesetzt ist:

Spalte a:
1: 27 III (L. 50,35)
2: 27 II (L. 50,27)
3: 27 IV (L. 51, 5)

Spalte b:
4: 62 IV (V. 9–12) (L. 93,7)
5: 28 V (L. 52, 7)
6: KLD 38. Namenlos s (S. 287)

Str. IV wird ca. 20 Blätter später in s nochmals, nun aber vollständig notiert und hat hier den Status einer (grafisch deutlich abgesetzten) Einzelstrophe.

Fassung nach C

I, 2: C überliefert *herzelieber*, wodurch der Vers metrisch deutlich überfüllt wird. Daher wird die Konjektur hier übernommen. Es ist jedoch darauf hinzuweisen, dass über das Wort *herzeliep* Bezüge zu Walthers Diskussionen des Minnebegriffs hergestellt werden.

I, 6: Im Gegensatz zur 14. Aufl. wird das hsl. *vogellinen* beibehalten. Flexionsparadigmen von Substantiven mit Diminutivsuffix *-lîn* sind in der Mhd. Gr. nur spärlich dokumentiert (Paul, Mhd. Gr., 2007, § M 14.1); auch die Wbb. geben keine verlässliche Auskunft, da BMZ Lachmanns Konjektur als Beleg aufführen.

I, 11: Das hsl. überlieferte *noch* überlädt den Vers stark; aus diesem Grund wird die Konjektur der 14. Aufl. übernommen.

III, 4: Im Gegensatz zur 14. Aufl. wird der überlieferte Plural des Pronomens *in* beibehalten. Es kann sich um eine Numerusinkongruenz handeln (Bezug: *ein wîp*, V. 2): gemeint ist nicht eine bestimmte Frau, sondern die Aufmerksamkeit des weiblichen Geschlechts schlechthin.

IV, 5/6/8: Im Gegensatz zur 14. Aufl. wird der in C konsequent gesetzte Indikativ beibehalten. Die Sprechhaltung ist dadurch in C beschreibend bzw. feststellend, während die Konjunktive in i der Strophe einen optativen, auffordernden Charakter verleihen.

IV, 7: Im Gegensatz zur 14. Aufl. wird das hsl. *diu eine* (statt *der eine*) beibehalten; der Sinn des Verses ist verständlich: Der Mann handelt so, dass er nicht nur *einer* Frau, sondern vielen Frauen gefällt. Damit will er sicherstellen, wenigstens bei *einer* Dame Wohlgefallen zu finden (wenn auch andere ihn ablehnen mögen).

Fassung nach s

IV, 3: *im*: In hochdeutschen Mundarten wäre die Akkusativ-Form *in* zu erwarten. Im Mittelniederdeutschen aber ist die lautliche Differenzierung -m vs. -n häufig nicht gegeben, sodass auch die auf -m auslautende Form des Personalpronomens den Akkusativ bezeichnen kann. Vgl. Mittelnederlandse Spraakkunst. I. Vormleer. Vierde herziene uitgave. Door Dr. A.van Loey. Groningen 1964, § 28. Für freundliche Auskünfte danke ich auch Helmut Tervooren.

IV, 6: *der ander*: *ander* begegnet häufig flexionslos; vgl. Paul, Mhd. Gr., 2007, § M 53.

IV, 7: zu *im* vgl. Kommentar zu V. 3.

IV, 7f.: Der überlieferte Text ergibt wenig Sinn; eine Besserung allerdings sollte hier — der besonderen Überlieferungssituation wegen — unterbleiben.

Ton 63

Der Ton ist nur in C überliefert und so gut, dass keine Korrekturen nötig sind (vgl. aber unten den Kommentar zu II, 3).

I, 6: Im Gegensatz zur 14. Aufl. wird die hsl. bezeugte einsilbige Form *in* beibehalten; metrische Korrekturen im Auftaktbereich sind hier wie in vielen anderen Fällen nicht nötig.

I, 7: Im Gegensatz zur 14. Aufl. wird kein Füllwort *sô* gegen die Hs. eingesetzt. Fünfhebigkeit lässt sich realisieren, wenn man auf *ein* und *wîp* jeweils beschwerte Hebungen legt.

II, 3: Die Hs. schreibt *verherret*. Dies könnte so viel bedeuten wie ‚mit einem Herrn versehen‘; es gibt gemäß Lexer dafür Belege (s. v. *verherren* und *herren*), allerdings nicht viele. Vom Strophen- und sonstigen Minnekontext aus betrachtet ist es sinnvoller, von einem *verhêren* auszugehen in der Bedeutung: ‚(zu) sehr erhaben machen‘

(auch hier aber gilt: die Beleglage ist dürftig). Walther verwendet an manchen anderen Stellen das Adjektiv *hêr* und Ableitungen davon (z. B. 25 II, 13; 53 IV, 13; 3 VIII, 1), wobei die Hss., darunter auch C, zwischen einer Form mit *einem* r (und dann möglicherweise gemeintem langen ê) und doppeltem r nicht konsequent unterscheiden. Vgl. auch Paul, Mhd. Gr., 2007, § L 39 und Anm. 2, wo auf Schreibvarianten hingewiesen wird (hinter denen möglicherweise mundartlich bedingte Lautvarianten stehen). − In 1 I, V. 6 findet sich hsl. *here* in der Bedeutung ‚Herr(e)‘, hier allerdings im Reim auf *ere, mere, lere, sere.*

Ton 64

Der Ton ist mit gleicher Strophenanzahl und -reihenfolge in drei Hss. überliefert (A, C, U^x). Der Wortlaut weicht in den einzelnen Hss. an vielen Stellen voneinander ab. Dabei zeigt sich die deutliche Tendenz, dass A und U^x nah bei einander stehen und dass C zahlreiche eigene Lesarten aufweist. Von daher liegt es hier nahe, nur zwei Fassungen zu edieren. Da U^x an einigen Stellen unleserlich ist, basiert die AU^x-Fassung auf A; die U^x-Lesarten sind im Apparat notiert. − Allerdings ist auch darauf hinzuweisen, dass die Überlieferung nicht zulässt, ein eindeutiges Stemma aufzustellen, denn an einigen Stellen geht A auch mit C bzw. U^x mit C; ferner gibt es auch singuläre, individuelle Lesarten in allen Handschriften. Durch die Fassungsedition wird deutlich, in welchen sprachlichen Bereichen sich Varianz hier offenbart (so etwa im lexikalischen und semantischen, aber auch im Bereich von textsemantisch weniger bedeutsamen Präpositionen und syntaktischen Variationen). Der Ton eignet sich hervorragend zur Diskussion des Varianzphänomens, letztlich auch deshalb, weil er neben Varianz auch − sonst eher selten zu finden − Konstanz (im Bereich der Strophenanzahl und -reihenfolge) aufweist.

Fassung nach AU^x

III, 1: *Dâ*: Hs. A scheint noch zwischen *dô* (temporal: ‚als‘) und *dâ* (lokal: ‚dort‘) zu differenzieren. An dieser Stelle haben die meisten Hgg. zu *dô* gebessert. Dennoch ist auch ein lokal zu verstehendes *dâ* vertretbar, wenn man die Situation des Schlafens metaphorisch als ‚Raum‘ betrachtet. Davon unabhängig ist zu bedenken, dass der Übergang von *dô* zu *dâ* schon im 13. Jh. anzusetzen ist.

III, 2: Die Lesart *lanc* ist sicher auf einen Lesefehler des Schreibers zurückzuführen (die Grapheme c und t sind sich sehr ähnlich); die Besserung zu *lant* ist unumgänglich.

IV, 7: A hat statt des erforderlichen Pronomens *ich* irrtümlich das Pronomen *ir* wiederholt; daher Besserung.

V, 5: A weist mit der Lesart *bedvhte* eine Reimstörung auf; daher Besserung.

Fassung nach C

II, 1/2: Die hsl. Formen *boun: troun* für *boum: troum* können hier übernommen werden; Lexer verzeichnet die -n-Formen als Varianten. Vgl. auch Paul, Mhd. Gr., 2007, § L 94.

IV, 2: *unsælic*: in der Hs. flexionslos, vgl. Paul, Mhd. Gr., 2007, § S 102.1 c.

Ton 65

Das Lied ist mit fünf Strophen in C überliefert; die zweite Strophe auch in a. Der C-Text ist so gut, dass Eingriffe nicht nötig sind.

V, 8: Cormeau hatte Lachmanns (von fast allen anderen Hgg. übernommene) Konjektur *bœsen* gegen die hsl. Lesart *guoten* getauscht. Ein Verständnis ergibt sich, wenn man *dâ* und *von* im Sinne von *dâvon* = ‚dadurch‘ auffasst (Lexer III, 457): Dadurch, dass die Frau die *guoten siten* der Männer wahrnimmt, ist sie in der Lage, die ‚guten Männer‘ zu *scheiden* (= zu differenzieren).

Ton 66

Das Lied ist mit vier Strophen nur in C überliefert und weist kaum textkritische Probleme auf.

III, 5: Im Gegensatz zur 14. Aufl. wird nicht aus metrischen Gründen eingegriffen (Einfügung von *al* nach *zuo*). Der Vers ist mit Hebungen auf *dar, zuo* sowie *wér/de-* und *-kéit* leicht vierhebig realisierbar.

IV, 10: Im Gegensatz zur 14. Aufl. wird nicht aus metrischen Gründen eingegriffen (Einfügung von *frowe* nach *mich*). Der Vers ist mit Hebungen auf *dû, mich, dés (ge-)níe-* und *lân* leicht fünfhebig realisierbar, wobei hier besonders an die Aufführungspragmatik (Gestik, Lautstärke des Vortragenden) zu denken ist.

Ton 67

Das fünfstrophige Lied ist nur in C überliefert und weist kaum textkritischen Problemen auf.

II, 7: Im Gegensatz zur 14. Aufl. wird die hsl. Lesart *hie* beibehalten, und nicht zur Interjektion *hei* konjiziert. Der Vers ist auch mit der hsl. Version verständlich: ‚Hier sollten Körper und Herz zusammenkommen‘.

V, 5: Im Gegensatz zur 14. Aufl. wird die hsl. Lesart *werdiu* (statt *diu*) beibehalten. Es spricht nichts dagegen, die *minne* mit dem Attribut ‚wert‘ zu verknüpfen.

Ton 68

Das Lied ist mit fünf Strophen nur in C überliefert und weist keine textkritischen Probleme auf.

Ton 69

Das Lied ist mit drei Strophen nur in C überliefert und weist mit einer Ausnahme (s. u.) keine textkritischen Probleme auf.

I, 5: Die Konjektur *hôhen* ist aus grammatikalischen Gründen (Akkusativ gefordert) nötig.

Ton 70

C überliefert den Ton mit vier Strophen. A und w^x (fragmentarisch) tradieren nur die erste Strophe (die durchaus in sich geschlossen ist und ein eigenes Leben gehabt haben kann).

II, 5: Im Gegensatz zur 14. Aufl. wird die hsl. Wortfolge beibehalten (statt *dicke dû mich*); *als* ist hier mit ‚so wie‘ wiederzugeben, dann bereitet die Syntax keine Probleme.

II, 7: Im Gegensatz zur 14. Aufl. wird kein ‚ie‘ aus metrischen Gründen eingefügt. Der Vers lässt sich mit drei aufeinander folgenden Hebungen, durch die sinnvolle Betonungen entstehen, lesen: … *dûz sô sél-ten* …

III, 7: Der Vers ist in der Handschrift deutlich unterfüllt; auf eine Textergänzung wird aber verzichtet.

Ton 71

Das Lied ist mit drei Strophen in C überliefert; die zweite Strophe auch in a.

I, 12: Cormeaus Konjektur wird beibehalten, da der hsl. Wortlaut die Versmetrik sprengt.

I, 13 f.: Im Gegensatz zur 14. Aufl. (und allen anderen) wird hier der hsl. Wortlaut beibehalten. Die Passage ist schwer verständlich, doch auch die bisherigen Konjekturen (*dîn gewalt / sîn kunst / sunder obedach*) führen nicht zu überzeugenden Lösungen. Den hsl. Text kann man etwa wie folgt verstehen: (13) ‚Doch weiß ich gut, dass auch dann, wenn deine Gewalttätigkeit ein Ende hat, (14) deine ‚Kunst‘ (ironisch im Sinne von ‚dein Wesen‘) zum Gipfel der Sünde(n) streben wird‘.

II, 14: Im Gegensatz zur 14. Aufl. wird der hsl. Wortlaut von C beibehalten; ein Wechsel zu a (*sô wîp*, *sô man*) ist weder aus metrischen noch aus inhaltlichen Gründen notwendig.

III, 5/9: Die Eingriffe gegen den hsl. Text sind aus metrischen Gründen notwendig (5: Unterfüllung; 9: Reimstörung).

Ton 72

Das Lied ist mit drei Strophen nur in C überliefert und weist keine textkritischen Probleme auf.

Ton 73

Der Ton ist mit drei Strophen nur in C (und qualitativ sehr gut) überliefert.

I, 5: Im Gegensatz zur 14. Aufl. wird hier der hsl. Text beibehalten (*spilen vor* anstelle der Konjektur *spilende*). Metrisch ist der Vers vierhebig realisierbar, indem man das -e- in *spilen* verschleift: ‚*spil(e)n vor*‘.

I, 13/14/15: Die Konjektur wird beibehalten, da in den übrigen beiden Strophen die Verse 13, 14 und 15 jeweils mit weiblichen Kadenzen schließen.

II, 15: Die hsl. Form *müeget* wird beibehalten (statt der Besserung zu *muet*); zugrunde liegt der Infinitiv *müejen/ müegen*.

III, 12/16: Im Gegensatz zur 14. Aufl. wird hier der einsilbige Versschluss *ab: stab* beibehalten. Die übrigen Strophen weisen an dieser Stelle eine einsilbige Kadenz auf. Der Konjunktiv *stab(e)* ist auch bei schriftlich apokopiertem -e eindeutig, insofern ist die von den Hgg. hergestellte zweisilbig-männliche Kadenz (*abe: stabe*) nicht zwingend nötig.

Ton 74

3/6: Im Gegensatz zur 14. Aufl. wird der hsl. Text nicht konjiziert (Wortauslassung bzw. -einfügung um, wie von anderen Hgg. für nötig erachtet, beide Verse in ihrer Länge anzugleichen). Da der Ton nur eine Strophe umfasst, können keine Aussagen über eine intendierte Strophen- bzw. Tontektonik gemacht werden. Darüber hinaus finden sich weitere Fälle, in denen aufeinander reimende Verse unterschiedlich viele Takte umfassen (z. B. 57, 5:8).

4/5: Bereits in der 14. Aufl. war auf eine Konjektur aus Gründen eines reinen Reims verzichtet worden; diese Entscheidung war sicher richtig. Zwar ist ein Reim

-â: a (Langvokal: Kurzvokal) sonst nicht weiter nachweisbar, doch sind die Lösungen anderer Hgg. (*wunderlicher man: … niht enkan/verstân*) nicht wirklich befriedigend – insbesondere aufgrund des harten Enjambements.

Ton 75

Die Einzelstrophe ist in A und C überliefert; A hat den leicht besseren Text und ist daher die Basishandschrift, die keine Eingriffe nötig macht.

12: Beide Hss. schreiben *wizzen*; gemeint ist *witzen* (< *witze*: ‚Verstand‘); die Graphie der Hss. ist jedoch ambivalent ((Doppel-) Frikativ/Affrikate), sodass die Änderung eher eine Normalisierung denn eine Konjektur darstellt.

Ton 76

Der Ton ist mit drei Strophen in A und C überliefert. Beide Hss. stehen sich sehr nahe, wenngleich es sowohl in A als auch in C einige kleine Fehler (im engeren Sinne) gibt, die zu bessern sind. Der kritische Text weist daher eine leichte Mischredaktion auf. Die Entscheidung für A als Basishandschrift ist hier nur aufgrund ihres höheren Alters zu rechtfertigen.

I, 2: *vürbrechen*: A schreibt *vur brechen*, C *vúr brechen*. Lachmann edierte noch *vürbrechen*, in der Folge finden sich allerdings verschiedene Konjekturen wie *verbrechen* und *versprechen*. Diese Konjekturen wurden motiviert durch Überlegungen zur Strophensemantik, die in der Tat nicht leicht zu durchdringen ist. Ausgehend vom Gegensatz *offenbâre* vs. *stille* in V. 5 f. werden die Gegner des Kaisers deutlich differenziert. Auf der einen Seite gibt es den *lantgrâven*, der ein offener Feind des Kaisers war; auf der anderen Seite befinden sich Feiglinge, die heimlich intrigierten. Der Kaiser wird aufgefordert, die *missetât* des *lantgrâven* zu *vürbrechen*, weil (*wand*, V. 4) dieser eben ein ‚offener Feind‘ des Kaisers war.

   Es ist allerdings schwierig, das Verb *vürbrechen* etymologisch und semantisch zu bestimmen. Zwei Möglichkeiten: 1) *vürbrechen* = *vorbrechen* = ‚hervorbrechen‘, ‚mit Gewalt nach vorne bringen‘. Diese Lösung bringt aber das Problem mit sich, dass der Kaiser dann aufgefordert würde, die ‚Missetat‘ sichtbar und öffentlich zu machen, obwohl sie dies gemäß V. 5 schon ist. 2) Das Präfix *vür-* kann auch eine Variante zum Präfix *ver-* sein (vgl. Klein/Solms/Wegera, Mhd. Gr. III, V 57), dann hätte man es mit dem Verb *verbrechen* zu tun. Die Bedeutungsangaben in den historischen Wörterbüchern reichen von ‚zerbrechen‘, ‚zerstören‘ über ‚strafen‘, ‚aufgeben‘ bis hin zu ‚unterbrechen‘ (vgl. Lexer III, 81 f.). Von der Bedeutung ‚strafen‘ geht M. Nix, 1993 aus und versteht die Strophe so, dass der Kaiser einerseits aufgefordert würde, den Landgrafen zu bestrafen und andererseits auch die heimlichen Verschwörer. Nix übersieht dabei aber den doch deutlichen Gegensatz, der für die Behandlung des Landgrafen einerseits und der übrigen Feinde andererseits eingefordert wird. Von diesem Gegensatz ausgehend müsste der Sinn der Strophe darauf hinauslaufen, dass der Kaiser die Missetat des Landgrafen auf sich beruhen lassen oder doch für eine Zeit lang nicht weiter beachten soll (weil ohnehin allgemein bekannt) und sich stattdessen den heimlichen und feigen Verschwörern widmen möge. In diesem Sinne wäre *verbrechen* als ‚aufgeben‘ zu verstehen. (Von einer waidmännischen Bedeutung ‚eine Fährte *verbrechen*‘ (= ‚markieren‘) gehen Wi/Mi, Bd. II, S. 364 f. aus, was mir allerdings etwas abwegig erscheint.)

Es ist fairerweise darauf hinzuweisen, dass das hier vorgeschlagene Verständnis der Stelle seine Probleme hat, doch können auch die Konjekturen nicht überzeugen, sodass es sinnvoll ist, die hsl. Lesart beizubehalten und sich mit ihr und der Bedeutung der Strophe weiter zu beschäftigen. – Zum historischen Kontext vgl. Bein, 1995 (ich ging seinerzeit noch von der Notwendigkeit der Konjektur *versprechen* im Sinne von ‚verzeihen‘ aus, bei grundsätzlich ähnlichem Verständnis der Strophe wie oben skizziert).

II, 3: *mînen dienest*: Hier dürfte eine ‚Apokoinu-Konstruktion‘ vorliegen (vgl. Paul, Mhd. Gr., 2007, § S 233): *dienest* ist Akk.-Objekt sowohl zu *wandeln* als auch zu *varn lâzen*; daher nun, im Gegensatz zur 14. Aufl., Komma nach Vers 2.
II, 9/12: Sowohl in A als auch in C leichte Reimstörungen; daher Besserung.
II, 13: Sowohl in A als auch in C leichte Reimstörungen; daher Besserung.

III, 10/11: In A und C ist der Reim gestört: *niht: reht*; die meisten Hgg. sind Lachmann gefolgt und haben *reht* zu *iht* konjiziert. Der Sinn des Verses wird dadurch kaum verändert; allerdings würde die Lesart *reht* die Forderung des Ich deutlicher auf eine Rechtsebene heben. Ich übernehme in der 15. Aufl. die Konjektur, wenngleich gerade diese Stelle zu Grundsatzdiskussionen Anlass bietet. Es wäre u. a. zu überlegen, welche Reimvarianzen man Walther zutrauen mag, wie genau das Reimbild des Waltherschen Werkes in den Handschriften aussieht und wie im mündlichen Vortrag ein Halbreim wie *niht: reht* ausgeglichen werden konnte, ohne dass dies von den Rezipienten bemerkt worden wäre.

Hingewiesen sei schließlich noch darauf, dass der Schreiber von C nach *niht* keinen Reimpunkt setzt (so auch A, allerdings setzt A Reimpunkte nicht konsequent); es ist zu vermuten, dass bereits die Vorlage keinen Reimpunkt aufwies und dass die Verse 10/11 gar nicht als zwei sich reimende Verse aufgefasst worden sind (was wiederum bedeutet, dass die Schreiber eine Assonanz *niht: reht* nicht als Reim gelten ließen).
III, 13: Im Gegensatz zur 14. Aufl. wird hier die von A und C gestützte Lesart *waz* (statt *wan*) beibehalten. *waz* in Verbindung mit Nomen in der Bedeutung ‚was für‘ / ‚wie viel‘ ist gut bezeugt. Hier wäre von einem substantivierten, indeklinierten *vil* auszugehen (vgl. Paul, Mhd. Gr., 2007, § S 105); Bedeutung des Verses: ‚Wie viel verdirbt / …!‘ – im Sinne einer Interjektion.

Ton 77

Das fünfstrophige Lied ist nur in C überliefert und weist keine textkritischen Probleme auf.

Schwer zu entscheiden ist, ob man V. 7, wie hier, als *einen* Vers mit Mittenreim auffasst und ediert oder ob man zwei Verse ansetzt. Die Hs. bietet kaum Entscheidungshilfe: In II – V findet sich nach dem ersten Halbvers von 7 ein Reimpunkt, in I nicht. Reimpunkte signalisieren jedoch lediglich ein Reimwort; wie man die Strophentektonik layoutet, bleibt weitgehend Ansichtssache.

Ton 78

Der Ton hat in der Forschungsgeschichte aufgrund seiner Metrik besondere Aufmerksamkeit erfahren. Man bemerkte die Daktylen in vielen Versen des Tons und konjizierte dort, wo diese nicht ‚regelgerecht‘ überliefert waren.

Um durchgängig daktylische Verse herzustellen, müsste man allerdings an zahlreichen Stellen in den hsl. Wortlaut eingreifen. Dies soll hier vermieden werden. Es ist kaum zu belegen, dass der Text in einem primären, autornahen Zustand die metrische Gestalt hatte, die viele Herausgeber durch Konjekturen hergestellt haben.

Da die Eingriffe in der 14. Aufl. durchaus nicht durchgängig daktylische Rhythmen herstellten, werden diese wieder rückgängig gemacht (I, 3 und I, 5).

I, 4: Die meisten Hgg., auch Cormeau, haben – Lachmanns Vorschlag in seinen Anmerkungen folgend – das hsl. *des* zu *der* konjiziert und damit ein einfaches Verständnis ermöglicht (Gen. *der* bezieht sich auf die *sinne* in V. 3: die Frau hat die Sinne des Mannes geraubt). Problematisch an der Konjektur ist indes, dass die Wbb. eine Verwendung des Verbs *verdringen* mit dem Genitiv nur für unsere Stelle belegen (und zwar für den singularen Genitiv *des.*) Auch aus diesem Grund empfiehlt es sich, nicht zu konjizieren.

Folgendes Verständnis ist möglich: Der Genitiv *des* bezieht sich summarisch auf alles, was in den Versen 1 – 3 gesagt wurde: ‚In Hinsicht auf das *betwingen* von Leib und Seele hat die Frau dem Mann den Verstand geraubt.‘

II, 3: Im Gegensatz zur 14. Aufl. wird der hsl. Indikativ *muoz* (statt *müez*) beibehalten; er mag hier für das Futur stehen.

II, 4: Im Gegensatz zur 14. Aufl. wird der hsl. Wortlaut *in ir hulden* (statt *an ir hulde*) beibehalten. Der Plural *hulden* ist unproblematisch (vgl. Paul, Mhd. Gr., 2007, § S 98). Die meisten Hgg. haben sich darüber hinaus an der Präposition *in* gestört und zu *an* konjiziert mit der Bedeutung ‚von ihrer Hulde‘ (so auch Schweikle Bd. 2, S. 76 f. trotz seines Festhaltens an der hsl. Lesart *in*).

Denkbar ist jedoch auch folgendes Verständnis: Der Mann hofft (V. 3) auf ein glückliches gemeinsames ‚Vollenden‘ der Liebeswerbung, was in V. 4 vage umschrieben wird: ‚was immer ich zu verlangen wage im Rahmen ihrer Gunst‘.

Ton 79

Das dreistrophige Lied ist in beiden überliefernden Hss. (A, C) nur fragmentarisch erhalten. Es fehlen die letzten zwei Verse von Strophe III. Wie auch andere Gemeinsamkeiten deutlich zeigen, gehen A und C auf *eine* – teilweise fehlerhafte (vgl. I, 4 und III, 1) – Quelle zurück. Interessant zu wissen wäre, mit welchem Autornamen diese Quelle den Text verbunden hatte; denn nur C hat den Text im Walther-Teil, während A ihn Lutold von Seven zuweist. Während der Schreiber von A die Vorlage augenscheinlich ohne viel nachzudenken abgeschrieben hat, finden sich in C Hinweise darauf, dass dem Schreiber/Redaktor bestimmte Defekte aufgefallen sind: So korrigiert er in I, 4 *vro* zu *so* und vermeidet damit einen identischen Reim, bessert aber den ersten Halbvers nicht, der sicher Ergebnis eines versehentlichen Zeilensprungs in der Vorlage *AC ist. Außerdem lässt C am Ende der dritten Strophe Raum für zwei Verse frei, d. h. dem Schreiber ist aufgefallen, dass die Strophe nicht vollständig ist. Solche Hinweise fehlen in A. – Aufgrund der divergierenden Autorzuschreibung in A steht als Editionsgrundlage C fest.

I, 4: Beide Hss. wiederholen – sicher unbeabsichtigt – die ersten drei Worte von V. 2, was hier keinen Sinn ergibt. Daher wird die bereits alte Konjektur weiter übernommen.

I, 6: Im Gegensatz zur 14. Aufl. wird die hsl. Lesart *versinnent* beibehalten. Die Grundbedeutung von *versinnen* ist ,zur Besinnung kommen', ,nachdenken'. Eine solche Bedeutung passt in den hier vorliegenden Kontext nicht. Das bewog wohl viele Hgg., in den Text einzugreifen und die Konjektur *versûment* einzusetzen (die wohl vor allem darauf beruht, dass im ,Rolandslied' zu *versinnen* [Hs. P] im Sinne von ,irren' die hsl. Variante *versûmen* [A] bezeugt ist; vgl. V. 8623 und 8812). Unabhängig davon ist darauf hinzuweisen, dass die Graphemfolgen -*inn* und -*um* in der gotischen Textura nur schwer zu differenzieren sind und dass von daher auch mit einem Abschreibfehler gerechnet werden kann. Die Bedeutung ,irren' fügt sich indes ebenfalls nicht gut in den Kontext unserer Stelle. Geht man allerdings von den aktuellen semantischen Analysen zum Präfix *ver-* aus (Klein, Solms, Wegera, Mhd. Gr. III, V 60), kann das Verb *versinnen* auch im Sinne von ,sich in etwas verlieren', ,zu sehr über etwas nachgrübeln' verstanden werden, was hier gut passt.

Ton 80

Die Einzelstrophe ist unter Walther in C, unter Niune (ebenfalls als Einzelstrophe) in A überliefert. Als Editionsgrundlage kommt nur C in Frage; sie bietet nicht nur den besseren Text, sondern hat die Zuordnung zu Walther. Kraus und Maurer bezweifeln die Echtheit; die Argumentation ist, wie meist in diesen Fällen, brüchig und intersubjektiv schwer nachzuvollziehen.

1–5: Anakoluthischer Satzbau; von daher ist diese Passage der Strophe in unterschiedlicher Weise interpungierbar. Die Lösung Cormeaus lässt die meisten Spielräume. Der 2. Vers hat in der Editionsgeschichte zahlreiche Konjekturen provoziert (vgl. den Hgg.-Apparat der 14. Aufl.). Sie sind allerdings keineswegs nötig, denn der hsl. Wortlaut ist gut verständlich: ‚Eine Frau, aus sich heraus gefärbt, ohne Weiß, (ohne) Rot‘. Belegt ist, dass im Mittelalter rote und weiße Farbe zum Schminken verwendet wurden (vgl. Schultz I, S. 186f.).

Der grammatische Status des zweiten Teils von V. 3 ist nicht eindeutig bestimmbar. Denkbar ist Folgendes: a) Im Sinne einer Interjektion: ‚dass sie nur ja nicht *gebuggerâmet* wird!‘, d.h. es wäre der Wunsch formuliert, dass die von sich aus schöne Frau nicht in ‚steifes aus ziegen- oder bockshaaren gewebtes zeug‘ (Lexer I, 377) gekleidet wird. Wunschsätze solcher Art weisen allerdings in der Regel den Konjunktiv Präsens auf (vgl. Paul, Mhd. Gr., 2007, § S 182). b) Nach *ungemâlet* wäre ein stärkerer syntaktischer Einschnitt zu setzen. Es beginnt ein neuer Gedanke: ‚Dafür, dass sie nicht in Buckeram gekleidet ist, lobe ich sie.‘ Bei beiden Deutungen ist davon auszugehen, dass der bezeichnete Stoff kostbar ist; Wi/Mi, Bd. II, S. 375 verweisen darauf, dass es auch Belege gebe, die zeigten, dass *buckeram* einen einfachen, schlichten Stoff bezeichnet. Eine Überprüfung der Belege kann das in dieser Eindeutigkeit jedoch nicht bestätigen. (Heute wird Buckram als Bucheinbandmaterial aus gepresstem grobem Leinen- oder Baumwollgewebe verwendet – dies wiederum würde nicht auf eine Verwendung im Zusammenhang mit kostbarer, edler Kleidung sprechen.) Eine weitere Deutung bei Wi/Mi: ‚mag sie auch nicht in *buckeram* gekleidet sein‘ (II, S. 375); diesem Verständnis liegt zugrunde, dass das sprechende Ich es durchaus gerne sähe, wenn die Frau in *buckeram* gekleidet wäre. Zu beachten sind jedoch die Konjekturen von Wi/Mi.

Ton 81

Ton 81 ist sowohl was die Überlieferung als auch die Forschung angeht ein einzigartiger Fall: Die beiden Strophen sind so, wie sie in C überliefert sind, nicht tongleich, obwohl sie durch die Lombardenfarbe als zusammengehörig ausgewiesen sind. Außergewöhnlich ist die ‚Überschrift‘, die einen Vers aus Reinmars Lied MFMT X zitiert. Dadurch wird ein intertextueller Zusammenhang hergestellt (vgl. auch die Erschließungshilfen). Seit Lachmann war die Forschung bemüht, die metrische Gestalt der Strophen derjenigen von Reinmars Ton mit Hilfe von Konjekturen anzugleichen. Die ‚Besserungen‘ gehen allerdings außerordentlich weit und übersteigen deutlich die Grenzen dessen, was man in der Editionswissenschaft aktuell noch für vertretbar hält. Daher wird der Text sehr handschriftennah ediert.

Aufgrund der intensiven Forschungsbemühungen um die Strophen soll aber Cormeaus Versuch einer (noch moderaten) metrischen Korrektur weiterhin beigegeben werden. Weitere Konjekturen verzeichnet der Forschungsapparat der 14. Aufl.

II, 1: Hinter dem hsl. *ein wîp ein wîp* mag sich freilich eine auch sonst gelegentlich anzutreffende Dittographie verbergen, möglich ist aber auch Schweikles Deutung im Sinne einer performativen Emphase (vgl. Schweikle, Bd. 2, S. 611).

II, 4: Das hsl. überlieferte *mir* muss als Verschreibung bewertet werden; Besserung zu *mit*.

II, 7: Die Wbb. belegen keine Nebenform *esâ* für *iesâ*; daher wird die Besserung beibehalten, allerdings nun zusammengeschrieben.

Ton 82

Der Ton ist in zwei Strophen nur in C überliefert und weist keine textkritischen Probleme auf.

Im Gegensatz zur 14. Aufl. wird zwischen I und II ein größeres Spatium angesetzt, weil beide Strophen semantisch autark sind und starken Spruchtoncharakter aufweisen.

Ton 39 (2) (= Ton 83 der 14. Aufl.)

Ton 39 (2) (L. 112,17; in der 14. Aufl. noch Ton 83) ist nur in C überliefert und weist die gleiche Metrik wie 39 (1) (L. 63,8) auf; nach III ist in C Raum für zwei Strophen freigelassen worden, was darauf hinweisen mag, dass die Sammler mit weiteren Strophen rechneten – möglicherweise im Wissen um die tongleiche Strophenreihe 39 (1). Dies war der Forschung lange bekannt, auch Cormeau hatte in der 14. Aufl. im Apparat darauf hingewiesen. Er hatte die Strophen L. 112,17 ff. jedoch als eigenen Ton mit der Ordnungsziffer 83 ediert, was dem Prinzip ‚Neuer Ton – neue Nummer' nicht entspricht. Vielmehr müssen auch die drei C-Strophen die Ordnungsziffer 39 erhalten, ähnlich wie dies im Falle von Ton 3 und „3 Fortsetzung" getan wurde (Sangspruchreihe). Anders als im Falle von Ton 3 werden hier aber die Strophen nicht weitergezählt, denn dies würde einen Liedzusammenhang suggerieren, der höchst unwahrscheinlich ist. Um die beiden Strophenkomplexe auseinander halten zu können, wird der erste als 39 (1) gekennzeichnet, der zweite (ehemals 83) als 39 (2). Um künftiges Zitieren der Walthertöne nicht zu verunklären, werden die auf 83 folgenden Töne nicht umnummeriert, d. h. Ton 84 der 14. Aufl. bleibt auch Ton 84 der 15. Aufl. Vgl. auch den Kommentar zu 39 (1).

II, 2: Im Gegensatz zur 14. Aufl. (und den meisten Hgg. seit Lachmann) wird mit von der Hagen die hsl. Lesart beibehalten (statt *von ir, die ich*). Sie wird wie folgt verstanden: *der* = gen. partitivus, bezogen auf *swære*; *niht* = „zälendes pronominalsubstantiv' (Lexer) im Sinne von ‚nichts' (Akkusativ), dazu Paul, Mhd. Gr., 2007, § S 66. Paraphrase: ‚… einen Kummer, von dem (= *der*) ich nichts von mir fortlassen kann'.

Ton 84

Das Lied wird mit vier Strophen nur in C überliefert und weist kaum textkritische Probleme auf.

I, 1: Im Gegensatz zur 14. Aufl. wird der hsl. Wortlaut unverändert gelassen und kein *von* vor *mir* ergänzt. Die erforderlichen fünf Hebungen können durch beschwerte Hebungen auf *got* und *mir* realisiert werden. Zu *vernemen* + Dativ vgl. Paul, Mhd. Gr., 2007 § S 92 (hier Erläuterungen zum sog. ‚freien Dativ') und Wi/ Mi, Bd. II, S. 382 f.

I, 3: Hsl. begegnet *sunt* (nicht, wie öfters zu lesen ist: *sünt*). Hier wird, im Gegensatz zur 14. Aufl. (dort wohl ein Fehler), zu *sult* normalisiert, da die Form ohne ‚l' deutlich alemannisch gefärbt ist.

I, 3: Die Tilgung der Worte *sine sende* ist aus metrischen Gründen nötig; der Vers wäre sonst so überladen, dass auch mit den üblichen Techniken (Verschleifungen, mehrsilbige Senkungen) die Versmetrik nicht zu realisieren ist.

I, 4: Im Gegensatz zur 14. Aufl. wird der hsl. Wortlaut unverändert gelassen (keine Einfügung von *si* nach *der*). Die erforderlichen vier Hebungen können durch beschwerte Hebungen auf *der* und *lange* erreicht werden.

I, 7: Die Besserung zu *sicherlîchen* (Hs.: *sicherliche*) ist aus Reimgründen nötig.

III, 1: Im Gegensatz zur 14. Aufl. wird der hsl. Wortlaut unverändert gelassen. Die erforderlichen fünf Hebungen können realisiert werden, indem man *des an* in Senkungen setzt: ... *mích des an ín* ...

Ton 85

CEU^x überliefern fünf Strophen. Die Varianzen in F und O legen eine Fassungsedition nicht nahe; der Textverlust zumindest in O ist mechanisch bedingt. Da U^x die älteste und hier auch beste Hs. ist, liegt sie als Leithandschrift zugrunde.

IV, 1: Die Lesart von U^x *von tugent* ist weder grammatikalisch möglich noch semantisch sinnvoll; daher Korrektur mit den anderen Handschriften.

V, 4: Cormeaus Konjektur in der 14. Aufl. wird beibehalten: Die Syntax der Vv. 3 f. erfordert die Präposition *in*; aus metrischen Gründen wird sodann die U^x-Lesart *mineme* zu *mîme* verkürzt.

Ton 86

Im Gegensatz zur 14. Aufl. wird nach Leithandschrift U^x (mit wenigen Besserungen aus CE) ein fünfstrophiges Lied ediert. Das größere Spatium in der 14. Aufl. zwischen III und IV wird getilgt, da es sich in U^x eindeutig um *einen* Liedkomplex handelt, wenn auch die Strophen IV und V thematisch schwer an I – III anzuschließen sind. Zu berücksichtigen ist auch, dass U^x keine Autornamen tradiert, sodass es auch denkbar ist, dass die Strophen IV und V von einem anderen Dichter in einem Walther-Ton verfasst worden sind.

Die Entscheidung, U^x als Basis für den kritischen Text zu wählen, liegt in der im Vergleich zu CE sehr guten Textqualität von U^x begründet. – Von den fünf U^x-Strophen überliefern C und E nur die ersten drei. Die Varianten im Wortbereich gehen aber nicht so weit, dass sich eine Fassungsedition anbieten würde. Vergleicht man die dreistrophige mit der fünfstrophigen Fassung, so stellt man fest, dass die U^x-Version kaum als fünfstrophiges, durchkomponiertes Lied anzusehen ist (allenfalls könnte man die Strophe IV als Antwort auf den Selbstaufruf in III, 1 f. ansehen, d. h. aus der Sicht der Frau wird die positive Nutzung des schönen Tages thematisiert). Während die Strophen I–III in CE und U^x ein traditionelles Jahreszeitenlied mit Minneallusionen darstellen, eröffnen die beiden zusätzlichen Strophen in U^x ein anderes Thema mit neuer Rollenrede: In IV spricht eine Frau; sie räsoniert über eine pastourellenartige Situation. In V spricht wieder der Mann, allerdings nicht zur Frau, sondern über die Frau im Stil eines Preislieds. Aufgrund des Fragmentcharakters von U^x wissen wir nicht, ob mit V ein Ende der Strophenreihe erreicht war.

I, 1: Im Gegensatz zur 14. Aufl. wird die viersilbige Form *vogellīnen* beibehalten; sie kann durch Vokalverschleifung im Vortrag rhythmisch angepasst werden.

II, 6: Die Konjektur *ringen* ist zweifellos nötig, da die Lesart *rinden* keinen Sinn ergibt.

III, 5: Die Konjekturen mit Hilfe der übrigen Handschriften sind nötig: U^x fehlt das Reimwort; ferner ergibt die Präposition *an* hier keinen Sinn.

Ton 87

Das Lied ist mit drei Strophen in C und E überliefert. Beide Hss. weisen kleinere Fehler auf, s. u.

II, 2: C überliefert *tugenden*, E *tugende*. Die im Nhd. übliche Gen. Pl.-Form ‚Tugenden‘ ist für das Mhd. nicht weiter zu belegen (was nicht unbedingt bedeutet, dass C einen wirklichen Fehler enthält); es wird hier mit E die sicher geläufigere Form in den kritischen Text übernommen.
II, 3: Die Konjektur der Hgg. wird übernommen, da der Vers sonst zu stark unterfüllt wäre.
II, 5: Die in C überlieferte Form *erwrbe* kann als *erwürbe* aufgefasst (so auch in E ausgeschrieben), könnte aber auch zu *erwirbe* aufgelöst werden (so die Hgg.).

III, 5: Die Lesart in C und E *von der rede kam* weist eine Reimstörung (*kam: an*) auf und ist darüber hinaus nicht recht verständlich. Daher wird die Konjektur der Hgg. übernommen.

Ton 88

Das Lied wird mit gleicher Strophenreihenfolge und gleichem Strophenbestand in den Hss. C, E, O überliefert. O weist allerdings aufgrund ihres Fragmentcharakters eine Textlücke zwischen Str. III, 1 und IV, 2 auf. Im Vergleich mit C und E bietet O den deutlich besseren (anspruchsvolleren) Text; daher basiert der kritische Text auf O.

I, 1: Obwohl *nemen* mit Dat. in den Wbb. und in der Grammatik nicht weiter zu belegen ist, wird die O-Lesart hier im Gegensatz zur 14. Aufl. (*mich*) beibehalten. Immerhin weist Paul, Mhd. Gr., 2007, § S 91 viele ähnliche Fälle auf (unpersönliche Konstruktionen) − allerdings mit anderen Verben. Es ist nicht auszuschließen, dass der O-Schreiber eine durchaus ‚mögliche‘, wenn auch augenscheinlich nicht oft vorkommende Konstruktion verwendet hat.

III, 4−7: Die Korrekturen scheinen nötig zu sein. Eine denkbare Fehlergenese könnte so aussehen: Die Vorlage von CE hat das Wort *gemeine* aus dem letzten Vers fälschlich auf V. 5 *kleine* bezogen; dies führte zu weiteren Fehlern (Reimstörung und Über- bzw. Unterfüllungen).

V, 7: Der Vers benötigt fünf Hebungen; diese sind ohne Konjektur durch beschwerte Hebungen auf *wan* und *daz* zu erreichen.

Ton 89

Das Lied ist mit fünf Strophen in C und E überliefert. Beide Hss. weisen kleinere Defekte auf.

I, 2: Im Gegensatz zur 14. Aufl. wird an dieser Stelle nicht sinntragend gegen die Handschriften konjiziert (Einfügung von *ze fröiden* am Versanfang). Die geforderten fünf Hebungen sind bei Ansatz einer beschwerten Hebung auf *trôst* realisierbar (nächste Hebung auf *dénne*).
I, 5: Die Konjektur der meisten früheren Hgg. (Tilgung des Wortes *selbe(n)*) wird übernommen. Der Vers wäre sonst metrisch allzu überladen. Als Fehlergenese kann gut eine Dittographie von *selb/en* aus V. 4 in Erwägung gezogen werden.

II, 3: Die C-Lesart *ich einer* ist grammatikalisch nicht zu erklären (möglich wäre *ich eine*); daher wird auf E ausgewichen.
II, 5: Die Konjektur ist aufgrund der in den Hss. vorliegenden Reimstörung nötig.

III, 2: Im Gegensatz zur 14. Aufl. wird die Konjektur *iemer hô* nicht übernommen. Bei Annahme einer beschwerten Hebung auf *mîn* mit folgender Hebung auf *hérze* ist Fünfhebigkeit zu erreichen.

V, 3: Die Konjektur *wirbe* (für hsl. *wirde*) liegt mit Blick auf die Verben *erwerben* (V. 1) und *werben* (V. 6) sehr nahe; auch wäre in V. 2 das Verb *werden* nur schwer verständlich.

Ton 90

Im Gegensatz zur 14. Aufl. wird keine Differenzierung in 90a und 90b vorgenommen, denn es gibt zwischen den Fassungen keine metrischen Differenzen. Die Problematik stellt sich vielmehr wie folgt dar: Sechs tongleiche Strophen teilen sich auf zwei Strophenkomplexe zu je drei Strophen auf und sind unter den Autorchiffren Niune und Walther überliefert. In den Hss. C und E ist unter Walther ein dreistrophiger, thematisch wenig zusammengehöriger Strophenverband überliefert (im Fragment U[xx] sind es nur die Strophen II und III). In Hs. A ist unter dem Autornamen Niune im gleichen Ton ein dreistrophiges Lied überliefert, wobei die Strophen II und III nicht durch die sonst üblichen Lombarden getrennt sind. Eine wie auch immer zu erklärende Verbindung zwischen beiden Textblöcken (A – CEU[xx]) wird nicht nur über die Tongleichheit hergestellt, sondern auch dadurch, dass Strophe II einen nahezu identischen Aufgesang in beiden Fassungen aufweist. Die Autorfrage wird insbesondere dadurch verkompliziert, dass die erste Strophe der Niune-Fassung deutliche Walther-Zitate enthält; das hier sprechende Ich verweist auf einen älteren (Walther-) Text. Aus diesem Grunde wird die Niune-Fassung nicht in den Anhang gesetzt, wo sie sonst eigentlich einen Platz finden müsste (jetzt neu: ‚Strophen in Tönen Walthers mit fremder Autorzuschreibung‘). Unter der Ton-Ordnungsnr. 90 werden nun nacheinander zwei Fassungen ediert, zunächst die unter Walther überlieferte, sodann die in A unter Niune tradierte. Der besseren Übersichtlichkeit wegen wird darauf verzichtet, die A-Lesarten in den Apparat der CEU[xx]-Fassung einzubinden (und vice versa).

Kurzcharakterisierung der Fassung nach CEU[xx]: Die drei unter Walther überlieferten Strophen bilden kein kohärentes Lied, die einzelnen Strophen sind in sich geschlossen und haben Sangspruchcharakter: Str. I ist eine (häufig anzutreffende) Klage über unmotivierte Traurigkeit. In Str. II fordert der sprechende Mann das Publikum auf, über den Winter als Zeit für die Liebe nachzudenken. Str. III stellt eine *laudatio temporis acti* dar: Früher erfreute man sich noch an der Schönheit der Frau(en).

II, 2: Im Gegensatz zur 14. Aufl. wird die CE-Lesart *an* (*on* E) *alle sorge* beibehalten (statt *an allen sorgen*); *an/on* wird als *ân(e)* aufgefasst: ‚ohne alle Sorge frei‘.

Kurzcharakterisierung der Fassung nach A: Die Niune-Fassung beginnt mit einem Walther-Selbstzitat aus 19 I (wodurch die Autorfrage verunklärt wird); die erste Strophe handelt vom unglücklichen Zustand der Gesellschaft. Die zweite und dritte Strophe gehören enger zusammen: Hier spricht das Ich über die Vorteile sowohl des Sommers als auch (und insbesondere) des Winters, die sich für Liebespaare ergeben.

II, 5: A überliefert statt *winter* nur *wint*; aufgrund des Kontexts ist eine Besserung sinnvoll (wahrscheinlich hat der A-Schreiber lediglich das er-Häckchen vergessen).

III, 4: A überliefert *erhohi*, was zweifellos ein Schreiberfehler ist.

Ton 91

Das Lied ist mit fünf Strophen in den Handschriften C und E (die deutlich verwandt sind) und mit vier Strophen, teils fragmentiert, in F überliefert. Weder C noch E sind fehlerfrei; insgesamt hat C aber die bessere Textqualität und wird daher als Basishandschrift zugrunde gelegt.

I, 5: Im Gegensatz zur 14. Aufl. wird der Vers nicht durch Einfügung von *seht* am Versanfang gegen die Handschriften metrisch gebessert. Die Rhetorik des Verses erlaubt gut einen Hebungsprall der ersten beiden Silben.

II, 2: Im Gegensatz zur 14. Aufl. wird der Vers nicht gegen die Handschriften metrisch gebessert (Einfügung von *gen ir* vor *verbære*). Die Rhetorik des Verses erlaubt auch hier gut einen Hebungsprall der ersten beiden Silben.
II, 4/5: CE weisen eine Reimstörung auf, die (teilweise mit F) zu bessern ist.

III, 2: Sowohl C als auch E weisen überladene Verse auf, die mit den geläufigen Operationen nur mühsam dem metrischen Schema des Tons angeglichen werden könnten; daher wird der Vers mit F gebessert (wie es nahezu alle Hgg. getan haben).

IV, 4: CE weisen eine Reimstörung auf, die mit F zu bessern ist.

Ton 92

Der Ton ist in den Handschriften C und E mit fünf Strophen überliefert. Beide Handschriften weisen kleinere Defekte auf, die gebessert werden müssen.
Im Gegensatz zur 14. Aufl. wird der Ton in der handschriftlich verbürgten Reihenfolge ediert. Die Hgg., zuletzt auch Cormeau, haben die Strophenreihenfolge verändert, allerdings konnten diese Veränderungen kein kohärentes Lied herstellen. Das liegt vor allem daran, dass Str. II und IV deutlich Sangspruchcharakter haben, während I und III sich durch das Minnethema näher stehen. Hinzu kommt, dass der Ton um eine fünfte Strophe ,ergänzt' wird, die bislang als V. Strophe von Ton 93 ediert worden war (siehe den Kommentar dort). Die Strophe gehört von der Überlieferung her betrachtet aber eindeutig zu Ton 92, wenn auch ihre Metrik nicht derjenigen des Tons 92 entspricht; daher wird hier diese Strophe (leicht normali-

siert) in den hsl. verbürgten Fassungen von C und E im Anschluss an 92 I–IV wiedergegeben.

Ein weiteres Problem stellt die Rollenrede in diesem Ton dar; mehrere Möglichkeiten (Männerrede vs. Frauenrede) sind denkbar. Die Sprecherrolle in II ist ambivalent, wenn man sich, wie in der Edition, in V. 7 auf die E-Lesart *lazen* (Plural) stützt. Dann kann die Strophe sowohl von einer Frau (hier präferiert) als auch von einem Mann gesprochen sein. Die C-Variante *laze* ist Singular, wenn man nicht davon ausgeht, dass in C bloß ein Nasalstrich ausgefallen ist; dann kann sich das Pronomen *si* nur auf eine Frau beziehen: möglicherweise auf die Frau in Str. I (*Got gebe ir*). Es ist aber einzuräumen, dass dieses Textverständnis weniger Wahrscheinlichkeit beanspruchen kann als jenes, das sich aus der E-Variante ergibt. Vgl. ausführlicher Bein, Grenzen des Edierbaren, 2010.

I, 2: Im Gegensatz zur 14. Aufl. wird kein Pronomen (*si*) gegen die Überlieferung eingefügt. Syntaktisch ist der Eingriff nicht nötig; metrisch sind die nötigen vier Hebungen durch beschwerte Hebungen auf *mich* und *noch* gut zu realisieren.

I, 8: Im Gegensatz zur 14. Aufl. wird das überlieferte zweisilbige *arbeit* im Text beibehalten; insbesondere die Semantik des Wortes erlaubt gut einen Hebungsprall: *ár-béit*.

II, 3: *trûrent*: Die Hss. überliefern *trûren*, also eigentlich einen Konjunktiv, der hier allerdings keinen Sinn macht; eine Verbesserung ist nötig (zu berücksichtigen ist aber auch, dass in den Hss. die -t-Formen für den Ind. Plural nicht mehr durchgängig zu finden sind).

II, 4: *lân* ohne Objekt ist nicht zu belegen; daher Ergänzung des Akkusativobjekts *ez* (> *ichz*).

II, 4–6: Im Gegensatz zur 14. Aufl. und den meisten anderen Hgg. (vgl. aber Schweikle, der ebenfalls den Hss. folgt) wird in den hsl. Wortlaut nicht eingegriffen; die Passage und ihre grammatikalische Struktur wird (bei anderer Interpunktion) wie folgt verstanden: V. 3–6: ‚Wo sie nun alle trauern, wie könnte ich allein es unterlassen, es sei denn, ich müsste ertragen, dass sie mit Fingern auf mich zeigen. Ihretwegen wollte ich Freude nicht aufgeben.‘ (*en*)*wolte* wird als Konj. Prät. verstanden (‚würde nicht wollen‘).

II, 7: Gegen die Basishandschrift C wird die E-Lesart *lazen* (Plural) eingesetzt. Ein Verständnis der C-Variante ist dennoch möglich – sie würde vereindeutigen, dass ein Mann spricht; vgl. auch oben die Ausführungen zur Rollenrede.

III,7: Im Gegensatz zur 14. Aufl. wird der hsl. Wortlaut beibehalten (und *mir* nicht durch das zweisilbige *mitten* ersetzt). Bei Annahme eines Hebungspralls *mír ín* lässt sich die Versmetrik wahren.

IV, 8: C überliefert *iemer*, doch erfordert der Sinn *niemer*. Der grammatikalische Kommentar Schweikles (der *iemer* mit Verweis auf die Funktion von *iemer* im abhängigen Satz ediert, Bd. 2, S. 627) lässt sich mit Hilfe der Grammatiken nicht verifizieren.

Folgestrophe in den Hss.: Es liegt nahe anzunehmen, dass die Strophe *Sît daz ich* bereits in der Vorlage von C und E Defekte aufwies, da die Schreiber von C und E unterschiedliche Korrekturversuche unternommen haben: C setzt einen Reimpunkt nach *wol* (V. 3) und stellt so einen Reim auf *sol* (V. 1) her, beachtet aber nicht die Versmetrik. In V. 8 schreibt C statt *mich micht* und stellt somit einen Reim auf *nicht* her (V. 9); die Form *micht* (Pronomen mit Sprosskonsonanz?) wäre allerdings sehr ungewöhnlich. E stört sich an defekten Reimen nicht, bessert aber den Versrhythmus in V. 9 durch nachträglich markierte Wortumstellungen.

Ton 93

Dieser Ton ist sowohl was die Überlieferungssituation als auch was die Forschungsgeschichte angeht sehr komplex: In den Hss. A und C stehen drei Strophen unter Hartmann von Aue, die in dieser Folge auch Eingang in die MF-Edition gefunden haben. An anderer Stelle findet sich in C unter Walther eine Strophe (*Sît daz ich …*, L. 120,16), die vom Tonschema her zu Ton 93 passt, allerdings in C als letzte Strophe des Tons 92 tradiert wird. Dies gilt gleichermaßen für E (hier Str. V der E-Fassung); allerdings überliefert E (unter Walther) neben den Strophen I–III noch eine vierte, die isoliert auch in s erhalten ist.

Die Töne 92 und 93 sind sich vom metrischen Bau her recht ähnlich. Das Reimschema ist gleich, lediglich die Verse 5–6 sind in 93 sechshebig, in 92 vierhebig und der 7. Vers ist in 92 achthebig (in 93 vierhebig). Betrachtet man die Semantik der Strophe *Sît daz ich*, so zeigt sie sich als ein sehr im Allgemeinen verbleibender innerer Klagemonolog, der in unterschiedliche Lieder mit ‚hoher Minne'-Thematik passen könnte. Die Anbindung dieser Strophe an den Kontext von 93 ist ebenso lose wie diejenige an 92.

Editorisch scheint es am saubersten zu sein, folgenden Weg zu gehen: Ton 93 wird in zwei Fassungen ediert: eine Hartmann-Fassung aus AC auf der einen und eine Walther-Fassung nach E auf der anderen Seite; auf die besondere hsl. Positionierung der *Sît daz ich*-Strophe wird in der Waltherfassung durch eine Trennlinie hingewiesen. Vgl. auch den Testkritischen Kommentar zu Ton 92 (die *Sît daz ich*-Strophe wird auch dort im Tonverbund ediert.)

Hartmann von Aue-Fassung (AC)

Bei dieser Fassung handelt es sich um ein sog. ‚Botenlied', wobei jede Strophe einem anderen Sprecher zugeordnet ist: In der ersten Strophe äußert sich ein Bote, der einer Dame die Ehrerbietung seines Auftraggebers übermittelt und um freundliche Aufnahme bittet. In der zweiten Strophe antwortet die Dame: sie lehnt das Ansinnen des Mannes ab, drückt dies aber rhetorisch geschickt aus, wohl um den Mann nicht zu sehr zu enttäuschen. In der dritten Strophe spricht der verliebte Mann; er räsoniert über ein wechselhaftes Verhalten der Frau. Unklar bleibt hier, worauf sich die *erste rede* bezieht: Ist es die Nachricht, die der Bote in der ersten Strophe weitergeleitet hat? Oder verweist der Sprecher auf eine *rede*, die er bereits vor dem Botengang an die Dame gerichtet hatte? Da uns die pragmatischen Umstände der Aufführung (Gestik, Mimik, Intonation; Umsetzung der Rollenreden) dieses Liedes nicht bekannt sind, wird man hier kaum ein eindeutiges Verständnis erzielen können.

II, 8: Der Vers ist metrisch unterfüllt; Besserung mit Blick auf E (siehe dort).

Walther-Fassung (E)

Zunächst gleichen die ersten drei Strophen dieser Fassung derjenigen in AC. Allerdings beginnt die dritte Strophe mit etwas anderem Wortlaut: *Dô ich der rede alrerst began.* Hier wird nicht von einer ,ersten Rede' gesprochen, sondern allgemeiner vom Beginn der ,Werbungsrede'. Möglicherweise hat die Varianz mit der Problematik zu tun, die oben im Zusammenhang mit der AC-Fassung angesprochen wurde. Neu hinzu kommt nun eine vierte Strophe, in der ein Sprecher allgemein über rechte Minne reflektiert und sie einer falschen ,Unminne' gegenüber stellt. Inhaltlich knüpft diese Strophe nur lose an die drei ersten an; sie wäre vom Thema her fast in jedes andere Minnelied integrierbar.

II, 1: Durch den erläuternden Zusatz *bote* wird der Vers metrisch überladen, doch würde es dem Prinzip einer Fassungsedition widersprechen, hier korrigierend einzugreifen. Überdies ist zu bedenken, dass auch A diesen Zusatz enthält. Grundsätzlich wird man solche Konkretisierungen der Rollenrede vor dem Hintergrund veränderter literarischer Pragmatik zu sehen haben (von der Aufführung zur Lektüre).
II, 3: Während in der AC-Fassung das Verb *behagen* überliefert wird, treffen wir in E auf *beiagen*. Ein Schreib-/Lesefehler ist denkbar; allerdings ist das Verb *bejagen* sehr gut belegt und wird hier übernommen (Grundbedeutung ,erringen'). Die Hartmann-AC-Fassung mit *behagen* lässt sich freilich besser verstehen: ,was ihm an Freude widerfahren mag, das kann niemandem, der ihn so selten (wie ich) gesehen hat, besser gefallen' (d. h.: der Frau gefällt alles, was dem Mann an Gutem und Liebem widerfahren kann, obwohl sie ihn so selten gesehen hat).
II, 6: Anders als in AC begegnet hier die endungslose, nominal-starke Form *fremde* (vgl. Paul, Mhd. Gr., 2007, § M 24).

III, 4: Aufgrund der Reimstörung (Reimwort in E: *wan*) wird mit AC konjiziert.
III, 8: Aufgrund der Reimbindung wird der nasallose Infinitiv *si* zu *sin* gebessert. Zum nasallosen Infinitiv vgl. Paul, Mhd. Gr., 2007, § M 70 A. 15.

IV, 6: Im Gegensatz zur 14. Aufl. wird hier die in E überlieferte Form *mir* (statt *ir*) beibehalten. In diesem Fall bezieht sich das Pronomen auf den Sprecher; im Fall der s-Lesart *ir* auf die personifizierte Minne.

V: In der Edition ist eine weitere Strophe der Walther-Fassung zugeordnet (V). Diese allerdings findet sich nicht in der Handschrift an dieser Stelle, sondern sie ist in C und E dem Ton 92 zugewiesen – trotz metrischer Differenzen. Metrisch passt die Strophe eher zu Ton 93; daher ist sie von den meisten Walther-Editoren im Tonkontext 93 ediert worden.

Inhaltlich würde sie gut an die III. Strophe anschließen, denn es geht hier um die Beteuerung des Mannes, der Dame trotz aller Widrigkeiten geneigt zu sein (Ideologie der Hohen Minne).

Die Zählung dieser Strophe mit der Ordnungsziffer V suggeriert die Zugehörigkeit der Strophe zu den übrigen vier. Der Editionsbenutzer sollte hier kritisch sein. Die Strophe steht in E eben *nicht* im Tonkontext (siehe die Erläuterungen oben); darauf weist die Linie in der Edition hin. Auf eine Nummerierung ganz zu verzichten, schien mir mit Blick auf die Zitierbarkeit der Strophe aber problematisch.

Die Eingriffe Cormeaus werden hier übernommen, da große Bereiche der Metrik in den Hss. gestört sind (Reime in V. 3 und 9; Silben-/Takt-Überschuss in 9); Voraussetzung für die Eingriffe ist freilich die Annahme, dass die im Kontext von 92 überlieferte Strophe ‚eigentlich‘ im Ton von 93 gedichtet worden ist. Eine weitgehend diplomatische Wiedergabe der Strophe mit handschriftlichen Besserungsversuchen der Schreiber/Redaktoren findet sich im Anschluss an die Liededition 92.

Ton 94

Das Lied ist mit unterschiedlichem Strophenbestand in vier Hss. überliefert. ‚Vollständige‘ Liedfassungen mit fünf Strophen bieten nur die Hss. C und E. F tradiert drei Strophen, das Fragment O eineinhalb. Im Gegensatz zur sonstigen Editionspraxis in dieser 15. Aufl. – aber im Einklang mit Cormeaus Entscheidung in der 14. Aufl. – wird die erste Strophe nach O ediert; anders als Cormeau werden auch die ersten vier Verse der II. Strophe nach O ediert, die übrigen nach *CE auf der Basis von C. Das hat seinen Grund in der Tatsache, dass die Text- und Metrikqualität von O in der ersten Strophe deutlich besser ist als in C (E). Edierte man die erste Strophe nach C, müsste an mehreren Stellen konjektural eingegriffen werden (in jedem Fall in I, V. 7 und 9). Da O die erste Strophe glücklicherweise überliefert und einen einwandfreien Text liefert, scheint die ‚Mischedition‘ hier gerechtfertigt.

Die dreistrophige Fassung von F II–IV–V stellt eine gut lesbare und in sich stimmige ‚Kurzversion‘ dar. Sie beginnt mit der Reflexion eines Mannes darüber, warum er nur anderen, sich selbst aber in Liebesdingen nicht helfen kann; am Ende steht die Hoffnung, die das Ich aus dem Lachen der Dame im Augenblick des Ablehnens zieht. Str. IV schließt sich hier gut an (*zwîvel*; potentielle Gunst der Dame); die V. Strophe rundet die F-Version bestens ab, indem sie thematisch auf die II. Bezug nimmt. Möglicherweise wurde die III. Strophe, die ja deutliche Forderungen an die Dame enthält, bewusst fortgelassen, weil sie hier als nicht passend erschien. Solche Überlegungen sind freilich spekulativ – denkbar ist auch eine dreistrophige ‚Kernfassung‘, die im Zuge einer Textgenese um zwei weitere ergänzt wurde.

I, 3: Der Apparateintrag *wan* C in der 14. Aufl. wurde getilgt, da eine erneute Handschriftenautopsie ergab, dass C durchaus *man* schreibt.

II, 2: Im Gegensatz zur 14. Aufl. wird in der ersten 4 Versen nach O ediert (s. o.), daher hier die Lesart *sender* gewählt, die im Vergleich mit *siner* (CE) die *lectio difficilior* ist.

II, 3: Die Negation wird hier nach dem deutlich erkennbaren Usus in O belassen (isoliertes *ne* – weder pro- noch enklitisch angebunden).

II, 6: In der Editionsgeschichte ist an dieser Stelle seit Lachmann die F-Lesart der CE-Lesart vorgezogen worden. Vom Strophen- und Liedkontext her betrachtet macht der Handschriftenwechsel Sinn, vor allem mit Blick auf die V. Strophe, die das törichte Gebaren des Mannes thematisiert, welches gut zu einem sinnlosen, nicht zielführenden Gerede in Str. II passt.

III, 5: Cormeaus Konjektur stellt eine Mischung von Besserungen dar, die die Stelle im Laufe der Editionsgeschichte erfahren hat. Sie versucht, den Überlieferungsdefekt mit möglichst wenigen Operationen zu heilen. Zugrunde liegt die Annahme einer Konstruktion *entwîch tuon* im Sinne von ‚beiseite schieben‘, ‚verdrängen‘; allerdings muss darauf hingewiesen werden, dass das Adverb *entwîch* nur sehr spärlich belegt ist.

III, 6: Im Gegensatz zur 14. Aufl. wird die hsl. Lesart *ist sie nach* beibehalten; die Metrik ist kaum betroffen, syntaktisch ist *sie* (in der 14. Aufl. getilgt) ein vorgezogenes Pronomen, das sich auf die *schœne* bezieht.

IV, 9: Schweikle behält die C-Lesart *als das* bei, fasst sie als *alz daz* auf und versteht die Passage so: ‚Jetzt möge mir alles zuteil werden, was ich von ihr erhoffe.‘ (Bd. 2, S. 73)

V, 9: C fehlt das Pronomen *mir*, das allerdings syntaktisch nötig ist; Korrektur mit E und F.

Ton 95

Der Ton ist mit drei Strophen in den Handschriften C und E überliefert; beide Handschriften weisen kleinere Defekte auf, die zu korrigieren sind.

I, 1: Beide Handschriften überladen den Vers mit der Lesart *mich des*, daher Besserung wie schon in der 14. Aufl. Es ist allerdings darauf hinzuweisen, dass die Handschriften nur in der zweiten Strophe übereinstimmend einen regelmäßigen vierhebigen Vers tradieren.

I, 5: Beide Handschriften zeigen dieselbe Reimstörung; Konjektur nach Pfeiffer.

II, 2: Im Gegensatz zur 14. Aufl. wird die C-Lesart *die ez* beibehalten; aufgrund des Hiats ist ein verschleifendes Lesen problemlos möglich.

II, 7: Im Gegensatz zur 14. Aufl. wird kein Wort aus metrischen Gründen ergänzt. Die drei erforderlichen Hebungen können erreicht werden, indem man liest: *dém ándern sín* – der Hebungsprall unterstützt hier die Rhetorik der Aussage.

II, 10: Im Gegensatz zur 14. Aufl. wird die C-Lesart *als ich* beibehalten, da sie semantisch mit der E-Lesart (*so ich*) identisch ist.

III, 1: Cormeau hatte sich hier für die E-Lesart entschieden, d. h. gegen das Pronomen *wir* aus C, denn es ist mit Blick auf den Kontext wenig sinnvoll, dass sich das sprechende Ich in eine Wir-Gruppe integriert, die eigentlich anders empfindet als das Ich (Gegensatz *vrô* – *klage*).

III, 9: Im Gegensatz zur 14. Aufl. wird die E-Lesart gewählt und auf eine Konjektur verzichtet, wie sie Cormeau mit Blick auf eine denkbare gemeinsame Vorlage von C und E durch Zusammenfügung der Lesarten *ich* C und *ez* E hergestellt hatte. Da ein intransitiver Gebrauch von *verenden* belegt ist, könnte grammatikalisch auch die C-Lesart herangezogen werden. Allerdings erscheint die Aussage dann (,Könnte ich doch sterben!') etwas überzogen.

III, 10: Von der Satzstruktur her betrachtet müssen die in beiden Hss. getrennt geschriebenen Wörter *sunder* und *leit* als Kompositum aufgefasst werden. Komposita mit *sunder*- sind reich belegt.

Ton 96

Die vier versreichen Strophen werden in C und E (hier sehr eng verwandt) überliefert. Beide Hss. weisen eine Reihe von metrischen Störungen auf, die aufgrund der sehr komplexen Strophenmetrik und Reimstruktur zu erklären sind. Um einige Besserungen kommt man nicht herum.

II, 5: Das hsl. *lassen* muss aus Reimgründen zu *lân* verkürzt werden.

II, 8: Die Hss. weisen mit der Lesart *grosse not* einen falschen Reimbezug auf (nämlich zu V. 11 und 14); gefordert ist aber ein Reim auf V. 9 und 10 – daher Konjektur.

II, 11: Im Gegensatz zur 14. Aufl. wird die hsl. überlieferte, nicht umgelautete Form *vorhte* übernommen; dafür finden sich zahlreiche Belege in den Wörterbüchern.

III, 3: Die Ergänzung der Wörter *des hân* erfolgt nicht aus inhaltlichen oder syntaktischen Gründen, sondern aufgrund der metrischen Unterfüllung des Verses; im Laufe der Editionsgeschichte wurden zahlreiche, deutlich sinnträchtigere Konjekturen vorgeschlagen (vgl. den Herausgeberapparat der 14. Aufl.).

III, 10: Die Wörterbücher (vgl. Lexer III, 913) belegen die Schreibweise *vinster* (für *winster* = ,link-'); daher wird diese Form im Gegensatz zur 14. Aufl. übernommen.

III, 13: Lachmanns Konjektur (*geringen*) wird übernommen; die Hss. weisen eine starke Reimstörung auf (bzw. sind wohl von einer Waisenzeile ausgegangen; in den Strophen I und II allerdings ist der Reim vorhanden).

IV, 6–8: Die Wortumstellung ist aus metrischen und reimtechnischen Gründen nötig.

IV, 13: Wackernagels Konjektur (*unreine*) wird übernommen; die Hss. weisen eine starke Reimstörung auf (bzw. sind wohl von einer Waisenzeile ausgegangen; in den Strophen I und II allerdings ist der Reim vorhanden).

Ton 97

Walthers ‚Elegie' hat wie kaum ein anderer Ton vielfältige philologische Bemühungen auf sich gezogen (eine Forschungsgeschichte bietet Volkmann, 1987; vgl. ferner Bertau, 1985; Heinen, 1989 und Kornrumpf, 1989). Ein seit Lachmann kontrovers diskutiertes Problem stellt die metrische Form dar, insbesondere die Frage, wie die Langzeilen zu zäsurieren seien. Die Hss. bieten keine verlässlichen Anhaltspunkte, da es kaum als Zäsurpunkte zu deutende Punkte gibt. Die Editionsgeschichte der ‚Elegie' zeigt, dass kein Konsens gefunden wurde, wie die einzelnen Verse zu metrisieren seien. Im Gegensatz zur 14. Aufl. verzichte ich daher auf eine Kennzeichnung von Zäsuren durch Spatien. Dass es sich dennoch um Langzeilen handelt, bleibt durch diese Entscheidung unberührt. Allerdings wird mehr Freiheit bei der Rhythmisierung der Verse angenommen, und diese Freiheit sollte nicht durch Spatien künstlich eingegrenzt werden.

I, 7f.: Die Verse 7 und 8 weisen merkwürdige Überlieferungsdefizite auf. Zum einen ist der Reim gänzlich gestört: *geborn* (CE): *gelegen* (C), aber: *gelogen* (E). Da die Lesart *gelegen* keinen Sinn ergibt, wohl aber *gelogen*, wird mit E in V. 8 gebessert. Größere Probleme bereitet weiterhin V. 7. Beide Hss. überliefern als Reimwort *geborn*, was weder reimtechnisch noch semantisch stimmig ist (allein Bertau bleibt ganz bei der hsl. Version). Als Konjektur wurde bereits seit Lachmann *erzogen* für *geborn* eingesetzt; ich verändere nur leicht zu *gezogen*, da dadurch immerhin das überlieferte Präfix gewahrt bleibt. Ein weiteres Problem stellt das überlieferte *dannan* (C) bzw. *danne* (E) dar. Noch bis zur 14. Aufl. ist hier ebenfalls häufig konjiziert worden. Ich belasse es aber bei der C-Lesart *dannan* und schlage zwei mögliche Bedeutungen des Verses vor: a) *dannan* ist ein Relativum in der Bedeutung ‚wodurch', besser: ‚durch die'; *gezogen* (< *ziehen*) verstehe ich im Sinne von ‚aufziehen'. Bedeutung: ‚Leute und Land, durch die ich von Kindheit an aufgezogen wurde …'. b) *dannan* ist ein Relativum in der Bedeutung ‚von denen (weg)'; *gezogen* (< *ziehen*) kann auch verstanden werden als ‚wegziehen (von)'. Bedeutung dann (so auch Schweikle): ‚Leute und Land, von denen ich als junger Mann weggezogen bin …'

I, 16: Die C-Lesart *flac* dürfte sicher ein Schreibfehler sein, leicht erklärbar durch ein verlesenes Schaft-s. Ein Nomen *flac* ist nur (einmal) in der Schreibweise *phlac* belegt im Sinne von ‚Aas' – dies hier anzusetzen, wäre abwegig.

II, 2: Die Konjektur *hô* wird beibehalten, denn das überlieferte Zeitadverb *nû* verträgt sich nicht mit dem Präteritum des Verbs. Die Stelle hat im Laufe der Walther-Philologie eine bunte Fülle von Besserungsvorschlägen erfahren (siehe den Apparat in der 14. Aufl.). Die hier übernommene Konjektur (von Willson MLR, 1955, 186 f.) greift am geringsten in die Überlieferung ein.

II, 5: Im Gegensatz zur 14. Aufl. werden keine fehlenden Silben angesetzt, da nun die Versmetrik der Elegie grundsätzlich liberaler betrachtet wird.

II, 6: Im Gegensatz zur 14. Aufl. wird das überlieferte Reimwort *jâr* beibehalten; die Differenz der Vokalquantität (Reim auf *gar*) rechtfertigt einen tiefgehenden Eingriff nicht; allerdings ist zu konzedieren, dass sich ähnliche Reimungenauigkeiten in Walthers Werk nur selten finden.

II, 11: Im Gegensatz zur 14. Aufl. wird das überlieferte Adverb *sere* nicht aus metrischen Gründen in der Edition getilgt – dies mit Blick auf die hier grundsätzlich andere Betrachtung der Elegie-Metrik.

II, 13: Im Gegensatz zur 14. Aufl. wird das überlieferte zweisilbige Nomen *vogel* (statt *vogellîn*) beibehalten, auch wenn dadurch der Vers unterfüllt wirken mag; man kann aber jeweils eine beschwerte Hebung auf *die* und *wild* ansetzen.

III, 13 f.: Cormeau hatte die von den übrigen Hgg. gesetzte Konjektur *sælden* (für das überlieferte *selbe*) nicht übernommen. Es kann nämlich gemeint sein, dass das sprechende Ich (Walther?) ‚selbst' die Krone ewig tragen möchte, wobei die Krone auch ohne einen Zusatz wie *sælde* die himmlische Krone bedeuten kann (vgl. auch das Adverb *êweklîchen*). – In V. 14 hatten die meisten Hgg. den überlieferten Konjunktiv *möhte* zu *mohte* konjiziert, weil sie den Söldner als Longinus identifizierten, dessen Tat ja in der Vergangenheit liegt und eine Tatsache ist. Man muss aber nicht zwingend an Longinus, sondern kann auch an einen Kreuzritter denken.

III, 17: Im Gegensatz zur 14. Aufl. wird kein 17. Vers konjektural ergänzt. Vielmehr kann man hier davon ausgehen, dass das Strophenschema bewusst durchbrochen wird und dadurch ein sehr pointiertes Tonende entsteht (insofern nun die Klagen der ersten beiden Strophen ein positives Ende finden – wenn auch hypothetisch).

Anhang

Anhang Ton 101

Das Lied ist reich in 5 Handschriften überliefert, drei davon weisen es für Walther aus, C bucht es unter Rudolf von Rotenburg, c unter Neidhart (mit nur drei Strophen). Die Entscheidung in der 14. Aufl., den Text nach U^x zu edieren, wird hier beibehalten. Eine Fassungsedition liegt nicht nahe: Da C und c das Lied unter anderen Autornamen überliefern, werden ihre Texte nicht eigens ediert. Allein die A-Fassung unter Walther käme für eine Fassungsedition in Betracht, doch ist die lexikalische Varianz nicht sehr groß – wohl die Strophenfolge und der -bestand. Der Benutzer sei darauf hingewiesen, dass die Boten-Thematik der Strophen II, III und IV in A in gleicher Folge wie in U^x erscheint. Die Strophe V fehlt, an ihre Stelle kommt die erste Strophe aus U^x, die sich indes von dem Botenstrophenkomplex löst und eine variable Einordnung in das Lied ermöglicht, ähnlich wie die fünfte Strophe aus U^x.

Als Text Rudolfs von Rotenburg mit der Folge I II V III IV KLD 49. XII.

I, 1: U^x überliefert die Form *pelegrim*; sie wird mit anderen Handschriften des Reims wegen zu *pilgerin* verbessert.

I, 6: U^x überliefert *daz was mir*, was sehr wahrscheinlich als Dittographie zu werten ist (vgl. V. 5); da diese Lesart syntaktisch kaum verständlich ist, wird mit den übrigen Hss. gebessert.

II, 2: Die U^x-Lesart (*died* statt *die*) ist ein Schreiberversehen oder mag mundartliche Gründe haben (eine Art Sprosskonsonant zwischen Vokeln? vgl. den ähnlichen Fall in V, 2: *dod* statt *do*) und wird gebessert.

III, 3: Wortumstellung gegen U^x aus Reimgründen nötig.

V, 1: In U^x scheint das *h* von *halber* nachträglich vom Pergament abgekratzt worden zu sein; Besserung mit den übrigen Hss.

V, 2: Die U^x-Lesart (*dod* statt *do*) ist ein Schreiberversehen oder mag mundartliche Gründe haben (eine Art Sprosskonsonant zwischen Vokeln? vgl. den ähnlichen Fall in II, 2: *died* statt *die*) und wird gebessert.

Anhang Ton 102

Der Ton ist in drei Hss. überliefert, in E und F mit unterschiedlicher Reihung unter Walther, in C unter Rubin. Eine Fassungsedition ist nicht nötig, denn für Walther

bietet A einen recht guten Text; F ist spät und oft unzuverlässig. Die C-Fassung wird nicht eigens ediert, da sie den Text für Rubin verbucht.
Als Text Rubins KLD 47. XIV.

I, 3: A überliefert *alle*, was grammatikalisch nur schwer zu rechtfertigen ist (oder kann gelesen werden: ‚... besser, als wenn alle Vögel singen'?).

III, 4: In *envumde* ist in A ein Schreibfehler zu sehen, Korrektur zu *envunde*.

Anhang Ton 103

Diese Strophe ist in Hs. A Walther zugeschrieben. Es gibt keine alternativen Zuschreibungen. Daher mag die Positionierung dieser Strophe im Anhang inkonsequent erscheinen. Der Grund liegt darin, dass in der 14. Aufl. Cormeau keine Texte in den Hauptteil der Ausgabe aufnehmen wollte, die von den übrigen Hgg. vermeintlicher Unechtheit wegen nur im Anhang ediert wurden. Würde ich in der 15. Aufl. die Strophe in den Hauptteil übernehmen, käme die Zählung und auch das Buchprinzip nach Lachmann durcheinander. Da ich daran festgehalten habe, musste die Konsequenz hier sein, Ton 103 im Anhang zu belassen.
Vgl. zur Echtheitsdiskussion Bein, 1994.

I, 1: A schreibt *mir* statt *mit* – sicher ein Schreiberversehen; ohnehin sind die Grapheme r und t recht ähnlich.

Anhang Ton 104

C notiert die vier Strophen unter Walther, J unter Rumzlant, dem wohl auch die Autorschaft zugesprochen werden muss. Die Strophenreihenfolge ist in beiden Handschriften gleich. Die Textvarianz hält sich in Grenzen; an einigen Stellen muss der C-Text mit J gebessert werden. Vgl. die Edition nach J mit Erläuterungen von Kern, 2000.
    Als Text Walthers von der Vogelweide HMS (Bd. I) 45. LXXIII; Strophenincipits unter Meister Rumelant HMS (Bd. III) 20.I.

I, 6: Der Vers ist in C nur fragmentiert erhalten; Besserung mit J.
I, 13: Im Gegensatz zur 14. Aufl. wird die C-Lesart beibehalten. Sie ist im Vergleich zur J-Lesart möglicherweise sekundär – hier aber soll ja dokumentiert werden, wie C den komplexen Sangspruch aufgefasst hat. Während J den Vers mit dem Pronomen *der* beginnt, schreibt C *die* und bezieht sich damit zurück auf die *frubt* in V. 12. Ein Verständnis ist durchaus gegeben: die fleischlich *erde* ist Subjekt des Satzes; sie brachte die gute Frucht in den Acker.
I, 17: Die C-Lesart *sinre bermde* weist eine Reimstörung auf und wird mit J gebessert.

II, 3: C überliefert *pfiffen*; aufgrund des Reimes muss mit J zu *pfifen* gebessert werden.

II, 10: In C fehlt ein syntaktischer Anschluss an 9; Besserung mit J.

III, 10: Die C-Form *gelote* dürfte möglicherweise auf einen Hörfehler zurückgehen; die Bedeutung ‚Gewicht', ‚Blei' passt hier kaum; daher Besserung mit J.

III, 14:16: C weist mit den Versschlüssen *spieten: wit* eine Reimstörung auf, die mit J gebessert wird.

III, 15: In C fehlt ein Subjekt im *dô*-Satz; Besserung mit J.

IV, 1: Die C-Lesart *nature* wird des Reims wegen (*fiure*) gebessert.

IV, 9: Die C-Lesart *vergudet* des Reims wegen (*siudet*) gebessert.

IV, 21: C schreibt *vor missewende*, was keinen Sinn ergibt; die Aussage läuft darauf hinaus, dass Christus ‚frei von Makel' ist, daher Korrektur *vor > von*.

Anhang Ton 105

Eine Textedition erübrigt sich hier deshalb, weil an beiden Stellen in C der Text Heinrich Teschler zugeschrieben wird.

Als ein Lied Meister Heinrich Teschlers SM 21.13.

Anhang Ton 106

Der Ton ist (mit unterschiedlichem Strophenbestand) in fünf Hss. überliefert; E, O und s weisen ihn Walther zu; A dem Truchsessen von Sankt Gallen und C Walther von Mezze.

Die Textherstellung nach E ergibt sich daraus, dass E alle fünf Strophen recht gut überliefert, während das − sonst qualitativ bessere − Fragment O hier viele schwer entzifferbare Stellen aufweist.

Als Text Walthers von Mezze KLD 62. IV, als Text Ulrichs von Singenberg (Truchseß zu Sankt Gallen) SM 12.26 und 26a.

I, 6: Die E-Lesart *sinen sinnen* überlädt den Vers metrisch; daher Tilgung mit O. Auffallend ist, dass A diesen ‚Fehler' ebenfalls hat, obwohl A nicht zum Überlieferungsstrang von E gehört.

I, 7: Die E-Lesart *sich mich* ist grammatikalisch nicht haltbar; Korrektur mit O und A.

I, 9: Die E-Lesart *funde* geht sicher auf ein verlesenes Schaft-s zurück; die Besserung zu *suonde* liegt nahe (so auch O).

III, 9: Obwohl die E-Lesart *selten* einen Sinn ergibt (allerdings mit der Folge, dass die Strophe einen abrupt ironisch-komischen Ton erhält) wird hier mit AC zu *selben* gebessert (die Grapheme *d* und *b* können leicht verlesen werden, sodass folgende Fehlergenese denkbar ist: *selben* > *selden* > *selten*).

IV, 1: E überliefert statt *minneclîchen sinnenclîchen;* wenngleich diese E-Variante nicht unverständlich ist, spricht doch sehr viel dafür, mit O zu bessern: ‚der Liebesrausch raubt den Verstand‘.

V, 5: Aus Reimgründen muss das nasallose *gedenke* in E verbessert werden.

Anhang Ton 107

Der Ton ist mit fünf Strophen in E, mit nur einer in s unter Walther überliefert; C tradiert drei Strophen unter Walther von Mezze. Die Entscheidung für E als Leithandschrift liegt auf der Hand.
   Als Text Walthers von Mezze KLD 62.VII.

I, 5−7: Im Gegensatz zur 14. Aufl. wird der E-Wortlaut hier nicht verändert. Grund für die Besserungen in der 14. Aufl. war, dass das Nomen *lôn* in V. 3 maskulines Genus trägt, das Wort in den Folgeversen aber mit neutralen Pronomen aufgegriffen wird. Solche Inkongruenzen wird man aber tolerieren müssen. Das Nomen *lôn* ist sehr gut als Maskulinum und Neutrum belegt.
I, 5: Vierhebigkeit ist durch beschwerte Hebung auf *als* und *iz* zu erreichen.

II, 3: E weist eine schwere Reimstörung auf (*getan* statt *gesehen*), die zu bessern ist.
II, 4: Die E-Lesart *iz* (statt *ich sie*) mag durch Diktat verursacht sein: diktiert wurde *is* (als ein kontrahiertes *ich sie*), vom Schreiber aber als *ich ez* missverstanden und dementsprechend mit der Graphemfolge *iz* transkribiert.

III, 2/10: Ergänzung des Dentals zur Kennzeichnung des Indikativs; E zeigt die Modusdifferenz häufig nicht mehr.
III, 11: Streichung des überlieferten *auch* aus metrischen Gründen (der Vers wäre überladen).

IV, 3: Korrektur der Reimstörung in E.
IV, 7: E schreibt *irre*, was einem *irer* entsprechen dürfte; die Konstruktion erfordert aber Dat. Pl., zumeist unflektiert als *ir* anzutreffen.
IV, 10: E hat einen Textverlust.

V, 6/9/11: Eingriffe gegen E sind aus Reimgründen nötig.
V, 11: E schreibt *manen*, die reguläre Infinitivform. Hier aber entsteht dadurch eine Reimstörung, die nur durch Ansatz eines ‚nasallosen Infinitivs‘ behoben werden kann; vgl. Paul, Mhd. Gr., 2007, § M 70, Anm. 15. Reime solcher Art wurden in der Vergangenheit oft als Belege für die Unechtheit eines Textes angesehen (d. h. hier, dass das Lied/die Strophe nicht von Walther stammen könne); als wirklicher Beweis kann dies aber nicht gelten.

Anhang Ton 108

Der Ton ist mit unterschiedlichem Strophenbestand (aber konstanter Reihenfolge) in drei Handschriften bezeugt. E (vier Strophen) und F (zwei Strophen) weisen ihn Walther zu; eine dreistrophige Fassung wird in C Rudolf von Fenis zugesprochen. Als ein Lied Rudolfs von Fenis MF XIII.VIII.

Hier wird die für Walther älteste und umfangreichste Überlieferung in E ediert.

I, 1: Die Lesart *leidic* von E ist zwar als Lexem belegt (,in Leid versetzt'), macht hier aber kaum Sinn, zumal F die Konjektur *ledic* stützt. Möglicherweise liegt in E ein Missverständnis des Schreibers vor (der Kontext macht den Gedanken an *leit* ja durchaus möglich).

Anhang Ton 108a

Diese Strophe folgt in E unmittelbar auf die Strophe IV von Ton 108; der Schreiber von E hat sie deutlich als zum Ton 108 gehörig betrachtet, weil erst danach erneut der Autorname *Walther* erscheint. Allerdings ist diese Strophe um einen Vers kürzer als die übrigen von 108; außerdem stimmt die Reimstruktur nicht ganz überein: 108: aa bbbb cc; 108a: aa bbbbb.

Ton 109

Der Ton ist mit vier Strophen in E unter Walther verbucht; nur eine Strophe (III) wird in C Heinrich von Morungen zugewiesen ebenso wie im Troßschen Fragment Cᵃ, einer mutmaßlichen direkten Abschrift von C.

Die E- und C-Fassung als ein Lied Heinrichs von Morungen MF XIX. XXXIII[2] bzw. XXXIII[1]; vgl. Schweikle, 1971.

I, 6: Im Vergleich zu den übrigen Strophen fehlt der ersten ein Vers; auf eine Rekonstruktion, die nur hypothetisch sein könnte, wird verzichtet.

II, 1: C überliefert *verborgen*. Die Konjektur *unverborgen* wird übernommen, denn ohne sie gäbe es einen harten Widerspruch: In V. 4 lesen wir nämlich, dass die Tugenden sich offenbaren, während in der hsl. Fassung in V. 1 ausgesagt wäre, dass die Tugenden verborgen sind.
II, 2: Die hsl. Form *tugenden* wird grammatikalisch der im Mhd. üblichen Form *tugende* angeglichen (Differenzen der starken und schwachen Deklination).

Anhang Ton 110

Der Ton ist in E deutlich für Walther ausgewiesen; F ist ein − wie in vielen anderen Fällen − problematischer Zeuge. Insofern ist der Ton im Anhang eigentlich fehl am Platze. Eine Veränderung hätte indes so weitreichende Folgen für die Konzeption des Hauptteils der Edition (Tonnummerierung; Buchprinzip Lachmanns), dass hier darauf verzichtet wird. Auch an dieser Stelle wird deutlich, welche Probleme es für einen Editor mit sich bringt, eine fast 200 Jahre alte Editionstradition fortzuführen. – Zur Echtheit vgl. Bein, 1991.

I, 2: Das handschriftliche *geuiele* (E) muss aus metrischen Gründen (Reim) zu *gevelle* gebessert werden.

IV, 7: Das hsl. *kinde* ist nicht zu halten; der Kontext spricht deutlich für eine Korrektur zu *kinne*. Der Fehler in E mag durch eine Verhörung entstanden sein (Diktat).

Anhang Ton 111

Zur Positionierung dieses Tons im Anhang vgl. die Bemerkung zu 110.
   Zur Diskussion der ‚Echtheit‘ vgl. Bein 1998, 403 ff.

I, 1: Eine Besserung des hsl. *vogelin* ist aus Reimgründen nötig.

II, 2–7: Alle Eingriffe gegen die Handschrift sind aus metrischen Gründen (Reimstörungen) nötig.
II, 8: Zwar gibt es ein Verb *gerumen* (wie E schreibt; ‚Platz machen‘), doch spricht der Kontext (*ören*) deutlich für die Konjektur *gerûnen*.

IV, 2: Tilgung des hsl. *mich* aus metrischen Gründen; die Verse in den übrigen Strophen sind deutlich zweihebig.
IV, 8: Die Wortstellung in E *wer si selbe* ist zwar nicht unverständlich (‚ich wüsste gerne, wer sie selbst ist‘), doch spricht der Gedankengang der Strophe für eine Umstellung: das Ich selbst wüsste gerne, wer die Dame ist – dies ist die Pointe, auf die die Aussagen zulaufen.

Anhang Ton 112

Zur Positionierung der Strophe im Anhang vgl. die Bemerkungen zu Ton 110.

3: Das hsl. *do von* wird zu *dâ von* gebessert; die Grenze zur bloßen Normalisierung ist fließend.
5: Im Gegensatz zur 14. Aufl. wird in den Vers nicht eingegriffen, d. h. am Versanfang nicht das Wort *vrowe* ergänzt. Wir haben keine Vergleichsstrophen, die etwas über die Strophenmetrik aussagten, und syntaktisch ist der Vers unanstößig.

Anhang Ton 113

Zur Positionierung des Textes im Anhang vgl. die Bemerkung zu Ton 110.

I, 3: Die Konjektur ist weitreichend, der handschriftliche Text aber nicht zu halten. Es ist davon auszugehen, dass der Schreiber versehentlich (Zeilensprung) die Worte *der linden* aus V. 1 wiederholt hat. Nicht nur entsteht dadurch ein sehr selten vorkommender identischer Reim, sondern auch die Aussage wäre höchst inhaltsarm: ‚der Linde Laub liegt vor der Linde‘.

II, 7: Im Gegensatz zur 14. Aufl. wird das handschriftliche *alzuo* beibehalten, da die Metrik des 7. Verses in den Strophen des Tons nicht einheitlich ist; besonders in der 4. Strophe ist V. 7 deutlich länger als etwa I, 7 und II, 7.

V, 1: Die Besserung *sunne* zu *sinne* ist des Reims wegen erforderlich.

VI, 1: E überliefert *sie*, die Hgg. haben zu *sich* (Imperativ zu *sehen*) gebessert, was nur eine Normalisierung wäre, wenn sich hinter dem *sie* der Imperativ zu *sehen* verbergen würde; E mag aber auch das Pronomen *sie* gemeint haben − dies aber passt nicht gut zur folgenden Anrede an die Frau.
VI, 7: Aus Gründen des Reims wird das hsl. *behuten* zu *behüeten* gebessert.

Anhang Ton 114

Zur Positionierung des Textes im Anhang vgl. die Bemerkung zu Ton 110.

II, 5: Die Überlieferung von V. 5/6 weist einen Defekt auf: es fehlt ein Reimwort (alles spricht für *niht*) und mindestens noch eine weitere Silbe. Auf die Rekonstruktion eines entsprechenden Wortes wird aber hier verzichtet; die Hgg. haben *liebes* eingesetzt.

III, 4: Metrisch und syntaktisch fehlt in E ein Wort; ich habe mich für die *naht* entschieden und muss nicht, wie die Hgg., auch noch im zweiten Teil des Verses konjizieren: *sint sie* (statt *ist sie*).

Anhang Ton 115

Die Strophen dieses Tons sind nur im Münsterschen Fragment Z überliefert. Es enthält zweifellos Walther-Texte (besonders Strophen des Palästinaliedes) und weist auch eine Namenssignatur (als Seitenkolumne) auf, deren Textbezug aber nicht eindeutig ist. Vgl. auch Bein, 1998, 433 f.

I, 1 − 4: Aufgrund des Textverlusts ist die Bedeutung des 4. Verses unklar; dennoch dürfte die Besserung *hinne* nötig sein.

I, 5: Aus metrischen Gründen ist ein Textverlust anzunehmen.

I, 6: Die Z-Form *sint* ist aus Reimgründen zu *sîn* zu bessern. Problematischer ist sicher die Besserung des hsl. *zcargen*, doch ergibt diese Lesart keinen Sinn (Plenio schlug – was gut passt – *zergangen* vor).

II, 1: Aufgrund eines Pergamentdefekts ist das Wort *triuwen* nicht eindeutig zu lesen.

II, 2: Aufgrund eines Pergamentdefekts ist ein -t nach *mache* nicht lesbar.

II, 9: Der Vers ist in der Handschrift deutlich überladen; daher Kürzung um die Wörter *zo vruont*.

III, 2: Z überliefert *des* (statt *daz*). Wenn Z nicht ohnehin *daz* meint, sondern es sich um den Genitiv *des* handelt (im Sinne eines Genitivs der Relation – bezogen auf V. 4), ließe sich die Passage 1–4 zwar verstehen, allerdings mit deutlichen Schwierigkeiten.

III, 4: Z schreibt nur *der sele* (statt *gebender sêle*, eine Konjektur von Michels). Metrisch wäre dies hinzunehmen, weil aufgrund der fragmentarischen ersten Strophe keine Gewissheit über die Taktigkeit des 4. Verses besteht. – Problematischer ist das Verständnis des Z-Textes: ,… wo es von der Seele etwas gäbe'. Erst in der folgenden wörtlichen Rede wird dann gesagt, um welche Art von Seelen es dem Ich geht. Mir erscheint dies sehr gezwungen, und ich erachte Michels Besserung in der indirekten Rede für treffend.

III, 16: Das hsl. *ewigen* dürfte die *êwe(n)* meinen.

Anhang Ton 116

Vgl. zu den Tönen 116–120 die Bemerkungen im Apparat zu 116. Viele Besserungen sind mundartbedingt (m weist niederdeutschen Sprachstand auf).

    Als drei- bzw. fünfstrophiges Lied Reinmars des Alten MF XXI.LI a und b.

II, 4: der Genitiv *mynes sulues lip* ist grammatisch und metrisch problematisch; daher Besserung (auch gestützt durch die Reinmar-Überlieferung).

II, 6: Die Korrekturen sind grammatikalisch bedingt.

III, 5: Der Vers ist deutlich unterfüllt, daher Ansatz einer Lücke.

III, 6: Der Vers ist überfüllt; möglicherweise hat der m-Schreiber verdeutlichend die Worte *an ir* zugefügt.

Anhang Ton 117

Vgl. zu den Tönen 116–120 die Bemerkungen im Apparat zu 116.

    Als vierte Strophe eines in bCE für Reinmar bezeugten dreistrophigen Liedes MF XXI.XVII.

Anhang Ton 118

Vgl. zu den Tönen 116–120 die Bemerkungen im Apparat zu 116.
Als fünfstrophiges Lied Reinmars des Alten MF XXI.LVII.

Anhang Ton 119

Vgl. zu den Tönen 116–120 die Bemerkungen im Apparat zu 116.
Als fünfstrophiges Lied Hartmanns von Aue MF XXII.XVIII.

IV, 6: Die Konjektur *enstüende* beruht auf der Beschreibung der Zeitenfolge in Paul, Mhd. Gr., 2007, § S 192; eine Stütze auch in der Paralleüberlieferung.

II, 6 f.: Tilgung des handschriftlichen *altzo* aus metrischen Gründen (Überfüllung des Verses ist mit den üblichen Operationen nicht zu beheben).

Anhang Ton 120

Vgl. zu den Tönen 116–120 die Bemerkungen im Apparat zu 116.
Als sechsstrophiges Lied Reinmars des Alten MF XXI.XV.

IV, 1: Die Initiale ist deutlich ein S (*Swe*), doch gibt nur das Wort *Owe* einen Sinn.
IV, 1:3: Der Reim selbst ist in m in Ordnung, aber der Modus muss zum Indikativ korrigiert/normalisiert werden.
IV, 2/4: Grammatikalische Normalisierung (n-m-Varietät; vgl. auch Paul, Mhd. Gr., 2007, § L 94).
IV, 8: Die Wortumstellung ist aufgrund der folgenden optativen Aussage syntaktisch nötig.
IV, 9: Ergänzung des -r aus grammatikalischen Gründen (Genitiv).

Anhang Ton 121

Beide Strophen finden sich in a, dem namenlosen Anhang von A, allerdings unter Strophen, die andernorts für Walther gesichert sind.

I, 5: Ergänzung des Dentals nötig; das Nomen *zug* (< *zuch*) ist in seinem Bedeutungsspektrum hier auszuschließen.
I, 6: Beim hsl. *wez* ist wohl nur versehentlich das i ausgefallen; der Konjunktiv Prät. von *wizzen* (*weste/wesse*) dürfte (auch des *z*-Graphems wegen) nicht gemeint sein.
I, 6/7/9/11: Normalisierung lautlicher Varianten.

I, 12: Der Fehler in a ist aufgrund der graphematischen Nähe von *f* und Schaft-*s*
gut erklärbar.

II, 2: Hinter dem gekürzten *p^{s}sin* dürfte sich — auch des Reims wegen — das Verb
prisen verbergen.
II, 5: siehe I, 5.
II, 6–12: Normalisierung lautlicher Varianten.

Anhang Ton 122

Als fünfte Strophe eines Liedes unter Reinmar dem Alten MF XXI.LXVII.

V, 1: Die Handschrift überliefert zweimal die Präposition *vor*; wahrscheinlich liegt
eine Dittographie vor, daher Tilgung (auch aus metrischen Erwägungen); nicht ganz
auszuschließen ist freilich, *vor alle wîle* = *für alle wîle* (‚für alle Zeit‘) zu verstehen.
V, 1: Statt *huote* überliefert U^x *gute*, was den Sinn des Verses völlig verändert — und
wohl kaum gemeint sein kann (Fehlergenese durch Verhörung (Diktat) oder Verle-
sung *huo-* > *guo-* gut vorstellbar). Die Besserung stützt sich auf die Parallelüberliefe-
rung in e.
V, 4: U^x überliefert statt *des daz*; syntaktisch ist *daz* möglich (Bezug: V. 2: sie *vürh-
tent*), doch dann ist der kausale Anschluss in 5 kaum noch möglich.
V, 6: Korrektur aus Reimgründen nötig.

Anhang Ton 123

Das Lied ist aufgrund von Blattbeschneidung nur sehr fragmentarisch überliefert;
die Ergänzungen durch die Hgg., besonders durch von Kraus, die hier weitgehend
übernommen sind, sind teilweise sehr hypothetisch. Zu erkennen ist aber ein augen-
scheinlich etwas obszöner Text.

Anhang Ton 124

Der Ton ist mit drei Strophen in C Friedrich von Hausen zugeordnet; fünf Stro-
phen überliefert F ohne Autornamen, aber im Kontext von Strophen, die in ande-
ren Handschriften Walther zugewiesen werden. p notiert nur dreieinhalb Verse im
Zusammenhang eines Minneflorilegiums; am unteren Blattrand ist noch Platz für
mindestens zwei Verse, sodass möglicherweise bereits die Vorlage fragmentiert war.
Der Ton muss hier nach F hergestellt werden, was ohne Eingriffe nicht möglich
ist — F weist sehr oft einen verderbten Text auf.
  Als fünf- bzw. dreistrophiges Lied Friedrichs von Hausen MF X.XVII b und a.

I, 8: Ergänzung des in F fehlenden Nasals aus grammatikalischen Gründen.

I, 9: Korrektur *das* > *da* aus syntaktischen Gründen; Reimstörung in *sehe*.

II, 6/7: Im Gegensatz zur 14. Aufl. wird die Interpunktion hier verändert, um den Anschluss von 7 an 6 besser verständlich zu machen.

II, 8: In F liegt mit *nein* zweifellos eine Verschreibung vor; Korrektur zu *mein* > *mîn*.

III, 2: Die F-Lesart *wenne* ist syntaktisch möglich, aber inhaltlich abwegig, daher Korrektur mit C; V. 1 und 2 müssen in einem Vergleichszusammenhang stehen.

III, 4: Der F-Schreiber dürfte mit *nun* die (*lectio difficilior*) *nân* (< *nahe* C) simplifiziert haben. – Ähnlich auch im Fortgang des Verses: der Schreiber missversteht wohl die Konstruktion ‚jemandem Liebe zutragen‘ und vereinfacht zu ‚in Liebe‘.

III, 6: Die Aussage in V. 5 erfordert eine nähere Bestimmung der *stat*; dies kann in V. 6 sinnvoll nur durch *da* (statt hsl. *das*) geschehen.

III, 7: Der F-Schreiber dürfte *ich in* versehentlich wiederholt haben (vgl. V. 6); der Kontext erfordert deutlich die Konjektur *er mich*, da es ja um ein gemeinsames Liebeserleben geht.

IV, 3: Der Plural der F-Lesart *in* macht hier keinen Sinn; Besserung zu *im*.

IV, 4: Vgl. III, 2: ein ähnlicher Fehler liegt auch hier vor, daher Besserung zu *danne*.

V, 2: Die Konstruktion erfordert statt *des* (F) *daz*.

V, 4: Wie in III dürfte F auch hier die anzunehmende Formulierung *im guoter dinge jach* missverstanden und simplifiziert haben: *in guten dingen*.

Anhang Ton 11, I*

Diese Strophe in Walthers Ton 11 ist nur in A unter dem Truchsessen von Sankt Gallen überliefert. Vgl. auch weiter unten ‚Anhang Ton 11, I**‘.

I*, 9: Die hsl. Lesart *genan* ergibt keinen Sinn; Besserung zu *gewan*, was bestens zur *kunde* passt.

I*, 10: Im Gegensatz zur 14. Aufl. wird die zweifellos vorhandene Lücke nur als solche gekennzeichnet, ohne sie konkret auszufüllen. Cormeau hatte mit von Kraus *fröuwe* ergänzt, während Lachmann und Wilmanns / Michels *schame* mutmaßten – dies zeigt, wie weit sich Deutungen der Stelle voneinander entfernen können.

Anhang Ton 1

Mit diesen beiden Versikeln beginnt der heute noch erhaltene Teil der Jenaer Liederhandschrift auf fol. 2r. Wachinger, 1981 identifizierte die beiden Versikel als Tonkontrafaktur zu Walthers Leich. Seinen Berechnungen zufolge dürften die übrigen Versikel von Walthers Leich mit anderem Text auf dem verlorenen Blatt 1 gestanden haben.

IV*, 18: Im Gegensatz zur 14. Aufl. wird das dreimalige hsl. *amen* als Schlussvers ediert. Zwar gibt es einen solchen Schluss in Walthers Leich nicht, doch muss man bei Kontrafakturen durchaus mit kleineren Variationen rechnen.

Anhang Ton 8

Das Maastrichter Fragment enthält Strophen in Tönen Walthers, allerdings ohne Autorzuschreibung. Vgl. Tervooren / Bein, 1988.

Anhang Ton 9

Das Maastrichter Fragment (Ma) und die Haager Liederhandschrift s überliefern drei Strophen im Ersten Philippston Walthers. Das Ma bewahrt eine literatur- und kulturgeschichtlich interessante und seltene Darstellung der Homosexualität; s hingegen zeigt eine Gegenüberstellung *des goyten* und *buesen moyts* – diese beiden Strophen haben mit der Ma-Strophe nur das Metrum gemein. Im Ma gibt es einen Autornamen: *Der tugent scriber*. Es ist aber unsicher, ob sich dieser Name auf diese oder die in Ma folgende(n) Strophe(n) (Anhang Ton 8) bezieht. In dem bekannten Œuvre des Tugendhaften Schreibers sind weder Text noch Ton sonst belegt. Vgl. Bein, ZfdPh 1990; Kornrumpf 1977.

Die beiden in s überlieferten Strophen werden hier den Normalisierungen und Besserungen Kossmanns (1940, 49) folgend ediert.

I*, 13: Im Gegensatz zur 14. Aufl. wird die Bekräftigungsformel *amen* als 13. Vers ediert. Vgl. auch die Bemerkungen zu Anhang 1, IV*, 13.

II*, 6: Besserung aus Reimgründen.

Anhang Ton 10

Diese fünf Strophen im Wiener Hofton werden ohne Autorsignatur in der Handschrift H überliefert, die eine Reihe von Seiten zuvor weitere Hofton-Strophen notiert hat (letztere aber durch Parallelüberlieferung für Walther gesichert).

II*, 13: Ergänzung eines fehlenden Reimworts.

III*, 4: *fûl*: Korrektur des handschriftlichen *fol* aus Gründen der Reimbindung.
III*, 6: Ergänzung des Adverbs *tumbe* (seit La) aus syntaktischen (und metrischen) Gründen.

Anhang Ton 11

Die Strophe I** ist ohne Autorsignatur im Verbund mit anderen, tonfremden Strophen in der Handschrift n notiert; der Ton ist der König Friedrichston. Die ** bei der Strophennummer sind der Tatsache geschuldet, dass in der Kategorie 3a des Anhangs (s. o.) eine weitere Strophe des Tons 11 ediert ist (diese wird I* genannt). Ebenfalls Strophen des König Friedrichstons überliefert die Kolmarer Meisterliederhandschrift t. Drei davon sind für Walther früh bezeugt und sind im Hauptteil der Edition ediert. In t findet sich zwar der Name ‚Walther von der Vogelweide‘, jedoch nicht als Bezeichnung eines Text-Autors sondern nur eines Melodie- (Ton-) Autors: ‚Walthers *gespalten wys*‘. Die Edition dieser Strophen erfolgt wegen des Alters der Hs. handschriftennäher als sonst.

I**10: Im Gegensatz zur 14. Aufl. wird der Vers wie überliefert ediert. Er weicht dann zwar vom Tonschema 11 leicht ab, doch muss gerade bei einer florilegienhaften Sammlung von Einzelstrophen mit solchen Varianzen gerechnet werden.

I^t, 4: Wortumstellung aus Reimgründen.

II^t, 5: Die hsl. Lesart *wz* ergibt hier keinen Sinn; Besserung analog zu V. 8 (Bartsch konjizierte zu *welle*).

III^t, 7: Die t-Lesart *fründen* wird aus grammatikalischen Gründen gebessert (Dat. Sg.).

V^t, 2: *verstân* erfordert hier (in Kombination mit *vff*) ein Reflexivpronomen.

VI^t, 2: Ergänzung des Pronomens aus grammatikalischen Gründen.

Anhang Ton 14

Ton 14 stellt eine Besonderheit dar: Eine Strophe aus der Handschrift q, die dort mit Walthers Namen überschrieben ist, hatte bereits Lachmann in den Hauptteil der Edition aufgenommen, aber wie andere Editoren als unecht betrachtet. Im gleichen Ton werden zwei weitere Strophen in A Reinmar dem Fiedler zugewiesen (diese hier im Anhang ediert). Dass die Walther-Referenz sich nur auf einen einzigen Fall bezieht, der zudem in einer etwas randständigen Handschrift erscheint, ist singulär.

Als Ton Reinmars des Fiedlers KLD 45.III.

I*, 3: Im Gegensatz zur 14. Aufl. wird hier weniger stark eingegriffen (keine Ergänzung eines Verbs und keine Tilgung der Negation) und nur ein *ob* eingefügt. Es sollen vielerlei Verwandte gefragt werden, ‚ob dies (V. 1f.) nicht wahr sei‘.

II*, 1: Die Besserung *den > dem* ist dem Sinn geschuldet; gemeint ist der erste Mann Adam; grammatikalisch betrachtet kann *man* freilich auch Akk. Pl. sein. –

Das *e* vor der Verbform *riet* dürfte ein Flüchtigkeitsfehler sein und eher nicht auf das (nicht reich belegte) Verb *errâten* verweisen.

II*, 4: A überliefert *wil* statt *vil*. Mir erscheint die Konjektur *vil* sinnvoll, wenngleich auch die Lesart *will* nicht unmöglich ist: ‚die gleiche Bezeichnung fordert (*wil*) ein ungleiches Leben‘.

II*, 6: Tilgung des Wortes *beide* aus metrischen Gründen (Überladung des Verses).

II*, 9: Das Subjekt *der zweir lîp* ist Singular; daher Besserung des überlieferten *gewinnent* zu *gewinnet*.

II*, 10: Überliefert ist: ... *die sint den beiden gram.* Schon Lachmann besserte zu *wer ist* ... und sicherte ein sinnvolles Textverständnis − allerdings geht der Eingriff recht weit. Doch die handschriftliche Version lässt sich nicht befriedigend lesen, denn worauf sollte sich das Pronomen *die* beziehen?

Anhang Ton 15

Die Überlieferung dieser Strophe in der Carmina Burana-Hs. (um 1225/30) wie noch dreier weiterer mit Parallelüberlieferung reicht wohl noch in Walthers Lebenszeit zurück, während der Großteil der übrigen (noch heute vorhandenen) Textzeugen frühestens rund 50 Jahre nach Walthers mutmaßlichem Tod entstanden sind.

Anhang Ton 24

Die Strophe ist ohne Namensnennung in einem Sangspruchkontext (Freidank) in der Handschrift h überliefert und hat dieselbe anspruchsvolle Metrik und Rhetorik wie Ton 24 (als Einzelstrophe), der in BC für Walther, in A für Reinmar gebucht ist.

   Unter Namenlos h KLD 38.23.

I*, 1/4: Ergänzung der Wörter aufgrund des strengen Schlagreimprinzips, das in der Handschrift (rsp. ihrer Quelle) wohl nicht mehr ganz durchschaut wurde.

I*, 9: Die überlieferte Form *werlten* ist grammatikalisch nicht zu halten. Der Genitiv Sg. des starken Nomens lautet *werlte*. Eine Pluralform *werlten* ist zwar belegt (BMZ IV, Sp. 544b), hier aber wohl auszuschließen − es geht um die betrügerische ‚Frau Welt‘.

I*, 14: Besserung *dich* > *diet* aus Reimgründen.

Anhang Ulrich von Singenberg SM 12.30

Von den letzten Strophen, die A unter dem Namen des Truchseß von Sankt Gallen tradiert, gehören 106−108 Reinmar von Zweter, 109 weist C Walther zu und 110 steht in Zusammenhang mit letzterer, deshalb hat La für die folgenden Strophen 111−117 Walthers Autorschaft in Erwägung gezogen und sie deshalb, wie nach ihm Wi/Mi und Kr, in die Ausgabe aufgenommen. Vgl. Schiendorfer, 1985 und Schiendorfer (Hg.): SM.

I, 1: Die Ergänzung der Präposition *in* (seit von der Hagen) ist aus inhaltlichen Gründen nötig, denn es geht in der gesamten Strophe ja um Wein in einem Behältnis (Fass) und die übertragene Verwendung dieser Bildlichkeit.

I, 2: Im Gegensatz zur 14. Aufl. wird nicht in die Hs. eingegriffen (Einfügung von *wol*); ich schließe mich hier der Entscheidung Schiendorfers (Edition SM) an, der für die letzte Silbe des Wortes *bereitet* eine Nebenhebung ansetzt. − A schreibt *habez*, möglicherweise auf einen Hörfehler zurückgehend; hier ist aber wohl nur ein Indikativ sinnvoll, daher Korrektur zu *habet ez*.

II, 2: Der Vers erfordert den Plural bei *frowen*, daher Ergänzung des *-n*.

III, 7: A schreibt statt *der eren*: *den eren*; dies ist grammatikalisch nicht haltbar, die Fehlergenese mag einer Art Kasusattraktion, ausgehend vom Relativpronomen *den*, geschuldet sein.

V, 3: Im Gegensatz zur 14. Aufl. wird nicht in die Hs. eingegriffen (Einfügung von *ê*); hier kann, wie in I, 2, durch Ansatz einer Nebenhebung in *wâren* die nötige Hebungsanzahl erreicht werden (hier allerdings entscheidet sich Schiendorfer für eine Konjektur).

V, 3: Statt *da hin da her* schreibt A: *da her da har*. Es ist denkbar, dass der Schreiber von A oder *A mit Blick auf die zweimalige Wiederholung von *da hin da her* in V. 1 und 2 eine stilistische Variation einbringen wollte − damit aber verschlimmbesserte. Freilich ist dies nicht beweisbar − ebensowenig wie Schiendorfers Vermutung, dass es sich bei *da hin da her* um ein „Gesellschaftsspiel" handelt.

V, 4: Das Wort *inthvrs* ist nicht zu belegen oder zu verstehen, daher mit Schiendorfer und anderen die Konjektur zu *intwerhes*. Den zweiten Halbvers glossiert Schiendorfer so: „auf verqueren Umwegen" (S. 131).

Anhang Ulrich von Singenberg 12.31

II, 8 f.: A weist deutlichen Textverlust auf, daher Ergänzung eines möglichen Reimwortes in V. 8 und nicht ausgeführte Markierung von Textverlust in V. 9.

Anhang Ulrich von Singenberg 12.20

Bereits Lachmann (Anm. zu 106,17) schrieb zu dieser Strophe: „… dass die [...] nicht von [Walther] ist, sieht jeder". Insofern ist es eigentlich inkonsequent, diesen Text in einer Walther-Ausgabe zu edieren. Aus Gründen der Editionstradition verbleibt sie jedoch auch in der 15. Aufl.

3: A hat mit *in* (statt *im*) einen Plural, der hier keinen Sinn ergibt, daher Besserung.

BEGRIFFSGLOSSAR

Im Folgenden werden Wörter und Begriffe erläutert, die in Walthers Lied- und Sangspruchdichtung häufig begegnen und deren Bedeutungsspektrum recht groß ist. Der erste und umfangreichere Teil des Glossars enthält Stichwörter zum Minnesang; im Anschluss daran finden sich Lemmata aus der Sangspruchdichtung. An zahlreichen Stellen wird von einem Wort auf ein anderes oder gar auf mehrere andere durch → verwiesen. Dies sollte der Benutzer als Hinweis darauf verstehen, dass sich eine Reihe von Wörtern und Begriffen zu semantischen Netzwerken verbinden. Die Erläuterungen fußen auf den historischen Wörterbüchern (Lexer, BMZ, Kluge) sowie auf ausführlicheren Wortgeschichten (besonders Ehrismann, 1995); bei einigen Stichwörtern wird der gebotenen Kürze wegen das semantische Spektrum mit Blick auf die Verwendung bei Walther eingegrenzt. Die Erläuterungen politischer und soziologischer Termini gehen zurück auf das Lexikon des Mittelalters (LdM).

Minnesang

arebeit / arbeit

Das Wort *arbeit* ist im Mittelhochdeutschen deutlich negativer konnotiert als in der Gegenwartssprache. *Arbeit* bedeutet ‚Mühe‘, ‚Qual‘, ‚Anstrengung‘. Wenn im Minnesang von *arbeit* gesprochen wird, so ist damit meist die große, aufopferungsvolle Mühe des werbenden Mannes gemeint, die Frau zu loben und zu preisen. Diese Mühe wird oft aber als angenehm betrachtet und z. B. mit Attributen wie *süez* verbunden (Stilmittel des Oxymorons).

bîligen

Mit diesem Verb kann in euphemistischer Umschreibung der Geschlechtsverkehr bezeichnet werden (vgl. nhd. ‚Beischlaf‘).

bluomen (liljen, rôsen, bluomen brechen)

Die Blumenmotivik hat eine lange und weitverzweigte Tradition (Bibel, antike Lyrik, lat. Rhetorik). Blumen und Blüten stehen symbolisch für ‚Jungfräulichkeit‘, ‚Unschuld‘, ‚Reinheit‘, ‚Keuschheit‘ (auch für die ‚Menstruation‘, allerdings nicht im Minnesang-Kontext). In zahlreichen Minneliedern ist vom *bluomen brechen* die Rede, was eine fast wörtliche Übersetzung des lat. *de-florare* ist, gemeint ist also die Entjungferung. Der Aspekt der Sexualität kann über diese dezente Metaphorik ohne Niveauverlust in der höfischen Dichtung verankert werden. − Im Minnesang nehmen *liljen* und *rôsen* einen besonderen Platz ein: Die Farbkombination von weißen Lilien und roten Rosen entspricht einer ästhetischen Idealvorstellung des Mittelalters (*wîz unde rôt*). Die Farbe Weiß und eine besondere Ausgestaltung der Rosen (nämlich die ‚Rose ohne Dornen‘) verweisen auf die Reinheit und Schönheit der Gottesmutter Maria: zahlreiche mariologische Attribute finden auch im weltlichen Minnesang Verwendung.

c siehe *k*.

danc / dank

... leitet sich etymologisch von *denken* ab. *Danken* bedeutet also ‚etwas in Gedanken halten‘, ‚erinnern‘. Der werbende Mann erwartet von der besungenen → *frouwe* Dank und → *lôn* für seinen → *dienst*. Worin der *danc* genau besteht, wird fast nie gesagt. Es kann ein bloßer → *gruoz* sein, ein Blick oder ein Gespräch; nicht explizit genannt, aber immer doch auch mitgemeint kann erotische oder sexuelle Erfüllung sein.

dienst / dienest

Die Bedeutungen reichen von ‚Verehrung‘ über ‚Aufwartung‘, ‚Ergebenheit‘, auch ‚Lehnsdienst‘, bis hin zu ‚Abgabe‘ und ‚Zins‘. Beim *dienst* handelt es sich um ein rechtliches Verhältnis zwischen einem Dienenden und einem Dienst-Empfangenden (einem Lehnsherrn oder einer → *frouwe*). Das Sänger-Ich (der Mann) unterwirft sich in der Werbung um die Gunst der besungenen Herrin und ersehnt → *dank* und → *lôn*. Die Art des *dienstes* bleibt meist unkonkret; eine Konstante stellt die beständige Lobpreisung der Dame dar, sodass ihr gesellschaftlicher Ruf wächst. – Neben dieser innerliterarischen Verwendung des Begriffs *dienst* findet sich im Minnesang auch eine eher außerliterarische: Der Dichter/Sänger (und auch Walther) kann seine Kunst als *dienst* an der höfischen Gesellschaft (seinem Publikum) bezeichnen.

edel

Der Wort bedeutet ursprünglich ‚zum Adel gehörig‘, ‚vornehm‘. Es handelt sich um einen Standesbegriff. Mit ihm werden die Angehörigen der höfischen Schicht bezeichnet, sowohl diejenigen der literarischen Welt als auch diejenigen im außerliterarischen Raum. Im übertragenen Sinn meint *edel* eine positive innere Gesinnung, die sich meist in einer gepflegten äußeren Erscheinung zeigt. Es ist allerdings darauf hinzuweisen, dass gerade Walther das Verhältnis von ‚Außen‘ und ‚Innen‘ oder Schein und Sein kritisch diskutiert. Bei ihm ist ein schöner Mensch nicht zwangsläufig auch ein guter Mensch.

êre

Das Wort lässt sich bis ins Germanische zurückverfolgen: **aizō* bedeutet so viel wie ‚Achtung‘. *Êre* bezeichnet im Mittelhochdeutschen das positiv konnotierte Ansehen eines Menschen: Ansehen vor anderen Menschen und auch vor Gott. *Êre* ist ein Wert, der in der Vorstellung vieler literarischer Gestalten erkämpft und erstritten werden kann und muss. Insbesondere die Artusepik führt allerdings vor, dass ein selbstzweckiges Streben nach *êre* falsch ist — erst das altruistische Handeln im sozialen Raum führt zu wahrer *êre*.

friedel / vridel / vriedel

Das Wort wird in der Bedeutung ‚Geliebter‘, ‚Buhle‘, ‚Bräutigam‘, ‚Gatte‘ verwendet und weist konkreter auf eine *Liebes*beziehung hin als → *friunt*.

friunt / friundîn / vriunt / vriundîn

Der Wort kann sowohl ‚Freund/Freundin‘ als auch ‚Liebhaber/Geliebte(r)‘ oder ‚Verwandte(r)‘ bedeuten und ist stets positiv konnotiert; es verweist auf eine funktionierende zwischenmenschliche Bindung.

fröide / vröide / vröude / vreude

Starkes, positives Gefühl der inneren Zufriedenheit, Heiterkeit, Vergnügtheit. Walther verortet die Freude, aber auch den Schmerz (→ *klagen, leit*) im Herzen. Der Begriff → *liebe* konkurriert in der Semantik mit *fröide*. Als Attribut höfischen Daseins ist die *vröide* im Sinne einer Hochgestimmtheit Bedingung für höfische Kultur (-veranstaltungen). Eng mit der Freude verwandt sind das *hochgemüete* und der *hohe* → *muot*. Häufig verwendete Adjektivableitungen sind: *frô, unfrô, fröidenrîch*.

frouwe / vrouwe / frowe / vrowe (wîp, maget, juncfrouwe)

Ständischer Begriff für eine sozial hochstehende, adlige Dame. Das Wort ist eine Femininbildung zu germ. **fraw-jōn* = ‚der Herr‘. *Frou-we* meint also ‚Herr-in‘ und ist ein Statusbegriff — im Gegensatz zu *wîp* (Bezeichnung für das biologische weibliche Geschlecht), *maget* (eine unverheiratete junge Frau ohne ständische Verortung) oder *juncvrouwe/vrouwelîn* (eine sozial hochstehende, junge und ledige Frau). Im ‚Hohen Minnesang‘ dominiert die *frouwe* den werbenden Mann, der sich ihr willig unterordnet. Mit der *frouwe* sind zahlreiche Wert- und Schönheitsvorstellungen verknüpft, darunter die → *schame* und *kiusche*, die Übereinstimmung von äußerer und innerer Schönheit und Gutheit (das bereits antike Prinzip der Kalokagathie: das Schöne ist das Gute; vgl. aber oben die Ausführungen zu → *edel*). Durch den → *dienst* an der *frouwe* entfaltet der Mann seine Tugenden. In einigen Liedern reflektiert Walther kritisch den Gebrauch der Genus- bzw. Statusbezeichnung (*wîp* vs. *vrouwe*) und zieht die Bezeichnung *wîp* vor.

gebende

‚(Ge-) Binde‘: Es handelt sich um ein Tuch, das in mehreren Lagen um den Kopf und die Kinnpartie einer Frau gebunden wurde. Diese Kopfbedeckung hat häufig eine soziale Bedeutung. Je nach Kontext kann das *gebende* Attribut höfischer Sitte sein, es kann aber auch dazu dienen, Frauen als sozial randständig auszuweisen (so konnte z. B. ein gelbes *gebende* einen hohen Stand signalisieren, regional aber auch den von Prostituierten; vgl. Ruth Harvey: ‚Gelwez Gebende‘ – The ‚Kulturmorphology‘ of a Topos. In: GLL. N.S. 28, 1974/75, S. 263–285).

gedinge

Bedeutung: ‚Gedanke‘, ‚Hoffnung‘, ‚Zuversicht‘, auch ‚Schicksal‘. Im Minnesang verliert der werbende Mann fast nie das *gedingen*, also die Hoffnung auf Belohnung und Anerkennung sowie auf die Erwiderung seiner Liebe (*liepgedinge*), selbst wenn sich die umworbene Frau unnahbar oder gar abweisend verhält.

genâde/gnâde

... bezeichnet die ‚Gunst‘, ‚Unterstützung‘, ‚Gnade‘, ‚Huld‘, ‚das Erbarmen‘ und ‚die helfende Geneigtheit‘. Der Begriff gehört in das semantische Feld des Dienstethos → *dienst*: Das männliche Sänger-Ich bittet um die Gunst → *lôn* und um → *danc* der Dame, auch wenn sie in der Erfüllung vor allem erotischer Wünsche unerreichbar bleibt. Der singende/werbende Mann hofft auf die *genâde* der Dame, die sich häufig darin erschöpfen muss, den Mann und seine Anstrengungen wahrzunehmen. *Genâde* bezeichnet im religiösen Kontext ‚Barmherzigkeit‘, die aber auch im Minnesang mit gemeint ist.

gruoʒ

Gruß und Begrüßung sind Teil eines höfischen Zeremoniells und stellen eine ritualisierte Kommunikationsform innerhalb der (adligen) Gesellschaft dar. Jemanden zu grüßen bedeutet, ihn wahrnehmen, akzeptieren und willkommen heißen. Wenn der werbende Mann im Minnesang einen *gruoʒ* von seiner Dame wünscht oder erwartet, dann ist zunächst nicht mehr gemeint, als dass der Mann Anerkennung wünscht. Die Verweigerung des Grußes kann ein Zeichen für Feindschaft und Verachtung sein.

guot (güete)

Es lassen sich zwei Bedeutungsebenen differenzieren: Zum einen kann das *guot(e)* das ‚materielle Gut‘, das ‚Vermögen‘, den ‚Besitz‘ meinen; zum anderen gibt es die Dimension des moralischen Gut-Seins: *güete*. Das Adjektiv kann darüber hinaus auch ‚vornehm‘ oder ‚tüchtig‘ bedeuten. Häufig tritt das Nomen *güete* zusammen mit *schœne* auf und verweist neben der äußeren Schönheit auf die innere Wesensqualität einer Person (vgl. aber die Bemerkungen zu → *edel*).

herʒ

Bereits seit der Antike werden Gefühle (angenehme wie unangenehme) im Herzen verortet. Das Herz gilt als Zentrum des menschlichen Körpers, von dem aus alle Energie (Blut) in den Körper fließt. Das Gefühl der Liebe stellt sich dann ein, wenn das Bild einer begehrten Person über die Augen (→ *ouge*) ins Herz gelangt ist.

herzeliebe / herzeleit

→ *liebe*, → *leit*. Die Kombination von *herz* und *liep* (,Freude') bzw. *leit* (,Leid', ,Kummer') stellt zunächst eine Betonung des Freude- bzw. Leidaspektes dar, insofern das Herz als „personale Mitte" (Ehrismann) gesehen wurde. Walther zielt mit dem Begriff *herzeliebe* aber auf noch etwas anderes ab: Er verwendet ihn in bewusster Abgrenzung zum Begriff → *minne*. Während dieser im sog. ,Hohen Minnesang' eine sehr einseitige und unbefriedigende Liebe meint, verbindet Walther mit der *herzeliebe* eine auf Gegenseitigkeit beruhende emotionale (und auch erotisch-sexuelle) Bindung.

hövescheit

Das Wort leitet sich ab von *hof* (= der Hof). Es bezeichnet Lebensstil, Interessen, Verhaltensnormen, Aktivitäten sowie Wert- und Tugendvorstellungen einer adligen, an einem Hof (auch Burg oder Gutshaus) lebenden Gruppe. Walther verwendet *hövesch* und Ableitungen (*hövescheit*, *hovelîch*) häufig und stets positiv konnotiert. *Hövescheit* stellt für Walther ein erstrebenswertes Ideal dar, das er allerdings oft von Menschen bedroht sieht, die *unhövesch* sind (und die einer bäuerischen, grobschlächtigen gesellschaftlichen Schicht zugeordnet werden). Zuweilen fungieren auch die Wörter *unvuoc/ungevüege* als Gegensatzbegriffe zu *hövesch*.

hulde

Das Wort bezeichnet ,Geneigtheit', ,Ergebenheit', ,Freundlichkeit' und ,Treue'. In den meisten Fällen wird die *hulde* von der verehrten Dame erbeten. Dann besteht eine große begriffliche Nähe zur → *genâde*. *Hulde* kann aber auch vom Mann ausgehen; seine Lobpreisungen stellen nämlich eine Huldigung der Dame dar.

huote

Die *huote* (nicht gemeint ist *der huot* = Kopfbedeckung) bedeutet: ,Wache', ,Bewachung', ,Behütung', ,Aufsicht', ,Fürsorge' (vgl. nhd. ,die Hut', ,auf der Hut sein'). Die Grundbedeutung ist durchaus positiv, allerdings zeigt die Verwendung des Begriffs sowohl in der mittelhochdeutschen Epik als auch in der Lyrik, dass die *huote* eine Instanz ist, die eine Liebesbeziehung verhindern will oder soll. Die Für-Sorge bezieht sich also auf eine Sorge um gesellschaftliche Konventionen. Das Verletzen von sittlichen Normen (Liebe zwischen ständisch differenten Partnern, vor- oder außerehelicher Geschlechtsverkehr, Ehebruch u. a.) soll durch die *huote* vermieden werden. In den meisten Fällen lenken die Autoren (und so auch Walther) die Sympathie des Publikums auf das an der *huote* leidende Liebespaar. Insofern kommt der Thematisierung der *huote* eine normenkritische Bedeutung zu. Die *huote* kann einerseits konkret durch Personen vertreten werden, die als gesellschaftliche Wächter fungieren (und als *merkære* bezeichnet werden); andererseits tritt die *huote* auch abstrakt und teilweise allegorisiert in Erscheinung – sie ist dann gleichsam eine von der Frau verinnerlichte Verhaltensnorm, die ihr durch Erziehung eingegeben worden ist. In diesem Fall ist die Frau sich selbst eine *huote*. Vorbilder für dieses literarische Motiv sind schon bei Ovid, in der mittellateinischen sowie insbesondere in der romanischen Literatur des Mittelalters zu finden.

klagen

'Klagen' ist der verbale und nonverbale Ausdruck von Schmerz und Leid. Die Klage ist häufig Teil des Minnesangs, insbesondere des sog. 'Hohen Minnesangs'. Äußerungen des Liebesschmerzes durch Wörter wie *kumber, wê tuon, ach, ôwê, klagen, weinen* fungieren gleichsam als Gattungsmarker; man spricht dann von sog. 'Klageliedern'.

kumber → leit

kuss (küssen)

Der Kuss ist einerseits Bestandteil eines (sozial wohl definierten) Begrüßungsrituals und hat dann mit Liebe im engeren Sinn nichts zu tun. Im Minnekontext aber weist ein Kuss zwischen Mann und Frau auf Liebe und Erotik hin. Der Kuss stellt die vorletzte 'Stufe der Liebe' dar, auf die der Geschlechtsverkehr folgt (vgl. weiter unten die Erläuterungen zu → *ouge*).

leit

Neben der Bedeutung 'Leid' meint mhd. *leit* auch 'Böses', 'Betrübnis', 'Schmerz' und 'Krankheit'. Das Adjektiv kann auch 'widerwärtig' und 'verhasst' bedeuten. Auch die *minne* kann *leit* auslösen (häufig sind Freude und Leid untrennbar miteinander verbunden in der Formel 'liebe unde leit'). Die *minne* ist verantwortlich für zwei extrem konträre Gefühlslagen, in die sie die Menschen wirft. Dies widerspricht dem mittelalterlichen Ideal der → *mâze*. Walther macht diesen Widerspruch zum Thema eines Liedes (Ton 23a, L. 46,32).

liebe

Liebe bedeutet zunächst 'Wohlgefallen', 'Freundlichkeit', 'Lust' und 'Freude' und kann von daher als Gegensatzbegriff zu → *leit* verwendet werden. Ab dem späten 12. Jh. konkurriert *liebe* mit → *minne*, besonders Walther verwendet beide Wörter sehr bewusst: sein Verständnis von *liebe* kommt unserem heutigen Konzept von 'Liebe' (Gegenseitigkeit, Treue, Gefühl, Körperlichkeit, Sexualität) bereits recht nahe.

ligen → bîligen

lîp

Lîp hat zwei Bedeutungsdimensionen: Zum einen bezeichnet das Wort die körperliche Gestalt, den Leib, zum anderen bedeutet es das ‚Leben‘, ‚das Lebendige‘. Es wird jedoch auch als Ausdruck für die Gesamtkörperlichkeit einer Person verwendet (*mîn lîp* = Ich). Die Verwendung im Minnesang ist ambivalent: Während im ‚Hohen Minnesang‘ oft eine vergeistigte Liebe dominiert (*lîp* bedeutet hier eher abstrakt ‚Person‘), begegnet in anderen Minnesangtypen (Preislied, Tagelied) eine konkrete *descriptio corporis* (Körperbeschreibung), die den ästhetisch reizvollen (zuweilen auch nackten) Frauenkörper zum Thema macht (*minneclîcher lîp;* hier dürfte *lîp* deutlich auf die Körperlichkeit verweisen). Berühmt ist Walthers Schönheitsbeschreibung im Ton 30, L. 53,25.

loben

Hervorhebung der inneren und äußeren Werte einer (meist adligen) Dame → *frouwe*. So werden sowohl ihr schöner → *lîp* als auch ihre inneren Qualitäten wie → *güete*, → *schame* oder → *tugent* gepriesen. Dies ist Teil der männlichen Werbung und des → *dienstes* an und → *werbens* um eine(r) Dame im höfischen Minnesang. Durch den Lobpreis der Dame gewinnt diese gesellschaftliches Ansehen. In einigen Liedern Walthers macht der werbende und lobende Mann der Frau deutlich, dass sie von seiner Werbung profitiert und sogar etwas zu verlieren hat, wenn er sich gezwungen sieht, seine Anstrengungen aufzugeben.

lôn (lônen)

Das männliche Sänger-Ich wünscht oder fordert als Gegenwert für die Werbung im Frauendienst eine Belohnung, die vielfältig ausfallen kann: von bloßer (abstrakter) Wahrnehmung (durch einen → *gruoz*) und → *danc* bis hin zur Befriedigung der Liebessehnsucht (auch in sexueller Hinsicht). Im ‚Hohen Minnesang‘ bleibt der Lohn oft aus, was den Mann schmerzt, ihn aber nicht zum Beenden seiner Werbungsanstrengungen veranlasst.

maget → *frouwe*

mâze

Die Tugend der Mäßigung/ des Maßhaltens bezeichnet die ‚richtige Mitte‘ zwischen Extremen; weder Übermaß noch Mangel sind anzustreben. Das Konzept der ‚goldenen Mitte‘ findet sich schon in der Antike und bildet als Grundtugend die normative Grundlage jeder anderen Tugend. In mittelalterlichen Texten lehrender Art (u. a. Sangspruchdichtung, auch die Walthers) wird die *mâze* immer wieder beschworen und die *unmâze* als Anfang allen Übels dargestellt.

merkære → *huote*

minne

Das Wort geht etymologisch auf einen Kern *mein-* zurück; die Grundbedeutung ist ‚liebendes Erinnern‘. Bereits in althochdeutscher Zeit bedeutet *minne* ‚Liebe‘, sowohl die Liebe zwischen Menschen als auch die Liebe des Menschen zu Gott und vice versa. Im lyrischen Kontext ist *minne* bis um 1200 das gängige Wort, um eine emotionale (gelegentlich auch sexuelle) Beziehung zwischen Mann und Frau zu benennen (Homosexualität wird hingegen als *unminne* bezeichnet; vgl. Anhang, Ton 9). Um die Jahrhundertwende dringt das Wort → *liebe* (das zunächst nur ‚Freude‘ bedeutet) mehr und mehr in den semantischen Raum von *minne* ein. Walther verwendet beide Wörter (ca. 70 Mal *minne* und 30 Mal *liebe*), *minne* meist für ein altes Konzept von Liebe (‚hohe minne‘ – Liebe ohne Gegenseitigkeit und Erfüllung), während er mit *liebe* ein neues Konzept der Geschlechterkultur bezeichnet: erfüllte, gegenseitige und gleichberechtigte Liebe. – *Minne* findet sich noch in folgenden Komposita und Syntagmen: *minneclîch, nidere und hôhe minne, rehte minne, reine minne, minnære, herzeminne.*

muot

Das Wort bezeichnet eine innere Gemütsverfassung (vgl. engl. *mood*; nhd. das ‚Gemüt‘), nicht aber nhd. ‚Mut‘ (im Sinne von ‚Tapferkeit‘ oder ‚Unerschrockenheit‘). Es kann umschrieben werden mit: ‚Sinn‘, ‚Gesinnung‘, ‚Stimmung‘, ‚Seele‘, ‚Geist‘, ‚Gemütszustand‘, ‚Kraft des Denkens‘. Im Minnesang begegnet häufig der Ausdruck *hoher muot*; er bezeichnet eine freudige Hochstimmung, mit der stets etwas Positives verbunden wird.

nôt → leit

ouge(n)

Im Minnekontext stellen die Augen die ‚Fenster des Herzens‘ dar. Durch die Augen gelangt das Bild der geliebten Person ins Herz des Betrachtenden – und dort entsteht die Liebe. Das ‚Sehen‘ stellt bereits seit der Antike die erste Stufe der Liebe dar, der noch vier weitere folgen (‚Sprechen‘, ‚Berühren‘, ‚Küssen‘, ‚Beischlafen‘ = die *quinque lineae amoris*).

rein

Grundbedeutung: ‚sauber‘. Das Wort wird als wertschätzendes Attribut für eine Frau verwendet, findet sich aber auch in religiösen Kontexten (in Walthers Liedern begegnet es ca. 30 Mal im Minne-Kontext und 10 Mal mit religiöser Bedeutung). Eine ‚reine‘ Frau ist eine, die vor allem in ethischer Hinsicht makellos ist – eine Eigenschaft, die freilich der Gottesmutter Maria im Besonderen zukommt.

ritter

‚Ritter‘ bezeichnet zunächst einen Krieger zu Pferde (vgl. die etymologische Verwandtschaft mit ‚reiten‘; dieselbe Bedeutungswurzel auch in franz. *chevalier* < *cheval*

= ‚Pferd‘). Ständisch lässt sich der ‚Ritter‘ kaum festlegen. Mit dem ‚Ritter‘ ist eher eine Idee verknüpft, an der unterschiedliche gesellschaftliche Gruppen teilhaben können. Im Kontext der Kreuzzüge des 12. und 13. Jhs. ist der Ritter ein *miles christi*, und diese Rolle kann der Kaiser oder aber auch ein gesellschaftlich recht unbedeutender Mann einnehmen. Eng verknüpft mit dem Begriff des Ritters ist auch der des Dienstmanns. Der Dienstmann ist ein Ministeriale im Dienst eines Herrn, der häufig auch Literaturmäzen ist. Vor allem in der höfischen Epik ist der Ritterbegriff verbunden mit ethischen Verhaltensnormen.

rôse → *bluome*

sælde (Adj.: *sælic*)

Das Bedeutungsspektrum ist groß: ‚Güte‘, ‚Wohlgeartetheit‘, ‚Segen‘, ‚Heil‘, ‚Glück‘ und ‚himmlische Seligkeit‘. Das Gelingen des Frauendienstes (→ *gruoz*, → *lôn*) führt zur *sælde*. In der *vro sælde* begegnet eine Personifikation des Glücks (das Pendant zur lat. Fortuna).

sank / sanc

Mit dem Nomen *sank* wird selbstreflexiv die Tätigkeit des lyrischen Künstlers bezeichnet: Der *sank* ist die Kombination aus Text, Musik und Vortrag. Der höfische Sang repräsentiert einen höfischen Lebensstil *(minnesanc, singen)*, der von Freude und Geselligkeit geprägt ist. Walther klagt über den drohenden Verlust des *höveschen sancs*, was gleichbedeutend mit dem Verlust der Hofesfreude ist (→ *fröide*). Er dürfte sich damit gegen Tendenzen zur Wehr setzen, die den traditionellen höfischen Sang durch unhöfische (bäuerische?) Einflüsse in seiner Ästhetik zu zersetzen drohen (→ *hövescheit*). Der *sank* ist aber nicht nur das vor einem Publikum vorgetragene Kunstwerk, sondern – innerliterarisch – die Werbung des liebenden Mannes (→ *dienst*).

schame

Schame ist Teil eines als Norm empfundenen Verhaltens vor allem im Bereich des zwischengeschlechtlichen Lebens. Insbesondere scheint in vielen Fällen Nacktheit (als Ausdruck der Blöße und der Schutzlosigkeit) das Gefühl der Scham auszulösen. *Schame* wird im Hohen Minnesang insbesondere von der Frau erwartet. Das bedeutet aber nicht nur, dass sie sich nicht nackt zeigen und die Tugend der *kiusche* verinnerlicht haben soll, sondern die Forderung impliziert auch ein insgesamt zurückhaltendes und bedächtiges Verhalten der Frau.

schœne

Die Schönheit einer Frau spielt im Minnesang eine stereotype Rolle. Wenn die Frau vom sprechenden/singenden Mann gepriesen wird, so wird fast immer auch ihre besondere Schönheit hervorgehoben. Es wird hingegen äußerst selten genauer gesagt, was die Schönheit ausmacht. Hin und wieder ist es die Hautfarbe mit den Kontrasten ‚rot‘ (Lippen) und ‚weiß‘ (Gesichtsfarbe); vgl. → *bluomen*. Walther verbindet mit Schönheit allerdings meist mehr als nur ein schönes äußeres Erscheinungsbild. Er wendet sich häufig gegen physiognomische Vorstellungen (denen gemäß Schönheit auf Tugendhaftigkeit verweist). Für Walther stehen ‚innere Werte‘ deutlich an erster Stelle, er warnt geradezu davor, sich von der Schönheit einer Frau blenden zu lassen.

singen → ***sanc/sank***

sorge → ***leit*** → ***trûren***

stæte

... bezeichnet ‚Beständigkeit‘, ‚Standfestigkeit‘ sowie ‚Verlässlichkeit‘; etymologisch besteht ein Zusammenhang mit *stên* (‚stehen‘). Sie ist fester Bestandteil des mittelalterlichen Tugendkatalogs und oft die Voraussetzung für andere Tugenden. Im Kontext des Minnesangs wird die *stæte* zunächst vor allem vom dienenden Mann erwartet: Die Dame erwartet Verlässlichkeit. Besonders Walther aber überträgt die *stæte*-Forderung auch auf die Frau – dies geschieht im Kontext einer neuen Liebeskonzeption, die auf Gegenseitigkeit und Augenhöhe basiert (→ *herzeminne*).

tiure

Als Attribut der höfischen Dame bedeutet es ‚von hohem Wert‘, ‚wertvoll‘, ‚kostbar‘, ‚herrlich‘, ‚vortrefflich‘, ‚vornehm‘, ‚ausgezeichnet‘ sowie ‚in geringem Maße vorhanden‘. Das Verb *tiuren* beschreibt den Vorgang des Verherrlichens, des Ehrens und Preisens (→ *loben*) der Dame durch den werbenden Mann (→ *werben*) in der Ausübung des → *dienstes*.

triuwe

Als Rechtsbegriff bedeutet *triuwe* ‚Treue‘, ‚Aufrichtigkeit‘, ‚Zuverlässigkeit‘, ‚Versprechen‘ und ‚Gelübde‘. *Triuwe* ist für das Funktionieren der mittelalterlichen Gesellschaft unabdingbar; sie hat Vertragscharakter. Wenn auch im Minnesang die *triuwe* vornehmlich die Aufrichtigkeit und Verlässlichkeit eines Liebespartners bezeichnet, so schwingt konnotativ doch immer mehr mit und ‚Treue‘ ist nicht reduziert auf das, was wir heute ‚sexuelle Treue‘ nennen.

trôst

Besonders im Hohen Minnesang leidet der werbende Mann. Dieses Leid wünscht sich der Mann durch *trôst* gemildert. Darauf richtet sich seine Zuversicht (→ *gedinge*). Der *trôst* kann in Form eines → *gruozes* erfolgen, der dem leidenden Sänger → *fröide* zurückbringt.

trûren → ***klagen***

unvuoc/ungevüege → ***höveschheit***

v siehe ***f***, aber:

vogel

Der Vogel (häufig sind es mehrere) stellt ein stereotypes Element eines *locus amoenus* dar (meist eine idyllische Naturlandschaft). Vögel und ihr Gesang sind Boten des Frühlings und Sommers und stehen für ungetrübte Freude. In spezifischen Kontexten steht ein Singvogel für den Dichter; so bezeichnet Gottfried von Straßburg Walther von der Vogelweide als *nahtegal*.

wân

Im Minnekontext bezeichnet der *wân* häufig die vage Hoffnung des Mannes auf Erhörung. Grundbedeutung von *wân* ist ‚das Glauben‘, ‚die Vermutung‘, ‚die (unbegründete) Hoffnung‘.

werben

Bedeutungskern ist: ‚sich in einer Kreislinie bewegen, sich drehen‘, daraus entwickeln sich weiter die Bedeutungen ‚sich bemühen‘, ‚sich benehmen‘, ‚streben‘, ‚handeln‘, ‚tätig sein‘ und ‚bitten‘. Der Begriff beinhaltet eine aktive Tätigkeit, die durchaus mit dem Sinn des Werbens im Minnesangs vereinbar ist, insofern der Mann vielfältige, zuweilen wechselhafte Bemühungen anstellt, um mit der Dame in Kontakt zu kommen. Werben ist Teil des → *dienest*, der Mann kann die Dame → *loben*, er kann bitten und betteln und er kann → *klagen*. Für sein Bemühen erhofft der Werbende sich → *lôn*, → *danc*, → *gruoz*.

werdekeit

Das Wort gehört zur Gruppe ‚Wert‘, ‚Würde‘, ‚Ansehen‘ und ‚Ehre‘. Die *werdekeit* ist Teil eines Wertekanons der höfischen Welt. Das (zumeist) adlige Individuum in den höfischen Epen bemüht sich durch seine altruistischen Dienste um *werdekeit*, d. h. um innere Würde und Ansehen in der Gesellschaft (→ *êre*). Im Minnesang hat die *werdekeit* noch eine spezifische Bedeutung. Der Dienst an der Frau ist im Hohen Sang aussichtslos und löst beim Mann Leid und Trauer aus. Dass er trotzdem am Dienst festhält, wird in manchen Liedern damit begründet, dass eine beständige (→ *stæte*) Werbung (→ *arbeit*) auch ohne Erreichen des intendierten Ziels einen Wert hat, nämlich den Charakter des sich abmühenden Mannes zu verbessern. Insofern ist *werdekeit* einer der höchsten Werte, die im Frauendienst erworben werden können.

wîp → frouwe

wunne → *fröide*

zuht

‚Wohlerzogenheit‘, ‚Anständigkeit‘. Mit *zuht* wird meist ein ganzes Bündel höfischer Tugenden bezeichnet; wem es an *zuht* fehlt, gehört nicht in die höfische Welt, zumindest nicht in eine als ideal imaginierte. Häufig wird aber der höfischen Welt ein Mangel an *zuht* vorgeworfen − wenn sich diese in der Perspektive des Sängers/ Dichters auf einem dekadenten Weg befindet.

Sangspruchdichtung

bâbest / bâbst / bâbes

Oberhaupt der katholischen Kirche und in der christlich-katholischen Vorstellung als Nachfolger Jesu Christi eingesetzt. In Walthers Sangspruchdichtung ist der Papst als Vertreter von Amt und Institution Reizpunkt und Ziel von Angriff, hämischem Spott und Schelte. Augenscheinlich waren solche Attacken möglich, ohne üble Folgen fürchten zu müssen (dies möglicherweise deshalb, weil Walther im Dienst weltlicher Potentaten einen gewissen Schutz genoss).

c siehe *k*.

êre

s. o. im Minnesangteil.

friuntschaft

... bedeutet ‚Freundschaft‘, ‚Liebschaft‘, ‚Verwandtschaft‘ oder ‚Bündnis‘ → *friunt/ friundîn* (im Minnesang-Teil). Innerhalb der Sangspruchdichtung (auch Walthers) wird die *friuntschaft* recht häufig thematisiert. Einer echten, aufrichtigen *friuntschaft* wird ein sehr hoher Wert beigemessen; vor falschen Freunden wird immer wieder gewarnt.

fürst / vürst

... ist eine Lehnübersetzung von lat. *princeps* (‚der Erste‘; vgl. engl. ‚first‘). In mhd. Texten kann *vürst* ‚der Vornehme‘, ‚der Höchste‘, ‚der Herrscher eines Landes‘ bedeuten. *Vürst* kann auch für Gott, Christus oder gar den Teufel stehen. Der mittelalterliche Fürst gehört dem Hochadel an, seine hohe Amtsstellung ermöglicht die ‚königsgleiche Verselbstständigung‘ (LdM) seiner Herrschaft (die sich in der Verwendung königsgleicher Titel und Münzprägungen äußern).

herzog

... bezeichnet den Inhaber einer dem König untergeordneten, provinzialen Herr- schergewalt, die im Mittelalter die Grund- und Eigenherrschaft sowie den Bau von

Burgen gestattet (LdM). Im Wort *herzog* finden sich die Worte *her* (Heer) und *ziehen*. Der *herzog* ist also eine Person, die ein Heer anführt.

keiser

Das mittelalterliche Kaisertum steht in der Tradition des spätantiken Imperium Romanum. Den Titel *keiser* zu erlangen, bedeutet für einen mittelalterlichen König einen Prestige- und Machtgewinn. Die Krönung zum Kaiser setzt allerdings enorme politische und ökonomische Anstrengungen voraus, denn sie ist an einen aufwändigen Zug nach Rom gebunden. Wenn Walther bestimmte Potentaten mit den Titeln ‚König‘ und ‚Kaiser‘ versieht, lassen sich vorsichtige Datierungen der Texte vornehmen (*termini ante quem* bzw. *post quem*: der Text muss vor bzw. nach einem bestimmten Datum entstanden sein).

klôsenære / clôsener

... bedeutet ‚Klausner‘. Das Wort geht auf lat. *claudere* (‚schließen‘, einschließen‘) zurück. Ein *clôsener* ist also jemand, der sich ‚ein- bzw. abgeschlossen‘ hat; häufig handelt es sich um Einsiedler, die sich aus Gründen religiöser Kontemplation aus der Welt zurückgezogen haben. Ihnen wurde zumeist eine große Achtung entgegen gebracht. Auch Walther besetzt die Figur des *clôseners* positiv: Dieser wird zum unbestechlichen, kritischen Beobachter der in Dekadenz befindlichen Welt.

krône

... bezeichnet neben der Herrscherkrone auch einen Kranz als Kopfschmuck, sowohl für Männer als auch für Frauen (Siegeskranz, Ehrenkranz). Die Herrscherkrone ist ein sichtbares Zeichen der königlichen Würde und Macht und hat häufig eine metaphorische bzw. symbolische Funktion. Walther geht in seinen politischen Tönen auch konkret auf die deutsche Kaiserkrone ein, die durch den sog. *waisen* (einen großen Edelstein, der inmitten anderer als Einzelstück herausragt) identifiziert werden kann.

künec / künic

... ist die Bezeichnung für den höchsten weltlichen Potentaten. Zu Walthers Zeit werden Könige gewählt; er selbst kommentiert die Probleme einer Doppelwahl im Jahr 1198. Als Freund und Förderer kann der König Literatur und Kultur fördern (Mäzenatentum). In seiner Sangspruchdichtung tut sich Walther nicht selten als Ratgeber von Königen hervor – dies aber wird man wohl nur rhetorisch zu verstehen haben. Wenn Walther das Wort *künec* verwendet, kann damit sowohl ein nicht namentlich genannter König als auch das Königtum schlechthin gemeint sein.

lantgrâv

Angehöriger des Hochadels, königlicher Richter und Verwalter eines Landes. Walther geht mehrmals auf den *lantgrâven* Hermann von Thüringen ein, der ein bedeutender Mäzen gewesen ist.

milte/milde

Als Tugend ist die *milte* eine besondere Auszeichnung eines Herrschers. *Milte* bedeutet: ,Güte', ,Gnade', ,Barmherzigkeit', ,Wohltätigkeit' und ,Freigebigkeit'. Im Kontext des literarisierten Herrscherlobs spielt die *milte* eine herausragende Rolle; da ein Dichter finanziell von der Freigebigkeit eines Mäzens abhängig ist, ist die Forderung nach *milte* zumindest implizit oft auf das Verhältnis zwischen Herrscher und Dichter bezogen. Gerade Walther beklagt sehr häufig das Ausbleiben von einer Entlohnung seiner künstlerischen Dienste.

pfaffe

,Geistlicher', ,Weltgeistlicher', ,Priester'. Im Mhd. ist das Wort nicht negativ konnotiert (wohl aber nhd. ,Pfaffe'), obwohl die Geistlichkeit in der Sangspruchdichtung häufig Ziel von Schelte war → *bâbest*.

ritterschaft

... bezeichnet ein ritterliches Kollektiv, d. h. eine konkrete Gruppe von Rittern oder aber auch abstrakte ritterliche Werte. Das Wort ist dann Sammelbegriff für Wert- und Lebensvorstellungen des ritterlichen Milieus; dazu zählen ritterliches Brauchtum und Verhalten, Kämpfe, Turniere und ritterliche Standesideale → *ritter* (Minnesangteil).

tugent/untugent/tugentlôs

... meint ,Brauchbarkeit', ,Tauglichkeit', ,männliche Tüchtigkeit', ,Kraft', ,Macht', ,Vorzüglichkeit'. Der Begriff *tugent* subsumiert also eine große Menge positiver Eigenschaften (besonders in ethischer Hinsicht). Der (adlige) Mensch soll sich um die Erfüllung religiöser und/oder sozialer Ideale bemühen. Dabei spielt das sog. ,ritterliche Tugendsystem' eine wichtige Rolle. Zu diesem ,System' gehören Einzeltugenden wie: → *êre*, → *muot*, → *triuwe*, → *zuht*, → *milte*, → *stæte*, → *mâze, diemüete*, → *güete*, → *schame, kiusche* (die mit → versehenen Begriffe finden sich im Minnesang-Teil dieses Glossars). Sehr häufig gestalten die Dichter, so auch Walther, aus den abstrakten Tugenden allegorische Figuren.

v siehe *f*

werlt/welt

Das Wort *werlt* geht zurück auf das Kompositum *wer-alt*, was so viel bedeutet wie ,Menschenalter' (vgl. Werwolf = Menschenwolf). Im Weiteren bedeutet es ,Zeitalter', ,Jahrhundert', ,Jahrtausend', aber auch ,Schöpfung', ,Erde als Wohnsitz der Menschen'. In der religiösen und politischen Dichtung ist die *werlt* häufig negativ konnotiert. Mit ihr kann ein sündiges, irdisches Leben im Diesseits in Abgrenzung zum geistlichen, himmlischen Leben im Jenseits bezeichnet werden. Seit dem 12. Jh. findet sich vermehrt eine *contemptus mundi*-Literatur; sie zielt darauf ab, dem

Menschen die Gefährlichkeit weltlicher Freuden vor Augen zu führen. Personifiziert tritt sie als *fro werlt* bei Walther auf und ist Zielscheibe etlicher Klagen, die in eine Weltabsage münden.

zuht
s. o. im Minnesangteil.

VERWENDETE ABKÜRZUNGN

<:	abgeleitet von
*:	z. B.: *C = erschlossene Quelle der Handschrift C
Akk.:	Akkusativ
AT:	Altes Testament
Aufl.:	Auflage
BMZ:	Benecke / Müller / Zarncke [Mittelhochdeutsches Wörterbuch, siehe Bibliographie], römische Ziffern verweisen auf die Bände
Dat.:	Dativ
Euph.:	Euphorion (Zeitschrift)
Gen.:	Genitiv
ggfl.:	gegebenenfalls
Hs(s):	Handschrift(en)
Hg(g).:	Herausgeber (Hgg.: Plural; hg. = herausgegeben)
Imp.:	Imperativ
KLD:	Carl von Kraus: Deutsche Liederdichter [siehe Bibliographie, Textausgaben]
Kr:	Carl von Kraus [siehe Bibliographie, Textausgaben]
L.	Lachmann (L. 8,4 bedeutet: ein Walther-Text beginnt auf S. 8, Zeile 4 in Karl Lachmanns Textausgabe von 1827/1843; Lachmann hatte die Lieder nicht eigens nummeriert. Bis heute sorgt die Zitierweise ‚L. ...‘ dafür, dass Texte editionsübergreifend eindeutig identifiziert werden können)
La:	Karl Lachmann [siehe Bibliographie, Textausgaben]
LdM:	Lexikon des Mittelalters
Lexer:	Matthias Lexer: Mittelhochdeutsches Handwörterbuch [siehe Bibliographie], römische Ziffern verweisen auf die Bände
LThK:	Lexikon für Theologie und Kirche
Mau:	Friedrich Maurer [siehe Bibliographie, Textausgaben]
MF/MFMT:	Minnesangs Frühling Moser Tervooren [siehe Bibliographie, Textausgaben]
Mhd.:	Mittelhochdeutsch
MLR.:	Modern Language Review
Mnd.:	Mittelniederdeutsch
Nbf:	Nebenform
Nhd.:	Neuhochdeutsch
Nom.:	Nominativ

nd.	niederdeutsch
NT:	Neues Testament
P.:	Person
Paul, Mhd. Gr.:	Hermann Paul: Mittelhochdeutsche Grammatik [siehe Bibliographie]
PBB.:	Paul, Braune, Beiträge (Zeitschrift)
Pl.:	Plural
S.:	Seite
Sg.:	Singular
SM:	Schweizer Minnesänger [siehe Bibliographie unter ‚Weitere Textausgaben‘]
Sp.:	Spalte
st. V.:	starkes Verb
s. v.:	sub voce (= ‚unter dem Stichwort‘)
sw. V.:	schwaches Verb
V./Vv.	Vers/Verse
Vgl.:	Vergleiche
Wb./Wbb.:	Wörterbuch/Wörterbücher
Wi/Mi:	Wilmanns / Michels [siehe Bibliographie, Textausgaben]
WU:	Carl von Kraus: Walther von der Vogelweide. Untersuchungen [siehe Bibliographie]
ZfdA.:	Zeitschrift für deutsches Altertum
ZfdPh.:	Zeitschrift für deutsche Philologie

EDITIONSWISSENSCHAFTLICHES/
PHILOLOGISCHES FACHVOKABULAR

In der Einleitung, im Textkritischen Kommentar und in den Erschließungshilfen finden sich einige Fachbegriffe, die hier insbesondere für Studierende kurz erläutert werden:

Adynaton: Rhetorische Sprechweise mit dem Ziel zu sagen, dass etwas auf keinen Fall möglich ist.

Anakoluth: Satzbruch; ein Satz wird begonnen, aber nicht ‚regelgerecht' zu Ende geführt.

Apo koinou-Konstruktion: Bezeichnung für eine besondere syntaktische Konstruktion, bei der ein Wort oder ein Satzteil auf zwei andere Teile bezogen wird; im Nhd. ungebräuchlich, im Mhd. aber häufig anzutreffen. Beispiel: Ton 19 (BC), I, 4 f.: *die gedanke wâren ie mîn bester trôst / Gegen den vinstern tagen hân ich nôt*; *gegen den vinstern tagen* bezieht sich einerseits auf *trôst hân* (‚habe Trost mit Blick auf die finsteren Tage') und andererseits auf *nôt hân* (‚spüre Not/Unheil mit Blick auf die finsteren Tage').

Apokope: Das Eliminieren einer Endsilbe oder eines Endvokals aus metrischen Gründen.

Bindevariante (Bindefehler): Weisen zwei oder mehr Handschriften gegenüber anderen sehr charakteristische Abweichungen in gleicher Weise auf, spricht einiges dafür, dass sie auf eine gemeinsame Vorlage zurückgehen.

cap-finido-Verknüpfung: Ein Wort oder Satzteil am Ende einer Strophe wird zu Beginn einer folgenden Strophe wörtlich oder sinngemäß wiederholt.

Diphthongierung: Vokalische Lautveränderung vom Mittelhochdeutschen zum (Früh-) Neuhochdeutschen: î > ei, û > au, iu> eu.

Diplomatische Transkription: Eine Abschrift von Handschriften, die möglichst alle Eigenarten (übergeschriebene Buchstaben, Abkürzungszeichen usw.) nachahmt; Lesarten im Apparat zu den Texten sind z. B. diplomatisch wiedergegeben.

Dittographie: Versehentliche Doppelschreibung eines Wortes.

Elision: Das Eliminieren eines Vokals meist im Wortinneren aus metrischen Gründen.

Exzipierende Konstruktion: Eine Nebensatzkonstruktion besonderer Art: ohne Konjunktion auf einen übergeordneten Satz folgend, meist verneint und im Konjunktiv drückt der exzipierende Satz eine Ausnahme von dem aus, was im übergeordneten Satz gesagt ist. Beispiel: *Ich singe niht, ez enwelle tagen* – ,Ich singe nicht, es sei denn, es wird Tag'.

Florilegium: Kleinere, thematisch meist geordnete Sammlung von Strophen, Liedern oder Tönen.

Genitiv der Relation: Auch: ,relativer Genitiv'; bezeichnet eine Funktion dieses Kasus, die im Nhd. kaum noch anzutreffen ist (allenfalls mundartlich). Diese Funktion besteht darin, eine Beziehung zwischen Satzteilen oder Sätzen herzustellen. Beispiel: *Des* [= der Genitiv] *was er ein trûrec man*: ,In Bezug darauf (auf etwas, was zuvor genannt wurde oder was noch folgt) war er ein trauriger Mann.'

Hapax legomenon: Bezeichnung für ein Wort, das man bislang nur ein einziges Mal gefunden hat; die Bestimmung der Bedeutung ist daher schwierig.

Hebungsprall: Zwei betonte Silben folgen ohne Senkung unmittelbar aufeinander.

Hiat: Aufeinandertreffen zweier Vokale (Endvokal trifft auf Anfangsvokal; z. B. *so enkan*).

Homonymie: Bezeichnet die Eigenart, dass gleichlautende Wörter unterschiedliche Bedeutung haben. Beispiel: das Wort *kissen* kann im Mhd. ,das Kissen' und ,das Küssen' bedeuten.

Konjektur: Bezeichnung für die Korrektur einer handschriftlichen Lesart.

Kontrafaktur: Im Lyrik-Kontext meist die Übernahme einer fremden metrisch-musikalischen Form (z. B. Strophe), die aber mit neuem, oft parodierendem Text gefüllt wird.

Lectio difficilior: Damit bezeichnet man eine Textvariante, die gegenüber einer anderen schwieriger, anspruchsvoller ist; meist hält man sie für älter und näher am Original.

Leich: Eine hoch artifizielle lyrische Großform (hier Ton 1), die sich vor allem metrisch deutlich von einem Lied unterscheidet. → Versikel.

Lombarde: farbiger Großbuchstabe.

Mischredaktion: Ein editorisches Verfahren, das darin besteht, aus mehreren, untereinander variierenden Handschriften *einen* Editionstext herzustellen, der dann ein philologisches Konstrukt ist.

Oxymoron: Begriffkomplex, der in sich widersprüchlich ist, z. B.: ,süße Bitterkeit' oder bei Walther in 77 V, 7: *sanfte unsanfte*.

Palindrom: Eine Zeichenkette, die von vorn nach hinten und umgekehrt bei gleicher Bedeutung lesbar ist (Bsp.: Otto). Walther wendet das Prinzip auf Strophenebene an (vgl. Ton 58).

Performanz (*performative Aspekte* u. ä.): Im literaturwissenschaftlichen Zusammenhang versteht man unter ‚Performanz‘ die konkrete Aufführung von Literatur, d. h. also den öffentlichen Vortrag, die Lesung, die Inszenierung eines lyrischen Dialogs usw. Hier spielen Elemente eine Rolle, die der Text selbst nicht enthält: Intonation, Gestik, Lautstärke, Musik.

Revocatio: Das explizite Zurücknehmen von etwas, das zuvor ausgesprochen wurde.

Trennvariante (Trennfehler): Weist eine Handschrift anderen gegenüber singuläre Varianten auf, spricht einiges dafür, dass sie auf eine andere Quelle zurückgeht.

Synalöphe: Verschmelzung von zwei Wörtern aus metrischen Gründen, wobei der auslautende Vokal des einen Wortes mit dem anlautenden des Folgewortes verschliffen wird.

Ton: Unter einem ‚Ton‘ (mhd. *dôn*) versteht man ein metrisch-musikalische Grundgerüst, das immer neu mit Text gefüllt werden kann.

Versikel: Ein Versikel stellt – einer Strophe ähnlich – eine Versgruppe in einem → Leich dar. Anders als Strophen in einem Lied, die alle die gleiche Bauform aufweisen, können Versikel eines Leichs stark voneinander abweichen (wie auch in Walthers Leich, Ton 1).

ALPHABETISCHES STROPHENREGISTER

Das Strophenregister der 15. Auflage ist, anders als in der 14., alphabetisch nach dem ersten Wort eines Verses angeordnet, mit dem eine Strophe beginnt (und nicht mehr nach Reimsilben). Der Leich ist nur mit dem ersten Vers des ersten Versikels vertreten. Tönenummern ab 101 und Strophennummern mit Index * beziehen sich auf den Anhang (an einigen Stellen, die Missverständnisse provozieren könnten, wird darauf zusätzlich durch das Wort ‚Anhang' hingewiesen)

Eine auf Ton- und Strophennummern folgende Buchstaben-Sigle in ( ) verweist auf eine Fassungsedition; in den Fällen, in denen ein Stropheneingangsvers in mehreren Fassungen mit identischem Eingang vorkommt, wird nur der Wortlaut der zuerst genannten Fassung zitiert. In [ ] gesetzte Ton- und Strophennummern deuten an, dass der Vers in Parallelfassungen einen abweichenden Wortlaut aufweist.

Ahî, wie kristenlîche nû der bâbest lachet	12 VIII (C)
Al mîn fröide lît an einem wîbe	87 II
Aller werdekeit ein vüegerinne	23 (A) IV, 23 (B) IV, 23 (C) III, 23 (E) III
Alrêst dô liez er sich toufen	7 (Z) V, [7 (A) IV, 7 (C) III]
Alrêst lebe ich mir vil werde	7 (B) I, 7 (C) I, 7 (E) I, [7 (A) I, 7 (Z) I]
Als ez nû stât, sô ist ez zuo sorgen	113 III
Als ich mit gedanken irre var	18 (B) III, 18 (C) IV, [18 (E) IV]
Als ich under wîlen zir gesitze	87 III
An dem frîtage wurden wir vor der helle gefrîet	12a III
An disem vogelîne	123 IV
An wîbe lobe stêt wol, daz man si heize schœne	12 XVI
Ane liep sô manic leit	60 I
Beide an schouwen und an grüezen	57 IV
Bî dem brunnen stuont ein boum	64 (AUˣ) II (= Ûf dem anger stuont ...)
Bî den liuten nieman hât	89 I
Bî der schœne ist dicke haz	26 III
Bin ich dir unmære	27 (C) I, 27 (E) I
Bin ich in ir dienste worden alt	49a III
Bote, sage dem keiser sînes armen mannes rât	3 III
Cristen, juden unde heiden	7 (B) II, 7 (C) IX, 7 (E) VII, 7 (Z) III
Dâ bedûhte mich zehant	64 (AUˣ) III, [64 (C) III]
Dâ hin dâ her wart nie sô wert in allen tiuschen landen	Truchseß V (Anhang; SM 12.30)
Dâ mac ein man	113 V
Dâ sie wonet, dâ sint wol tûsent man	88 III
Dannen fuor er hin zer helle	7 (E) V, [7 (Z) VII]

Ez gienc eines tages, als unser hêrre wart geborn	9 (B) I, 9 (C) II
Ez ist in unsern kurzen tagen	54 XVII
Ez kumt ein wint, daz wizzent sicherlîche	5 II
Ez nam ein wittiwe einen man, hie vor in alten zîten	Truchseß II (Anhang; SM 12.30)
Es sint nit alles frunde, die man do frunde heisset	11 III[t] (Anhang)
Ez sol ûz schalches munde	8 I*
Ez sprach ein wîp bî Rîne	123 I
Ez troumte, dest manic jâr	10 VIII
Ez tuot mir inneklîchen wê	92 IV
Ez wær uns allen	67 I
Ez was an einer wunniclîchen stat	86 IV
Ez wizzen alle liute niht	106 V

ver-, vil, viur, von, vor, vrô siehe unten unter ‚V-‘

Falschez volk ist gar betrogen	32 (E) IV [= Tiusche man sint wol gezogen]
Friundîn unde vrowen in einer wæte	39 (1) III
Friundinne mîn	59 II
Friuntlîche lac	59 I
Frô Welt, ich hân ze vil gesogen	70 III
Frô Welt, ir sult dem wirte sagen	70 I
Fröide und sorge erkenne ich beide	79 II
Frömde wîp diu dankent mir vil schône	69 III

‚Fro(u)we‘ und ‚Vro(u)we‘ im Folgenden zusammengefasst

Vrouwe, ich trage ein teil zuo swære	44 (OEF) III, [44 (C) IV]
Frouwe, ich wil mit hulden	109 III
Frowe, als ich gedenke an dich	19 (BC) III, 19 (EU[x]) III
Frowe, daz wil ich iuch lêren	57 III
Frowe, dû versinne	27 (C) IV, [27 (E) II]
Frowe, enlât iuch des sô niht verdriezen	84 II
Frowe, ez ist zît	59 VI
Frowe, ich weiz wol dînen muot	66 IV
Vrowe, ich wil mit hôhen liuten schallen	39 (1) IV
Vrowe, ir habt mir geseit alsô	38 III
Vrowe, ir habet ein werdez tach	38 IV
Vrowe, ir sît schœne und sît ouch wert	38 II
Frowe, ir sît sô wol getân	51 II
Frowe, lânt iuch niht verdriezen	57 I
Frowe, lânt mich ez alsô wâgen	57 V
Frowe, lât mich des geniezen	17 (ABC) III
Frowe, lât sis niht geniezen	17 (E) III
Vrowe mîn, durch iuwer güete	7 (F) XIII
Frowe Minne, ich clage iu mêre	17 (ABC) II, 17 (E) II
Frowe Minne, ir sult mir lônen	17 (E) IV
Frowe, nû sî	59 III
Frowe, sendet im ein hôhgemüete	84 IV
Frowe, vernemt dur got mir diz mære	84 I

Ganzer fröiden wart mir nie sô wol ze muote	77 I
Gehovet, verhovet unde ungehovet	10 I*

Hüetent iuwere ougen	58 III
Hüetent wol der drier	58 V
Iâ hêrre, waz si flüeche lîden sol	49 III
Ich bin als unschedelîche frô	18 (B) I, 18 (C) I, 18 (E) II
Ich bin dem Bogenære holt	54 XII
Ich bin des milten lantgrâven ingesinde	12 XV
Ich bin ein wîp, ein wîp dâ her gewesen	81 II
Ich bin einer, der nie halben tac	18 (C) V
Ich bin iu eines dinges holt, haz unde nît	34 V
Ich bin iuwer, frowe Minne	17 (ABC) IV, 17 (E) V
Ich bin nû sô rehte vrô	91 I
Ich bin verlegen als ein sû	52 V
Ich ensach die guoten nie	91 II
Ich ensach nie wîp sô stæte	118 V
Ich enweiz, wem ich gelîchen muoz die hovebellen	12 VI
Ich enweiz, wie dîn wille stê	35 (BC) IV
Ich enweiz, wie ichz erwerben mac	89 V
Ich freudehelfelôser man	31 (A) I, 31 (C) VI
Ich gesach nie houbet baz gezogen	29 (C) II, [29 (E) III]
Ich gesach nie sus getâne site	29 (C) IV
Ich gesprach nie wol von guoten wîben	69 I
Ich habe gefarn wîte sihte in den landen	11 V^t (Anhang)
Ich habe in haupt sonden lange geslaffen leyder	11 I^t (Anhang)
Ich hân dem Mîssenære	76 III
Ich hân den muot und die sinne gewendet	78 II
Ich hân des Kernders gâbe dicke enpfangen	12 V
Ich hân die zît	113 I
Ich hân die zît wol gesehen an der linden	113 I
Ich hân dir gedienet sô	35 (EO) VI
Ich hân diu mære durch diu ôren mîn vernomen	40 (G) V
Ich hân ein herze, daz mir noch sol	107 I
Ich hân gegen ir mangen	123 III
Ich hân gemerket von der Seine unz an die Muore	12 I
Ich hân gesehen in der werlte ein michel wunder	11a
Ich hân des hern Otten triuwe, er mache mich noch rîche	11 (A) II, 11 (C) I
Ich hân ir gedienet ⟨.⟩	33 (E) I
Ich hân ir gedienet vil	89 IV
Ich hân ir sô wol gesprochen	17 (ABC) I, 17 (E) I
Ich hân iu geseit, waz ir missestât	34 VI
Ich hân lande vil gesehen	32 (A) III, 32 (C) IV, 32 (E) V
Ich hân mîn lêhen, al die werlt, ich hân mîn lêhen	11 (C) VII
Ich hân vil cleine an dir bejaget	36 (E) IV
Ich hâte ein schœne bilde erkorn	43 V
Ich het ime alle wîle vor gestân, ob mich die huote lieze	122
Ich hœre des die wîsen jehen	10 XV
Ich hœre im meneger êren jehen	47 II
Ich hœre iu sô vil tugende jehen	20 I
Ich hôrte diu wazzer diezen	2 III
Ich kam gegangen	16 II

Ich lebete ie nâch der liute sage	47 I
Ich lebet ie wol und âne nît	21 I
Ich mac der guoten niht vergezzen noch ensol	40 (E) III, [40 (B) III, 40 (C) II]
Ich minne, sinne, lange zît	24 (A)
Ich minne sî nû lange zît	24 (BC)
Ich muoz verdienen swachen haz	55 V
Ich sach hie vor eteswenne den tac	56
Ich sach mit mînen ougen	2 II
Ich sage iu, waz uns den gemeinen schaden tuot	25 (A) III, 25 (C) II
Ich sage iu, wer uns wol behaget	20 IV
Ich sanc hie vor den frowen umb ir blôzen gruoz	25 (C) V
Ich sanc hiute vor den frowen umbe ir blôzen gruoz	25 (A) II
Ich saz ûf eime grüenen lê	52 II
Ich saz ûf einem steine	2 I
Ich solt iuch engele grüezen ouch	54 III
Ich sprach nie: vrowe, tuot an mir wol	116 III
Ich traf dâ her vil rehte drîer slahte sanc	3 (Fortsetzung) VII
Ich trage in mînem herzen eine swære	39 (2) II
Ich trunke gerne, dâ man bî der mâze schenket	11 (B) V, 11 (Z) III
Ich vertrage, als ich vertruoc	26 IV
Ich wære dicke gerne vrô	92 II
Ich wânde, daz si wære missewende frî	34 II
Ich was durch wunder ûz gevarn	71 III
Ich weiz si, diu daz niht ennîdet	22 III
Ich weiz wol, daz diu liebe mac	62 II
Ich wil al der welte swern ûf ir lîp	50 IV
Ich wil alsô singen immer	44 (OEF) IV
Ich wil deme ungehoften man	10 III*
Ich wil der guoten niht vergezzen noch ensol	40 (B) III, 40 (C) II, 40 (G) III, [40 (E) III]
Ich wil dir jehen, daz dû mich dicke sêre bæte	46 IV
Ich wil einer helfen clagen	90 (CEUxx) III
Ich wil guotes mannes werdekeit	18 (B) II, 18 (C) II
Ich wil immer singen	109 I
Ich wil iu ze redenne gunnen	57 II
Ich wil niht mê den ougen volgen noch den sinnen	11 XX
Ich wil niht mê ûf ir genâde wesen vrô	37 (BC)
Ich wil nû mêr ûf ir genâde wesen frô	37 (EO) I
Ich wil nû teilen, ê ich var	36 (BC) I, 36 (E) I
Ich wil tiuschen vrowen sagen	32 (A) II, 32 (C) II, 32 (E) II
Ich wil tuon den willen sîn	124 IV
Ich wil vrô ze liebe mînen vriunden sîn	117 IV
Ich wolte hern Otten milte nâch der lenge mezzen	11 (C) II
Ich wünsche sô werde, daz ich noch gelige	37 (EO) II
Ich wünsche, daz der winter zergê	15 (E) II
In diz lant hât er gesprochen	7 (A) VI, 7 (B) V, 7 (C) VII, 7 (E) VIII, 7 (Z) XI
In einem zwîvellîchen wân	42 (C) I, [42 (FO) II]
In gesach nie houbet baz gezogen	29 (E) III, [29 (C) II]
In nomine domini, ich wil beginnnen, sprechent âmen	12 III
In weiz niht wol, wie ez dar umbe sî	68 III
Ine gesach nie tage sô slîchen	45 II

Ine getar vor tûsent sorgen   85 IV
Ir arme, ir hende, itweder vuoz   30 (DN) V, [30 (A) IV, (C) III]
Ir bischofe und ir edelen pfaffen, ir sît verleitet   12 XII
Ir fürsten, die des küniges gerne wæren âne   11 (C) VIII
Ir fürsten, tugent iuwer sinne mit reiner güete   12a I
Ir houbet ist sô wunnenrîch   30 (A) V, 30 (C) II, [30 (DN) II]
Ir kel, ir hant, iewer fuoz   30 (A) IV [30 (DN) V, 30 (C) III]
Ir lât iuch nit verdriezen   7 (C) X, 7 (E) X, [7 (Z) XII]
Ir reiniu wîp, ir werden man   43 I
Ir sult sprechen willekomen   32 (A) I, 32 (C) I, [32 (E) I]
Ir vil minneklîchen ougenblicke   39 (2) I
Ist aber, daz dir wol gelinget   61 IV
Ist daz mich dienest helfen sol   47 III

Jâ hêrre, wes gedenket der   65 V
Jâ lige ich mit gedanken der alrebesten bî   103
Jâ möht ich mich des an in niht wol gelâzen   84 III
Jâ, waz wirt der kleinen vogelîne   111 I
Jârlanc sint die tage trüebe   114 I
Juden, Cristen unde heiden   7 (A) VII
Junc man, in swelher aht dû bist   10 VII
Junger man, wis hôhes muotes   61 I

Kan mîn frouwe süeze siuren   44 (OEF) V, 44 (C) I
Könde ich des geniezen iht   110 IV
Kristen siehe *Cristen*
Kunde ich die mâze als ichne kan   20 II
Künic Constantîn der gap sô vil   10 XIII
Künic Philippe, dîn anesehenden zîhent dich   9 (B) III, [9 (C) III]

Lange swîgen des hât ich gedâht   49 I
Langez swîgen hêt ich mir gedâht   49a I
Lât iu sagen, wiez umbe ir zouber stât   88 V
Lât mich an eime stabe gân   43 II
Lât mich zuo den frowen gân   60 IV
Leider ich muoz mich entwenen   89 II
Liep, dir sol nit wesen leit   105 II
Liep, dû hâst mich gar gewert   105 I
Liep, ich weiz dînes lobes mê   105 III
Ligens ân angest unde warme   114 IV

Mac ieman deste wîser sîn   21 III
Man hôhgemâc, an friunden kranc   54 V
Man mac wol offenbâre sehen   36 (E) III
Man saget mir, daz liute sterben   108 II
Man seit mir ie von Tegersê   74
Man sol guotes mannes wirdekeit   18 (E) I
Maniger claget, sîn frouwe spreche „nein"   29 (E) V
Maniger frâget, waz ich klage   6 I
Maniger trûret, dem doch liep beschiht   18 (C) III, 18 (E) III

Schadet ez im an den triuwen iht	115 II
Scheident, frowe, mich von sorgen	28 VI
Schœne lant, rîch unde hêre	7 (A) II, 7 (C) II, 7 (E) III, 7 (Z) II
Seht sam mir, welt ir die wârheit schowen	23 (C) V
Selbwahsen kint, dû bist ze krump	71 I
Selpvar ein wîp	80
Si frâgent mich vil dicke, waz ich habe gesehen	3 (Fortsetzung) VI
Si hât ein küssen, daz ist rôt	30 (DN) IV, 30 (A) III, 30 (C) V
Si jehent daz bœser kom ie nâch. daz hât sich nû verkêret	Truchseß IV (Anhang; SM 12.30)
Si nam, daz ich ir bôt	51 III
Si sælic wîp, si zürnet wider mich ze sêre	46 III
Si sehe, daz si innen sich bewar	94 III
Si verwîzent mir, daz ich	26 II
Si vrâgent und gefrâgent aber alze vil	40 (B) II, 40 (C) III, 40 (G) II
Si wunder wol gemachet wîp	30 (A) I, 30 (C) I, [30 (DN) I]
Sich crenkent frowen unde pfaffen	22 IV
Sich huob ein ungefüeger zorn	106 I
Sich wænet maniger wol begên	65 IV
Sich wolte ein ses gesibent hân	54 VIII
Sich, nû hab ich dich gelêret	61 V
Sich, sælic wîp	113 VI
Sie bat mich, dô ich jungest von ir schiet	101 III
Sie beginnent alle	27 (E) IV
Sie gît uns immer fröide vil	106 III
Sie hât mir bescheiden manigen tac	29 (E) IV
Sie sint unverborgen	109 II
Sint dô vuor der sun zuor helle	7 (Z) VII, [7 (A) VI, 7 (B) IV, 7 (C) V, 7 (E) V]
Sist vil guot, daz ich wol swüere	102 III
Sît daz ich eigenlîchen sol	92 (im Anschluss an IV), 93 (E) V
Sît daz im die besten jâhen	85 V
Sît daz nieman âne fröide touc	68 II
Sît got ein rehter rihter heizet an den buochen	11 (B) VIII
Sît ich dich niht erwenden mac	70 IV
Sît liez er sich toufen	7 (E) IV
Sît mir denne nit mêr werden mac	36 (E) II
Sît was er in disen lande	7 (Z) IX, [7 (C) XI, 7 (E) XI]
Sît willekomen, herre wirt, dem gruoze muoz ich swîgen	12 II
Sô die bluomen ûz deme grase dringent	23 (A) I, 23 (B) I, 23 (C) I, 23 (E) I
Sô mich dûhte, daz si wære guot	49 IV
Sô wê dir, Welt, wie übel dû stêst	10 III
Sol daz sîn dîn huote	27 (C) II, 27 (E) III
Sol ich mîner triuwe alsust engelten	39 (2) III
Sol ich in ir dienste werden alt	49 V
Sol mir nû leide von ir geschehen	107 II
Solt er des geniezen niht	124 V
Solte ich den pfaffen râten an den triuwen mîn	3 IV
Stæte ist ein angest und ein nôt	66 I
Süeze Minne, sît nâch dîner süezen lêre	77 III
Sumer, dû hâst manige güete	114 II
Summer unde winter beide sint	68 I

Sünder, dû solt an die grôzen nôt gedenken   12a IV
Swâ der hôhe nider gât   55 IV
Swâ ein edeliu schœne frowe reine   23 (A) II, 23 (B) II, 23 (C) II, 23 (E) II
Swâ guoter hande wurzen sint   73 I
Swâ nû zuo hove dienet der hêrre sîme knehte   11 (Z) V
Swâ sô liep bî liebe lît   90 (CEU^xx) II, 90 (A) II
Swanne ichs alle schowe   27 (C) III
Swaz grüenes was   113 II
Swaz grüenes was, daz blîchet besunder   113 II
Swaz mir nû wirret, des wirt allez rât   15 (E) V
Swelch man diu jâr hât âne muot, diu doch manzîtic sint   Lutold II (Anhang)
Swelh hêrre nieman niht versaget   54 IX
Swelh herze sich bî disen zîten niht verkêret   12 XIII
Swelh man wirt âne muot ze rîch   54 XV
Swelich man sich gerne vrîjen wil von bœser sache   11 (Z) IX
Swer an des edeln lantgrâven râte sî   3 (Fortsetzung) XI
Swer âne vorhte, hêrre got   10 V
Swer giht, daz minne sünde sî   93 (E) IV
Swer houbetsünde und schande tuot   10 VI
Swer mir ist slipfic als ein îs   54 VII
Swer sich des stæten friundes durch übermuot behêret   11 (C) XII
Swer sich sô behaltet   72 II
Swer sich ze friunde gewinnen lât   54 VI
Swer ungefuoge swîgen hieze   41 V'
Swer verholne swære trage   19 (BC) I, 19 (EU^x) IV
Swer wîp wil sehen   113 IV
Swes leben ich lobe, des tôt den wil ich iemer klagen   3 (Fortsetzung) X
Swie liep si mir von herzen sî   42 (C) III
Swie noch mîn fröide an zwîvel stât   94 IV
Swie wol diu heide in meniger varwe stât   40 (B) IV, 40 (C) I, [40 (E) II, 40 (G) IV]

Tiusche man sint wol gezogen   32 (A) V, 32 (C) III, [32 (E) IV; mit vertauschten Stollen]
Tumbe liute nement mich besunder   111 IV
Tumbiu Werlt, ziuch dînen zoum, wart umbe, sich   12b

Ûf dem anger stuont ein boun   64 (C) II (= Bî dem brunnen stuont ein boum)
Under der linden   16 I
Unmâze, nim dich beider an   54 X
Uns hât der winter geschadet über al   15 (BC) I, 15 (E) IV
Uns hât der winter kalt und andre nôt   86 II
Uns irret einer hande diet   73 II
Uns ist unsers sanges meister an die vart   Truchseß V (Anhang; SM 12.20)
Uns wil schiere wol gelingen   28 II
Unser zweier veste   123 II
Unserre lantrehtære tihten   7 (B) VI, 7 (C) VIII, 7 (E) IX, 7 (Z) X

falsch, friundin, friunt-, frô, fröide, frömd siehe oben unter ‚F-‘

Verhofter schalc, waz sol dîn leben   10 II*
Versûmt ich disen wünneclîchen tac   86 III

GESAMTBIBLIOGRAPHIE (14. UND 15. AUFLAGE)

Abgekürzt zitierte Textausgaben

Bartsch	Franz Pfeiffer (Hg.): Walther von der Vogelweide. 3. Aufl. hg. v. Karl Bartsch. Leipzig 1870
Benecke	ohne weiteren Nachweis von La in Anm. zu 75,11 (**51** II 3) zitiert
Bodmer/Breitinger	Johann Jacob Bodmer/Johann Jacob Breitinger (Hgg.): Sammlung von Minnesingern aus dem Schwaebischen Zeitpuncte, CXL Dichter enthaltend; durch Ruedger Manessen, weiland Rathes der uralten Zyrich. Aus der Handschrift der Koeniglich-Franzoesischen Bibliotheck herausgegeben. Bd. 1: Zyrich 1758; Bd. 2: Zyrich 1759
de Boor	Helmut de Boor (Hg.): Mittelalter. Texte und Zeugnisse. 2 Bde. München 1965
Bri	Hennig Brinkmann (Hg.): Liebeslyrik der deutschen Frühe. In zeitlicher Folge. Düsseldorf 1952
Brunner	Walther von der Vogelweide. Gedichte. Auswahl. Mittelhochdeutsch/Neuhochdeutsch. Hg., übers. u. komm. von Horst Brunner. Stuttgart 2012
Carmina Burana	Carmina Burana. Bd. 1, 1–3: Text. Mit Benutzung der Vorarbeiten Wilhelm Meyers krit. hg. v. Alfons Hilka u. Otto Schumann. Nachträge hg. v. Otto Schumann u. Bernhard Bischoff. Heidelberg 1930–1970 (Nachdruck 1961–1978)
Cormeau	Walther von der Vogelweide: Leich, Lieder, Sangsprüche. 14., völlig neubearb. Aufl. der Ausg. Karl Lachmanns, mit Beitr. von Thomas Bein und Horst Brunner. Hg. von Christoph Cormeau. Berlin/New York 1996
Goldast	Replicatio pro Sac. Caes. et Reg. Francorum Maiestate, illustrissimisque Imperii Ordinibus, adversus Iacobi Gretseri Iesuitae e Societate Loyolitarum, crimina laesae Maiestatis, rebellionis & falsi; extemporaliter & populariter instituta a Melchiore Goldasto Haiminsfeldio. Hanoviae 1611, S. 283
J. Grimm	ohne weiteren Nachweis von Wi/Mi im Lesartenapp. zu 64,17 (**40** I 5) zitiert
Haupt	Karl Lachmann (Hg.): Die Lieder Walthers von der Vogelweide. 3. Ausgabe besorgt von Moriz Haupt. Berlin 1853

HMS · Friedrich Heinrich von der Hagen (Hg.): Minnesinger. Deutsche Liederdichter des zwölften, dreizehnten und vierzehnten Jahrhunderts, aus allen bekannten Handschriften und früheren Drucken gesammelt und berichtigt, mit den Lesarten derselben, Geschichte des Lebens der Dichter und ihrer Werke, Sangweisen der Lieder, Reimverzeichnis der Anfänge, und Abbildungen sämtlicher Handschriften. 4 Bde. Leipzig 1838–1856. Neudruck Aalen 1962/63

Kasten / Kuhn · Deutsche Lyrik des frühen und hohen Mittelalters. Edition der Texte und Kommentar von Ingrid Kasten. Übersetzungen von Margherita Kuhn. Frankfurt am M. 1995

KLD · Carl von Kraus (Hg.): Deutsche Liederdichter des 13. Jahrhunderts. Band I Text. 2. Aufl., durchges. v. Gisela Kornrumpf. Tübingen 1978

Kr · Karl Lachmann (Hg.): Die Gedichte Walthers von der Vogelweide. 10. Ausg. Mit Bezeichnung der Abweichungen von Lachmann und mit seinen Anmerkungen neu hg. v. Carl von Kraus. Berlin/Leipzig 1936 [[11]1950, [12]1959; 13., aufgrund der 10. von Carl von Kraus bearb. Ausg. neu hg. v. Hugo Kuhn. Berlin 1965]

La (1827) · Karl Lachmann (Hg.): Die Gedichte Walthers von der Vogelweide. Berlin 1827

La · Karl Lachmann (Hg.): Die Gedichte Walthers von der Vogelweide. 2. Aufl. Berlin 1843

Leitzmann · Albert Leitzmann: [Bespr. zu] Karl Lachmann: Die Gedichte Walthers von der Vogelweide. 8. Ausg. besorgt von Karl[!] von Kraus. Berlin u. Leipzig 1923. ZfdPh 50, 1926, S. 468–471

Mau · Friedrich Maurer (Hg.): Die Lieder Walthers von der Vogelweide. Unter Beifügung erhaltener und erschlossener Melodien neu herausgegeben. Erstes Bändchen: Die religiösen und politischen Lieder. Tübingen 1955 [[3]1967]. Zweites Bändchen: Die Liebeslieder. Tübingen 1956 [[3]1969].

MF · Des Minnesangs Frühling. Unter Benutzung der Ausgaben von Karl Lachmann und Moriz Haupt, Friedrich Vogt und Carl von Kraus bearb. v. Hugo Moser und Helmut Tervooren. 38., ern. rev. Aufl. Mit einem Anhang: Das Budapester und Kremsmünsterer Fragment. Stuttgart 1988

Michels · vgl. Wi/Mi: verweist auf Textherstellung nur durch V. Michels (**115** III 4)

Paul · Hermann Paul (Hg.): Die Gedichte Walthers von der Vogelweide. Halle 1882

Paul / Leitzmann	Walther von der Vogelweide. Gedichte. Hg. von Hermann Paul. 6.–8. Aufl. besorgt von Albert Leitzmann. 9. durchges. Aufl. besorgt von Hugo Kuhn. Tübingen 1959
Paul / Ranawake	Gedichte. Walther von der Vogelweide. Auf der Grundlage der Ausg. von Hermann Paul hg. von Silvia Ranawake mit einem Melodienanhang von Horst Brunner. 11. Aufl. Teil 1: Der Spruchdichter. Tübingen 1997
Pfei	Franz Pfeiffer (Hg.): Walther von der Vogelweide. Leipzig ²1864
Schweikle	Walther von der Vogelweide. Werke. Gesamtausgabe. Mittelhochdeutsch/Neuhochdeutsch. Hg., übersetzt und kommentiert von Günther Schweikle. Bd. 1: Spruchlyrik. Stuttgart 1994. Bd. 2: Liedlyrik. Stuttgart 1998 (Verweise nur auf ‚Schweikle‘ beziehen sich auf seinen Editionstext.)
Schweikle / Bauschke	Walther von der Vogelweide. Werke. Gesamtausgabe. Bd. 1: Spruchlyrik. Mittelhochdeutsch/Neuhochdeutsch. Hg., übersetzt und kommentiert von Günther Schweikle. 3., verbesserte und erweiterte Auflage, herausgegeben von Ricarda Bauschke-Hartung. Stuttgart 2009
Simrock (1833)	Gedichte Walthers von der Vogelweide, übers. von Karl Simrock und erläutert von Wilhelm Wackernagel. Berlin 1833
Simrock	Walther von der Vogelweide: Gedichte. Übers. v. Karl v. Simrock. 2., vervollständ. Ausgabe, Leipzig 1853
SM	Die Schweizer Minnesänger. Nach der Ausg. von Karl Bartsch neu bearb. u. hg. v. Max Schiendorfer. Bd. 1: Texte. Tübingen 1990
Wa	Walther von der Vogelweide nebst Ulrich von Singenberg und Leutold von Seven hg. v. Wilhelm Wackernagel u. Max Rieger. Gießen 1862
Wap	Walther von der Vogelweide. Mittelhochdeutscher Text und Übertragung. ausgewählt und übersetzt v. Peter Wapnewski. Frankfurt a. M./Hamburg 1962
Wi (1869)	Walther von der Vogelweide. Hg. und erklärt v. Wilhelm Wilmanns. Halle 1869
Wi/Mi	Wilhelm Wilmanns (Hg.): Walther von der Vogelweide. 4., vollständig umgearb. Aufl. besorgt von Victor Michels. Zweiter Band: Lieder und Sprüche Walthers von der Vogelweide mit erklärenden Anmerkungen. Halle 1924

Faksimiles

Brunner, Müller, Spechtler = Walther von der Vogelweide. Die gesamte Über-
lieferung der Texte und Melodien. Abbildungen, Materialien, Melodietranskriptio-
nen. Hg. von Horst Brunner, Ulrich Müller, Franz Viktor Spechtler. Mit Beiträgen
von Helmut Lomnitzer und Hans-Dieter Mück. Geleitwort von Hugo Kuhn. Göp-
pingen 1977

Faksimiles einzelner Handschriften sind auf der Homepage www.handschriftencen-
sus.de nachgewiesen.

Weitere Textausgaben

Biblia sacra. Iuxta vulgatam versionem. 2., verbesserte Aufl. Stuttgart 1975

Carmina Burana. Lateinische und deutsche Lieder und Gedichte einer Handschrift
des XIII. Jahrhunderts aus Benedictbeuern, hg. v. Johann Andreas Schmeller. 2.,
unveränd. Aufl., Breslau 1883

Deutsche Volkslieder. Balladen. Teil I. Hg. von John Meier. Berlin/Leipzig 1935

Freidankes Bescheidenheit, hg. v. E[ ] Bezzenberger. Halle 1872

Die Haager Liederhandschrift. Faksimile des Originals mit Einleitung und Tran-
skription hg. v. E[rnst] F[erdinand] Kossmann. Haag 1940

HvM = Heinrich von Melk: *Von des todes gehugde*. Mahnrede über den Tod. Mittel-
hochdeutsch/Neuhochdeutsch. Übersetzt, kommentiert und mit einer Einführung
in das Werk hg. von Thomas Bein, Trude Ehlert, Peter Konietzko, Stephan Spei-
cher, Karin Trimborn (†) und Rainer Zäck. Mit Beiträgen zu Text, Übersetzung
und Kommentar von Susanne Kramarz-Bein. Stuttgart 1994

Meisterlieder der Kolmarer Handschrift. Hg. v. Karl Bartsch. Unveränd., repro-
graph. Nachdruck d. Ausg. Stuttgart 1862, Hildesheim 1962

Reinmar (der Alte): Lieder. Nach der Weingartner Handschrift (B). Mittelhoch-
deutsch/Neuhochdeutsch. Hg., übers. u. komment. v. Günther Schweikle. Stuttgart
1986

Rudolf von Ems: Barlaam und Josaphat. Hg. von Franz Pfeiffer mit einem Anhang
aus Franz Söhns: Das Handschriftenverhältnis in Rudolfs von Ems ‚Barlaam‘, ei-
nem Nachwort und einem Register von Heinz Rupp. Berlin 1965 (Erstausgabe
Leipzig 1843)

Schmeisky, Günter: Die Lyrik-Handschriften m (Berlin, Ms. germ. qu. 795) und n
(Leipzig, Rep. II fol. 70a). Zur mittel-und niederdeutschen Sangverslyrik-Überliefe-
rung. Abbildung, Transkription, Beschreibung. Göppingen 1978

SNE: Neidhart-Lieder. Texte und Melodien sämtlicher Handschriften und Drucke, hg. von Ulrich Müller, Ingrid Bennewitz, Franz Viktor Spechtler, Band 1: Neidhart-Lieder der Pergament-Handschriften mit ihrer Parallelüberlieferung, Band 2: Neidhart-Lieder der Papier-Handschriften mit ihrer Parallelüberlieferung, Band 3: Kommentare zur Überlieferung und Edition der Texte und Melodien in Band 1 und 2, Erläuterungen zur Überlieferung und Edition, Bibliographien, Diskographie, Verzeichnisse und Konkordanzen, Berlin 2007

Hilfsmittel

BMZ = Mittelhochdeutsches Wörterbuch. Mit Benutzung des Nachlasses von Georg Friedrich Benecke, ausgearb. von Wilhelm Müller und Friedrich Zarncke. Bd. I: 1854; Bd. II.1: 1863; Bd. II.2: 1866; Bd. III: 1861. Leipzig (Nachdruck) 1866

Grimm, Jakob: Deutsche Grammatik. Reprographische Nachdrucke: 1 – Ausgabe Berlin 1870; 2 – Ausgabe Berlin 1878; 3 – Ausgabe Gütersloh 1890; 4 – Ausgabe Gütersloh 1898. Hildesheim 1967

Deutsches Wörterbuch. Hg. von Jacob und Wilhelm Grimm. 33 Bde. Leipzig 1854–1971. Neubearbeitung der Buchstaben A-F. 1983–2006

Klein, Thomas, Hans-Joachim Solms, Klaus-Peter Wegera: Mittelhochdeutsche Grammatik. Teil III. Wortbildung. Tübingen 2009.

Kluge, Friedrich: Etymologisches Wörterbuch der deutschen Sprache. 23., erw. Aufl., unveränd. Nachdruck. Berlin/New York 1999 [und Folgeauflagen]

Lexer, Matthias: Mittelhochdeutsches Handwörterbuch. Nachdruck der Ausg. Leipzig 1872–1878 mit einer Einleitung von Kurt Gärtner. (Bd. I–III). Stuttgart 1992

LdM = Lexikon des Mittelalters. 11 Bde. München 1999–2002. / Lexikon des Mittelalters. Elektronische Ausgabe (CD). Hg. von Charlotte Bretscher-Gisinger u. Thomas Meier. Stuttgart [u. a.] 2000

LThK = Lexikon für Theologie und Kirche. Hg. von Walter Kasper und Michael Buchberger. 3., völlig neu bearbeitete Auflage. Freiburg, 1993–2001

MBDB = Mittelhochdeutsche Begriffsdatenbank: http://mhdbdb.sbg.ac.at:8000/ (5. Dez. 2012)

Paul, Hermann: Mittelhochdeutsche Grammatik. 24. Aufl. überarb. von Peter Wiehl und Siegfried Grosse. Tübingen 1998

Paul, Hermann: Mittelhochdeutsche Grammatik. 25. Aufl., neu bearb. von Thomas Klein, Hans-Joachim Solms und Klaus-Peter Wegera. Mit einer Syntax von Ingeborg Schöbler, neubearb. und erw. von Heinz-Peter Prell. Tübingen 2007

Schiller-Lübben: Karl Schiller und August Lübben: Mittelniederdeutsches Wörterbuch. VI Bde. Bremen 1875–1881.

Scholz, Manfred Günter: Bibliographie zu Walther von der Vogelweide. Berlin 1969 [verzeichnet Literatur von den Anfängen der Walther-Philologie bis etwa 1967/68]

Scholz, Manfred Günter: Walther-Bibliographie. 1968–2004. Frankfurt a. M. [u. a.] 2005

Scholz, Manfred Günter: Walther-Bibliographie 2005–2009. In: Walther von der Vogelweide – Überlieferung, Deutung, Forschungsgeschichte. Mit einer Ergänzungsbibliographie 2005–2009 von Manfred G. Scholz. Hg. von Thomas Bein. Frankfurt a. M. [u. a.] 2010, S. 329–354

Die deutsche Literatur des Mittelalters. Verfasserlexikon. Begründet von Wolfgang Stammler, fortgeführt von Karl Langosch. 2., völlig neu bearbeitete Aufl. unter Mitarbeit zahlreicher Fachgelehrter herausgegeben von Kurt Ruh (Bd. 1–8) und Burghart Wachinger (Bd. 9ff.) zusammen mit Gundolf Keil, Werner Schröder und Franz Josef Worstbrock. Berlin/New York 1977ff. Bde. 1–10: Artikel A-Z, 1978–1999; Bd. 11: Nachträge und Korrekturen, 2004; Bd. 12: Handschriftenregister, 2006; Bd. 13: Register der Drucke, sonstigen Textzeugen, Initien, 2007

Forschungsliteratur

(hier sind nur Beiträge verzeichnet, die im Zusammenhang mit der Edition Verwendung gefunden haben und auf die im Textkritischen Kommentar verwiesen wird)

Ashcroft, Jeffrey: *Min trutgeselle von der Vogelweide.* Parodie und Maskenspiel bei Walther. Euph. 69, 1975, S. 197–218

Bartsch, Karl: Zu Walthers Liedern. Germania. Vierteljahrsschrift für deutsche Altertumskunde 6, 1861, S. 187–214

Bartsch: s. Ausgaben („Meisterlieder')

Bein, Thomas: Orpheus als Sodomit. Beobachtungen zu einer mhd. Sangspruchstrophe mit (literar)historischen Exkursen zur Homosexualität im hohen Mittelalter. ZfdPh 109, 1990, S. 33–55

Bein, Thomas: Über die sogenannten ‚unechten' Strophen und Lieder in der 13. Auflage von Karl Lachmanns Walther-Edition. In: Mittelalterforschung und Edition. Actes du Colloque Oberhinrichshagen bei Greifswald. 29 et 30 Octobre 1990. [Amiens] 1991, S. 7–26

Bein, Thomas: „damit sie nicht umkommen …" Texte in Lachmanns Vorrede zu seiner Ausgabe der Lieder Walthers von der Vogelweide (1827). In: Editionsberichte zur mittelalterlichen deutschen Literatur. Beiträge der Bamberger Tagung ‚Methoden und Probleme der Edition mittelalterlicher deutscher Texte' 26. – 29. Juni 1991, hg. v. Anton Schwob unter Mitarbeit von Rolf Bergmann, Kurt Gärtner, Volker Mertens und Ulrich Müller. Göppingen 1994, S. 115–121

Bein, Thomas (Hg.): Altgermanistische Editionswissenschaft. Frankfurt/M., Berlin, Bern, New York, Paris, Wien 1995

Bein, Thomas: Politische Lyrik und Chronistik. Zur Rekonstruktion von Zeitgeschehen am Beispiel Walthers von der Vogelweide (L. 105,13). In: Zeitgeschehen und seine Darstellung im Mittelalter. L'actualité et sa représentation au Moyen Age. Hg. von Christoph Cormeau. Bonn 1995, S. 118–135

Bein, Thomas: Walther von der Vogelweide. Stuttgart 1997

Bein, Thomas: „Mit fremden Pegasusen pflügen". Untersuchungen zu Authentizitätsproblemen in mittelhochdeutschenr Lyrik und Lyrikphilologie. Berlin 1998

Bein, Thomas: In Vorbereitung: Die 15. Auflage der Lachmann-Cormeau-Ausgabe. In: Thomas Bein (Hg.): Walther von der Vogelweide. Beiträge zu Produktion, Edition und Rezeption. Frankfurt/M., Berlin [usw.] 2002, 145–150

Bein, Thomas: *Uns hât der winter geschadet über al* (Walther L. 39,1, Cormeau 15): Über Textfassungen, Textgenesen und literaturwissenschaftliche Konsequenzen. In: Magister et amicus. Festschrift für Kurt Gärtner zum 65. Geburtstag. Hg. von Václav Bok und Frank Shaw. [Wien] 2003, S. 579–599

Bein, Thomas: ‚echt kritisch'. Zwei Jahrhunderte Klassiker-Geschichte. Zum Wandel der Text-Kritik in der Walther von der Vogelweide-Philologie In: editio 18, 2004, S. 69–88

Bein, Thomas: Walther von der Vogelweide. Schul- und hochschuldidaktische Materialien zur Überlieferungs- und Editionsgeschichte. In: Walther verstehen – Walther vermitteln. Neue Lektüren und didaktische Überlegungen. Hg. v. Thomas Bein. Frankfurt a. M. [u. a.] 2004, S. 57–82

Bein, Thomas: Walther edieren – zwischen Handschriftennähe und Rekonstruktion. In: Deutsche Texte des Mittelalters zwischen Handschriftennähe und Rekonstruktion. Berliner Fachtagung 1. 3. April 2004. Hg. von Martin J. Schubert. Tübingen 2005, S. 133–142

Bein, Thomas: Überlegungen zur 15. Auflage der Lachmann-Cormeauschen Walther-Ausgabe. In: Der achthundertjährige Pelzrock. Walther von der Vogelweide – Wolfger von Erla – Zeiselmauer. Vorträge gehalten am Walther-Symposion der Österreichischen Akademie der Wissenschaften vom 24. bis 27. September 2003 in Zeiselmauer (Niederösterreich). Hg. von Helmut Birkhan unter Mitwirkung von Ann Cotten. Wien 2005, S. 15–24

Bein, Thomas: Grenzen des Edierbaren: Die Walther-Lieder 92 und 93 (L. 119,17 und MF 214,34 ff). Ein Lehrstück für den akademischen Unterricht. In: Walther von der Vogelweide – Überlieferung, Deutung, Forschungsgeschichte. Mit einer Ergänzungsbibliographie 2005–2009 von Manfred G. Scholz. Hg. von Thomas Bein. Frankfurt a. M. [u. a.] 2010, S. 39–64

Bein, Thomas: „schlechte handschriften", „critische ausgaben", „ausgezeichnete copisten". Über die Bedeutung der Materialität für Edition und Interpretation am Beispiel von Ton 36/36a Walthers von der Vogelweide. In. Materialität in der Editionswissenschaft. Hg. von Martin Schubert. Berlin 2010, S. 267–274

Bein, Thomas: Textkritik. Eine Einführung in Grundlagen germanistisch-mediävistischer Editionswissenschaft. Lehrbuch mit Übungsteil. 2., überarbeitete und erweiterte Auflage. Frankfurt a. M. [u. a.] 2011

Bein, Thomas: Varianztypen in der handschriftlichen Überlieferung Walthers von der Vogelweide. In: *kunst* und *saelde*. Festschrift für Trude Ehlert. Hg. von Katharina Boll und Katrin Wenig. Würzburg 2011, S. 9–24

Bennewitz, Ingrid: ‚vrouwe/maget'. Überlegungen zur Interpretation der sogenannten Mädchenlieder im Kontext von Walthers Minnesang-Konzeption. In: Walther von der Vogelweide. Beiträge zu Leben und Werk. Hg. von Hans-Dieter Mück. Stuttgart 1989, S. 237–252

Bertau, Karl: Sangvers und Sinn in Walthers ‚Elegie'. ZfdA 114, 1985, S. 195–221

Bonath, Gesa: Zur Frage der Echtheit des Bognertons (Walther 78,24–82,10). In: Beiträge zur weltlichen und geistlichen Lyrik des 13.-15. Jh.s. Würzburger Colloquium 1970, hg. v. Kurt Ruh u. Werner Schröder. Berlin 1973, S. 9–39

Boor, Helmut de: Zu der Strophe 185,31 (= E Str. 181) von Walther von der Vogelweide. PBB 90 (T), 1968, S. 280–284

Braune, Wilhelm: Zu Pauls Walthertext. PBB 40, 1915, S. 216

Brüggen, Elke: Kleidung und Mode der höfischen Epik des 12. und 13. Jahrhunderts. Heidelberg 1989

Brunner, Horst: Walthers Wechsel 119,17. In: Walther von der Vogelweide. Beiträge zu Leben und Werk, hg. von Hans-Dieter Mück. Stuttgart 1989, S. 269–279

Brunner, Horst, Karl-Günther Hartmann (Hgg.): Spruchsang. Die Melodien der Sangspruchdichter des 12. bis 15. Jahrhunderts. Kassel u. a. 2010

Brunner, Horst, Gerhard Hahn, Ulrich Müller, Franz Viktor Spechtler: Walther von der Vogelweide. Epoche – Werk – Wirkung. Unter Mitarbeit von Sigrid Neureiter-Lackner. 2. überarb. u. erg. Aufl. München 2009

Burkert, Jens: Zu Walthers von der Vogelweide Lied *Ich bin als unschedelîchen frô* (L 41, 13 ff.). In: Walther von der Vogelweide – Überlieferung, Deutung, Forschungsgeschichte. Mit einer Ergänzungsbibliographie 2005–2009 von Manfred G. Scholz. Hg. von Thomas Bein. Frankfurt a. M. [u. a.] 2010, S. 65–98

Burkert, Jens: Walthers von der Vogelweide Strophe *Ich saz uf eime steine* (L 8, 4ff). Ein Forschungsbericht. In: Walther von der Vogelweide – Überlieferung, Deutung, Forschungsgeschichte [wie vor], S. 227–308

Cormeau, Christoph: Zur textkritischen Revision von Lachmanns Ausgabe der Lieder Walthers von der Vogelweide. Überlegungen zur Neubearbeitung am Beispiel von MF 214,34/ L. 120,16. In: Textkritik und Interpretation. Festschrift für Karl Konrad Polheim zum 60. Geburtstag, hg. v. Heimo Reinitzer. Bern [u. a.] 1987, S. 53–68

Cormeau, Christoph: Das höfische Lied – Text zwischen Genese, Gebrauch und Überlieferung. Am Beispiel von Walther von der Vogelweide L. 63,32. In: Die Genese literarischer Texte. Modelle und Analysen, hg. v. Axel Gellhaus zusammen mit Winfried Eckel, Diethelm Kaiser, Andreas Lohr-Jasperneite und Nikolas Lohse. Würzburg 1994, S. 25–42

Docen, Bernhard Josef: Miscellaneen zur Geschichte der teutschen Literatur, neu-aufgefundene Denkmäler der Sprache, Poesie und Philosophie unserer Vorfahren enthaltend. Bd. 2. München 1807

Ehlert, Trude: Konvention, Variation, Innovation. Ein struktureller Vergleich von Liedern aus ‚Des Minnesangs Frühling‘ und von Walther von der Vogelweide. Berlin 1980

Ehrismann, Otfrid: Ehre und Mut, Âventiure und Minne. Höfische Wortgeschichten aus dem Mittelalter. Unter Mitarbeit von Albrecht Classen, Winder McConnell [u. a.] München 1995

Ehrismann, Otfrid: Einführung in das Werk Walthers von der Vogelweide. Darmstadt, 2008

Frantzen, J. J. A. A.: Zum Waltherfunde. Neophil. 1, 1916, S. 27–29

Frings, Theodor: Erforschung des Minnesangs. PBB 87 (H), 1965, S. 27–34

Fuhrmann, Horst: Artikel ‚Konstantinische Schenkung‘, In: LdM V, 1385–1387

Gärtner, Kurt: *tihten/dichten*. Zur Geschichte einer Wortfamilie im älteren Deutsch. In: Im Wortfeld des Textes. Worthistorische Beiträge zu den Bezeichnungen von Rede und Schrift im Mittelalter. Hg. von Gerd Dicke, Manfred Eikelmann, Birkhard Hasebrink. Berlin/New York 2006, S. 67–82

Giske, Heinrich: Zu Walther 121, 37. ZfdPh 17, 1885, S. 365

Göhler, Peter: *Diu sunne hât ir schîn verkêret*. Zur Datierung von L. 21, 25. In: Walther von der Vogelweide – Überlieferung, Deutung, Forschungsgeschichte. Mit einer Ergänzungsbibliographie 2005–2009 von Manfred G. Scholz. Hg. von Thomas Bein. Frankfurt a. M. [u. a.] 2010, S. 99–102

Grafetstätter, Andrea: Der Leich Walthers von der Vogelweide. Transkriptionen, Kommentare, Analysen. Münster 2004

Groos, Arthur: 'Last of the Red-Hot Lovers'? Walther's *sumerlaten*-Lied and the institution of Minnesang. In: From Symbol to Mimesis. The Generation of Walther von der Vogelweide, hg. v. Franz H. Bäuml. Göppingen 1984, S. 92–117

Hagen, Friedrich Heinrich von der / Büsching, Johann Gustav: Literarischer Grundriß zur Geschichte der Deutschen Poesie von der aeltesten Zeit bis in das sechzehnte Jahrhundert. Berlin 1812

Hahn, Gerhard: Walther von der Vogelweide *Nemt, Frowe, disen kranz* (74,20). In: Interpretationen mittelhochdeutscher Lyrik, hg. v. Günther Jungbluth. Bad Homburg 1969, S. 205–226

Hahn, Gerhard: Walther von der Vogelweide. Eine Einführung. München, Zürich ²1989

Hahn, Gerhard: *da keiser spil*. Zur Aufführung höfischer Literatur am Beispiel des Minnesangs. In: Grundlagen des Verstehens mittelalterlicher Literatur. Hg. von Gerhard Hahn und Hedda Ragotzky. Stuttgart 1992, S. 86–107

Halbach, Kurt Herbert: Walthers ‚*kranz*‘-‚Tanzlied‘. DU 19, 1967, S. 51–64

Haubrichs, Wolfgang: Grund und Hintergrund in der Kreuzzugsdichtung. In: Philologie und Geschichtswissenschaft. Demonstrationen literarischer Texte des Mittelalters, hg. von Heinz Rupp. Heidelberg 1977, S. 12–62

Haustein, Jens: Walther in k. In: Lied im deutschen Mittelalter. Überlieferung, Typen, Gebrauch. Hg. v. Cyrill Edwards / Ernst Hellgardt / Norbert H. Ott. Tübingen 1996.

Haustein, Jens: Walther von der Vogelweide. Autornähe und Überlieferungsvarianz als methodisches Problem. In: Thomas Bein (Hg.): Walther von der Vogelweide. Textkritik und Edition. Berlin/New York 1999, S. 63–71

Heinen, Hubert: Lofty and base love in Walther von der Vogelweide's »*sô die bluomen*« and »*aller werdekeit*« (L. 45,37 ff. and 46,32 ff.). German Quaterly 51, 1978, S. 465–475

Heinen, Hubert: Performance Dynamics and the Unity in the Diversity of Walther's Elegy. In: *in hôhem prîse*. A Festschrift in Honor of Ernst S. Dick. Presented on the Occasion of his Sixtieth Birthday, April 7, 1989, edited by Winder McConnell. Göppingen 1989, S. 153–161

Heinzle, Joachim: *Philippe – des rîches krône – der weise*. Krönung und Krone in Walthers Sprüchen für Philipp von Schwaben. In: Thomas Bein (Hg.): Walther von der Vogelweide. Textkritik und Edition. Berlin/New York 1999, S. 225–237

Heinzle, Joachim: *A oder *BC? Zur Edition der Reichston-Sprüche Walthers von der Vogelweide. In: Studien zur Geschichte des Mittelalters. Jürgen Petersohn zum 65. Geburtstag. Hg. von Matthias Thumser [u. a.]. Stuttgart 2000, S. 174–186

Henkes, Christiane, Schmitz, Silvia: *Kann mîn frowe süeze siuren?* (C 240 [248]-C 245 [254]). Zu einem unbeachteten Walther-Lied in der Großen Heidelberger Liederhandschrift. In: Walther von der Vogelweide. Textkritik und Edition. Hg. von Thomas Bein. Berlin/New York 1999, S. 104–124

Henkes, Christiane: Beobachtungen zur Überlieferung von Lied 44 (L. 69,1) und Lied 45 (L. 70,1). In: Walther von der Vogelweide. Textkritik und Edition. Hg. von Thomas Bein. Berlin/New York 1999, S. 195–206

Herrmann, Edith / Wenzel, Horst: *Her Wicman ist der ere. Her Volcnant habt irs ere.* Zu Walther von der Vogelweide (L.18,1). Euph. 65, 1971, S. 1–20

Honorius Augustodunensis [Wilhelm von Conches]: Philosophia Mundi. In: Patrologia Latina CLXXII, Sp. 88

Huisman, J[ ] A[ ]: Neue Wege zur dichterischen und musikalischen Technik Walthers von der Vogelweide. Mit einem Exkurs über die symmetrische Zahlenkomposition im Mittelalter. Utrecht 1950

Jostes, Franz: Bruchstück einer Münsterschen Minnesängerhandschrift mit Noten. ZfdA 53, 1912, S. 348–357

Jungbluth, Günther: Walthers Abschied. DVjS 32, 1958, S. 372–390

Jurzik, Heike: Digitale Editionen mittelalterlicher Liederhandschriften am Beispiel von Walthers „Palästinalied" In: Walther von der Vogelweide. Beiträge zu Produktion, Edition und Rezeption. Hg. v. Thomas Bein. Frankfurt/Main 2002, S. 305–328

Kaiser, Gert: Walthers Lied vom *wünschen unde wænen.* (Zu L. 184,1–30. 61,32–62,5 185,31–40). PBB 90 (T), 1968, S. 243–279

Kern, Peter: Der Reichston – das erste politische Lied Walthers von der Vogelweide? In: ZfdPh 11, 1992, S. 344–362

Kern, Peter: *Aller werdekeit ein füegerinne* (L. 46,32) und *herzeliebe* bei Walther von der Vogelweide. In: *bickelwort* und *wildiu maere,* Fs. für Eberhard Nellmann. Hg. v. Dorothee Lindemann, Berndt Volkmann und Klaus-Peter Wegera, Göppingen 1995, S. 260–271

Kern, Peter: Überlegungen zum Leich Walthers von der Vogelweide. In: Walther von der Vogelweide. Textkritik und Edition. Hg. von Thomas Bein. Berlin/New York 1999, S. 207–220

Kern, Peter: *Got in vier elementen sich erscheinet.* Ein Lied Rumelants von Sachsen, in: ZfdPh 119, 2000, Sonderheft ‚Neue Forschungen zur mittelhochdeutschen Sangspruchdichtung', S. 130–142

Kern, Peter: ,ir habt die erde, e r h â t daz himelrîche' (L.12,8)? Kritische Bemerkungen zu einem Eingriff in die handschriftliche Überlieferung des Ottentons Walthers von der Vogelweide. In: Thomas Bein (Hg.): Walther von der Vogelweide. Beiträge zu Produktion, Edition und Rezeption. Frankfurt a. M. [u. a.] 2002, S. 151–163

Klein, Thomas: Zur Verbreitung mittelhochdeutscher Lyrik in Norddeutschland (Walther, Neidhart, Frauenlob). ZfdPh 106, 1987, S. 72–112

Klein, Thomas / Solms, Hans Joachim / Wegera, Klaus-Peter (Hgg.): Studien zur mittelhochdeutschen Grammatik. Tübingen 2002 ff.

Knapp, Fritz-Peter: Die Bauform von Walthers Leich im Lichte von „Carmen Buranum" 60/60a. In: Der achthundertjährige Pelzrock. Walther von der Vogelweide, Wolfger von Erla, Zeiselmauer. Vorträge gehalten am Walther-Symposion der Österreichischen Akademie der Wissenschaften vom 24. bis 27. September 2003 in Zeiselmauer. Hg. von Helmut Birkhan. Wien, 2005, S. 231–250

Kornrumpf, Gisela: Einführung. In: Die Lieder Reinmars und Walthers von der Vogelweide aus der Würzburger Handschrift 2° Cod.Ms.731 der Universitätsbibliothek München. I. Faksimile. Wiesbaden 1972

Kornrumpf, Gisela: Walthers ,Elegie'. Strophenbau und Überlieferungskontext. In: Walther von der Vogelweide. Hamburger Kolloquium 1988 zum 65. Geburtstag von Karl-Heinz Borck, hg. v. Jan-Dirk Müller und Franz Josef Worstbrock. Stuttgart 1989, S. 147–158

Kornrumpf, Gisela: [Besprechung zu] A. H. Touber: Deutsche Strophenformen des Mittelalters. Stuttgart 1975. PBB (T) 99, 1977, S. 313–321

Kossmann: s. Ausgaben (,Haager Liederhandschrift')

Kralik, Dietrich: Die Elegie Walthers von der Vogelweide. Wien 1952

Kraus, Carl von: Die Lieder Reinmars des Alten. I. Teil: Die einzelnen Lieder. München 1919

Kraus, Carl von: Waltheriana. I. Weitere Bruchstücke der Wolfenbüttler Handschrift U. II. Die Bruchstücke der Wolfenbüttler Hs. w. ZfdA 59, 1922, S. 309–327

Kuhn, Hugo: Die Klassik des Rittertums in der Stauferzeit. In: Annalen der deutschen Literatur, hg. v. Heinz Otto Burger. Stuttgart 1952, S. 99–177

Kuhn, Hugo: Minnelieder Walthers von der Vogelweide. Ein Kommentar, hg. v. Christoph Cormeau. Tübingen 1982

Ley, Sabine: Projektbericht: Varianzphänomene im König-Friedrichston. In: Der mittelalterliche und der neuzeitliche Walther. Beiträge zu Motivik, Poetik, Überlieferungsgeschichte und Rezeption. Hg. von Thomas Bein. Frankfurt a. M. [u. a.], 2007, S. 287–298

Löser, Freimut: Ein Walther-Fragment in Brno (Brünn). Neues zu „*Sî wunderwol gemachet wîp*‘. In: Walther von der Vogelweide − Überlieferung, Deutung, Forschungsgeschichte. Mit einer Ergänzungsbibliographie 2005−2009 von Manfred G. Scholz. Hg. von Thomas Bein. Frankfurt a. M. [u. a.] 2010, S. 9−38

Lüpges, Tobias: Varianz. Studien zu einer kulturellen Verortung am Beispiel Walthers von der Vogelweide. Frankfurt a. M. [u. a.] 2011

März, Christoph: Walthers Leich und das Carmen Buranum 60/60a. Überlegungen zu einer Kontrafaktur. In: Lied im deutschen Mittelalter. Überlieferung, Typen, Gebrauch. Chiemsee-Colloquium 1991. Hg. von Cyril Edwards [u. a.]. Tübingen, 1996. [Erscheint zugleich als Bd. 56 der Publications of the Institute of Germanic studies, University of London], S. 43−56

Maurer, Friedrich: Ein Lied oder zwei Lieder? Über das Verhältnis von Ton und Lied bei Walther von der Vogelweide. In: Gestaltung und Umgestaltung. Festschrift zum 75. Geb. v. Hermann August Korff. Hg. v. Joachim Müller. Leipzig 1957, S. 29−38; unter dem Titel »Ton und Lied bei Walther von der Vogelweide« auch in: Friedrich Maurer: Dichtung und Sprache des Mittelalters. Gesammelte Aufsätze. Bern/München 1963, S. 104−115

Maurer, Friedrich: Ton und Lied bei Walther von der Vogelweide. In: Ders.: Dichtung und Sprache des Mittelalters. Gesammelte Aufsätze. Bern/München 1963, S. 104−115

Mertens, Volker: Alte Damen und junge Männer. Spiegelungen von Walthers „*sumerlaten*-Lied‘. In: Walther von der Vogelweide. Hamburger Kolloquium 1988 zum 65. Geb. von Karl-Heinz Borck, hg. v. Jan-Dirk Müller u. Franz Josef Worstbrock. Stuttgart 1989, S. 197−215

Mohr, Wolfgang: Vortragsform und Form als Symbol im mittelalterlichen Liede. In: Festgabe für Ulrich Pretzel zum 65. Geb. dargebracht von Freunden und Schülern, hg. v. Werner Simon, Wolfgang Bachofer [u.] Wolfgang Dittmann. Berlin 1963, S. 128−138

Mohr, Wolfgang: Altersdichtung Walthers von der Vogelweide. Sprachkunst 2, 1971, S. 329−356

Mück, Hans Dieter (Hg.): Walther von der Vogelweide. Beiträge zu Leben und Werk. Stuttgart 1989

Müller, Jan-Dirk: Die „*frouwe*‘ und die anderen. Beobachtungen zur Überlieferung einiger Lieder Walthers. In: Walther von der Vogelweide. Hamburger Kolloquium 1988 zum 65. Geburtstag von Karl-Heinz Borck, hg. von Jan-Dirk Müller und Franz Josef Worstbrock. Stuttgart 1989, S. 127−146

Müller, Ulrich: Beobachtungen zu den ‚Carmina Burana‘: 1. Eine Melodie zur Vaganten-Strophe − 2. Walthers ‚Palästina-Lied‘ in ‚versoffenem‘ Kontext: Eine Parodie. Mittellateinisches Jahrbuch 15, 1980, S. 104−111, hier S. 108−111

Müller, Ulrich: Zur Überlieferung und zum historischen Kontext der Strophen Walthers von der Vogelweide im Reichston. In: Spectrum Medii Aevi. Essays in Early German Literature in Honor of George Fenwick Jones. Hg. von William C. McDonald. Göppingen 1983, S. 397–408

Müller, Ulrich [u. a.]: Brauchen wir eine neue Walther-Ausgabe? In: Walther von der Vogelweide. Textkritik und Edition. Hg. von Thomas Bein. Berlin/New York 1999, S. 248–273

Müller / Springeth = Ulrich Müller / Margarete Springeth: Wie ediert man den ‚Reichston' Walthers von der Vogelweide – nach Handschrift A, B oder C? In: Walther lesen. Interpretationen und Überlegungen zu Walther von der Vogelweide. Festschrift für Ursula Schulze zum 65. Geburtstag. Hg. von Volker Mertens / Ulrich Müller. Göppingen 2001, S. 235–253

Naumann, Hans: *Guoten tac, bœs unde guot*! ZfdA 83, 1951/1952, S. 125–127

Nix, Matthias: Untersuchungen zur Funktion der politischen Spruchdichtung Walthers von der Vogelweide. Göppingen 1993 (= GAG 592)

Nordmeyer, H[ ] W[ ]: Ein Anti-Reinmar. PMLA 45, 1930, S. 629–683

Padberg, Susanne: *Ahî wie kristenlîche nû der bâbest lachet.* Walthers Kirchenkritik im Unmutston (Edition, Kommentar, Untersuchungen). Herne 1997

Palmer, Nigel F.: Duzen und Ihrzen in Frauenlobs Marienleich und in der mittelhochdeutschen Mariendichtung. In: Wolfram-Studien 10. Cambridger „Frauenlob"-Kolloquium 1986. Hg. von Werner Schröder. Berlin 1988, S. 87–104

Paul, Hermann: Kritische Beiträge zu den Minnesängern. PBB 2, 1876, S. 550–553

Pfeiffer, Franz: Zu einem Spruche Walthers. Germania. Vierteljahresschrift für deutsche Altertumskunde 6, 1861, S. 365–368

Plenio, Kurt: Bausteine zur altdeutschen Strophik 1–5. PBB 42, 1917, S. 411–502

Plenio, Kurt: Metrische Studie über Walthers Palinodie. PBB 42, 1917, S. 255–276

Reinitzer, Heimo: Politisches Nachtgebet. Zum ‚Leich' Walthers von der Vogelweide. In: Walther von der Vogelweide. Hamburger Kolloquium 1988 zum 65. Geburtstag von Karl-Heinz Borck. Hg. von Jan-Dirk Müller und Franz-Josef Worstbrock. Stuttgart 1989, S. 159–175

Röll, Walter: Zur Aufführungsform dreier Lieder Walthers von der Vogelweide. In: Interpretation und Edition deutscher Texte des Mittelalters. Festschrift für John Asher zum 60. Geb., hg. v. Kathryn Smits, Werner Besch [u.] Victor Lange. Berlin 1981, S. 82–91

RSM = Repertorium der Sangsprüche und Meisterlieder des 12. bis 18. Jahrhunderts. Hg. v. Horst Brunner u. Burghart Wachinger unter Mitarb. v. Eva Klesatschke [u. a.]. Bd. 5. Tübingen 1991

Ruh, Kurt: ‚*Aller werdekeit ein füegerinne*‘ (Walther 46,32). Versuch einer anderen ‚Lesung‘. ZfdA 114, 1985, S. 188–195

Rupp, Heinz: Wer hat Recht: Karl Lachmann oder die Handschrift C? Zu Walthers Lied L 112,35 ff. (Maurer Nr. 32). In: Festschrift für Siegfried Grosse zum 60. Geb. Hg. v. Werner Besch, Klaus Hufeland [u. a.]. Göppingen 1984, S. 427–432

Salzer, Anselm: Die Sinnbilder und Beiworte Mariens in der deutschen Literatur und lateinischen Hymnenpoesie des Mittelalters. Linz 1893

Schanze, Frieder: [Artikel] ‚Moringer‘ (‚Der edele Moringer‘). In: Die deutsche Literatur des Mittelalters. Verfasserlexikon. Begründet v. W. Stammler, fortgef. v. K. Langosch. 2., völlig neu bearb. Aufl. unter Mitarb. zahlreicher Fachgelehrter hg. v. Kurt Ruh zus. mit G. Keil, W. Schröder, B. Wachinger [u.] F. J. Worstbrock. Bd. 6. Berlin/New York 1987, Sp. 688–692

Schiendorfer, Max: Beobachtungen zum Aufbau der Minnesanghandschriften sowie ein editorisches Konzept. Das Beispiel Ulrich von Singenberg. ZfdPh 104, 1985, S. 18–51

Schmidt-Wiegand, Ruth: Walthers *kerze* (84,33). Zur Bedeutung von Rechtssymbolen für die intentionalen Daten in mittelalterlicher Dichtung. In: ZfdPh 87, 1969, Sonderheft, S. 154–185

Schneider, Hermann: Drei Waltherlieder. ZfdA 73, 1936, S. 165–174

Scholz, Manfred Günter: Probleme der Strophenfolge in Walthers Dichtung. In: Walther von der Vogelweide. Beiträge zu Leben und Werk, hg. v. Hans-Dieter Mück. Stuttgart 1989, S. 207–220

Scholz, Manfred Günter: Walther-Bibliographie. 1968–2004. Frankfurt a. M. [u. a.] 2005

Scholz, Manfred Günter: Walther von der Vogelweide. 2., korrigierte und bibliographisch ergänzte Auflage. Stuttgart/Weimar 2005

Schröder, E[dward]: Walther 12, 26. ZfdA 45, 1901, S. 439–440

Schuchert, Carolin: Walther in A. Studien zum Corpusprofil und zum Autorbild Walthers von der Vogelweide in der Kleinen Heidelberger Liederhandschrift. Frankfurt a. M. [u. a.] 2010

Schultz, Alwyn: Das höfische Leben zur Zeit der Minnesinger. 2 Bde., ND Kettwig 1991 (Erstausgabe 1880)

Schupp, Volker: Septenar und Bauform. Studien zur ‚Auslegung des Vaterunsers‘, zu ‚De VII Sigillis‘ und zum ‚Palästinalied‘ Walthers von der Vogelweide. Berlin 1964

Schweikle, Günther: ‚Minne‘ und ‚Mâze‘. Zu ‚Aller werdekeit ein füegerinne‘ (Walther 46,32). DVjs 37, 1963, S. 498–528

Schweikle, Günther: Steckt im sumerlaten-Lied Walthers von der Vogelweide (L 72,31) ein Gedicht Reinmars des Alten? ZfdPh 87, 1968, S. 131–153

Schweikle, Günther: Eine Morungen-Parodie Walthers? Zu MF 145,33. In: Mediaevalia litteraria. Festschrift für Helmut de Boor zum 80. Geb., hg. v. Ursula Henning u. Herbert Kolb. München 1971, S. 305–314

Schweikle, Günther: Die Fehde zwischen Walther von der Vogelweide und Reinmar dem Alten. Ein Beispiel germanistischer Legendenbildung. ZfdA 115, 1986, S. 235–253

Schweikle: Lieder Reinmars, s. Ausgaben (‚Reinmar (der Alte): Lieder‘)

Tervooren, Helmut / Bein, Thomas: Ein neues Fragment zum Minnesang und zur Sangspruchdichtung. Reinmar von Zweter, Neidhart, Kelin, Rumzlant und Unbekanntes. ZfdPh 107, 1988, S. 1–26

Tervooren, Helmut: Reinmar-Studien. Ein Kommentar zu den „unechten“ Liedern Reinmars des Alten. Stuttgart 1991

Volfing, Annette: ich ôrloser und dînr ôren porten. Auditive Wahrnehmung bei Walther von der Vogelweide. In: Walther verstehen – Walther vermitteln. Neue Lektüren und didaktische Überlegungen. Hg. von Thomas Bein. Frankfurt a. M. [u. a.] 2004, S. 109–130

Volkmann, Berndt: Owê, war sint verswunden. Die ‚Elegie‘ Walthers von der Vogelweide. Untersuchungen, kritischer Text, Kommentar. Göppingen 1987

Wachinger, Burghart: Der Anfang der Jenaer Liederhandschrift. ZfdA 110, 1981, S. 299–306

Wallner, Anton: Zu Walther von der Vogelweide. PBB 33, 1908, S. 1–58

Wapnewski, Peter: Walthers Lied von der Traumliebe (74, 20) und die deutschsprachige Pastourelle. Euph. 51, 1957, S. 113–50

Willemsen, Elmar: Walther von der Vogelweide. Untersuchungen zur Varianz in der Liedüberlieferung. Frankfurt a. M. [u. a.] 2006

Willson, H[ ] Bernhard: Walther 124,19. MLR 50, 1955, S. 186–187

Wilmanns, Wilhelm: Zu Walther von der Vogelweide. In: ZfdA 13, 1867, S. 217–288

Wilmanns, Wilhelm: Deutsche Grammatik. Gotisch, Alt-, Mittel- und Neuhoch-deutsch. Dritte Abteilung: Flexion. 2. Hälfte: Nomen und Pronomen. Erste und zweite Aufl. Strassburg 1909

WU = Carl von Kraus: Walther von der Vogelweide. Untersuchungen. Berlin/Leipzig 1935, Berlin ²1966 (Nachdruck)

Zarncke, Friedrich: Zu Walther und Wolfram. In: PBB VII, 1880, S. 582−609